彭阳年鉴

PENGYANG NIANJIAN

2019

彭阳县党史地方志编纂委员会办公室　编纂

黄河出版传媒集团
宁夏人民出版社

图书在版编目(CIP)数据

彭阳年鉴. 2019 / 彭阳县党史地方志编纂委员会办公室编纂. — 银川：宁夏人民出版社，2019.9
ISBN 978-7-227-07088-7

Ⅰ. ①彭… Ⅱ. ①彭… Ⅲ. ①彭阳县 - 2019 - 年鉴
Ⅳ. ①Z524. 34

中国版本图书馆 CIP 数据核字(2019)第 215905 号

彭阳年鉴 2019　　彭阳县党史地方志编纂委员会办公室　编纂

责任编辑　管世献　周淑芸
责任校对　杨敏媛
封面设计　杨平梅
责任印制　肖　艳

黄河出版传媒集团
宁夏人民出版社　出版发行

出 版 人　薛文斌
地　　址　宁夏银川市北京东路 139 号出版大厦(750001)
网　　址　http://www.yrpubm.com
网上书店　http://www.hh-book.com
电子信箱　nxrmcbs@126.com
邮购电话　0951-5052104　5052106
经　　销　全国新华书店
印刷装订　固原博奥彩色印刷有限公司
印刷委托书号（宁）0014845

开　本　889 mm × 1194 mm　　1/16
印　张　27.25
字　数　700 千字
版　次　2019 年 9 月第 1 版
印　次　2019 年 9 月第 1 次印刷
书　号　ISBN 978-7-227-07088-7
定　价　198.00 元

彭阳县地方志编纂委员会

顾　　问　赵晓东　张　佐　杨志杰

主　　任　刘启冬

副 主 任　张利军　王　儒　赫丽娟　李廷枢

委　　员　王宏东　安续堂　张建荣　王志会　刘世锋　雅玉贵
安振杰　李佐江　赵银汉　贺永顺　姚世平　米彦多
张　娟　王　兴　刘胜利　韩星明　杨占辉　李夏生
曹建刚　曹永昨　王永贤　王建军　吴　毅　王继讲
杨昌吉　张小平　白云鹏　袁继安　韩治军　马　福
张晓东　孙智慧　韩志琦　杨世福　陈宗惠　王汉英
王志成　祁悦章　马文生　米占国

史志顾问　杨　忠

《彭阳年鉴 2019》编辑人员

主　　编　祁悦章

执行主编　杨平梅

编　　辑　杨树林　张智慧　李　娟　李　静　朱文渊

特邀统稿　杨彦彬

编 辑 说 明

一、《彭阳年鉴 2019》是由彭阳县人民政府主办、彭阳县党史地方志编纂委员会办公室编纂的大型资料性工具书。

二、《彭阳年鉴 2019》以马克思列宁主义、毛泽东思想、邓小平理论、“三个代表”重要思想、科学发展观、习近平新时代中国特色社会主义思想为指导，求真务实，与时俱进，全面、系统、翔实地记载彭阳县 2018 年自然、政治、经济、文化与社会等方面发展情况，为社会各界了解彭阳提供基本资料。

三、《彭阳年鉴 2019》内容按编委会任务分配方案和撰稿要求，由彭阳县各乡镇、县直各部门（单位）供稿，并经供稿单位主要领导审核，《彭阳年鉴》编辑部编辑、编委会审定，其资料、数据具有准确性和权威性。

四、《彭阳年鉴 2019》采用分类编辑法。主体内容设类目、分目、条目 3 个结构层次，以条目作为记述的基本形式。不同层次的标题，通过字体、字号和版式设计加以区别，条目标题统一用黑体字加【 】标示，便于读者查问。全书设专载、综述、机构和组成人员等共 25 个部类，约 70 万字。

五、《彭阳年鉴 2019》收录的文字资料时限为 2018 年 1 月 1 日至 2019 年 1 月 10 日，收录的彩色图片资料下限至 2019 年 6 月，收录获得 2018 年度地市级及以上表彰的先进集体和个人以各供稿单位提供的资料为依据，获县委、政府表彰的优秀公务员、年度先进工作者、先进集体、先进个人按有关文件收录，先进集体及个人排名不分先后。

六、《彭阳年鉴 2019》收录的《彭阳县 2018 年国民经济和社会发展统计公报》由彭阳县统计局提供。正文数据由各乡镇、部门（单位）提供。因统计口径等原因，个别数据与统计资料中的数据不尽一致，引用时以《彭阳县 2018 年国民经济和社会发展统计公报》为准。专载中领导讲话所引数据，以原文为准。

七、《彭阳年鉴 2019》所列领导任职情况（机构和组成人员）按乡镇、部门（单位）上报资料和中共彭阳县委组织部《彭阳县副科级以上干部名册（2018 年度）》收录，并经县委组织部审定。

八、《彭阳年鉴 2019》所列机关和部门按规定部类、条目排列，乡镇、部门（单位）排名不分先后。领导位次排列不涉及职务。

2019 年 6 月 24 日，自治区党委书记、人大常委会主任石泰峰（前排右一）到彭阳县任山河烈士陵园、乔家渠毛泽东长征宿营地旧址开展“不忘初心、牢记使命”主题教育，并前往长城塬闽宁现代循环农业科技示范园、“四个一”林草产业综合示范园调研　左鸣远／摄

2018 年 8 月 9 日，自治区党委副书记、自治区主席咸辉（前排左二）到彭阳县孟塬乡调研脱贫攻坚工作，察看彭阳中蜂养殖专业合作社运行情况　王　荣／摄

2018 年 8 月 7 日，自治区政协主席崔波（前排左一）到彭阳县调研“四个一”林草产业发展情况　马文博／摄

2019 年 5 月 13 日，全国工商联党组成员、副主席王永庆（右一）带领第七联系调研组到彭阳县调研脱贫攻坚等工作，召开消费扶贫产品座谈会，并与冯庄乡小园子村党支部开展结对共建主题党日活动，并捐助扶贫资金 10 万元　刘　鑫／提供

2018 年 7 月 26 日，自治区党委常委、固原市委书记张柱（右二）到彭阳县督查重点工作进展情况，察看彭阳县博物馆、红河镇“四个一”林草产业试验示范园、红河镇红河村党建促脱贫示范点、红河镇文沟村千头肉牛养殖示范村、白阳镇阳洼村金鸡坪梯田公园、茹河流域水污染防治工程、雷河滩片区旧城改造项目等重点工作进展情况　张彩云 / 摄

2018 年 10 月 11 日，自治区副主席、固原市市长马汉成（左二）到彭阳县调研脱贫攻坚、乡村振兴和民族团结创建等重点工作　张彩云 / 摄

2019年3月11日，中央党的建设工作领导小组秘书组副局长鲍世斌（左二）到彭阳县孟塬乡调研基层党建及如何减轻基层负担等工作，考察小石沟村抓党建促脱贫、赵山庄村软弱涣散党组织整顿及青年养蜂产业致富带头人陈泽恩致富带头作用发挥情况　王　荣／摄

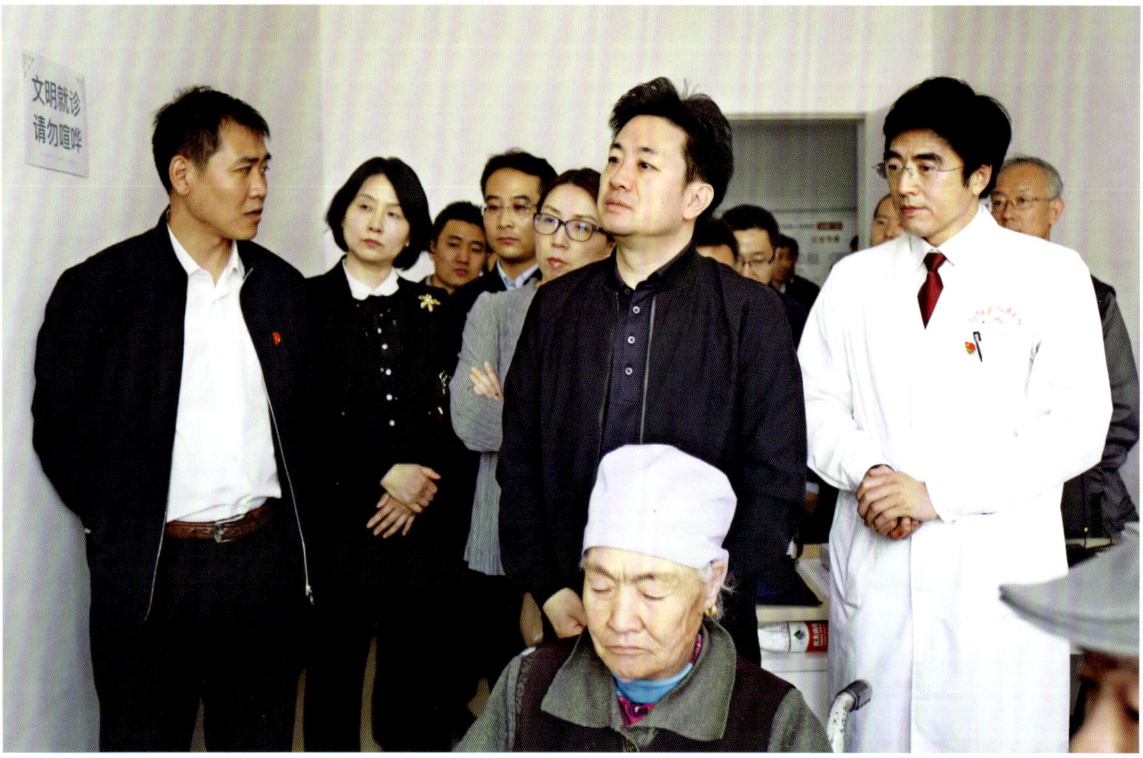

2018年3月29日，国务院秘书局副秘书长陈宏曲（右二）到彭阳县调研“互联网＋医疗健康”工作进展情况　张婷婷／提供

2018 年 11 月 15 日，彭阳县委书记赵晓东(右二)到新集乡赵沟村、谢寨村调研脱贫攻坚工作　马韶军 / 摄

2019 年 2 月 18 日，彭阳县县长刘启冬(右二)到住建局调研指导工作，察看“智慧城管”平台建设运行情况　余金玉 / 摄

2019 年 5 月 27 日，彭阳县人大常委会党组书记、主任张佐（右二）调研全县教育工作　雷　霏 / 摄

2019 年 4 月 9 日，彭阳县政协党组书记、主席杨志杰（左一）到红河镇调研“四个一”林草产业工程建设任务落实情况　杨丽蓉 / 摄

2018 年 9 月 3 日，全区落实农村党建“四个重要文件”现场推进会在彭阳县召开　张警予 / 摄

2019 年 1 月 4 日，中国共产党彭阳县第八届委员会第三次全体（扩大）会议在县文化影剧院召开　孙有亮 / 摄

2018 年 5 月 11 日，自治区减灾委员会办公室、自治区民政厅、固原市人民政府和彭阳县人民政府在古城镇海口村联合开展自治区 2018 年“防灾减灾日”地震应急救援演练活动　张彩云/摄

2018 年 9 月 12 日，自治区政府办公厅组织专家对彭阳县基层政府政务公开标准化规范化工作进行验收　张謦予/摄

2018 年 7 月 9 日，全区司法行政工作观摩促进会在彭阳县召开　邵梦妮 / 摄

2019 年 4 月 13 日，央视发现之旅《美丽家园》栏目文艺下基层走进乡村公益演出彭阳站专场在县体育场举行　王　宇 / 摄

2019 年 4 月 10 日，由固原市人民政府、自治区文化和旅游厅主办，彭阳县人民政府、固原市文化旅游广电局、宁夏旅游投资集团有限公司共同承办的第十五届宁夏六盘山山花节暨第七届“梯田花海·魅力彭阳”文化旅游节、陕甘川宁毗邻地区旅游合作联盟互动宣传月活动在彭阳县悦龙山启幕　孙有亮 / 摄

2018 年 6 月，彭阳县被评为全区“四好农村路”示范县　王　宇 / 摄

2018 年 9 月 26 日，彭阳县第三届职工运动会在县城体育广场开幕　张彩云 / 摄

彭阳县茹河流域水污染防治工程(二、三期)建成并投入运行　孙有亮 / 摄

2019 年 2 月 19 日，彭阳县闹元宵·社火展演在悦龙山文化广场举行　孙有亮 / 摄

2018 年建成并投入使用的红河镇红河村“十三五”生态移民安置点　孙有亮 / 摄

2018 年建成并投入使用的彭阳县雷泽公园体育场馆　孙有亮 / 摄

2018 年 10 月 26 日，彭阳县第一中学举行建校 60 周年庆典仪式　李学虎 / 摄

彭阳县万寿菊规模化种植带动群众脱贫致富　孙有亮／摄

彭阳县中华蜂养殖产业助推脱贫攻坚　林生库／摄

彭 阳 数 字

（2018 年度）

总面积:2533.49 平方千米

户籍人口:250327 人

常住人口:199035 人

本地生产总值:553151 万元

第一产业增加值:142970 万元

第二产业增加值:165613 万元

第三产业增加值:244568 万元

本地公共财政预算收入:26446 万元

本地公共财政预算支出:382643 万元

固定资产投资额:264450 万元

社会消费品零售总额:91601 万元

金融机构存款余额:656832 万元

金融机构贷款余额:424993 万元

城镇居民人均可支配收入:25166.05 元

农村居民人均可支配收入:9862.50 元

常住人口从业人员:12.05 万人

城镇登记失业率:2.96%

农林牧渔业总产值:292127 万元

粮食种植面积:47367 公顷

粮食总产量:196200 吨

工业企业:126 家

工业总产值:259610 万元

参加基本养老保险人数:130998 人

各类学校总数:230 所

在校学生数:34951 人

文化站:23 个

卫生机构:22 个

医院及卫生院:19 个

村卫生室:156 个

医疗卫生机构实有床位:970 张

卫生技术人员数:648 人

社会福利服务机构:7 个

境内公路通车里程:2643.3 千米

邮政业务量:1041 万元

电信完成业务总量:2058 万元

移动完成业务总量:6858 万元

联通完成业务总量:862 万元

本地电话用户:20.74 万户

移动电话用户数:20.21 万户

互联网用户数:29926 户

农村贫困人口数:1575 人

贫困发生率:0.71%

单位 GDP 能耗同比下降:3.25%

治理水土流失面积:128.06 平方千米

林木覆盖率:27.5%

（彭阳县统计局　彭阳县社会经济调查队）

园林城市　曾淑芳/摄

悦龙新貌　郭　勇/摄

最美旱作梯田　杨巨辉／摄

家乡云海　余金玉／摄

生态彭阳　余金玉／摄

乡村晨曦　孙有亮／摄

县城夜景　曾淑芳／摄

战国秦长城之春　杨巨辉／摄

中庄梯田　王　宇／摄

希望的田野　杨巨辉 / 摄

秋日美景　余金玉 / 摄

春到五峰山　杨巨辉 / 摄

茹河栖凤迎春雪　梁宗科 / 摄

山里人家　余金玉 / 摄

山花赢赛事　王凤玲 / 摄

云 海 李有璋 / 摄

花香四溢 曾淑芳 / 摄

序

中共彭阳县委书记　赵晓东

彭阳县人民政府县长　刘启冬

触摸历史，感受巨变。36 年生态立县，41 年改革不息，70 年华章巨变，时间见证着奋斗者永不停歇的脚步。2019 年是新中国成立 70 周年，也是中国共产党在全国执政第 70 个年头。70 年栉风沐雨，70 年砥砺奋进，党领导亿万人民团结奋斗，新中国发生了天翻地覆的变化，创造了举世瞩目的中国奇迹，中华民族以昂扬姿态屹立于世界东方。正如习近平总书记深刻总结："无论是在中华民族历史上，还是在世界历史上，这都是一部感天动地的奋斗史诗。"献礼中华人民共和国成立 70 周年，紧扣时代脉搏，讴歌彭阳巨变的《彭阳年鉴 2019》付梓问世。这不仅是彭阳县赓续编辑出版的第九卷《彭阳年鉴》，也是彭阳史志工作者守正创新为时代立传职责的写照，更是全县人民以奋斗者的姿态奏响决胜脱贫攻坚圆梦全面小康的时代强音。

筚路蓝缕，坎坷奋进。2018 年，彭阳干部群众过得很充实，走得很坚定。这一年，全县人民在以习近平新时代中国特色社会主义思想的指引下，迎难而上，努力奔跑，追梦前行，奋进中书写了精彩答卷。新征程上，全县干部群众以脱贫攻坚统揽经济社会发展全局，打好"三大攻坚战"，实施"三大战略"，打好"六场硬仗"，全县经济稳中向好、改革蹄疾步稳、民生持续改善，乡村更加美丽，各项事业取得显著成效。全年实现地区生产总值 55.32 亿元，增长 5.0%；地方一般公共预算收入 2.64 亿元，增长 10.1%；全社会固定资产投资 26.45 亿元；社会消费品零售总额 9.16 亿元；城镇居民人均可支配收入达到 25166.05 元，增长 7.8%；农村居民人均可支配收入达到 9862.5 元，增长 12.2%，增速位居全区第一；森林覆盖率达 27.5%，生态文明建设入选中宣部"庆祝改革开放 40 周年·百城百县百企"全国重大调研课题，荣获全国三北防护林体系建设工程先进集体。

天道酬勤，日新月异。2018 年，对全县人民来说，是奋斗的一年，也是非凡的一年。这一年，全县干部群众流血流汗，走得很辛苦，也很勇毅，有付出，更有回报。全县人民坚决贯彻新发展理念，决战决胜脱贫攻坚硬仗，尽锐出战，攻坚克难，确保脱贫攻坚任务圆满完成。122 个贫困村通过市级复查复审全部出列，累计减贫 15198 户 54499 人，贫困发生率由 2014 年的 28.8%降至 0.71%，基础设施和公共服务全部达标，"三率一度"指标均符合国家规定的贫困县脱贫退出标准，正式脱贫摘帽。最是奋斗动人心。这一年，全县人民深入贯彻落实党的十九大及十九届三中、四中全会精神，戮力前行，接续奋斗，在新征程上写下浓墨重彩新篇章。全县各项事业取得新成效，荣获全国健康促进县、全区禁毒示范县、全区"四好农村路"示范县、自治区移风易俗工作先进县、全区民族团结进步模范先进集体等荣誉，在自治区效能目标管理考核中连续三年获优秀等次殊荣。"互联网+医疗"模式得到孙春兰副总理充分肯定，"互联网+水利"经验在水利部培训班上向全国推广，健康扶贫工作被国家卫健委和国务院扶贫办通报表扬……事非经过不知难，成绩来之不易，这是全县人民撸起袖子干出来的，是新时代彭阳奋斗者挥洒汗水拼出来的。

初心如磐，使命在肩。多年来，全县史志工作者坚定文化自信，执着坚守，赓续传统，笔录春秋，忠实记载着全县人民用 36 年的时间开辟的独具特色"生态立县"之路，笔录着全县人民战天斗地、改造山河、敢教日月换新天的奋斗史诗。文章合为时而著，歌诗合为事而作。《彭阳年鉴 2019》较之以往八卷，植彭阳之土壤，发时代之先声，更好地用文字解读彭阳实践，在守正创新上实现了新作为。"乘风好去，长空万里，直下看山河。"广大史志工作者要坚定文化自信，延续历史文脉，把握时代脉搏，聆听时代声音，讲好新时代彭阳故事，描绘新时代彭阳精神图谱，为时代画像、为时代立传、为时代明德。站立新时代，由"高原"向"高峰"攀登，正逢其时，更当只争朝夕！

道阻且长，行则将至。共和国 70 载奋斗史诗，激荡着中国人民百折不挠、砥砺前行的奋斗精神。读懂中国人民的奋斗历程，激荡家国一体、命运与共的情感共鸣，新时代的奋进脚步必将更加稳健铿锵。2019 年，是新中国成立 70 周年，是打赢脱贫攻坚战，决胜全面建成小康社会第一个百年奋斗目标的关键之年。不忘初心，新征程上再出发，县委、政府将带领全县人民，以习近平新时代中国特色社会主义思想为指引，增强"四个意识"、坚定"四个自信"、做到"两个维护"，贯彻"守初心、担使命、找差距、抓落实"的总要求，在新起点上一起拼搏、一起奋斗，一起扛起"实干"大旗，紧紧围绕"经济繁荣、民族团结、环境优美、人民富裕"目标，以脱贫攻坚为统领，聚焦聚力"三大战略""六场硬仗"，发扬点点滴滴、扎扎实实、默默无闻、久久为功的工作作风，圆梦全面小康，实现百年目标，在接续奋斗中书写新时代的彭阳华章，为全面建成小康社会打下决定性基础，作出"建设美丽新宁夏，共圆伟大中国梦"的彭阳贡献，以优异成绩喜迎中华人民共和国 70 周年华诞。

2019 年 9 月 26 日于彭阳

目　录 / CONTENTS

综　述

机构和组成人员

大　事　记

政党政权

群众团体

政务服务

法治建设

军　　事

经济监管服务

自然资源

农业与农村经济

工业园区建设和信息产业

财政税务

金融保险

商业贸易

商贸物流

交通运管

应急管理

城乡建设

教育文化旅游史志

卫生健康

乡　　镇

荣誉榜

附　录

专　　载

以习近平新时代中国特色社会主义思想为指引 为打赢脱贫攻坚战全面建成小康社会打下决定性基础

——在县委八届三次全体会议上的报告

（2019 年 1 月 4 日）

中共彭阳县委书记　赵晓东

各位委员、同志们：

这次全会的主要任务是：深入学习贯彻习近平新时代中国特色社会主义思想和党的十九大精神，全面贯彻落实习近平总书记视察宁夏时的重要讲话精神，按照中央经济工作会议和自治区第十二次党代会、自治区党委十二届六次全会、市委四届四次全会的部署要求，进一步动员全县各级党组织和广大党员干部群众，振奋精神、实干兴宁，一鼓作气打赢脱贫攻坚战，为全面建成小康社会打下决定性基础。

下面，我受常委会委托，向全会报告工作，并就 2019 年工作提出意见。

一、旗帜鲜明讲政治，凝心聚力促发展，全县各项工作成效明显

2018 年，是全县上下攻坚克难、经受考验的一年，也是创新突破、奋发有为的一年。一年来，常委会坚持以习近平新时代中国特色社会主义思想和党的十九大精神为指导，在区、市党委的坚强领导下，聚焦主责主业，狠抓大事要事，攻克重点难点，有力推动党中央一系列重大决策部署，区、市党委一系列部署要求落地落细落实。一年来，常委会坚持以脱贫攻坚统揽经济社会发展全局，不忘初心、牢记使命，坚决打好“三大攻坚战”，实施“三大战略”，打好“六场硬仗”，坚定不移全面从严治党，推动经济稳中向好、改革蹄疾步稳、民生持续改善，经济社会发展保持良好态势。预计全年实现地区生产总值 55.32 亿元，增长 5%，地方一般公共预算收入 2.64 亿元，增长 10.1%，城乡居民人均可支配收入分别达到 25166.05 元、9862.5 元，分别增长 7.8%和 12.2%。

坚定政治定力，自觉践行“两个维护”。常委会始终坚持把政治建设摆在首位，切实提高政治站位、强化政治担当、落实政治责任，突出抓理论学习、抓决策落实、抓问题整改，自觉在思想上政治上行动上同以习近平同志为核心的党中央保持高度一致，推动全县各项事业始终沿着正确政治方向前进。

常委会坚持把学习贯彻习近平新时代中国特色社会主义思想和党的十九大精神作为首要政治任务，结合学习贯彻习近平总书记视察宁夏时的重要讲话精神，举办专题学习班6次，开展县委理论中心组集中学习研讨16次，组织县级领导干部专题研讨4次，实现各级干部教育培训、专题辅导和面向基层、面向群众的宣传宣讲全覆盖。坚持以上率下，树牢“四个意识”，坚定“四个自信”，做到“两个维护”，习近平新时代中国特色社会主义思想在全县广大党员干部群众中的政治认同、思想认同、情感认同全面加强。坚持“落实落实再落实”，在思想上对标对表，在行动上紧跟紧随，制定“一个责任清单”、一个项目库、“三个责任分工方案”，扎实开展习近平总书记对宁夏重要指示批示精神贯彻落实“回头看”，确保政令畅通、令行禁止。

常委会坚持把开展庆祝自治区60大庆系列活动作为全县人民政治生活中的大事喜事，把讲政治的要求贯穿系列庆祝活动全过程各方面，紧扣党的民族政策和民族区域自治制度的光辉成就，紧扣民族团结进步、推进生态建设、决战脱贫攻坚、全面从严治党等生动实践，举办庆祝自治区60大庆文艺晚会，组织开展“全国主流媒体宁夏行”大型采访活动走进彭阳，圆满完成大庆民生项目，集中走访慰问先进模范人物和困难群众，组织各级各界干部群众集体参观自治区成立60周年大型成就展。特别是习近平总书记专门题写的“建设美丽新宁夏，共圆伟大中国梦”的贺匾，极大激发了全县各族干部群众“拥护核心感党恩，同心携手奔小康”的昂扬斗志，党中央和习近平总书记对宁夏的亲切关怀和深情厚爱深深植入全县各族干部群众心中。

常委会自觉扛起中央和自治区巡视、中央环保督察“回头看”、扶贫领域督查检查和中纪委暗访反馈问题整改落实主体责任，对反馈问题主动认领、全盘接收，班子成员带头包抓，分类制订整改方案，定期研究督办落实，集中开展群众反映强烈的突出问题、违反中央八项规定精神问题、共产党员信仰宗教和参与宗教活动问题、生态环保突出问题、扶贫领域突出问题等系列专项治理，召开“严格执行中央八项规定精神”“从严整改中央巡视反馈问题”两个专题民主生活会，中央和自治区巡视反馈问题按时有序推进，13件中央环保督察“回头看”转办投诉件全部办结，群众反映强烈和社会关注的问题得到有效解决，各级干部党性再锤炼、政策再教育、认识再提升、工作再规范，为实现各项事业持续健康发展奠定了坚实基础。

聚焦精准施策，决胜脱贫攻坚成效显著。紧扣兑现脱贫退出政治承诺，对标“四个切实”“六个精准”“五个一批”要求和国家考核验收标准，扎实开展以脱贫退出自查自评自验和“十项清零”为重点的脱贫攻坚百日行动，贫困人口稳定实现“两不愁三保障”，农村“房路水电”等基础设施短板全面补齐，行政村通硬化路、通客车全覆盖，农村饮水保障率、供水水质达标率均达100%，“九个一批”措施解决16311户群众安全住房问题，所有农户安全住房有保障，贫困户产业覆盖面达89.9%，44个“空壳村”脱壳，村集体经济收入均达到1.5万元以上，教育、健康等扶贫惠民政策精准到户到人，贷款存量覆盖面达81.8%。闽宁扶贫协作、中央单位定点帮扶工作取得实质性进展。圆满完成脱贫退出县级自评，14个贫困村出列，减贫7760人，贫困发生率下降到0.71%，贫困村退出通过自治区第三方评估验收和市级复查复审。

坚持创新驱动，推动转型发展步伐加快。牢牢把握高质量发展要求，加大产业项目引进，加大新产业、新业态、新模式培育，现代化产业体系逐步建立。现代农业在生产端布局更加科学明晰，科技支撑和示范带动能力明显提升，主导产业规模化发展加快，特色产业提质增效明显，“5·30”养殖户同比增长30%，引进北京恒润泰和、固原杏林与彭阳壹珍药业组建中药材产业发展联合体，带动全县发展中药材8.4万亩。分区域建成“四个一”林草产业试验示范园7个，引进新品种147个，“四个一”林草产业为转型发展带来了新理念、蹚出了新路子。王洼煤矿改扩建项目建成投运，工业园区企业“退低进高”“腾笼换鸟”有序推进。姚河塬遗址入列2017年度全国十大考古新发现，全年游客接待量和旅游社会收入分别增长10%、13%。闽宁彭阳信息产业园和TMT金融小镇带动新产业、新业态破局，物流快递配送实现当天进村，农产品电商销售额增长26%，服务业对经济增长贡献率达32%。

突出生态引领，城乡面貌发生明显变化。牢固树立绿水青山就是金山银山的理念，完成国土绿化19.75万亩，小流域治理程度提高2个百分点。持续深化环保问题治理，茹河水污染防治二期、三期建成，县城空气优良天数达96.3%，残膜回收率达95%以上，茹河、红河、安家川河水质稳定达标。坚持以大项目推动大建设、带动大发展，统筹推进美丽城乡建设，开展城乡环境综合整治，加大老旧小区改造力度，棚改任务全面完成，城市美化亮化绿化水平进一步提升，草庙美丽小城镇项目开工建设，建成美丽村庄6个，城阳乡长城村乔渠组入选第五批“中国传统村落名录”。“721”工作法有效破解城市综合管理执法难题。加快基础设施提质提标，G327沟彭段建成通车，G327彭青段、刘杨公路、夏南公路开工建设，农村路网全面提升。

倾力惠民利民，社会各项事业持续向好。坚持以人民为中心的发展思想，持续增加优质公共服务供给，群众获得感幸福感不断提升。深入开展“教师素质、教育质量双提升”行动，义务教育国家质量监测成绩位居全区前列，打造“名师工作室”2个，培养“六盘名师”“塞上名师”“彭阳名师”10人。扎实开展全国全民健身示范县创建，全县人均体育场地面积超过全区全国平均水平。深化医疗卫生体制改革，医共体、医联体、专科联盟建设有序推进，“互联网+医疗”加速优质医疗资源下沉，贫困患者住院实际报销比例达90.69%。实施就业、文化、社保惠民工程，建成“一园一街”创业示范基地，村级综合文化活动中心全覆盖，城乡低保应保尽保、应纳尽纳，老干部活动中心改造完成，茹河老年颐养院、残疾人康复中心建成投入使用，县城半小时文化圈、10 分钟生活圈基本形成。

深化改革开放，科学发展动力更加强劲。坚持用改革的方法破解发展难题、蓄力发展动能，48 项基础性关键领域改革取得实质性进展。扎实推进农村综合改革，土地承包经营权确权颁证和集体资产清产核资工作全部完成，土地股份制改革试点进展顺利，产权流转服务中心“两平台一系统”投入运行，“互联网+人饮”经验在水利部培训班上交流推广。全面深化“放管服”改革，政务服务实现“线上线下”双线运行，“政务云”系统应用推广延伸至乡镇和村（社区），政务服务事项网上可办率达 80%以上，审批时限压缩 57%。加快科技创新改革步伐，成立产业技术创新联盟，R&D 经费投入位居全市第一。扎实开展“招商引资年”活动，引进到位资金 17.06 亿元。

广泛汇聚合力，社会大局保持和谐稳定。高度重视民主政治建设，支持人大、政府、政协、司法机关和人民团体依法照章履行职能，四套班子同心、各级步调一致的局面更加巩固。着力抓实民兵调整改革，加强和创新基层社会治理，深入推进“七五”普法，践行社会主义核心价值观和精神文明创建成效明显。全面落实党的民族宗教政策，坚持宗教中国化方向，扎实开展宗教领域突出问题治理，现有宗教格局稳定。深化平安彭阳建设，推行“听证办访”“网上信访”，创新人民调解参与信访矛盾化解，全县社会安全稳定。深入推进扫黑除恶专项斗争，打掉恶势力犯罪集团 2 个、村霸 1 个，整顿治安乱点 102 条，深挖打掉跨 23 县（区）的“劳务碰瓷”敲诈勒索新型恶势力犯罪集团案赢得社会广泛称赞。加大安全生产和食品药品安全领域风险隐患治理，区、市下达的各项指标得到有效预控。

加强党的建设，领导发展能力全面提升。坚持和加强党的全面领导，层层压实各级党委（党组）主体责任和班子成员“一岗双责”。集中抓好“四个年”活动，全县干部素质明显提升、作风明显转变、民风持续向好。严格落实意识形态工作责任制，管阵地、把导向、强队伍，牢牢掌握领导权和主动权。突出政治标准，树立实干实绩导向，在脱贫攻坚和急难险重一线精准识人选人用人，推荐储备优秀年轻干部 110 名。深化“三大三强”行动和“两个带头人”工程，整顿软弱涣散基层党组织 21 个，村党支部书记中致富带头人占 65%，全区落实农村党建“四个重要文件”现场推进会在彭阳召开。全面推进“三强九严”工程，机关党组织政治功能进一步加强。严格党员教育管理，58 个基层党组织、1558 名党员被亮黄星，教育转化信仰和参与宗教活动党员 126 名。全面加强党风廉政建设，违反中央八项规定精神、“四风”问题、扶贫领域腐败和作风等问题专项治理问责处理干部 144 人。完成监察体制改革，健全纪委监委内设机构，建立巡视巡察上下联动机制，开展专项巡察 4 个乡镇、6 个部门。

一年来，常委会以更高的标准更严的要求加强自身建设，修订完善县委常委会规则，制定实施坚定维护以习近平同志为核心的党中央统一领导的若干规定、落实全面从严治党主体责任的意见等党内法规制度，带头讲政治守纪律，带头严肃党内政治生活，带头维护班子团结，带头遵守廉洁自律准则，努力干在实处、走在前列、当好表率。

事非经过不知难，责任扛肩勇担当。一年来，面对经济下行压力加大，面对艰巨繁重的改革发展稳定任务，常委会注重发挥各方面优势，激发广大干部群众积极性创造性，推动形成了一批特色亮点，“互联网+医疗”模式得到孙春兰副总理的充分肯定，健康扶贫受到国家卫健委和国务院扶贫办通报表扬，生态文明建设入选中宣部“庆祝改革开放40周年·百城百县百企”全国重大调研课题，荣获全国三北防护林体系建设工程先进集体、全国健康促进县、全区禁毒示范县、全区“四好农村路”示范县、自治区移风易俗工作先进县、全区民族团结进步模范先进集体等荣誉，形成了重点突破、典型引路、整体推进的良好局面。这些成绩的取得，离不开习近平新时代中国特色社会主义思想的科学指引，离不开党中央和习近平总书记的亲切关怀，离不开区、市党委的坚强领导，离不开县四套班子的密切配合，离不开全县广大党员干部群众的务实苦干。在此，我代表县委常委会，向各位委员、候补委员，向在座的同志们，并通过你们向全县广大党员干部群众以及社会各界表示衷心的感谢！

成绩来之不易，问题不容回避。我们清醒地认识到：面对脱贫富民的强烈愿景，现有扶贫产业基础薄弱，贫困人口增收难度大，优质公共服务供给不足，实现高质量脱贫和乡村振兴的任务仍然艰巨；面对经济高质量发展的根本要求，全县三次产业的关联性和融合度不高，集聚发展的优势不明显，旧动能低效、新动能不足，推动绿色发展、转型发展的任务仍然艰巨；面对新时代改革开放再出发的伟大号召，体制机制不活，创新氛围不浓，一些干部思想观念不够解放、改革担当意识不够强烈，优化改革发展环境的任务仍然艰巨；面对全面从严治党向纵深推进的责任使命，基层党组织战斗堡垒作用与新时代要求还有差距，整治“微腐败”、违反中央八项规定精神问题还需持续用力，全面从严治党任务仍然艰巨。这些问题，我们必须高度重视，切实加以解决。

二、一门心思抓落实，集中精力打硬仗，奋力续写新时代彭阳发展新篇章

今年是新中国成立70周年，是打赢脱贫攻坚战，决胜全面建成小康社会第一个百年奋斗目标的关键之年。中央经济工作会和自治区党委十二届六次全会、市委四届四次全会对2019年工作作出了全面安排部署，我们要自觉把彭阳发展融入全市全区全国大局，按照中央要求，围绕区、市党委既定工作思路、主要目标和重点任务，“实”字当头，“干”字为先，抓好贯彻落实。

2019年全县经济社会发展总的要求是：以习近平新时代中国特色社会主义思想为指导，深入贯彻党的十九大和十九届二中、三中全会及中央经济工作会议精神，全面贯彻习近平总书记视察宁夏时的重要讲话精神，认真贯彻落实区、市党委决策部署，坚持稳中求进工作总基调，坚持新发展理念，坚持推动高质量发展，坚持以供给侧结构性改革为主线，坚持深化市场化改革、扩大高水平开放，紧紧围绕“经济繁荣、民族团结、环境优美、人民富裕”目标，以脱贫攻坚统领经济社会发展全局，坚决打好三大攻坚战，深入实施“三大战略”，集中攻坚“六场硬仗”，振奋精神、实干兴宁，一鼓作气打赢脱贫攻坚战，为全面建成小康社会打下决定性基础，作出“建设美丽新宁夏，共圆伟大中国梦”的彭阳贡献，以优异成绩庆祝中华人民共和国成立70周年。

主要预期目标是：地区生产总值增长7%；全社会固定资产投资增长5%；地方一般公共预算收入增长6%；城乡居民人均可支配收入分别增长8%、9%。完成区、市下达的各项约束性指标。

做好今年工作，首先要认清形势、明辨大势、把握趋势，深化对做好新形势下经济工作的规律性认识，保持战略定力，坚定必胜信心。要深刻认识我国发展仍处于并将长期处于重要战略机遇期的重大判断。这是习近平总书记在中央经济工作会议上对当前形势的科学判断。要看到我国发展重要战略机遇期蕴含的“变”与“不变”、同生并存的“危”和“机”。“变”就是当今世界面临着百年未有之大变局，国内外形势正在发生深刻变化；“不变”就是我国发展仍处于并将长期处于重要战略机遇期没有变；在“不变”的重要战略机遇期中，其内涵发生了新的变化。同时必须看到，百年未有之大变局，带来了百年未有之大机遇，也带来了百年未有之大挑战，危和机同生并存，克服了危就是机，失去了机就是危。我们要增强忧患意识，作好万全准备，转危为机、转危为安。要深刻认识我国经济总体平稳、稳中有进的良好态势。这是习近平总书记在分析国内经济形势时作出的精准判断。党的十八大以来，我国经济运行保持在合理区间，经济块头更大、颜值更高，在世界主要经济体中风景这边独好。但同时我国经济运行稳中有变、变中有忧，面临的环境更复杂、不确定性更大、风险挑战更多，保持经济持续健康发展的难度加大。从长期看，我国经济发展基本面是好的，特别是我国有改革开放40年来发展的深厚积累，经济发展有足够的韧劲、巨大的潜力、广阔的市场，只要我们坚决贯彻落实党中央决策部署，坚定信心、精准施策、真抓实干，就一定能够在应对困难和挑战中实现经济社会发展新的跃升。要深刻认识彭阳当前发展中的许多问题是结构调整阵痛的表现。前些年我们一些指标特别是投资大幅增长，近年开始下滑。要看到过去的高增长是在起点低、基数小的前提下的高增长，是基础设施项目密集、政府高强度投资下的高增长。仅从数据表面看，一些指标是下滑了，但从数字背后的变化看，我们的发展质量不断向好的方向进步。“十二五”期间全县固定资产投资平均增速22.4%，“十三五”以来平均增速8.3%，今年预计下降10%，但分析投资结构，2017年政府性投资占42.9%，比2010年下降了31个百分点；民间投资占57.1%，比2010年增长了31个百分点。2010年全县规上工业增加值占工业增加值的68.2%，规下占31.8%；2017年规上占80.8%，规下占19.2%，等等。确定2019年预期目标时，也是基于保持合理的经济增长、基于高质量发展的要求，也充分考虑了今年发展的不确定因素。因此，我们不能纠结于增长速度的一时变化，要透过现象看本质，从发展变化看形势，从长期大势认清当前形势，不能被当前指标、短期变化牵着鼻子走，发展方式转变、经济结构调整是要付出代价的，不可能轻轻松松完成。我们一定要提高认识，保持定力耐力，坚定信心决心，坚定不移地推进供给侧结构性改革，坚定不移地办好自己的事情，推动经济社会持续健康发展和社会大局稳定。

做好今年工作，我们必须践行“两个维护”，在政治建设上有新加强。习近平新时代中国特色社会主义思想和党的十九大精神是做好各项工作的根本遵循，习近平总书记视察宁夏时的重要讲话是习近平新时代中国特色社会主义思想的“宁夏篇”，要结合深入推进“两学一做”学习教育常态化制度化，系统学、跟进学、联系实际学，精心组织开展“不忘初心、牢记使命”主题教育，持续强化理论武装，切实做到深学笃行。要把“两个维护”作为首要政治任务，树牢“四个意识”，坚定“四个自信”，强化政治责任，保持政治定力，把准政治方向，提高政治能力，增强斗争精神，坚决同破坏政治纪律和政治规矩的行为作斗争，自觉做党的政治建设的引领者、实践者、推动者。要坚决贯彻落实党中央重大决策部署和区、市党委部署要求，以“整改不落实就是对党不忠诚”的政治自觉抓好中央和自治区巡视反馈问题整改工作，从讲政治的高度抓好民族宗教工作，统筹推进各项工作落地见效，确保全县工作方向准、大局稳、落点实。必须坚持稳中求进，在高质量发展上有新成效。稳中求进不是无所作为、安于现状，也不是盲目求进、急功冒进。“稳”是前提和基础，重点是稳住经济运行基本面，坚持绿色发展，防范化解金融风险，保持经济社会平稳健康发展。“进”是目标和方向，重点是深化供给侧结构性改革，重构产业、重组要素、重聚动能，在做大总量、做优质量上求“进”。必须坚持改革开放，在重点工作上有新突破。聚焦解决经济社会发展瓶颈，敢于打破阻碍发展的“坛坛罐罐”，在转变发展方式、创优发展环境、转换发展动能上重点突破，树立起以人民为中心的根本导向，在三大攻坚战、“三大战略”“六场硬仗”上整体推进。必须坚持党的领导，在推动落实上有新作为。发挥县委领导全局、把握大局、定向领航作用，团结一切可以团结的力量，继续发扬“点点滴滴、扎扎实实、默默无闻、久久为功”的“实”字工作法，继续推行项目化、清单化、责任化工作推进机制，建立工作专班，实行挂图作战，紧盯路线图、时间表，马上就办、办就办好。

（一）坚定不移打好脱贫富民决胜战，深入推进脱贫攻坚与乡村振兴统筹衔接。认真贯彻习近平总书记关于扶贫工作重要论述精神，把脱贫攻坚作为现阶段乡村振兴的主要任务，全力实施打赢脱贫攻坚战三年行动，确保脱贫攻坚与乡村振兴协同推进。

鼓足攻城拔寨的干劲决战脱贫摘帽。把所有工作、所有力量、所有资源全部向脱贫退出迎检聚焦，以全员攻坚的自觉和实事求是的态度，做好市级初审、自治区评估检查、国家抽检的准备工作，交出优秀答卷。要在补短板上下足“绣花功”，从严从细落实好

"边缘户"和"易返贫户""一户一策"补齐方案，从实从快做好基础设施"清零"，动态补齐新增"房路水"等基础设施短板，力争零漏评、零错退。集中开展"帮扶大走访，政策大宣讲"活动，做实做细政策解读说明和群众教育引导工作，争取群众支持，赢得群众认可，提高满意度和知晓率。要在抓摘帽上打好"组合拳"，建立迎检工作任务责任清单，拉条挂账，定期检查，督促各专组把工作做深做细做实。对县、乡、村三级软件资料进一步梳理完善，确保规范齐备、科学准确。采取轮训、讲习等方式，不断强化各级干部对扶贫基本政策和县、乡、村户基本情况的巩固掌握。加大农村环境卫生整治力度，以干净整洁的村容村貌和焕然一新的精神面貌迎接考核评估。

保持一抓到底的韧劲提高脱贫质量。以 2020 年全面脱贫为目标，按照"四个不摘"要求，实施脱贫富民战略，着力抓好"四项行动""七大工程"，巩固脱贫成果，提高脱贫质量，防止返贫和产生新的贫困。开展增收富民行动。把多渠道增加群众收入作为稳定可持续脱贫的关键举措，做到"有土""离土"双轮驱动。实施产业富民工程，深化"企业+合作社+贫困户"经营模式，做实"电商+贫困户"帮扶机制，提升"一村一品"特色产业发展水平，提高扶贫产业与区域产业布局的融合度。实施就业富民工程，落实创业就业扶持政策，以返乡创业带动、扶贫车间吸纳、劳务输出转移、公益性岗位安置等促进群众就业增收，加大实用技能精准培训，确保有就业意愿的贫困群众都有一技之长、都有就业门路。实施金融富民工程，引导金融资源向扶贫产业聚焦、金融服务向行政村布局，建成金融扶贫示范村 40 个，实现贫困户小额信贷和"扶贫保"全覆盖。开展巩固提升行动。把农村基础设施和公共服务提标提质作为高质量脱贫的重要保障，不断缩小与全国全区平均水平差距。实施基础设施提升工程，以"水路电网"为重点，加大管护力度，提升保障能力。实施公共服务提升工程，继续提升义务教育和基本医疗保障水平，社会保障兜底做到不落一人。深化闽宁对口扶贫协作，推进"携手奔小康"行动，强化部门、行业帮扶，鼓励各类企业和社会组织参与，凝聚起脱贫富民强大合力。开展壮大村集体经济行动。把发展壮大村集体经济作为带动群众增收致富的重要途径，大力发展资产租赁、生产服务、股份合作、经营合作、资本收益、扶贫车间等多种经营形式，力争 75%的村收入超过 5 万元。实施光伏扶贫工程，加快村级光伏扶贫电站建设，力争提供贫困村集体经济收入每村每年不低于 10 万元。开展扶志扶智行动。坚持扶贫与扶志、扶智相结合，更加注重正向激励，健全生产奖补、劳务补助、以工代赈等政策，把政策导向调整到带动群众自力更生发展生产上。实施民风建设工程，深入开展"我脱贫我光荣"先进典型大巡讲，培育新乡贤文化，发挥"一约四会"作用，专项治理农村不良风气，培育起群众奋发图强、争先脱贫的精神风貌。

拿出敢做善成的闯劲推进乡村振兴。实现脱贫摘帽是开启乡村振兴的第一步，脱贫攻坚期内，所有任务都是为乡村振兴打牢坚实基础，必须做好统筹衔接，以脱贫攻坚促进乡村振兴，以乡村振兴提升脱贫成果。要着眼提升全面小康成色，牢牢把握乡村振兴“20字”总体要求，加快编制乡村振兴战略规划，建立健全城乡融合发展体制机制和政策体系。坚持农业农村优先发展，更加注重公共资源、基础设施、产业发展等要素向农村延伸，把农业供给侧结构性改革的文章往深里做、往细里做，推动农业全面升级、农村全面进步、农民全面发展。要坚持内外兼修，以系统改善提升农村生产生活条件为主线，以实施农村人居环境整治三年行动为抓手，开展“百村示范、千村整治”行动，全面推进农村“五土”共改和“厕所革命”，打造一批人居环境整治示范村和生态田园综合体，以点带面，示范推进全县乡村振兴。

（二）坚定不移打好创新驱动攻坚战，加快构建支撑高质量发展的现代产业体系。坚持以供给侧结构性改革为主线，全面落实巩固、增强、提升、畅通“八字方针”和“六个稳”的要求，认真落实自治区“创新驱动30条”，推进一、二、三产业融合发展，打造一产优势区、二产功能区、三产集聚区。

做大做强特色优势产业。坚持特色立农，聚焦特色调结构，不断优化区域布局，强畜、稳菜、增果、优化“林药蜂”，推进肉牛规模化养殖，大力发展道地中药材，适度扩大特色产业种养规模，完善产业链条，提高附加值。坚持质量兴农，培育一批龙头企业、专业合作社、家庭农场、种养大户，鼓励开展新技术示范推广和标准化生产，做好“三品一标”认证，建立全程质量追溯体系，打造辣椒、红梅杏、生态鸡全国优势产区。坚持品牌强农，开展特色品牌培育行动，打响“云耕彭阳”生态农产品区域公用品牌，强化品牌保护管理，提高品牌影响力和市场占有率。

积极培育生态友好型工业。坚持生态、环保、节水优先，认真落实自治区工业对标提升转型发展十大行动，开工建设王洼煤矿输煤管廊和选煤场二期项目，加快鑫卓煤矸石分选加工、茹河果品加工等产业项目建设，争取“双创”服务平台落地建设，积极培育工业经济新动能。深化工业园区改革，重点在管理体制、绩效考核、低成本化改造等方面创新突破。完成优化整合“一园三区块”总规修编，持续开展“散乱污”和“僵尸企业”专项治理，打造宁南地区能源基地、特色农产品加工和轻工产品制造集散地，年内新增入园企业5家。

多业态发展现代服务业。大力发展电商物流、金融保险等生产性服务业，加快推进闽宁彭阳信息产业园、仓储物流园建设进度，提升电商产业发展水平，引导金融机构支持地方实体经济发展，力争在金融招商上实现新突破。立足解决传统服务业质量水平不高、有效供给不足，积极培育健康养老、教育培训、文化体育、休闲娱乐等生活性服务业新业态，实施新百购物等现代商圈建设，不断满足群众对生活性消费服务新需求。

持续加大科技创新力度。主动融入“科技支宁”东西部合作，深化与福建农林大、农科院等合作，发挥产业技术创新联盟作用，以产业转型升级需求为导向，以“四个一”等各类科技示范园区为载体，加快推进创新资源融合、创新成果共享，开展科技企业培育、创新人才集聚、创新平台建设等重点工作，以创新链改造提升产业链、以创新集群引领带动产业集群。加大科技创新投入力度，R&D 经费投入增长 30%以上。

（三）坚定不移打好生态环境保卫战，全力打造山绿与民富双赢的绿色发展名片。认真贯彻习近平生态文明思想，牢固树立绿水青山就是金山银山的理念，坚持绿色发展，加大生态建设和环境保护力度，实现百姓富与生态美有机统一。

实施好生态建设基础工程。严守生态保护红线、永久基本农田、城镇开发边界三条控制线，统筹山水林田湖草综合治理，按照“一园一廊三河三线”布局，以“四个一”林草产业试验成果推广为引领，以六盘山 400 毫米降水线造林绿化工程为重点，以茹河生态治理、迁出区生态修复、天然林资源保护等项目为抓手，推进荒山荒地、城乡道路、村头庄畔等全域造林绿化，不断扩大绿色空间，形成山清水秀、环境优美的生态廊道，筑牢屏障，护好家园。提升小流域综合治理水平，加大封山禁牧力度，强化森林抚育管护，提高林分质量，创建全国生态文明示范县。

落实好环境保护底线任务。坚持把良好生态环境作为最普惠的民生福祉，深入实施蓝天、碧水、净土“三大行动”，集中力量打好柴油货车污染治理、城市黑臭水体治理、水源地保护、农业农村污染治理等几场标志性战役，推进环境质量持续改善。紧盯中央环保督察“回头看”及水环境专项督察反馈问题，按照“四个不放过”要求，全面整改，真改实改，按时交账。全面加强大气污染治理，集中开展“四尘”污染专项整治，确保大气环境质量稳中有升。全面加强水污染治理，做好城乡污水处理设施建设运营监管，县城污水处理厂一级 A 稳定排放，“三河”水质稳定达标。建立水质乡镇断面考核和交接制度，推动河长制从“有名”向“有实”转变。全面加强农业面源污染治理，把环保工作重心转向土壤污染防治，有序推进农村垃圾分类处理，严禁秸秆焚烧，严控农田残膜、畜禽养殖污染，守住良好生态环境宝贵财富。

构建好绿色发展现实路径。用足用活生态资源优势，推进生态建设与三次产业融合发展，推动生态资源向富民资本转化。大力发展“四个一”林草产业，积极融入全市“一屏一带一线三区五城”规划布局，在不断探索实践的同时，对条件成熟的试验成果，分类布局到绿化造林、城市园林、美丽乡村、全域旅游、庭院经济等领域，完成试验示范工程建设 48 万亩，充分发挥“四个一”林草产业在生态建设、脱贫攻坚、乡村振兴、全域旅游中的产业引领作用。全面推行“大园区+小庭院”“大产业+小农户”模式，配套发展养蜂、食用菌、中药材等产业，推进大生态与大扶贫、大产业、大旅游有机融合。大力发展全域旅游，坚持生态为形、文化为魂，把彭阳作为宁夏大景区的重要组成部分，全县域全景式谋划，打响“中国最美旱作梯田”旅游品牌。加快补齐景区和旅游示范村、扶贫村基础设施短板，加快姚河塬西周遗址保护开发利用，引进专业经营管理企业，实现茹河瀑布、金鸡坪梯田公园托管运营。实施旅游富民工程，按照种出风景、种出产业、种出财富的思路，把特色产业种植基地打造成旅游景点，把特色农产品包装成游客的“伴手礼”，把周边群众培育成景区的“上班族”。

（四）坚定不移打好城乡统筹大会战，持续提升融合均衡发展的基础设施水平。坚持城乡一体、产城融合，统筹推进城乡基础设施建设和公共资源均衡配置，加快构建快捷互通、功能互补、协调联动、绿色现代的城乡融合发展体系，让城市更加生态宜居，让乡村更加整洁美丽。

提升城乡宜居水平。立足生态宜居目标，围绕城市总规修编，强化城市重点片区规划设计，编制完成“海绵城市”专项规划，加强空间管控，充分发挥规划的战略引领和刚性约束作用。着眼全面改善城乡居民生产生活条件，实施老旧小区改造、棚户区改造、城市道路改造、城市桥梁等市政设施建设项目，开工建设美丽小城镇 2 个、美丽村庄 6 个。着眼提升县城品质，增强乡村魅力，逐街道逐公园逐节点制订方案，开展城市街道、新建园林、河道岸坡、乡村道路、田园村庄绿化美化。进一步理顺城市管理体制机制，全面推行“721”工作法，集中开展城市交通秩序、占道经营、违章建筑等专项治理行动，深化“精细管理、深度保洁”模式并向乡村延伸，全面提升市容市貌、村容村貌。

提升交通通达水平。突出外通内联、通村畅乡、客车到村、安全便捷，完善城乡交通路网体系，争取 G85 银昆高速彭阳过境段、孟塬椿树岔至城阳杨坪公路项目开工建设，加快推进 G327 彭青段公路建设，刘杨公路、夏南公路建成通车，精准实施农村扶贫公路和农村公路安防工程，不断提升道路运输服务能力。全面提升农村公路管养水平，完成农村公路新增排水设施建设，确保农村公路列养全覆盖，争创全国“四好农村路”示范县。扎实推进城乡客运补短板，建立农村客运发展长效机制，巩固提升行政村通客车质量，为群众出行提供更加便捷的服务。

提升水资源保障水平。坚持开源节流并举，开工建设庙台、石头崾岘水库除险加固工程和石家峡水库、茹河水系连通工程，完成店洼、遁河水库除险加固，实施农村饮水巩固提升工程，争取西海固脱贫引水用水指标，全力保障生产生活和长远发展用水。启动红、茹河高效节水现代化生态灌区项目和虎山庄等水土保持以奖代补试点项目建设，打造宁夏生态治理先行示范区。扎实推进农业水价综合改革，建立用水权初始分配制度，促进水资源综合利用效益最大化。深化智慧水利建设，完善“互联网+人饮”信息化管理平台，加强监测管理，进一步提高安全饮水覆盖率、入户率、保障率。

（五）坚定不移打好民生改善持久战，不断增强人民群众的获得感幸福感安全感。牢固树立以人民为中心的发展思想，坚持在发展中保障和改善民生，加大民生投入，办好民生实事，履行好保增收、保民生、保稳定的政治责任。

持续增加优质公共服务供给。坚持优先发展教育事业，深化教育教学改革，推行“互联网+教育”，实施教育现代化推进工程，推动优质教育资源共享。创新学前教育办园机制，推进县域义务教育向优质均衡发展、普通高中实现多样化发展。推进职业教育特色办学，引导“两后生”全部接受免费职业教育。实施好薄弱学校改造项目，建成悦龙新区全民健身中心，争创全国全民运动健身模范县。深入推进健康彭阳建设，深化综合医改和县级公立医院改革，抓好医共体、医联体、专科联盟建设和县、乡、村医疗卫生机构一体化试点县建设，引导优质医疗资源下沉，打造全国“互联网+医疗健康”示范区。加强医疗卫生服务能力建设，强化重慢性疾病预防控制，提升妇幼保健水平，做实家庭医生签约服务，不断满足群众健康需求。把就业增收摆在突出位置，深化“双创”行动，提升“一园一街”孵化功能，鼓励创业带动就业。大力实施社保惠民工程，健全重特大疾病医疗保障补充制度，加强社会救助兜底保障，高度重视残疾人事业发展，推进社会保障扩面提标。

全力推动文化繁荣兴盛。坚持团结稳定鼓劲、正面宣传为主，深化中国特色社会主义和“中国梦”宣传教育，组建县融媒体中心，探索新时代文明实践中心试点，开展建国70周年系列宣传活动，唱响主旋律，弘扬正能量。持续推进社会主义核心价值观建设，大力推动群众性精神文明创建，深入实施公民道德建设工程，引导全社会崇德尚善、见贤思齐。实施文化惠民工程，完成县文化馆装修布展，扶持农民文化大院和骨干文化企业发展，加强文艺人才队伍建设，加大文艺精品创作，开展群众性文化体育活动，丰富群众精神文化生活。

加强和创新社会依法治理。以平安彭阳、法治彭阳建设为重点，加快司法体制综合配套改革，深入开展“七五”普法，建设法治政府，推进依法行政、公正司法、法治惠民，实现行政村公共法律服务室全覆盖。推动社会治理重心向基层下移，推进现代化社会治理体系和立体化社会治安防控体系建设，完成“雪亮工程”，依法严厉打击黄赌毒黑拐骗等违法犯罪活动。坚持和发展新时代“枫桥经验”，完善矛盾纠纷多元化解机制，持续开展集中解决群众反映强烈的突出问题活动，把矛盾化解在萌芽，把问题解决在基层。深入推进扫黑除恶专项斗争，坚持扫黑、除恶、治乱、破网、打伞、问责并举，着力营造公平正义、安定有序的发展环境。严格落实安全生产责任制，切实加强食品药品安全监管，确保人民群众生命财产安全。

扎实做好民族宗教工作。全面贯彻党的民族政策和宗教工作基本方针，精准贯彻落实自治区党委十二届四次全会精神，巩固好全国民族团结进步示范县创建成果。坚持把筑牢中华民族共同体意识作为民族工作的主线，扎实开展马克思主义民族观宗教观宣传教育和“拥护核心感党恩、同心携手奔小康”主题教育，把党的民族政策传达到一线、落实到最基层，夯实“三个离不开”“五个认同”根基。坚持宗教中国化方向，依法加强宗教事务规范化管理，做好“导”的文章，积极引导宗教与社会主义社会相适应，确保现有宗教格局稳定。深入开展宗教领域突出问题治理，在持续抓好“三化”问题治理的基础上，坚决防止苗头性、倾向性问题，加强网络涉民族宗教舆情管控引导，创造和顺平静的宗教氛围。

（六）坚定不移打好改革开放突围战，释放创优发展环境的改革动能和开放活力。深入学习贯彻习近平总书记在庆祝改革开放40周年大会上的重要讲话精神，以再出发的坚定决心，继续深化改革、扩大开放，打造更优更活的体制机制和发展环境。

坚定不移深化市场化改革。落实好中央和区、市确定的改革任务，有针对推进重点领域、关键环节改革。高质量完成机构改革，对标中央和自治区党委划定的改革“路线图”“时间表”，突出全面加强党的领导，优化职能配置，理顺权责关系，科学设置党政机构，构建系统规范高效的职能体系。持续深化农业农村综合改革，逐步扩大农村集体产权“三权分置”+监督权改革，开展股权配置、折股量化工作，健全监督管理、收益分配机制，提升农村产权流转交易中心运行服务水平，激发农民内生动力，增强农村发展吸引力。持续深化财税金融改革，优化财税金融和投融资体制机制，强化财政监督、预算管理，坚决防范和化解金融风险，推动金融更好服务实体经济。持续深化“放管服”改革，全面推行“一网、一门、一次”改革，事项再减、流程再造、时间再压。

坚定不移扩大高水平开放。充分发挥中央和自治区战略平台、陕甘宁蒙毗邻城市合作平台、闽宁对口扶贫协作平台、中央定点帮扶单位平台作用，深化互访交流合作，强化县会互惠协作，支持现有企业带着特色产品走向全国，吸引客商带着优质项目走进彭阳，着力打造外向型发展经济。扎实开展“高质高效招商引资年”，紧盯国家和区、市政策导向、资金投向以及全县产业布局方向，做优项目文本，充实项目库存，开展科学招商、专业招商、精准招商，吸引高质量现代化产业向彭阳聚集，力争全年招商引资实际到位资金增长8%。

打造企业满意的营商环境。聚焦优化营商环境，主抓重抓，重锤钉钉，切实打通决策落实、政策落地最后一公里。成立招商引资服务中心，建立联系服务机制，为招商引资提供标准化、个性化、全程化“保姆式”服务，推动招商项目签约落地、做大做强。集中开展“优化营商环境”专项行动，不断优化政务、政策、市场、法治、人文等环境，支持民营经济健康发展，开展“民营企业提升”计划，落实好“一企一策”措施，重商亲商安商富商。

三、全面加强党的领导，纵深推进全面从严治党，为决战脱贫攻坚决胜全面小康提供坚强保证

全县各级党组织要自觉担负起全面从严治党的政治责任，把全面从严治党要求贯穿于打赢脱贫攻坚战、全面建成小康社会全过程，落实到党的建设各方面，毫不动摇把党建设得更加坚强有力。

强化政治责任，发挥好党委总揽全局协调各方作用。坚持党对一切工作的领导，认真履行党委（党组）把方向、管大局、保落实的政治责任。要严格执行议事规则和决策程序，严格落实民主集中制原则，加强对大局大势的把握，加强对重大问题的研究，加强对重要工作的领导，切实把党的领导落实到各领域各方面。要严肃党内政治生活，不断增强党内政治生活的政治性、时代性、原则性、战斗性。要牢牢掌握意识形态工作领导权，落实意识形态工作责任制，加强意识形态领域分析研判，加强阵地建设和管理，建立网络综合治理体系，旗帜鲜明反对和抵制各种错误观点，切实维护意识形态安全。要注重发挥各方面力量推动发展,支持人大及其常委会依法行使职权,支持政协把协商民主贯穿到政治协商、民主监督、参政议政全过程,支持“一府两院”依法依章程履行职能、开展工作,巩固和发展爱国统一战线,充分调动群团组织的主动性积极性,推进军民融合发展,充分发扬民主、增进团结,形成全县上下步调一致、同频共振推动发展的强大合力。

坚持德才兼备,打造担当有为的干部队伍。把干部队伍建设作为关键,健全完善素质培养、知事识人、选拔任用、从严管理、正向激励“五大体系”。要坚持好干部标准,突出政治标准和基层导向,依岗选人、以事择人,注重在脱贫攻坚和急难险重一线考察识别、选拔任用干部。大力实施优秀年轻干部培养工程,加强发现储备和培养锻炼,促进健康成长。落实能上能下、容错纠错机制,对不担当、不作为、乱作为的干部坚决果断调整, 对问责后表现优秀的干部适时提拔使用。要加大干部培训教育力度,扩大干部教育培训覆盖面,建设适应新时代发展要求的高素质专业化干部队伍。要从严加强干部监督管理,加大正向激励,关心爱护基层干部,积极为干部排忧解难。要坚持党管人才,抓好重点领域人才体制改革,突出“高精尖缺”和“本土实用”,建立名师名医名家工作室,培育引进量足质优的人才队伍。

立足固本强基,筑牢坚强有力的战斗堡垒。以强化政治功能、提升组织力为重点,树立重视基层、关心基层、大抓基层的鲜明导向。要夯实基层基础,持续深化“三大三强”行动、“两个带头人”工程、“三强九严”工程、“四联四化”机制,推动农村、社区、机关等领域党建工作强起来, 进一步扩大非公和社会组织覆盖面。抓实党支部标准化规范化建设、党员教育管理、软弱涣散基层党组织整顿、党员信教和参与宗教活动问题整治等工作,开展“双评双定”活动,落实正向激励、反向监督机制,让党的旗帜在每一个基层阵地上高高飘扬。要落实基本制度,发挥“三会一课”议事决策职能,全面提升“6+X”主题党日质量,着力推动党内组织生活制度规范落实。要强化基本服务,深入推进抓党建促脱贫攻坚、星级基层服务型党组织创建和县、乡、村“三级便民服务”体系建设,做好村“两委”换届工作,开展换届后村“两委”班子集中轮训和培训,不断增强基层党组织致富带富的能力和水平。要领导基层治理, 充分发挥基层党组织在促进宗教事务依法管理、推进乡风文明建设等工作中的战斗堡垒作用。

持续正风肃纪,营造风清气正的政治生态。严格落实“两个责任”,推动党风政风持续向好,新风正气成为常态。要把纪律规矩挺在前面,加强纪律建设和廉政教育,运用好监督执纪“四种形态”,对苗头性倾向性问题早发现早解决,加强对党员干部“八小时之外”的监督。要把作风建设抓严抓实,严格落实中央八项规定及实施细则精神,集中治理形式主义、官僚主义, 紧盯不敬畏、不在乎、喊口号、装样子的问题,对顶风违纪行为露头就打、顶格处理。持续推进“四个年”活动,坚决撤销形式主义、虚头巴脑的督查考核检查事项, 引导各级党员干部把全部心思用在干事创业上。要把反腐利剑永远高悬，深化直查直办和“331”监管机制运用，发挥审计监督作用，严肃查处涉黑腐败，深挖彻查“保护伞”“关系网”，坚决整治群众身边腐败和作风问题，巩固反腐败斗争压倒性胜利。要把政治巡察形成常态，统筹安排常规巡察、专项巡察、机动巡察，完成3轮14个单位巡察工作。要深化国家监察体制改革，在纪法贯通、法法衔接上取得实质性进展，真正把制度优势转化为治理效能。

各位委员、同志们，让我们更加紧密地团结在以习近平同志为核心的党中央周围，深入学习贯彻习近平新时代中国特色社会主义思想和党的十九大精神，深入贯彻落实中央经济工作会议部署，全面贯彻落实区、市党委部署要求，不驰于空想，不骛于虚声，振奋精神、实干兴宁，一鼓作气打赢脱贫攻坚战，为决胜全面建成小康社会打下决定性基础，以优异成绩喜迎中华人民共和国成立70周年！

彭阳县人民政府工作报告

——在彭阳县第九届人民代表大会第三次会议上

（2019年1月6日）

彭阳县人民政府县长　刘启冬

各位代表：

现在，我代表县人民政府，向大会作政府工作报告，请审议，并请县政协委员和其他列席人员提出意见。

2018年工作回顾

2018年是贯彻落实党的十九大精神的开局之年，也是我们站在新时代的历史起点上奋力拼搏的一年。一年来，在习近平新时代中国特色社会主义思想指导下，在区、市党委、政府和县委的正确领导下，在县人大、政协的监督支持下，我们认真贯彻落实党的十九大、自治区十二次党代会、市委四届二次和县委八届二次全会精神，坚持以脱贫攻坚为统揽，抢抓机遇、创新突破，综合施策、精准发力，完成了县九届人大二次会议确定的各项目标任务。预计全年实现地区生产总值55.32亿元，增长5%；地方一般公共财政预算收入2.64亿元，增长10.1%；全社会固定资产投资26.45亿元，同比下降10.3%；城镇居民人均可支配收入25166.05元，增长7.8%；农村居民人均可支配收入9862.50元，增长12.2%。全县经济社会呈现稳中向好的发展态势。

一、坚持补短板、强基础，脱贫实效更加明显

紧盯“一达标两不愁三保障”，整合各类

资金 8.2 亿元，开展“十项清零”行动，14 个贫困村 7760 人脱贫退出，贫困发生率降至 0.71%。坚持“因地”“因人”制宜齐步走。以促进贫困群众增收为目标，投入产业奖补资金 2.1 亿元，新增扶贫贷款 10262 户 5.2 亿元，建成产业扶贫示范村 12 个，带动 15583 户贫困群众在产业链上实现增收。建成扶贫车间 16 个，实施精准培训 6169 人，购买非全日制公益性岗位 3653 个，实现贫困群众转移就业 974 名，建档立卡贫困户人均可支配收入增幅较农村居民高出 3 个百分点，贫困群众发展内生动力显著增强。坚持基础设施和公共服务同步补。紧盯短板夯基础，新建扶贫道路 258 千米，新增和改造自来水 25810 户，出台“九个一批”政策，落实安全住房 16311 户，行政村硬化路通达率、自来水保障率、住房安全保障率均达到 100%。89 个村级光伏电站开工建设，注入 3180 万元启动资金壮大村集体经济，“空壳村” 全面消除。提升农村公共服务水平，实现 122 个贫困村动力电、宽带网络信号、标准化村卫生室和村级综合服务网点全覆盖。坚持政策扶贫和社会帮扶两手抓。全面落实教育、健康、低保等扶贫政策，发放各类教育免补资金 1.17 亿元，整合资金 178 万元设立教育扶贫基金，惠及所有建档立卡贫困学生，323 名辍学学生全部劝返；贫困患者住院个人自付费用比例降至 8.44%，健康扶贫工作被国家卫健委和国务院扶贫办通报表扬。推进农村低保和扶贫开发两项政策有效衔接，将 5902 户建档立卡贫困户纳入低保，实现应保尽保。推进中央定点帮扶、东西部扶贫协作，落实各类社会帮扶资金 9840 万元。

二、坚持抓转型、增质效，产业支撑更加有力

实施供给侧结构性改革，依托科技转方式、调结构，产业结构更加合理。现代农业提效发展。实施粮食产业优化提升行动，全面完成粮食生产功能区划定，粮食生产喜获丰收，总产量达到 26.15 万吨，增长 14.5%。出台农业产业脱贫富民扶持政策，大力推广“龙头企业+合作社+基地+农户”模式，鼓励发展适度规模经营，新增优质牧草 8.27 万亩，打造标准化养殖示范村 4 个，累计发展“5·30”及倍增户 1.8 万户，全县畜禽饲养总量达到 230 万个羊单位；种植蔬菜 11.05 万亩、林果 2.66 万亩，发展中药材、万寿菊等特色产业 11 万亩，富民产业持续壮大。推进“四个一”林草产业试验示范工程，分类分区域建成示范园 7 个 3475 亩，引进新品种 147 个，筛选适种新品种 40 个，“四个一”试验示范取得实效，得到区、市肯定。扶持培育新型农业经营主体，培育农村致富带头人 271 名、家庭农场 124 个、专业合作社 129 家、龙头企业 23 家。全年实现农业增加值 9.13 亿元，增长 1.5%。现代工业提质发展。实施工业对标提升转型发展行动计划，扎实推进“企业发展扭亏入规战役”和“招商引资年”活动，修订完善非公经济发展实施意见，鼓励扶持现有微小企业技改升级，培育发展工业企业 10 家、规上企业 1 家，兑现奖补资金 581 万元，产业优化转型步伐明显加快。推进王洼产业园区基础设施建设，完成县城工业园区二期道路及给排水工程，新增入园企业 6 家，“一园一主业、区块有特色” 的集聚集约、错位发展格局初步形成。王洼煤矿 600

万吨改扩建项目建成投用，全年生产原煤720万吨、原油11万吨，全年完成工业增加值10.93亿元，增长3.4%。现代服务业提速发展。促进生态、旅游、扶贫融合发展，茹河瀑布、金鸡坪梯田公园等景区提升工程有序推进，游客中心、旅游驿站、旅游环线道路等基础设施进一步完善，成功举办山花旅游文化节，全年接待游客55万人次，实现社会综合收入3.4亿元。深入推进电子商务进农村，培育电商标杆企业5家、物流企业3家，“双向物流通道”全面打通，实现线上销售收入6000万元，电子商务进农村综合示范县建设绩效评价全区第一。完善商贸服务功能，开工建设茹河新时代广场，引进世纪华联等知名商业综合体，市场活力有效激发，全年实现社会消费品零售总额9.16亿元，增长4.8%。

三、坚持抓统筹、提品位，城乡环境更加宜居

全年争取项目建设资金30亿元，开工建设重点项目72个，完成社会资本投资5亿元，城乡发展基础进一步夯实。城市规划建设稳步推进。彭阳县空间规划和海绵城市专项规划编制工作有序开展，完成老城区控制性详规。雷泽广场和悦龙山、栖风山步行栈道建成投用，新改扩建城市道路8条3.2千米，改造老旧小区2个、棚户区535户。实施悦龙山新区、茹河大街等重点区域绿化亮化美化工程，建成城市生活垃圾收转运系统、无害化处理填埋场二期和4个停车场，财富广场、利民广场、维也纳酒店落地运营，城市功能日趋完善，城镇化率达34%。乡村振兴基础不断夯实。全面启动农村人居环境综合整治三年行动，编制完成古城、红河镇镇区控制性详规，草庙乡美丽小城镇开工建设，建成6个美丽村庄，长城村乔渠组入选“中国传统村落名录”；推进“五土共改”，打造农村人居环境综合整治示范村12个，完成水改厕289户。G327彭青段、夏南路、刘杨路等重点道路改扩建项目开工建设，农村公路“建管养运”一体化协调发展，荣获区级“四好农村路”示范县。美丽茹河建设项目进展顺利，新建人工湿地4个45.7公顷，除险加固病险水库3座；实施长城塬引水泵站和灌区改造工程，发展高效节水灌溉农田1万亩。完成农村配电网改造工程332千米，建成4G基站78处，实现行政村网络信号全覆盖。城乡管理水平全面提升。成立城市违法建设巡查中队，加大日常巡查力度，县城规划区内违章建筑实现“零增长”。推行“精细管理、深度保洁”环卫模式，城市环卫机械化水平达74.5%，城区清扫保洁实现全覆盖。开展王洼、城阳农村环卫社会化运营试点，推行农村环卫保洁网格化管理机制，聘请乡村保洁员1076名，乡镇环卫配套设施有效加强，城乡管理和服务水平实现双提升。

四、坚持抓建设、重保护，生态理念更加深入

牢固树立“绿水青山就是金山银山”理念，持续推进生态建设，加大污染防治力度，生态文明建设迈上新台阶。生态建设持续推进。围绕“一园一廊三河三线”，实施林业生态治理工程，完成六盘山重点生态功能区降雨量400毫米以上区域造林绿化18.75万亩，治理小流域25条111平方千米。全面落实自然资源管护责任，强化禁牧封育，完成天保工程封山育林1万亩、森林资源管护109万亩，落实草原生态奖补 73 万亩，全县森林覆盖率达 27.5%，县林业局荣获全国三北防护林体系建设工程先进集体。生态文明建设入选中宣部“庆祝改革开放 40 周年·百城百县百企” 全国重大调研项目。污染防治持续发力。开展蓝天、碧水、净土三大行动，严抓“四尘”治理，完成 20 吨以上锅炉环保改造 9 台，县城建成区 20 吨以下燃煤锅炉全部拆除，淘汰黄标车 165 辆，全年空气优良天数占比达 96.3%。深入推进“五水共治”，茹河水污染防治二期、三期工程完工，县城工业园区污水处理站投入运行，园区涉水企业污水处理率达到 100%，草庙万寿菊加工厂和 20 个乡村的污水处理站建成试运行，主要河流水质长期稳定保持在 IV 类以上。加强农村面源污染治理，残膜回收率达 95%，主要农作物测土配方施肥覆盖率达 85%。环保责任持续压实。认真落实“党政同责、一岗双责”和河长制，全面开展清河和“清四乱”行动，建成巡检道路 39 千米，治理河道 6.5 千米，疏浚河道 53 千米，清除河道垃圾 1310 吨。在全区率先开展河湖健康评估和水域岸线确权划界工作，完成畜禽养殖禁养区划分，规范整治规模以上畜禽养殖企业 25 家。加大环境保护执法检查和追责问责力度，下发执法整改通知书 16 份，收缴各类罚款 53 万元，问责处理 9 人，刑事拘留 1 人，中央环保督察“回头看”转办案件全部办结。

五、坚持抓民生、增福祉，人民生活更加幸福

稳步推进民生事业，10 件民生实事全部办结，民生支出达到 34.9 亿元，年均增长 9.7%。社会事业全面进步。认真开展“教师素质、教育质量”双提升行动，教育教学质量稳步提升，义务教育国家质量监测成绩位居全区前列；县四小开工建设，11 所村级幼儿园开园招生，改造薄弱学校 56 所，城乡办学条件显著改善。完成全民健身中心及文化馆主体工程，美丽茹河体育公园和 4 个乡镇足球场投入使用。成功举办全国山地自行车越野赛、全民健身节等体育活动，全民健身氛围日益浓厚。中医院改扩建、疾控中心和妇计中心综合楼项目全部竣工，建成县、乡、村一体化家庭医生服务平台，家庭医生签约率达 60.5%，“互联网+医疗健康”得到中央、区、市的充分肯定，成功创建全国健康促进示范县。县博物馆、图书馆、规划馆开馆运行，创建市级以上文化大院 4 个，姚河塬商周遗址入选全国考古十大发现，国家公共文化服务体系示范区创建有序开展。成功举办庆祝自治区成立 60 周年系列文化活动，彭阳县生态建设和脱贫攻坚工作被中央电视台大型政治专题片《家园》大篇幅报道。社会保障更加有力。持续完善社会保障体系，建立居民大病保险和商业健康保险制度，提高居民基础养老金标准，医疗保险费用“一站式”结算和异地就医即时结算全面展开，城乡居民基本养老保险和医疗保险参保率分别达 98.8% 和 100%。建成茹河老年颐养院、城阳敬老院和残疾人康复中心，提高城乡低保标准，累计发放各类社会救助资金 1.85 亿元。完成农村劳动力转移就业 5.6 万人，创收 11.32 亿元；发放创业担保贷款 6880 万元，创造就业岗位 2000 个，新增城镇就业 1446 人，城镇登记失业率控制在 4%以内。社会治理不断创新。推行综治网格化管理，全面落实“一村双助理和一乡（镇）一义务巡防队”，群众安全感和治安满意度实现双提升。推行“听证办访”和“网办信访”，开展人民调解参与信访矛盾化解试点工作，建立人民调解矛盾纠纷专家库，各类矛盾纠纷化解率达99.4%，中央和自治区巡视交办信访件全部办结。狠抓安全生产责任落实，安全生产形势持续平稳。开展食品药品专项整治行动，建成食品药品检验检测中心，查处各类食品药品违法案件29起，食品安全示范县顺利通过自治区验收。开展构建和谐劳动关系创建活动，农民工权益得到有效保障。坚持宗教中国化方向，依法加强宗教事务管理，民族团结、宗教和顺成果有效巩固，荣获全区民族团结进步模范先进集体。全国双拥模范县顺利通过中期评估。落实基层阵地建设和武装定补经费200万元，民兵预备役建设扎实推进，国防动员组织体系不断健全，工、青、妇等群团组织纽带作用充分发挥。

六、坚持抓改革、促开放，发展动力更加强劲

紧盯33项改革任务，加大深化改革力度，优化发展环境，增添发展动力。农村综合改革阔步前进。深化农村“三权分置”改革，完成农村集体资产清产核资，开展农村土地股份制改革试点，建成“两系统一平台”，充分发挥农村产权流转服务中心作用，累计流转土地21.8万亩。实施“互联网+水利”，推进水资源动态管理、小型水利产权制度、农业水价等五项改革，实现城乡饮水“同源、同质、同网、同价”。“放管服”改革扎实推进。持续简政放权，推进权力清单标准化、规范化、法制化建设，巩固行政审批事项、行政审批中介机构和增加企业及公民负担证照清理结果，实现“三级四同”。加快执法体系建设，推进“双随机一公开”，监管工作实现全覆盖。推行政务服务事项集中公开“一站式”受（办）理，84%的政务服务事项进驻服务大厅，群众和企业办事实现只进“一扇门”；加快推进“不见面、马上办”，80%以上的政务事项实现不见面办理；“政务云”系统推广应用延伸至乡镇和村（社区），打通服务基层群众“最后一公里”。其他领域改革成效显著。财政金融体制进一步健全，财政绩效管理和预决算公开率达到100%；宁夏银行落户彭阳，金融服务功能不断完善。国家税务总局彭阳县税务局挂牌成立，社保费征管工作有序开展，个税体制改革顺利完成。综合医改和县级公立医院改革扎实推进，彭阳县医改典型材料被中央改革办《改革情况交流》选登，并向全国推广。强化科技体制改革，落实研发资金850万元，较上年增长30.8%，撬动社会研发投入3000万元，居全市第一。司法体制、教育教学、国企和事业单位公务用车等各项改革稳步推进。

七、坚持抓效能、优服务，自身建设更加务实

重任千钧唯担当。面对异常艰巨复杂的改革发展任务，我们始终坚持党的领导，牢牢把握正确的政治方向，把全面建成小康社会使命扛在肩上，全力建设法治政府、务实政府、廉洁政府。依法行政，法治政府建设水平进一步提升。巩固提升自治区级“法治政府建设示范单位”创建成果，持续完善政府重大行政决策程序规章制度，出台政府行政决策目录和行政决策听证目录，行政决策科学化、民主化、法制化水平明显提升。开展国家级基层政务公开试点工作，编制完成县、乡、村三级公开事项清单目录标准，制定完善29项相关制度，创办《政府公报》，试点工作在区级验收中取得优秀等次，彭阳模式在国办杂志刊发交流。落实中央、国务院防范化解重大风险战略部署，多方筹措1.6亿元化解政府债务，政府债务控制在限额以内。自觉接受人大法律监督、政协民主监督，全力支持代表委员履行职责，全年办理人大代表议案12件、政协委员重点提案6件。开拓创新，务实政府建设水平进一步提升。坚持干字当头，实字托底，严格落实领导干部包抓重点项目、深度贫困村、重点信访案件和坐班接访制度，政府班子成员带头深入基层、深入群众，了解社情民意，认真解决群众反映的困难和问题，营造想干事、敢干事、干成事的良好氛围。强化思想教育，加强意识形态领域学习，把握意识形态工作主动权，努力提高班子成员理论素养水平，增强工作落实能力。健全完善目标考核体系，跟踪督办重大决策、重点工作，政府执行力明显提高。转变作风，廉洁政府建设水平进一步提升。坚决贯彻落实中央八项规定精神，驰而不息纠正“四风”，厉行勤俭节约，严格控制一般性支出和“三公”经费，“三公”经费支出明显下降，依规办事、节约办事蔚然成风。开展干部作风转变年活动，解决纪律规矩不严、责任担当不够、工作作风不实等问题。落实党风廉政建设责任制，持续强化对重点领域的审计监督，推行“331”涉农惠农资金监管模式，严查扶贫领域违法违纪行为，严处侵害群众利益的不正之风和腐败问题，营造风清气正的政治生态。

各位代表，一年来，我们顶住了超乎预期的压力，付出了不同寻常的努力，取得了来之不易的成绩。这些成绩的取得是中央和区、市党委、政府亲切关怀的结果，是县委正确领导的结果，是县人大、政协和社会各界有效监督的结果，更是全县干部群众团结奋斗的结果。在此，我代表县人民政府，向全县广大干部群众，向各位人大代表、政协委员、离退休老同志，向驻彭部队、武警消防官兵和公安干警，向关心支持彭阳发展的各界人士，表示衷心感谢和崇高敬意！

各位代表，天下难事，必作于易；天下大事，必作于细。一年来，我们坚持用习近平新时代中国特色社会主义思想武装头脑、指导实践、推动工作，抓脱贫、治污染、防风险，使党的十九大精神在彭阳落地生根。一年来，我们坚持把创新作为加快发展的最大引擎，大力实施创新驱动战略，抓转型、调结构、促升级，推动经济向高质量发展。一年来，我们坚持以人民为中心的发展思想，大力实施脱贫富民战略，抓增收、补短板、强弱项，全面提升民生福祉。一年来，我们坚持生态优先发展理念，大力实施生态立区战略，抓建设、重保护、严治理，生态文明思想更加深入人心。

各位代表，在总结回顾工作的同时，我们也要清醒地看到，全县经济社会发展中还存在不少困难和问题。主要是：发展不平衡、不充分的矛盾突出，推动经济高质量发展的任务艰巨；缺乏支撑发展的大项目、好项目，发展后劲不够足；科技创新能力不够强，推动产业转型升级的步伐不够快；民生保障、债务化解等刚性支出增加，财政收支矛盾突出；城乡民生社会事业还有短板，稳定脱贫增收机制亟待健全；个别干部担当、服务、创新意识不强、知识结构老化，在新时代下推动发展的能力不足；等等。对此，我们将高度重视，在今后的工作中努力加以解决。

2019年目标任务和工作重点

2019年是新中国成立70周年，是全县脱贫攻坚、全面建成小康社会的关键之年，我们必须坚持党的领导，坚定不移顾大局，毫不动摇促发展，持之以恒转作风，全心全意为人民，创造性地抓好各项工作落实。

今年政府工作的总体要求是：以习近平新时代中国特色社会主义思想为指导，深入贯彻党的十九大和十九届二中、三中全会及中央经济工作会议精神，全面贯彻习近平总书记视察宁夏时的重要讲话精神，认真贯彻落实区、市党委、政府和县委决策部署，坚持稳中求进工作总基调，坚持新发展理念，坚持推动高质量发展，坚持以供给侧结构性改革为主线，坚持深化市场化改革，扩大高水平开放，紧紧围绕“经济繁荣、民族团结、环境优美、人民富裕”目标，以脱贫攻坚统领经济社会发展全局，坚决打好三大攻坚战，深入实施“三大战略”，集中攻坚“六场硬仗”，切实加强政府自身建设，振奋精神，实干兴宁，一鼓作气打赢脱贫攻坚战，为全面建成小康社会打下决定性基础，作出“建设美丽新宁夏，共圆伟大中国梦”的彭阳贡献，以优异成绩庆祝中华人民共和国成立70周年。

主要预期目标是：实现地区生产总值增长7%，地方一般公共财政预算收入增长6%，全社会固定资产投资增长5%，城乡居民人均可支配收入分别增长8%、9%。其他控制性指标控制在区、市下达指标范围以内。

围绕上述目标，重点抓好以下七方面的工作：

一、以不破楼兰终不还的决心，坚决打赢脱贫攻坚战

行百里者半九十，脱贫攻坚已进入冲刺阶段，我们将坚持集中攻坚和巩固提升两手抓，保持政策不变、力度不减、投入不降，提高脱贫质量，确保达到国家脱贫标准。

（一）多措并举保增收。实施产业提质增效工程，加大产业奖补力度，安排资金2.5亿元，打造产业扶贫示范村14个，培育扶贫龙头企业10家、产业合作社130家，发展致富带头人800名，带动有发展能力的贫困户发展致富产业全覆盖。用足用活金融扶贫政策，推动金融扶贫提标扩面，发放扶贫贷款2.7亿元，贷款覆盖面达80%以上。加大就业扶贫力度，完成技能培训7190人，购买公益性岗位2000名以上，聘用建档立卡贫困户930人担任生态护林员，实现就业一人脱贫一户。扶持发展壮大村集体经济，通过资产租赁、股份合作、资本收益等多种经营形式，建成扶贫车间17个，力争75%的行政村集体经济收入达5万元以上，完成89个贫困村光伏电站建设，提供村集体经济收入10万元以上。

（二）强化保障促提升。紧盯基础短板和政策保障，整合资金13亿元，实施扶贫项目159个，改造提升水、电、路、网等基础设施，力争所有自然村喝上放心水、用上动力电、联上4G网，具备条件的自然村通上硬化路。依托“增减挂钩”政策，采取新建、迁建和政府代建方式，彻底消除新增危房，保障群众住房安全。全面落实教育、健康、文化等扶贫政策，建立健全家庭经济困难学生资助台账，确保无因贫失学学生；健全大病保险和重大疾病救治机制，防止因病致贫、因病返贫。紧盯未脱贫户、边缘户、易返贫户和贫困残疾人等特殊群体，加大低保、救助、扶贫保等政策保障力度，确保脱贫路上不落一人。

（三）集聚合力抓落实。坚持把高质量脱贫放在首位，建立迎检工作责任清单，进一步梳理完善县、乡、村、户软件资料，加大各级验收反馈问题整改力度，下足精细精确精微真功夫，确保脱贫成效顺利通过国家和区、市考核验收。持续加强"内引外联"，深化中央定点帮扶、闽宁对口帮扶、区直定点帮扶，深入推进"百企帮百村"行动，凝聚社会合力，助力脱贫攻坚。靠实县、乡、村及驻村工作队和帮扶责任人责任，集中开展"帮扶大走访、政策大宣讲"活动，提高工作实效和群众满意度。正确处理外部帮扶和贫困群众自身努力的关系，充分发挥贷款贴息、生产奖补、以工代赈等正向激励机制，加大脱贫致富先进典型的培育和宣传力度，激发群众内生动力。

二、以精雕细琢方为器的匠心，走好乡村振兴发展路

坚持农业农村优先发展，以产业发展为核心，以基础建设为根基，以乡村治理为抓手，促进农业全面升级，农村全面进步，农民全面发展。

（一）加快构建现代农业产业体系。坚持质量兴农、绿色兴农、品牌强农，发展富民增收产业。聚焦粮食安全保障，加强基本农田保护，稳定粮食生产功能区。以"一棵草"试验示范为引领，带动全县种植优质牧草21万亩，建立饲草配送中心6个，推进县域饲草平衡供应；打造特色养殖示范村14个，培育和巩固"5·30"及倍增户1.8万户，发放生态鸡苗50万只，确保全县畜禽饲养总量稳定在230万个羊单位。推进蔬菜标准化生产，设立设施大棚维修基金，新改建日光温棚200栋，种植蔬菜8万亩，打造彭阳冷凉蔬菜升级版。突出区域优势发展特色产业，种植中药材10万亩、万寿菊2万亩、小杂粮6.5万亩，新增中华蜂3800箱。培育新型农业经营主体，筛选培育产业龙头企业20家、农民专业合作社230家，打造"彭字号"区域公用品牌，推动农业产业全产业升级、全链条增值。

（二）夯实农业农村发展基础。推进农村人居环境综合整治，开展"百村示范、千村整治"行动，打造农村人居环境整治示范村13个。推行乡村环卫社会化运营模式，完善农村垃圾分类治理体系，新建生活垃圾收集转运站7个，完成农村卫生厕所改造1000户。梯次推进农村生活污水治理，新建乡镇污水处理站3个，铺设给排水管网78千米。加大村容村貌治理，开工建设孟塬美丽小城镇，建成白岔、韩寨等6个美丽村庄。大规模推进农村土地整治，新建高效节水灌溉农田1万亩，稳步提升耕地质量。实施农村饮水巩固提升工程，扩大"互联网+人饮"覆盖面，新建石家峡水库、茹河水系连通等重点水利工程，逐步构建水利基础设施网络，提升农村用水保障水平。推进农业机械化和农机社会化服务，力争农业机械化综合水平达71%以上。

（三）大力培育乡村文明新风尚。把夯实基层基础作为固本之策，坚持自治、法治、德治相结合，确保乡村社会充满活力、和谐有序。强化村民委员会职能,做实村民代表会议制度,推行村级事务阳光工程,加大村务公开力度,切实保障村民的知情权、监督权。开展法治宣传和普法教育活动,提升村民法律素养和“自律”意识,提高乡村治理水平。发挥好“一约四会”作用,进一步推进移风易俗,培育新乡贤,让道德教化回归乡村。以新时代农民讲习所为依托,以培育新型职业农民为目标,培训掌握实用技术农民3万人次以上。

三、以撸起袖子加油干的闯心,助推县域经济大发展

牢固树立抓项目就是抓发展理念,坚持“巩固、增强、提升、畅通”方针和“六个稳”要求,紧扣全县资源优势、产业优势,充分挖掘潜力,做强二产,做活三产,推动县域经济高质量发展。

(一)狠抓项目攻坚夯基础。全年计划实施重点项目93个,完成投资36.72亿元。扎实开展“准备之冬”活动,重点做好续建项目遗留问题协调化解和新建项目前期准备工作,力争G85银昆高速彭阳过境段等重点项目早日开工。严格落实领导包抓责任制,强化工程“四制”管理,实施挂图作战,确保G327青彭段等项目如期完工。准确把握国家及区、市重大政策和投资导向,对接争取项目资金30亿元,储备新项目100个以上。加大招商引资力度,成立招商引资服务中心,建立联系服务机制,开展“保姆式”服务,推行全产业链招商、精准招商、定向招商,力争落地项目15个,到位资金18.5亿元,增长8%。

(二)力促工业转型提质效。完成“一园三区块”总规修编,推进政策向园区倾斜、资源向园区聚集,优化园区软硬环境,加快推进茹河果品和康利园中药材深加工等项目建设,力争新入园企业5家。争取引进液化天然气等项目,推进鑫卓煤矸石分选加工项目建设,延伸煤炭、石油、天然气等优势资源产业链,提高产品附加值,力争全年生产原煤750万吨、原油12万吨。鼓励扶持中小微企业技改升级,建立科技研发机构2家,发展工业企业15家,培育规上企业和“专精特新”企业各2家,实现工业增加值增长6.5%以上。

(三)稳推三产升级增活力。完成全县旅游总体规划,推行“旅游+”模式,促进全域旅游与产业发展、乡村建设深度融合。完成金鸡坪田园综合体、麻喇湾、茹河瀑布等核心景区基础建设,打造旅游示范村2个,培育特色农家大院61个,开发旅游产品11种,办好山花旅游文化节,力争全年接待游客55万人次,实现社会综合收入3.4亿元以上。坚持“中心推动、村站发力、企业助推”发展模式,健全电商销售网络体系,加快物流仓储园、电商筑梦计划等项目建设进度,培育特色农产品网销龙头企业10家,力争线上销售收入突破8000万元。加快推进浙商二期文化旅游示范街、茹河新时代广场等重点商贸项目建设,争取新华百货、文化教育创业街等项目落地实施,力争社会消费品零售总额增长6%。

四、以咬定青山不放松的恒心,厚植城乡发展新优势

坚持经济发展与生态建设并重,持续加大城乡基础建设力度,提高生态环境治理水平,进一步夯实城乡基础,增强发展后劲,打造环境优美、生态宜居新彭阳。

(一)夯实城乡基础。严格执行彭阳县空间规划,完成海绵城市专项规划编制。实施城市路网、棚户区改造及县城增绿亮化美化工程，开工建设平安大桥，新改建城市道路 3 条 1.4 千米，完成棚户区改造 245 户，建成智慧城管二期、读者公园和悦龙山新区绿化项目。加大城市小区整治力度，解决小区环境“脏、乱、差”问题，全面提升物业管理水平。进一步放宽农业转移人口、大学生等落户政策，推动农业人口向城镇转移，力争城镇化率达 39%以上。加快构建“六纵八横”交通路网体系，争取孟城路改扩建等重点交通项目开工建设，完成刘杨路和夏南路建设，新建四级农村扶贫硬化路 230 千米；健全县、乡、村三级管养体系，推行“路长制”，确保农村公路养护全覆盖；推进城乡客运补短板建设，巩固提升行政村通客车质量，提升农村公路“建管养运”水平，争创全国“四好农村路”示范县。新建 4G 基站 40 处，推动 4G 网络向自然村覆盖。继续实施农村电网改造工程，完成动力电入户 4108 户，持续完善城乡服务功能。

（二）提升生态质量。坚持生态效益与经济效益并重，探索创新以“三个扶持”为主的“四个一”林草试验示范发展模式，采取“林场+企业”等多种方式，推广种植适种新品种 48 万亩，实现山绿与民富双赢。推进国土绿化行动，完成六盘山重点生态功能区降雨量 400 毫米以上区域造林绿化 10.45 万亩，实施乡镇生态提升、移民迁出区生态修复工程和水土保持以奖代补试点项目，治理小流域 5 条 95 平方千米。坚持禁牧封育不放松，严厉打击偷牧毁林等违法行为。加强林地用途管制、林木采伐审核审批管理，严守生态红线，力争全县森林覆盖率达 28.3%以上。

（三）加强环境治理。认真落实环境保护“党政同责、一岗双责”，严抓中央环保督察“回头看”及水环境专项督察反馈问题整改，坚决打好蓝天、碧水、净土三大保卫战。推进蓝天保卫战三年行动，开展“四尘”治理、秸秆禁烧和黄标车、老旧车辆淘汰等专项行动，完成清洁能源入户 1000 户，实施县城热源厂锅炉脱硫脱硝改造项目，力争全年空气优良天数占比达 97%以上。落实河长制，推进“五水共治”，力争开工建设红河水污染防治工程，确保主要河流水质常年稳定保持在Ⅳ类以上。制订土壤污染防治实施方案，加强秸秆回收利用，开展农村面源污染整治，建成规范化固体废物处理站 2 个，确保测土配方施肥覆盖率达 85%以上，农用残膜回收率达 95%以上。

五、以全心全意为人民的初心，开创共享发展新局面

坚持以人民为中心的发展思想，把增进人民福祉作为一切工作的出发点和落脚点，抓好民生保障和改善，增强人民群众的获得感、幸福感、安全感。

（一）大力发展社会事业。坚持优先发展教育事业，落实“立德树人”根本任务，加强师德师风建设，补齐教育短板，加快县四小、六幼等重点项目建设，实施第三期学前教育行动计划，办好小规模学校和职业教育，促进各级各类教育均衡发展，培养德智体美劳全面发展的社会主义建设者和接班人。争创全国全民运动健身模范县，建成西门公共体育场、悦龙山健身步道和 3 个乡镇全民健身中心，打造县城 10 分钟健身休闲圈。巩固提升国家健康促进县成果，提高乡村医生待遇，稳定和优化乡村医生队伍，确保群众在家门口享受到便捷、贴心的基本医疗服务。推进“互联网+医疗健康”发展，开展医师素质和医疗质量“双提升”行动，提升医疗服务水平。创建国家公共文化服务体系示范区，加强乡村文化阵地建设，组建县融媒体中心，探索新时代文明实践中心试点，完成县文化馆标准化配套建设和新华书店迁建。以庆祝新中国成立70周年为契机，开展丰富多彩的群众文化活动。完成战国秦长城彭阳段保护工程，做好姚河塬商周遗址考古发掘，争取建设姚河塬遗址公园。

（二）健全社会保障体系。推进全民参保计划，织密扎牢全覆盖、保基本、可持续的社会保障网。深化医保付费方式改革，推进异地就医费用直接结算，建立基础养老金正常调整机制，扩大社会保险覆盖范围。全面完成被征地农民参保任务，城乡居民基本养老保险和医疗保险参保率分别达99%和100%。实施积极的就业政策，提升“一园一街”孵化功能，全年发放创业担保贷款5000万元，带动城镇新增就业1200人。提高城乡劳动力转移就业组织化、规模化程度，转移就业劳动力5万人。完善养老服务体系，新建县老年养护院、新集敬老院。加大临时救助、大病救助力度，做好低保、优抚、慈善等工作，坚决兜住民生底线。

（三）创新社会治理模式。推进平安彭阳建设，构建全民共建共享的社会治理格局。依法开展扫黑除恶专项斗争，严密防范和坚决打击各类违法犯罪活动。健全公共法律服务体系，落实普法责任制。健全社会矛盾纠纷多元化解机制，开展“基础工作提升年”“积案化解攻坚年”活动，依法及时就地解决群众合理诉求。严格落实安全生产责任制，强化重点领域、重要区域、重大活动安全隐患排查治理，坚决遏制重特大安全事故发生。加强食品药品安全监管，保障群众“舌尖上的安全”。实施和谐安民工程，依法保障农民工合法权益，构建和谐劳动关系。推进双拥共建工作，争取创建全国双拥模范县。加强民族团结进步教育，提升全国民族团结进步创建工作水平。组建应急管理局，健全完善各类应急预案，提升应急保障能力。

六、以不到长城非好汉的雄心，谱写改革开放新篇章

进一步增强深化改革、扩大开放的自觉性和坚定性，推动重大改革举措落地见效，释放改革红利，提高开放发展能力和水平。

（一）深化农业农村改革。全面推开农村产权制度改革，稳步扩大农村集体资产股份权能改革试点范围，加快农村“三变”步伐，激发农村资源发展活力。健全完善农村基本经营制度，推进家庭、集体、合作社及企业经营共同发展，促进小农户和现代农业发展有机衔接。加快推进农村土地确权成果转化应用，完善农村产权流转服务中心功能，推进各类农村产权抵押贷款，力争抵押贷款增长20%以上。推进“互联网+系统治水”改革，加快自动化监控系统建设，实现水资源从源头到用户的数字化管理。

（二）强化基础性改革。深化教育教学改革，高质量开展“互联网+教育”试点，实施“校聘县管”试点，坚持课改与教育评价机制改革“双轮驱动”，提升教育教学质量。实施县域综合医改试点，组建整合型医疗健康集团，实行党委领导下的院长负责制。推进园区管理体制改革,加快资源整合,为企业拓展发展空间,力争“一园三区块”主导产业占比达 75%以上。深化生态文明体制改革,健全环境治理和生态保护市场体系,建立完善政府购买生态环境服务制度和环境污染第三方治理制度,全面改善生态环境。

(三)优化服务环境。完成新一轮机构改革,优化职能配置,理顺职责关系,提高行政效能。深化“放管服”改革,成立行政审批局,最大限度调整精简行政审批事项,实现县本级 100 个高频事项“最多跑一次”。推进村(社区)为民办事全程代办点建设,争取代办点全覆盖。全面落实中央和区、市优化营商环境政策,进一步优化业务流程,压缩办理时限,确保房产交易登记实现“一体化”,用电、用气、用水报装时限分别压减至 45、12 和 3 个工作日内。用活用好中央和区、市扶持民营经济发展政策,支持汇融鼎信担保公司增资扩股达到 7000 万元,扩展担保业务;政府注资 1000 万元成立宁夏固原中汇金超基金管理有限公司彭阳分公司,设立贷款周转基金,解决企业融资和贷款周转难题。提升科技创新能力,加强知识产权保护和科技创新投入,确保政府研发经费投入达到 1150 万元,增长 30%以上。

七、以打铁还需自身硬的信心,全面提升政府执行力

新时代、新使命、新征程,对政府工作提出了更高要求。我们将始终牢记宗旨、忠诚尽责,求真务实,砥砺奋进,努力打造人民满意政府。

(一)忠诚担当、砥砺前行,始终坚持党的领导。把党的领导贯穿政府工作全过程、全领域,扎实开展“不忘初心、牢记使命”主题教育,树牢“四个意识”,坚定“四个自信”,自觉用习近平新时代中国特色社会主义思想武装头脑、指导实践、推动工作。抓好意识形态工作,筑牢思想防线,增强忧患意识,始终保持正确的政治方向。

(二)驰而不息、从严治政,始终坚持廉洁本色。坚决把纪律和规矩挺在前面,认真落实党风廉政建设主体责任,建立行政监察和纪律问责联动机制,严厉查处各种顶风违纪行为。加大领导干部经济责任、预算执行审计,重点关注涉农、扶贫、民政、教育等民生资金和重大项目工程的审计监督,加强廉洁教育和纪律执行,持之以恒克服形式主义、官僚主义,久久为功,祛除享乐主义和奢靡之风。

(三)依法行政、令行禁止,始终坚持执政为民。围绕 2020 年基本建成法治政府目标,自觉运用法治思维和法治方式推动工作,把政府活动纳入法治轨道。推进政务公开,充分发挥传统媒体、新兴媒体作用,及时回应社会关切。依法加强统计工作,提高数据质量,为决策提供可靠支撑。主动接受人大依法监督、政协民主监督和社会舆论监督,将政府的一切活动置于群众监督之下,让权力在阳光下运行。

(四)践行宗旨,以人为本,始终坚持效能提升。时刻把百姓的安危冷暖放在心上,以造福人民为最大政绩。健全督察问责机制,坚决整肃庸政懒政怠政行为,决不允许占着位子不干事,确保各项政策和任务不折不扣落到实处。健全激励机制和容错纠错机制,给改革创新者撑腰鼓劲,让广大干部愿干事、敢干事、干成事,提升政府的公信力和执行力。

各位代表，新形势催人奋进，新征程任重道远。让我们更加紧密地团结在以习近平同志为核心的党中央周围，以习近平新时代中国特色社会主义思想为指引，在县委的坚强领导下，在县人大、政协的监督支持下，凝聚全县干部群众的智慧和力量，不忘初心，牢记使命，振奋精神，实干兴宁，以逢山开路的闯劲、滚石上山的干劲、抓铁有痕的韧劲，走好新的长征路，争取高标准脱贫摘帽，实现经济繁荣、民族团结、环境优美、人民富裕，确保与全国全区同步全面建成小康社会，以优异成绩迎接新中国成立70周年，为建设美丽新宁夏，共圆伟大中国梦而努力奋斗！

名词解释

1.九个一批：维修加固一批、群众自建一批、政府代建一批、购房安置一批、租赁补贴一批、周转房安置一批、易地搬迁一批、政府帮建一批、有偿拆除一批的危房危窑改造政策。

2.“四个一”林草产业试验示范工程：实施“一棵树、一株苗、一枝花、一棵草”的林草产业试验示范项目。

3.双向物流通道：农产品进城与工业消费品下乡的城乡双向物流通道。

4.五土共改：对农村“土窑、土房、土墙、土棚、土路”共同改造治理。

5.四尘治理：烟尘、汽尘、扬尘、煤尘治理。

6.五水共治：保供水、防洪水、治污水、用中水、抓节水。

7.河道“清四乱”：对河道“乱占、乱采、乱堆、乱建”行为进行集中清理整治。

8.三权分置：农村的土地集体所有权、农户的承包权、土地的经营权“三权”分置并行。

9.两系统一平台：产权交易管理系统、农村土地承包经营权抵押贷款系统、综合产权交易平台。

10.三级四同：区、市、县三级权责事项名称、类型、依据、编码相统一的权责清单“总台账”。

11.双随机一公开：在监管过程中随机抽取检查对象，随机选派执法检查人员，抽查情况及查处结果及时向社会公开。

12.“增减挂钩”政策：将城镇建设用地增加与农村建设用地减少相挂钩，从以宅基地为主的村庄占地中腾出土地复垦，对应的指标用于城市建设，实现耕地面积有效增加。

13.一约四会：《村规民约》、红白理事会、村民议事会、道德评议会、禁赌禁毒会。

14.六个稳：稳就业、稳金融、稳外贸、稳外资、稳投资、稳预期。

15.三个扶持：利用400毫米降雨量造林绿化工程资金、水保小流域综合治理资金扶持发展红梅杏、花椒、苹果、大果山楂等经果林；给予基础设施配套支持和苗木补贴扶持企业自主经营；利用整合资金解决整地栽植及苗木费用扶持村集体、合作社及农户庭院型经营。

16.一园一街：电商孵化园和古城民族创业示范街。

17.农村“三变”：农村资源变资产、资金变股金、农民变股东的改革。

18.房产交易登记“一体化”：实行一体化办理，采取“一次取号、一窗受理、一键缴费、一网办结、一并快递”的集成服务新模式，实现房产交易与不动产登记全程网上办理。

彭阳县 2019 年改善民生 10 件实事

序号	实　事	内　　　　容
1	农村道路	新建农村公路 200 千米,涉及 12 个乡镇 79 个自然村,改善近 2 万群众出行条件。
2	光伏扶贫	在 89 个重点建档立卡贫困村建设村级光伏扶贫电站,每村建设规模不低于 300kWP,总建设规模 26.7mWP。
3	文化体育	建成彭阳县悦龙山新区全民健身中心及文化馆和 3 个乡镇全民健身中心,丰富城乡群众业余文化体育活动。
4	教育惠民	新建彭阳县第四小学,新建 24 班型教学楼 5600 平方米,容纳 1080 名学生,解决周边群众子女就近入学问题。
5	农村饮水	改造及维修管道 86 千米,维修及更换水表 160 块,配套及维修调蓄水池 28 座,维修泵站 4 座,改造及维修闸阀井、分水井等建筑物 312 座。
6	富民产业	草畜产业:全县补栏基础母牛 1.5 万头,冷配改良黄牛 3 万头,实施“见犊补母”3 万头,新建 50 立方米以上青贮池 2 万立方米,青贮饲草 20 万立方米,新建新型养殖暖棚 5 万平方米,种植优质牧草 21 万亩。旱作农业:推广旱作节水农业 35 万亩,开展冬小麦免费供种 2 万亩,建立马铃薯三级种薯繁育基地 1000 亩。特色产业:投放生态鸡苗 50 万只,新增中华蜂 3800 箱,发展中药材、小秋杂粮和万寿菊 18.5 万亩。
7	生态提升	在白阳镇、王洼镇、古城镇、新集乡、草庙乡、孟塬乡、冯庄乡、小岔乡、罗洼乡、交岔乡 10 个乡镇完成彭阳县 2019 年六盘山重点生态功能区降雨量 400 毫米以上区域造林绿化工程 10.45 万亩,其中,新造林 5 万亩,补植补造 2.95 万亩,退化林分改造 2.5 万亩。建设白阳镇老庄村大草湾流域、王洼镇马掌村马掌流域两个 5000 亩以上新造林示范点。
8	人居环境	实施空气热源泵取暖设施 1000 户,实施农村“厕所革命”,改造卫生厕所 1000 户,新建旅游厕所 11 座。
9	就业创业	促进农村劳动力转移就业,扩大城镇就业渠道。组织实施劳动力素质提升培训 5100 人,发放创业担保贷款 5000 万元,城镇新增就业 1200 人,全年转移就业 5 万人。
10	电网改造	新建配电变压器 48 台,容量 5mVA,新建 10kV 线路 69.224 千米,改造 10kV 线路 108.44 千米,新建低压线路 6.3 千米,改造低压线路 454.476 千米,新建接户、进户线 138.77 千米,改造户数 4108 户。

彭阳县人民代表大会常务委员会工作报告

——在彭阳县第九届人民代表大会第三次会议上

（2019年1月6日）

彭阳县人民代表大会常务委员会副主任　晁建勇

各位代表：

我受县人大常委会的委托，向大会报告工作，请予审议。

2018年工作回顾

一年来，县人大常委会在县委的坚强领导下，深入学习贯彻党的十九大精神，以习近平新时代中国特色社会主义思想为指导，围绕中心、服务大局，认真履行宪法和法律赋予的职权，各项工作取得了新成就，为全县经济社会发展和民主法治建设作出了积极贡献。全年共召开常委会会议6次、主任会议10次，听取和审议“一府一委两院”专项工作报告12项，开展视察调研检查9次，作出决议决定14个，依法任免“一府一委两院”工作人员11人次，较好地完成县九届人大二次会议确定的各项任务。

一、坚持党的领导，牢牢把握政治方向

常委会始终坚持把党的领导贯穿于人大依法履职的全过程，把对党负责和对人民负责高度统一起来，确保了人大工作的正确政治方向。

（一）坚决贯彻落实县委决策部署。紧紧围绕县委中心目标统筹谋划和推进人大工作。对决定的重大事项、召开的重要会议、开展的重大活动坚持及时向县委请示报告，做到与县委思想上合心、工作上合力、部署上合拍，确保人大工作在党委领导下依法有序开展。按照县委安排部署，常委会班子成员主动担当，积极参与、支持全县重点工作。一年来，常委会领导“严”字当头、“实”字当先，紧盯联系的乡镇和包抓的重点工作，在一线协调指导，在一线督促落实，着力推进脱贫攻坚、中药材产业发展、民族宗教、河长制等重点工作，确保一些重点工作和重点项目顺利推进。

（二）充分发挥常委会党组领导核心作用。常委会党组深入贯彻新时代党的建设总要求，认真履行政治领导责任，充分发挥把方向、管大局、保落实的重要作用。制定出台《人大常委会党组工作规则》，进一步明确人大常委会党组会议的议事范围、程序，使党组议事有章可循。坚持重大事项、重要决策、重要人事任免，经过党组会议讨论统一思想，由主任会议研究后提交常委会会议审议，形成党组统一领导下，3个会议有机衔接的人大议事规则和工作机制。进一步明确党

组成员分工，形成党建工作分工明确、齐抓共管的工作局面。制定出台《人大常委会党组关于落实全面从严治党要求进一步加强机关党的工作的意见》，使人大机关党建工作逐步走上经常化、制度化、规范化的轨道。

（三）依法行使决定权和任免权。紧紧围绕全县改革发展稳定大局，认真行使重大事项决定权。针对经济下行压力持续加大和经济结构单一、政府投资项目不足、民间投资信心不强等实际情况，适时作出调整2018年部分计划指标的决议。按照区、市、县党委的要求，对“十三五”规划纲要中涉及“沙化”“阿化”“清真”概念泛化等内容依法作出批准修改的决议。先后2次作出调整财政预算的决议，审查和批准美丽茹河PPP项目政府付费责任纳入财政预算的议案和2018年政府债务限额议案，依法作出关于确定人民陪审员名额的决定。牢固树立大局意识，始终坚持党管干部和依法任免相统一的原则，严格人事任免程序，严格规范供职发言、投票表决、颁发任命书、向宪法宣誓和任后监督等任免程序。为彰显宪法权威，制定出台《彭阳县人民代表大会及其常务委员会实施宪法宣誓制度办法》，组织“一府一委两院”18名被任命人员向宪法宣誓，进一步增强被任命干部的宪法意识和依法行政理念。一年来，共依法补选市、县人大代表9人，接受3人辞去人大代表职务，任免“一府一委两院”工作人员11人次，圆满实现县委人事安排意图，为全县经济社会发展提供人才支持和组织保障。

二、坚持依法履职，不断提高监督实效

常委会坚持依法监督、正确监督、有效监督，紧紧围绕全县工作大局，加强对“一府一委两院”工作和法律法规实施情况监督，有力推动全县经济社会发展和各项重点工作有效落实。

（一）加强经济运行监督。人大常委会围绕全县经济运行情况和招商引资工作开展专题调研，听取和审议县人民政府关于全县国民经济和社会发展计划“十三五”规划中期评估工作情况、2018年上半年国民经济和社会发展计划执行情况和招商引资工作报告，并进行满意度测评，针对经济总量和发展后劲不足、产业结构不合理、经济下行压力大等问题，提出优化产业布局、促进产业结构转型升级、推进项目建设、加大招商引资力度、优化投资环境、扎实推进民生改善等审议意见。县人民政府和相关部门高度重视，认真落实常委会审议意见，有力促进全县经济社会高质量发展。

（二）加强财政预算监督。为实现财政预算审查监督的信息化、网络化，按照自治区人大常委会安排部署，建立人大预算联网监督中心，目前已完成软件开发和近三年数据报备录入工作，为开展财政预算联网监督工作奠定基础。对全县财政预算和部门预算执行情况进行深入调研，听取和审议县人民政府关于2018年上半年财政预算执行情况报告，审查并批准2017年度财政决算。针对财源基础薄弱、收入质量不高、预算约束力不强、收支矛盾突出等问题，提出加强财源建设、提升预算工作水平、提高预算资金使用绩效、重视债务风险等审议意见。县人民政府高度重视，采取深化财政体制改革、加强预算编制和执行管理、强化审计结果运用等

措施,使常委会审议意见得到较好落实。在深入调研的基础上,听取和审议审计工作报告,并提出有针对性的审议意见,要求政府及有关部门限期整改,有力地推动审计部门监督作用充分发挥。

（三）加强民生保障监督。常委会坚持以人民为中心的工作理念,把满足人民群众日益增长的美好生活需要作为人大监督的出发点和落脚点,不断增强监督实效。紧紧围绕人民群众普遍关心的热点问题,先后组织开展全县职业教育、文物保护等专题调研,组织部分代表对全县重点项目建设及改善民生10件实事办理情况进行专项视察。听取和审议县人民政府专项工作报告,并进行满意度测评。提出合理化意见建议16条,推动事关群众切身利益问题的落实和解决。

（四）加强法治建设监督。紧扣促进依法行政、公正司法主题,听取和审议县人民政府关于2017年法治政府建设工作情况的报告,提出进一步强化宣传教育、转变职能、规范权力运行等审议意见。组织人大机关及乡镇工作人员参加市人大组织的规范性文件备案审查专题培训,对《彭阳县人民政府关于加快非公有制经济发展实施意见》等4项规范性文件进行备案审查,确保规范性文件的合法有效。先后组织对森林法、环境保护法开展执法检查,并听取和审议专项报告,推动相关法律法规在县域内的贯彻落实。组织50多名代表参加"践行阳光警务、铸造忠诚警魂"警营开放日、法院开放日和法院案件庭审评查等活动,有效监督和支持司法工作,促进司法公正。坚持把信访工作作为密切联系群众的重要途径,引导群众依法依规维权,一年来,共受理群众来信来访27件次,对重点信访采取批办、交办、督办等方式,推动问题解决,为维护群众合法权益,化解社会矛盾,促进社会和谐稳定发挥积极作用。

三、坚持主体地位,充分发挥代表作用

常委会始终把做好代表工作放在重要位置,积极探索新形势下开展代表工作的有效途径,以创新的理念和务实的举措,支持和保障代表依法履职,确保代表作用得到充分发挥。

（一）加强学习培训,提高代表履职能力。把提高广大代表的理论素养、业务水平和履职能力作为一项基础性工作。坚持为代表订阅《中国人大》《宁夏人大》等刊物,为代表们学习相关法律和人大业务知识创造条件。深入开展"干部素质提升年"活动,组织部分常委会组成人员参加全国县级人大常委会主任培训、教科文卫系统专题培训和区、市党校举办的十九大专题研讨、生态环境保护、金融风险防范、实施乡村振兴战略等专题培训班,组织部分人大代表参加区、市人大组织的代表培训班和乡镇代表之家、代表小组专题培训班,系统学习《宪法》《监督法》《代表法》《组织法》等法律法规和理论知识,通过学习培训,人大代表的政治素质、法律知识、履职能力不断提高。

（二）搭建履职平台,激发代表履职活力。坚持邀请代表参加常委会组织的视察、调研、执法检查等活动,先后邀请36名代表参加工作视察、执法检查和专题调研等活动,推荐17名代表参加区、市人大组织的视察调研活动,组织48名代表列席县人大常委会会议，25 名代表列席区、市人大常委会会议，49 名代表参加政府部门开放日活动。开展代表向选民述职活动，组织 182 名县、乡人大代表向选民述职，选民现场对人大代表履职情况进行评议和满意度测评，自觉接受选民监督。通过形式多样的活动，真正使代表“动起来”“活起来”，进一步拓宽代表知情知政渠道，激发代表依法履职的积极性和主动性。

（三）加强议案督办，增强代表履职动力。常委会把督办代表议案建议作为发挥代表作用、落实人民意愿的途径。通过组织视察、跟踪督办等方式，有效提高代表议案和建议的办理质量和效率。目前，12 件议案已全部办理，38 件建议已办结 14 件，正在办理 18 件，因条件限制暂时未办理的 6 件，也向代表说明了情况。通过重点督办，促使一批群众关注的热点难点问题得到有效解决。

四、坚持从严从实，全面加强自身建设

常委会主动适应新形势新要求，不断强化理论武装，完善工作制度，深入改进作风，为依法履职提供有力保障。

（一）切实加强能力建设。认真学习领会习近平新时代中国特色社会主义思想和党的十九大精神，及时传达学习区、市相关会议精神，举办专题讲座、学习研讨和常委会会前学法等活动，加强宪法法律和人大知识学习。加快人大信息化建设步伐，安装启用集签到、表决、测评等功能于一体的电子表决系统，提升人大会议质量和效率。修订完善常委会各工作委员会工作职责和机关工作制度，规范“三会”服务保障，加大干部学习培训力度，强化协调配合，形成工作合力。

（二）扎实抓好意识形态工作。认真落实意识形态各项工作责任，始终将意识形态工作贯穿于人大各项工作之中。成立意识形态工作领导小组，签订意识形态工作责任书，制订出台《中共彭阳县人大常委会党组意识形态工作责任制实施方案》。常委会党组专题研究安排部署意识形态工作，定期听取意识形态工作汇报，定期研判意识形态领域情况。常委会及机关党组成员按分工与干部经常开展谈心谈话，听取干部心声，解决干部疑虑。坚持邀请代表参加视察、检查、调研、列席常委会会议，开展“双联”活动，拓宽与代表联系的渠道，倾听代表呼声，掌握代表思想动态。宣传人大代表先进事迹，弘扬新风正气，凝聚“正能量”。加强对人大工作微信群等新媒体平台管理，强化人大信息宣传稿件报送审核，确保牢牢把握正确舆论导向，有效推动意识形态工作责任制的落地生根。

（三）深入推进党风廉政建设。常委会党组主动适应全面从严治党新常态，坚持标本兼治，着眼常态长效，建立健全各项制度，认真落实党风廉政建设主体责任，严格执行中央八项规定精神，精简会议安排，改进调研视察方式，规范公务接待，压缩“三公”经费支出，持续推进“四风”整治。主动配合自治区党委巡视工作，严肃认真抓好巡视反馈意见整改落实。召开严格执行中央八项规定精神和从严整改中央巡视反馈问题专题民主生活会，深入查摆问题，剖析根源，扎实开展批评和自我批评，及时制订整改方案，全面落实整改任务。通过签订党风廉政建设责任书，制定全面从严治党责任清单、问题清单、整改清单,切实履行"一岗双责"。修订完善机关财务管理制度、公务接待制度、会议管理办法等8项内控制度,不断推进党风廉政建设制度化、规范化、长效化。

(四)加强人大工作联络指导。把上级人大的视察、调研和检查作为改进工作、提升水平的契机,全力做好组织协调工作,配合完成区、市人大来彭阳县开展职业教育、乡村振兴、招商引资、环境保护法等执法检查、视察、调研活动12次。密切与兄弟市、县人大的工作交流,完成吉林白城市、青海海东市和西吉县人大来彭阳县考察精准扶贫、生态建设及农村环境治理服务工作。加强对乡镇人大工作的指导,使乡镇人大工作始终与县人大工作步调一致,促进全县人大工作整体向前发展。

各位代表,一年来常委会所取得的成绩,是县委正确领导的结果,是"一府一委两院"和各乡镇、各部门积极配合的结果,也是全县人民和各界人士支持的结果。在此,我谨代表县九届人大常委会,向所有关心、支持人大工作的同志表示衷心的感谢和崇高的敬意!

在肯定成绩的同时,我们也清醒地认识到,对照宪法和法律赋予的职责,对照人民群众的愿望,常委会的工作还存在着一些不足和差距,主要是监督方式还需进一步改进,代表主体作用有待进一步发挥,工作创新上还有待进一步探索等等,这些我们将在今后的工作中认真研究,努力加以改进。

2019年主要任务

各位代表,2019年是新中国成立70周年,也是全面建成小康社会关键之年。在新的一年里,常委会工作的总体要求是:以习近平新时代中国特色社会主义思想为指导,深入贯彻党的十九大和十九届二中、三中全会及中央经济工作会议精神,全面贯彻习近平总书记视察宁夏时的重要讲话精神,认真贯彻落实区、市党委决策部署和县委八届三次全会精神,紧紧围绕"经济繁荣、民族团结、环境优美、人民富裕"目标,紧扣坚决打好"三大攻坚战"、深入实施"三大战略"、集中攻坚"六场硬仗",认真履行宪法法律赋予的职责,扎实开展监督工作,充分发挥代表作用,切实加强自身建设,推动人大工作与时俱进,一鼓作气打赢脱贫攻坚战,为全面建成小康社会,"建设美丽新宁夏,共圆伟大中国梦"作出积极贡献,以优异的成绩喜迎中华人民共和国成立70周年。

一、增强监督实效,在服务发展大局上展现新作为

坚持把人大工作放到全县发展大局中去谋划和推进,始终做到在依法行使职权中,领会县委意图不偏离、紧跟县委部署不掉队、落实县委决策不含糊。围绕乡村振兴战略实施,对全县农业产业、"四个一"林草产业、乡村医疗卫生工作开展调研检查;围绕民生改善,对全县教育工作、养老服务体系建设、全县重点工作及改善民生10件实事办理情况进行视察调研,并对全县教育工作开展专题询问;围绕深化财政预算审查监督,全面开展人大财政预算联网监督工作,实现人大财政预算监督由事前、事后监督转变为实时在线全程监督。围绕推动经济高质量发展,加强对经济社会发展计划和审计工作的监督;围绕国有资产监督,建立健全国有资产管理情况报告制度,推进国有资产公开透明。

二、厉行法律监督，在推进法治建设上开创新局面

坚持法律监督工作不动摇，推进依法治县和全民普法进程。加强依法行政监督，对《水污染防治法》《妇女权益保障法》《宁夏回族自治区老年人权益保障条例》等法律法规贯彻实施情况开展执法检查，听取和审议法治政府建设工作报告。加强政府规范性文件备案审查工作，探索备案审查工作机制，制定出台《彭阳县人大常委会规范性文件备案审查工作办法》。根据法律规定探索对监察委员会的监督，听取和审议县监察委员会关于监察工作开展情况的报告。强化司法监督，对全县扫黑除恶工作、法院家事审判工作和检察院公益诉讼工作进行专题调研，并听取专项工作报告。结合国家宪法日，深入开展法律宣传教育，增强广大群众宪法和法律意识。努力做好人大信访工作，依法维护群众合法权益，促进社会和谐稳定。

三、强化服务保障，在发挥代表作用上激发新活力

坚持和尊重代表主体地位，创新服务机制，拓展履职平台，充分发挥代表作用。完善代表学习培训机制，加强代表培训，提高代表依法履职的能力和水平。巩固和完善“代表之家”和“代表活动室”建设成果，促进运行更加规范化、制度化。坚持邀请代表列席常委会会议、参与视察调研、执法检查、专题询问等工作，拓宽代表履职渠道。健全代表议案建议督办机制，规范办理程序，加强督办力度，提升办理质量和实效。全面开展代表向选民述职活动，增强代表履职的责任感和使命感。坚持常委会领导联系乡镇人大工作制度，加强对乡镇人大工作的联系与指导，促进乡镇人大工作规范化运行。

四、加强自身建设，在提升履职水平上力求新突破

深入学习贯彻习近平新时代中国特色社会主义思想，特别是把学习研究宣传贯彻习近平总书记关于坚持和完善人民代表大会制度的重要思想摆在突出位置，在学懂弄通做实上下功夫。进一步加强理论武装，牢固树立“四个意识”，坚定“四个自信”，坚决做到“两个维护”，切实提高政治站位，以高度的政治自觉，切实履行党要管党全面从严治党主体责任，严守政治纪律和政治规矩，加强党风廉政建设，认真落实“两个责任”，高度重视巡视反馈问题整改工作，坚决反对和纠正“四风”问题，营造风清气正的政治生态。进一步健全人大组织制度和工作制度，加强常委会“两个机关”建设，加强调查研究，发挥好参谋助手作用，努力提高服务保障水平。

各位代表、同志们，新思想引领新时代，新使命开启新征程。让我们紧密团结在以习近平同志为核心的党中央周围，深入学习贯彻习近平新时代中国特色社会主义思想和党的十九大精神，在县委的坚强领导下，牢记使命、依法履职，一鼓作气打赢脱贫攻坚战，为全面建成小康社会，“建设美丽新宁夏，共圆伟大中国梦”作出积极贡献，以优异的成绩喜迎中华人民共和国成立70周年。

中国人民政治协商会议
彭阳县第九届委员会常务委员会工作报告

——在政协彭阳县第九届委员会第三次会议上

（2019年1月5日）

政协彭阳县委员会副主席 李廷枢

各位委员：

我受政协彭阳县第九届委员会常务委员会的委托，向大会报告工作，请予审议。并请列席会议的同志提出意见。

2018年工作回顾

2018年是全县上下攻坚克难、经受考验的一年，也是九届县政协砥砺奋进、助推发展的一年。一年来，在中共彭阳县委的坚强领导下，政协常委会高举中国特色社会主义伟大旗帜，以习近平新时代中国特色社会主义思想和党的十九大精神为指导，牢牢把握团结、民主主题，充分发挥人民政协作为协商民主重要渠道和专门机构的作用，团结带领全体政协委员，围绕中心，服务大局，切实履行政治协商、民主监督、参政议政职能，圆满完成九届二次会议确定的目标任务，为促进全县经济社会平稳健康发展作出积极贡献。

一、筑牢思想基础，准确把握政治方向

常委会始终坚持中国共产党的领导，把思想政治建设摆在首位。一是抓政治理论学习，把握履职方向。制订《2018年县政协党组理论学习中心组学习计划》《2018年政协机关干部职工理论学习安排》，明确理论学习目标任务和具体要求，采取集中学习与个人自学相结合、参加培训与研讨交流相结合等多种形式，深入学习贯彻习近平新时代中国特色社会主义思想和党的十九大及十九届二中、三中全会精神，认真学习贯彻全国“两会”和自治区党委十二届三次、四次、五次全会，市委四届二次、三次全会及县委八届二次全会精神。政协主席、副主席在区、市政协工作座谈会和县委中心组学习会议上做交流发言9次，常委会其他人员撰写学习心得体会或理论文章25篇，进一步树牢“四个意识”，增强“四个自信”，坚定正确履职的政治方向和推动发展的信心决心。二是抓政协业务学习，提升履职能力。全面系统学习习近平总书记关于加强和改进人民政协工作重要思想八个方面的重要论述和《中国人民政治协商会议章程》修正案，组织开展专题研讨交流15人次，提交书面交流材料16篇，进一步深化对习近平总书记关于加强和改

进人民政协工作的重要思想和新修订的《中国人民政治协商会议章程》的认识和理解，深化对中共中央《关于加强社会主义协商民主建设的意见》、中共中央办公厅《关于加强人民政协协商民主建设的实施意见》《关于加强和改进人民政协民主监督工作的意见》等文件的理解和把握，明确做好新时期人民政协工作的理论引领和重要遵循。扎实开展“干部素质提升年”活动，为全体委员和机关干部订阅《华兴时报》215份，选派委员、机关干部积极参加全国政协培训中心和区、市党校及政协组织的培训学习97人次，提升综合素质和履职能力。三是抓专题学习教育，增强履职自觉。深入推进“两学一做”学习教育常态化制度化，继续围绕践行“四讲四有”、做到“四个合格”开展专题学习研讨，政协主席、副主席在县级党员领导干部专题研讨会上交流发言4次，专委会主任、部门负责人等其他常委会组成人员分别在政协机关、部门(单位)专题研讨会上交流发言12次，增强履职的自觉性。

二、服务发展大局，积极贡献智慧力量

常委会始终把服务全县发展大局作为中心任务，在贯彻落实县委、政府决策部署中推进协商民主。一是协商议政谋发展。九届二次会议期间，5位委员围绕打造《清平乐·六盘山》诞生地品牌，发展旅游、中药材、红梅杏产业，培育新型职业农民做了重点交流发言，9位委员围绕其他方面提交书面交流材料。委员们认真讨论“一府两院”工作报告，为彭阳经济社会发展建言献策、贡献智慧，紧扣脱贫富民、创新驱动、生态环境、城乡统筹、民生改善、改革发展等重点工作，从14个方面提出意见建议86条，大多数意见建议受到县委、政府高度重视，并被相关部门吸收采纳。政协常委会议多次听取全县经济运行情况和政府职能部门工作情况通报，为发改、农牧、林业、城管等部门提出意见建议，谋划、推动相关工作。认真组织实施2018年度协商计划，形成专题报告5篇，为县委、政府科学决策提供重要参考依据。二是专题调研促发展。为全面了解全县非公企业发展现状，组织经济界委员开展非公企业发展情况专题调研，协商提出“统筹规划，解决‘地’的问题；标本兼治，解决‘钱’的问题；综合施策，解决‘人’的问题”3条对策建议，对促进非公经济持续健康发展发挥积极作用。针对发挥小杂粮和中药材等特色种植业在全县脱贫攻坚中的重要作用，组织科技、农业界委员深入调研后，建议从“完善补贴措施，强化科技支撑，完善机制体制”3个方面推动小杂粮、中药材等特色种植业发展，使其成为促进脱贫攻坚的富民产业。三是考察学习助发展。围绕城乡环境卫生管理工作，先后考察学习红寺堡及陕西省礼泉县、武功县等地先进管理经验，提出适合彭阳县实际的“引进推广农村环卫市场化运作模式，加大农村环卫基础设施设备建设，组建农村环境卫生综合执法队，加快建设智慧化彭阳城市管理，增加城市保洁小型清扫机械设备”5条建议；围绕田园综合体发展，考察学习山西省临汾市和河北省唐山市等地先进经验模式，提出“准确规划定位，加强企业带动，整合各类资金，促进农民增收，注重文化引领，重视科技支撑”6个方面的建设性意见；围绕林果产业发展，考察学习甘肃省和四川省部分县

(区)的发展经验,提出“凝聚产业发展共识,成立果业专门机构,制定出台扶持政策,坚持创新引领发展”4条建议。这些考察学习成果为县委、政府推进上述工作起到积极的参考、借鉴作用。

三、聚焦民计民生,努力做到履职为民

常委会始终把促进和改善民生作为履职的根本宗旨,坚持为人民群众谋利益、办实事。一是扎实做好提案工作。认真落实“委员小组组长收集初审、提案经济委员会汇总复审、提案审查委员会协商终审”的提案审查机制,确保委员提出高质量提案。九届二次会议期间,共收到提案116件,经审查立案100件,立案率为86.2%。坚持主席会议协商确定重点提案、分配提案办理经费指标,夯实提案办理基础。经充分调研论证和协商,在已立提案中确定重点提案6件。统筹使用提案办理经费,支持办理群众受益面广的提案21件。采取县级领导带队督办、委员现场视察督办、提案委“回头看”跟踪督办,不断提高提案办理实效。从政府通报的提案办理情况、承办单位给委员的回复情况和政协组织的年终督察考核情况来看,提案的办复率为100%。特别是引进专家开展诊疗活动、解决月嫂和老年护理培训资金、新建冯庄乡小寺村农耕休憩孝老院等提案的办理,使一大批民生实事惠及千家万户。二是积极开展联系点工作。按照区、市政协关于认真开展委员基层联系点工作的要求,在巩固提升白阳镇友谊街社区、古城镇任河村、皇甫村等原有委员基层联系点的基础上,新建草庙乡草庙村、小岔乡榆树村等5个委员基层联系点,使委员联系基层的平台得到进一步拓展。认真落实县委、政府关于精准扶贫精准脱贫的部署要求,为白阳镇姜洼村、交岔乡保阳村、草庙乡包山村等11个贫困村累计争取提案资金320万元,帮助购买铡草机、种子、化肥等,扶持发展生产,支持开展文化活动,激发内生发展动力,助力脱贫攻坚。坚持落实《彭阳县政协主席、副主席联系委员、委员联系服务群众制度》,引导工商界委员扶危济困、爱心助学,为彭阳慈善事业捐款140万元,并自筹工作经费近10万元,支持委员开展“送科技、送文化、送健康、送温暖”等主题活动。三是认真落实民主监督。认真履行调研督导工作职责,政协主要领导带头深入古城、新集、红河、城阳等6个乡镇,督察脱贫退出自查自验工作,并对全县实施“四个一”林草产业试验示范工程提出合理化建议,为县委、政府扎实有序推进脱贫攻坚工作、持续用力加强生态文明建设发挥参谋作用;各位副主席自觉服从全县统筹安排,定期不定期深入各自联系的乡镇和包抓的贫困村,督促指导脱贫攻坚和民风建设等重点工作,经常性深入所联系的部门(单位),协调解决有关问题,及时提出对策建议,助推相关工作顺利开展。参与各种监督活动,先后协调8批100名委员参加法院开放日活动,旁听涉及村干部违法犯罪、涉黑涉恶势力团伙等庭审,参加检察院检务公开、公安局警营开放日活动和民政局招考养老机构工作者面试现场监督及物价、信访等部门工作听证会,监督相关工作公开、公正、公平进行。主动配合完成上级部门(单位)对彭阳县考核验收民主测评,先后推荐相关界别委员担任政务公开民主监督员,参与全国基层政务公开标准化规范化试点县考核测评，组织部分委员参与全国健康促进示范县创建评估和全区食品安全示范县验收评估，并动员委员积极参与机关作风评议和区、市组织的第三方测评，使政协的民主监督作用得到充分发挥。

四、促进和谐团结，充分发挥独特优势

常委会始终把维护和谐稳定作为政协履职的重要任务，发挥联系广泛、协调关系、凝聚力量的优势，巩固安定团结的社会大局。一是合作共事凝聚共识。按照县委、政府的安排部署，政协各领导到各自联系点深入调研，加强民族团结进步教育，引导各族群众和谐共处、守望相助，巩固全国民族团结进步示范县创建成果；与宗教人士座谈交流，了解生产生活情况，解决发展中的有关问题，维护稳定的宗教格局。常委会其他人员结合岗位特点和工作实际，加强与少数民族委员、宗教界人士的经常性联系。政协委员利用在基层联系点开展活动之机，宣传党的民族政策和宗教工作基本方针，及时反映社情民意，力所能及地解决群众实际困难，为维护民族团结、宗教和顺的良好局面发挥积极作用。二是联谊交流增进共识。协助区、市政协来彭阳县调研视察，配合完成民营经济发展、“水十条”实施中期情况、农业科技园区建设、高质量脱贫攻坚、中蜂产业发展、蔬菜种植和肉牛养殖等专题调研 6 次，为区、市层面研究解决相关问题、推动经济社会协调发展提供第一手资料，得到自治区政协主席崔波等领导的充分肯定。加强与外省（区、市）县（区）政协的联系交流，组织委员外出考察 3 次，分别赴陕西、山西、河北、甘肃和四川等省相关县（区），学习城乡环境卫生管理、田园综合体和林果产业发展等工作经验。先后接待福建省厦门市思明区、内蒙古巴彦淖尔市乌拉特中旗两地政协关于教育扶贫和产业扶贫、电商扶贫和旅游扶贫专项考察 2 次，在交流学习的同时，宣传推介彭阳，营造良好的发展环境。三是文史宣传促进共识。突出政协文史工作的独特功能，挖掘地方特色文化，支持《彭阳革命史料选编（上卷）》和《彭阳历史文物》《彭阳东西南北人》编纂出版，编发《彭阳政协》内刊 4 期，搜集整理《皇甫谧籍贯考辨》《宁夏南部山区红色文化概述》等文史资料近 4 万字，发挥“存史、资政、团结、育人”的重要作用。撰写简报、信息，部分工作简报、社情民意信息分别被《华兴时报》、自治区政协《社情民意》采用，提振委员参与协商民主的信心。

五、加强自身建设，全力凸显责任担当

常委会始终把加强自身建设作为永恒的追求，坚持抓管理、转作风，推动政协认真履职。一是加强委员履职管理。严格落实《政协彭阳县委员会委员履职工作规则》《政协彭阳县委员会委员履职量化考核办法》，建立委员履职档案，将委员出席会议、参加活动、提交提案、报送社情民意信息，以及撰写大会发言、调研报告等情况作为委员履职量化考核的主要内容，进行严格考核，激发和促进委员履职的积极性和自觉性。组织开展委员“调研月”活动，引导委员开展以“五个一”提出一件提案、参加一次调研视察、提出一项工作建议、反映一条社情民意、解决一个实际问题为主要内容的调查研究，使委员知情明政，便于更好地履职。二是健全完善管理制度。以加强政协系统党的建设为引领，抓好制度建设。制定完善县政协党组、政协机关党组《学习议事规则》《工作规则》《理论学习中心组学习规则》和政协办党支部《委员分工及职责》等制度，建立健全县政协党组、政协机关党组《贯彻落实〈关于进一步加强和改进机关党的建设的意见〉责任清单》《抓党建工作责任清单》《全面从严治党问题清单和问责清单》《落实意识形态工作责任清单》等，全面加强政协系统党的建设，发挥政协党组在政协工作中的领导核心作用。三是驰而不息改进作风。认真抓好党风廉政建设，落实“两个责任”，加强监督检查，改进工作作风。认真开展违反中央八项规定精神专项治理，围绕“五个严禁”全面自查自纠，对相关责任人给予组织处理。认真抓好自治区党委巡视反馈问题整改落实，涉及县政协的问题已全部整改到位。认真开好严格执行中央八项规定精神、从严整改中央巡视反馈问题专题民主生活会及不准共产党员信仰宗教和参与宗教活动专题组织生活会，使中央八项规定精神和纪律规矩意识入脑入心，推动政协机关整体作风大转变。

各位委员，一年来，县政协常委会做了大量工作，也取得了可喜的成绩，这得益于中共彭阳县委的坚强领导，得益于县人民政府和社会各界的大力支持，得益于广大政协委员和全体机关干部的敬业奉献和辛勤工作。在此，我代表县政协常委会，向所有关心支持政协工作的各级领导、各界人士，向为政协事业默默付出、无私奉献的各界别委员和干部职工表示衷心的感谢和崇高的敬意！

在肯定成绩的同时，我们也清醒地认识到，政协工作还存在一些薄弱环节，主要是：调查研究的深度和广度还需不断拓展，反映社情民意的针对性和时效性仍需进一步加强，协商议政的方式方法还需进一步改进，建言献策的质量和水平仍需进一步提升，等等。对此，真诚希望各位委员提出批评和建议，常委会将高度重视，认真研究，切实加以改进。

2019 年工作部署

2019 年是中华人民共和国成立 70 周年，也是打赢脱贫攻坚战、决胜全面建成小康社会的关键之年。县政协工作的总体要求是：以习近平新时代中国特色社会主义思想和党的十九大精神为指导，深入贯彻落实中共十九大和十九届二中、三中全会精神，全面贯彻落实习近平总书记视察宁夏时的重要讲话精神，认真贯彻落实区、市党委决策部署和县委八届三次全会精神，坚持团结、民主两大主题，围绕经济繁荣、民族团结、环境优美、人民富裕目标，紧扣坚决打好三大攻坚战、深入实施“三大战略”、集中攻坚“六场硬仗”等中心工作，认真履行政治协商、民主监督、参政议政三大职能，积极发挥协调关系、汇聚力量、建言献策、服务大局四大作用，为彭阳一鼓作气打赢脱贫攻坚战、确保与全国全区同步全面建成小康社会、“建设美丽新宁夏，共圆伟大中国梦”作出政协贡献。

一、坚定履职方向，矢志不渝加强政治引领

一要坚持政治学习不懈怠。持续深入学

习贯彻习近平新时代中国特色社会主义思想和中共十九大及十九届二中、三中全会精神，坚持读原著、学原文、悟原理，原原本本学、深入系统学、带着问题学，坚持学而信、学而行、学而用，融会贯通、知行合一、学用互促。通过举办专题培训班、召开研讨交流会、组织实地观摩体验等多种方式，提高学习实效。自觉全面贯彻落实自治区第十二次党代会、市第四次党代会、县第八次党代会及历次全会精神，推动学习活动往深里走、往心里走、往实里走，转化为增强“四个意识”、坚定“四个自信”、做到“两个坚决维护”的自觉行动。二要把握政治方向不动摇。坚持用习近平新时代中国特色社会主义思想武装委员和机关干部头脑、指导协商民主实践、推动政协各项工作。重点在学习贯彻习近平总书记关于加强和改进人民政协工作的重要思想上下功夫，结合对习近平总书记在庆祝人民政协成立65周年大会上的重要讲话、中共中央《关于加强社会主义协商民主建设的意见》和中共中央办公厅《关于加强人民政协协商民主建设的实施意见》《关于加强和改进人民政协民主监督工作的意见》《关于加强新时代人民政协党的建设工作的若干意见》等重要文件的反复深入学习，始终坚持党对政协工作的领导，坚持重大问题、重大事项、重要活动及时向县委请示汇报，确保县委的决策部署在政协得到全面贯彻落实。三要加强主题教育不放松。持续深入推进“两学一做”学习教育常态化制度化，扎扎实实开展“不忘初心、牢记使命”主题教育，通过举行“我的初心”承诺践诺、“我的使命”履职竞赛、“重走长征路”实践锻炼、“致敬新中国”故事访谈等多种活动，激励中共党员干部和委员带头履职，引导全体委员积极主动作为，把“建设美丽新宁夏，共圆伟大中国梦”的殷切期望转化为“振奋精神，实干兴宁”的实际行动，以点点滴滴、扎扎实实、默默无闻、久久为功的耐力和韧劲，形成彭阳人一鼓作气打赢脱贫攻坚战、为全面建成小康社会奠定坚实基础的生动实践。

二、凝聚集体智慧，切实有效促进民主协商

一要围绕重点工作议政建言。按照县委八届三次会议的部署要求，围绕打好脱贫富民决胜战、创新驱动攻坚战、生态环境保卫战、城乡统筹大会战、民生改善持久战、改革开放突围战等重点任务，呼应教育医疗、交通出行、住房保障、养老服务等群众关切，通过召开专题议政常委会、对口协商座谈会，以及委员提交提案、反映社情民意等形式，为政府及其工作部门提出意见建议，帮助解决制约经济社会发展的瓶颈性问题。二要推动协商计划有效落实。认真落实主席会议审定、分管副主席负责、专委会实施的工作机制，统筹运用专题协商、对口协商、界别协商等形式，有序推进协商活动开展，全面落实脱贫攻坚巩固提升工作调研、“四个一”林草产业试验示范工程实施情况视察、非公经济发展工作考察、养老服务体系建设工作考察、乡村振兴战略实施工作考察5个协商议题。三要注重协商成果转化利用。建立健全协商成果及时报送、定期反馈机制，加强与党政部门的联系沟通，使全委会期间委员讨论“一府两院”工作报告时提出的重要意见建议、专题议政常委会和对口协商座谈会上产生的重点对策建议、调研视察考察活动中形成的专题工作报告，都能引起有关方面的足够重视，为县委、政府决策提供参考依据。定期举行协商成果利用情况通报会，促进委员进一步提高建言献策质量、提升协商议政水平。

三、发挥职能作用，坚定不移深化民主监督

一要在调研视察活动中实施民主监督。认真贯彻落实中共中央办公厅《关于加强和改进人民政协民主监督工作的意见》、自治区党委办公厅《关于加强和改进人民政协民主监督工作的实施意见》精神，把民主监督与调研视察活动紧密结合起来。在调研脱贫攻坚巩固提升工作中，对乡镇和农牧等部门分别承担主责主业、继续落实扶贫政策情况进行监督；在视察“四个一”林草产业试验示范工程实施工作中，对林业、农牧等部门发挥职能作用、乡镇积极主动配合等情况进行监督。二要在提案督察办理中实施民主监督。坚持“以人民为中心”的发展思想，把提案办理作为落实民生实事的重要途径，在加强提案办理协商的同时，对政府分配提案办理任务，交办、督办提案情况，各承办单位办理提案进度、质量情况进行监督。对思想上不重视、态度敷衍，能办理而未办理，或办理进度缓慢、质量不高的，及时发出督办意见建议，提交有关方面抓好落实。三要在其他履职活动中实施民主监督。进一步拓展民主监督形式，委员在参加政协各种协商议政会议时，在提交提案、反映社情民意时，均可根据自己掌握的有关情况提出监督性意见，也可针对乡镇、部门（单位）履职和干部工作中存在的问题，直接提出监督意见建议。建立健全民主监督员选派制度，为纪检监察、司法、行政执法和窗口服务单位选派一定数量的政协委员担任民主监督员，或组成民主监督小组，定期不定期地开展监督活动，变“受邀式”的被动监督为“选派式”的主动监督，延伸监督触角，提高监督实效。

四、彰显政协优势，积极主动维护和谐稳定

一要积极促进民族团结宗教和顺。持续发挥政协代表性强、联系面广、包容性大的独特优势，为维护安定团结、和谐稳定的政治局面凝人心、聚合力。坚持用马克思主义民族观宗教观教育引导政协委员，持续深化民族团结进步教育，不断巩固民族团结进步示范县创建成果。加强与少数民族委员、宗教界人士的经常性联系，多做理顺情绪、化解矛盾、凝聚共识、增进团结的工作。深入开展委员基层联系点活动，帮助少数民族群众解决生产生活困难和实际问题，共同促进民族团结、宗教和顺。二要主动推进联谊交往合作交流。进一步加强与区、市政协的联系对接，力争在高质量脱贫、养老服务等重点议题协商中，上下联动，共同调研，推动涉及重大民生事项、需要政策层面支持解决的问题，能够通过区、市两级协调解决。加强与外地政协特别是周边县（区）政协的联谊交往，学习先进经验，借鉴成功做法，互通有无，互利共赢。加强与民主党派、无党派人士的合作交流，注意听取不同意见，帮助改进政协工作。加强与工商联、经济界委员的联系，引才聚贤，助推彭阳经济社会发展。三要不断深化文史资料工作。坚持按季度编发《彭阳政协》内刊，并借助宁夏政协“互联网+政协”综合信息服务系统，持续加大政协重点亮点工作宣传力度。呼吁、建议、推动姚河塬国家遗址公园项目落地建设。支持《彭阳革命史料选编（下卷）》编纂出版，与业已支持出版的彭阳史料书籍形成学习研究彭阳历史的系列丛书。进一步做好彭阳古代、近现代，特别是新民主主义革命和社会主义建设及改革开放方面史料的搜集整理，助力打造历史彭阳、红色彭阳、党建彭阳品牌，展现彭阳人不怕牺牲、敢于斗争，不畏艰难、吃苦耐劳的精神品质，充分发挥文史资料工作“存史、资政、团结、育人”的重要作用。

五、聚焦改进作风，持之以恒强化自身建设

一要全面加强政协系统党的建设。认真贯彻落实中共中央办公厅《关于加强新时代人民政协党的建设工作的若干意见》精神，按照自治区政协党组《关于学习贯彻落实〈关于加强新时代人民政协党的建设工作的若干意见〉的通知》、市政协党组《市县（区）政协设置功能型党支部的实施方案（试点试行）》要求，结合县级机构改革，有计划、分步骤地在县政协专委会设立功能型党支部，实现党的组织对党员委员的全覆盖、党的工作对政协委员的全覆盖。认真贯彻落实中国共产党《党组工作条例》《支部工作条例》，加强政协系统党的政治建设、思想建设、组织建设、作风建设、纪律建设，发挥政协党组在政协工作中的领导核心作用、机关党组在机关党建中的推动作用、政协办党支部在机关党建中的主体作用、各功能型党支部在委员履职中的教育引导作用。二要持续加强政协各项制度建设。以财务管理内部控制制度建设为契机，全面梳理政协党建、政协工作、内部管理等各方面的现有制度规定，查漏补缺，该废止的废止，该重新制定的重新制定，该修订完善的进一步修订完善，与时俱进抓好制度建设，并坚持用制度管人管事管权，确保政协各项工作依规有序推进，在制度化、规范化、程序化上取得新进展。三要不断加强政协机关作风建设。严格执行中央八项规定精神和区、市、县若干规定，持续用力抓好中央和自治区巡视反馈问题整改落实，坚持不懈开展纪律作风“回头看”，坚决防止“四风”问题反弹回潮，以高度的政治自觉、坚定的价值追求、务实的工作举措，守纪律，转作风，树形象，为推进政协履职提供坚强保障。

各位委员，新时代要有新担当，新时代要有新作为。让我们更加紧密地团结在以习近平同志为核心的党中央周围，在中共彭阳县委的坚强领导下，同心同德，群策群力，履职尽责，开拓创新，为一鼓作气打赢脱贫攻坚战、确保与全国全区同步全面建成小康社会、“建设美丽新宁夏，共圆伟大中国梦”而努力奋斗！

彭阳县人民法院工作报告

——在彭阳县第九届人民代表大会第三次会议上

(2019 年 1 月 6 日)

彭阳县人民法院院长　魏　凯

各位代表：

现在，我代表彭阳县人民法院向大会报告工作，请予审议，并请各位政协委员和列席会议人员提出意见。

2018 年工作回顾

2018 年，在县委的领导下，在县人大及其常委会的监督下，在上级法院的指导下，在县政府、政协和社会各界的关心支持下，县人民法院坚持以习近平新时代中国特色社会主义思想为指导，认真学习贯彻党的十九大，十九届二中、三中全会，自治区第十二次党代会及市、县重要会议精神，按照县委重大工作部署，忠实履行宪法和法律赋予的职责，紧紧围绕“努力让人民群众在每一个司法案件中感受到公平正义”工作目标，坚持司法为民、公正司法，依法独立公正行使审判权，全面深化司法体制改革，加强过硬法院队伍建设，各项工作取得新的进步，为维护全县社会稳定、促进经济发展提供有力司法保障。

一、围绕中心，努力延伸司法触角，服务大局取得新成效

县人民法院以围绕中心、服务大局为重要使命，紧紧围绕全县重大战略布局，及时跟进司法服务和司法保障。

助力打赢脱贫攻坚战。在产业发展、基础建设、矛盾化解、农村党建等方面精准发力，助力脱贫攻坚工作。推进结对帮扶工作，选派 4 名干警担任驻村第一书记和驻村工作队员，58 名干警担任帮扶责任人，深入王洼镇王洼村、姚岔村等 5 个村 290 户建档立卡户开展结对帮扶工作。为帮扶村落实帮扶资金 4.5 万元，支持村级文化阵地等建设。开展互助资金、扶贫贷款等案件审理执行专项行动，共审结互助资金、扶贫贷款案件 98 件，督促当事人自动履行 42 件 29.51 万元，执结 23 件，执行到位标的 15.11 万元。

助推地方经济健康发展。积极防范金融风险，加强对虚假诉讼和各种规避高利手段的审查，以司法判例引导放贷人理性通过民间借贷获得合法收益，遏制高利贷倾向，引导民间融资健康发展。审结金融借款、民间

借贷等案件 893 件。与县税务局签署合作备忘录，对民间借贷案件利息收入实行个税征收。加快破产清算案件审理工作，对 1 家企业裁定进入破产重整程序，对 1 家企业裁定进入破产清算程序。定期深入企业，了解司法需求，为重大项目立项、合同签订提供法律指导。

参与社会综合管理。认真落实中央巡视组交办涉诉信访案件领导包案化解督办制度，按照“一案一策”原则，制订个案化解方案，明确包案领导、责任部门和责任人，对中央巡视组和自治区党委巡视组交办的 9 件案件进行逐案化解，按期完成所有信访案件化解工作。发挥司法惩恶扬善功能，加强法治宣传。开展“法律八进”活动，到社区、学校、企业、乡村等进行法治宣传和提供法律咨询 15 次，受教育群众逾万人。进一步加大对农村聚众赌博打击力度，依法遏制农村高额彩礼，营造风清气正乡风民俗。

二、聚焦主业，充分发挥审判职能，执法办案迈上新台阶

全年共受理各类案件 4444 件，同比增长 10.05%，结案 4253 件，同比增长 11.07%，结案率达 95.7%，法官人均结案数达 193.3 件。

依法惩治刑事犯罪。充分发挥法院在维护全县社会稳定的主责主业作用，共审结刑事案件 87 件，同比下降 10.3%，判处罪犯 126 人，结案率达 96.67%。推进扫黑除恶专项斗争，强化组织领导，制订《彭阳法院扫黑除恶专项斗争工作实施方案》等制度 10 项，畅通举报渠道，加大宣传力度，从严惩处涉黑涉恶犯罪。通过案件排查发现线索 39 条，收集群众举报线索 2 条，移送 34 条。依法公开审理尹某某、景某某、朱某某寻衅滋事罪、敲诈勒索罪、非法拘禁罪的县首起恶势力集团犯罪案件。严厉打击严重危害社会治安犯罪，审结故意杀人、故意伤害、交通肇事、危险驾驶、赌博及制毒等案件 38 件，依法公开审理有重大社会影响的华某某、刘某某等 11 人非法生产制毒物品罪一案。突出打击侵犯财产罪及涉众型经济犯罪，审结盗窃、抢劫、信用卡诈骗等案件 29 件。持续保持反腐高压态势，审结涉民生领域职务犯罪案件 2 件。加大对非法捕猎、杀害、贩卖珍贵野生动物等犯罪的惩治力度，审结相关案件 6 件。审结寻衅滋事、妨害公务、非法占用农用地、非法采矿等其他案件 12 件。

妥善调处民商事纠纷。充分发挥民商事审判定纷止争功能，共审结民商事案件 2629 件，同比上升 14.21%，结案率达 97.3%。加强对供给侧结构性改革的司法应对，维护诚实守信、公平竞争的市场秩序，审结买卖、租赁、借贷、建设工程等合同纠纷案件 1645 件。推进家事审判方式改革，审结各类家事案件 439 件，保障未成年人、妇女、老年人合法权益，维护婚姻家庭和谐稳定。高度重视人民群众的切身利益，审结教育、医疗、消费和权属、侵权等案件 281 件。充分发挥督促程序，更加方便、快捷地保护债权人利益，审结支付令案件 117 件。审结诉前保全、司法确认、破产、再审等其他案件 147 件。坚持“调解优先、调判结合”工作原则，将调解贯穿于审判全过程和诉讼各环节，案件调撤率达 47.59%。

积极促进依法行政。落实行政案件集中管辖制度，引导当事人依法合理行使诉权，审查行政非诉案件4件。坚持监督、支持行政机关依法行政与保护公民合法权益并重，配合政府做好释法析理工作，加大对行政案件矛盾化解和处置工作，深化司法与行政的良性互动，促进依法行政，推动依法治县。

三、迎难而上，全力破解执行难，执行工作实现新突破

2018年是“基本解决执行难”的决胜之年，县法院在县委坚强领导和政府大力支持下，锐意进取、攻坚克难，“基本解决执行难”成效突出。共受理执行案件1642件，结案1526件，结案率达92.94%，受理数和执结数同比分别上升4.65%和8%。执行到位标的6466.9万元，同比上升30.23%。执行案件结案率全区法院第一。

用足用活执行措施，提高执行工作效率。开展“飓风行动”执行专项活动，解决执行积案、难案，共清理历年未执结案件10件，执结8件。充实执行队伍力量，将年轻干警调整到执行队伍。优化执行队伍结构，设立2个执行办案团队，每个团队配备1名员额法官和2名司法警察，强化执行警务保障。运用信息化手段，通过“总对总”“点对点”网络查控系统查控被执行人不动产、车辆、证券、银行账户资金情况，对被执行人主要财产形式“一网打尽”。全年共查控案件4080件次，冻结、扣划存款1200万元。制订“基本解决执行难”宣传工作方案，大力宣传执行工作，增强人民群众对执行难的理性认识，形成全社会理解执行、关注执行、协助执行的广泛共识。

完善联合惩戒机制，让失信被执行人“一处失信，处处受限”。推进失信被执行人信用监督、警示和惩戒机制建设，限制失信被执行人选任党代表、人大代表、政协委员及出行、购房、招投标等活动。利用新闻媒体、微信平台曝光失信被执行人73人，1人因乘坐飞机而被限制，18人迫于压力主动履行执行义务。推行悬赏制度，共发布悬赏公告8期60人，悬赏金额48万元，通过悬赏执结案件10件，执结到位资金102.17万元。与公安局、检察院联合发布《关于敦促被执行人主动履行义务严厉打击拒不履行法院裁判违法犯罪行为的通告》，向公安机关移送布控被执行人89人，司法拘留71人次，以拒不执行判决罪判决2案2人。

强化监督管理，确保执行权依法规范高效运行。制定“执行流程节点控制图”和“查封财产处置节点图”，规范执行办案标准和流程，强化关键节点管控。严格执行自治区高院《关于严格规范民事无财产可供执行案件办理工作的规定》，严把无财产可供执行案件的认定标准，终本案件合格率达99.7%。加强执行案款管理，使用执行案款“一案一账户”管理涉案金额5579.7万元。充分发挥执行指挥中心作用，执行干警外出执行全程佩戴执法记录仪，确保执行过程全程留痕、实时跟踪、精准管理。

四、勇于创新，深入推进司法改革，内生动力获得新释放

坚持以改革创新为发展动力，突出问题导向，推动各项改革措施落地生根。

严格落实司法责任制。推进司法改革，构建权责清晰的司法责任机制。推动审判委员会制度改革，限缩审委会个案讨论范围，全年审委会讨论案件23次43件，同比分别下降16%和21%。落实专业法官会议制度，成立刑事、民事、行政、执行专业法官会议，讨论疑难复杂案件86件，提供咨询参考意见125条。推进审判管理改革，将院、庭长的审判管理权由个案审批、文书签发，转向案件质效监督和统一裁判尺度，制定三类人员职责清单，确保法官、法官助理、书记员权责清晰。强化司法责任制落实，对发改案件、瑕疵案件及法官失范行为严查细究，确保司法公正。

稳步开展庭审实质化。推进以审判为中心的刑事诉讼制度改革。完善庭前会议程序，严格非法证据排除，规范法庭调查程序，确保诉讼证据出示在法庭、案件事实查明在法庭。共召开庭前会议2次，建议检察机关补充侦查2件，变更罪名1件3人，变更强制措施13人，排除非法证据2件。推动刑事案件当庭举证、质证、认证制度落实，证人、鉴定人、侦查人员出庭64人次。推动刑事案件快审机制，适用简易程序审理刑事案件37件，平均审理天数13.5天，较普通程序缩短55天。

健全完善法官业绩考评机制。建立多轨制考核评价体系，加强审判团队质效考核、院庭长履职考核、分类人员评价考核，完善考核评价体系。按照上级法院的统一要求，合理确定法官年度最低办案任务数、入额院领导必须承办案件。全年，院长、副院长、专委带头办理疑难复杂案件117件。科学制定完善法官业绩考核办法，将办案数量、效率、效果与考核挂钩，改变“吃大锅饭”弊端，鼓励法官多办案、快办案、办好案，进一步激发队伍内生动力。

五、心系民生，不断强化服务举措，司法为民迈出新路径

坚持以司法便民为抓手，深化司法为民举措，提升司法服务水平，增强人民群众司法获得感。

改善诉讼服务环境。对诉讼服务中心进行提档升级，为当事人提供立案、咨询、调解、接访、法律援助等“一站式”服务，方便群众诉讼。推进诉讼服务中心信息化建设，为当事人提供网上查询、网上立案、网上缴费等诉讼服务，满足人民群众高效便捷的司法需求。严格落实立案登记制，坚持有案必立、有诉必理，当场立案率达99%以上。设置律师绿色通道，方便律师参与诉讼。完善涉民生案件“绿色通道”和快速处理机制，对各类群体性民生案件优先立案、优先审理、优先执行。加强司法救助工作，完善救助机制，拓宽救助范围，加大救助力度，办结司法救助案件7件，对11名特困申请人发放司法救助金41.8万元，依法减免缓诉讼费16.78万元。

构建完善多元化矛盾纠纷解决机制。发挥诉调对接中心职能，对符合调解的案件，在立案前委派诉前调解委员会进行调解。设立诉前调解委员会办公室，诉前人民调解员常驻法院进行坐班调解，自8月份开展工作以来，共调解案件204件。对达成调解协议案件即时进行司法确认，赋予调解协议强制执行效力，司法确认案件126件。搭建联动解纷平台，设立道交一体化调解室，高效便捷地处置各类道路交通事故纠纷。建立家事审判联席会议机制，联合政法委、检察院、公安局、民政局、司法局等15个单位定期召开家事审判联席会议，强化协作配合，促进家事纠纷有效及时化解，防止伤害案件发生。

六、严字当头，全面落实从严治党，队伍建设呈现新面貌

着力加强思想政治建设。把学习贯彻党的十九大精神和习近平新时代中国特色社会主义思想作为首要政治任务，坚持每周政治理论学习不松懈，确保将习近平新时代中国特色社会主义思想学懂、弄通，引导干警提高政治站位，增强“四个意识”，坚定“四个自信”，践行“两个坚决维护”。开展中心组学习研讨12次、全院干警学习大会21次、举办专题培训3次、院领导讲党课12次、以支部为单位开展党建理论专题学习11次。进一步规范党内政治生活，完善《党组议事规则》，制定《彭阳法院关于加强党组班子自身建设的意见》，从严执行“三重一大”决策程序，落实“三会一课”等党内生活制度。高度重视意识形态领域工作，从严整治党员信仰宗教和参与宗教等问题，使干警牢固树立马克思主义民族观宗教观。

着力加强党风廉政建设。全面落实党组党风廉政建设主体责任和班子成员“一岗双责”。召开党风廉政建设工作会议，与分管领导、庭室负责人层层签订党风廉政建设责任书，形成一级抓一级，级级传导压力。开展机关作风整治专项活动，突出问题导向，强化整改，持之以恒改进作风。全年开展院务督查52次，下发通报16期，查纠问题21条，通报干警20人次，纪律处分1人。有针对性地开展案件回访工作，征求案件双方当事人对法院工作的意见，进一步改进审判执行工作。严格落实干预过问案件记录规定，不断加强对法官的业内业外监督，提升群众满意度。

着力加强司法能力建设。有针对性地开展岗位培训、技能竞赛、岗位比武，提升干警司法能力。安排干警参加各类培训110人次，开展书记员技能比赛3场次、“法官讲堂”7场次。分批组织法官前往西北政法大学、厦门大学进行学习，进一步提升法官理论水平和实务能力。1名干警被自治区高院评为全区法院先进个人，1篇调研论文在中国法学会审判理论研究会举办的第二届“司法保障学术论坛”上荣获三等奖。推进法院文化建设，组织开展各类文体活动，丰富干警业余文化生活，营造良好文化氛围。高度重视工青妇工作，1名干警当选为全国妇代会代表，赴北京参加全国妇女第十二次代表大会。强化制度建设，制定并完善队伍建设、行政管理制度10项，制定司法责任制、审判管理制度14项，不断强化用制度管人管案管事。

七、强化监督，着力改进法院工作，司法公信得到新提升

县人民法院坚持阳光司法，自觉接受人大监督、政协民主监督和检察机关法律监督，增强接受监督意识，提升司法公信力。

依法接受人大监督。严格贯彻落实人大决议和决定，坚持重大事项报告制度，定期向人大书面报告审判执行工作情况。对县第九届人民代表大会第二次会议上审议法院工作报告时提出的意见建议进行认真梳理，逐条研究落实。完善人大代表、政协委员联络机制，持续拓宽联络和监督渠道，邀请代表委员座谈、评查案件、旁听庭审、见证执行、参与听证60人次。依法接受检察机关法律监督，妥善审理抗诉案件，认真办理检察建议，规范司法行为。

广泛接受社会监督。运用审判流程、庭审直播、裁判文书、执行信息四大公开平台，实现阳光司法。及时在中国裁判文书网公开裁判文书，裁判文书上网率达到100%。完善庭审旁听、庭审直播等工作机制，提高庭审直播数量。直播庭审288场次，观看人数突破15万人次。举办“法院开放日”活动3次，邀请代表、委员、学生、社会公众走进法院，保障民众对司法的知情权、参与权和监督权。运用“两微一端”，发布司法信息46期213篇，讲好司法故事，主动接受社会监督。落实人民陪审员“倍增计划”，联合司法局和公安局，在全县范围内开展人民陪审员选任工作，人民陪审员增至78名，一审普通程序案件人民陪审员参审率达99.3%。

各位代表，2018年，县人民法院工作取得的成绩和进步，是县委正确领导的结果，是县人大有力监督的结果，是县政府、政协及社会各界关心支持的结果。在此，我代表县人民法院向支持法院工作的各位代表、委员和社会各界人士表示崇高的敬意和衷心的感谢！

回顾一年来的工作，我们也清醒地认识到，当前法院工作还存在许多不足，面临不少困难。一是案件数量持续攀升，新类型疑难复杂案件不断增多，司法能力还不能有效满足人民群众日益增长的司法需求；二是案件审判管理、监督制约机制亟待加强，案件质效有待进一步提高；三是人民群众对“基本解决执行难”的关切与现实执行效果仍有不小差距，失信惩戒机制和惩治措施仍需进一步强化，解决执行难仍需下大力气推进；四是面对全面从严治党的新要求，部分干警责任意识、司法作风仍需提高。对这些问题，我们不回避、不遮掩，将紧紧依靠县委坚强领导，紧紧依靠全县人民，争取各方支持，采取有力措施，努力加以解决。

2019年工作安排

2019年，是新中国成立70周年，是打赢脱贫攻坚战、决胜全面建成小康社会的关键之年，县人民法院的工作思路是：以习近平新时代中国特色社会主义思想和党的十九大精神为指导，全面贯彻落实习近平总书记视察宁夏时的重要讲话精神，认真贯彻落实区、市、县党委决策部署，紧紧围绕经济发展、民族团结、环境优美、人民富裕目标，以服务社会发展大局为主线，以狠抓执法办案主业为抓手，以深化司法改革为动力，提升审判质量效率、队伍素质能力和司法公信力。为实现脱贫摘帽、与全国同步建成全面小康社会，谱写新时代彭阳发展新篇章提供优质高效的法律服务和坚强有力的司法保障。

*一是紧紧围绕服务大局履职尽责。*服务保障脱贫攻坚和乡村振兴，依法妥善处理扶贫工作和乡村振兴战略实施过程中的各类矛盾纠纷，推动农村全面进步、农民全面发展。开展扫黑除恶专项斗争，用实际成效增强人民群众获得感、幸福感、安全感。加强环境司法保护，认真践行“绿水青山就是金山银山”的理念。依法保障供给侧结构性改革，

坚持产权平等保护政策，为企业健康发展提供良好法治环境。履行社会治安综合管理责任，加强诉调对接和矛盾纠纷多元化解机制运用，助推平安彭阳建设。

二是牢牢抓住执法办案第一要务。进一步加强审判管理，探索优化审判流程，加大案件评查力度，着力提升案件质量。加快推进智慧法院建设，推动互联网、大数据、人工智能与法院工作的深度融合，努力推进审判体系和审判能力现代化建设。建立多层次、全流程案件分流体系，组建速裁案件审判团队，对繁简案件进行程序分流，实现简案快办、繁案精办。发挥执行联动机制功能，协调社会各方力量，进一步巩固基本解决执行难成果。

三是深入推进司法体制改革工作。按照上级法院统一部署，深化司法体制综合配套改革，严格落实司法责任制。加强审判团队建设，完善法官、司法辅助人员业绩考评制度，激发团队活力。落实“三项规程”制度规定，推动以审判为中心的诉讼制度改革落地见效。继续深化涉诉信访工作改革、家事审判方式改革、执行体制改革，把改革不断引向深入。

四是切实践行司法为民宗旨。坚持以人民为中心的发展理念，加强涉民生案件审判执行工作，依法维护人民群众合法权益。坚持群众需求导向，探索司法便民利民新途径，让人民群众有更多获得感。进一步加大司法救助工作力度，切实维护弱势群体的合法权益。拓展司法公开广度和深度，积极构建“开放、动态、透明、便民”的阳光司法机制。加快推进王洼法庭建设和草庙法庭升级改造，发挥人民法庭密切联系基层群众的桥梁纽带作用。

五是持续抓好法院队伍建设。深入学习贯彻党的十九大精神和习近平总书记视察宁夏时的重要讲话精神，树牢“四个意识”，增强“四个自信”，做到“两个坚决维护”。认真开展“不忘初心、牢记使命”主题教育，引导干警自觉用习近平新时代中国特色社会主义思想武装头脑。加强意识形态工作，坚持党对法院工作的绝对领导，坚定不移走中国特色社会主义法治道路。开展教育培训和岗位练兵，提升法官履职能力。改进司法作风，进一步加大对恶意串通、虚假诉讼案件的甄别和打击力度，维护国家和公众利益。认真落实党风廉政建设“两个责任”，利用典型案例开展警示教育，驰而不息正风肃纪，确保司法公正廉洁。

各位代表，新的一年里，县人民法院将在县委的坚强领导、县人大及其常委会的有力监督以及县政府、县政协和社会各界的关心支持下，全面贯彻落实县委八届三次全会确定的任务目标及本次会议精神，忠实履行宪法法律职责，不忘初心、牢记使命，奋发进取、扎实工作，为决战脱贫攻坚、决胜全面小康，奋力开创新时代彭阳高质量发展新局面而不懈奋斗，以优异成绩喜迎中华人民共和国成立70周年！

彭阳县人民检察院工作报告

——在彭阳县第九届人民代表大会第三次会议上

（2019 年 1 月 6 日）

彭阳县人民检察院检察长　石永忠

各位代表：

现在，我代表县人民检察院向大会报告工作，请予审议，并请政协委员和列席同志提出意见。

2018 年工作回顾

2018 年，彭阳县人民检察院深入学习贯彻习近平新时代中国特色社会主义思想和党的十九大精神，按照“讲政治、顾大局、谋发展、重自强”的新时代检察工作总要求，在县委和上级检察机关的领导下，在县人大及其常委会的监督下，在县政府、政协及社会各界的关心支持下，紧紧围绕彭阳经济社会发展大局，立足法律监督主责主业，深入践行“绿色检察”发展理念，抓党建带队建促工作谋发展，忠实履行宪法和法律赋予的职责，各项检察工作取得新进展。

一、切实提高政治站位，全面加强党建引领

始终坚持党对检察工作的绝对领导，以习近平新时代中国特色社会主义思想为指引，更加树牢“四个意识”，坚定“四个自信”，做到“四个服从”，践行“两个维护”，牢牢把握检察机关的政治属性，永葆绝对忠诚的政治本色。

（一）强化政治建设，在坚定政治方向上下功夫。认真学习习近平新时代中国特色社会主义思想和党的十九大精神，持续推进“两学一做”学习教育常态化制度化，扎实开展“不忘初心、牢记使命”主题教育，坚持党组中心组示范引领带头学、支部交流研讨巩固学、党员对照自我深化学，教育引导检察干警始终坚定理想信念。严格、准确、全面落实《政法机关党组织向党委请示报告重大事项规定》，凡重要工作部署、重大案件办理、重点改革措施，及时主动向县委和上级检察院党组请示、报告，开展重点工作、难点工作争取县委、政府重视、支持、指导与指示。

（二）强化组织建设，在固本强基上下功夫。以整改巡视反馈问题为契机，细化落实“三强九严”工程工作措施，解决机关党建工作存在的“灯下黑”问题，推进党建工作规范化。制订《关于进一步加强和改进机关党的建设工作方案》，完善机关党建工作各项机制，加强党员教育管理。严格落实“三会一课”、组织生活会等制度，严肃党内政治生活，严格执行新形势下党内政治生活若干准

则，用足用好批评与自我批评这个利器，引导检察干警相互教育、相互警醒。丰富“6+X”主题党日活动载体，密切群众基础，丰富干警文化生活，力促党建工作上接“天线”，下接“地气”。

（三）强化意识形态建设，在坚定理想信念上下功夫。坚决贯彻习近平同志关于意识形态工作的重要指示，全面落实加强意识形态工作的各项规定要求。制定加强意识形态建设十项工作制度，多层次、多形式规范意识形态工作。引导干警牢固树立“四个意识”，保持正确方向。加强制度执行力，严格实施加强和改进检察机关意识形态工作的各项工作机制，重点将责任制、信息发布、专项报告、风险排查、舆情处置等工作抓早、抓好、抓实。

二、围绕大局履职尽责，服务经济社会发展

始终坚持在经济社会发展大局中谋划和推进检察工作，紧紧围绕县委、政府决策部署，助推打好“三大攻坚战”、国家监察体制改革各项工作，服务保障彭阳经济社会高质量发展。

（一）积极参与防范化解重大风险攻坚战。严厉打击严重危害金融安全、破坏社会稳定的犯罪行为，审查起诉信用卡诈骗2件2人、合同诈骗1件1人、高利转贷和以故意伤害、非法拘禁等非法手段催收民间贷款等2件21人，助推经济健康发展。

（二）积极参与精准脱贫攻坚战。严厉打击扶贫资金领域犯罪，审查起诉涉及精准脱贫案件2件2人，参与扶贫领域腐败和作风问题专项治理。派员参加违规资金专项收缴和金融扶贫督查整改工作，为脱贫攻坚营造良好的服务环境。围绕全县脱贫摘帽这一工作重心，调配和增强派驻力量，解决派驻第一书记、工作队员的生活困难，组织干警开展结对帮扶工作，帮助群众谋发展。以城乡双进共建活动为平台，帮助古城镇羊坊村党支部健全村“两委”议事决策制度和程序，制订软弱涣散基层党组织整顿方案并指导抓好落实，实现党建带扶贫与扶贫促党建工作“双推进”。落实帮扶资金8万元，为驻村干部解决办公经费，帮助帮扶村部建设阵地、美化村部、开展活动。做法被《宁夏法治报》等媒体刊发，社会反响良好。

（三）积极参与污染防治攻坚战。严厉惩治非法采矿、非法占用农用地、非法猎捕珍贵野生动物等破坏生态环境资源犯罪，审查起诉涉及污染防治案件12件27人。以维护社会公共利益为出发点，坚持“双赢、多赢、共赢”的法律监督理念，根据中共彭阳县委《关于支持检察机关全面开展提起公益诉讼工作，进一步推动法治彭阳建设的意见》和《彭阳县2018年环境保护工作方案》两个文件精神，扎实开展工作。共办理24件行政公益诉讼案件，发出诉前检察建议32份，涉及医疗废物处理、食品卫生安全、茹河、安家川河流域生态环境保护等领域。在办案中通过查清社会公共利益受到损害的事实，督促行政管理机关依法履行监督职责，跟踪督查整改落实情况。所办理的2件违法排放医疗污水行政公益诉讼案件为全区首例，彭阳公益诉讼检察工作得到区、市、县党委、政府领导的充分肯定。

（四）积极完善与监察委的衔接协调机制。认真贯彻落实国家监察体制改革要求，探索建立提前介入、提前了解案情工作机制，在案件办理上主动适应监察委办案工作新模式。对监察委调查终结后移送的2件2人职务犯罪案件，依法采取强制措施、审查起诉，为依法高效办理监察委移送的职务犯罪案件开好头。

三、聚焦社会安全稳定，深化平安彭阳建设

以更敏锐的政治警觉、更强烈的忧患意识投入平安彭阳建设，着力维护稳定、促进发展、保障民生，使人民群众的获得感、幸福感、安全感更加充实、更有保障、更可持续。

（一）维护稳定保平安。认真履行批捕、起诉职能，共受理公安机关提请批准逮捕各类刑事案件58件115人，审查后作出批准逮捕43件80人，不批捕35人。受理公安机关移送审查起诉各类刑事案件79件128人，审查后提起公诉79件115人，不起诉7人。批捕、起诉案件质量显著提升，办理的马某某、周某某等5人赌博案获评全区审查逮捕精品案件，办理的明某某故意伤害案获评第二届宁夏妇女儿童权益优秀案例。

（二）化解矛盾促和谐。践行新时代“枫桥经验”彭阳检察版，坚持“检察长接待日”制度，推行副科级以上领导干部轮流接访，引导群众依法表达诉求，真正打通检察服务群众“最后一公里”。奋力打造“星级”服务型窗口和统一对外的智能化检察为民综合服务网络平台，成立“12309”检察服务中心，在服务热线中增设公益诉讼和“扫黑除恶”案件线索举报功能，让数据多跑路、群众少跑路，提升检察接访和化解矛盾工作水平，真正做到人民检察为人民。共接待群众来信来电来访39件43人次，其中检察长接待16件20人次，办理刑事申诉案件4件，办理国家司法救助案件1件，并被区检院评为全区检察机关国家司法救助优秀案件。联合县法院、公安局、司法局、人社局制定《彭阳县协助农民工讨薪工作制度》，办理支持农民工起诉案件52件，向彭阳县人民法院发出支持起诉书47份，法院已支持49人共计42万元追讨薪资的诉讼请求。

（三）扫黑除恶安民心。认真贯彻落实习近平总书记关于扫黑除恶工作的重要批示，以及中央、区、市、县党委和上级检察机关的决策部署，成立扫黑除恶专项斗争工作领导小组，下设10个功能工作组，开展扫黑除恶工作。及时向县委政法委报送工作开展情况，加强与法院、公安机关的沟通联系，会商案件8次。开设“0954-7710081”扫黑除恶专项斗争举报电话，在县城街道、古城羊坊、王洼李洼、石岔、路寨等村悬挂横幅，制作并发放宣传资料2万份，在全县12个乡镇派出所设置“扫黑除恶举报信箱”，多种方式进行宣传，鼓励人民群众检举揭发黑恶势力违法犯罪线索。批准逮捕恶势力犯罪集团案件2件21人，“村霸”1件1人，提起公诉1件3人。向纪检监察机关移送线索1件，向公安机关移送涉恶线索2件。

四、全面强化检察监督，维护司法公正权威

坚持敢于监督、善于监督，进一步调整完善以刑事检察、民事行政检察为主要内容的法律监督工作格局，维护司法公正和法律权威，努力让人民群众在每一个司法案件中感受到公平正义。

（一）强化刑事监督，促进司法公正。强化侦查活动监督，对彭阳县公安机关478件治安案件、322件刑事案件进行审查，监督立案2件3人，撤案17件31人，纠正漏捕5人，纠正遗漏罪行6人，发出纠正违法通知书5份、检察建议14份。强化刑事审判监督，出庭支持公诉79件，提出量刑建议100人，检察长列席审委会3次，提起抗诉3件，发出纠正违法通知书2份。强化刑事执行检察监督，抓好驻所检察、社区矫正检察和财产刑执行检察三项重点工作，向刑事执行单位发出纠正违法通知书4份、检察建议书14份，办理羁押必要性审查案件8件，县检察院驻所检察室被最高人民检察院评定为第五届派驻监管场所一级规范化检察室。

（二）强化民行检察，督促职能履行。与县法院联合制定印发《关于加强民事审判（执行）与民事行政检察监督工作相互协作建立和谐司法的实施办法》，在县法院设立检察监督办公室，查阅生效的民事审判、执行电子卷宗，提升民事行政检察监督能力。受理审查各类民事行政监督案件84件，向法院发出检察建议16份、支持起诉书50份，向行政机关发出检察建议8份。

（三）强化"未检"工作，护航健康成长。联合教体局、民政局、妇联、团县委制定《彭阳县刑事被害人未成年子女关护救助办法（试行）》，会同民政局制定《彭阳县留守儿童、困境儿童关护救助办法》，办理刑事被害人未成年子女关护救助案件3件6人，办理困境儿童救助案件3件3人，办理附条件不起诉协助考察1人，一起救助案件入选"宁夏未成年人司法保护十大典型案例"。选派13名领导干部担任法治副校长，对全县175所学校开展"法治进校园"巡讲活动，覆盖率达到100%，对3万名在校学生进行法治宣传教育，发放教育宣传册3万份。

五、落实从严治检要求，着力提升履职能力

牢牢把握"五个过硬"总要求，以正规化、专业化、职业化为方向，认真落实中央全面深化司法改革要求，打造高素质检察队伍。

（一）切实转变作风，筑牢思想防线。严格落实党风廉政建设"两个责任"，认真贯彻中央八项规定精神，全面开展"干部素质提升年""干部作风转变年"活动，以"建设学习型检察院，做学习型检察官"活动为抓手，以干警领学、随机提问等新的方式加强习近平新时代中国特色社会主义思想和十九大精神等应知应会知识的学习。组织开展演讲比赛、现场教学等活动，教育全体干警坚定不忘初心、牢记使命、担当作为的决心和信心。持续抓好干警纪律作风警示教育，将最高检修改后的《禁酒令》制作成卡片分发至干警职工，并增加"彭阳县人民检察院严禁干警在任何时间、任何场所酗酒"的要求。对各项重点工作任务倒排工期，将工作完成情况纳入检务督察范围，进一步促进干警转变工作作风、公正廉洁司法，全面提升干警履职能力。

（二）完善管理机制，抓实司法改革。推进以司法责任制为核心的四项基础改革落实，员额检察官全面实行独立办案，院领导带头办理李某涉嫌贪污案、吴某涉嫌杀人案等疑难复杂案件，院领导办案数占案件总数的77.61%。强化对检察权运行的监督，落实

“谁办案谁负责，谁决定谁负责”的改革要求，进一步完善对检察人员的综合考评体系，探索制定案件审查受理、案件质量评查等管理机制，共检查、评查各类案件231件，发出整改通知书13份，将评查结果计入员额检察官个人司法档案。依托“智慧检务”加强案件网上管理，发送流程监控通知书12份，发布流程监控专报12份，提升办案质量和效率。

（三）着眼素能提升，加强人才培养。开展“检察之星”和“党员先锋示范岗”评选争创等活动，树立身边先进典型，激发队伍正能量。以培养专业型、实战型人才为重点，鼓励干警分层次分类别参加区、市检察系统岗位练兵和业务竞赛，坚持战训结合、以赛促训。突出加强青年检察人才培养，通过员额检察官带教、办案岗位交流等多种形式，促进青年干警快速成长。一名干警获评“全区检察机关公诉业务标兵”，一名干警被授予宁夏“百名法治模范”称号。

（四）自觉接受监督，打造“阳光检察”。主动向人大、政协报告工作，高度重视人大代表、政协委员的意见建议。通过开展“庆重建·迎大庆”采访系列活动和“检察开放日”活动，邀请部分区、市、县人大代表、政协委员、部门代表视察工作。持续深化案件信息公开工作，接待律师阅卷23次，接受案件当事人、诉讼代理人等程序性信息查询39次，公开终结性法律文书97份、程序性信息214条。运用“彭阳检察”两微一端和新闻客户端，对重点工作进行及时宣传推送，编发并推广330篇微信图文，其中原创61期，累计阅读量3.5万人次。“彭阳检察”新浪、腾讯微博转发推送4538条，微博粉丝12万人。新闻客户端发布信息1238条，累计阅读量54万人次。43期次原创微信分别被华夏预防、宁夏法治、宁夏检察、固原检察、彭阳广电等公众号转发推广，在《检察日报》《农民日报》《宁夏法治报》等媒体刊载宣传稿件共112篇。

一年来，检察职能得到进一步发挥，检察工作能取得新的成效，得益于县委和上级检察机关坚强领导，得益于县人大及其常委会有力监督，得益于县政府、政协和社会各界关心支持。在此，我代表彭阳县人民检察院全体干警表示衷心的感谢和崇高的敬意！

回顾2018年的工作，在肯定成绩的同时，我们也清醒地认识到，当前的工作中仍有不少差距和不足，主要表现在：对县委、政府中心工作的融合不够深入，服务实效性有待增强；诉讼监督作用发挥尚不充分，检察监督机制有待完善；改革创新内生动力还不明显，司法改革过程中研究、解决新情况新问题能力有待提升；新形势下司法理念、办案方式亟须提高，高素质人才培养力度有待加大。对这些问题，我们将高度重视，认真对待，进一步采取措施，切实加以解决。

2019年工作目标任务

2019年检察工作的总体目标和任务是：以习近平新时代中国特色社会主义思想为指导，深入贯彻党的十九大和十九届二中、三中全会精神，全面贯彻习近平总书记视察宁夏时的重要讲话精神，严格按照“讲政治、顾大局、谋发展、重自强”的新时代检察工作总要求，紧紧围绕区、市、县党委决策部署，聚焦法律监督主责主业，深入践行“绿色检察”发展理念，以司法办案为中心，以改革创新为动力，紧紧围绕经济繁荣、民族团结、环境优美、人民富裕目标，以脱贫攻坚统领经济社会发展全局，坚决打好“三大攻坚战”，深入实施“三大战略”，集中攻坚“六场硬仗”，切实履行好维护国家政治安全、确保社会大局稳定、促进社会公平正义、保障人民安居乐业的职责使命，为一鼓作气打赢脱贫攻坚战、全面建成小康社会、“建设美丽新宁夏，共圆伟大中国梦”贡献彭阳检察智慧，为喜迎中华人民共和国成立70周年创造安全的政治环境、稳定的社会环境、公正的法治环境、优质的服务环境。

一、旗帜鲜明讲政治

坚定不移地坚持党对检察工作的绝对领导，扎实开展“不忘初心、牢记使命”主题教育，组织全体检察干警进一步深入学习领会习近平新时代中国特色社会主义思想和党的十九大精神，牢牢把握意识形态工作方向，深化政治纪律、政治规矩教育，铸造干警绝对忠诚的政治品格，确保思想上政治上行动上始终与党中央保持高度一致。严格执行《政法机关党组织向党委请示报告重大事项规定》，以求真务实的作风把县委的决策部署落到实处，以全心全力的态度服务保障“三大攻坚战”，以责无旁贷的立场深入推进扫黑除恶专项斗争，确保检察工作沿着正确的政治方向前进。

二、履职尽责顾大局

充分发挥检察职能作用，自觉服从、主动聚焦、积极服务、全力保障县委政府的工作大局和中心工作，打击犯罪、护航发展、保障民生，坚持把人民群众对美好生活的向往作为检察工作的奋斗目标。围绕平安建设和廉洁建设，从严从快打击各类刑事犯罪和职务犯罪，维护稳定的社会环境和廉洁的政务环境；围绕创新发展，依法打击各种侵犯经济秩序和侵害民营经济的犯罪，助推形成竞争公平有序的创新环境；围绕保障和改善民生，严惩涉及生态环境、食品药品、社会保障等领域的犯罪，加强特殊群体合法权益司法保护，突出惩治针对妇女儿童、老年人、残疾人实施的犯罪，切实回应人民群众对司法公正的新期待。

三、聚焦主业谋发展

牢牢把握宪法定位，聚焦法律监督主责主业，充分发挥检察机关在依法治国进程中不可替代的职能作用。以贯彻落实修改后刑事诉讼法和人民检察院组织法为契机，围绕诉讼监督新要求，坚持把办案作为履行各项法律监督职责的过程和基本手段，把监督寓于办案。坚持双赢多赢共赢的监督理念，与被监督机关形成良性、互动、积极的工作关系。在刑事检察、民事行政检察和公益诉讼检察等方面破解难题、畅通渠道、补齐短板，完善法律监督各项机制，促进严格执法、公正司法，让人民群众在每一个司法案件中都感受到公平正义。

四、锲而不舍重自强

深化完善以司法责任制为核心的司法体制改革，保持改革定力，在完善综合配套措施上下功夫，确保司法责任制改革任务全面完成。突出抓好检察机关提起公益诉讼制度、刑事案件认罪认罚从宽制度等各项改革工作任务，着力在完善机制、增强实效上下功夫，以改革推动检察工作深入健康发展。牢记打铁还需自身硬，打造忠诚、干净、担当的新时期检察队伍。狠抓党风廉政建设和机关作风建设，严格落实“两个责任”和中央八项规定精神，以“零容忍”的态度自觉运用好监督执纪“四种形态”，规范检察权行使，确保队伍风清气正。加强专业化建设，大力提升队伍履职能力，打造政治过硬、本领高强的检察队伍。

各位代表，新时代赋予检察工作新要求，我们将更加紧密地团结在以习近平同志为核心的党中央周围，以习近平新时代中国特色社会主义思想为指导，认真贯彻落实党的十九大精神，更加紧密地融入县委、政府中心工作、更加有效地服务彭阳经济社会大局，点点滴滴、扎扎实实、默默无闻、久久为功，为全县经济社会高质量发展积极努力！为一鼓作气打赢脱贫攻坚战、决胜全面建成小康社会提供更加优质的法治产品、检察产品，以优异成绩庆祝中华人民共和国成立70周年！

名词解释

1.羁押必要性审查：《刑事诉讼法》赋予检察机关保障在押人员权利的一项新增职能，即人民检察院对被依法逮捕的犯罪嫌疑人、被告人，可依据自身职权或犯罪嫌疑人的申请，对其羁押的必要性进行审查。对不需要继续羁押的，检察机关可以建议办案机关予以释放或者变更强制措施。

2.员额检察官：根据中央和最高人民检察院规定，从具有助理检察员以上法律职务的人员中，经过严格的标准和程序择优选任，依法行使检察权的人员。员额检察官必须在司法一线办案，按照“谁办案谁负责、谁决定谁负责”的原则，依法独立对案件提出处理意见或作出处理决定，并承担相应的办案责任，对案件质量终身负责。彭阳县检察院现有员额检察官11名。

3.检察机关提起公益诉讼制度：检察机关提起的公益诉讼分为民事公益诉讼和行政公益诉讼。民事公益诉讼，是指检察机关在履行职责中发现破坏生态环境和资源保护、食品药品安全领域侵害众多消费者合法权益等损害社会公共利益的行为，在没有法律规定的机关和组织或者法律规定的机关和组织不提起诉讼的情况下，可以向人民法院提起诉讼。法律规定的机关和组织提起诉讼的，人民检察院可以支持起诉。行政公益诉讼，是指检察机关在履行职责中发现生态环境和资源保护、食品药品安全、国有财产保护、国有土地使用权出让等领域负有监督管理职责的行政机关违法行使职权或者不作为，致使国家利益或者社会公共利益受到侵害的，应当向行政机关提出检察建议，督促其依法履行职责。行政机关不依法履行职责的，检察机关依法向人民法院提起诉讼。

4.绿色检察：固原市检察院提出的全市检察工作新理念，基本含义为：以司法规律为基本遵循、以规范、理性、文明为核心，以优化司法资源配置为重点，以司法公开、司法公正和司法公信力为本质要求，以最大限度地减少司法办案的负面产出为最终目标，重构检察司法内外和谐关系，促进法治生态文明健康发展。其改变了传统的唯数字办案的评价模式，更加注重案件质效，更加注重司法过程中执法动机、方式方法、质量效果三者的有机统一,更加注重司法结果中法律效果、政治效果和社会效果的有机统一。是全市检察机关扎实推进“依托固原文化、突出固原特色、打造固原亮点”工作目标的创新驱动力、发展竞争力、服务影响力,促进构建法治生态“绿水青山”的生动司法实践。

5.刑事被害人救助:根据《关于开展刑事被害人救助工作的若干意见》的规定,在刑事被害人遭受犯罪行为侵害,无法及时获得赔偿的情况下,由国家给予适当的经济资助,帮助刑事被害人或其近亲属缓解经济困难。

6.社区矫正:利用各种社会资源、整合社会各方面力量,对罪行较轻、主观恶性较小、社会危害性不大的罪犯或者经过监管改造、确有悔改表现、不致再危害社会的罪犯在社区中进行有针对性管理、教育和改造的工作。

7. 以司法责任制为核心的四项改革:实行司法人员分类管理、完善司法责任制、健全司法人员职业保障、推动省以下地方法院检察院人财物统一管理的四项基础性、制度性改革措施。

8.认罪认罚从宽:对犯罪嫌疑人、刑事被告人自愿如实供述自己的罪行,对指控的犯罪事实没有异议,同意人民检察院量刑建议并签署具结书的案件,在保障人权和司法公正的前提下,可以依法从快、从简、从宽处理。

关于彭阳县2018年国民经济和社会发展计划执行情况与2019年国民经济和社会发展计划(草案)的报告

——在彭阳县第九届人民代表大会第三次会议上

(2019年1月6日)

彭阳县发展和改革局局长　刘胜利

各位代表:

受县人民政府委托,现将2018年国民经济和社会发展计划执行情况与2019年国民经济和社会发展计划（草案）提请大会审议，并请各位政协委员和列席人员提出意见。

一、2018年国民经济和社会发展计划执行情况

2018年,是彭阳县脱贫攻坚和经济转型发展的关键之年，面对多种困难与挑战,在县委正确领导和人大、政协的监督指导下,全县上下以习近平新时代中国特色社会主义思想为指引,深入学习贯彻落实党的十九大和十九届二中、三中全会精神,牢固树立和践行新发展理念,全面落实自治区第十二次党代会、市委四届二次、县委八届二次精神,紧紧围绕自治区“三大战略”和县九届二次人代会确定的各项工作任务，坚持稳中求进的工作总基调，以脱贫攻坚统揽全局，紧扣目标，攻坚克难，奋力而为，全力以赴稳增长、调结构、补短板、惠民生，扎实推进各项工作，全县经济运行总体平稳，产业结构不断优化，整体上呈现稳步健康发展的良好态势。

（一）加强监测分析，经济运行稳中有进。2018年以来坚持每月监测分析，准确研判经济形势，提出应对措施，确保全县经济运行稳中有进、稳中向好。到年底，全县实现地区生产总值55.32亿元，同比增长5%，其中一、二、三产业增加值分别为14.30亿元、16.56亿元、24.46亿元，同比分别增长3.1%、7.5%、4.5%；地方一般公共财政预算收入2.64亿元，同比增长10.1%；完成全社会固定资产投资26.45亿元，同比下降10.3%；城镇、农村居民人均可支配收入分别达25166.05元、9862.50元，同比分别增长7.8%、12.2%。粮食、食品、蔬菜、农业生产资料、大宗农产品价格平稳。

（二）坚持精准扶贫，脱贫攻坚成效显著。按照中央和区、市关于脱贫攻坚各项决策部署，坚持精准扶贫精准脱贫基本方略，紧盯未出列村整村推进、已脱贫村巩固提升和非贫困村补齐短板，对标贫困人口人均纯收入、“两不愁三保障”、基础设施和公共服务等标准，全力打好脱贫富民决战胜战，取得明显成效。

脱贫任务完成情况：108个已脱贫村和34个非贫困村巩固提升成效明显，14个未出列村全部具备出列条件，已通过自治区第三方评估。9161个建档立卡贫困户结合户情制定一户一策，通过发展产业、政策兜底、公益性岗位等措施，脱贫7760人，贫困发生率下降至0.71%。“两不愁三保障”：农村居民人均可支配收入增长12.2%，贫困群众实现“不愁吃，不愁穿”，全县九年义务教育阶段实现“零辍学”，建档立卡贫困户基本医疗保险参保率达到100%，健康扶贫政策惠及全县所有农户，群众住房全部得到改造加固，实现义务教育、基本医疗、住房安全“三保障”。公共服务建设：全县行政村通硬化路、自然村通硬化或砂砾路全覆盖，行政村通客车率达到100%；自来水入户率达99.3%，饮水安全保障率达到100%；实现122个贫困村动力电、宽带网络信号、标准化村卫生室和村级综合服务网点全覆盖。

（三）注重培育引导，农业产业取得新突破。深入推进农业供给侧结构性改革，调结构、夯基础、补短板、惠民生、促增收。粮食生产稳中有增，种植业结构不断优化，设施蔬菜提质增效。全县农作物播种面积110.55万亩，总产量26.15万吨，较上年增长14.5%。草畜产业：按照“标准化规模化养殖”和“家家种草、户户养畜，小群体、大规模”的发展模式，以培育“5·30”和巩固提升“10·60”养殖户为抓手，加快推进草畜产业节本增效，建成逦河、中庄、太寺、石岔市级种养一体化标准化肉牛养殖示范村4个。实施“见犊补母”3.2万头，新建暖棚4479栋，青贮池16.25万立方米。以“一棵草”引种试验示范为契机，发展紫花苜蓿和青饲草料种植，建设千亩青贮玉米示范点2个，种植青贮饲料玉米5.5万亩；推进紫花苜蓿规模化发展，种植3000亩以上基地3个、1000亩6个，带动全县种植紫花苜蓿7.68万亩。推进“一棵草”引种试验示范，建立逦河、新洼和金鸡坪牧草引种试验示范科技园3个597亩,引进优质牧草新品种85个,主要农作物良种率达95%。林业产业:建成"四个一"引种试验示范园7个3475亩,其中,建成以M9脱毒自根砧烟富3号苹果、早酥梨、仙桃等为主的"一棵树"试验示范园755亩;建成以文冠果与格桑花套种、红梅杏与格桑花套种的"一枝花"试验示范园1000亩;建成以观赏树种为主的示范园120亩,引进美国红枫、北美海棠等11个树种30个品种;建成花椒引种示范园800亩,引进大红袍系列花椒品种棉椒、刺椒2个品种各400亩。在全县10个乡镇新建庭院型红梅杏经济林2.66万亩,栽植优质红梅杏228万株。蔬菜产业:按照"巩固面积、优化结构、科技支撑、打造品牌、拓展市场"的发展思路,突出良种良法配套,开展新品种、新技术试验示范,蔬菜产业呈现量价齐升、周年生产、全年增收。完善育苗供苗机制,统繁统育各类瓜菜苗600万株,补贴资金110万元;改造提升日光温室362栋905亩,建设大跨度双层双膜钢架大棚10栋12亩。中药材产业:按照"规模化发展、集约化经营、标准化生产"的模式,突出黄芪、党参、黄芩、板蓝根、芍药、红花等道地品种,全县种植中药材8.4万亩,打造千亩示范点4个。特色产业:大力推进万寿菊、中药材、生态鸡、小杂粮、中华蜂等特色产业发展,全县种植万寿菊2.6万亩,打造2个1000亩种植点和孟塬塬区1个2000亩示范点;采取"公司+合作社+基地+贫困户"发展模式,投放生态鸡苗45.3万只,培育1000只以上养殖大户54户,全县生态鸡饲养量达210万只;加快荞麦、糜子等小杂粮种植规模化、标准化,推广无公害种植技术,提升品质和效益,建设示范基地10个,带动全县种植小杂粮8万亩;加强中华蜂养殖技术指导培训,扩大蜜源作物种植面积,建设孟塬乡小石沟、草庙乡周庄中华蜂养殖示范村2个,发展中华蜂养殖户526户,新增中蜂4172箱。

（四）加大政策扶持,工业经济平稳缓增。全年完成全部工业增加值10.93亿元,同比增长3.4%,完成规上工业增加值9.81亿元,同比增长4.4%,实现工业现价销售产值24.9亿元,同比增长8.4%。能源开发:王洼煤矿全年生产原煤720万吨,实现增加值7.8亿元,同比增长8.5%;新打油井8口,全年生产原油11万吨。企业培育:深入贯彻落实《中小企业促进法》《彭阳县人民政府关于加快非公经济发展实施意见》,新发展工业企业10家,培育规上企业1家,引进一、二、三产业化龙头企业1家。兑现2017年度非公经济及双创奖补资金581万元,在全县范围营造创业创新的浓厚氛围。园区建设:完成县城工业园区区块三道路及给排水管网二期工程一标段,建成园区道路1.5千米,铺设给水管网1.8千米、污水管网2千米、雨水管网2.6千米,建成污水提升泵站1座;实施区块三一期土地平整工程,平整工业用地220亩,打通区块三开发五路断头道路100米,优化园区发展硬环境。

（五）挖掘市场潜力,服务业日趋活跃。推动商贸基础设施建设,扩大消费市场,打造县城中心商圈。加快改造提升商贸服务、餐饮住宿等传统服务业,培育发展电子商务、生态旅游等新型服务业,全年实现全社会消费品零售总额9.16亿元,同比增长

4.8%。旅游产业:新修、绿化旅游环线2条42千米,建设游客集散中心2个,东部旅游环线旅游驿站4个,新建停车场3万平方米,自驾车营地3个,安装旅游标识牌76个,发展旅游宾馆饭店5家,打造浙商国际旅游示范街1条,15个旅游厕所全部完成主体建设,开工建设青云湾梯田公园基础设施及绿化项目。乡村旅游基础设施不断完善,建成茹河旅游休闲"慢行系统"、茹河生态园、栖凤山森林公园、环悦龙山观景廊道,旅游目的地人气不断提升,全年来彭阳游客55万人次。电子商务:在全县12个乡镇建成物流快递配送中心,在82个行政村均有快递服务和延伸点,覆盖全县156个行政村。兑现2017年电子商务进农村综合示范快递物流补贴16.1万元。2018年累计培训电商从业人员2042人次,成功举办首届电商创业创新大赛,进一步激发农村电商内生动力和创业激情。县域微商企业、快餐外卖服务等电子商务应用在县域内悄然兴起,实体零售企业应用支付宝、微信等实现收款方式多样化。2018年全县农产品线上销售收入达6000万元,同比增长20%。商贸流通:世纪华联超市入驻明皇购物广场,浙商国际广场招商运营工作稳步推进,利民广场、财富广场等项目建设基本完工。组织县内各农产品生产、销售企业参加区内外各类展销、促销会60次,农产品销售额34万元,签订订单金额321万。各商贸企业在节假日期间开展形式多样的促销活动,刺激居民消费。在山花节期间,组织各商场、超市等商贸流通企业在县城和杨坪等旅游景点开展促销、展销活动,吸引来彭阳游客品尝,购买本地农特产品。创业创新:举办各类培训班84期4010人,培训后转移就业人员月平均工资3800元以上,培训产业工人510人,培育小老板166个,培育小企业80家,发放创业担保贷款6880万元,实现全县城镇新增就业1446人,城镇失业再就业人员542人,城镇登记失业率控制在4%以内;实现转移就业5.6万人,创收11.32亿元。

(六)夯实发展基础,城乡面貌持续改善。坚持以项目建设为抓手,着力改善城乡基础设施,组织外出招商28次,落实招商引资项目25个,全年开工建设重点项目72个,完成投资27.1亿元。城乡基础:保障性安居工程配套基础设施、危房危窑改造、美丽村庄建设项目、农村人居环境改善工程基本竣工。新改扩建城市道路8条3.2千米,排水管网125千米;建成4G基站78处、物联网115处,实现全县所有行政村、自然村4G信号全覆盖。交通电力:建成205.44千米农村扶贫硬化路、52.9千米农村扶贫砂砾路主体工程;G85银昆高速太阳山至彭阳段已经自治区发改委核准;G327沟彭段建成通车,G327彭青段开工建设;刘杨路一期、夏南路路基桥涵工程基本完成,孟城路改扩建工程进入施工图设计阶段。实施农网改造工程,完成农村配电网改造332千米。水利水保:茹河流域水污染防治工程全部完成并投入运行,建设巡检道路39千米,铺设排污管道38千米,建设污水处理站7座,改造液压坝12座,建成宁湾、刘河人工湿地4处;逎河和店洼病险水库除险加固工程完成建设任务的70%;茹河流域美丽村庄综合治理工程完成12个村点综合整治,并交付使用;茹河县城段提升改造、茹河岸坡景观绿化工程建成交工。新增改造自来水入户25810户。除险加固病险水库3座；治理玉洼、周庄等小流域25条111平方千米；4座骨干坝除险加固完成80%；红河下段治理工程完成治理河道4.5千米；改造长城塬引水一、二泵站、长城塬灌区，发展高效节水灌溉面积1万亩。生态环境：实施六盘山重点生态功能区降雨量400毫米以上区域造林绿化工程，高质量高标准完成营造林18.75万亩，干部义务植树20万株，建成王洼尚台等3000亩以上集中连片造林绿化示范点5个。实施王洼镇陡沟村、草庙乡包山村、冯庄乡小寺村3个水保项目，新增水土流失治理面积35.24平方千米；开展“清四乱”和“碧水蓝天”行动，整治河道岸坡13.5千米，砌护河岸6.8千米，河道疏浚53千米。茹河全流域Ⅳ类水质达标率为100%，红河平均水质为Ⅲ类、蒲河Ⅳ类，县城空气优良天数达96.3%。

（七）统筹民生保障，社会事业全面进步。认真落实改善民生10件实事，着力保障和改善民生，统筹推进社会保障、科技文化、教育体育、卫生计生等工作，构建和谐彭阳。社会保障：建成茹河老年颐养院、城阳敬老院、残疾人康复中心。累计发放低保、高龄、特困供养、孤儿等各类社会救助资金1.85亿元，保障3万名民政对象基本生活。城乡居民基本养老保险、医疗保险参保人数达11.16万人和20.73万人。科技文化：深化与区内外科研院校的对接交流，加强专家服务等基地建设，建成食用菌、中药材、草畜、林果等技术创新中心5个，食用菌、中药材专家服务基地3个，建立新品种、新技术试验示范基地5类70个，引进新品种20个，试验示范推广新技术5项。组织开展“文化和自然遗产日”、公众考古开放日、茹河大讲堂等活动。创新“博物馆+农耕文化园+展室”模式，在白阳镇等7个乡镇建立起农耕文化展室、手工艺品制作室、根雕展室、民俗展室、村史史料展室。完成图书馆标准化设施配套项目，实现数字化服务，县图书馆达到国家二级馆标准，举办书画创作、培训讲座、展览7次。对4个社区文化服务中心进行改造，为156个村综合文化服务中心补给文化、体育、广电器材，完善图书配置，实现村综合文化服务中心文化活动设备全覆盖。教育体育：2018年薄弱学校改造完成教学仪器设备购置，县城第四小学完成招投标，开工建设。控辍保学责任体系进一步健全，劝返义务教育阶段辍学学生323人。推进东西部、校企联合办学模式，举办2018届就业推介会，238名学生与福建福州华映科技有限公司、厦门通达集体等6家企业签订就业协议。选派36名学生参加2018年全区职业教育技能大赛，获得4个一等奖、11个二等奖、12个三等奖。加大公共体育设施建设力度，打造市民10分钟体育健身休闲圈，美丽茹河体育公园建成投入使用，社会效益明显，悦龙新区全民健身中心完成主体建设，小岔、红河、草庙、罗洼4个足球场全部建成。卫生计生：紧扣“健康彭阳”建设这一主线，以落实卫生计生惠民政策为抓手，以深化医药卫生体制改革为契机，推进卫生计生事业发展。47个标准化村卫生室建成交付使用；中医医院改扩建项目住院部楼维修改造竣工，中医医院完成搬迁，门诊医技楼和妇计中心综合楼项目及疾控中心综合业务楼项目基本建成。探索应用“互联网+远程医疗门诊”，帮助924名本地疑难患者获得省级专家诊疗方案，解决优质医疗资源下沉，实现有效分级诊疗。推进健康促进活动，成功创建全国健康促进示范县。出生政策符合率达97.33%，免费孕前优生健康检查1608对，完成任务的80.4%。国家免疫规划疫苗接种率达95%，健康档案建档率达96.85%。

一年来，我们在完成计划任务的同时，虽然取得了一定成绩，但距县委、政府的要求和全县广大干部群众的期望还有差距，全县经济社会发展仍存在一些困难和问题：一是脱贫攻坚产业基础相对薄弱，非贫困村基础设施、产业等存在短板，部分合作社基础薄弱，带动贫困户发展效益不明显，贫困群众自我发展能力不强，增收渠道不宽，贫困户发展产业、脱贫致富的内生动力不强。二是农业产业化发展仍需持续加强，农业产业发展水平低，产业链条短，增收效益不明显，缺乏龙头企业带动，农产品市场体系和流通体系还不够健全，特色不明显、品牌影响力小、辐射带动能力弱。三是工业经济结构性矛盾突出，煤炭工业“一头沉”现象越来越突出，地方工业企业规模普遍较小，自身发展动力不足，农产品加工、轻工企业规模小、产业链条短、附加值不高，市场竞争力弱。四是服务业短板明显，全县服务业主要集中在餐饮住宿、交通运输等传统服务业，水平层次低，技术性服务业、现代服务业短板突出，新型服务业发展滞后，协同带动发展能力不强。五是固定资产投资后劲乏力，厅局投资收窄，地方财力有限，投资项目少，社会投资信心不足，招商引资效益不明显，缺乏新的投资增长极。

二、2019年国民经济和社会发展调控目标及主要任务(草案)

站在新时代新起点，面临新挑战、新要求，做好2019年工作对决胜建成全面小康社会至关重要。全县上下要认真贯彻党的十九大精神，以习近平新时代中国特色社会主义思想为指导，按照“五位一体”总体布局和“四个全面”战略布局要求，牢固树立和践行高质量发展理念，不忘初心、牢记使命，凝心聚力、攻坚克难，确保与全区同步建成全面小康社会。

2019年全县国民经济和社会发展的主要预期目标是：

——地区生产总值(GDP)56.64亿元，同比增长7%。其中，第一产业14亿元，同比增长4.5%；第二产业15.49亿元，同比增长4.5%；第三产业27.15亿元，同比增长9.9%；

——全社会固定资产投资28.5亿元，同比增长5%；

——实现地方一般公共财政预算收入2.8亿元，同比增长6%；

——城镇居民人均可支配收入27229元，同比增长8%；

——农村居民人均可支配收入10587元，同比增长9%；

——城镇登记失业率控制在4%以内；

——完成区市下达的单位GDP能耗控制指标。

围绕实现目标任务，我们将努力抓好以下几个方面的工作：

(一)聚焦脱贫攻坚巩固提升，不断提升

发展能力。紧紧围绕脱贫攻坚与乡村振兴战略有机结合，以增加贫困群众收入为核心，坚持市场导向，突出示范带动作用，实现产业项目、培训就业、小额信贷、帮扶措施和扶贫保险“五到户”，确保贫困群众持续稳定增收。实施“四个一”工程，建设14个产业扶贫示范村、培育10家扶贫龙头企业、培育130家扶贫产业合作社、发展800名致富带头人，创建40个金融扶贫示范村。通过盘活资产、社会帮扶、金融撬动、发展物业租赁、开展市场营销、培育劳务中介、开展生产服务、建设扶贫车间、创办经营主体、开发村级资源10项增收渠道，力争75%的行政村集体经济收入达到5万元以上。进一步改造提升农村水、路、电网、环境等基础条件，实施贫困村提升工程。

（二）注重政策扶持，做大做强特色产业。坚持质量兴农、绿色兴农、品牌强农、效率优先，构建农业产业体系、生产体系、经营体系，紧盯草畜、中药材和辣椒、万寿菊、生态鸡、中华蜂、小杂粮等群众稳定致富产业，推进农业供给侧结构性改革。粮食产业：按照“稳粮优经扩饲”思路，实施粮食产业优化提升行动，调整优化种植结构和区域布局，着力发展旱作节水农业，坚持农机、农艺融合，提高产出质量和效益。全县计划播种农作物108万亩，推广旱作节水农业35万亩，建立冬小麦全膜覆土穴播示范区4个面积7000亩，完成粮食绿色增产模式攻关示范基地面积3000亩。草畜产业：引进1家年屠宰10万头肉牛加工企业，培育2家5000头肉牛育肥规模养殖场和50家100头以上肉牛养殖家庭牧场，全力打造饲养、加工、销售全产业链。实施“见犊补母”4.5万头，培育“5·30”养殖户1.8万户，“10·60”养殖户6000户，新建50立方米以上青贮池3万立方米，新建200平方米以上双面新型养殖暖棚10万平方米。种植优质牧草21万亩，建立优质牧草新品种、新技术引进实验示范园3个1000亩。全年畜禽饲养总量稳定在230万个羊单位。林业经济：完成“四个一”林草产业试验示范推广48.05万亩，推广无人机飞播林下药材5万亩，林下养蜂2万箱，林下花草5000亩，林下养鸡70万只。发展以农户经营为主体的庭院经济，推广优质苹果、早酥梨等经果林种植面积，2019年力争打造100户田园综合体，50户森林人家，切实发挥示范带动效应。蔬菜产业：坚持做大做强“彭阳辣椒”产业，采取产业政策扶持、市场效益拉动、品牌效应带动、产业效益驱动等措施，推进蔬菜标准化生产，设立设施大棚维修基金，新改建日光温棚200栋，种植蔬菜8万亩，打造彭阳冷凉蔬菜升级版。中药材产业：以黄芪、党参、黄芩等道地中药材为主打品种，以柴胡、板蓝根、芍药、红花为辅助品种，抓好中药材种植基地建设，鼓励支持企业（合作组织）与农户签订订单种植合同和购销合同，联户包村建基地带动农户种植中药材。在城阳、孟塬等乡镇建设中药材种苗繁育基地2000亩，带动全县种植中药材10万亩。特色产业：在县域旅游环线区域和乡村公路沿线，种植万寿菊2万亩，在白阳镇金鸡坪、孟塬乡玉塬、草庙乡新洼创建3个1000亩万寿菊种植示范区；投放生态鸡苗50万只，培育1000只以上养殖大户50户，全县家禽饲养量稳定在200万只；建设孟塬乡小石沟、草庙乡周庄中华蜂养殖示范村2个,发展中华蜂养殖户100户,新增中华蜂3800箱;建立以莜麦、荞麦、糜子、油料为主的小杂粮示范基地20个,培育小杂粮精深加工企业4个,提高小杂粮原料加工转化能力,推进精深加工、拓展销售渠道,通过项目带动,种植小杂粮6.5万亩。

(三)推进转型升级,不断优化工业结构。落实《宁夏回族自治区工业对标提升转型升级行动方案》《彭阳县人民政府关于加快非公有制经济发展实施意见》,加快企业技改升级,打造龙头企业,推动产业融合发展。工业发展:新发展工业企业15家,培育规上企业2家、“专精特新”企业2家、示范企业1家,引进一二三产业化龙头企业1家。规上工业、全部工业增加值分别达8.3亿元、10.5亿元,同比分别增长6.5%、6.5%。能源开发:力争全年生产原煤750万吨,完成总产值18亿元,实现增加值8.0亿元,同比增长7.5%。争取生产原油12万吨。工业项目:建设完成89个贫困村光伏扶贫电站;加快推进鑫卓煤矸石分选加工利用、茹河果品、康利源中药材深加工等项目建设,开工建设王洼煤矿输煤管廊,争取建设王洼选煤厂二期扩建项目。非公经济发展:争取兑现2018年度非公经济奖补资金1500万元以上,普惠100家企业以上,加快产业转型升级步伐。

(四)培育新型业态,推动服务业提档升级。紧盯旅游富县,促进连锁百货、休闲娱乐、金融保险等现代服务业提速,培育发展新业态。旅游产业:实施青云湾、麻喇湾梯田公园、县城游客集散中心、茹河桃花谷、五峰山自然风景区、旅游示范村、扶贫村基础设施建设和绿化美化等重点旅游建设项目,补齐旅游基础设施短板。商贸流通:选优配强本土筑梦导师团,提升电商公共服务中心服务能力,加大品牌宣传推广及供应链打造,落实物流补贴措施,争取物流进村全覆盖,力争年底通过电商销售本县工农特产品超过0.8亿元。实施绿色消费计划,支持传统企业升级改造,创建绿色商场,推动商贸流通城乡一体化建设,支持实体企业及电商企业开展促销工作,争取培育1~2家线上企业。发展完善“51015”商业生活服务圈,支持家庭服务业利用新技术、新产品创新服务项目。

(五)实施乡村振兴战略,完善城乡基础设施。实施乡村振兴,加快城乡经济发展,力争建设重点项目93个,完成投资36.72亿元,加大招商引资力度,力争落地招商引资项目15个,到位资金18.5亿元。城乡基础:开工建设孟塬美丽小城镇,新建6个美丽村庄,推进县城棚户区和老旧小区综合改造,实施农村垃圾收集压缩转运站、农村“厕所革命”工程,改善农村人居环境,实施彭青高速连接线至振阳街段茹河、新华书店东侧绿化美化,加快县城园林景观建设进度,力争城镇化率达39%以上。打造13个人居环境改善示范村,持续在建设美丽宜居乡村上下功夫,逐步补齐乡村基础设施短板,增进民生福祉。交通电力:加快推进G85银昆高速彭阳过境段、孟塬椿树岔至城阳杨坪公路项目建设前期工作,力争2019年开工建设;加快G327彭阳至青石嘴段项目建设进度,力争2019年内完成主体工程;力争刘高庄经红河至城阳杨坪公路和夏山庄经北洼至王洼南街公路2019年建成通车。新建四级水泥混凝土公路230千米，开工建设G327沟圈至彭阳段与城阳街道连接线公路2.75千米，新建150千米农村公路安防工程。继续实施农村电网升级改造工程，新建5mVA配电变压器48台，10kV线路69.224千米，改造10kV线路108.44千米，新建低压线路6.3千米，改造低压线路454.476千米，新建接户、进户线138.77千米，改造户数4108户。水利水保：新建石家峡中型水库1座，除险加固庙台病险水库1座、淤地坝5座，新增库容4907万立方米。治理红河下段、小河河道2处，砌护岸坡26千米，疏浚茹河、红河河道78千米，岸坡治理及绿化168千米。新建红河、庙台等节水灌溉工程5处，发展节水灌溉面积1万亩。改造自来水入户2.3万户。治理小流域5条95平方米。生态环境：完成六盘山重点生态功能区降雨量400毫米以上区域造林绿化10.45万亩，中央财政森林抚育9.5万亩，对纳入天然林资源保护工程的109万亩林地全面落实管护任务。

（六）注重民生改善，全面发展社会事业。坚持把增进民生福祉作为发展的根本目的，加大民生投入、办好民生实事，坚决打好民生改善持久战。社会保障：开工建设新集敬老院、争取建设9个农村社区服务站，10个农村“老饭桌”和24个“儿童之家”。开发就业岗位，拓宽就业渠道，新增就业1200人，转移劳动力5万人，发放创业担保贷款5000万元，推进社会保障扩面提标，持续提升社会保障能力。科技文化：加强与区内外科研院校合作，组建产业专家服务团，建立专家库，结合全县草畜、蔬菜和中药材等重点产业，筹建彭阳县产业开发技术创新联盟，加大人才引进与本地人才培养，攻克产业开发中关键技术难题。争取培育和推荐区、市命名的科技型企业15家以上。完成长城保护基础设施建设和战国秦长城白岔段项目，配合宁夏考古所完成姚河塬西周墓地和上马洼马鞍桥梁战国秦人墓地的考古发掘。推行文化馆、图书馆总分馆制，实现城乡公共文化资源共享。教育体育：实施薄弱学校改造工程，完成县城第四小学建设任务，开工建设古城二小、新集沟口寄宿制学校教学楼，交岔初级中学、小岔、中心学校教师周转宿舍。完成悦龙新区全民健身中心及文化馆，开工建设县城健身步道、西门公共体育场，红河、王洼、城阳乡镇全民健身中心，完善体育基础设施。卫生计生：加快卫生计生重点项目建设，完成县中医医院、疾控中心、妇计中心整体搬迁。争取白阳镇卫生院迁建、康复疗养院、乡镇卫生院业务用房、乡村医疗卫生机构煤改电等项目。

各位代表：2019年是决胜全面建成小康社会的关键之年，让我们在县委坚强领导和人大、政协的监督支持下，以贯彻习近平新时代中国特色社会主义思想为动力，认真落实区、市、县党委、政府的各项决策部署，不忘初心，牢记使命，凝心聚力，务实苦干，为决战决胜脱贫攻坚、全面建成小康社会而不懈努力！

彭阳县2019年国民经济和社会发展计划调控目标(草案)

指　　标	计算单位	2017年			2018年			2019年		
		计划	同比增减%	完成	计划	同比增减%	完成	计划	同比增减%	完成
一、地区生产总值	万元	47750	8.0	499476	534600	7.5	529364	6.0	566419	7.0
第一产业	万元	12960	4.0	128834	132700	4.5	133987	4.0	140016	4.5
第二产业	万元	11690	6.6	144725	162800	9.8	148198	2.4	154867	4.5
工业	万元	72200	7.5	94434	113800	9.8	98683	6.5	105097	6.5
第三产业	万元	23100	11.4	225917	239100	7.8	247179	9.4	271536	9.9
二、地方一般公共财政预算收入	万元	21990	8.0	24016	25900	8.0	26446	10.11	28000	6.0
三、全社会固定资产投资	万元	67300	13.0	674732	738800	10.0	271000	-10	28.5	5.0
四、城镇居民人均可支配收入	元	24148	10.0	23345	25210	8.0	25212	8.0	27229	8.0
五、农村居民人均可支配收入	元	8740	11.0	8791	9430	9.0	9713	10.5	10587	9.0
六、社会消费品零售总额	万元	86110	9.0	87393	95600	9.0	93000	6.5	98580	6.0
七、粮食总产量	万公斤	20000			20000		26000		20000	
八、当年造林面积	万亩	20.75		28.3	18.75		18.75		10.45	
九、年末人口	万人	25			25				25	
出生率	‰	13			≤13		10.85			
自然增长率	‰	10			≤10		7.59			
出生政策符合率	%	95			≥95		97.33		≥95	
十、畜禽饲养量	万羊单位	240			240				230	

关于彭阳县2018年财政预算执行情况和2019年财政预算（草案）的报告

——在彭阳县第九届人民代表大会第三次会议上

（2019年1月6日）

彭阳县财政局局长　王永贤

各位代表：

受县人民政府委托，现将2018年全县财政预算执行情况和2019年财政预算（草案）报告提请县九届人大三次会议审议，并请县政协委员和其他列席人员提出意见和建议。

2018年财政预算执行情况

2018年是贯彻落实党的十九大精神的开局之年，也是深入推进脱贫攻坚战略的重要之年。一年来，在县委的正确领导和人大、政协的监督指导下，财政工作坚持以习近平新时代中国特色社会主义思想和党的十九大精神为指导，认真贯彻落实自治区第十二次党代会、市委四届二次、三次全会和县委八届二次全会精神，紧扣脱贫攻坚大局，对照“4+1”责任清单，加强财源建设，提高保障能力，优化支出结构，保障重点建设，财政预算执行情况良好。全年完成财政总收入3.43亿元，同比增长13.31%；财政总支出40.29亿元，同比增长7.06%，圆满完成县九届人大二次会议确定的目标任务。

全县地方一般公共预算收入完成26446万元，为预算的101.72%，同比增加2428万元，增长10.11%。其中税收收入完成19684万元，同比增加1744万元，增长9.72%，占地方一般公共预算收入的74.43%；非税收入完成6762万元，同比增加684万元，增长11.25%，占地方一般公共预算收入的25.57%。地方一般公共预算支出完成382643万元，为变动预算的99.43%，同比增加19916万元，增长5.49%。其中一般公共服务、公共安全、教育等八项非营利性服务业财政支出238082万元，同比增长4.72%；上解支出123万元，债务还本支出53348万元。预算执行结果为：地方一般公共预算收入加上自治区各项补助和上年结余，总财力达到438957万元，收支相抵，结余2182万元。

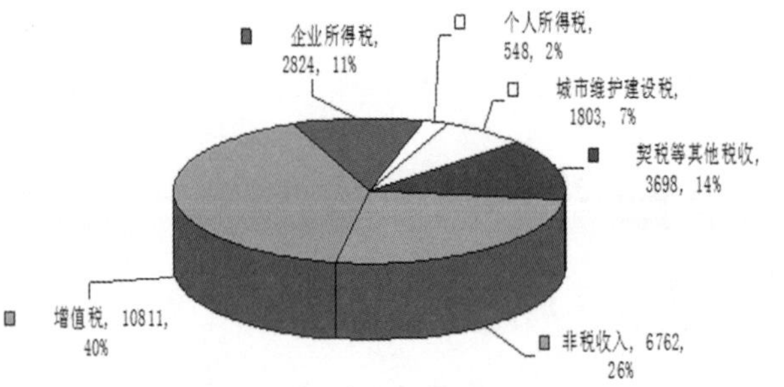

图 1　2018 年全县一般公共预算收入结构（万元、占比%）

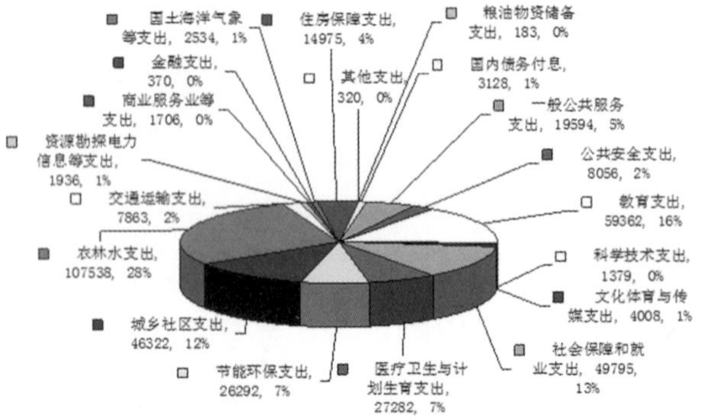

图 2　2018 年全县一般公共预算支出结构（万元、占比%）

政府性基金预算收入完成 7892 万元，为预算的 192.49%，同比增加 1605 万元，增长 25.52%。政府性基金预算支出完成 20266 万元，为预算的 94.46%，同比增加 6660 万元，增长 48.94%；债务还本支出 2257 万元。预算执行结果为：地方政府性基金收入加上自治区补助和上年结余，总财力达 23051 万元，收支相抵，结余 528 万元。

社会保险基金总收入完成 36072 万元，为预算的 120.04%，增长 1.13%。社会保险基金支出 30315 万元，为预算的 96.65%，增长 6.18%。预算执行结果为：社会保险基金收入加上自治区补助和上年结余，总财力达 65968 万元，收支相抵，结余 35653 万元。

地方政府性债务余额 15.69 亿元，其中：政府负有偿还责任的债务余额 15.64 亿元，政府负有担保责任的债务余额 0.05 亿元，未超过自治区人民政府批准、自治区财政厅核定的 17.1663 亿元的限额，政府性债务在可控范围内。

需要说明的是：上述数据，根据预算执行情况初步汇总，在财政决算正式编制完成并经自治区财政厅审定后，还会有所变化。对此，我们将向人大常委会专题报告。

各位代表，2018 年财政工作坚持以党建引领改革发展，以脱贫攻坚统领工作全局，贯彻落实中央稳中求进工作总基调和"建立全面规范透明、标准科学、约束有力的预算制度，全面实施绩效管理"的总体要求，强化调控组织收入，规范理财保障重点，各项事业持续健康协调发展。取得上述成效，我们重点抓了以下几方面的工作：

一、狠抓收入稳定增长

积极组织地方收入，密切关注经济财政运行变化趋势，深入分析研判，采取得力措施，加大对煤炭、原油、建筑房地产等重点行业和增值税、企业所得税等重点税种的监管调控，加强对重点建设项目税收的征管，加强对闲置国有资产处置及收益的管理，堵漏增收，应收尽收，如期完成全年地方一般公共预算收入目标任务。争项目争资金，抢抓中央"加强对老少边穷地区发展的支持，增加中央财政转移支付"和自治区"建立支持贫困地区发展的长效机制，推动资源要素向西海固聚集"等政策机遇，贯彻落实抓对接、促落地、见成效的要求，协调相关部门编制、筛选、储备项目，主动沟通对接、向上申报，全年共争取国家、自治区转移支付和地方性政府债券额度等资金 40.26 亿元，确保全县各项重点建设的顺利实施。

二、加快推进脱贫攻坚

有效整合涉农资金，围绕“一达标两不愁三保障”目标，落实财政涉农资金统筹整合使用政策，推进脱贫富民战略实施，助推脱贫攻坚进程。统筹整合使用财政涉农资金8.23亿元(其中财政专项扶贫资金3.2亿元)，支持实施12个部门(单位)和12个乡镇145个扶贫项目，并将统筹整合资金全部纳入财政管理一体化信息系统和“宁夏扶贫资金动态监控”系统，实行国库集中支付。开展脱贫攻坚“十项清零行动”，及时收回结余扶贫资金，如期完成历年结转结余资金“清零”任务。及时下达统筹整合资金，督促加快资金支付进度，全年统筹整合资金支付率达96.99%、财政专项扶贫资金支付率达98.55%。创新金融扶贫机制，深化改革建机制，打造普惠金融示范区，推动“互联网+金融扶贫+移动支付”示范县创建，开发精准扶贫全民惠农APP系统，开展险资直投支农扶贫“政融保”合作试点，加快推进农村产权抵押贷款试点，拓宽农业保险覆盖面，助推扶贫产业发展。全年涉农贷款余额24.58亿元(其中当年新增19.04亿元)；建档立卡贫困户贷款存量14313户6.98亿元，覆盖面81.8%，其中：新增建档立卡贫困户贷款10262户5.2亿元，完成自治区下达任务4.896亿元的106.2%。

三、着力夯实基础建设

安排县城发展资金25777万元，支持实施城区停车场项目三期工程，城市生活垃圾无害化处理填埋场二期工程，茹河大街、萧关路、经一路等12条次街道绿化工程，悦龙山、栖凤山步行木栈道工程；支持实施2018年棚户区改造项目，保障性安居工程配套基础设施建设。安排乡镇发展资金9447万元，支持实施草庙乡、孟塬乡美丽小城镇建设工程和古城镇新型城镇化基础设施建设项目，建成6个美丽村庄，完成农村危房危窑改造2938户。安排生态建设资金24292万元，支持实施六盘山重点生态功能区降雨量400毫米以上区域造林绿化工程，完成营造林19.75万亩，建成王洼尚台等3000亩以上集中连片造林绿化示范点5个。落实草原生态补奖面积72.91万亩。支持实施美丽茹河建设PPP项目，完成茹河流域水污染防治二期、三期工程，建成宁湾、刘河人工湿地4处；完成美丽村庄综合治理工程12个村点。支持实施国家水土保持以奖代补试点项目，实施王洼镇陡沟村、草庙乡包山村、冯庄乡小寺村3个项目，新增水土流失治理面积35.24平方千米。支持实施“五水”共治项目，农村饮水安全巩固提升自来水新入户2009户，改造提升20289户，全县自来水入户率达到100%；除险加固石头嵕岘水库1座，治理王洼、周庄等小流域11条76平方千米。

四、切实保障改善民生

安排教育事业资金23654万元，支持薄弱学校改造项目，推进义务教育均衡发展，落实教育扶贫惠民政策，新建县四小、扩建县幼儿园。安排卫生计生事业资金9446万元，支持公共卫生服务体系建设，推进医药卫生体制改革，实施中医医院改扩建项目，住院部楼维修改造如期完工，门诊医技楼、疾控中心综合业务楼及妇计中心综合楼项目正在加紧建设。建成47个标准化村卫生室。安排公共文化事业资金5102万元，支持推进公共文化设施建设、自然遗产保护和旅游基础设施建设，悦龙新区全民健身中心及文化馆项目完成三层主体工程。美丽茹河体育公园及小岔、罗洼、草庙、红河4个足球场全面建成并投入使用。安排社会保障事业资金2.52亿元,落实城乡低保、医疗救助、防灾救灾、优抚安置、高龄、特困供养、五保人员及孤儿养育等政策,保障生活困难人员基本生活。建设完成茹河老年颐养院和城阳敬老院;支持职业技能培训、公益性岗位、农村妇女创业,全力推进大众创业、万众创新。安排现代服务发展专项资金624万元,支持现代金融、现代物流、电子商务、市场流通多极发展加快网上丝绸之路建设,推进实施贸易便利化促进计划、“互联网+”行动计划和“千村电商”工程,建成72个扶贫村电商服务网点。

五、深入推进改革创新

加强预算绩效管理,认真执行《彭阳县全面推进预算绩效管理的实施意见》,制订印发《彭阳县全面实施预算绩效管理工作方案》,委托中介机构、督促12个部门(单位)如期完成2017年度17个重点项目绩效评价工作,提升财政管理科学化、精细化水平。进一步加大财政存量资金盘活力度,累计收回统筹使用存量资金5.64亿元,弥补全县重点工程和项目建设资金不足的需求。有效防范化解债务风险,认真贯彻落实国家和自治区防范和化解重大风险政策,制订印发《彭阳县防范化解金融风险实施方案》《彭阳县防范和化解政府债务风险实施方案》和《关于防范化解地方政府隐性债务风险的实施意见》《彭阳县政府隐性债务化解实施方案》,多渠道筹集资金1.27亿元用于政府性债务还本付息,化解存量债务;督促有关债务部门(单位)和融资平台公司主管部门加强与各金融机构对接协商,全面排查清理整改违规债务,依法完善合同条款,全额偿还2017年7月份以后新增债务0.5亿元。全面公开财政信息,利用政府网站“财政公开”专栏,及时将财政预(决)算、部门预(决)算信息全面公开,公开率达到100%;督促涉农部门主动公开涉农资金信息384条,涉及资金10.17亿元,落实“331”监管机制,提高资金使用的透明度、群众的知晓率。开展财政检查,组织开展全县财政扶贫资金“三公”经费等管理使用情况、2017年财政扶贫资金管理使用情况检查,完成2017年度133个行政事业单位内部控制报告编报会审工作。配合完成2017年省级党委和政府扶贫开发工作成效考核、财政部驻宁夏专员办扶贫资金专项检查以及区、县审计发现问题的整改落实。

各位代表,上述成绩的取得,得益于县委的正确领导和人大、政协的监督指导,得益于自治区财政厅的大力支持和全县各个方面的通力协作,得益于广大干部群众的负重拼搏和共同努力。

在肯定成绩的同时,我们清醒地认识到在改革与发展进程中地方财政仍面临诸多困难和问题:一是受经济大环境以及税制改革和落实简政放权、减免部分行政事业性收费等因素影响,财政增收空间有限。二是地方可用财力在“保工资、保运转、保基本民生”及相关刚性支出后,剩余财力十分有限,预算追加项目增多,在保障重大项目建设上困难重重。三是为确保县城基础建设、生态移民、保障性住房等重点民生项目顺利实施,累计形成一定的债务负担,随着各项债务逐年到期,政府偿债压力逐步增大。四是统筹整合资金（包括财政专项扶贫资金）支付进度较慢，个别部门单位在项目实施质量和资金管理方面仍需提高。对于面临的挑战和存在不足，我们将在今后工作中着力强化，努力加以解决。

2019年财政预算草案

2019年，财政工作坚持以习近平新时代中国特色社会主义思想和党的十九大精神为指导，认真贯彻落实稳中求进的工作总基调，继续实施积极的财政政策，贯彻落实县委八届三次全会精神，紧扣脱贫攻坚大局，进一步加强财源建设，壮大地方财力，优化支出结构，保障重点建设，推动全县经济社会持续健康协调发展。2019年财政预算草案主要指标是：

预计地方一般公共预算收入28000万元，同比增长6%，主要收入项目为：税收收入20900万元，非税收入7100万元；自治区财政补助195616万元；调入资金12953万元，地方一般公共预算收入加上自治区财政补助、调入资金，总财力为236569万元。

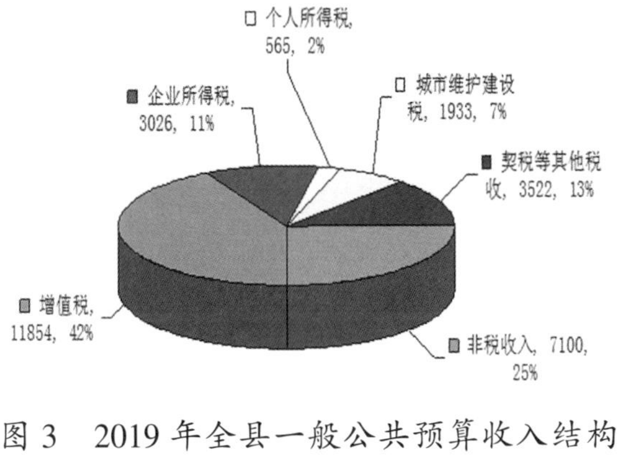

图3　2019年全县一般公共预算收入结构（万元、占比%）

预计地方一般公共预算支出236569万元，主要支出项目为：一般公共服务支出17048万元、公共安全支出5614万元、教育支出43990万元、科学技术支出980万元、文化体育与传媒支出2696万元、社会保障和就业支出41162万元、卫生健康支出28224万元、节能环保支出4085万元、城乡社区支出9585万元、农林水支出53539万元、交通运输支出1693万元、资源勘探信息等支出441万元、商业服务业等支出184万元、自然资源海洋气象等支出860万元、住房保障支出9719万元、粮油物资储备支出91万元、灾害防治及应急管理支出730万元、债务还本支出8331万元、债务付息支出5113万元、其他支出1853万元、预备费500万元，转移性支出130万元。

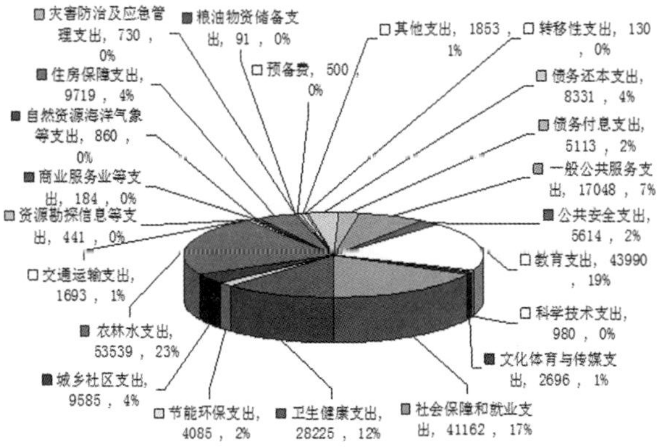

图4　2019年全县一般公共预算支出结构（万元、占比%）

需要说明的事项：一是以上预算安排将自治区提前下达转移支付资金全部编入本级预算，将教育收费、医疗机构的医疗收入编入本级预算，提高预算编报的完整性和准确性；二是以上预算安排在“保工资、保运转”的基础上，通过压减一般性支出和项目支出，资金安排重点向基层倾斜，安排乡镇包干经费1426万元，较上年增加670万元，增长 88.62%；进一步提高村组干部工资标准，预算安排 2760 万元，净增 284 万元，增长 11.47%。首次将驻村第一书记及工作队员生活补贴纳入财政预算，安排资金 343 万元。向民生重点领域倾斜，安排教育、农业、公共卫生、社会保障、环境保护等民生支出 196803 万元；三是贯彻落实县委、政府重大决策部署，紧扣实施“脱贫富民、创新驱动、生态立区”三大战略，安排脱贫富民资金 500 万元、乡村振兴资金 900 万元，科技创新资金 500 万元，非公经济发展资金 300 万元。

预计政府性基金预算收入 7750 万元，其中：国有土地使用权出让金收入 7600 万元，城镇农业土地开发等其他政府性基金收入 150 万元。预计政府性基金预算支出 12194 万元，其中：社会保障和就业支出 192 万元，城乡社区支出 7720 万元，商业服务业支出 51 万元，其他支出 4231 万元。

预计社会保险基金总收入 32243 万元，其中：社会保险基金收入 32243 万元。预计社会保险基金支出 32853 万元，其中：企业职工基本养老保险基金支出 14386 万元、城乡居民基本养老保险基金支出 5062 万元、机关事业单位职工基本养老保险基金支出 12761 万元、工伤保险基金支出 358 万元、失业保险基金支出 286 万元。收支相抵，当年结余-610 万元。综合养老金政策调整、物价和工资指数的增长以及到龄退休人员增加等因素，企业职工基本养老保险基金供需矛盾仍然严峻，预算执行中还需积极争取自治区职工基本养老保险调剂金。

为确保圆满完成上述预算任务，我们将着力抓好以下工作：

一是进一步加强基础财源建设。一方面，认真贯彻落实中央、自治区减税降费政策，有效减轻企业负担，扶持培育基础财源；另一方面，积极配合做好增值税改革，推进综合与分类相结合的个人所得税制改革，继续加大对重点行业、重点企业和重点税种的征收监管，继续坚持对重大建设工程项目实施“就地纳税、税源监控、项目支出国库集中支付”三项措施，堵漏增收，确保收入有序增长。

二是进一步积极争取项目资金。抢抓中央“增加对脱贫攻坚、‘三农’、结构调整、科技创新、生态环保、民生等领域的投入”政策机遇，按照抓对接、促落地、见成效要求，积极主动与自治区财政厅沟通对接，组织编制并筛选储备一批高质量、高效益的重大项目和精品项目，争取自治区转移支付和地方性政府债券等项目资金，增强地方财政保障和支持经济社会发展的能力。

三是进一步推进脱贫富民战略。推进统筹整合使用财政涉农资金试点县建设，认真贯彻落实自治区人民政府《关于支持贫困县开展统筹整合使用财政涉农资金试点的实施意见》，继续加大财政涉农资金统筹整合使用力度，全年计划统筹整合财政涉农资金 8.5 亿元，持续支持贫困村水、电、路、网等基础设施建设和草畜、蔬菜、特色种养等产业发展壮大，助推脱贫富民战略实施。加强信息公开和监督管理，确保各项涉农资金安全、规范、高效使用。

四是进一步强化预算绩效管理。认真贯彻落实《预算法》，进一步健全政府预算体系，完善基本支出和项目支出标准；严格预算执行，强化预算约束；优化支出结构，强化资金统筹使用，优先保工资、保运转和保最基本民生支出；建立结转结余资金清理机制，推进财政预决算信息公开，落实财政事权与支出责任划分改革；成立彭阳县财政投资（预算）评审中心，进一步强化预算绩效管理，提高财政资金使用效益。

五是进一步加强政府债务管理。认真贯彻落实国家和自治区相关债务政策，有效防范化解财政金融风险。对地方政府性债务实行总量控制，完善债务风险评估预警、风险化解和应急处置机制，提高风险防控能力。筹措化解存量债务资金，将政府性债务还本付息资金纳入年初预算，安排26743万元用于化解其他存量债务。严格落实主体责任，坚持“谁举债、谁负责、谁偿还”，对违法违规举借债务的行为，严肃处理并问责。

六是进一步调整盘活存量资金。以稳增长、促改革、调结构、惠民生、防风险为目标，进一步规范国有资产处置程序，强化收入征管措施，加强收入缴库管理，增强政府调控能力；进一步压缩一般性支出，加强项目管理，深化政府采购改革，降低行政运行成本；进一步清理结转结余资金，盘活财政存量资金，调整财政增量资金，集中财力保障重点；建立健全盘活财政存量资金与预算编制、预算执行等挂钩机制，加快预算执行进度，严控新增财政存量资金，提高财政资金配置效率。

七是进一步加大金融扶贫力度。推进普惠金融示范县建设，加强金融精准扶贫服务，优化农村支付服务环境，推动支付服务进村入户；进一步创新产业扶贫信贷产品和模式，将信贷资源聚焦龙头加工企业，以产业发展带动扶贫工程。加快推进农村产权抵押贷款，有效解决农户融资难题。规范发放扶贫小额信贷，有效防范化解信贷风险。推进“互联网+金融扶贫+移动支付”改革，推动移动支付在全县范围广泛应用，构建金融扶贫、普惠金融、信用体系建设“三位一体”长效机制，稳步助推脱贫攻坚。

八是进一步加强财政自身建设。狠抓周五政治理论学习和党员“6+X”主题党日活动，深入系统学习贯彻习近平新时代中国特色社会主义思想和党的十九大精神，贯彻落实区、市、县党委、政府重大决策部署精神，提高干部队伍综合素质。贯彻落实全面从严治党要求和中央八项规定精神，巩固提升“干部作风转变年”和“干部素质提升年”活动成果，加强精神文明建设，推进法治财政建设，培养造就一支“信念坚定、为民服务、勤政务实、敢于担当、清正廉洁”高素质干部队伍。

各位代表，2019年是脱贫攻坚的决战决胜之年，也是全面建成小康社会的冲刺之年，做好财政工作，任务艰巨，责任重大。我们将在县委的坚强领导下，在县人大、政协的监督指导下，迎难而上，履职尽责，主动作为，扎实工作，为全县与全国全区同步建成全面小康社会作出新的更大的贡献！

彭阳县 2018 年国民经济和社会发展统计公报[1]

（2019 年 5 月 10 日）

彭阳县统计局　彭阳县社会经济调查队

2018 年，在县委、政府的坚强领导下，全县上下以习近平新时代中国特色社会主义思想为指导，坚决贯彻落实区、市党委、政府和县委各项决策部署，坚持稳中求进工作总基调，践行新发展理念，坚持高质量发展，坚决打好“三大攻坚战”，大力实施“三大战略”，着力推动经济高质量发展，统筹推进稳增长、促改革、调结构、惠民生、防风险各项工作，质量效益稳步提升，民生福祉持续改善，全县经济运行保持总体平稳、稳中向好的发展态势，为实现脱贫摘帽、全面建成小康社会奠定了坚实基础。

一、综合

初步核算，全年全县实现生产总值[2] 553151 万元，按可比价格计算，比上年增长 5.0%。其中，第一产业增加值 142970 万元，增长 3.1%；第二产业增加值 165613 万元，增长 7.5%；第三产业增加值 244568 万元，增长 4.5%。第一产业增加值占地区生产总值的比重为 25.8%，第二产业增加值比重为 30.0%，第三产业增加值比重为 44.2%。按常住人口计算，全县人均生产总值[3] 27935 元，增长 10.1%。

图一　2014—2018 年全县生产总值及增长速度

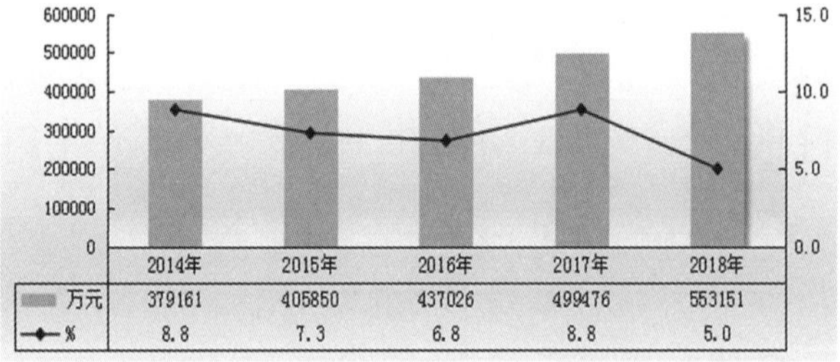

图二　2014—2018 年全县生产总值三次产业构成

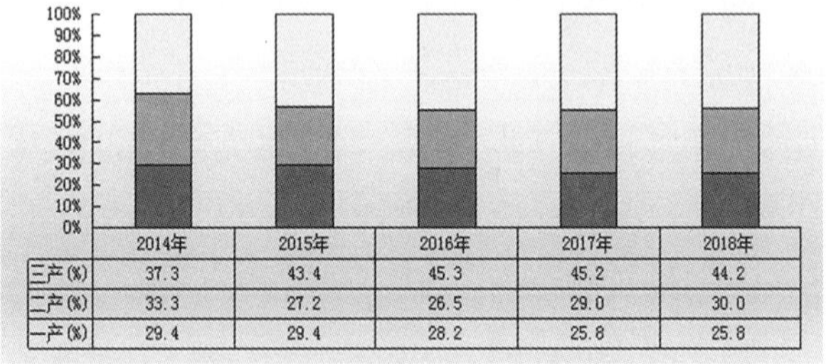

图三　2014—2018 年全县人均生产总值及增长速度

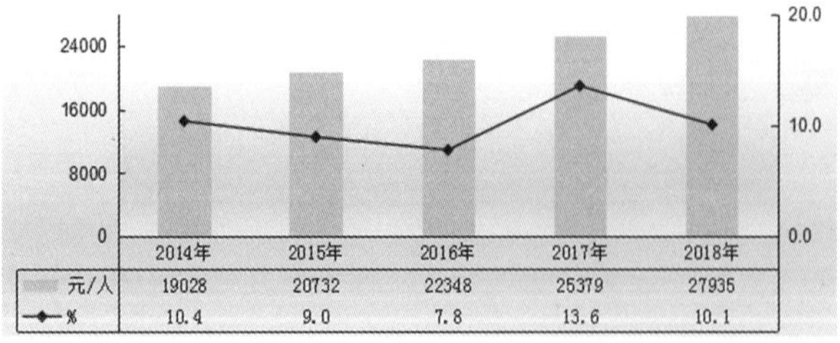

表一　2018 年全县生产总值及其增长速度

指　　标	绝对值（万元）	比上年增长（%）
全县生产总值	553151	5.0
农林牧渔业	148490	3.2
工　业	109258	3.4
建筑业	56393	14.9
批发和零售业	37029	3.7
交通运输、仓储和邮政业	12247	11.7
住宿和餐饮业	16682	6.2
金融业	26490	10.3
房地产业	15511	–14.9
营利性服务业	6030	12.2
非营利性服务业	125021	5.3
第一产业	142970	3.1
第二产业	165613	7.5
第三产业	244568	4.5

年末全县户籍户数 77900 户，户籍人口 250327 人。其中户籍城镇人口 62307 人，占户籍人口比重（户籍人口城镇化率）为 24.89%，比上年末提高 0.48 个百分点。全县常住户数[4]58540 户。常住人口 199035 人。其中，城镇常住人口 64607 人，占常住人口比重（常住人口城镇化率）为 32.46%，比上年末提高 0.55 个百分点。全年全县出生率为 15.23‰，死亡率为 4.94‰，自然增长率为 10.29‰。

表二　2018 年全县年末人口数及其构成

指　　标	年末数（人）	比重（%）
一、户籍人口情况		
户籍总户数（户）	77900	
户籍总人口	250327	100.00
其中：城镇人口	62307	24.89
乡村人口	188020	75.11
其中：男性人口	129803	51.85
女性人口	120524	48.15
其中：汉　族	172641	68.97
回　族	77557	30.98
其他少数民族	129	0.05
其中：0~17 岁	65561	26.19
18~34 岁	68027	27.18
35~59 岁	85271	34.06
60 岁及以上	31468	12.57
二、常住人口情况		
常住总户数（户）	58540	
常住总人口	199035	100.00
其中：城镇人口	64607	32.46
乡村人口	134428	67.54
其中：男性人口	103200	51.85
女性人口	95835	48.15
其中：汉族人口	137274	68.97
回族人口	61661	30.98
其他少数民族人口	100	0.05

年末全县常住人口从业人员 12.05 万人。其中，第一产业 8.30 万人，第二产业 1.08 万人，第三产业 2.67 万人。年末城镇登记失业率[5]为 2.96%。

全年居民消费价格[6]比上年上涨 2.8%；商品零售价格上涨 3.6%；固定资产投资价

格上涨3.5%;建筑安装工程价格上涨4.7%;新建住宅销售价格上涨7.2%;房屋租赁价格上涨0.5%;工业品出厂价格上涨2.0%。

表三　2018年居民消费价格指数

指　　标	以上年价格为100
居民消费价格总指数	102.8
食品烟酒类	103.1
衣着类	101.2
居住类	102.9
生活用品及服务类	103.0
交通和通信类	103.4
教育文化和娱乐类	102.1
医疗保健类	104.6
其他用品及服务类	99.8

二、农业

全年全县实现农林牧渔业总产值292127万元,比上年增长1.9%。其中,农业总产值170837万元,增长5.9%;林业总产值15295万元,下降36.6%;牧业总产值97350万元,增长5.7%;农林牧渔服务业总产值8645万元,增长4.2%。农林牧渔业增加值148490万元,比上年增长3.2%。其中,农业增加值91285万元,增长1.5%;林业增加值9343万元,增长18.0%;牧业增加值42342万元,增长4.3%;农林牧渔服务业增加值5520万元,增长4.1%。

全年全县粮食种植面积47367公顷,比上年增加34公顷。其中,冬小麦种植面积9833公顷,增加1433公顷;玉米种植面积26733公顷,减少2129公顷;薯类种植面积6867公顷,减少533公顷。油料种植面积3210公顷,减少157公顷。烟叶种植面积318公顷,减少15公顷。药材种植面积3335公顷,增加487公顷。蔬菜种植面积6773公顷,减少382公顷。瓜类种植面积90公顷,减少73公顷。园林水果种植面积6637公顷,增加3563公顷。

全年全县粮食总产量196200吨,比上年增产25277吨,增长14.8%。其中,夏粮产量23700吨,增长31.7%;秋粮产量172500吨,增长12.8%。全年全县冬小麦产量22700吨,增长33.5%;玉米产量150400吨,增长15.6%;薯类产量(折粮)17700吨,下降6.0%。

全年全县油料产量4281吨,比上年增长3.4%;烟叶产量1415吨,下降4.7%;药材产量11131吨,增长17.0%;瓜类产量2928吨,减产29.4%;蔬菜产量231301吨,下降3.2%。

全年全县肉类总产量20465吨,比上年增长0.6%。其中,猪肉产量2790吨,增长6.9%;牛肉产量10594吨,增长4.8%;羊肉产量4948吨,下降0.3%;禽肉产量1949吨,下降21.0%。禽蛋产量4057吨,增长14.0%。年末全县生猪存栏33860头,增长5.2%;生猪出栏34681头,增长6.3%;肉牛存栏85980头,增长4.5%;牛出栏67741头,增长4.7%;羊存栏218400只,增长2.6%;羊出栏282149只,下降0.3%;家禽存栏5070百只,下降28.8%;家禽出栏9537百只,下降25.3%。

图四　2014—2018 年全县粮食产量及增长速度

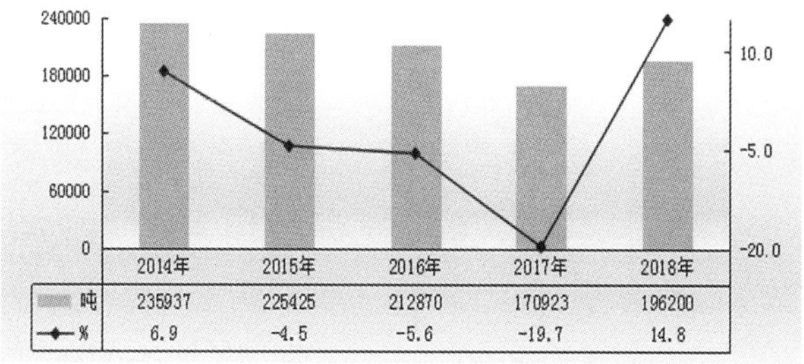

表四　2018 年全县农作物播种面积及其增长速度

指　　标	种植面积（公顷）	比上年增长（%）
农作物总播种面积	66295	7.3
粮食作物	47367	0.1
夏收粮食	10500	18.4
冬小麦	9833	17.1
豆　类	667	42.8
秋收粮食	36867	4.2
玉　米	26733	–7.4
燕　麦	400	–2.4
荞　麦	1734	98.9
糜　子	933	40.9
薯　类（折粮计算）	6867	–7.2
油料合计	3210	–4.7
其中：胡麻籽	3160	–4.4
向日葵籽	50	–16.7
烟　叶	318	–4.5
药　材	3335	17.1
蔬　菜（含菜用瓜）	6773	–5.3
瓜果类	90	–44.8
其他作物	5202	282.8

表五　2018 年全县主要农林牧产品产量及其增长速度

指　　标	产量（吨）	比上年增长（%）
粮食作物	196200	14.8
夏收粮食	23700	31.7
冬小麦	22700	33.5
豆　类	1000	
秋收粮食	172500	12.8
玉　米	150400	15.6
燕　麦	600	3.4
荞　麦	2500	62.0
糜　子	1100	–22.4
薯　类（折粮计算）	17700	–6.0
油料合计	4281	3.4
其中：胡麻籽	4166	3.9
向日葵籽	115	–11.5
烟　叶	1415	–4.7
药　材	11131	17.0
蔬　菜（含菜用瓜）	231301	–3.2
瓜果类	2928	–29.4
园林水果	11	–99.9
肉类总产量	20465	0.6
其中：牛肉产量	10594	4.8
猪肉产量	2790	6.9
羊肉产量	4948	–0.3
禽肉产量	1949	–21.0
禽蛋产量	4057	14.0

三、工业和建筑业

年末工业企业 126 家，从业人员 5584 人。其中：规模以上工业企业[7]5 家，从业人员 3146 人。全年全县完成工业总产值 259610 万元，可比增长 3.6%，其中规模以上工业完成总产值 204035 万元，增长 4.5%。完成工业现价销售产值 248964 万元，增长 8.4%，其中规模以上工业完成现价销售产值 204045 万元，增长 12.9%。完成工业增加值 109258 万元，可比增长 3.4%，其中规模以上工业完成增加值 98143 万元，增长 4.4%。全县规模以上工业企业实现利润总额 55496 万元，增长 20.4%，主营业务税金及附加 15067 万元，增长 4.2%。

图五　2014—2018 年全县工业增加值及增长速度

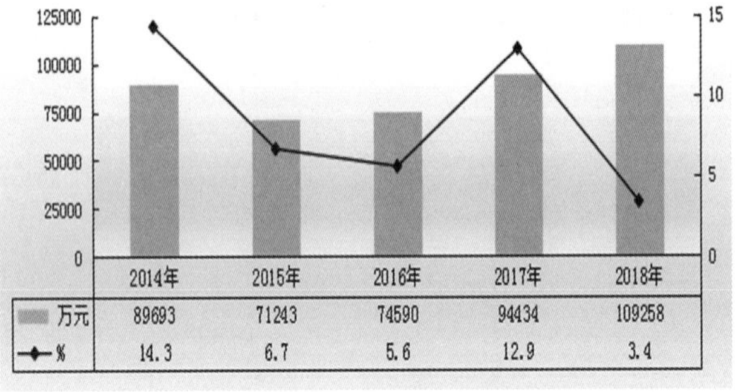

全县具有资质的总承包和专业承包建筑业企业 4 家，全年完成建筑业总产值 25798 万元，比上年增长 0.6%。建筑业企业房屋建筑施工面积 60051 平方米，下降 8.3%；房屋竣工面积 59505 平方米，下降 8.1%；主营业务收入 24837 万元，增长 6.6%。利润总额 232 万元，比上年增长 96.3%。

四、固定资产投资

全年全县全社会固定资产投资比上年下降 10.3%。其中，固定资产项目投资增长 1.6%，占全社会固定资产项目投资的比重为 75.8%。房地产开发投资下降 52.8%，占全社会固定资产项目投资的比重为 7.8%。农村农户投资下降 21.2%，占全社会固定资产项目投资的比重为 16.4%。在全县全社会固定资产投资中民间投资[8]下降 36.8%，占全社会固定资产投资的比重为 19.0%。

在固定资产项目投资中，第一产业投资比上年增长 41.0%，占固定资产项目投资的比重为 17.1%；第二产业投资下降 18.3%，占固定资产项目投资的比重为 14.4%；第三产业投资增长 0.6%，占固定资产项目投资的比重为 68.5%。工业投资下降 18.3%，占固定资产项目投资的比重为 18.3%。基础设施投资[9]增长 24.8%，占固定资产投资的比重为 50.9%。

图六　2014—2018 年全县全社会固定资产投资增长速度

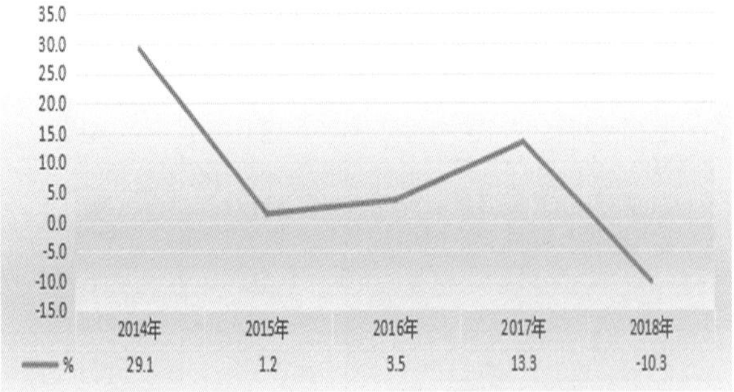

表六　2018 年全县全社会固定资产投资完成情况及其增长速度

指　　标	完成额（万元）	比上年增长（%）
全社会固定资产投资完成额	264450	-10.3
其中：民间投资	50366	-36.8
1.固定资产项目投资	200422	2.2
其中：中央、区属投资	22206	-36.2
县属投资	178216	9.8
2.房地产开发投资	20763	-52.7
3.农村农户投资	43265	-21.2
新增固定资产	46545	-31.3
按行业分		
农、林、牧、渔业	34150	283.1
采矿业	28680	10.4
制造业		
电力、燃气及水的生产和供应业	237	-95.3
交通运输、仓储和邮政业	45390	35.5
信息传输、软件和信息技术服务业	365	
房地产业	20763	-65.6
科学研究和技术服务业	5220	31.8
水利、环境和公共设施管理业	56164	18.6
居民服务业和其他服务业	43265	-21.2
教　育	1608	-85.2
卫生、社会保障和社会福利业	3821	27.2
文化、体育和娱乐业	2581	16.6
其　他	22206	-36.2

五、国内贸易

全年全县社会消费品零售总额 91601 万元，比上年增长 4.8%。按地区分，城镇消费品零售额增长 5.4%；乡村消费品零售额增长 3.3%。按企业规模分，限额以上企业消费品零售额增长 5.0%；限额以下企业消费品零售额增长 4.8%。按经济类型分，国有经济消费品零售额增长 4.4%，集体经济消费品零售额增长 4.5%，私营经济消费品零售额增长 5.2%，个体经济消费品零售额增长 4.8%。按行业分，批发业消费品零售额增长 5.8%，零售业消费品零售额增长 4.0%，住宿业消费品零售额下降 2.4%，餐饮业消费品零售额增长 6.3%。

图七　2014—2018 年全县社会消费品零售总额及增长速度

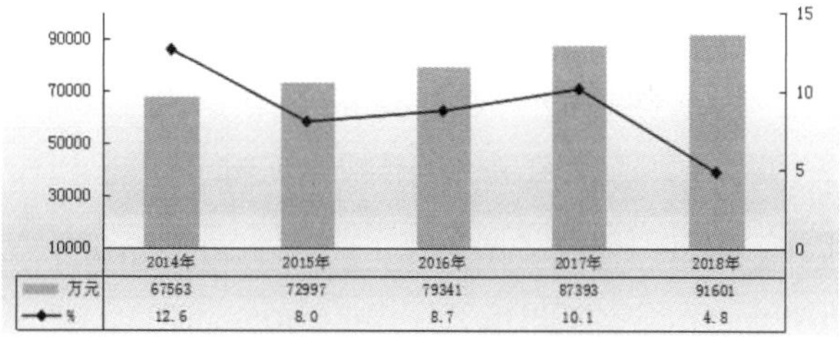

表七　2018 年全县社会消费品零售总额及其增长速度

指　　标	完成额（万元）	比上年增长（%）
社会消费品零售总额	91601	4.8
1.按地区分：城镇	65807	5.4
乡村	25793	3.3
2.按规模分：限额以上	15914	5.6
限额以下	75687	4.6
3.按类型分：国有经济	11678	4.4
集体经济	8128	4.5
私营经济	22433	5.2
个体经济	49362	4.8
4.按行业分：批发业	22005	5.8
零售业	47671	4.0
住宿业	3490	-2.4
餐饮业	18435	6.3

六、交通和邮电

年末境内公路通车里程达到 2643.3 公里。其中高速公路 34.5 公里，国道 125.9 公里，省道 85.7 公里，县道 47.2 公里，乡道 475.7 公里，村道 1854.4 公里，专用道 11.2 公里。每百平方公里拥有公路 104.0 公里。

年末全县营用汽车保有量 2139 辆。其他机动车辆保有量 34049 辆，增长 6.1%。

全年邮政完成业务总量 1041 万元，增长 7.4%。电信完成业务总量 2058 万元，增长 7.6%。移动完成业务总量 6858 万元，增长 8.1%。联通完成业务总量 862 万元，增长 7.2%。全县本地电话用户 20.74 万户，其中固定电话用户 0.53 万户，移动电话用户 20.21 万户。互联网用户数 29926 户。电话普及率 81.5 部/百人。

七、财政金融

全年完成全口径财政收入 92481 万元，比上年增长 16.2%。其中：中央收入 29225 万元，增长 14.0%；区级收入 28918 万元，增长 22.5%；地方收入 34338 万元，比上年增长 13.3%。在地方收入中：公共财政预算收入 26446 万元，增长 10.1%；政府性基金收入 7892 万元，增长 25.5%。在地方公共财政预算收入中税收收入 19684 万元，增长 9.7%。

全年财政支出 402908 万元，比上年增长 7.1%。其中，地方公共财政预算支出 382643 万元，增长 5.5%；政府性基金支出 20265 万元，增长 48.9%。

图八　2014—2018 年全县公共财政预算收入及增长速度

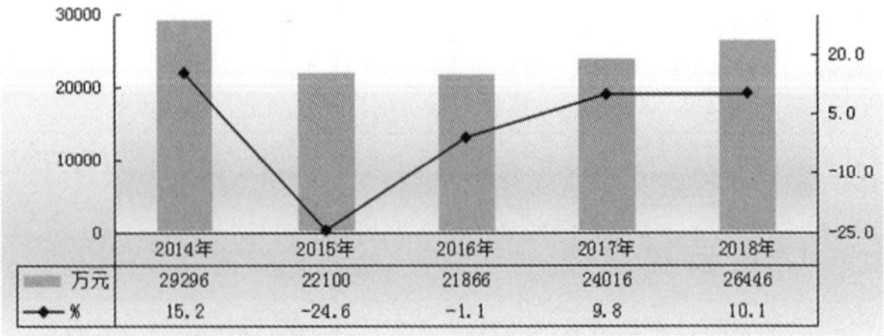

表八　2018 年全县财政收支及其增长速度

指　　标	完成额（万元）	比上年增长（%）
全口径财政收入	92481	16.2
税收收入	75870	15.8
非税收收入	8704	12.4
政府性基金收入	7907	25.4
地方财政收入	34338	13.3
公共财政预算收入	26446	10.1
其中：税收收入	19684	9.7
非税收收入	6762	11.3
政府性基金收入	7892	25.5
地方财政支出	402908	7.1
其中：公共财政预算支出	382643	5.5
其中：一般公共服务	19594	9.3
公共安全	8056	6.4
教　育	59362	4.1
科学技术支出	1379	110.9
社会保障和就业	49795	7.8
医疗卫生与计生	27282	-19
节能环保	26292	44.7
住房保障	14975	52.8
城乡社区事务	46322	0.4
农林水务事业费	107538	11.8
政府性基金支出	20265	48.9

年末，全县金融机构人民币各项存款余额65.68亿元，同比增长2.1%，其中，住户存款增长9.1%。人民币各项贷款余额42.50亿元，增长32.0%，其中短期贷款增长63.0%，中长期贷款增长5.1%。

八、居民收入消费和社会保障

全县城镇居民人均可支配收入25166.05元，同比增长7.8%。其中工资性收入21559.24元，增长9.1%，经营净收入1393.25元，下降13.2%，财产净收入848.26元，增长9.6%，转移净收入1365.31元，增长12.7%。

农村居民人均可支配收入9862.50元，增长12.2%。其中工资性收入4224.41元，增长7.5%，经营净收入4106.16元，增长17.8%，财产净收入34.64元，下降46.8%，转移净收入1497.29元，增长14.5%。

城乡居民收入比由上年的1:2.66缩小到1:2.55。

图九　2014—2018年全县城镇居民人均可支配收入及增长速度

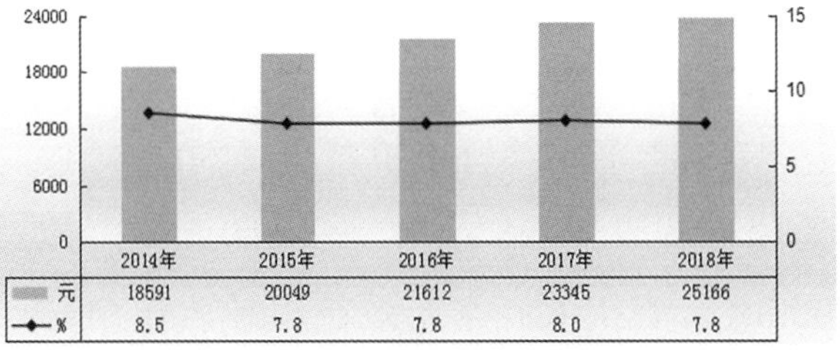

图十　2014—2018年全县农村居民人均可支配收入及增长速度

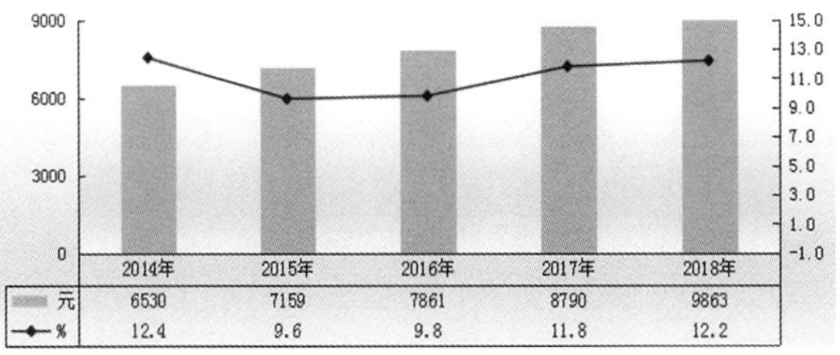

表九　2018年全县城乡居民人均可支配收入及其增长速度

指　　标	金额（元）	比上年增长（%）
城镇居民人均可支配收入	25166.05	7.8
工资性收入	21559.24	9.1
经营净收入	1393.25	-13.2
其中：一产净收入	22.89	-319.7
二产净收入	-13.52	-103
三产净收入	1383.88	19.2
财产净收入	848.26	9.6
转移净收入	1365.31	12.7
农村居民人均可支配收入	9862.50	12.2
工资性收入	4224.41	7.5
家庭经营净收入	4106.16	17.8
其中：第一产业收入	3419.63	20.7
其中：农业收入	1803.11	54.6
第二产业收入	-49.73	-126.1
第三产业收入	736.26	59.3
财产净收入	34.64	-46.8
转移净收入	1497.29	14.5

年末全县参加基本养老保险人数130998人，其中参加基本养老保险职工人数15290人，参加城乡居民基本养老保险人数111748人。参加失业保险人数5218人。参加基本医疗保险人数218789人，其中参加城镇职工基本医疗保险11356人，参加城乡居民基本医疗保险207430人。参加失业

保险人数5812人。享受城乡低保人口26837人,其中城镇人口3432人,农村人口23405人。

按照每人每年3400元的农村贫困标准计算,年末全县农村贫困人口1575人,比上年末减少7586人;贫困发生率为0.71%,比上年下降3.42个百分点。

九、教育、文化和体育

年末全县各级各类学校230所,其中幼儿园41所,教学点105所,普通小学73所,普通初中8所,普通高中2所,职业高中1所。专任教师2716人,其中幼儿园180人,普通小学(含教学点)1376人,普通初中670人,普通高中388人,职业高中102人。在校学生34951人,其中幼儿园5931人,普通小学(含教学点)14724人,普通初中8941人,普通高中3965人,职业高中1390人。学前教育毛入园率81.10%,适龄儿童入学率100%,适龄少年入学率100%,17周岁人口义务教育完成率96.9%,高中阶段学生毛入学率92.6%。高考录取率78.6%,其中本科录取率33.8%。

年末全县共有文化站23个,举办各种展览33场次,组织各种文艺活动56场次,文化站藏书13万册。文化馆1个,举办各种展览6场次,组织各种文艺活动175场次,文化馆藏书22万册。公共图书馆1个,藏书28万册。博物馆1个,文物藏品7200件(套)。艺术表演团体29个,群众业余文艺团体103个。

全年我县运动员参加区、市各类比赛共荣获第一名23人次,荣获第二名11人次,荣获第三名13人次。

十、卫生和社会服务

年末全县共有各类卫生机构22个,其中医院及卫生院19个,妇幼保健院1个,疾病预防控制中心1个,卫生监督所1个。村卫生室156个。个体门诊部(所)12个。年末全县卫生机构人员数682人。卫生技术人员648人,其中中医师26人,西医师188人,护师136人,中(西)药师23人,检验师18人,其他技师57人。全县医疗卫生机构实有床位970张。农村自来水普及率100%。农村卫生厕所普及率65.58%。

年末全县共有各类提供住宿的社会服务机构7个,其中养老服务机构6个,儿童福利院1个,年末收养396人。

十一、能源、环境保护和安全生产

据初步核算,全年全县能源消耗总量为23.4万吨标准煤,比上年增长1.47%;单位GDP能耗同比下降3.25%。其中规模以上工业能耗2.3万吨标准煤,同比下降0.7%,单位工业增加值能耗同比下降4.8%。

全年当年治理水土流失面积达128.06平方千米,水土流失治理程度达75.5%。全县完成营造林面积13167公顷,林木覆盖率达27.5%。草原综合植被覆盖度30.0%。农田残膜回收率达95%。空气优良天数占比达96.3%。农田灌溉水有效利用系数0.709。

全年全社会电能消费量比上年增长1.5%。其中,生产电能消费量下降0.3%,居民生活电能消费量增长9.2%。在生产用电中:第一产业电能消费量下降60.0%;第二产业电能消费量增长2.0%;第三产业电能消费量增长4.2%。

全年全县累计发生生产经营性事故2

起,死亡2人。亿元GDP生产安全事故死亡人数0.036人/亿元,控制在自治区下达指标以内;煤矿百万吨死亡人数为0.27人。

注释

[1]本公报中数据均为初步统计数。部分数据因四舍五入的原因,存在着与分项合计不等的情况。

[2]地区生产总值、各产业增加值和人均地区生产总值绝对数按现价计算,增长速度按不变价格计算。

[3]人均生产总值按年度平均人口计算。

[4]常住户数、常住人口、出生率、死亡率、人口自然增长率为自治区统计局2018年人口抽样调查推算反馈数据。

[5]年末城镇失业率为就业创业和人才服务局登记失业率。

[6]价格指数取自固原市统计局《2018固原市情数据手册》。

[7]规模以上工业企业为主营业务收入2000万元以上工业企业。

[8]民间固定资产投资是指具有集体、私营、个人性质的内资企事业单位以及由其控股(包括绝对控股和相对控股)的企业单位建造或购置固定资产的投资。

[9]基础设施投资是指建造或购置为社会生产和生活提供基础性、大众性服务的工程和设施的支出。公报中的基础设施投资包括交通运输、邮政业,电信、广播电视和卫星传输服务业,互联网和相关服务业,水利、环境和公共设施管理业投资。

综 述

县情概况

【政区概况】 彭阳县隶属宁夏回族自治区固原市，位于宁夏东南部，六盘山东麓，西连固原市原州区，东、南、北分别接甘肃省镇原县、平凉市和环县。现辖4镇8乡156个行政村6个居民委员会。户籍总人口250327人，其中城镇户籍人口62307人，占24.89%；乡村户籍人口188020人，占75.11%。汉族172641人，占68.97%；回族77557人，占30.98%；其他少数民族129人，占0.05%。少数民族主要居住在白阳镇、古城镇、王洼镇、红河镇、新集乡、罗洼乡、交岔乡。全县常住人口199035人，其中城镇64607人，占32.46%；乡村134428人，占67.54%。总土地面积2533.49平方千米，其中耕地面积125.5万亩。海拔1248~2418米，年降水量450~550毫米，年平均气温7.4℃~8.5℃，日照2311.2小时，无霜期140~170天。属黄土高原丘陵沟壑区，典型的温带半干旱大陆性季风气候，是以农业经济为主的国家扶贫重点县。

【建制沿革】 彭阳历史悠久，旧石器时代就有人类在红河、茹河流域繁衍生息。夏商时，居住在漠北以戎族为主的少数民族相继进入，与土著民族融合，统称“西戎诸国”。西周早期在姚河塬建立封国。战国秦昭襄王三十五年（前272），秦灭义渠国后在今古城镇设朝那县，秦汉魏晋续延，十六国设长城护军。北朝时设黄石县、白池县、长城县。隋唐设平凉县、百泉县，唐贞观十年（636）在百泉县设折冲都尉府。唐末五代陷于吐蕃，宋咸平六年（1003）设彭阳城。金置东山县、三川县。元设广安县又升州。明初撤广安州并入开成县。明清民国隶属固原州、固原直隶州、固原县。1936年设中共固北县委、县苏维埃政府、中共固原县委（驻三岔、草庙）。中华人民共和国成立后，彭阳境隶属固原县。1983年7月，固原县析置彭阳县。

经济建设

【经济指标】 2018年，实现地区生产总值55.32亿元，增长5.0%；地方一般公共财政预算收入2.64亿元，增长10.1%，其中税收收入1.97万元，增长9.7%；全社会固定资产投资26.45亿元，同比下降10.3%；社会消费品零售总额9.16亿元，增长4.8%；城镇居民人均可支配收入25166.05元，比上年增加1821.01元，增长7.8%，农村居民人均可支配收入9862.50元，比上年增加1072.5元，增长12.2%。

【脱贫攻坚】　紧盯国家和自治区考核评估验收各项指标，压茬推进工作，108个脱贫销号村巩固提升和34个非贫困村补齐短板成效显著。整合各类资金8.2亿元，开展“十项清零”行动，14个贫困村出列，减贫2730户7767人，漏评率、错退率均为零，群众认可度为97.4%，综合贫困发生率下降至0.71%。贫困村退出顺利通过自治区第三方评估验收和市级复查复审。投入产业奖补资金2.1亿元，新增扶贫贷款10262户5.2亿元，安排1221万元实施“扶贫保”全覆盖计划。建成产业扶贫示范村12个，带动15583户贫困群众在产业链上实现增收。建成扶贫车间16个，实施精准培训6169人，购买非全日制公益性岗位3653个，实现贫困群众转移就业974名，贫困群众发展“内生动力”增强。新建扶贫道路258千米，新增和改造自来水25810户，出台“九个一批”政策，落实安全住房16311户，行政村硬化路通达率、自来水保障率、住房安全保障率均达到100%。新建4G基站21处、NB物联网103处、村级标准化卫生室55个、综合服务网点79处，行政村宽带网络信号、文化体育活动场所、标准化卫生室和综合服务网点实现全覆盖。注入3180万元启动资金壮大村集体经济，“空壳村”消除。发放教育免补资金1.17亿元，整合资金178万元设立教育扶贫基金，惠及所有建档立卡贫困学生，323名辍学学生全部劝返。贫困患者住院个人自付费用比例降至8.44%，将5902户建档立卡贫困户纳入低保，实现应保尽保。推进中央定点帮扶、东西部扶贫协作，落实各类社会帮扶资金9840万元。

【特色产业】　2018年，实现农林牧渔业总产值29.21亿元，比上年增长1.9%，其中农业总产值71.08亿元，林业总产值1.53亿元，牧业总产值9.74亿元，农林牧渔服务业总产值0.86亿元，农林牧渔业增加值14.85亿元。全年粮食播种面积47367公顷，总产量达196200吨。实现园林水果种植面积6637公顷。大力发展草畜、中药材、蔬菜等特色农业，推广“龙头企业+合作社+基地+农户”模式，培育产业扶贫示范村12个、农村致富带头人271名、龙头企业23家、产业合作社55家、家庭农场124个、农民专业合作社129家。新增优质牧草8.27万亩，打造标准化养殖示范村4个，累计发展“5·30”及倍增户1.8万户，全县畜禽饲养总量突破230万个羊单位。引进北京恒润泰和、固原杏林与彭阳壹珍药业组建中药材产业发展联合体，建成500亩以上示范基地11个，带动全县发展中药材、万寿菊等特色产业11万亩。依托古城、新集等4个现代农业服务中心，推动全县11万亩蔬菜标准化生产。分区域建成“四个一”林草产业试验示范园7个3474.8亩，引进新品种147个，“四个一”试验示范取得实效，得到自治区、固原市肯定。

【二、三产业】　王洼煤矿600万吨改扩建项目建成完工，新开油井8口，2018年生产原煤720万吨、原油11万吨。闽宁彭阳大数据灾备中心、煤矸石分选加工项目开工建设，新发展工业企业10家，培育规上企业1家，兑现奖补资金581万元，产业优化转型步伐加快。推进王洼产业园区基础设施建设，完成县城工业园区二期道路及给排水工程，新增入园企业6家，"一园一主业、区块有特色"的集聚集约、错位发展格局初步形成。全年完成工业增加值9.9亿元，增长6.5%。促进生态、旅游、扶贫融合发展，茹河瀑布风景区、金鸡坪梯田公园、茹河生态公园、栖凤山森林公园4个核心景区建设完工，15个旅游厕所完成主体建设，扶持发展农家乐6家，全年接待游客55万人次，实现社会综合收入3.4亿元。成功举办第十四届宁夏六盘山山花节暨第六届"梯田花海·生态彭阳"山花旅游文化节，全年接待游客量和旅游社会收入均增长10%以上。推进电子商务进农村综合示范县建设，培育电商标杆企业5家、物流企业3家，新开辟邮路4条800千米，"双向物流通道"全面打通，实现线上销售收入6000万元，电子商务进农村综合示范县建设绩效评价全区第一。完善商贸服务功能，世纪华联超市入驻明皇购物广场，利民广场、财富广场等项目建设稳步推进，引进TMT金融小镇项目，开工建设浙商国际旅游示范街，县城中心商圈初具规模，服务业对经济增长贡献率达27.3%。

【城乡建设】 全年争取项目建设资金30亿元，开工建设重点项目72个，完成社会资本投资5亿元，城乡发展基础进一步夯实。雷泽广场和悦龙山、栖凤山步行栈道建成投用，新改扩建城市道路8条3.2千米，改造老旧小区2个、棚户区535户。实施悦龙山新区、茹河大街等重点区域绿化亮化美化工程，建成城市生活垃圾收转运系统、无害化处理填埋场二期和4个停车场，财富广场、利民广场、维也纳酒店落地运营，城市功能日趋完善，城镇化率达34%。启动农村人居环境综合整治三年行动，编制完成古城、红河镇镇区控制性详规，草庙乡美丽小城镇开工建设，建成6个美丽村庄，长城村乔渠组入选"中国传统村落名录"；推进"五土共改"，打造农村人居环境综合整治示范村12个，完成水改厕289户。G327彭青段、夏南路、刘杨路等重点道路改扩建项目开工建设，农村公路"建管养运"一体化协调发展，荣获区级"四好农村路"示范县。美丽茹河建设项目进展顺利，新建人工湿地4个45.7公顷，除险加固病险水库3座；实施长城塬引水泵站和灌区改造工程，发展高效节水灌溉农田1万亩。完成农村配电网改造工程332千米，建成4G基站78处，实现行政村网络信号全覆盖，乡村振兴基础不断夯实。

【生态建设】 牢固树立"绿水青山就是金山银山"理念，围绕"一园一廊三河三线"，实施林业生态治理工程，完成六盘山重点生态功能区降雨量400毫米以上区域造林绿化18.75万亩，治理小流域25条111平方千米。落实自然资源管护责任，强化禁牧封育，完成天保工程封山育林1万亩、森林资源管护109万亩，落实草原生态奖补资金73万亩，全县森林覆盖率达27.5%，县林业局荣获全国三北防护林体系建设工程先进集体。彭阳生态文明建设被中宣部列为庆祝改革开放40周年"百城百县百企"重大调研项目。开展蓝天、碧水、净土三大行动，严抓“四尘”治理，完成20吨以上锅炉环保改造9台，县城建成区20吨以下燃煤锅炉全部拆除，淘汰黄标车165辆，全年空气优良天数占比达96.3%。推进“五水共治”，茹河水污染防治二期、三期工程完工，县城工业园区污水处理站投入运行，园区涉水企业污水处理率达到100%，草庙万寿菊加工厂和20个乡村的污水处理站建成试运行，主要河流水质长期稳定保持在Ⅳ类以上。加强农村面源污染治理，残膜回收率达95%，主要农作物测土配方施肥覆盖率达85%。落实“党政同责、一岗双责”、河长制，开展清河和“清四乱”行动，建成巡检道路39千米，治理河道6.5千米，疏浚河道53千米，清除河道垃圾1310吨。在全区率先开展河湖健康评估和水域岸线确权划界工作，完成畜禽养殖禁养区划分，规范整治规模以上畜禽养殖企业25家。加大环境保护执法检查和追责问责力度，下发执法整改通知书16份，收缴各类罚款53万元，问责处理9人，刑事拘留1人，中央环保督察“回头看”转办案件全部办结。

社会事业

【民生建设】　稳步推进民生事业，10件民生实事全部办结，民生支出达34.9亿元，年均增长9.7%。开展“教师素质、教育质量”双提升行动，义务教育国家质量监测成绩位居全区前列；县四小开工建设，11所村级幼儿园开园招生，改造薄弱学校56所，城乡办学条件改善。完成全民健身中心及文化馆主体工程，美丽茹河体育公园和4个乡镇足球场投入使用。成功举办全国山地自行车越野赛、全民健身节等体育活动。中医院改扩建、疾控中心和妇计中心综合楼项目竣工，建成县、乡、村一体化家庭医生服务平台，家庭医生签约率达60.5%，“互联网+医疗健康”得到中央、自治区、固原市肯定，成功创建全国健康促进示范县。县博物馆、图书馆、规划馆开馆运行，创建市级以上文化大院4个，姚河塬商周遗址入选全国考古十大发现，国家公共文化服务体系示范区创建有序开展。成功举办庆祝自治区成立60周年系列文化活动，生态建设和脱贫攻坚工作被中央电视台大型政治专题片《家园》大篇幅报道。

【社会保障】　完善社会保障体系，建立居民大病保险和商业健康保险制度，提高居民基础养老金标准，医疗保险费用“一站式”结算和异地就医即时结算全面展开，城乡居民基本养老保险和医疗保险参保率分别达98.8%和100%。建成茹河老年颐养院、城阳敬老院和残疾人康复中心，提高城乡低保标准，累计发放各类社会救助资金1.85亿元。完成农村劳动力转移就业5.6万人，创收11.32亿元；发放创业担保贷款6880万元，创造就业岗位2000个，新增城镇就业1446人，城镇登记失业率为2.96%。

【社会治理】　推行综治网格化管理，全面落实“一村双助理和一乡（镇）一义务巡防队”，群众安全感和治安满意度实现双提升。推行“听证办访”和“网办信访”，开展人民调解参与信访矛盾化解试点工作，各类矛盾纠纷化解率达 99.4%,中央和自治区巡视交办信访件全部办结。扫黑除恶专项斗争深入推进,打掉恶势力犯罪团伙 2 个、村霸 1 个,抓获犯罪嫌疑人 15 名。狠抓安全生产责任落实,开展食品药品专项整治行动,建成食品药品检验检测中心,查处各类食品药品违法案件 29 起,食品安全示范县顺利通过自治区验收。开展构建和谐劳动关系创建活动,农民工权益得到有效保障。开展移风易俗树乡风强民风活动,荣获自治区“移风易俗工作先进县(区)”称号。落实党的民族宗教政策,依法管理宗教事务,开展“拥护核心感党恩·同心携手奔小康”主题教育,创建国家级“和谐寺观教堂”1 个、区级“和谐寺观教堂”11 个、市级“和谐寺观教堂”12 个,荣获全区民族团结进步模范先进集体。全国双拥模范县通过中期评估。落实基层阵地建设和武装定补经费 200 万元,推进民兵预备役建设,国防动员组织体系健全,工、青、妇等群团组织纽带作用充分发挥。

【改革创新】 深化农村“三权分置”改革,完成农村集体资产清产核资,开展农村土地股份制改革试点,建成“两系统一平台”,发挥农村产权流转服务中心作用,累计流转土地 21.8 万亩。实施“互联网+水利”,推进水资源动态管理、小型水利产权制度、农业水价等 5 项改革,实现城乡饮水“同源、同质、同网、同价”。推进“放管服”改革,持续简政放权,巩固行政审批事项、行政审批中介机构和增加企业及公民负担证照清理结果,实现“三级四同”。推进“双随机一公开”,政务服务事项集中公开“一站式”受(办)理,84% 的政务服务事项进驻服务大厅,群众和企业办事实现只进“一扇门”;推进“不见面、马上办”,80% 以上政务事项实现不见面办理;“政务云”系统推广应用延伸至乡镇和村(社区)。财政金融体制进一步健全,财政绩效管理和预决算公开率达到 100%;宁夏银行落户彭阳,金融服务功能完善。国家税务总局彭阳县税务局挂牌成立,社保费征管工作有序开展,个税体制改革顺利完成。综合医改和县级公立医院改革推进,彭阳县医改典型材料被中央改革办《改革情况交流》选登,并向全国推广。强化科技体制改革,落实研发资金 850 万元,较上年增长 30.8%,撬动社会研发投入 3000 万元,居全市第一。司法体制、教育教学、国企和事业单位公务用车等各项改革稳步推进。

自身建设

【党的建设】 认真践行新时代党的建设总要求,全面加强党的领导,推动全面从严治党向纵深发展。坚持把政治建设摆在首位,教育引导广大党员干部牢固树立“四个意识”,坚定“四个自信”,坚决做到“两个维护”。严格执行党内政治生活若干准则,确保党的组织生活经常、认真、严肃,充满活力。把学习贯彻习近平新时代中国特色社会主义思想和党的十九大精神作为首要政治任务,以理论中心组学习、三会一课和“6+X”主题党日为载体,开展各类宣讲 2000 场次,实现科级以上干部和村干部、驻村工作队学习培训全覆盖。严格落实意识形态工作责任制,管阵地、把导向、强队伍,牢牢掌握领导权和主动权。开展星级基层服务型党组织创建及“双评双定”活动,创建四星级党组织9个、三星级党组织123个。深化“三大三强”行动及“两个带头人”工程,全区落实农村党建“四个重要文件”现场推进会在彭阳召开。推进“三强九严”工程,机关党建走在前、做表率。开展“双整顿”活动,整顿软弱涣散基层党组织21个,调整撤换“一大三低”型村党组织书记16名。从严整治党员信仰宗教和参与宗教活动,完成教育转化党员126名。坚持正确选人用人导向,做好优秀年轻干部和新时代新担当新作为先进典型人选推荐培养工作。建立全面从严治党“三个清单”,开展违反中央八项规定精神突出问题和“四风”问题专项治理,自查整改问题1185个,作出批评教育、书面检查等700人次。建立巡视巡察上下联动机制,专项巡察4个乡镇、6个部门,延伸巡察村党支部65个,移交问题线索11件,给予党政纪处分3人。深化监察体制改革,12个乡镇派出监察办公室全部挂牌成立。中央和自治区巡视反馈问题按时推进,完成率分别达99%、91.29%。

（杨平梅）

机 构 和 组 成 人 员

县级领导

中共彭阳县委员会

书　　记　赵晓东

副 书 记　刘启冬

王少波(10月调离)

靳华斌(10月任职)

杨海林(挂职)

常　　委　马文山(回)

李国帅

张彩虹(女)

杨天峰

李全德(回)

刘　旭

史金龙(挂职)

吴志怀(挂职)

蒋筱宁(挂职,4月调离)

李世金(1月任职)

杨　军(10月调离)

张利军(10月任职)

林其煌(挂职,12月任职)

荆瑞芳(挂职,12月任职)

彭阳县人民代表大会常务委员会

党组书记　张　佐(10月任职)

邓万儒(10月调离)

主　　任　邓万儒(10月调离)

副 主 任　杨志杰(回,10月调离)

晁建勇

陈玉玲(女,回)

王　儒

彭阳县人民政府

县　　长　刘启冬

副 县 长　李国帅

史金龙(挂职)

吴志怀(挂职)

蒋筱宁(挂职,4月调离)

朱红社

马　英(女,回)

沙广学(回)

何少庸

马建华(挂职,4月任职)

张新全(挂职,7月任职)

县长助理　连一洲(挂职)

张晓晨(挂职,12月任职)

政协彭阳县委员会

党组书记　杨志杰(回,10月任职)
　　　　　冶三奎(回,10月调离)
主　　席　冶三奎(回,10月调离)
副 主 席　李廷枢
　　　　　杨志让
　　　　　韩淑兰(女)

县委工作部门

中共彭阳县纪律检查委员会 监察委员会

纪委书记　张彩虹(女)
纪委副书记
　　　　　王宏东
　　　　　虎佑峰
纪委常委　马　峰
　　　　　张　娟(女)
　　　　　马存林(回)
　　　　　台平虎
监委主任　张彩虹(女)
监委副主任
　　　　　王宏东
　　　　　虎佑峰
监委委员　韩　东
　　　　　马　峰
　　　　　马存林
　　　　　王凤海

监察局
局　　长　王宏东
案件审理室
主　　任　张　娟(女,2月调离)
　　　　　马　峰(2月任职)
案件监督管理室
主　　任　台平虎(2月调离)
　　　　　马存林(2月任职)
办公室(宣教政研室)
主　　任　田志明(回)
党风政风监督室
主　　任　李亚茹(女)
纪检监察一室
主　　任　张彦春
纪检监察二室
主　　任　马　峰(2月调离)
　　　　　韩　东(2月任职)
信访室
主　　任　杨慧贞(2月任职)

中共彭阳县委办公室

主　　任　牛治忠
副 主 任　姚世平
　　　　　黄　飞
　　　　　杨　鑫(2月任职)

组织部

部　　长　杨　军(10月调离)
　　　　　张利军(10月任职)

副 部 长　雅玉贵
　　　　　职晓霞(女)
　　　　　杨　乾
　　　　　马　福(回)

县直机关工委

书　　记　雅玉贵

非公有制经济组织工委

书　　记　杨　乾
副 书 记　王雪晶(女,回)

党员电化教育中心

主　　任　谭成帅

宣传部
(精神文明建设指导委员会办公室)

部　　长　杨天峰
副 部 长　余长会(7月调离)
　　　　　安振杰(7月任职)
　　　　　孙有亮

统一战线工作部
(民族宗教事务局)

部　　长　马文山(回)
副 部 长　李佐江
　　　　　祁登明
　　　　　兰正刚(回)

民族宗教事务局

局　　长　兰正刚(回)
副 局 长　杨正刚(10月调离)

政法委员会

书　　记　王少波(10月调离)
　　　　　靳华斌(10月任职)
副 书 记　赵银汉
　　　　　石玉金

综 治 办

主　　任　赵银汉
副 主 任　兰天秀(回)

政策研究室

主　　任　安振杰(7月调离)
副 主 任　贺永顺

机构编制委员会办公室

主　　任　米彦多
副 主 任　杨　新(1月任职)

事业单位登记管理局

局　　长　杨粉霞(女)

县委巡察领导小组办公室

主　　任　张　娟(2月任职)
副 主 任　王凤海(2月任职)

巡 察 组

组　　长　刘永明(2月任职)
　　　　　台平虎(2月任职)

老干部局
（关心下一代工作委员会办公室）

局　　长　马　福（回）

副 局 长　何国功

关工委办公室

主　　任　白巨刚

县委直属事业单位

档案局

党支部书记、局长

　　杨占辉

副 局 长　席克智

　　张　崎

党　校（行政学院）

校　　长　王少波（10月调离）

　　靳华斌（10月任职）

常务副校长（院长）

　　王　兴

副 校 长　董　彦

　　许　涛

县人大办公室及各工作委员会

机关党组书记、主任

　　张建荣

机关党组副书记、副主任

　　曾焕荣

财经工作委员会

主　　任　李　伟

法制工作委员会

主　　任　章建波

科教文卫工作委员会

主　　任　李　龙

代表联络和选举工作委员会

主　　任　王效雄

县政府办公室

机关党组书记、主任

　　王志会

机关党组副书记

　　薛　凯

副 主 任　薛　凯

　　孙文升

　　佘春广

　　马文龙（回）

信访局

局　　长　马文龙（回）

法制办

主　　任　陈让云

机关事务管理局

局　　长　王应鹏（1月调离）

　　杨勤科（1月任职）

县政协办公室及各专门委员会

机关党组书记、主任（秘书长）

常兆斌（10 月调离）

机关党组副书记、副主任

王兴旺

提案经济委员会

主　　任　余在德

文史学习委员会

主　　任　杜占山

科教文卫体委员会

主　　任　雅进坤

民族青妇委员会

主　　任　海向刚（回）

专委会办公室

主　　任　马春华（女，回，2 月调离）

朱建军（3 月任职）

法检两院

彭阳县人民法院

党组书记、院长

魏　凯

党组副书记

武应龙

副 院 长　武应龙

米占廷

彭阳县人民检察院

党组书记、检察长

石永忠

副检察长　秦　春

刘　广

军事武装

彭阳县人民武装部

政　　委　李世金

部　　长　彭　波

副 部 长　武海鸥

彭阳县武警中队

中 队 长　李世杰

指 导 员　谢　凯

彭阳县消防大队

大 队 长　赵海波

教 导 员　赵和军

中 队 长　黄大伟

政治指导员

曹奇超

政府派出机构

王洼产业园区管理委员会

工委副书记、主任

张文军

副 主 任　张明山
张　涛
综合办公室
主　　任　杜玉斌
建设规划国土局
局　　长　张世杰(2月调离)
马成智(3月任职)

县政府工作部门

发展和改革局(粮食局)

党组书记、党委书记、局长
刘胜利
副 局 长　虎　攀
冯天牛
韩　钊
赵锦华(女)
石油产业发展服务中心
主　　任　朱天龙(1月调离)
张天禄(1月任职)

扶贫开发办公室

党组书记、主任
陈宗惠
副 主 任　袁志清
赵金平
余德明
党孝奇
扶贫和移民服务中心
主　　任　程彦文(12月调离)
张秉强(12月任职)

教育体育局

党组书记、局长
韩星明
副 局 长　杨田仓
吴力祥(2月调离)
韩文涛(1月任职)
督导室
主　　任　李世权

公安局

党委书记、局长
李全德
党委副书记、政委、纪委书记
王继祖
副 局 长　李夏生
马宏福(回)
张永生
张彦文
刑事侦查大队
大 队 长　张永生
教 导 员　杜军平
法制大队
大 队 长　张彦文
指挥中心(办公室)
主　　任　焦方行

政工监督室(督察大队)

主　　任(大队长)
刘如意

政工监督室

教 导 员 王万峰

警务保障室

主　　任 杨志远

交通管理大队

大 队 长 贾文怀

教 导 员 李　峰

看守所

所　　长 王文辉

教 导 员 贾　君

国内安全保卫大队

大 队 长 赵登永

教 导 员 马玉柱

经济犯罪侦查大队

大 队 长 李　磊

教 导 员 虎永军

禁毒大队

大 队 长 马　锐(回)

教 导 员 郑作新

治安管理大队

大 队 长 韩　龙

教 导 员 张小涛

拘留所

所　　长 朱维杰

教 导 员 王建会

强制隔离戒毒所

所　　长 赵　健

教 导 员 张少琴(女)

白阳派出所

所　　长 曹登榜

教 导 员 陈　钊

副 所 长 薛建武
李维勇

古城派出所

所　　长 马贵仁(回)

教 导 员 张志尧

副 所 长 袁永军

王洼派出所

所　　长 马志龙(回)

教 导 员 王晓庶

副 所 长 姚爱东

红河派出所

所　　长 张志睿

教 导 员 罗毅军

副 所 长 闫忠祥

新集派出所

所　　长 王海东

教 导 员 黄　伟

副 所 长 苏　锋(回)

城阳派出所

所　　长 马应林

教 导 员 王维哲

副 所 长 朱帅民

草庙派出所

所　　长 刘志仁

教 导 员 杨治军
副 所 长 杨树诚
孟塬派出所
所　　长 张万政
教 导 员 金生有(回)
副 所 长 庞　明
冯庄派出所
所　　长 郭　明
教 导 员 薛　强
副 所 长 惠永明
小岔派出所
所　　长 任海军
教 导 员 刘　新
副 所 长 胡正升
罗洼派出所
所　　长 连　鹏
教 导 员 王　遥
副 所 长 苏清君(女)
交岔派出所
所　　长 杨培昌
教 导 员 王　勇
副 所 长 海立波

民政局

党组书记、局长
曹建刚
副 局 长 朱建鹏
杨志梅(女,回)
老龄工作委员会办公室
主　　任 海立峰(回)
社会组织工委
副 书 记 海凤林(回)

司法局

党组书记、局长
曹永昨
副 局 长 陈　宏
王天奇
白阳司法所
所　　长 李　福
古城司法所
所　　长 兰金昌(回)
王洼司法所
所　　长 陈广科
红河司法所
所　　长 韩　广
新集司法所
所　　长 马国兴(回)
城阳司法所
所　　长 李世安
草庙司法所
所　　长 刘克斌
孟塬司法所
所　　长 刘彩英(女)
冯庄司法所
所　　长 柴慧娟(女)
小岔司法所
所　　长 苟建红

罗洼司法所

所　　长　张克忠

交岔司法所

所　　长　高智宁

公证处

主　　任　赵占雄

财政局

党组书记、党总支书记、局长

王永贤

副 局 长　丁会林(回)

陈效义

韩有恒

罗会云(女)

金融工作局

局　　长　王永贤(9月任职)

陈效义(9月调离)

副 局 长　陈效义(9月任职)

会计核算中心

主　　任　蔺　杰

农业综合开发办公室

党支部书记、主任

王　利

副 主 任　袁　仁(3月调离)

梁生蕃

人力资源和社会保障局

党组书记、党总支书记、局长

王建军

副 局 长　杨晓勇

张金霞(女)

王　霦

就业创业和人才服务局

局　　长　杨改兰(女)

国土资源局

党组书记、党支部书记、局长

王志成

副 局 长　惠忠民

王继科

吴生勤

不动产登记事务中心

主　　任　王继科

城乡建设和环境保护局

党组书记　王继讲(2月任职)

党支部书记、局长

王继讲

副 局 长　景德镇

袁治栋

王应鹏(1月任职)

地 震 局

党支部书记

宋克武

局　　长　孙建文

交通运输局
（交通战备办公室）

党组书记、党总支书记、局长
杨昌基
副 局 长 童志祥（回）
高应广
祁士龙
公路管理段
党支部书记
高应文
段　　长 杨桂霞（女）
农村公路建设管理中心
主　　任 张旭清

水务局

党组书记 张小平（2月任职）
党委书记、局长
张小平
副 局 长 张志科
常富礼
孟成才（1月任职）
水土保持工作站
站　　长 张志政
水利服务中心
主　　任 孟成才（1月调离）
晁永福（1月任职）

农牧局

党组书记、局长
白云鹏
副 局 长 梁　林
黄金智
李　云
科技服务中心
主　　任 李万斌
农业机械化推广服务中心
主　　任 谈志斌
农村合作经济经营管理站
站　　长 胡长青
草原工作站
站　　长 杨彦军
蔬菜产业发展服务中心
主　　任 杨存祥

文化旅游广电局

党组书记、党总支书记、局长
袁继安
副 局 长 刘永明（2月调离）
赵志武
徐枫兰（女）
韩广新（3月任职）
工会主席 徐枫兰（女）
广播电视台
台　　长 韩广新（3月调离）
杨万库（3月任职）

卫生和计划生育局

党组书记、局长
韩治军
副 局 长 高应升
韩丽玲(女)
李 刚
疾病预防控制中心
主 任 文 荣
县医院
党支部书记
台银科
院 长 高 勇
妇幼保健计划生育服务中心
党支部书记
冯秀梅(女)
主 任 周 勇

审计局

党组书记、党支部书记、局长
孙智慧
副 局 长 张玉龙
惠彬琴(女)
张世杰(3 月任职)

林业和生态经济局

党组书记、局长
韩志琦
副 局 长 杨宁远(2 月调离)
高志涛
周 雄
袁 仁(3 月任职)
森林派出所
所 长 张承仁
教 导 员 吴克祥
副 所 长 姬秀林(回)

市场监督管理局

党组书记、党总支书记
王汉英
局 长 祁 旺
副 局 长 兰正禧(回)
虎志忠
马均奎(回)
时彩武(女)
纪检组长 褚映红(女)
市场稽查大队
大 队 长 王 斌
城区市场监督管理所
所 长 孙国财
古城市场监督管理所
所 长 汪秉军
王洼市场监督管理所
所 长 宗向阳
草庙市场监督管理所
所 长 海玉富(回)

城市管理综合执法局

党组书记、党总支书记、局长
吴　毅
副 局 长　姬文军(回)
海　鹏(回)

统计局

党支部书记
徐宏禧
局　　长　杨世福
副 局 长　赵佰明
任三敬

安全生产监督管理局

党组书记、局长
刘世锋
副 局 长　马秀梅(女,回)
吴秉锋

县政府直属事业单位

党史地方志编纂委员会办公室

主　　任　祁悦章
副 主 任　杨　新(1月调离)
杨平梅(1月任职)

经济技术合作局

党支部书记
王三军
局　　长　马文生
副 局 长　王三军
祁　玉(女)
景玉英(女)

政务服务中心

主　　任　米占国
副 主 任　虎秀乾
朱建军(3月调离)
马宏芳(3月任职)

社会保险事业管理局

局　　长　李鹏元
副 局 长　米克仕
周凤勤
徐　梅(女)

群团组织

总工会

党组书记　杨志杰(回,10月调离)
晁建勇(10月任职)
党组副书记
马文智(回)

主　　席　杨志杰(回,10月调离)

　　　　　晁建勇(12月任职)

副 主 席　马文智(回)

　　　　　王　玲(女)

经费审查委员会

主　　任　虎军勤

团县委

书　　记　陈雪霞(女)

副 书 记　刘慧成(2月调离)

　　　　　祁久文(2月任职)

妇女联合会

主　　席　罗金彩(女)

副 主 席　李　凡(女)

工商业联合会

党组书记、副主席

　　　　　祁登明

商会副会长

　　　　　蔺建勋

伊斯兰教协会

副 会 长　海向武(回)

　　　　　马国斌(回)

残疾人联合会

理 事 长　杨如芝

副理事长　李维春

科学技术协会

主　　席　文珍珠(女)

副 主 席　杨巨强

文学艺术家联合会

主　　席　林生库

副 主 席　文　元

区、市驻彭各单位

国家税务总局彭阳县税务局

党委书记、局长

　　　　　段永刚

副 局 长　高永志

　　　　　虎维耀

　　　　　张启程

　　　　　王廷武

纪检组长　高吉银

中国人民银行彭阳县支行

党组书记、行长

　　　　　杨志君

副行长、工会主席

　　　　　赵　博

副行长、纪检组长

　　　　　刘　燧

中国建设银行股份有限公司彭阳支行

行　　长　王维一

副 行 长　徐荣荣

　　　　　贾立庭

中国农业银行股份有限公司彭阳支行

行　　长　张怀昌

副 行 长　高玉波

　　　　　高　湧

　　　　　海建梅(女,回)

宁夏彭阳农村商业银行股份有限公司

党委书记、董事长

　　　　　王玉君

党委副书记、行长

　　　　　段业斌

监 事 长　王坤龙

副 行 长　王　赟

　　　　　徐万平

　　　　　薛　浩

纪委书记　侯慧东

国网彭阳县供电公司

党支部书记

　　　　　穆宏帅

经　　理　张会东

副 经 理　司小雄

　　　　　张鹏东

工会主席　张鹏东

中国电信股份有限公司彭阳分公司

总 经 理　宋掌玺

副总经理　郭大星

邮政局

经　　理　杨列君

烟草局

局长(经理)

　　　　　杨春燕(回)

副 局 长　李　勇

副 经 理　马晓勇(回)

彭阳县社会经济调查队

队　　长　杨汉邦

副 队 长　高文坛

中国人民财产保险股份有限公司彭阳支公司

经　　理　高文杰

经理助理　徐万顺

中国人寿保险股份有限公司彭阳支公司

经　　理　冯国军

中国移动通信集团宁夏有限公司彭阳县分公司

经　　理　贾学丰

中国联合网络通信有限公司彭阳县分公司

经　　理　郅　韬

新华书店

经　　理　王天科

中国邮政储蓄银行彭阳县支行

行　　长　毛国顺

固原市住房公积金管理中心彭阳管理部

主　　任　何　信

交通运输管理所

党支部书记

　　　　　刘具有

所　　长　刘　慧

副 所 长　曹耿乾

　　　　　王廷栋

宁夏广播电视网络有限公司彭阳分公司

经　　理　张建贵

企　　业

供销社

党总支书记

　　　　　张生忠

主　　任　黄彦忠

副 主 任　邓志儒

　　　　　韩世文

监事会主任

　　　　　张生忠

工会主席　火起红

烟叶公司

党支部书记

　　　　　吴富祥

总 经 理　张和先

副总经理 吴富祥
赵仲凯

乡 镇

白阳镇

党委书记 乔 升
党委副书记、镇长
陈伯洲
人大主席 张晓东
党委副书记
杨廷财
纪委书记 马文丽(女,回,2月调离)
郭 勇(2月任职)
副 镇 长 李 静
张万科(回)
马莹莹(女,回,2月调离)
虎晓芳(女,2月任职)
组织委员 马进龙(回)
武装部长 杨卫民

古城镇

党委书记 王克祥
党委副书记、镇长
姬志珍(回)
人大主席 李 剑
党委副书记
马世清(回)
纪委书记 温发祥
副 镇 长 姬秀金(回)
马 晶(女,回,2月调离)
郭 仁
梁福来(2月任职)
组织委员 马继梅(女,回)
武装部长 赵 锐

王洼镇

党委书记 赵 坤
党委副书记、镇长
祁 涛
人大主席 杨晓琴(女)
党委副书记
贺永乾
姚建军(挂职)
纪委书记 马爱琴(女,回)
副 镇 长 刘 库
海 笔(回)
周 平(回,7月调离)
姬元林(回,12月任职)
组织委员 赵志宏
武装部长 任正坤

红河镇

党委书记 郑小义
党委副书记、镇长
王生东
人大主席 马巧玲(女)

党委副书记

晁海军

纪委书记 沙彦秀(女,回)

副 镇 长 马玉星(回)

康登文

马宏芳(女,回,3 月调离)

杨正德(3 月任职)

组织委员 郭天利

武装部长 海耀贵(回)

新集乡

党委书记 马素贵(回)

党委副书记、乡长

高文学(7 月调离)

余长会(7 月任职)

人大主席 李维奎

党委副书记

文小荣

张金豹(挂职)

纪委书记 马旭东(回,2 月调离)

周 平(7 月任职)

副 乡 长 马学武(回)

海立力(回,2 月任职)

郭 勇(2 月调离)

妥 文(回,12 月调离)

马德仁(12 月任职)

组织委员 马 莉(女,回)

武装部长 马德仁(回,12 月调离)

杨海鹏(回,12 月任职)

城阳乡

党委书记 刘 旭

党委副书记、乡长

杨正虎

人大主席 张和凯

党委副书记

张 翔

纪委书记 薛 香(女)

副 乡 长 朱天龙(1 月任职)

常富礼(1 月调离)

张宁霞(女)

张社军

组织委员 王 茂

武装部长 张宝文

草庙乡

党委书记 胡晓香(女)

党委副书记、乡长

徐升光

人大主席 王建国

党委副书记

安海斌

王 瑞(挂职)

纪委书记 王晓成

副 乡 长 伏小明

王继东

张德胜

组织委员 冯 丹(女,2 月调离)

任万哲(2 月任职)

武装部长 杨延峰

孟塬乡

党委书记 郭耀武

党委副书记、乡长

高文学(7 月任职)

人大丰席 杨国儒

党委副书记

李青英

杨彦宾(挂职)

纪委书记 张向玲

副 乡 长 马 平

刘克效

王 莉(女)

组织委员 褚玫红(女)

武装部长 鲁 东

冯庄乡

党委书记 张生录

党委副书记、乡长

火占宝

人大主席 陈彩云(女)

党委副书记

杨 慧(女)

宗志远(挂职)

纪委书记 王 忠

副 乡 长 秦士乾

何绍龙

组织委员 沈亚男(女,蒙古族)

武装部长 杨剑锋

小岔乡

党委书记 虎俭斌

党委副书记、乡长

王克岳

人人主席 王生林

党委副书记

张 锐

纪委书记 王 霞(女)

副 乡 长 王志和

甄长青(2 月任职)

组织委员 姚运玲(女)

武装部长 甄长青(2 月调离)

李 渊(2 月任职)

罗洼乡

党委书记 刘 惠

党委副书记、乡长

张 勇(回)

人大主席 马继祥(回)

党委副书记

张耀辉(12 月调离)

马少科(回,12 月任职)

纪委书记 马科龙(回)

副 乡 长 伏亚妮(女)

马少科(回,12 调离)

陈宏璋(12月任职)

组织委员 海耀平(回)

武装部长 陈宏璋(12月调离)

欧阳奉祺(12月任职)

交岔乡

党委书记 安续堂

党委副书记、乡长

海立平(回)

人大主席 海文春(回)

党委副书记

韩福金

纪委书记 王晓明

副 乡 长 剡成龙(回)

海　岗(回)

组织委员 贾世莉(女)

武装部长 马鑫鋆(回)

年内任职副县级以上领导简历

赵晓东 男，汉族，1975年7月出生，甘肃临洮人。1997年6月参加工作，1996年11月加入中国共产党，宁夏大学信息工程系计算机及应用专业毕业，研究生学历。现任中共彭阳县委书记。1997年6月，宁夏人事劳动厅信息中心工作。2000年4月，任宁夏人事厅信息中心副主任科员。2002年11月，任宁夏人事厅办公室主任科员。2003年12月，任自治区政府办公厅副处级秘书。2006年6月，任自治区政府办公厅主席办公室副主任。2006年12月，任自治区政府办公厅正处级秘书。2008年4月，任中共青铜峡市委副书记（正处级）。2011年5月，任中共彭阳县委副书记，提名彭阳县政府县长候选人；是年6月，任中共彭阳县委副书记、政府代县长；是年12月，任中共彭阳县委副书记、政府县长。2013年12月，任中共彭阳县委书记。

刘启冬 男，汉族，1971年8月出生，江苏仪征人。1992年7月参加工作，1992年6月加入中国共产党，西北工业大学工商管理专业毕业，研究生学历。现任中共彭阳县委副书记、政府县长。1992年7月，宁夏工业干部学校工作。1996年6月，宁夏经贸委工作。1997年11月，任宁夏经贸委企业处副主任科员。2002年1月，任宁夏经贸委企业处主任科员。2003年7月，任宁夏经委办公室主任科员。2005年1月，任宁夏经委办公室副主任。2008年7月，任宁夏经委人力资源处处长。2009年6月，任宁夏经济和信息化委员会运行监测协调处处长（其间2009年7月—2010年12月挂职任中共平罗县委常委、政府副县长）。2013年1月，任宁夏经济和信息化委员会办公室主任；是年12月，任中共彭阳县委副书记、政府代县长。2014年1月，任中共彭阳县委副书记、政府县长。

张　佐 男，汉族，1968年5月出生，宁夏西吉人。1990年7月参加工作，1992年10月加入中国共产党，中央党校函授学院党政管理专业毕业，中央党校大学学历。现任彭阳县人大常委会党组书记、主任。1987年9月，宁夏农学院农学系农业教育专业学习。1990年7月，西吉县农业局干部。1998年9月，西吉县委组织部科员（其间1996年8

月—1998年12月在中央党校函授学院党政管理专业学习）。1999年5月，西吉县政府办公室副科级秘书。2003年6月，固原市政府办公室主任科员。2007年7月，任固原市政府办公室秘书一科科长。2009年5月，任固原市政府办公室副主任。2012年8月，任固原市政府副秘书长、办公室党组成员。2016年12月，任隆德县委副书记。2017年1月，任隆德县委副书记、政法委书记、党校校长。2018年10月，任彭阳县人大常委会党组书记。2019年1月，任彭阳县人大常委会党组书记、主任。

邓万儒　男，汉族，1963年1月出生，宁夏彭阳人。1979年9月参加工作，1985年6月加入中国共产党，中央党校行政管理专业毕业，大学学历。1979年9月，彭阳县城阳中学工作。1983年9月，固原教师进修学校上学。1985年7月，彭阳县城阳中学教书。1987年2月，彭阳县一中教书。1988年2月，彭阳县教育局工作。1996年4月，任彭阳县新集乡政法副书记。1998年4月，任彭阳县新集乡党委书记。2001年10月，任彭阳县政府副县长。2004年4月，任中共彭阳县委常委、政府副县长。2007年9月，任彭阳县政协党组副书记；是年11月，任彭阳县政协党组书记、主席。2012年9月，任彭阳县人大常委会主任；是年10月，任彭阳县人大常委会党组书记、主任。2018年10月，免去彭阳县人大常委会党组书记、主任。

杨志杰　男，回族，1963年11月出生，宁夏彭阳人。1985年2月参加工作，1986年10月加入中国共产党，宁夏党校经济管理专业毕业，大学学历。现任彭阳县政协党组书记、主席。1985年2月，彭阳县人事劳动局工作。1992年3月，任彭阳县民政局局长。1997年7月，任彭阳县文化局局长。2002年1月，任中共彭阳县纪委副书记；是年10月，任中共彭阳县纪委副书记、监察局局长。2007年2月，任彭阳县人大常委会副主任。2008年11月，任彭阳县人大常委会副主任、总工会主席。2017年11月，任彭阳县人大常委会副主任，总工会党组书记、主席。2018年10月，任彭阳县政协党组书记。2019年1月，任彭阳县政协党组书记、主席。

冶三奎　男，回族，1962年10月出生，宁夏泾源人。1982年7月参加工作，1990年9月加入中国共产党，中央党校行政管理专业毕业，大学学历。1982年7月，泾源县泾河源镇白面小学任教。1985年1月，中央民族

学院学习。1987年1月，泾源县教育体育局工作。1992年11月，任泾源县泾河源镇副镇长。1995年11月，任泾源县东峡乡乡长。1996年11月，任泾源县黄花乡党委书记。2002年7月，任泾源县水利局局长。2007年9月，任原州区副区长。2010年9月，任中共彭阳县委常委、统战部部长。2012年9月，任彭阳县政协党组书记、统战部部长；是年10月，任彭阳县政协党组书记、主席。2018年10月，免去彭阳县政协党组书记、主席。

靳华斌 男，汉族，1974年12月出生，宁夏中宁人。1996年7月参加工作，1998年11月加入中国共产党，宁夏大学经济专业毕业，大学学历。现任中共彭阳县委副书记、政法委书记、党校校长。1994年9月，宁夏银行学校计算机应用专业学习。1996年7月，彭阳县劳动就业局干部。1999年4月，彭阳县政府办公室干部。1999年8月，固原地委办公室办事员。2000年9月，固原地委办公室科员。2001年9月，固原地委办公室副科级秘书（其间2000年4月—2002年6月在宁夏大学会计专业学习）。2003年9月，固原市委办公室副科级秘书（其间2002年4月—2005年6月在宁夏大学经济专业学习）。2006年11月，固原市委办公室正科级秘书。2007年7月，任固原市委办公室秘书二科科长。2010年2月，任固原市委办公室副主任、秘书二科科长。是年12月，任固原市委办公室副主任。2012年8月，任固原市委副秘书长。是年12月，任隆德县委常委、组织部部长。2016年8月，任固原市委副秘书长。2017年4月，任固原市委副秘书长、督查室主任。2018年10月，任彭阳县委副书记。是年11月，任彭阳县委副书记、政法委书记、党校校长。

王少波 男，汉族，1976年8月出生，宁夏隆德人。2000年7月参加工作，2001年6月加入中国共产党，宁夏党校公共管理专业毕业，研究生学历。1996年9月，就读于宁夏大学历史系。2000年7月，隆德县大庄中学任教。2003年6月，任隆德县奠安乡人民武装部部长。2006年7月，任共青团固原市委副书记。2012年8月，任共青团固原市委书记。2015年3月，任中共彭阳县委副书记、政法委书记。2016年9月，任中共彭阳县委副书记、政法委书记、党校校长。2018年10月调离。

杨海林 男，汉族，1975年5月出生，宁

夏海原人。2001年7月参加工作,2006年5月加入中国共产党,宁夏大学数学系应用数学专业毕业,研究生学历,硕士学位。现任中共彭阳县委副书记(挂职)。1994年9月,宁夏大学数学与电算工程系数学专业学习(本科)。1998年7月,宁夏大学数学系应用数学专业学习(研究生)。2001年7月,宁夏财政投资评审中心干部(其间2008年7月—2009年7月在英国威尔士大学卡迪夫管理学院做访问学者)。2015年6月,任宁夏财会函授学校校长(2014年9月—2015年9月,被选派为原州区大店村扶贫开发驻村工作队员)。2016年12月,挂职任中共彭阳县委副书记。

马文山 男,回族,1968年6月出生,宁夏彭阳人。1988年3月参加工作,1990年6月加入中国共产党,宁夏党校党政管理专业毕业,大学学历。现任中共彭阳县委常委、统战部部长。1988年3月,彭阳县古城乡工作。1992年11月,任彭阳县沟口乡党委副书记。1995年10月,任彭阳县红河乡党委委员、副乡长。1996年5月,任彭阳县红河乡党委副书记。1997年2月,任彭阳县交岔乡党委副书记、乡长。2001年9月,任彭阳县交岔乡党委书记。2003年12月,任彭阳县委组织部副部长。2006年1月,任彭阳县委组织部副部长,县直机关工委委员、书记。2007年1月,任彭阳县纪委常委、纪委副书记、监察局局长。2012年12月,任中共彭阳县委常委、纪委常委、纪委副书记、监察局局长。2013年1月,任中共彭阳县委常委、宣传部部长、统战部部长。2016年9月,任中共彭阳县委常委、统战部部长。

李国帅 男,汉族,1975年8月出生,宁夏泾源人。1997年7月参加工作,2004年10月加入中国共产党,宁夏农学院牧医系动物营养与饲料加工专业毕业,大学学历。现任中共彭阳县委常委、政府副县长。1997年7月,固原市畜牧兽医站工作。1999年8月,固原市农牧局工作。2003年5月,任固原市农牧局畜牧兽医管理科副科长。2005年7月,任固原市农牧局畜牧兽医管理科科长。2010年2月,任固原市农牧局副局长、党委委员。2013年1月,任彭阳县副县长。2016年2月,任中共彭阳县委常委、副县长。

杨　军 男,汉族,1976年6月出生,宁夏隆德人。2000年7月参加工作,2003年12月加入中国共产党,中央党校经济管理专业毕业,大学学历。1998年9月,宁夏人民警察学校学习。2000年7月,隆德县公安局工作。

2001年6月，隆德县政府办公室工作（其间2002年4月—2004年12月在中国人民公安大学公安管理专业学习；2004年8月—2006年12月，在中央党校函授学院经济管理专业学习）。2006年6月，任隆德县政府办公室秘书（副科级）。2007年7月，固原市委组织部副科级干部。2007年11月，任固原市委组织部副科级组织员。2010年1月，任固原市委组织部干部二科科长。2013年7月，任固原市纪委执法监察室主任。2014年8月，任固原市纪委党风政风监督室主任。2016年2月，任中共彭阳县委常委、组织部部长。2018年10月调离。

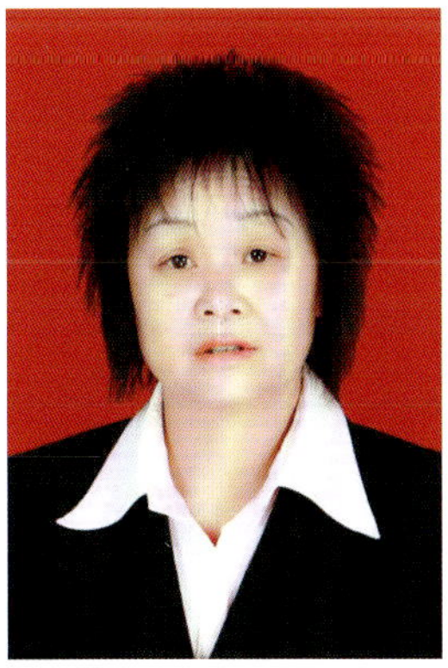

张彩虹 女，汉族，1968年10月出生，宁夏隆德人。1990年7月参加工作，1995年6月加入中国共产党，中央党校经济管理专业毕业，大学学历。现任中共彭阳县委常委、纪委书记、监委主任。1990年7月，任隆德县神林乡司法助理员。1996年7月，隆德县神林乡人民政府工作。1998年8月，任隆德县神林乡副乡长。2001年8月，任隆德县神林乡党委副书记、纪检委员。2004年12月，任隆德县神林乡乡长。2006年8月，任隆德县神林乡党委书记、乡长。2008年6月，任固原市城市管理局副局长、党组成员。2016年9月，任中共彭阳县委常委、纪委书记。2017年12月，任中共彭阳县委常委、纪委书记、监委主任。

杨天峰 男，汉族，1967年5月出生，宁夏彭阳人。1988年1月参加工作，2000年5月加入中国共产党，宁夏党校党政管理专业毕业，大学学历。现任中共彭阳县委常委、宣传部部长。1988年1月，彭阳县农建办工作。1989年1月，彭阳县财政局工作。2003年3月，任彭阳县财政局副局长。2005年7月，任彭阳县财政局局长。2011年11月，任彭阳县副县长、财政局局长。2012年1月，任彭阳县副县长。2016年9月，任彭阳县副县长、宣传部部长；是年10月，任中共彭阳县委常委、宣传部部长。

李全德 男，回族，1970年11月出生，宁夏泾源人。1993年7月参加工作，1992年5月加入中国共产党，西北政法大学劳动改造法专业毕业，大学学历。现任中共彭阳县委常委、公安局党委书记、局长、督察长。2002 年 3 月，任固原市中级人民法院民事审判第一庭副庭长。2006 年 3 月，任固原市中级人民法院正科级审判员。2011 年 6 月，任固原市中级人民法院研究室主任。2013 年 6 月，固原市中级人民法院审判委员会专职委员。2013 年 12 月，任西吉县人民法院院长。2016 年 9 月，任中共彭阳县委常委、公安局党委书记、局长、督察长。

刘　旭　男，汉族，1975 年 6 月出生，宁夏彭阳人。1994 年 7 月参加工作，1994 年 12 月加入中国共产党，宁夏大学行政管理学专业毕业，大学学历。现任中共彭阳县委常委、城阳乡党委书记。1997 年 7 月，彭阳县王洼镇农机站工作。1999 年 7 月，彭阳县农机局工作。2003 年 4 月，彭阳县委办公室工作。2008 年 8 月，任彭阳县委办公室副主任。2011 年 8 月，任彭阳县委办公室副主任、主任科员。2012 年 1 月，任彭阳县王洼镇党委委员、副书记、镇长；是年 8 月，任彭阳县委办公室主任、保密委员会办公室主任，县国家保密局局长。2016 年 6 月，任彭阳县城阳乡党委书记；是年 10 月，任中共彭阳县委常委、城阳乡党委书记。

史金龙　男，汉族，1978 年 1 月出生，河北清河人。2000 年 8 月参加工作，1999 年 1 月加入中国共产党，北京大学行政管理专业

毕业，研究生学历。现任中共彭阳县委常委、政府副县长（挂职）。1996 年 9 月，河北科技大学信息科学与工程学院计算机科学与技术专业学习。2000 年 8 月，北京大学人民医院信息中心助理工程师（其间，2002 年 7 月—2004 年 11 月，兼任北京大学人民医院团委书记）。2004 年 11 月，任北京大学医学部团委副书记（其间，2005 年 9 月—2008 年 7 月，北京大学政府管理学院行政管理专业学习；2007 年 3—6 月，借调北京奥组委志愿者服务部工作）。2008 年 1 月，北京大学医学部团委副书记、北京大学团委副书记。2008 年 7 月，北京大学医学部武装部副部长、学工部副部长，北京大学团委副书记。2008 年 9 月，北京大学医学部武装部副部长、学工部副部长。2010 年 10 月，任中国宋庆龄基金会基金部项目处副处长。2012 年 1 月，任中国宋庆龄基金会基金部项目处处长。2012 年 5 月，任中国宋庆龄基金会基金部公益项目处处长。2015 年 4 月，任中国宋庆龄基金会事业发展部资产管理合作处调研员。2016 年 12 月，挂职任中共彭阳县委常委、政府副县长。

吴志怀　男，汉族，1970 年 10 月出生，福建厦门人。1991 年 7 月参加工作，1995 年 12 月加入中国共产党，中央党校函授学院涉外经济管理专业毕业，大学学历。1987 年 9

月,福建省漳州农业机械化学校农机化专业学习。1991 年 7 月,福建省厦门市思明区滨海街道办事处干部、科员（其间,1993 年 8 月—1996 年 6 月，中央党校函授学院经济管理专业大专学习;1996 年 8 月—1998 年 12 月,中央党校函授学院涉外经济管理专业本科学习)。1999 年 7 月,任福建省厦门市思明区滨海街道办事处城管办副主任。2003 年 1 月，任福建省厦门市思明区滨海街道办事处综治与城管办公室主任。2011 年 11 月,任福建省厦门市思明区滨海街道办事处计划生育管理办公室主任。2012 年 5 月,任福建省厦门市思明区滨海街道党工委委员(副处级)、计生办主任。2015 年 6 月,任福建省厦门市思明区厦港街道办事处副主任、党工委委员。2016 年 12 月,挂职任中共彭阳县委常委、政府副县长。

蒋筱宁 男,汉族,1978 年 8 月出生,陕西西安人。2001 年 7 月参加工作,2010 年 6 月加入中国共产党,重庆交通大学道路工程系公路与城市道路工程专业毕业,大学工学学士学位。2001 年 7 月,宁夏公路勘测设计院干部。2004 年 4 月,宁夏交通厅公路处干部。2005 年 10 月,宁夏盐中高速公路工程建设指挥部干部。2006 年 6 月,宁夏公路建设管理局干部。2008 年 6 月,自治区发改委工作。2010 年 6 月,宁夏公路建设管理局副科长。2011 年 8 月,自治区宁东管委会规划建设土地局副主任科员。2012 年 8 月,自治区宁东管委会规划建设土地局主任科员。2013 年 11 月，任自治区宁东管委会规划建设土地局主任科员,宁东镇党委委员、副书记、镇长。2014 年 9 月,任自治区宁东管委会规划建设土地局主任科员，宁东镇党委委员、书记、镇长。2015 年 4 月,任自治区宁东管委会规划建设土地局主任科员，宁东镇党委委员、书记;是年 5 月,任自治区宁东管委会规划建设土地局主任科员,宁东镇党委委员、书记、人大主席团主席;是年 10 月,任宁东能源化工基地管理委员会社会事务局（综合执法局)副局长,宁东镇党委委员、书记、人大主席团主席。2016 年 10 月,任宁东能源化工基地管理委员会社会事务局（综合执法局）副局长,宁东镇党委委员、书记。2017 年 2 月,挂职任中共彭阳县委常委、政府副县长。

李世金 男,汉族,1974 年 1 月出生,陕西定边人。1993 年 12 月入伍,1995 年 3 月加入中国共产党,信息工程大学财务专业毕业,大学学历,现任中共彭阳县委常委、人民武装部政委。2009 年 3 月,任宁夏军区独立步兵团政治处副主任。2011 年 4 月，任宁夏军区司令部直属工作处政治协理员。2016 年 5 月，任彭阳县人民武装部代理部长。2017 年 7 月，任彭阳县人民武装部政委。2018 年 1 月，任中共彭阳县委常委、人民武装部政委。

荆瑞芳 男，汉族，1969 年 11 月出生，山东枣庄人。1985 年 10 月参加工作，1989 年 4 月加入中国共产党，中央党校函授学院法律专业毕业，大学学历。现任中共彭阳县委常委、政府副县长(挂职)。1985 年 10 月，济南军区舟桥第九十一团服役班长。1990 年 10 月，总参谋部作战部服役士官。1993 年 5 月，解放军工程防化指挥学院学员。1996 年 9 月，总参工程维护总队一大队汽车连副连长、指导员、连长、副营职助理员、代装备股股长。2002 年 10 月，总参工程维护总队装备部正营职助理员。2007 年 10 月，中国宋庆龄基金会事业发展中心项目一部负责人。2011 年 4 月，中国宋庆龄基金会事业发展中心项目管理部副主任(管理岗七级)。2012 年 9 月，中国宋庆龄基金会事业发展中心项目管理部副主任（管理岗六级)。2014 年 7 月，中国宋庆龄基金会事业发展中心办公室副主任（管理岗六级)。2015 年 4 月，中国宋庆龄基金会事业发展中心办公室主任(管理岗六级)。2017 年 7 月，中国宋庆龄青少年科技文化交流中心办公室副主任(管理岗六级)。2018 年 12 月，挂职任中共彭阳县委常委、政府副县长。

张利军 男，汉族，1975 年 8 月出生，宁夏固原人。2002 年 3 月参加工作，2000 年 12 月加入中国共产党，宁夏农学院动物科学系动物科学专业毕业，大学学历。现任中共彭阳县委常委、组织部部长。1997 年 9 月，宁夏农学院动物科学系动物科学专业学习。2001 年 7 月，宁夏教育厅实习。2002 年 3 月，原州区张易镇政府工作。2005 年 8 月，原州区委办公室工作（其间，2007 年 3—5 月，在自治区党委办公厅跟班学习)。2007 年 5 月，固原市委组织部工作。2007 年 11 月，固原市委组织部副科级组织员。2010 年 2 月，任固原市委组织部人才工作科科长。2012 年 7 月，任固原市委组织部干部教育科科长（其间，2013 年 7—11 月，在中央组织部、中央党校跟班学习)。2014 年 7 月，任固原市委组织部干部一科科长。2015 年 3 月，任固原市委组织部部务委员、干部一科科长。2017 年 6 月，任固原市委组织部部务委员、办公室主任。2018 年 10 月，任中共彭阳县委常委、组织部部长。

晁建勇 男，汉族，1965 年 8 月出生，宁夏彭阳人。1988 年 7 月参加工作，1993 年 6

月加入中国共产党，宁夏农学院园林系林学专业毕业，大学学历。现任彭阳县人大常委会副主任。1988年7月，彭阳县林业局工作。1994年6月，任彭阳县林业局副局长。2002年8月，任彭阳县林业局党总支副书记、局长。2006年8月，任彭阳县发展和改革局党委副书记、局长。2012年8月，任彭阳县产业园区筹建处副主任；是年10月，任彭阳县人大常委会副主任。

林其煌　男，汉族，1971年7月出生，福建德化人。1991年7月参加工作，1999年4月加入中国共产党，中央党校函授学院经济管理专业毕业，大学学历。现任中共彭阳县委常委、政府副县长（挂职）。1987年9月，福建电子工业学校无线电专业学习。1991年7月，福建省厦门市开元区政府办试用期干部。1992年12月，福建省厦门市开元区政府办办事员。1994年11月，福建省厦门市开元区委宣传部科员（其间，1995年8月—1998年6月，参加中央党校函授学院经济管理专业大专学习；2000年8月—2002年12月，参加中央党校函授学院经济管理专业本科学习）。2003年3月，福建省厦门市开元区委宣传部副主任科员；是年12月，任福建省厦门市思明区委宣传部宣传科副科长。2005年11月，任福建省厦门市思明区委宣传部宣传科科长。2011年6月，任福建省厦门市思明区委宣传部综合科科长。2012年5月，任福建省厦门市思明区梧村街道办事处副主任。2017年7月，任福建省厦门市思明区中华街道党工委副书记。2018年12月，挂职任中共彭阳县委常委、政府副县长。

陈玉玲　女，回族，1964年1月出生，甘肃平凉人。1988年9月参加工作，1996年8月加入中国共产党，宁夏党校经济管理专业毕业，大学学历。现任彭阳县人大常委会副主任。1988年9月，甘肃省平凉市寨合中学任教。1990年3月，甘肃省平凉市大寨乡工作。1992年5月，彭阳县宗教局工作。2003年12月，任彭阳县伊协副会长。2006年7月，任彭阳县民政局副局长。2007年5月，任中共彭阳县委组织部副部长。2007年12月，任中共彭阳县委组织部副部长、县直机关工委书记。2013年12月，任彭阳县人大党组成员、县委组织部副部长、县直机关工委书记。2014年1月，任彭阳县人大常委会副主任、县委组织部副部长、县直机关工委书记；是年5月，任彭阳县人大常委会副主任。

王　儒　男，汉族，1967年9月出生，宁

夏彭阳人。1988 年 7 月参加工作，2013 年 11 月加入民进党，宁夏大学教育管理专业毕业，大学学历。现任彭阳县人大常委会副主任。1988 年 6 月，彭阳县彭阳乡周沟中学任教（其间，1988 年 7 月—1992 年 6 月，宁夏教育学院汉语语言文学专业专科学习）。1991 年 4 月，彭阳县刘塬乡政府工作。1992 年 4 月，彭阳县广播电视局工作（其间，2001 年 9 月—2004 年 6 月，宁夏大学教育管理专业本科学习）。2002 年 5 月，任彭阳县广电局副局长、广播电视台副台长。2006 年 7 月，任彭阳县广电局副局长（正科级）、广播电视台副台长。2008 年 6 月，任彭阳县文化广播电视旅游局副局长（正科级）、广播电视台副台长。2009 年 8 月，任彭阳县文化旅游广播电视局副局长（正科级）、广播电视台副台长。2010 年 3 月，任彭阳县监察局副局长。2012 年 9 月，任彭阳县招商局局长。2013 年 9 月，任彭阳县王洼产业园区管理委员会副主任。2016 年 12 月，任彭阳县人大常委会副主任。

朱红社 男，汉族，1973 年 8 月出生，河北保定人。1991 年 12 月参加工作，1994 年 4 月加入中国共产党，武警工程学院法律专业毕业，大学学历。现任彭阳县副县长。1991 年 12 月，武警宁夏总队吴忠支队服役。1996 年 7 月，武警宁夏总队吴忠支队直属二中队正

排职干事。1997 年 2 月，任武警宁夏总队吴忠支队直属二中队排长。1998 年 7 月，任武警宁夏总队吴忠支队中宁县中队副中队长。1999 年 12 月，任武警宁夏总队吴忠支队中宁县中队代中队长、中队长。2002 年 12 月，任武警宁夏总队吴忠支队直属大队四中队中队长。2003 年 12 月，任武警宁夏总队吴忠支队直属大队副大队长。2004 年 12 月，任武警宁夏总队教导大队二队副队长。2006 年 6 月，任武警宁夏总队训练基地学员一队队长。2009 年 1 月，任武警宁夏总队训练基地副主任（副团级）。2010 年 10 月，自治区住房与城乡建设厅政策法规处副处级干部。2012 年 3 月，任自治区住房与城乡建设厅法规处副调研员。2015 年 10 月，任自治区住房与城乡建设厅法规处副处长。2016 年 2 月，挂职任中共彭阳县委常委、政府副县长；是年 8 月，任彭阳县副县长。

马　英 女，回族，1971 年 9 月出生，宁夏彭阳人。1991 年 7 月参加工作，1992 年 7 月加入中国共产党，宁夏大学教育管理专业毕业，大学学历。现任彭阳县副县长。1991 年 7 月，固原县中河小学任教。1993 年

2月，固原县同仁回小任教。1999年12月，任固原城关八小副校长、特殊教育中心副主任。2003年4月，原州区委组织部工作。2005年3月，任原州区开城镇党委委员、副镇长。2006年8月，任原州区开城镇党委副书记。2007年10月，任原州区三营镇党委副书记、镇长。2008年10月，任原州区三营镇党委书记、人大主席。2010年1月，任固原市妇联党组成员、副主席。2014年12月，任固原市扶贫开发和移民办公室党组成员、副主任。2016年8月，任彭阳县副县长。

沙广学 男，回族，1969年7月出生，宁夏泾源人。1991年7月参加工作，1994年10月加入中国共产党，宁夏大学历史专业毕业，大学学历。1991年7月，泾源二中任教。1995年8月，泾源一中任教。1997年7月，泾源县计划经济统计局工作。2001年10月，任泾源县计划经济统计局副局长。2007年12月，任泾源县发展和改革局副局长、主任科员。2009年1月，任泾源县招商局局长。2013年1月，任泾源县香水镇党委书记、人大主席。2016年2月，任彭阳县副县长。2018年4月，任福建省厦门市思明区区长助理、政府办公室副主任(挂职)。

何少庸 男，汉族，1968年12月出生，宁夏彭阳人。1991年7月参加工作，1991年

5月加入中国共产党，宁夏农学院农学专业毕业，大学学历。现任彭阳县副县长。1991年7月，彭阳县多种经管站工作。1992年3月，彭阳县粮援办工作。1997年7月，彭阳县委办工作。1999年4月，彭阳县委办副科级秘书。1999年12月，任彭阳县政协办副主任。2002年1月，任彭阳县新集乡党委副书记、乡长。2004年12月，任彭阳县城阳乡党委副书记、乡长。2006年1月，任彭阳县城阳乡党委书记。2006年8月，任彭阳县城阳乡党委书记、乡长。2007年12月，任彭阳县人事劳动保障局副局长、就业局局长。2012年8月，任彭阳县交通运输局党委书记、局长。2015年5月，任彭阳县发展和改革局党委书记、局长。2016年10月，任彭阳县副县长。

马建华 男，汉族，1975年2月出生，宁夏中宁人。2000年7月参加工作，2004年1月加入中国共产党，西北农林科技大学植保学院农业推广硕士专业毕业，硕士学历。1996年9月，宁夏农学院农学系植物保护专业学习。2000年7月，宁夏农林科学院植物保护研究所干部。2004年9月，任宁夏农林科学院植物保护研究所综合办公室

副主任（其间，2002 年 4 月—2005 年 1 月，在西北农林科技大学植保学院农业推广硕士专业学习）。2012 年 8 月，任宁夏农林科学院植物保护研究所农药与杂草研究室副主任。2015 年 12 月，任宁夏农林科学院植物保护研究所副所长。2018 年 4 月，挂职任彭阳县副县长。

张新全 男，汉族，1965 年 2 月出生，河北保定人。1983 年 2 月参加工作，1986 年 11 月加入中国共产党，中央党校经济管理专业毕业，大学学历。1983 年 2 月，兰州铁路局银川分局中卫工务段学习养路工。1984 年 7 月，兰州铁路局银川分局中卫工务段养路工；是年 9 月，兰州铁路局银川分局中卫工务段劳资员。1987 年 9 月，兰州铁路局银川分局中卫工务段行政办公室干事。1988 年 5 月，兰州铁路局银川分局中卫工务段企管办干事。1991 年 10 月，兰州铁路局银川分局行政办公室秘书（其间，1989 年 8 月—1992 年 6 月，在中央党校函授学院经济管理专业学习，取得中央党校大专学历）。1994 年 4 月，任兰州铁路局银川分局办公室助理（副科级）。1995 年 1 月，任兰州铁路局银川分局办公室副主任（其间，1993 年 8 月—1995 年 12 月，在中央党校函授学院经济管理专业学习，取得中央党校大学学历）（正科级）。1998 年 5 月，任兰州铁路局银川分局政法（综治、路风）办主任（副处级）。2001 年 9 月，任兰州铁路局银川分局政法（路风）办公室主任。2003 年 2 月，任兰州铁路局银川分局政法办公室主任。2004 年 11 月，任兰州铁路局银川分局政法（综治）办公室主任。2005 年 4 月，任兰州铁路局银川办事处安全监察室监察。2006 年 9 月，任兰州铁路局辅业资产管理中心宁夏铁发集团公司调研员。2007 年 10 月，任兰州铁路局政法办公室调研员。是年 12 月，任宁夏铁路多元发展集团有限责任公司调研员。2011 年 7 月，任兰州铁路局银川房建段副段长。2013 年 8 月，任兰州铁路局银川房建段调研员（副处级）。2018 年 5 月，挂职任彭阳县副县长。

李廷枢 男，汉族，1964 年 3 月出生，宁夏彭阳人。1985 年 7 月参加工作，1993 年 12 月加入中国共产党，宁夏大学行政管理专业毕业，大学学历。现任彭阳县政协副主席。1985 年 7 月，彭阳县检察院工作。1988 年 9 月，中央政法管理干部学院学习。1990 年 7 月，彭阳县检察院工作。1991 年 8 月，彭阳县法制局工作。1996 年 5 月，任罗洼乡党委副书记。1999 年 4 月，任川口乡党委副书记、乡长。2001 年 9 月，任川口乡党委书记。2003 年 12 月，任古城镇党委书记。2006 年 1 月，任彭阳县扶贫开发办公室主任。

2007年11月,任彭阳县人大常委会副主任。2012年10月,任彭阳县政协副主席。

杨志让 男,汉族,1965年6月出生,宁夏彭阳人。1987年7月参加工作,无党派人士,宁夏大学水利水电工程专业毕业,大学学历。现任彭阳县政协副主席。1987年7月,彭阳县水电局工作。1996年4月,任彭阳县水保站站长。2007年3月,任彭阳县水利局副局长。2009年8月,任彭阳县水务局副局长。2012年10月,任彭阳县政协副主席。

韩淑兰 女,汉族,1965年7月出生,宁夏彭阳人。1984年6月参加工作,1989年3月加入中国共产党,宁夏大学行政管理学专业毕业,大学学历。现任彭阳县政协副主席。1984年6月,彭阳县孟塬乡政府工作。1992年4月,任彭阳县孟塬乡党委委员。1993年4月,任彭阳县孟塬乡党委副书记。1997年2月,任彭阳县委、政府信访办公室副主任(其间,1997年10月—2000年12月,在西北政法学院法律专业学习)。2002年8月,任彭阳县信访局副局长。2003年6月,任彭阳县民政局副局长(其间,2001年3月—2003年12月,在宁夏大学行政管理学专业学习)。2005年1月,任彭阳县残疾人联合会理事长。2009年3月,任彭阳县妇女联合会主席。2012年9月,任彭阳县妇女联合会主席、县非公经济组织工委委员。2017年5月,任彭阳县政协党组成员;是年12月,任彭阳县政协党组成员、副主席。

魏　凯 男,汉族,1963年12月出生,宁夏原州区人。1983年7月参加工作,1992年6月加入中国共产党,宁夏大学政治系思想政治教育专业毕业,大学学历。现任彭阳县人民法院党组书记、院长。1983年7月,固原第一中学任教。1986年7月,任固原县人民检察院检察员。2000年9月,任固原县司法局党组副书记、副局长。2001年9月,任固原市原州区张易镇党委书记。2003年1月,任固原市原州区黑城镇党委书记。2003年8月,任固原市原州区政法委副书记。2004年8月,任固原市原州区人民检察院副检察长。2006年1月—2007年12月,挂职任福建省龙海市检察院党组成员、副检察长。2008年1月,任固原市人民检察院检察员。2009年1月,任固原市人民检察院反贪局局长。2012年3月,任固原市人民检察院检察委员会专职委员、反贪局局长;是年9月,任西吉县人民检察院党组书记、检察长。2016年9月,任彭阳县人民法院党组书记、代院长；是年 10 月，任彭阳县人民法院党组书记、院长。

石永忠 男，汉族，1964 年 3 月出生，甘肃庄浪人。1987 年 7 月参加工作，1987 年 6 月加入中国共产党，中央党校法律专业毕业，大学学历。现任彭阳县人民检察院党组书记、检察长。1987 年 7 月，固原地区公安局办事员（其间，1988 年 9 月—1991 年 6 月，中国刑警学院大专学习）。1992 年 6 月，固原地区公安局技侦支队科员。1996 年 4 月，泾源县惠台乡挂职(副科级)。1997 年 4 月，固原地区公安局技侦支队侦查员(副科级)。1999 年 4 月，任固原地区公安局技侦支队副支队长。2003 年 10 月，固原市公安局技侦支队支队长(正科级)(其间，2002 年 9 月—2005 年 12 月，中央党校函授学院法律本科班学习)。2009 年 5 月，任固原市公安局国保支队支队长(副处级)。2010 年 12 月，任固原市公安局原州区分局政委(副处级)。2016 年 9 月，任彭阳县人民检察院党组书记、副检察长、代检察长；是年 10 月，任彭阳县人民检察院党组书记、检察长。

彭　波 男，汉族，1976 年 9 月出生，河南浚县人。1992 年 9 月参加工作，1996 年 7 月加入中国共产党，原兰州军区后勤工程学院油料管理专业毕业，大学学历。现任彭阳县人民武装部部长。1992 年 9 月，中国人民解放军信息工程学院学员。1995 年 7 月，原兰州军区第四十七集团军技术侦察队见习学员。1996 年 7 月，原兰州军区第四十七集团军技术侦察队技术员（技术 14 级）。1998 年 12 月，兰州军区司令部第一技术侦察局技术侦察大队侦测中队技术员(技术 13 级)。2001 年 6 月，任兰州军区司令部第一技术侦察局技术侦察大队侦测中队正连职副中队长。2001 年 12 月，任兰州军区司令部第一技术侦察局后勤部运输科正连职助理员。2003 年 3 月，任兰州军区司令部第一技术侦察局后勤部运输科副营职助理员。2003 年 12 月，任联勤二十七分部物资油料处副营职助理员。2005 年 3 月，任联勤二十七分部军交运输油料处副营职助理员。2006 年 6 月，任联勤二十七分部军交运输油料处正营职助理员。2008 年 8 月，任兰州军区联勤部军需物资油料部油料供应处正营职助理员。2009 年 6 月，任兰州军区联勤部军需物资油料部油料供应处副团职助理员。2016 年 3 月，任西部战区陆军后勤部物资供应处副团职助理员。2017 年 12 月，任彭阳县人民武装部部长。

张文军 男，汉族，1966 年 11 月出生，宁夏彭阳人。1986 年 7 月参加工作，1991 年 10 月加入中国共产党，宁夏党校经济管理专

业毕业，大学学历。现任彭阳县王洼产业园区管理委员会工委书记、主任。1986年7月，彭阳县畜牧站工作。1987年4月，彭阳县农牧局工作。1990年1月，彭阳县畜牧局工作。1992年2月，彭阳县粮援办工作。1994年5月，任彭阳县畜牧局副局长。1996年5月，任彭阳县崾岘乡党委副书记、乡长。2000年7月，任彭阳县孟塬乡党委书记。2003年6月，任彭阳县畜牧局局长。2008年3月，任彭阳县农牧与科学技术局局长。2010年9月，任彭阳县委办公室主任、县委保密委员会办公室主任、县国家保密局局长。2012年7月，任彭阳县产业园区筹建处主任；是年12月，任彭阳县王洼产业园区管理委员会主任。2016年10月，任彭阳县王洼产业园区管理委员会工委书记、主任。

王继祖　男，汉族，1965年2月出生，宁夏固原人。1987年7月参加工作，1998年3月加入中国共产党，中国人民公安大学公安管理专业毕业，大学学历。现任彭阳县公安局党委副书记、纪委书记、副处级侦查员、政委。1987年7月，固原地区公安处工作。1999年5月，任固原地区公安处治安科副科长。2003年10月，任固原市公安局治安管理支队支队长。2010年4月，任固原市公安局经济犯罪侦查支队支队长；是年9月，任固原市公安局副调研员、经济犯罪侦查支队支队长。2013年2月，任彭阳县公安局副处级侦查员；是年4月，任彭阳县公安局副处级侦查员、党委副书记、纪委书记；是年5月，任彭阳县公安局党委副书记、纪委书记、副处级侦查员、政委。

连一洲　男，汉族，1980年5月出生，福建惠安人。2000年12月参加工作，2002年6月加入中国共产党，中央党校函授学院公共管理专业毕业，大学学历。1998年9月，武汉体育学院运动系运动训练专业学习。2000年12月，部队服役。2003年9月，福建省厦门市城市建设管理监察支队思明大队工作。2004年7月，福建省厦门市思明区城市管理行政执法局工作（其间，2005年8月—2007年12月，中央党校函授学院本科班公共管理专业学习）。2007年7月，任福建省厦门市思明区城市管理行政执法局滨海行政执法中队副中队长。2011年2月，任福建省厦门市思明区城市管理行政执法局筼筜行政执法中队副中队长。2012年9月，任福建省厦门市思明区城市管理行政执法局筼筜行政执法中队中队长。2016年12月，挂职任彭阳县政府县长助理。

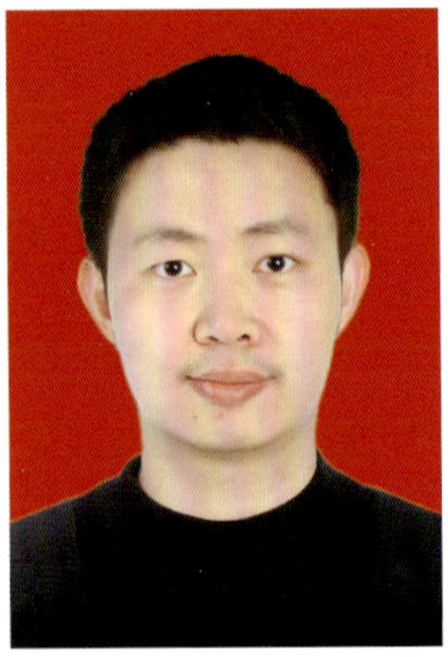

张晓晨 男,汉族,1984年11月出生,山东泰安人。2008年9月参加工作,农工民主党党员,中国刑事警察学院刑侦三系禁毒学专业毕业,大学学历。2004年9月,中国刑事警察学院刑侦三系禁毒学专业学习。2008年9月,福建省厦门市公安局巡逻特警支队试用期干部。2009年9月,福建省厦门市公安局巡逻特警支队特警一大队二中队科员。2011年11月,福建省厦门市公安局思明分局治安大队三中队科员。2012年3月,福建省厦门市公安局思明分局莲前派出所科员。2014年7月,福建省厦门市公安局思明分局莲前派出所副主任科员;是年11月,福建省厦门市思明区财政局副主任科员。2015年5月,任福建省厦门市思明区财政局综合科副科长。2017年9月,任福建省厦门市思明区财政局综合科科长。2018年12月,挂职任彭阳县政府县长助理。

大 事 记

1月

2日　彭阳县红河镇什字村农家书屋被国家新闻出版广电总局授予“2017年全国示范农家书屋”。红河镇什字村农家书屋管理员秦秉儒被国家新闻出版广电总局授予全国优秀农家书屋管理员。

3日　彭阳县2017年度退役士兵网络培训班在县红阳宾馆多功能厅正式开班。

11日　国家省际交叉脱贫攻坚成效考核组对彭阳县脱贫攻坚任务完成情况进行考核。县委常委、副县长李国帅，副县长吴志怀、朱红社、马英、沙广学等陪同。

同日　国务院安全生产第五考核组组长、交通运输部安全总监成平带领考核组，到彭阳县延伸考核2017年度宁夏安全生产工作。自治区安委办主任、安监局局长张吉胜，固原市委常委、副市长金敬东，固原市副市长、安委会副主任刘文戈，县长刘启冬等陪同。考核组在查阅彭阳县安全生产各种资料后，深入县客运公司、王洼煤业公司实地检查安全生产工作。

13日　黄河水利委员会建管局巡视员李梅带领水利部评估核查专家组，对彭阳县河长制工作进行中期评估核查。自治区河长办、固原市河长办、彭阳县河长办负责人陪同。

15日　彭阳县供销合作社联社在北京人民大会堂召开的全国供销合作社系统先进集体、劳动模范和先进工作者表彰大会上，被评为全国供销合作社系统先进集体。

同日　固原市运管局局长惠治文带领市运管局纪检监察科、稽查队一行到彭阳县运管所督察指导工作。

△　从姚河塬商周遗址考古队了解到，彭阳县姚河塬商周遗址在考古发掘中出土甲骨文，这是当前我国境内商周遗址发现甲骨文最西北的一处遗址。

△　自治区农发办外资处处长周斌一行到彭阳县考察调研国际农发基金项目拟实施情况。

16日　彭阳贺兰山村镇银行成功发放首笔农户信用贷款。

同日　彭阳县在县中心敬老院举行河仁慈善基金会赠送特困供养救助对象御寒衣物项目发放仪式。

24日　彭阳县运用互联网思维、信息化手段和社会化服务，推进城乡人饮供水均等化服务改革，在全区率先探索山区“移动互联网+人饮”的新路径，一个以“宁夏中南部城乡饮水彭阳县北部片区和中南部片区连通工程”为骨架、覆盖全县的智能化农村供水管网体系日前全线投入使用。

26日　彭阳县在第二十六届“迎春杯”全区象棋锦标赛中取得团体第一名和个人前三名的优异成绩。

30日　彭阳县举办以“迈进新时代、开启

新征程”为主题的党员干部学习宣传贯彻党的十九大精神演讲比赛。

是月 彭阳县在自治区发改委效能考核中荣获山区九县第一名。

△ 彭阳县被国家能源局与国务院扶贫办选中第一批光伏项目扶贫计划。帮扶 89 个贫困村 5596 贫困户，建立电站 89 个。

2 月

2 日 彭阳县政协“送科技、送健康、送文化、送温暖”委员基层联系点启动仪式在草庙乡草庙村举行。

同日 彭阳县农村党员冬季轮训实践课堂在隆德县开讲，参加全县学习党的十九大精神培训班的 100 名村干部赴隆德县观摩学习。

3 日 彭阳县举办“三大三强”行动深化“两个带头人”工程暨助力家乡脱贫片区座谈会。

4 日 自治区文联党组书记崔晓华带领宁夏摄影家协会多名摄影师到彭阳县古城镇郑庄村，开展“新春走基层，欢乐进万家”活动。县委常委、宣传部部长杨天峰陪同。

5 日 固原市检察院检察长樊百安到彭阳县交岔乡对 7 户困难群众、2 名共产党员、1 个村委会、1 名宗教人士进行走访慰问。县委常委、统战部部长马文山陪同。

同日 宁夏天元锰业集团党委书记李自祥一行到彭阳县慰问本企业彭阳籍员工家属。

6 日 财政部发布《关于公布第四批政府和社会资本合作示范项目名单的通知》，确定宁夏固原市彭阳县美丽茹河建设 PPP 项目入选第四批政府和社会资本合作（PPP）示范项目。

同日 由中共彭阳县委宣传部、彭阳县民政局、彭阳县文化旅游广电局、彭阳县扶贫开发办公室主办，彭阳县慈善总会承办的“茹水情深·助力脱贫”——彭阳县首届公益慈善晚会在悦龙山文化影剧院开演，本次慈善晚会共筹得善款 1419585.84 元。

△ 固原市人大常委会副主任李志菊一行到彭阳县冯庄乡走访慰问困难党员群众。

7 日 自治区党委常委、秘书长纪峥到彭阳县白阳镇白岔村、综合福利服务中心、友谊街社区等地，走访慰问困难群众、老党员、自治区道德模范、基层一线干部及福利院孤寡老人，并为他们送去慰问品和慰问金。县委书记赵晓东、副书记王少波陪同。

同日 自治区国税局党组书记、局长郑文敏到彭阳县孟塬乡牛塬村慰问困难群众。县人大常委会副主任晁建勇陪同。

△ 彭阳县 2018 年文化科技卫生“三下乡”活动在古城镇启动。县人大常委会副主任王儒、县政协副主席韩淑兰出席活动。

8 日 固原市委常委、副市长刘学武深入彭阳县中心敬老院、城阳乡敬老院和红河镇两名贫困户家中进行春节慰问。

同日 固原市政协副主席王政权到彭阳县孟塬乡慰问困难群众。

9 日 彭阳县召开全县扫黑除恶专项斗争动员会。县委副书记、政法委书记王少波，县委常委、组织部部长杨军，县委常委、公安局局长李全德，县武装部部长彭波出席。

同日 彭阳县召开 2018 年离退休干部“送祝福、迎新春”座谈会。县委书记赵晓东、县长刘启冬、县人大常委会主任邓万儒、县政协主席冶三奎及县委、政府分管领导与老干部参加座谈会。

△ 彭阳县举行招商引资项目签约仪式。自治区商务厅副厅长刘锦旗出席签约仪式。县委常委、副县长李国帅参加签约仪式。

11日 县委书记赵晓东、县长刘启冬等领导深入乡镇、社区,亲切看望慰问部分离退休老干部、劳模、困难职工和群众,向他们送去党和政府的温暖与美好的新春祝福。

同日 庄子集团在彭阳县开展精准扶贫捐赠活动。彭阳县人大常委会副主任晁建勇、王洼产业园区管委会主任张文军出席捐赠仪式。庄子集团向彭阳县捐赠共计价值20万元的米、面、油和水杯。

12日 彭阳县举行2018年迎新春茶话会。

同日 彭阳县文联开展文艺送春联进乡镇、进农村、进社区、进机关系列活动。邀请自治区书协会员、固原市书协副主席、彭阳县书协主席瓮志罡,自治区书协会员黄宗凯、杜正全、李永福,县文联主席林生库等在行政中心送福送春联。

△ 县委书记赵晓东到汽车客运站、明皇购物广场、世纪华联超市和好又多菜篮子连锁超市,调研全县春节期间交通运输和市场供保工作。

18日 自治区副主席、固原市市长马汉成到彭阳县信访局、部分企业和乡村调研督办群众反映强烈的突出问题。马汉成强调,要坚守政策底线原则,按照信访程序,及时跟踪督办群众合理诉求,注重办理质量,做到息诉罢访、案结事了。

22日 彭阳县举办全县领导干部专题学习班。学习习近平新时代中国特色社会主义思想和党的十九大精神、自治区"两会"精神及石泰峰书记参加固原市代表团审议时的讲话精神。县委中心组全体成员,各乡镇、各部门(单位)及自治区、固原市属驻彭各单位副科级以上领导干部参加。

同日 彭阳县举行升国旗仪式。在家县级领导及各部门(单位)干部职工参加仪式。

24日 由彭阳县体育总会主办,县体育中心和县台球协会承办的2018年迎新春全民健身季首届"潇客杯"中式台球争霸赛在潇客台球俱乐部举行,来自全县各界的32名台球爱好者参加比赛。

26日 彭阳县人民政府办公室印发《办理县九届人大二次会议代表议案建议和政协九届二次会议委员提案的通知》。

27日 彭阳县召开深化全国民族团结进步示范县工作部署会。县人大常委会主任邓万儒,县委副书记王少波、杨海林出席会议。

28日 自治区高级人民法院党组书记、院长沙闻麟到彭阳县调研法院工作。固原市副市长刘文戈,彭阳县县长刘启冬、县委副书记王少波等陪同。沙闻麟一行先后到县法院诉讼服务中心、诉调对接中心、法警备勤室、图书室、荣誉室和执行指挥中心,详细了解彭阳法院审判质效、司法改革、案件执行、便民服务及队伍建设等情况。

3月

1日 中国共产党彭阳县第八届纪律检查委员会第三次全体会议召开。会议学习贯彻习近平新时代中国特色社会主义思想和党的十九大精神,全面贯彻落实十九届中央纪委二次全会、自治区纪委十二届二次全会和市纪委四届三次全会精神，总结全县2017年党风廉政建设工作，部署2018年工作。县委书记赵晓东出席会议并讲话。县长刘启冬、县人大常委会主任邓万儒等出席会议。

2日 彭阳县委、政府召开全国“两会”期间信访维稳工作暨扫黑除恶专项斗争推进会。深入排查全县信访、维稳、矛盾纠纷排查化解等方面存在的突出问题，安排部署全国“两会”期间全县信访维稳工作，推进扫黑除恶专项斗争深入开展。

5日 自治区水利厅副厅长李永春一行到彭阳县考核验收水资源管理和节水型社会建设工作。考核组先后深入县第二中学、美丽茹河建设PPP项目、红河镇红河村现代农业产业园、污水处理厂、县农村供水工程管理总站，了解全县水资源管理、节水型社会建设情况及在节水型社会建设中的经验和做法。

6日 彭阳县公安局召开扫黑除恶专项斗争推进会。县委常委、公安局局长李全德出席会议。

7日 自治区党委第一巡视组进驻彭阳县开展巡视工作。

同日 固原市副市长吴会军带领调研组，到彭阳县阳洼流域金鸡坪梯田公园、茹河瀑布风景区实地调研全域旅游重点项目建设情况。副县长朱红社等陪同。

8日 由彭阳县妇联、总工会、教体局主办，县体育中心承办的2018年全县全民健身季庆祝“三八”妇女节趣味运动会在县体育馆隆重举行。

同日 彭阳县中医院急诊科获得全区“五一巾帼”标兵岗荣誉称号；彭阳县宏泰汽车检测有限责任公司检测大厅获得固原市“五一巾帼”标兵岗；彭阳县三泰实业有限公司财务总监陈雪霞获得固原市“五一巾帼”标兵荣誉称号。

10日 彭阳县启动万寿菊秸秆粉碎还田项目。利用十天时间，动用14辆联合收割机，对全县大面积万寿菊秸秆进行粉碎还田。

12日 自治区党委常委、政法委书记徐广国到彭阳县调研脱贫攻坚工作。县委书记赵晓东，县委副书记王少波，县委常委、公安局局长李全德陪同。

同日 县委书记赵晓东调研全县设施农业、特色产业、旅游业基础设施建设、电商物流及部分民生项目建设情况，并就重点项目建设提出具体要求。

△ 彭阳县依法治县领导小组普法办公室对彭阳县妇联等10个2017年度普法先进集体予以表彰。

13日 彭阳县委、政府召开2017年度效能目标管理考核表彰暨2018年脱贫攻坚、农业农村工作会议。会议全面贯彻落实中央农村工作会议、全国扶贫开发工作会议和自治区农村工作会议、全区脱贫攻坚工作会议精神，通报2017年度乡镇、部门(单位)效能目标管理考核结果，安排部署2018年全县农业农村和脱贫攻坚工作，动员全县上下积极投身乡村振兴和脱贫攻坚主战场，坚决打赢脱贫攻坚战，奋力开创新时代“三农”工作新局面。县委书记赵晓东出席会议并讲话，县长刘启冬主持会议，县人大常委会主任邓万儒、政协主席冶三奎及在家县级领导出席会议。

15日 从2018年1月1日起，对在册的23954名低保对象保障标准予以提高，城市低保标准由每人每月440元提高到560元,财政月人均补差水平不低于392元;农村低保标准由每人每年3150元提高到3800元,财政月人均补差水平不低于222元。

同日 自治区党委常委、固原市委书记张柱到彭阳县调研农业农村工作。固原市委常委、组织部长周兆川,县委书记赵晓东、县长刘启冬等陪同。张柱强调,要进一步加强基层党的建设,发挥党建引领作用,推进乡村产业振兴,推动特色产业提档升级,建好产业“增收链”,推进困难群众持续稳定脱贫。张柱一行先后到白阳镇任湾蔬菜育苗中心、城阳乡刘河村人工湿地、茹河瀑布乡村旅游点、红河镇友联村党支部、友联设施农业示范园、彭阳县“四个一”红河试验示范园、彭阳县新区全民健身中心及文化馆建设工地,就特色农业、生态友好型工业、全域旅游、现代服务业“四大产业”发展、“四个一”林草产业推进及基层党建、春耕备耕等调研督导。

△ 彭阳县人民政府印发《关于全面深化殡葬改革的实施意见(试行)》。

△ 彭阳县2018年重点项目建设启动仪式在县文化馆新馆项目建设地举行。县长刘启冬、县人大常委会主任邓万儒、政协主席冶三奎等县四大机关领导出席,各乡镇、县直各部门(单位)主要负责人、部分县直机关干部职工及建设企业、建设单位、施工企业、监理单位代表参加启动仪式。

16日 中共彭阳县委办公室印发《中共彭阳县委员会巡察工作规划(2017—2021年)》《中共彭阳县委巡察工作实施办法(试行)》。

19日 中共彭阳县委办公室印发《彭阳县2018年农村人居环境改善行动方案》。

20日 中共彭阳县委印发《关于第一书记当好“五大员”宣传民族宗教政策助推脱贫富民的实施意见》。

22日 中共彭阳县委办公室成立智慧彭阳建设工作领导小组。

23日 全县国家级基层政务公开标准化规范化试点工作推进会召开。

27日 自治区政府政务公开办公室主任陆生宏带领督查组一行到彭阳县督查指导国家级基层政务公开标准化规范化试点工作。固原市政府办副主任马耀军、市政务公开办主任王国柱,副县长何少庸陪同。

同日 彭阳县人大常委会副主任王儒带领调研组,实地调研彭阳县文物保护工作开展情况。调研组先后到无量山石窟、璎珞宝塔、中共虎家小园子地下支部旧址、战国秦长城、中共红河地下支部旧址、姚河塬商周遗址,了解全县文物保护管理情况和县博物馆开发利用情况。

28日 自治区政务服务中心“12345”中心副主任芦晓云到彭阳县调研“12345”便民服务热线工作。

同日 县委书记赵晓东到王洼镇向全体镇、村干部宣讲全国“两会”精神。赵晓东强调,全县各级党政组织要把学习贯彻全国“两会”精神与学习贯彻党的十九大精神结合起来,在全县迅速兴起学习宣传贯彻热潮。

29日 固原市人大常委会副主任云生元带领检查组,到彭阳县检查大气污染防治工作。县人大常委会副主任陈玉玲、副县长朱红社陪同。

是月 彭阳姚河塬商周遗址入围2017年

度全国十大考古新发现。

△ 彭阳县财政局被固原市委、政府授予全市脱贫攻坚先进单位。孟塬乡椿树岔村、草庙乡包山村被授予“脱贫销号先进村”。新集乡大火村火启科、古城镇任河村杨存宝、城阳乡韩寨村韩步升、白阳镇中庄村邵治龙、红河镇徐塬村常士学、王洼镇赵沟村王立民、王洼镇花芦村王成、草庙乡赵洼村温玉海、冯庄乡茨湾村董学龙、新集乡白草洼村马志俊、交岔乡大坪村海恒元、罗洼乡寨科村吴伟、古城镇挂马沟村何福元、孟塬乡玉塬村韩强、红河镇文沟村秦会军、白阳镇姬山村马世怀、小岔乡小岔村田尹红、城阳乡杨塬村李玉发分别被固原市委、政府授予“脱贫光荣户”。彭阳县扶贫办副主任赵金平、彭阳县新集乡副乡长马学武、彭阳县王洼镇党委书记赵坤、彭阳县白阳镇中庄村党支部书记闫生栋分别被固原市委、政府授予脱贫攻坚先进个人。自治区质监局驻交岔乡庙庄村第一书记何波、固原市市场监督管理局驻孟塬乡小石沟村第一书记杨彦宾、彭阳县石油产业发展服务中心驻草庙乡赵洼村第一书记王向明、彭阳县农牧局驻冯庄乡小寺村第一书记杨极乾、彭阳县科学技术协会驻小岔乡柳湾村第一书记杨巨强、彭阳县残联驻王洼镇团庄村第一书记李维春分别被固原市委、政府授予“优秀第一书记”。

△ 在彭阳县新集乡沟口村下街组马应富家,发现迄今 80 年、平凉翻印的《抗日三字经》油印本,这在宁夏尚属首次发现。

4月

2日 湖南平江高新区工委书记、管委会主任潘典宏带领考察组,到彭阳县考察园区建设及产业发展情况。副县长何少庸、王洼产业园区管理委员会主任张文军陪同。

3日 第十四届宁夏六盘山山花节暨第六届“梯田花海·生态彭阳”山花旅游文化节开幕式在彭阳县举行。系列活动有粉红之恋“游花海”、摄影大赛“拍花海”、丹青妙手“绘花海”、有奖征文“赞花海”、秦风汉雅“唱花海”、花香邮筒“寄花海”、媒体聚焦“宣花海”、绿色美食“品花海”。

同日 全区休闲农业提升年活动启动仪式在彭阳县举行。自治区文联主席杨洪涛,自治区农牧厅巡视员马明,自治区旅游发展委员会党组成员、副主任赵明霞,宁夏日报报业集团党委副书记、宁夏日报社总编辑沙新,固原市委副书记杨刚出席启动仪式。自治区农牧厅农产品加工局、乡企经济发展服务中心及各市、县农牧局分管领导及工作人员参加活动。启动仪式由县委常委、宣传部部长杨天峰主持,县长刘启冬致辞,自治区农牧厅巡视员马明讲话。

△ 彭阳县王洼产业园区与湖南省岳阳市平江县高新技术产业园区在彭阳县签订友好合作关系框架协议,为两地园园合作搭建合作平台。副县长何少庸出席并主持签约仪式。

△ 固原市委深化改革领导小组办公室相关人员到彭阳县红河镇红河村“一棵树”试验示范园区督查彭阳县 2018 年“四个一”林业试验示范建设、集体林权制度改革及湿地产权

确权改革等林业重点改革工作。

△ 彭阳县林业和生态经济局邀请宁夏农科院研究员、自治区苹果首席专家王春良教授，实地培训指导彭阳县“四个一”林业产业示范项目建设。

△ “彭阳游客咨询中心”正式成立运行。

10日 “2017年度全国十大考古新发现”揭晓，彭阳姚河塬商周遗址成功上榜。这是继1990年银川宏佛塔天宫西夏文物、2016年青铜峡市鸽子山遗址之后，宁夏第三个入选年度全国十大考古新发现的考古遗址。彭阳县姚河塬商周遗址入围全国十大考古新发现终评：“周人文化未过陇山”论断在此被颠覆。

同日 自治区林业厅党组书记、厅长张柏森带领造林处、资源处、森防站、退耕办等各处室的负责同志到彭阳县调研林业重点工程建设及林业产业工作。县委常委、副县长李国帅及林业局主要负责人陪同。张柏森一行先后深入彭阳县白阳镇阳洼流域林果产业示范点、王洼镇孙阳流域造林点、红河“四个一”试验示范点和G309国道彭阳段王洼—草庙片区林业生态综合治理工程区调研。

△ 彭阳县盲人青年、京胡演奏家祁惠民参加由宋庆龄基金会携手北京心灵之声残疾人艺术团在美国休斯顿琼斯剧院的专场慰问演出。

△ “闽宁一家亲，情连你我他”福建省女企业家联谊会、泉州市女企业家联谊会为彭阳县红河镇中心小学捐赠校服。固原市委常委、副市长陆菁出席，副县长沙广学主持捐赠仪式。

△ 县长刘启冬深入包抓重点贫困村冯庄乡崖湾村，向当地干部群众宣讲全国“两会”精神，要求当地干部群众认真学习贯彻全国“两会”精神，大力实施乡村振兴战略，坚决打赢重点贫困地区脱贫攻坚战。

11日 固原市政协副主席何学虎带领部分市政协委员到彭阳县实地调研民营企业和民营经济发展情况。

同日 县委书记、总河长赵晓东调研全县河长制工作推进情况。赵晓东强调，要严格落实河长工作责任制，提高工作执行力，推进全县各级河长巡河、河道保洁和“清河行动”工作任务落到实处，取得实效。

△ 彭阳县妇女联合会开展2018年寻找“最美家庭”活动。

12日 彭阳县在全区铁路护路联防工作会议上，被评为2017年度自治区级“平安铁路示范县”，彭阳火车站被命名为“平安火车站”，彭阳县综治办、古城镇小岔沟村民委员会被评为2017年度全区铁路护路联防工作先进集体；古城镇党委副书记马世清、古城镇小岔沟村委会会计谢福智、彭阳县护路办专职人员马小龙被评为2017年度全区铁路护路联防工作先进个人；古城镇五里小学三年级学生屈亚容、一年级学生黄裕被评为2017年度全区铁路护路联防工作“优秀铁道小卫士”。

△ 自治区农牧厅种植业管理局检查组到彭阳县检查蔬菜产业工作进展情况。检查组一行先后深入任湾集约化育苗园区、红河现代农业园区、友联设施农业标准化园区，通过向企业、园区负责人问产量、问效益、问技术服务，实地了解田间地头蔬菜产业进展情况在全县脱贫富民中的作用，交流全县在蔬菜产业工作中的思路、措施、存在的问题和今后的发展方向。

13日 自治区政府办公厅副主任、政务服务中心主任李鹏一行到彭阳县政务中心调研政务服务工作。县委常委、副县长史金龙陪同。

△ 彭阳县发现抗战时期“彭阳版”入党誓词，内容如下：“誓为共产主义坚决奋斗到底，密切联系群众，不断努力学习，遵守党的纪律，保守党的秘密，倘有违反行为，愿受党的处罚。”抗战时期“彭阳版”入党誓词是彭阳县地方志办公室原副主任王克明在编纂《中国共产党宁夏回族自治区彭阳县组织史资料（1932—1987）》时与同事寻访一批彭阳党史的亲历者和知情人时发现的。“彭阳版”入党誓词在宁夏及其毗邻省区尚属首次发现，对深入研究这一地区党的历史，具有十分重要的价值。为红色彭阳《清平乐·六盘山》诞生地，红二十八军、红三十二军北上抗日出发地，宁夏红色堡垒第一县，解放宁夏第一仗“四个品牌”提供了物证，积累了资料，丰富了内容。

16日 彭阳县举办基层政务公开标准化规范化试点工作培训会。全县各乡镇、各部门（单位）政务公开专兼职工作人员及县政务公开办公室全体人员通过云视通参加培训。

△ 县长刘启冬到县污水处理厂检查企业污水处理运行情况，并对污水处理厂在运行中存在的问题提出改进要求。

17日 彭阳县为赴福建转移就业的职业中学毕业生举行欢送会。县委常委、副县长吴志怀，县长助理连一洲，县人社局、就创局、职业中学相关负责人参加欢送仪式。此次向福建输送人员共225人，其中泉州通达集团有限公司75人、福州华映显示科技有限公司95人、厦门天马微集团55人。

同日 自治区人大常委会副主任李锐到彭阳县古城镇皇甫村调研脱贫攻坚工作。固原市人大常委会主任罗永红、彭阳县委书记赵晓东等陪同。

△ 自治区人民检察院党组书记、检察长时侠联到彭阳县部分乡镇实地调研公益诉讼开展及社会经济发展情况。自治区人民检察院副检察长李桂兰、固原市人民检察院检察长樊百安、彭阳县委书记赵晓东等陪同。

18日 彭阳县王洼产业园区管理委员会对彭阳县三泰科技实业有限责任公司、彭阳县宏泰汽车检测有限责任公司、宁夏云雾山果品开发有限责任公司、彭阳县虎狮酒业有限公司、宁夏北国蜜语农业科技发展有限公司、宁夏恒利宝丰工贸有限公司、彭阳县荣发农牧有限责任公司、宁夏宁阳实业集团酒业公司以及杨万升等7名园区先进个人和徐洁等5名园区管委会先进工作者进行表彰奖励。

同日 固原市人大常委会副主任杨大素带领调研组到彭阳县职业中学调研职业教育工作。

23日 自治区文化厅厅长宋建钢带领调研组到彭阳县古城镇高庄村综合文化服务中心、新集乡姚河塬商周遗址、博物馆、图书馆，实地调研彭阳县文化重点工作进展情况。副县长朱红社陪同。

同日 彭阳县图书馆举办“4·23”世界读书日暨“诵千古美文，做少年君子”经典美文诵读活动。

25日 自治区政协副主席冯志强带领调研组到彭阳县监督调研“水十条”实施中期情况。县委书记赵晓东参加调研座谈会，县长刘启冬、县政协主席冶三奎等陪同。

同日　自治区住建厅法规处副处长刘建国、自治区政务中心工作人员陈红磊一行到彭阳县政务服务大厅调研“不见面审批”工作。

△　自治区人社厅调研组一行到彭阳县调研人社系统“不见面审批”工作进展情况。

26日　中共中央政治局委员、国务院副总理孙春兰到彭阳县调研卫生健康服务工作。孙春兰实地考察彭阳县人民医院、白阳镇陡坡村卫生室，细致询问利用互联网技术开展远程医疗、优化就医流程、促进家庭医生签约等情况，详细了解彭阳县卫生健康服务能力和信息化建设。随后深入古城中心学校调研农村义务教育学生营养改善计划实施及教育扶贫政策落实情况。县委书记赵晓东、县长刘启冬等陪同。

同日　青海省人大常委会财经委主任委员王新平带领调研组到彭阳县实地调研农村公路建设、养护、管理、运营方面的先进经验和农村公路条例执行情况。县人大常委会副主任杨志杰、副县长何少庸陪同。

是月　彭阳县史志办公室编纂的《彭阳古代史料选编》、彭阳县档案局编纂的《彭阳民国档案资料》、白阳镇杨治安先生编著的《我的父亲母亲》、红河镇高天先生编著的《军地之旅》出版发行。

△　彭阳县政务服务中心先后被自治区、固原市妇联授予“自治区巾帼文明岗”“固原市巾帼文明岗”称号。

5月

2日　经自治区民政厅《关于彭阳县新增设置社区居委会联动会商的复函》（宁民字〔2018〕55号）和县人民政府2017年第十六次常务会议研究，成立白阳镇茹河街、富阳路社区居委会。新核定增设“两委”人员7名。

同日　彭阳县第十四届中小学生田径运动会在县一中操场开幕。县委、人大、政府、政协分管领导出席开幕式。

△　彭阳县开展动物疫病防控工作“百日行动”。

3日　自治区副主席杨培君带领调研组，到彭阳县调研基层医疗卫生工作。杨培君一行先后深入古城镇卫生院、皇甫村卫生室、白阳镇陡坡村卫生室、友谊街社区卫生服务站和县人民医院，详细了解基层医疗卫生工作开展情况。固原市副市长朴凤兰，县长刘启冬、副县长史金龙陪同调研。

同日　自治区副主席、固原市市长马汉成到彭阳县调研综治维稳信访工作，督办群众反映强烈的信访突出问题。

4日　自治区党委书记、人大常委会主任石泰峰到彭阳县新集乡谢寨村，督办群众马耀清反映的移民搬迁问题处置进展情况。自治区领导马顺清、纪峥、张柱，县委书记赵晓东陪同。

5日　自治区妇联举办的“和谐婚姻家庭”“抵制高额彩礼”“反家庭暴力法”知识巡讲活动在彭阳县白阳镇、古城镇等乡镇开展。

7日　中央第八巡视组、自治区第一巡视组移交转办彭阳县群众反映强烈的突出信访问题共82件。其中，中央第八巡视组移交12件，自治区第一巡视组移交64件。

8日　固原市人大常委会副主任杨大素带领检查组到彭阳县检查“七五”普法工作。县人大常委会副主任杨志杰、副县长朱红社陪同检查。

同日 彭阳县召开创建全国双拥模范城(县)中期工作推进会议。县委常委、统战部部长马文山,县委常委、人武部政委李世金,副县长马英出席会议。

9日 县委书记赵晓东、副县长马建华到白阳镇罗堡村槐沟梁花椒种植基地检查指导工作。

同日 由县卫计局、总工会、妇联、团委联合举办的全县医护人员岗位练兵知识技能竞赛在县人民医院拉开帷幕。

△ 彭阳县人民政府办公室印发《彭阳县第二次全国污染源普查清查工作和选聘普查员普查指导员方案》。

10日 彭阳县禁毒委召开2018年禁毒工作暨创建全区禁毒示范县推进会。

同日 彭阳县召开2018年道路交通暨消防安全工作会议,通报2017年度全县道路交通、消防安全工作,安排部署2018年工作,并签订2018年道路交通管理、消防安全重点工作目标责任书。

11日 自治区2018年"防灾减灾日"地震应急演练活动在彭阳县古城镇海口村举行。应急管理部救灾司副巡视员方志勇、国家减灾中心副处长王志强,自治区民政厅巡视员王凤刚,自治区减灾委员会部分成员单位负责人,固原市、彭阳县有关领导,全区各市、县(区)民政局负责人出席演练活动仪式。

同日 自治区审计厅党组成员、总审计师李珍,经责局副局长王丽萍一行到党建联系点王洼镇杨寨、邓岔及团庄村举行联合主题党日活动。

15日 自治区党委副书记、自治区主席咸辉到彭阳县调研生态环保及产业扶贫。咸辉先后深入茹河环境综合治理项目现场、红河镇设施农业示范园区等地,实地考察河道疏浚拓宽、污染防治、特色产业、市场销售等情况。自治区党委常委、固原市委书记张柱参加调研,县委书记赵晓东陪同。

16日 彭阳县举办第二次全国污染源普查工作推进暨业务培训会。

17日 国家民委监督检查司司长隋青带领调研组,到彭阳县调研民族团结进步创建工作,实地查看古城镇海口村、县职业中学和白阳镇友谊街社区等基层民族团结进步示范创建活动开展情况。自治区民委副主任陈建龙,固原市委常委、宣传部部长、统战部部长王正儒,县委常委、统战部部长马文山,副县长马英陪同。

同日 县委常委、副县长李国帅代表彭阳县人民政府分别与宁夏京宁盛宏农业科技开发有限公司、宁夏东昂农业科技有限公司签订红河现代农业产业园合作协议。

△ 彭阳县冬小麦病虫害专业化统防统治现场会在红河镇夏塬村召开。来自病虫害防治企业的4台无人机现场展示无人机专业化防治病虫害技术。

18日 固原市地方志编纂委员会办公室召开全市"5.18地方志宣传日"暨首届乡镇村志家谱表彰会。彭阳县史志办报送的1部村志、10部家谱参评并获奖。

同日 自治区财政厅副厅长赵惠宁带领调研组,到彭阳县草庙乡调研农村贫困人口政策有效衔接工作。县委副书记杨海林陪同。

△ 固原市第三届"春草杯"中学生作文大赛彭阳一中赛区颁奖仪式在县第一中学

举行，自治区文联作家协会副主席闫宏伟，固原市文联主席杨风军，中国作家协会会员牛红旗、杨建虎，县人大常委会副主任王儒、政协副主席韩淑兰等为获奖学生颁发证书并赠送书籍。

△ 中国人寿财险宁夏分公司总经理姚卫东一行到彭阳县小岔乡调研精准扶贫工作，并向小岔乡群众赠送保额2190万元的意外伤害保险。

20日 彭阳县草庙乡举办物资交流大会。

同日 由彭阳县田蜜蜜蜂场负责人王军筹办的主题为“感恩蜜蜂，与爱同行”暨首届蜜蜂节在孟塬乡玉塬村张洼队田蜜蜜蜂养殖场举行。

△ 人民日报登载方开燕撰写的文章《宁夏彭阳县大力推进基层党组织脱贫攻坚得靠“头雁”领》。

22日 县委书记赵晓东、县长刘启冬对全县重点工作进行督查。赵晓东、刘启冬先后深入茹河大街绿化、白阳镇王洼村危房危窑改造、茹河瀑布风景区基础设施建设、红河镇美丽小城镇工程建设现场，实地察看重点项目及重点工作进展情况，并根据实际提出具体要求。副县长朱红社及相关部门负责人陪同。

同日 彭阳县人社局、就业局、妇联联合举办彭阳县劳务品牌(育婴师)培训班。

△ 彭阳县王洼镇石岔村举办首届群众广场文化活动。

23日 彭阳县民政局组织各乡镇分管领导及民政助理员前往隆德、泾源两县考察学习“儿童之家”建设运营工作。

24日 固原市人大常委会副主任朱培忠带领检查组，到彭阳县检查就业暨农民职业技术培训工作。县委常委、副县长吴志怀，县人大常委会副主任陈玉玲陪同。

同日 彭阳县开展2018年“戏曲进校园”活动。

△ 固原市妇联主席王萍一行到彭阳县调研城乡电商及基层妇联改革和“妇女之家”工作开展情况。

25日 彭阳县被宁夏回族自治区精神文明建设指导委员会继续确认为自治区文明县城，白阳镇、城阳乡刘河村被重新确认为自治区文明村镇，县供电局被重新确认为自治区文明单位，县第一中学被命名为第二批自治区文明校园。

同日 彭阳县扶贫开发领导小组办公室印发《彭阳县扶贫车间建设运营实施方案》。

△ 陕甘宁戏曲电视大赛彭阳县分赛区选拔赛在彭阳县怡园广场举行。

27日 由彭阳县就创局主办，宁夏建茹职业技能培训学校承办的彭阳县2018年订单式(刺绣)技能提升培训班在白阳镇友谊街社区服务中心开班。

同日 全国工商联联络部副部长葛敏带领全国工商联第六联系调研组，到彭阳县就基层工商联工作开展情况进行调研。调研组先后深入县工商联、壹珍药业有限责任公司、宏泰汽车检测有限责任公司、宁夏汇融鼎信担保股份有限公司现场查看县工商联工作开展及民营企业发展情况。自治区工商联主席何晓勇，县长刘启冬，县委常委、统战部部长马文山陪同。

28日 县委常委、组织部部长杨军带领部分乡镇负责人、驻村第一书记、村党支部书记，到小岔乡小岔村、柳湾村，实地观摩当地发展壮大村级集体经济的做法及成效。

同日 彭阳县委宣传部、文化旅游广电局、教育体育局联合开展“全民阅读·书香彭阳——我是朗读者”电视专题栏目活动。

29日 固原市人大常委会主任罗永红带领检查组，到彭阳县检查茹河流域水污染防治工作，并针对工作落实提出具体要求。县人大常委会主任邓万儒陪同。

同日 固原市政协副主席杨彦文带领调研组，到彭阳县调研农业科技示范园区建设工作。县政协副主席杨志让陪同。

△ 彭阳县慈善总会第一届理事会第三次会议召开。县委常委、统战部部长马文山，县人大常委会副主任陈玉玲，副县长马英，县政协副主席杨志让出席会议。

△ 固原市农机中心主任方海军一行深入彭阳县王洼镇山庄村和城阳乡长城村，检查指导牧草示范园区建设及干旱山区机械覆膜玉米深施缓控肥试验工作。

△ 自治区政府办公厅副巡视员王利军、自治区政府政务公开办主任陆生宏等一行对彭阳县基层政务公开标准化规范化建设试点工作开展情况进行专项督查。固原市副秘书长郑宜成及县有关部门负责人陪同。

△ 在自治区金融工作局局长马飞带领下，中国银联商务有限公司专家组一行到彭阳县开展精准扶贫APP“全民惠农”调研座谈活动。县金融局、人行彭阳支行、联通公司、各银行负责人陪同调研。

30日 在第二个全国科技工作者日，彭阳县召开庆祝全国科技工作者日座谈暨表彰会议，对在全县经济社会发展中作出优异成绩的科技工作者进行表彰。县委常委、组织部部长杨军，县人大常委会副主任王儒，县政协副主席李廷枢为获奖人员颁奖。

同日 由共青团彭阳县委、少先队彭阳县工作委员会主办的“彭阳县红领巾记者站”成立。

△ 彭阳县举办智慧城市建设培训班，邀请中国航天十二院信息工程所所长顾升高就智慧城市建设进行专题培训。县委副书记王少波出席会议。

31日 长城国瑞证券有限公司副董事长傅毅辉带领公司爱心团队，到新集乡中心小学开展庆“六一”献爱心活动，为新集乡中心小学筹集价值共7万元的物资。

△ 彭阳县发展和改革局被自治区经济运行协调领导小组授予2017年度全区工业稳增长先进工作单位称号。

是月 彭阳县设立扶贫教育资金。

6月

1日 福建省厦门市思明区爱心企业助学捐赠仪式在彭阳县新集乡沟口小学举行。固原市委常委、副市长陆菁，厦门市思明区政协主席陈炳良，副区长姚玉萍，县政协主席冶三奎，县委常委、副县长吴志怀出席捐赠仪式，县委常委、宣传部部长杨天峰主持捐赠仪式。随后，陈炳良一行先后深入城阳乡长城塬闽宁现代循环农业科技示范园、乔家渠红军长征毛泽东宿营地旧址、宁夏云雾山果品开发有限责任公司、县博物馆等地实地考察。

4日 中共彭阳县委员会、彭阳县人民政府印发《彭阳县党政领导干部生态环境损害责任追究制度》。

同日 中共彭阳县委办公室、彭阳县人民政府办公室印发《彭阳县生态文明建设目标考核分工方案》。

5 日 2018 年宁南山区苜蓿机械化收获现场演示会在彭阳县农机农艺融合示范园城阳乡长城村牛嘴举办。

同日 彭阳县开展“六抓六促”推进“干部作风转变年”活动。

6 日 自治区党委常委、固原市委书记张柱到彭阳县孟塬乡调研脱贫攻坚工作。张柱一行实地考察孟塬乡高效节水灌溉工程及中药材产业园区种植情况,对孟塬乡近年来在产业发展、脱贫攻坚等各项工作中所取得的成绩给予充分肯定,并对今后工作提出指导意见。固原市委常委、市委秘书长、政法委书记李志达,县委书记赵晓东陪同。

同日 固原市人大常委会副主任胡杰带领由部分市人大代表组成的视察组,到彭阳县视察调研 2018 年脱贫攻坚工作进展情况。县人大常委会副主任陈玉玲、副县长马建华陪同。

7 日 固原市委常委、副市长孟卫东带领调研组,到彭阳县实地调研文化旅游工作,实地查看金鸡坪梯田公园、阳洼流域、茹河瀑布旅游风景区。孟卫东对彭阳县旅游、文化遗址保护开发利用及打造“天蓝、地绿、水清、城净、宜居、宜游”彭阳品牌等方面工作取得的成效给予充分肯定。副县长张新全陪同。

同日 县四大机关领导赵晓东、刘启冬、邓万儒、冶三奎等,深入彭阳县高考考点,检查高考相关工作开展情况。

△ 彭阳县人民政府政务公开办公室印发《彭阳县政务公开监督员管理制度》,并聘请 30 名县级政务公开义务监督员。

8 日 彭阳县人民调解参与信访矛盾纠纷化解试点工作动员会召开。

同日 全县聚焦精准脱贫攻坚战专题培训班开班。

9 日 2018 年“文化和自然遗产日”公众考古活动在彭阳县新集乡姚河塬西周遗址举办。

10 日 由国家体育总局群体司发起,中华全国体育总会主办,宁夏回族自治区体育局、宁夏体育总会、彭阳县人民政府、泾源县人民政府联合承办的全民健身挑战日·健康宁夏动起来暨 2018 年自治区全民健身节活动在彭阳县和泾源县同时启动。

11 日 中央环保第二督察组下沉督查工作组组长张军带领督察组,到彭阳县督查环保“回头看”工作落实情况。督察组一行先后深入县污水处理厂、工业园区污水处理站,实地督导检查环保监测设施运行、污水处理及环保问题整改落实等情况。固原市副市长吴会军,县委书记赵晓东、县长刘启冬陪同。

同日 县委书记赵晓东调研指导基层党建工作。赵晓东先后深入孟塬乡赵山庄村、草滩村虎广红养殖场、小石沟村及中华蜂养殖带头人王有家中,详细了解村级组织活动场所建设、“两个带头人”工程、村集体经济发展等情况,并就改进存在问题提出指导性意见。县委常委、组织部部长杨军陪同。

△ 彭阳县开展 2018 年开斋节慰问活动。共筹措 6.8 万元,对 4 个民族团结进步创建示范单位、20 名致富带头人、20 名建档立卡贫困户和宗教界代表人士进行慰问。

12 日 固原市委老干部局、彭阳县委老

干部局联合新集乡党委，在各乡镇开展全市“五老一新”暨老党员、老专家、老教师、老战士、老模范、新乡贤宣讲活动。

15日 彭阳县委组织部召开全县第一书记和工作队员第二季度工作例会，总结上半年驻村工作队工作开展情况，安排部署下半年重点工作。并在会上通报5月份驻村干部积分考核结果。县委常委、组织部部长杨军出席会议。

同日 彭阳县社会治安综合治理委员会命名2017年度平安乡镇5个、平安村（社区）117个、平安单位17个、平安学校50所、平安医院5家、平安宗教活动场所35个、平安家庭99户。

△ 彭阳县第三届文艺家协会换届工作结束，选举产生彭阳县作家协会、彭阳县书法家协会、彭阳县美术家协会、彭阳县摄影家协会、彭阳县音乐家协会、彭阳县舞蹈家协会、彭阳县戏曲家协会和彭阳县民间文艺家协会8个文艺家协会领导班子。

22日 2018年中央财政支持社会组织参与社会服务项目——宁夏唐徕老年托护中心“贫困、病残、孤寡、失独老年人医养结合康复救助示范项目”彭阳县启动仪式在县民政局举行。

24日 宁夏考古研究所姚河塬考古队、彭阳县博物馆邀请中国科学院自然科学史研究所研究员、博士生导师关晓武到彭阳县作“古玉制作难解之谜”学术报告。

25日 中共彭阳县委员会政法委员会成立彭阳县诉前调解工作协调领导小组。

26日 中国人寿通过中国红十字基金会为宁夏贫困村卫生室捐赠电脑设备固原地区捐赠仪式在彭阳县古城镇卫生院举行。

同日 自治区民政厅救助处负责人到彭阳县调研农村低保专项治理和扶贫领域民政资金使用情况。

27日 彭阳县举办残疾人基本服务状况和需求信息数据动态更新工作动员培训会。副县长、残工委主任马英到会指导。

28日 固原市推进家庭医生签约服务暨推广彭阳电子化签约现场会在彭阳县召开。

29日 经彭阳县推荐，自治区党委宣传部上报的“宁夏彭阳县加强生态文明建设，打造黄土高原同类区生态治理的璀璨明珠”课题被确定为全国重点调研课题。

同日 中国社会科学院调研组到彭阳县围绕生态环境建设和生态文明建设进行调研。

是月 彭阳县招聘城市协管员15名、供热公司工作人员55名。

7月

4日 宁夏彭阳农村商业银行股份有限公司与中国人民银行彭阳县支行、彭阳县国税局、市监局、金融局、工商联共同举办2018年银企交流促进暨金融产品推介会。103个小微企业负责人、个体工商户代表和县担保公司共同参与。

同日 彭阳县举办首届电子商务创新创业大赛。

5日 北京注协、宁夏注协“送教西部”暨彭阳县行政事业单位财务管理能力提升培训班开班。北京注册会计师协会党委常委、副书记、纪委书记、会长李玉国，自治区注册会计师协会行业党委副书记、副会长、秘书长盖忠，北京注册会计师协会党委专职副书记、纪委副书记、副秘书长孟晓萌出席开班仪式，县委常委、副县长李国帅主持开班仪式。

同日 彭阳县政法委召开政法综治重点工作暨扫黑除恶专项斗争推进会议。县委副书记、政法委书记王少波，县委常委、公安局局长李全德，县人民法院院长魏凯，县人民检察院检察长石永忠出席会议。

△ 全国第五届珠心算比赛宁夏选手集训班开班仪式在彭阳县二小举行。

6日 彭阳县召开创建全国健康促进县工作推进会。县委常委、统战部部长马文山，县委常委、副县长史金龙，县人大常委会副主任王儒，县政协副主席韩淑兰出席会议。

同日 彭阳县残疾人联合会为全县342名听力残疾人免费发放助听器。

7日 由宁夏农林科学院种质资源研究所牵头、彭阳县农牧局参与组织的设施蔬菜高效栽培技术培训班在红河镇红河村、友联村举办。

8日 由彭阳县委、政府主办，县公安局、禁毒办、文明办、教体局、文广局、团县委、卫计局、机关事务管理局、消防大队等联合举办的儿童禁毒题材舞台剧《对不起，我爱你》在县悦龙山文化影剧院上演。

9日 固原市政府督查组对彭阳县基层政务公开标准化规范化试点工作进行专项督查。副县长张新全陪同。

同日 自治区司法厅厅长李金英一行到彭阳县观摩上半年司法行政重点工作开展情况。固原市副市长刘文戈，市司法局局长马天峡，县委书记赵晓东，县委常委、公安局局长李全德陪同。

△ 自治区审计厅副厅长张龙带领调研组，到王洼镇梁壕村、尚台村调研精准扶贫工作。

△ 由团县委、教体局、县少工委联合举办的彭阳县基层少先队辅导员培训班开班。县委常委、组织部部长杨军出席开班仪式。

△ 自治区老龄委常务副主任李作忠一行到彭阳县检查指导政务服务中心工作。县委常委、统战部部长马文山陪同。

10日 冯庄乡普遍出现强降雨天气，局部地区累计降雨量达75毫米，全乡11个行政村的群众财产、农作物和基础设施不同程度受损，直接经济损失334万元。

12日 自治区民政厅优抚安置处处长宋海涛带领考评组，对彭阳县创建全国双拥模范城(县)中期工作进行综合考评。县长刘启冬，县委常委、统战部部长马文山，县人大常委会副主任陈玉玲，副县长马英，县政协副主席杨志让陪同。

同日 县委书记赵晓东到重点贫困村王洼镇花芦村宣讲自治区党委十二届四次全会精神。

△ 兰州铁路集团公司与彭阳县举行农副产品进站上车商洽会。彭阳果脯、土蜂蜜等特色农产品乘着火车走向祖国大江南北。

△ 彭阳县举办首次“政府开放日”活动，邀请义务监督员参观县政务服务中心、政务公开办公室、政府领导及工作人员办公场所。

13日 由宁夏农林科学院固原分院主办的2018年“宁夏小杂粮技术服务团”项目半年工作检查暨观摩交流会在彭阳县小杂粮试验及种植基地举行。

14日 自治区科技厅中药材产业生产指导组专家，到彭阳县中药材种植区，实地查看红花、黄芪虫害发生程度,并向种植户、企业传授红花蚜虫的快速识别及防治措施。县人大常委会副主任晁建勇陪同。

16日 交通运输部“四好农村路”建设及交通扶贫工作督导组,对彭阳县“四好农村路”建设和交通扶贫工作进行督导检查。督导组一行先后深入草庙至雅石沟公路、交岔至关堡台公路、草庙养护中心、高庄公路站等地,实地查看全县农村公路建设、管理、养护及交通扶贫等工作开展情况。副县长张新全陪同。

同日 彭阳县委理论学习中心组(扩大)学习会在县文化影剧院召开,《中国宗教》杂志社主编、中国宗教学会会员、自治区民委副主任胡绍皆做专题讲座。在彭阳县级领导及全县副科级以上领导干部参加学习。

△ 宁夏中药材产业协会在彭阳县草庙乡举办中药材种植技术培训班。

17日 彭阳县食品安全宣传周启动仪式在县城举行。县人大常委会副主任杨志杰、副县长马英出席启动仪式,县食品安全委员会各成员单位、部分食品生产企业代表参加宣传活动。

同日 全区草原鼠害防治新技术现场示范培训会在彭阳县冯庄乡小寺村召开。中卫市海原县,固原市原州区、西吉县、隆德县、彭阳县等县(区)草原站业务技术负责人及捕鼠能手参加培训会。

18日 全区贫困县(区)“互联网+金融扶贫+移动支付”工作暨彭阳移动支付示范县推进会在彭阳县召开。全区各市、县人行、农行,宁夏银行,建行,邮储银行,黄河银行,石嘴山银行,银联商务公司负责人出席会议,红寺堡区、盐池县、同心县、原州区、西吉县、隆德县、泾源县、彭阳县、海原县分管金融工作副县(区)长及金融局、扶贫办负责人,彭阳县委、政府相关部门、各乡镇、部分企业代表参加会议。

同日 以北京联合大学管理学院党委书记、北京师范大学百村调查项目特邀研究员杨积堂为课题组长的“杨坪村的窑洞文化与时代转型”研讨会在彭阳县城阳乡举行,县委常委、城阳乡党委书记刘旭出席研讨会。

19日 固原市关工委主任肖志光带领调研组,到彭阳县调研关工委上半年工作开展情况。县委常委、组织部部长杨军,县关工委主任张志禄陪同。

同日 中国铁路兰州局集团有限公司办公室副主任范利锋带领考察组,到彭阳县实地考察林果和蜂蜜产品生产情况。副县长张新全陪同。

△ 彭阳籍10名小选手代表宁夏参加在辽宁沈阳举行的第五届全国珠心算比赛。本次大赛共有32支代表队、330名选手参赛。

△ 全县科级干部学习贯彻习近平新时代中国特色社会主义思想和党的十九大精神专题培训班开班。全县科级干部分批参加为期11天的集中专题培训。

20日 副县长马建华、国家税务总局固原市税务局第三联络(督导)组组长贾勤俭为国家税务总局彭阳县税务局揭牌。

同日 国务院大督查自治区第五督察组组长,宁夏回族自治区住房和城乡建设厅党组成员、副厅长刘德军一行到彭阳县督查“放管服”改革工作。督察组实地查看政府信息公开查询点、触控查询机及不动产登记、民政、农牧、建环等窗口。县长刘启冬陪同。

22日 自治区民政厅“千场培训进社区”

防灾减灾宣传教育活动在彭阳县城阳乡涝池、城阳、刘河村举行。

同日 彭阳县科协邀请自治区、市中药材种植专家，在小岔乡柳湾村举行中药材种植技术培训。

24 日 由自治区农牧厅主办，彭阳县农牧局承办的2018年全区农业综合执法培训班(第一期)在彭阳县开班。自治区农牧厅农经与法规处处长张延平出席开班仪式，全区各市、县(区)农业综合执法支(大)队长和执法业务骨干70人参加培训。

同日 县人大常委会主任邓万儒、副主任陈玉玲带领督察组,督查县人民政府及工作部门对县九届人大二次会议代表议案、建议办理情况,副县长何少庸陪同。

△ 全国文物系统先进集体和先进工作者表彰会议在北京举行。人力资源和社会保障部、国家文物局授予彭阳县博物馆馆长杨宁国全国文物系统先进工作者荣誉称号。

25 日 彭阳县12位农民作家及编辑参加固原市农民作家培训及写·编·改提升班。

同日 自治区精神文明建设指导委员会授予彭阳县妇幼保健所志愿服务队“自治区优秀志愿服务组织”荣誉称号,彭阳县妇幼保健所志愿者孙明辉被授予自治区优秀志愿者称号。

26 日 自治区党委常委、固原市委书记张柱带领各县(区)、市直各部门主要负责人督查彭阳县重点工作进展情况。随后,张柱主持召开重点工作推进会，县委书记赵晓东就上半年彭阳县重点工作进展情况作了汇报。固原市领导杨文、李志达、云生元、刘文戈、杨彦文,市农牧局、工信局、财政局及隆德县主要负责同志分别点评，对彭阳县亮点工作充分肯定,对存在的问题和不足客观评价,并提出意见建议。

27 日 重大现实问题课题“宁夏区域文化研究”项目主持人、自治区地方志办公室主任负有强到彭阳县主持召开“红色文化、长城文化传承与发展的现状和问题”座谈会。

同日 湖南中医药大学药学院副院长、创新药物研究所副所长、教授夏新华一行到彭阳县考察中药材产业发展情况,并就双方开展技术合作等事宜进行洽谈。县委常委、城阳乡党委书记刘旭陪同。

28 日 彭阳县举办宗教界人士马克思主义民族观宗教观暨社会主义核心价值观培训班。邀请市委统战部副部长剡小平为全县各乡镇统战民族宗教工作分管领导、宗教干事,各依法登记的宗教场所负责人、任职教职人员等进行专题培训。

30 日 由县文化旅游广电局主办，县文化馆、图书馆承办,县音乐家、舞蹈家协会协办的彭阳县2018年“送文化进军营”慰问演出活动举行。

31 日 县委书记赵晓东、县人大常委会主任邓万儒、县政协主席冶三奎到县人武部、武警中队和消防大队,看望慰问广大官兵并向他们致以节日的问候。

同日 宁夏农技推广总站站长、研究员徐润邑带领调研组,到彭阳县对农业技术推广综合试验示范展示园区建设及化肥减量增效、旱作节水集成、病虫草鼠害防治等试验研究项目进行调研指导。

△ 彭阳县农牧局农广校组织全县100名农村实用人才、脱贫致富带头人,赴县内部

分乡镇及西吉县、隆德县观摩学习，分享先进经验。

是月 由自治区文明办、民政厅、科技厅，宁夏广播电视台，银川市西夏区人民政府，彭阳县人民政府共同举办，宁夏广播电视台策划组织的“2018 情暖童心——关爱留守儿童”公益夏令营活动在彭阳县红河镇开展，来自银川的 20 名小朋友和彭阳县红河镇中心小学 20 名贫困留守儿童结成对子，相互体验生活，交流学习，丰富暑期生活。

8 月

1 日 县委书记赵晓东实地督查悦龙山新区全民健身中心、文化馆、职工文化活动中心、城市亮化绿化及城区停车场工程等重点项目建设情况。副县长朱红社、马英及相关部门负责人陪同。

同日 为纪念中国人民解放军建军 91 周年，彭阳县组织开展军事开放日活动，副县长马英带领各乡镇党委书记、乡（镇）长、武装部长、县直各部门（单位）负责人走进驻彭部队营区，参观体验军营生活。

△ 红河镇文沟村举办以“民族团结·健康新生活”为主题的首届农民运动会暨赛牛大会。

△ 由宁夏农牧厅原厅长崔永庆、宁夏农林科学院原院长戈敢等区内外退休专家组成的考察组，到彭阳县考察指导中药材产业发展情况。县人大常委会副主任晁建勇、副县长马建华等陪同。

2 日 自治区妇联副主席、妇儿工委委员马英带领自治区政府督查室、自治区政府妇儿工委、自治区卫生计生委相关处室领导一行，到彭阳县督查《彭阳县妇女发展规划纲要（2011—2020 年）》《彭阳县儿童发展规划纲（2011—2020 年）》重点指标落实情况。固原市副市长、妇儿工委主任朴凤兰，副县长、妇儿工委主任马英及市、县妇联负责人陪同。

同日 福建省厦门市副市长李辉跃带领代表团到彭阳县考察脱贫攻坚、闽宁互帮互助、产业互促情况，检查援宁工作，对接东西部扶贫帮扶工作。固原市委常委、副市长陆菁，县委书记赵晓东等市、县领导陪同。

△ 固原市人大常委会副主任李志菊带领检查组，深入彭阳县实地检查农村公共文化服务体系建设情况。县人大常委会主任邓万儒、副主任王儒，副县长朱红社陪同。

△ 宁夏农林科学院院长周东宁带领检查组，对彭阳县科技创新工作及院县合作项目进展情况进行检查。

3 日 西吉县县长杨生俊、人大常委会主任李聪带领党政观摩团，到彭阳县实地观摩产业发展、基层党建和民生项目建设情况。县委副书记王少波，县委常委、宣传部部长杨天峰，副县长朱红社等陪同。

6 日 由宁夏农林科学院主办、白阳镇玉洼村组织实施的彭阳县产业帮扶实用技术培训班在金鸡坪度假山庄农民技能培训中心开班。

7 日 自治区政协主席崔波深入彭阳县政协机关，看望政协机关全体干部，并主持召开座谈会，就深入学习贯彻习近平总书记关于加强和改进人民政协工作的重要思想，贯彻落实全国政协系统党的建设工作座谈会精神提出要求。固原市政协主席马玉芳、市委副书记杨刚、市政协副主席杨彦文出席座谈会，县长刘启冬，县政协主席冶三奎，副主席李廷枢、韩淑兰等参加座谈。

同日 自治区党委常委、秘书长纪峥到彭阳县调研督查集中整顿农村软弱涣散基层党组织工作进展情况。纪峥先后到古城镇、红河镇、王洼镇进村入户，与党员群众座谈交流，详细了解软弱涣散基层党组织成因症结、整顿措施，对前段工作给予肯定，并对集中整顿农村软弱涣散基层党组织的重要性及2018年工作开展提出要求。

△ 自治区党委改革办专职副主任杨青龙一行到彭阳县督查城市管理综合执法体制改革工作。县委副书记王少波、副县长朱红社陪同。

8日 公安部、自治区公安厅警务实战教官团一行到彭阳县开展送教活动。县委常委、公安局局长李全德，公安局政委王继祖带领全局200名民警、辅警参加培训。

同日 彭阳县在雷河滩全民健身中心举行庆祝宁夏回族自治区成立60周年暨彭阳县全民健身季广场舞比赛。

△ 宁夏园艺技术推广站联合彭阳县蔬菜产业发展服务中心举办培训班，为全县辣椒种植大户开出蔬菜病虫害防治技术大处方。

9日 自治区扶贫办综合处处长张岫岩一行到彭阳县扶贫联系点孟塬乡白阳庄村、何岘村和椿树岔村调研脱贫攻坚工作。

12日 彭阳县中医院搬迁至原彭阳县人民医院所在地办公。

13日 县委副书记杨海林带领县党政考察团，赴泾源县、隆德县、西吉县、原州区，学习借鉴兄弟县（区）推动经济社会发展、加快脱贫攻坚进程的好经验、好做法，推进与兄弟县（区）合作交流，抓差距、补短板，以加快全县脱贫攻坚进程，推动经济社会实现跨越发展。

同日 县长刘启冬深入小岔乡柳湾村调研脱贫攻坚工作中的基础短板，并就加快推进脱贫攻坚进程提出具体要求。

△ 固原市妇联主席王萍带领各县（区）妇联主席到彭阳县考察观摩妇联改革暨2018年下半年重点工作推进情况。考察团一行到城阳乡杨坪村妇女之家和巾帼扶贫车间、孟塬乡赵山庄村妇女儿童之家、建茹巾帼扶贫车间实地考察，交流学习，并对妇女工作取得的成绩给予肯定。副县长马英陪同。

15日 自治区民政厅核对中心主任陈国华一行到彭阳县调研城乡居民家庭经济状况信息核对工作开展情况。

同日 彭阳县召开2018年六盘山重点生态功能区降雨量400毫米以上区域造林绿化工作动员会。

△ 彭阳县召开基层政务公开标准化规范化试点建设自评会。会议邀请陕西省标准化院标准化研究中心主任孙峰及相关负责人作专题培训，固原市政务公开办公室相关负责人到会指导。县直各部门（单位）、各乡镇分管负责人，政务公开专（兼）职人员参加培训。

16日 城阳乡人民政府举办首期“政府开放日”活动。

同日 彭阳县被自治区文明办评为第一届自治区移风易俗工作先进县；县文化旅游广电局被评为自治区精神文明建设先进集体；孟塬乡赵山庄村红白理事会被评为自治区移风易俗工作先进红白理事会；新集乡党委副书记、乡长余长会被评为自治区精神文明建设先进工作者；新集乡崾堡村高世荣、草庙乡草庙村马效伸被评为自治区移风易俗模范户。

17日 彭阳县古城镇海口村党支部书记海生贵(回族)被评为第三届全区民族团结进步十大模范人物。

同日 固原市政法委副书记、综治办主任马学明带领督察组，对彭阳县命案防控工作进行督查指导。县委常委、公安局局长李全德陪同。

18日 彭阳县农业综合开发办公室研究员王利入选2018年享受国务院特殊津贴人员。

同日 彭阳县浙商国际购物中心、维也纳酒店正式开业运营。

19日 固原市副市长吴会军带领调研组,对彭阳县农村最低生活保障制度与扶贫开发政策有效衔接工作进行调研指导。副县长马英等陪同。

20日 彭阳县委、政府举行2018年古尔邦节茶话会,县委书记赵晓东、县长刘启冬、县人大常委会主任邓万儒、县政协主席冶三奎等县四大机关领导及部分少数民族退休老干部代表出席,各乡镇、部门(单位)负责人,部分宗教界代表人士参加茶话会。

22日 中华全国人民调解员协会副会长兼秘书长、司法部第四督察组组长李冰一行,实地调研彭阳县人民调解参与信访矛盾化解试点工作。自治区司法厅副厅长鲍焕军,固原市司法局局长马天峡,县委常委、宣传部部长杨天峰陪同。

27日 国家文物局副局长宋新潮带领调研组实地调研指导彭阳县姚河塬遗址挖掘和保护工作。自治区文化厅副厅长兼宁夏文物局局长卫忠,固原市、彭阳县领导孟卫东、李鹏霄、杨天峰、朱红社等陪同调研。

同日 固原市政协副主席、“七五”普法第五考核组组长杨志荣带领考核组，对彭阳县“七五”普法工作进行中期评估考核。县领导王少波、张新全、朱红社、李廷枢等陪同。

△ 彭阳县红河镇初级中学教师陈志旺、孟塬乡中心学校教师高斌、古城镇中心学校教师顾永梅、交岔乡中心学校教师海启波、草庙乡中心学校教师马沛强、新集乡中心学校教师鲜碧福、小岔乡中心学校教师尹士勤、冯庄乡中心学校教师王廷锋、交岔乡初级中学教师杨永山被自治区政协办公厅、自治区教育厅确定为最美乡村教师。

30日 自治区统计局党组书记、局长徐秀梅带领调研组，到彭阳县调研指导统计工作。调研组一行深入县统计局和社会经济调查队、宁夏王洼煤业有限公司等地,对全县统计工作实地调研指导,并深入了解企业统计数据申报情况。县长刘启冬、副县长何少庸等陪同。

31日 彭阳县委、政府召开创建国家公共文化服务体系示范区动员大会,要求全县上下以饱满的工作热情和昂扬向上的精神,全力以赴投身国家公共文化服务体系示范县创建工作。县委常委、宣传部部长杨天峰,县人大常委会副主任王儒,副县长朱红社,县政协副主席李廷枢出席会议。

9月

1日 彭阳县中共红河地下支部旧址、乔家渠毛泽东长征宿营地旧址被宁夏回族自治区政府办公厅命名为宁夏第五批自治区文物保护单位。

同日 由自治区慈善总会主办，宁夏长生医院和银川维康肾病专科医院承办，固原市、彭阳县慈善总会协办的宁夏慈善总会慈善助医义诊活动在彭阳县开展。

3日 全区落实农村党建“四个重要文件”现场推进会在彭阳县召开。会议对2017年8月部署开展的“三大三强”促脱贫富民行动、“两个带头人”工程和2018年7月部署开展的整顿软弱涣散基层党组织等“四个重要文件”落实情况进行阶段性评价，并明确下一步工作要求和重点任务。与会人员先后深入红河镇红河村、壹珍药业有限责任公司、草庙乡新洼村、孟塬乡赵山庄村，对落实“四个重要文件”情况进行现场观摩交流。

自治区党委组织部副部长景瑜出席会议并讲话，自治区非公有制经济组织和社会组织工委专职副书记宋弘阳主持会议。固原市委副书记杨刚，县委书记赵晓东，各地级市党委组织部分管副部长、组织科负责同志，各县(市、区)党委组织部部长、分管副部长，宁东党工委党群工作部部长、副部长参加会议。

4日 全国工商联扶贫与社会服务部副巡视员邵逸调研指导彭阳县工商联工作。县委书记赵晓东，县委常委、统战部部长马文山陪同。

6日 彭阳县委、政府召开全县脱贫攻坚“百日行动”暨重点工作推进会。县委书记赵晓东就推进全县脱贫攻坚“百日行动”暨重点工作提出具体要求，县长刘启冬主持会议，在彭阳县级领导出席会议。

同日 彭阳县招聘城镇社区工作者22名、养老服务机构工作人员38名。

△ 固原市政协副主席杨彦文带领调研组，到彭阳县白阳镇罗堡村、中庄村，王洼镇崖堡村，孟塬乡小石沟村，实地调研中蜂产业发展情况。调研组一行通过现场观看养殖场、与中蜂养殖户交流等方式，详细了解并充分肯定彭阳县中蜂养殖产业发展取得的成就。

7日 固原市委常委、副市长左鹏飞到彭阳县城阳乡，为全体乡、村干部，驻村第一书记宣讲自治区党委第十二届四次会议精神。县委常委、城阳乡党委书记刘旭主持宣讲。

同日 中共彭阳县委办公室、彭阳县人民政府办公室印发《彭阳县庆祝自治区成立60周年暨第三届职工运动会方案》。

8日 国务院参事、北京大学人文社会科学研究院院长邓小南带领调研组，到彭阳县姚河塬遗址考古发掘工地、考古工作队驻地和县博物馆，详细了解姚河塬遗址发掘进度、文物保护、工作安全、发掘中的重要新发现等。固原市领导金敬东、王金全，彭阳县领导杨天峰及自治区、市、县相关部门负责人陪同。

同日 由中央网络媒体、区内外重点新闻网站、商业网站媒体记者和自媒体网络达人近百人组成“走进西海固·跨越六盘山·脱贫攻坚看固原”网络媒体采风团到彭阳县采风。

9日 宁夏公共数字文化服务推广暨文化共享工程文化精准扶贫活动在彭阳县启动。全国公共文化发展中心培训保障处副处长焦延杰，自治区图书馆馆长、文化共享工程宁夏分中心主任韩彬，县委常委、宣传部部长杨天峰出席启动仪式。

10日 彭阳县召开8月份“两排查一分析”例会暨自治区60大庆安保维稳推进会。县委副书记、政法委书记王少波，县委常委、公安局局长李全德，县人大常委会副主任杨志杰出席会议。

同日 举办彭阳县2018年新兵入伍欢送会。县领导李世金、马建华、彭波及新战士家长、社会各界人士欢送112名子弟兵启程。

△ 彭阳县庆祝第34个教师节暨教育体育工作表彰大会举行。县委书记赵晓东,县长刘启冬,县人大常委会主任邓万儒,县委常委、宣传部部长杨天峰,副县长马英出席会议并为获奖人员颁奖。

11日 彭阳县召开第四次全国经济普查工作动员暨业务培训工作会议,安排部署全县经济普查工作和业务培训事宜。副县长何少庸出席会议并讲话,县经济普查领导小组成员单位、各乡镇负责人及全县普查员参加会议。

12日 自治区政府办公厅组织专家组,对彭阳县基层政务公开标准化规范化工作进行现场验收。自治区政府参事室副主任丁劲松主持会议,自治区政府政务公开办公室主任陆生宏在会上做重要讲话。

同日 由中共彭阳县委宣传部、县文化旅游广电局主办,各乡镇,部门(单位)、文化馆、各群众文艺团体承办以“辉煌60年·见证新发展”为主题的彭阳县第九届文化艺术月活动在县城正式启动。

13日 2018年宋庆龄精神进彭阳系列活动先后在县第五小学、博物馆和城阳乡沟圈小学举行。中国宋庆龄基金会研究中心、宋庆龄故居管理中心主任艾多,中国宋庆龄基金会基金部公益合作处处长王刚玉,县委常委、副县长史金龙,副县长马英出席两个学校时代小先生示范校挂牌及捐赠仪式。

15日 由中共彭阳县委员会、彭阳县人民政府主办,县委宣传部、文化旅游广电局承办的“庆祝宁夏回族自治区成立60周年专场文艺晚会”在县体育场举行。

同日 彭阳县文物管理所所长杨宁国被自治区党委、政府授予“自治区60年感动宁夏人物”荣誉称号。

17日 县委、政府召开全县重点工作推进督查总结会。主要对“331”工作和重点工作督查等情况进行通报,分析总结前半年全县经济运行情况,安排部署下半年有关工作,并通报全县“4+1”重点工作责任清单督查考核情况和脱贫攻坚工作进展情况。会前,与会人员利用两天半时间,深入全县12个乡镇、县医院、三泰面粉厂、浙商国际和电商孵化园等30个观摩点进行督查,详细了解全县重点产业发展、脱贫攻坚示范村建设、“互联网+医疗健康”工作、旧城改造及县城建设管理、危房危窑改造及发展壮大村集体经济等情况。

同日 由共青团固原市委、团县委主办,固原电子商务联合会承办的全市青年创新创业培训班在彭阳县开班。团市委书记喜晓林出席开班仪式并对培训工作提出要求。全市各级共青团负责电商工作的团干部、电商企业、产品企业、科技企业负责人参加培训。

18日 全区森林抚育培训班在彭阳县举办。自治区林业厅副厅长平学智出席会议,副县长马建华到会致辞,特邀国家生态保护修复司副司长吴秀丽授课。全区各市、县林业局分管领导、技术负责人和业务骨干参加培训。培训内容主要包括森林抚育作业设计规范、营造林作业设计规范和森林抚育技术。

19日 全区秋季大规模国土绿化推进会在彭阳县召开。自治区林业厅副厅长平学智出席会议,全区各市、县有关单位负责人参加会议。

20日 由人行固原市中心支行主办，人行彭阳县支行承办的“金普月”金融知识现场竞赛活动在彭阳县城举行。固原市人行党委书记、行长姚景超，县委常委、副县长李国帅出席活动。

26日 彭阳县第三届职工运动会在县体育场隆重开幕。县领导赵晓东、刘启冬、王少波、张彩虹、李全德、杨志杰、马英、韩淑兰等出席开幕式，开幕仪式由县委常委、宣传部部长杨天峰主持。

28日 由中华慈善总会、云南省阜外心血管病医院、中华慈善总会新闻界志愿者慈善促进工作委员会、宁夏慈善总会、中华慈善总会绿洲基金共同资助，彭阳县慈善总会协调实施的贫困家庭先天性心脏病儿童救助行动在彭阳县启动实施。

29日 彭阳农商行与宁夏移动固原分公司联合实施的“金融+通信”扶贫扶智工程启动仪式在怡园广场举行。副县长马英出席启动仪式。启动仪式上，彭阳农村商业银行董事长王玉君介绍了“金融+通信”扶贫扶智工程的具体内容，宁夏移动固原分公司副总经理吴林春致辞，彭阳农村商业银行行长段亚斌与吴林春签署战略合作协议。与会领导为彭阳县20位建档立卡贫困户代表送出第一批“致富”手机。

30日 在全国第五个法定烈士纪念日来临之际，彭阳县在任山河烈士陵园举行公祭活动，深切缅怀为宁夏解放和社会主义事业英勇牺牲的烈士，号召全县干部群众继承先烈遗志，弘扬先烈精神，为谱写辉煌壮丽“中国梦”的彭阳篇章作出新的更大的贡献。

10月

2日 彭阳县国学第一馆“同人国学馆”正式开馆，特邀文化学者、国学讲师姚新开讲第一课。

8日 县长刘启冬深入孟塬乡实地调研脱贫攻坚、产业发展、危房改造及移民工程建设等重点工作。在玉塬村危房危窑集中安置点工程建设现场，刘启冬认真查看工程质量和进度，在听取孟塬乡及施工企业情况汇报后指出，乡、村两级要积极沟通协调，做好服务工作，解决工程建设中出现的问题。要想尽一切办法加快危房改造进度，赶进度、保质量，让贫困户尽快迁入新居，确保在10月20日前完成住房“清零”工作。

9日 固原市人大常委会副主任杨大素带领检查组，对彭阳县2018年社会救助工作进行检查。县人大常委会副主任陈玉玲、副县长马英陪同。

11日 自治区副主席、固原市市长马汉成对彭阳县脱贫攻坚、乡村振兴和民族团结创建等重点工作进行调研。马汉成一行实地考察贺兰山村镇银行“引金入宁”工程、电商物流服务中心电商扶贫工作、友谊街社区“互联网+医疗”服务、县职业中学民族团结进步创建工作，随后，召开座谈会听取彭阳县重点工作推进情况。县委书记赵晓东、县长刘启冬陪同调研。

同日 在宁夏60年公安工作突出贡献人物揭晓仪式暨公安民警从警特定年限荣誉纪念仪式上，彭阳县公安局副局长张永生被授予“宁夏60年公安工作突出贡献人物”荣誉称号。

△ 经县委第二十四次常委会议研究，决定免去邓万儒彭阳县人大常委会党组书记、成员职务，免去冶三奎彭阳县政协党组书记、成员职务。

12日 自治区农产品加工局副局长杨静带领督察组，对彭阳县“大棚房”问题专项清理整治行动进行检查。副县长张新全就全县开展“大棚房”问题专项清理整治行动，坚决遏制农地非农化工作进展情况进行专题汇报。

同日 由固原市林业局主办、彭阳县林业局承办的全市苹果现代集约栽培模式及幼树越冬管理技术培训班在彭阳县开班，来自全市四县一区的林业技术骨干参加培训。

16日 自治区人大常委会副主任董玲带领调研组，到彭阳县调研推进乡村振兴战略实施情况。固原市、彭阳县领导云生元、王金全、陈玉玲、马建华陪同。

同日 自治区发展改革委核准银川至昆明高速公路太阳山开发区至固原彭阳（宁甘界）段项目。该项目是银川至昆明国家高速公路（G85）重要路段和自治区高速公路网规划的组成部分。项目路线起自太阳山开发区北侧，接已建成的银昆高速公路银川至太阳山段，终点止于固原市彭阳县红河乡高寨塬（宁甘界），与在建的银昆高速公路甘肃段相连。项目全长236千米，估算投资约270亿元，全线采用双向四车道高速公路标准建设，设计速度100千米/小时。

△ 彭阳原创歌曲——《山花之恋》发布。

17日 在第五个全国扶贫日来临之际，由县就创局主办的以“就业扶贫、帮困脱贫”为主题的彭阳县2018年全国就业扶贫行动日现场招聘会在怡园广场举办。本次招聘会有来自区内外企业24家参加，涉及商贸、服务、机械、餐饮等10个行业，提供招聘岗位2000个，招聘活动当天达成意向就业协议500个。县人大常委会副主任陈玉玲、副县长马英出席招聘会并就用工情况、岗位要求、薪资待遇等情况与企业进行交流。

同日 自治区文物局副局长石学安、文保中心主任马建军、考古研究所副所长朱存世来彭阳县检查白岔段长城修缮工作。

18日 自治区政协副主席洪洋带领调研组，到彭阳县调研贫困地区公共文化设施建设情况。洪洋在调研中对彭阳县贫困地区公共文化设施建设情况给予充分肯定，并要求彭阳县进一步提高思想认识，让基层公共文化服务设施充满文化味、乡土味、人情味。

同日 共青团厦门市委副书记洪清岩带领考察组，到彭阳县开展考察调研活动，并与彭阳团县委签订用于资助彭阳县贫困学生的“彭阳县青少年鹭岛奖学金”项目协议。县委副书记王少波，县委常委、副县长吴志怀，县长助理连一洲出席座谈会。

19日 “闽宁彭阳大数据灾备中心”项目开工奠基仪式在彭阳县工业园区举行。中心位于县城南门工业园区，规划总占地100亩，总建筑面积71943平方米，项目容积率为1.03%，概算总投资9亿元。大数据灾备中心的成功运营及盈利将使“灾备中心”“区块链”“信息安全”成为彭阳乃至宁夏的名片。县委副书记王少波，县委常委、副县长吴志怀，县人大常委会副主任陈玉玲，副县长何少庸，县政协副主席韩淑兰，王洼产业园区管委会主任张文军出席奠基仪式，县直有关部门单位、中通服宁夏分公司、宁夏建工集团、银川市设计规划研究院负责人参加开工仪式。

同日 自治区科学技术厅组织全区各县（区）科技部门负责人、区内外专家和种植大户，到彭阳县开展中药材产业观摩培训学习活动。

22日 第二届中国考古学大会在成都开幕，会上揭晓了中国考古学会田野考古奖。全国十大考古新发现之一——彭阳县姚河塬西周遗址获得二等奖。

同日 县长刘启冬到冯庄乡专题宣讲自治区党委第十二届四次全会精神，刘启冬县长从充分认识做好新时代民族宗教工作的重要性和牢固树立马克思主义民族宗教观，不折不扣地把中央、自治区民族宗教工作的政策落到实处这两个方面对自治区党委第十二届四次全会精神进行全面详细解读。

23日 福建省厦门市思明区区委书记廖华生带领党政代表团，到彭阳县调研闽宁对口扶贫协作工作。代表团实地调研考察长城塬闽宁现代循环农业科技示范园、长城村太子参种植加工项目区、白岔村闽宁协作示范村、建茹职业技能培训学校、闽宁信息扶贫产业园区建设情况。县委书记赵晓东、县长刘启冬陪同调研。

同日 百名专家助力固原脱贫攻坚暨农特产品展示推介会在固原市启动。县妇联组织宁夏建茹文化产品创意有限公司、彭阳县金德源电子商务有限公司、彭阳县三泰物流快运有限责任公司3家企业参加推介会。

25日 国家税务总局彭阳县税务局举行全县税务局机构“三定”宣布仪式，标志着国税地税征管体制改革县局人员整合顺利完成。

同日 彭阳县“供销e家”电子商务运营中心成立。该中心以展示彭阳特色产品为主，主要承担全县电子商务特色产品展示、运营、培训及服务等任务。

△ 宁夏社会科学院历史研究所所长、《宁夏社会科学》主编、编审薛正昌，红寺堡档案史志馆馆长陈永康，红寺堡图书馆馆长陈维良，国家高级摄影师杨有恒等《红寺堡移民史》《红寺堡移民图鉴》主要编纂人员到彭阳县调研移民迁出后生态恢复治理工作，并搜集相关编辑资料。

26日 彭阳县第一中学建校60周年庆祝仪式在县一中操场隆重举行。

同日 中国邮政储蓄银行宁夏分行向彭阳县白阳镇中庄村农村资金互助社捐赠资金20万元，中国邮政储蓄银行宁夏分行副行长、工会主席余淑兰出席捐赠仪式。

28日 自治区文联到彭阳县古城镇郑庄村开展扶贫慰问演出活动。自治区文联党组书记、副主席崔晓华，县委常委、宣传部部长杨天峰与郑庄村群众一同观看演出。

30日 福建省厦门市思明区相关企业专场招聘会于10月30日上午9:30至11:30在古城镇街道举办，下午1:30至5:30在县城明皇广场举办。本次招聘会由思明区就业中心、县就创局主办，古城镇政府、思明区相关企业承办。

同日 中国妇女第十二次全国代表大会在北京开幕，彭阳法院女法官马淑媛同志当选为全国妇代会代表。

31日 固原市创建国家公共文化服务体系示范区办公室主任张明带领督察组及北大师生代表团50人，到彭阳县博物馆参观、交流。督察组一行先后参观茹水遗珍——彭阳古代文物陈列展、红色记忆——彭阳近现代革命史迹展及宋庆龄临时展，对彭阳县红色文化的发扬给予肯定。

同日 县委书记赵晓东到县扫黑除恶专项斗争领导小组办公室、县法院、县公安局扫黑办和公安局扫黑除恶专业队，实地督导调研扫黑除恶专项斗争开展情况，并看望一线办案民警。

11月

1日 彭阳县深化机构改革领导小组成立，县委书记赵晓东任组长。

同日 彭阳县召开总河长第三次会议，总结第二次会议以来重点工作落实情况，研究部署下一步重点工作任务。县委书记、总河长赵晓东出席会议并讲话，县级河长制工作主要领导、主要河流河长出席会议。

2日 彭阳县召开2018年脱贫退出自评工作动员会，通报全县脱贫攻坚“十项清零行动”完成情况，对2018年脱贫退出自评工作安排部署。

3日 2018年脱贫退出自评工作在彭阳县156个行政村开展。

5日 彭阳县圆满完成2018年度特困和建档立卡贫困人员共计41986人养老医疗保险参保工作（参加职工养老保险1986人，参加居民养老保险40000人），参保率达到100%。

同日 自治区运管局党委书记刘新明一行到彭阳县调研建制村通客车情况。调研组对建制村通客车工作采取的五通行机制（正常发班制、线路延伸制、循环制、周末班、市围通车）和四监督模式（网络监管制、运行轨迹制、交通微信群通报制、暗访督查制）等做法给予充分肯定。

△ 为期5天的第二十五届中国杨凌农业高新科技成果博览会在陕西杨凌开幕，彭阳县组织4家企业，带黄芪、黄芩、黄芩籽、桃杏仁、红花、苦参等6种中药材产品、种子参加展出。

6日 自治区土地勘测规划院院长、自治区三调办副主任崔树国一行到彭阳县督查指导第三次国土调查工作，并就工作中存在的问题进行座谈讨论。督察组先后深入三调技术组查看调查工作制度建设、图斑勾绘及影像解译等情况，对图斑勾绘上的细节进行指导。

同日 固原市延安精神进校园活动现场会在彭阳县召开。固原市延安精神研究会会长姚启世出席会议并讲话，固原市、县（区）老干部局局长，延安精神研究会会长，市延安精神研究会成员单位负责人等参加会议。

△ 中国宋庆龄基金会党组成员、秘书长、机关党委书记李松武带领调研组，到彭阳县调研健康扶贫工作。调研组先后深入县人民医院、白阳镇友谊街社区卫生服务站、白阳镇卫生院、白阳镇陡坡村卫生室、城阳乡沟圈村、古城镇任河肉牛养殖示范点等地，就“互联网+医疗健康”在健康扶贫中的应用、家庭医生签约、居民健康档案管理等情况进行实地了解。县委书记赵晓东、县长刘启冬、县委副书记靳华斌等陪同。

7日 中共宁夏区委党校、宁夏行政学院教育长马国君带领区、市、县党校行政学院办学质量检查评估组，对彭阳县党校办学质量工作检查评估。县委副书记靳华斌陪同。

8日　县长刘启冬先后深入县检察院、公安局、白阳镇，对全县扫黑除恶工作进行调研。

同日　彭阳县进入全区首批现代农业科技创新示范展示区名录。

△　《彭阳年鉴2018》《彭阳县改革开放史专题选编（第一辑）》由彭阳县史志办公室编纂、宁夏人民出版社公开出版发行。

9日　县委书记赵晓东到孟塬乡实地调研、指导脱贫攻坚及脱贫退出自评工作。

同日　固原市基层政务公开标准化规范化工作现场会在彭阳县召开，市委常委、副市长孟卫东出席会议并讲话。与会的市直各部门、各县（区）负责人实地观摩县一小、县医院、草庙乡新洼村、县政务大厅等地，观摩了解彭阳县义务教育领域政务公开、医务公开及院务公开、县政务公开智能监管平台及云视频会议开放系统使用情况。

△　全县第一批集体林地经营权流转证发放。

11日　将雷河滩全民健身中心体育休闲广场命名为雷泽公园。

12日　自治区文化和旅游厅第二督察组对彭阳县乡镇综合文化站专项治理工作进展情况进行督查指导。

13日　县委书记赵晓东到小岔乡实地调研脱贫自验工作。调研中，赵晓东实地查看李渠村综合服务网点建设及运营情况，并就综合服务网点提供的便民服务与广大群众的需求进行深入交流。在村卫生室，仔细查看医疗卫生仪器配置情况，详细询问村级医疗保障和村医签约状况。

同日　固原市委副书记杨刚、市政协副主席呼延俊杰带领督办组，到彭阳县现场督办市政协《关于深化交通扶贫确保脱贫销号村通客车的提案》办理落实情况。县委副书记靳华斌、县人大常委会副主任杨志杰陪同。

14日　张佐任县人大常委会党组成员、书记，杨志杰任县政协党组成员、书记。

同日　彭阳县人民政府办公室印发《彭阳县深化“不见面、马上办”改革深入推进审批服务便民化实施方案》。

15日　固原市文广局局长喜晓林带领调研组，到彭阳县调研指导文化广电工作。

同日　县委书记赵晓东到新集乡赵沟村、谢寨村实地调研脱贫攻坚工作。

△　全县第十六届中学生篮球运动会暨第四届小学生乒乓球比赛在县体育馆隆重拉开帷幕。

19日　全区教育大会在银川召开。彭阳县第三中学教师陈万正、第四中学教师韩多杰、第三小学教师王雪艳（女）被自治区党委、政府授予“教书育人楷模”称号；王洼镇中心学校教师马桂花（女，回族）、红河镇中心学校教师王文义、新集乡初级中学教师杨文元（回族）被自治区党委、政府授予“师德标兵”称号。

21日　自治区党委常委、纪委书记、监委主任许传智带领调研组，对彭阳县乡、村两级扶贫领域腐败和作风问题专项治理工作。县纪委监委审查调查安全及监督执纪工作情况进行实地调研督导。市委常委、纪委书记、监委主任纳冰，县委书记赵晓东，县委常委、纪委书记、监委主任张彩虹等陪同。

同日　固原市人大常委会副主任童全成带领检查组，到彭阳县检查招商引资工作。县人大常委会副主任晁建勇、副县长何少庸等陪同。

22日 自治区党委统战部副部长杨继宏带领调研组到彭阳县调研统战工作。市委统战部副部长田元文、县委副书记靳华斌陪同。

同日 自治区退役军人事务厅军休中心副主任张金斌带领督导组,到彭阳县检查督导退役军人及优抚对象信息采集工作。

△ 彭阳县妇联协同中国人寿彭阳支公司在红河镇召开“爱妮保”现场理赔会,为首例“爱妮保”患病妇女理赔10万元。

26日 宁夏慈善总会“幸福之光——孤儿励志奖学金”发放仪式在县民政局举行,为22名受资助学生发放奖学金共75400元。

27日 全国学生营养办委托中国教育科学研究院督导所副所长任春荣一行到彭阳县调研农村义务教育学生营养改善计划工作。自治区教育厅、彭阳县教体局相关负责人陪同。

同日 固原市委常委、副市长孟卫东带领重庆大学校友会部分企业家,考察调研城阳乡杨坪村度假文化体验旅游项目。调研组一行先后对杨坪村美丽新村、“百窑古村”、茹河瀑布及扶贫车间实地考察。县委常委、城阳乡党委书记刘旭陪同。

△ 彭阳县退役军人事务局筹备组成立,副县长马英任组长。

28日 自治区地方志办公室主任负有强带领调研组,到城阳乡长城村、杨坪村调研名村志编纂工作,对两村的社会主义先进文化建设及历史文化、红色文化挖掘保护情况进行了解。

30日 固原市委常委、政法委书记吴会军一行到彭阳县实地调研扫黑除恶专项斗争工作开展情况。县委副书记、政法委书记靳华斌陪同调研。

同日 宁夏检察机关第七届优秀公诉人业务竞赛举行,彭阳县检察院高春琴荣获“全区检察机关公诉业务标兵”。

是月 彭阳县在王洼镇李寨村建成县博物馆分馆李寨红色记忆馆。

△ 彭阳县2018年实施六盘山重点生态功能区降雨量400毫米以上区域造林绿化工程,完成营造林任务19.49万亩。

△ 彭阳县三泰物流有限责任公司代表宁夏参加由农业部、江苏省人民政府主办的“新希望杯”第二届全国农村创业创新项目创意大赛,在总决赛中荣获初创三等奖。

△ 彭阳县建成县图书馆王洼镇分馆。

12月

2日 固原市人大常委会副主任云生元、副市长周文贵一行到彭阳县调研脱贫攻坚工作。县委书记赵晓东,县委常委、副县长李国帅陪同。

同日 彭阳县人民政府办公室印发《彭阳县县城建成区禁止燃放销售烟花爆竹工作实施方案》。

3日 彭阳县召开脱贫攻坚推进会。通报贫困村出列市级复查复审情况,对脱贫攻坚工作进行辅导讲解,安排部署全县脱贫重点工作。市委副书记杨刚、市人大常委会副主任云生元、副市长周文贵及市复查复审工作组成员、盐池县脱贫攻坚工作专家到会指导。

同日 内蒙古自治区乌拉特中旗政协副主席李贤带领考察团,对彭阳县电商扶贫和林下经济产业发展情况进行考察交流。县政协副主席杨志让陪同。

△ 彭阳县秋平名师工作室（县一中）、李步刚名师工作室(城阳乡初级中学)挂牌。

4日 彭阳县人民政府办公室印发《彭阳县2018年第十二批次城镇建设用地土地及房屋等附着物征收补偿实施方案》。

6日 自治区党委常委、统战部部长白尚成，固原市委常委、宣传部部长、统战部部长王正儒一行到彭阳县博物馆调研参观。县统战部部长马文山陪同。

同日 县人大常委会党组书记张佐到孟塬乡实地调研小石沟村中蜂养殖、赵山庄村中药材种植情况，了解小石沟村、赵山庄村“代表活动室”建设及活动开展情况，与干部群众现场交流，对孟塬乡在产业发展、脱贫攻坚等方面所做的工作和取得的成绩给予充分肯定。

△ 彭阳县首支村级志愿者服务队在冯庄乡高庄村举行启动成立仪式。

7日 自治区检察院党组书记、检察长时侠联一行到彭阳县调研指导检察工作。自治区检察院副检察长戴红霞、固原市检察院检察长樊百安、县委书记赵晓东陪同调研。

9日 福建省厦门市思明区妇联在孟塬乡开展爱心捐赠活动。县委常委、副县长吴志怀参加捐赠仪式并讲话。

10日 住房和城乡建设部公布第五批中国传统村落名录，固原市彭阳县城阳乡长城村乔渠组是宁夏唯一一家入选“第五批中国传统村落名录”村落。

11日 自治区党委副书记、主席咸辉，自治区副主席、固原市市长马汉成到彭阳县闽宁现代循环农业科技示范园调研闽宁科技合作情况。咸辉主席一行参观园区生产的“六盘山珍”系列食用菌产品，观看“闽宁协作，创新驱动”专题片，实地查看食用菌生产环节、杏鲍菇和海鲜菇培养车间，与福建到彭阳挂职同志进行详细交流，并向园区负责人详细了解产品生产成本、销售、价格、产业扶贫带动等情况。县委书记赵晓东对闽宁合作推动食用菌产业发展作了详细汇报。

同日 “2018美丽乡村博鳌国际峰会”在博鳌亚洲论坛国际会议中心举行，全国仅10家乡村(片区)应邀参加，并由十位体坛冠军为各自乡村(片区)代言，杨坪村作为宁夏唯一一家入选乡村，获得前羽毛球奥运冠军张宁“美丽”代言，张宁也因此成为美丽杨坪村的美丽“新村民”。

12日 固原市教育工委书记、教育局局长马凤贤一行调研指导彭阳县教育工作。副县长马英陪同调研。

同日 县直机关工委召开基层党组织书记抓党建工作述职评议考核会。县委常委、组织部部长张利军出席会议。

13日 固原市人大常委会副主任胡杰带领检查组，对市第四届人大二次会议期间彭阳县10名代表提出的“关于对白阳镇周沟村赵河居民点基础设施建设”议案办理情况进行检查。县人大常委会副主任晁建勇、副县长朱红社陪同。

同日 由中共固原市委宣传部、市文化体育新闻出版广电局、固原日报社、市文学艺术界联合会主办，固原市广播电视台、市群众艺术馆、彭阳县文化旅游广电局等单位承办的固原市第六届小戏小品大赛在固原剧院举行。彭阳县文化馆选送的秦腔小戏《下乡》荣获一等奖，眉户剧《你是我的贫困户》荣获三等奖，且荣获最佳编剧、最佳导演、最佳音乐奖，小品《溜嘴子脱贫》荣获优秀奖，彭阳县文化馆荣获优秀组织奖。

14 日　彭阳县委召开 2018 年度全县党（工）委（党组）书记抓基层党建工作述职评议考核会，会议由县委书记赵晓东主持。县委各副书记、常委，各乡镇党委书记和组织委员，各部门（单位）党（工）委（党组）书记，县党建工作领导小组各成员单位主要负责同志，部分县级基层一线党代表和基层党组织书记代表参加会议。固原市委组织部部务委员陈启到会指导。

16 日　中国宋庆龄基金会党组书记、常务副主席杭元祥一行调研参观彭阳县博物馆。县委书记赵晓东，县委常委、副县长史金龙陪同。

17 日　彭阳县退役军人事务局成立揭牌仪式在县民政局院内举行。县委常委、公安局局长李全德，县人大常委会副主任陈玉玲，副县长、县退役军人事务局筹备组组长马英，县政协副主席杨志让出席仪式。

同日　彭阳县农村党员冬季轮训示范班在县委党校正式开班。

19 日　福建省厦门市思明区夏港、滨海街道为对口帮扶的王洼镇、罗洼乡和交岔乡生活困难群众捐赠爱心物资发放仪式分别在三乡镇举行。县委常委、副县长吴志怀出席捐赠仪式并讲话。

21 日　由自治区政法委组织，中国法制日报、宁夏日报、宁夏法治报、固原日报、固原电视台等新闻媒体组成采访团，对彭阳县扫黑除恶工作进展情况进行深入采访。

24 日　彭阳县妇联举行 2018 年自治区民生计划“两癌”妇女救助金发放仪式，为 14 名城乡贫困“两癌”妇女发放救助金 14 万元。

同日　2018 年全国 U17 射击锦标赛在宁夏体育运动训练管理中心开幕，彭阳县 5 名运动员代表宁夏首次参赛并取得优异成绩。其中，杨宇博获男子甲组 10 米气手枪个人比赛第二名，李建国获男子甲组 10 米气手枪个人比赛第八名；杨宇博、李建国、李敏获男子甲组 10 米气手枪团体第三名，李建国、曹建华获甲组 10 米气手枪混合团体第八名。

25 日　彭阳县人民政府印发《彭阳县打赢蓝天保卫战三年行动计划（2018—2020 年）实施方案》。

同日　自治区供销合作社联合社党组副书记、理事会副主任杨少华一行到彭阳县指导落实全国供销合作社基层工作会议精神，调研深化供销合作社综合改革情况。杨少华就深化供销合作社综合改革，推动彭阳供销合作事业发展与县委副书记、县长刘启冬交换了意见。县委常委、副县长李国帅陪同调研。

△　自治区商务厅副厅长陈志伟带领考核组，到彭阳县考核检查 2018 年招商引资工作。

26 日　县委书记赵晓东到王洼镇调研脱贫攻坚工作。赵晓东一行深入王洼镇马掌村、团庄村、花芦村，通过听取介绍、座谈交流、入户走访等方式，对王洼镇脱贫攻坚工作进行深入了解。县委副书记杨海林等参加调研活动。

同日　彭阳县工会第六次代表大会在悦龙山文化影剧院礼堂隆重开幕。

27 日　宁夏银行彭阳支行举行开业庆典仪式。固原市委常委、副市长李志达，宁夏银行总行行长沙建平，人民银行固原市中心支行行长姚景超，县长刘启冬，县人大常委会党组书记张佐，县委常委、副县长李国帅，县政协副主席杨志让，宁夏银行总行行长助理梅翔出席开业仪式。固原市委常委、副市长李志达和宁夏银行行长沙建平共同为宁夏银行彭阳支行揭牌。

同日 彭阳县委召开全县宣传思想工作会议，传达全国、全区宣传思想工作会议精神，安排部署全县宣传思想工作。县委书记赵晓东在会上做重要讲话，县委副书记、县长刘启冬主持会议，县委常委、宣传部部长杨天峰安排部署此后一个时期全县宣传思想工作重点。

△ 固原市副市长、公安局局长李云峰到彭阳县调研指导公安工作。县委常委、公安局局长李全德陪同。

28日 由县委宣传部、县文学艺术界联合会主办，县音乐家协会承办的彭阳县首届新年音乐会在文化影剧院隆重举行。

29日 彭阳县人民政府成立研发经费归集统计工作领导小组，县委常委、副县长李国帅任组长。领导小组下设办公室，办公室设在农牧局，李云兼任办公室主任，负责领导小组日常工作。

同日 彭阳县印发《2019年彭阳县农业产业脱贫富民实施方案》。

是月 由宁夏文联、宁夏摄影家协会策展的庆祝改革开放40周年及自治区成立60周年“空中看宁夏”摄影展在彭阳县博物馆展出。

△ 在2018年度宁夏回族自治区地方志系统量化考评中，彭阳县史志办被自治区地方志编审委员会评为县级优秀一等奖，这也是彭阳县史志办连续第六年获此殊荣。

△ 彭阳县城阳乡长城村被中国地方志指导小组列为第三批中国文化名村，并启动中国名村志编写。

△ 全区妇联系统2018年度效能目标考核结果揭晓，彭阳县妇联被自治区妇联授予一等奖。

△ 彭阳县被自治区依法治区领导小组命名为“法治政府示范创建单位”。

政 党 政 权

中国共产党彭阳县委员会

综 述

【脱贫攻坚】 推进脱贫攻坚工作,108个脱贫销号村巩固提升,34个非贫困村补齐短板成效显著,14个贫困村出列,减贫2730户7767人,漏评率、错退率均为零,群众认可度97.4%,综合贫困发生率下降至0.71%。贫困村退出通过自治区第三方评估验收和市级复查复审。建立政策上"普惠+特惠"、路径上"有土+离土"机制,实施"贫困户产业增收项目""产业富民全覆盖项目",扶持有发展生产能力的建档立卡贫困户15583户发展多元化致富产业,覆盖面89.9%。建成扶贫车间16个,吸纳784名群众就近就业,开展"订单式、定向式、定岗式"培训84期4100人次,通过政府购买非全日制公益性岗位安置3653名建档立卡贫困户特别是边缘户和易返贫户就业。整合基础设施项目资金7.8亿元,精准落实到村到户项目,新建农村四级公路41条205千米,行政村道路畅通率和通客车率均达100%;新增自来水入户2009户,改造提升20289户,农村饮水保障率、供水水质达标率均达100%;落实安全住房保障16311户,完成危房鉴定36242户,安全住房保障率达100%;新建4G基站21处、NB物联网103处、村级标准化卫生室55个、综合服务网点79处,行政村宽带网络信号、文化体育活动场所、标准化卫生室和综合服务网点实现全覆盖;安排启动资金3180万元,培育壮大141个村村集体经济,所有行政村集体经济收入均达1.5万元以上。创新金融扶贫机制,实施贷款倍增计划,累计完成建档立卡贫困户小额信贷10262户5.2亿元。安排1221万元实施"扶贫保"全覆盖计划,累计理赔327.8万元,理赔率达100%。教育、健康等扶贫惠民政策精准到户到人,349名辍学学生全部劝返,义务教育阶段学生"零辍学"。贫困患者住院实际报销比例达90.69%,建档立卡贫困户家庭医生签约率达100%。推进农村低保制度与扶贫开发政策有效衔接,农村最低生活保障标准提高到3800元,将5902户建档立卡贫困户纳入民政低保救助范围,做到应扶尽扶、应保尽保。落实党政"一把手"负总责工作责任制,全年共召开研究解决脱贫攻坚问题各类会议78次。实行县级领导干部联系乡镇包抓重点贫困村脱贫销号责任制,开展"五级书记"遍访贫困对象行动。为156个行政村和4个社区精准选派第一书记,安排3782个帮扶责任人实现所有贫困户帮扶全覆盖。深化闽宁对口协作,落实帮扶资金2254万元。

【产业转型】 坚持以创新驱动为引领,紧盯产业项目引进、新兴产业和新业态培育,现代化产业体系日趋完善。大力发展草畜、中药材、蔬菜等特色农业，推广“龙头企业+合作社+基地+农户”模式，培育产业扶贫示范村12个、扶贫龙头企业5家、产业合作社55家、家庭农场124个、农民专业合作社219家，新建标准化养殖暖棚4870栋，补栏肉牛4706头、肉羊20375只，全县畜禽饲养总量突破230万个羊单位。引进北京恒润泰和、固原杏林与彭阳壹珍药业组建中药材产业发展联合体，建成500亩以上示范基地11个，带动全县发展中药材8.4万亩。引进宁夏农科院科技团队开展技术培训、指导和咨询服务，依托古城、新集等4个现代农业服务中心，推动全县11万亩蔬菜标准化生产。分区域建成“四个一”林草产业试验示范园7个3474.8亩，引进新品种147个，“四个一”林草产业为转型发展带来新理念、趟出新路子。构建以能源工业、农副产品加工、新型轻工业为主的新型工业体系，王洼煤矿600万吨改扩建项目建成完工，新开油井8口，全年生产原煤720万吨、原油11万吨。闽宁彭阳大数据灾备中心、煤矸石分选加工项目开工建设，新发展工业企业10家，培育规上企业1家。工业园区企业“退低进高”“腾笼换鸟”有序推进，清退产能低、效益差的企业3家，整顿违规经营企业13家，园区聚集发展能力显著增强。按照“一核两带三板块”总体布局，茹河瀑布风景区、金鸡坪梯田公园、茹河生态公园、栖凤山森林公园4个核心景区建设完工，15个旅游厕所完成主体建设。扶持发展农家乐6家，全县农家乐接待人数达55万人次，实现经营收入2200万元。姚河塬遗址入列2017年度全国十大考古新发现，成功举办第十四届宁夏六盘山山花节暨第六届“梯田花海·生态彭阳”山花旅游文化节，全年接待游客量和旅游社会收入均增长10%以上。推进电子商务进农村综合示范县建设，培育电商标杆企业5家、物流企业3家，新开辟邮路4条800千米，实现物流快递配送中心城乡全覆盖，打通农产品进城与工业消费品下乡的城乡双向物流通道。改造提升商贸流通业，世纪华联超市入驻明皇购物广场，利民广场、财富广场等项目建设稳步推进，引进TMT金融小镇项目，开工建设浙商国际旅游示范街，县城中心商圈初具规模，服务业对经济增长贡献率占27.3%。

【城乡发展】 坚持以大项目推动大建设、带动大发展，实施重点建设项目72个，其中续建项目7个全部复工，开工率达100%；计划开工项目65个，开工60个，开工率92.3%，累计完成投资24.06亿元。坚持规划引领，空间规划通过专家审查，完成县城老城区和古城、红河镇区控制性详细规划编制。加大老旧小区改造提升力度，完成棚户区改造554户，占总任务的103.55%。康居街等5条道路改造工程完成，实施茹河大街绿化工程和萧关路、经一路等12条次街道绿化工程。加快基础设施提质提标，彭镇公路正式通车，G327彭青段、刘杨公路、夏南公路开工建设，农村路网全面提升，荣获自治区第二批“四好农村路”示范县，城镇化率占34%，城镇化水平持续提高。统筹推进美丽城乡建设，推行“721”城市管理工作法，实行

“一冲二洗三保洁”环卫工作模式,城市环卫机械化水平 74.5%。开展城乡环境综合整治行动,治理乱停乱放、占道经营等行为,“以克论净”环卫保洁机制向“卫生死角”覆盖延伸。实施乡村振兴战略,草庙美丽小城镇项目开工建设,建成美丽村庄 6 个、农村人居环境改善示范村 20 个,建成红河镇、新集乡生活污水处理站各 1 座,古城镇、新集乡生活垃圾压缩转运站各 1 个。

【生态环境】 牢固树立绿水青山就是金山银山理念,坚持生态立县方针不动摇,打好污染防治攻坚战,守护美丽彭阳底色。开展大规模国土绿化行动,完成六盘山降雨量 400 毫米以上区域造林绿化 18.75 万亩,建成 3000 亩以上集中连片造林绿化示范点 5 个,完成人工造林 10 万亩,未成林补植补造 8.75 万亩,干部义务植树 20 万株,完成乡村道路绿化 143 千米,全县林木保存面积 203 万亩,森林覆盖率 27.5%。开展蓝天碧水净土行动,做好突出环境问题整改落实,中央环境保护督察组转办的 13 件环境案件全部整改到位。推进大气污染治理,淘汰县城建成区 20 吨以下燃煤锅炉,9 台 20 吨以上锅炉安装除尘、脱硫、脱硝设施,248 户餐饮单位全部完成“煤改电”“煤改气”,淘汰黄标车 77 辆,裸露地块覆盖治理率 95%,县城空气优良天数 96.3%。推进水污染治理,落实河长制,茹河流域水污染防治工程三期、城市生活垃圾无害化处理填埋场二期、工业园区污水处理厂建成并投入运行,茹河出境断面水质保持Ⅳ类以上,红河、安家川河出境断面水质全部达标,治理小流域 95 平方千米。推进农业面源污染治理,粪污资源化利用率 89.4%,残膜回收率 95%,农业废弃物资源化利用率 94%。

【社会事业】 牢固树立以人民为中心的发展思想,增加优质公共服务供给,群众获得感幸福感提升。开展“教师素质、教育质量双提升”行动,推行县城学校与农村薄弱学校捆绑帮扶制度,完善校长、教师交流机制,教育优质资源向农村倾斜力度加大,高中阶段教育水平稳步提升。深化医疗卫生体制改革,医共体、医联体、专科联盟建设有序推进,县中医院改扩建项目建成搬迁,优质医疗资源下沉,群众看病难看病贵问题在一定程度得到解决,“互联网+医疗健康”工作得到国务院副总理孙春兰肯定。开展全国全民健身示范县创建,全民健身中心及文化馆主体完工,美丽茹河体育公园、雷泽公园建成开放,全县人均体育场地面积超过全区全国平均水平。博物馆、图书馆向群众免费开放,老干部活动中心改造完成,茹河老年颐养院、残疾人康复中心建成投入使用,县城半小时文化圈、10 分钟便民休闲圈基本形成。开展“双创”行动,建成电商孵化园和古城民族创业示范街,完成各类培训 4010 人次,转移就业 5.6 万人次。

【深化改革】 聚焦重点难点,坚持问题导向,7 个方面 48 项改革任务全面完成。推进农村集体产权制度改革,农村集体资产清产核资、农村土地承包经营权确权颁证完成,农村产权流转服务中心“两系统一平台”网络建设建成运行,农村土地股份制改革试点进展顺利，全县累计成立土地股份合作社5家。推行政务服务事项集中公开“一站式”受（办）理，实体大厅事项进驻率84.33%，事项平均办理时限由法定的23.9个工作日压缩到10.3个工作日，压缩57%，可实现不见面审批1041项，占81.97%；国家级基层政务公开标准化规范化试点县建设工作在自治区评审验收中荣获优秀等次。推行财政绩效预算管理，落实预决算信息公开制度，预决算公开率达100%；谋划推进财政事权与支出责任划分改革，对乡镇工作经费实行“包干预算”；推进县级征信体系建设，金融风险防控能力进一步提升，地方政府性债务在自治区核定限额内。生态文明体制改革实现突破，制定出台《彭阳县党政领导干部生态环境损害责任追究制度》，完善考核奖惩机制，严格执行执法过错责任追究制度，完成“两个清单”制定和适时更新，公开权责清单。同时，党的建设制度改革、社会管理和司法体制改革、科技创新改革、供销合作社综合改革等改革工作亮点纷呈，成效明显。

【和谐社会建设】 高度重视民主政治建设，支持人大、政府、政协、司法机关和人民团体依法照章履行职能。坚持党管武装，深化民兵调整改革，通过全国双拥模范县创建中期评估。深化基层社会治理改革，做实村民代表会议制度，城镇社区布设科学合理。践行社会主义核心价值观和精神文明创建成效明显，建成社会主义核心价值观主题公园、主题广场各1处，建设主题街道9.9千米。开展“拥护核心感党恩·同心携手奔小康”主题教育，开展移风易俗树乡风强民风活动，荣获自治区“移风易俗工作先进县（区）”称号。落实党的民族宗教政策，依法管理宗教事务，创建“和谐寺观教堂”国家级1个、区级11个、市级12个，全国民族团结进步示范县创建成果巩固提升。深化平安彭阳建设，推行“听证办访”“网上信访”，启动实施“雪亮工程”，创新人民调解参与信访矛盾化解，排查各类矛盾纠纷2706件，化解2647件，化解率97.8%。推进扫黑除恶专项斗争，打掉恶势力犯罪团伙2个、村霸1个，抓获犯罪嫌疑人15人。加大安全生产和药品食品安全领域风险隐患治理，完成区、市下达的控制指标。

【党的建设】 认真践行新时代党的建设总要求，全面加强党的领导，自觉担负起全面从严治党政治责任，推动全面从严治党向纵深发展。坚持把政治建设摆在首位，教育引导广大党员干部牢固树立“四个意识”、坚定“四个自信”、做到“两个维护”，制定县委常委会关于坚定维护以习近平同志为核心的党中央集中统一领导的若干规定。严格执行党内政治生活若干准则，进一步规范党内政治生活，确保党的组织生活经常、认真、严肃，充满活力。把学习贯彻习近平新时代中国特色社会主义思想和党的十九大精神作为首要政治任务，以理论中心组学习、三会一课和“6+X”主题党日为载体，以辅导讲座、研讨交流等为主要方式，开展各类宣讲2000场次，实现科级以上干部和村干部、驻村工作队学习培训全覆盖。严格落实意识形态工作责任制，管阵地、把导向、强队伍，牢牢掌握领导权和主动权。开展星级基层服务型党组织创建活动，开展“双评双定”活动，创建四星级党组织 9 个、三星级党组织 123 个，给 56 个基层党组织和 1350 名党员亮黄星。深化“三大三强”行动及“两个带头人”工程，全区落实农村党建“四个重要文件”现场推进会在彭阳召开。推进“三强九严”工程，机关党建走在前、做表率。开展“双整顿”活动，整顿软弱涣散基层党组织 21 个，调整撤换“一大三低”型村党组织书记 16 名。从严整治党员信仰宗教和参与宗教活动，完成教育转化党员 126 名。坚持正确选人用人导向，把政治标准摆在首位，拓宽选人用人视野，调整科级干部 44 名。做好优秀年轻干部和新时代新担当新作为先进典型人选推荐培养工作，选派 4 名干部参加区直部门、福建、湖南等“外挂”提升，选派 13 名干部挂任乡镇长助理“下挂”历练，选派 29 名优秀干部到脱贫攻坚等基层一线岗位“特挂”培养，筛选 6 名乡镇干部、选调生到县直部门（单位）“上挂”锻炼。建立全面从严治党“三个清单”，深入开展违反中央八项规定精神突出问题和“四风”问题专项治理，自查整改问题 1185 个，作出批评教育、书面检查等 700 人次。建立巡视巡察上下联动机制，落实政治巡察要求，专项巡察 4 个乡镇、6 个部门，延伸巡察村党支部 65 个，移交问题线索 11 件，给予党政纪处分 3 人。深化监察体制改革，12 个乡镇派出监察办公室全部挂牌成立。扛起中央和自治区巡视反馈问题整改落实主体责任，对反馈问题主动认领、全盘接收，分类制订整改方案，召开“严格执行中央八项规定精神”“从严整改中央巡视反馈问题”两个专题民主生活会，中央和自治区巡视反馈问题按时有序推进，完成率分别为 99%、91.29%。

（李芹艳）

纪检监察

【政治巡察】 健全巡察工作机构，选优配强巡察队伍，制定《中共彭阳县委巡察工作实施办法（试行）》《中共彭阳县委员会巡察工作规划（2017—2021 年）》等 7 项制度。县委常委会、书记办公会、领导小组会议 13 次专题研究巡察工作，审议巡察报告，牢牢把握政治巡察定位，确保此届县委巡察任务全覆盖。坚持把“两个维护”作为巡察监督根本政治任务，开展常规巡察、脱贫攻坚专项巡察，完成 3 轮对 4 个乡镇党委、6 个县直部门党组织的巡察，发现党的领导、党的建设和全面从严治党方面问题 140 个，移交问题线索 18 件，党纪处分 4 人。县纪委制订《关于开展对八届县委巡察发现问题整改落实情况进行督查督办工作实施方案》，对八届县委第三、第四轮整改情况下发督办通知 3 个，巡察反馈问题整改率占 97%。

【两个责任】 落实全面从严治党主体责任，制定《县委常委会落实全面从严治党主体责任的意见》，县委常委会学习贯彻中央和区、市重要精神、研究部署党风廉政建设和反腐败工作 15 次，书记办公会听取专题汇报 8 次，县委书记听取纪检监察工作汇报 23 次，约谈乡镇、部门党政主要负责人 14 人、受处分科级干部 6 人。协助党委履行主体责任，推动廉政谈话、纪委约谈、全程纪实、双报告、检查考核等制度落实，健全全面从严治党“三个清单”，加强监督检查和压力传导，问责“两个责任”落实不力党组织1个。严把干部政治关、廉洁关、形象关，回复党风廉政意见2115人次，延长6名干部试用期，坚决防止“带病提拔”。

【正风肃纪】 开展违反中央八项规定精神突出问题专项治理，全县自查整改问题1185个，作出批评教育、书面检查等700人次。紧盯重要节日节点开展监督检查、暗访督查5次，处置违反中央八项规定精神问题线索31件，立案15件20人，给予党纪处分23人、问责27人，收缴违纪资金23万元，通报典型案例6件。落实县委《关于深入贯彻中央八项规定精神进一步加强和改进领导干部作风建设的意见》，进一步规范公车管理、办公用房、检查考核等，健全培训费、会议费管理等制度。开展“干部作风转变年”活动，深化“四风”问题集中整治，通报单位20个、约谈3人、问责7人。

【反腐惩贪】 强化党对反腐败工作集中统一领导，坚持无禁区、全覆盖、零容忍，坚持重遏制、强高压、常震慑，紧盯重要岗位、重点领域和关键环节，运用“五位一体”审查调查机制，统筹县、乡纪委办案力量，发挥2个审查调查协作片区作用，严格依规依纪依法，精准有力惩治腐败。全县纪检监察机关处置问题线索171件，立案63件93人，给予党纪政务处分89人；注重用好“四种形态”，问责党组织2个、党员干部55人，批评教育31人，下发通报29件、纪检监察建议92件，督促相关单位以案促改。落实“一案双查”，党纪处分6人、问责5人。开展案件自查自评和互查互评，提高办案质效。完成县纪委监委标准谈话室改造提升和12个乡镇纪委（监察办公室）标准谈话室建设，落实办案安全保障措施，严守审查调查安全底线。

【扶贫领域专项治理】 坚持目标导向、问题导向，落实直查直办、通报曝光、乡镇纪委书记例会和扶贫职能部门联席会议制度，建立村干部“廉洁体检”“小微权力”监督制约机制及扶贫职能部门专项治理“四项机制”，形成工作合力。受理处置问题线索64件，立案19件39人，党纪政务处分36人，组织处理4人。开展脱贫攻坚作风专项督查3次，通报单位51个、问责13人、约谈5人，通报典型问题10期29人。开展“抓制腐败·共享和谐”警示教育宣传周活动，发布《关于敦促问题干部主动交代争取从宽的通告》，2名村干部主动交代问题被宽大处理。把惩治基层腐败同扫黑除恶专项斗争结合起来，深挖彻查黑恶势力“保护伞”，给予开除党籍党纪处分2人。

【监察体制改革】 严格按照监察体制改革试点工作“路线图”“时间表”，如期完成县监察委员会组建挂牌、改革试点评估等工作。纪委监委设立内设机构7个，从县检察院划转行政编制9名、转隶干部4名，监察对象数由1911人增至4730人，增长2.48倍。落实自治区深化监察体制改革试点工作制度体系和固原市相关制度办法，强化监督制约，加强教育培训，规范业务流程，推动职能、人员、工作深度融合。探索实践纪法贯通、法法衔接，加强与司法机关协调配合，监察立案6件6人，未采取留置措施调查移送涉嫌职务犯罪案件2件2人，有罪判决2人。向12个乡镇派出监察办公室，探索赋予部分监察职能，加强乡镇纪委（派出监察办公室）规范化建设，实现对公权力监督全覆盖。

【自身建设】 坚持把思想政治建设放在首位，严格落实党内政治生活准则、民主集中制原则，制定《彭阳县纪律检查委员会监察委员会工作规则（暂行）》，健全议事决策机制，召开纪委常委会监委委务会50次、执纪监督会议19次、审查调查会议24次。加强机关党建，推进"三强九严"工程，开展"6+X"主题党日活动12次，推动党建工作与纪检监察工作有机结合、互促互进。加强纪检监察干部履职能力建设，制订教育培训计划，通过外出培训、集中学习、"以案代训"等，培训干部400人次，通过转隶、选调、招考补充人员10名。

【精准扶贫】 筹措资金8000元支持交岔乡东洼村全体党员和致富带头人七一期间到六盘山、将台堡重温入党誓词，开展红色再教育，到隆德县清河乡学习交流养牛技术。26名党员干部帮扶建档立卡贫困户121户，落实帮扶责任，定期进户开展帮扶工作，解决实际问题。选派2名工作能力强、经验丰富的干部组成驻交岔乡东洼村工作队，帮助理清发展思路，协助拟订《2018年东洼村扶贫富民实施方案》，落实脱贫攻坚重点工作任务。完成危房改造16户，维修加固38户，政府代建1户，购房安置26户，租赁补贴19户。建设养殖暖棚65栋，享受国家惠农资金32.5万元；宣传动员养殖户购置国家补贴铡草机58台24万元。帮助群众申请金融贷款58户257万元，申请庭院改造18户，安装太阳能热水器145台。村集体经济创收2万元。

（虎小慧）

县委办工作

【综合协调】 发挥办公室沟通上下、协调内外作用，围绕中心工作，健全完善四大办主任联席会议制度，加强与人大办公室、政府办公室和政协办公室协作配合，做好服务领导工作。统筹协调好各乡镇、部门（单位）召开会议、下发文件、考核调研等工作，保证县委决策部署和全县上下步调一致。加强与县委机关大楼内各部门（单位）协作配合，做好楼内环境卫生管理和安全防范工作，为干部职工创造良好办公环境。

【文稿起草】 健全《办公室发文程序审核制度》，坚持办文精简、规范、优质，围绕县委重大决策部署和工作安排，高质量完成各类文件、材料起草、校对、印发、归档工作。把握规范化要求，做到文稿起草观点明确、表述准确，条理清楚、结构严谨，文风朴实、言简意赅，文种恰当、格式规范，目标可行、措施得力。全年起草各类材料200份，撰写调研报告、理论文章32篇，印发各类文件295份。

【信息调研】 坚持“求快、求真、求全、求精”要求，发挥党委信息主渠道作用，信息工作质量和服务水平切实提高。把信息任务分解到办公室每一名政务秘书，实行全员整理上报信息，加大共办信息力度。对乡镇和县直部门（单位）信息上报提出规范要求，丰富信息内容，增加信息数量，提高信息质量。全年共向区、市党委办公厅（室）上报信息856条，采用率20%，多条信息受到县委、政府和上级党委政府领导的重视与批示。采取“请进来和走出去”相结合方法，邀请自治区党委信息调研处人员到彭阳培训指导，学习借鉴各县先进做法和典型经验，增强信息采编能力。

【督促检查】 认真履行县考核领导小组办公室职能，制定《2018年度乡镇和部门工作综合考核办法》《2018年度乡镇和部门工作考核细则》，改进考核方式，突出重点，强调实绩。加强对考核人员管理，严肃考核过程，确保考核客观、公平。重点围绕贯彻落实中央、区、市党委会议文件精神，县委领导批示办理情况、脱贫攻坚、项目建设、民生工程、农村建设、发展环境等方面工作，精心选题，科学安排，有针对性地开展督导检查，当好县委决策落实“督查员”。全年开展综合督查活动15次，就督查中发现的问题及时反馈通报，主动协调，跟踪督查求绩问效，确保县委重要决策落到实处，取得实效。

【机要保密】 健全完善机要保密规章制度，确保密码顺畅高效运转。加强机要办公设备和安全防范设施建设与管理，严格执行24小时值班制度，定期开展安全检查，及时排查隐患，做到准确及时、可靠高效。加大保密宣传、管理和执法力度，严格落实领导干部保密工作责任制，与涉密单位工作人员签订保密承诺书，组织涉密人员开展保密知识竞赛，增强全县保密工作整体防范能力。定期开展涉密载体和涉密信息系统保密大检查，提高工作人员保密意识，杜绝各类泄密事件发生。

【保障服务】 加强规范管理，提高服务水平，强化后勤服务保障，实现县委机关各项工作高效运转。狠抓后勤优质服务，改善机关工作条件和职工生活待遇，妥善解决领导和干部职工在生活中的各种困难。发挥县委办窗口作用，做好信访接待工作。全年接待群众来访20次。抓好各种会议筹备和保障工作，会前、会中、会后各个环节做到周密严谨、细致认真。做好会议记录，及时整理、印发工作报告、会议纪要和领导讲话等，传达贯彻会议精神。全年成功筹办、协办大中型会议36场次。完善财务管理制度，严格财经纪律，规范财务支出程序，确保各项经费合理开支。

【机关党建】 落实“三强九严”“三会一课”制度，制定《进一步加强和改进机关党建工作实施办法》《落实“三会一课”制度实施细则》，召开支委会9次、支部党员大会12次，邀请县级及相关部门领导为县委办公室全体党员干部讲党课。严格组织生活制度，聚焦解决问题，整改落实。严格谈心谈话制度，严格“6+X”主题党日制度，组织党员干部集中学习、收缴党费、民主议事、听党课等，强化组织生活政治性和严肃性。建立完善干部“实绩档案”，实行季度“实绩档案”登记报告。强化正向监督反向激励，制订《开展“双评双定”活动强化正向激励反向监督实施方案》，明确7项支部星级创建任务，按照10项标准对党员进行评星定格，建立健全党员创先争优长效机制。

【廉政建设】 履行党风廉政建设主体责任，建立主体责任纪实台账，公开权力和工作流程，组织办公室主任与副主任，副主任与分管秘书签订党风廉政建设目标责任书，形成“一把手”抓全面负主要责任、分管领导抓分管负直接责任工作机制。建立全面从严治党“三个清单”，实行“清单式管理、项目化推进”，实现工作、责任落实全覆盖。开展违反中央八项规定精神突出问题专项治理，召开专题民主生活会，修改完善办公室接待审批、财务管理、车辆运行、后勤保障等规章制度，严格公务接待、差旅报销等制度，及时回缴违规款项，主动接受社会监督。

【意识形态】 严格落实意识形态工作责任制，把意识形态工作作为党的建设的重要内容，纳入办公室重要议事日程，与干部目标管理同部署、同落实、同检查、同考核，增强抓意识形态工作的政治自觉、思想自觉和行动自觉。履行领导班子“一岗双责”责任，建立意识形态领域舆情分析研判机制，定期与党员干部谈心谈话，掌握一切所能了解到的社情民意和倾向性问题，有针对性地进行指导，维护意识形态安全。

【宣传思想和精神文明建设】 把学习习近平新时代中国特色社会主义思想和十九大精神作为首要政治任务，制订学习计划，购买书籍资料，组织党员干部读原著、学原文、悟原理，推进习近平新时代中国特色社会主义思想和党的十九大精神入脑入心，教育引导党员干部树牢“四个意识”，坚定“四个自信”，做到“两个维护”，始终在政治上、思想上、行动上同以习近平同志为核心的党中央保持高度一致。把党章党规、廉政准则等作为党员干部经常性学习内容，教育引导党员干部以党章党规党纪为镜，认真查找思想上、行为上的不足和问题，修枝剪叶、校正偏差、防微杜渐。

【社会帮扶】 履行定点帮扶责任，帮助红河镇何塬村制定《2018年发展规划》，派出第一书记组织开展“十项清零”及脱贫退出自评工作，对全村324户建档立卡贫困户全面摸底排查。先后组织开展扶贫知识辅导5场次，印制应知应会手册1300份、一户一清单500份，购买养殖、种植、文化生活书籍80套，筹措解困资金33000元。

（李芹艳）

组织工作

【干部学习教育】 坚持把政治建设摆在首位，配合自治区党委第一巡视组，完成对全县的巡视任务及组织工作方面整改任务。推进“两学一做”学习教育常态化制度化，将习近平新时代中国特色社会主义思想、党的十九大精神、自治区第十二次党代会精神和马克思主义民族观宗教观等内容作为党员学习“必修课”，开展“百千万”大培训，培训党员干部1万名。深化“6+X”主题党日活动，规范党内政治生活。采取拉网、对标、研判排查法，排查出信仰宗教和参与宗教活动党员126名，通过“一对一”帮教、签订承诺书、谈心谈话、学习讨论等方式，从严整治党员信仰宗教和参与宗教活动，完成教育转化。把干部教育培训放在突出位置，先后举办理论大讲堂6场次、党的十九大精神轮训班7期、巡回宣讲22场次，确保习近平新时代中国特色社会主义思想入脑入心、融会贯通、落地生根。突出专业素质，精准制订干部教育培训项目计划，围绕精准扶贫、乡村振兴等内容举办专题培训班16期，对科级干部、公务员、驻村第一书记等进行“靶向”培训5200人次。围绕工作重点任务，通过业务知识讲座、知识考试等形式，开展“学业务练精兵提素质”活动89场次，发放《精准扶贫精准脱贫政策汇编》4300册。推荐105人参加重庆大学网络教育学院学习，鼓励有意愿攻读国民系列硕士、博士学历、学位的干部参加在职教育学历提升。实施“四个一批”工程培养锻炼年轻干部，选派4名干部参加区直部门、福建、湖南等“外挂”提升，选派13名干部挂任乡镇长助理“下挂”历练，选派29名优秀干部到纪检巡察、征地拆迁、项目建设等急难险重岗位“特挂”培养，筛选6名乡镇干部、选调生到县直部门(单位)“上挂”锻炼，促使干部增长见识，提升能力。

【基层组织建设】 开展“双评双定”活动，创建四星级党组织9个、三星级党组织123个，给86个基层党组织和1350名党员亮黄星。采取村级对标自查、乡镇全面排查、县级重点核查“三步法”，建立“五位一体”集团式整顿机制，确定整顿晋位软弱涣散基层党组织21个。推进党的组织设置和活动方式创新，采取“支部+基地(园区)”等方式，带动贫困群众发展产业，先后在生产基地、行业协会上建立党组织201个。采取强村带弱村、富村带穷村等方式，在地域相邻、产业相近、条件相似的行政村之间成立联合党组织12个，推动脱贫攻坚由“单兵作战”向“集团作战”转变。通过财政投、部门帮、乡村筹等途径，整合资金1500万元，新建扩建维修村级阵地68个。注入3180万元，采取开发村级资源等六种方式发展壮大村集体经济，年底实现每村收入1.5万元以上，其中收入5万元以上的村88个占56.4%，最高达50万元。制定加强机关党建工作实施方案，实施“三强九严”工程，解决思想上“不重视”、落实上“灯下黑”、工作上“两张皮”等突出问题，推进机关党建走在前、做表率。制订加强城市基层党建工作实施方案，以社区党组织为核心，联结单位、行业及各领域党组织，实现组织共建、资源共享、机制衔接、功能优化。扩大“两个覆盖”，对纳入党内统计的非公企业和社会组织重新摸排，理顺党组织和党员隶属关系，促进企业和社会组织党建工作持续健康发展，确定纳入党内统计非公企业24家、社会组织12家，党组织组建率分别为95.8%和66.7%。

【“两个带头人”工程】 出台村党组织带头人队伍建设实施意见，制定落实责任、考核评价等10条硬措施。采取跨村任、组织派等途径选优配强村党组织书记,7名机关干部担任村支部书记、3名跨村任职,基层“火车头”动力更强劲。采取“三推两考三练”方式,对458名后备干部进行“蹲苗”培养。坚持“一把钥匙开一把锁”,对重点贫困村和矛盾突出村进行蹲点调研。采取“倒排队”方式,督促调整撤换“一大三低”型村党组织书记20名。建立教育培训师资库,依托党员e家、“云视通”、乡村党校、新时代农民讲习所等,综合运用阵地集中训、干部下沉训、自主分散训、情景模拟训,打造“永不停歇的课堂”,先后选派156名村党支部书记赴贵州、江西、北京和区、市党校等地培训,实现全覆盖、多轮次。按照地域特点和产业布局,将全县划分为红茹河流域、县城中心区、北部干旱带三个片区,依托资源优势,通过扶持培育、培训提高、吸引召回、招贤引智“四个一批”方式,培育致富带头人1602名(A类129名、B类329名、C类1144名)。根据产业形态、规模大小、带动能力,将致富带头人划分为A、B、C三类,发放贷款5000万元,推进“小的争中、中的培大、大的走龙头”。建立扶持培育、激励表彰、调整退出“三项机制”,从党员中培育致富带头人485名,从致富带头人中吸收入党积极分子105名,择优发展党员64名,培育“二合一”带头人101名,332名致富带头人进入村“两委”班子。注重用好要素驱动办法管好致富带头人,表彰致富带头人218名,从带头人中推选“两代表一委员”94名,取消带动力不强致富带头人28名。制定第一书记当好“五大员”宣传民族宗教政策助推脱贫富民实施意见,建立第一书记网格化管理、积分制考核、信息交流等制度,共召回3名,约谈部门主要负责人和派驻人员31名。

【干部监督管理】 建立县级党员领导干部基层党建工作联系点31个,抓点带面,促进基层党建提质。建立党(工)委书记半年书面述职、年终评议述职机制。组织乡镇党委书记、组织委员和部门单位党委(党组)书记对农村党建、机关党建和发展壮大村级集体经济现场观摩,推动基层党建责任和重点工作任务落地见效。建立基层党建“一图六台账”和重点工作任务清单,明确基层党建职责任务、完成时限、记录要求等,并绘制流程图、选编典型案例,为党支部规范化、标准化开展工作提供操作指南。坚持以督查促落实,先后5次对全县基层党建工作进行大排查、大起底,了解掌握基层党建工作情况,并实名通报存在问题。开展党员“亮牌上岗”活动,通过亮身份、亮岗位、亮职责、亮承诺、亮成效,引导党员在脱贫攻坚、产业发展等重点工作中打头阵、作贡献。对2013年以后发展的745名党员逐人逐档检查核实,建立清单,查漏补缺,完成整改,并建立发展党员组织部预审制度,确保发展党员程序规范。采取由上到下和从下到上相结合排查方式,对2013年以后退伍的139名军人党员组织关系核查落实,并建立定期协商会商制度。改善乡镇干部办公和生活条件,落实市委549万元改善乡镇机关干部工作生活条件建设项目资金,对11个乡镇供排水、供暖、水冲厕所、浴室等基础设施提升改造,发放178万元乡镇食堂补贴，落实乡镇机关事业单位工作人员补贴2392人。落实公务员职务与职级并行制度，晋升正处级3人、副处级119人、正科级50人、副科级105人。

【干部选拔任用】 执行《干部任用条例》，严把干部选拔任用政治关、德才关、程序关、廉洁关。树立正确用人导向，把政治标准摆在首位，树起重实干重实绩导向，让想干事能干事的干部有机会、有平台、有通道，结合脱贫攻坚工作需要，先后调整科级干部44名。精准科学识人用人，实行"五定"分析，选派349名干部到急难险重、脱贫攻坚、乡村振兴一线锻炼。开展"不限定主题、不限定范围、不限定时间、不限定模式"调研21次，了解领导班子运行情况和干部一贯工作表现，使干部始终处在动态考察和管理之中。选拔优秀年轻干部，做好选调生管理、教育、培养工作，召开选调生工作座谈会，建立乡镇领导班子成员一对一帮带机制，实行专人联系指导，并采取在岗培训、专题调研等形式，帮助选调生熟悉情况、增强本领、锤炼作风。坚持把"认真"二字作为加强干部管理原则，下大力气解决从严管理监督干部失之于宽、失之于松、失之于软问题。加强日常监督，及时发现干部思想上、行为上的苗头性问题，通过组织部门"双向约谈"、函询、诫勉等方式早提醒、早纠正。全年开展提醒谈话42人次。制定《彭阳县退出领导岗位干部管理办法(试行)》，对67名退出领导岗位干部工作岗位进行明确，选派30名退出领导岗位干部担任非公企业和社会组织党建工作指导员。严肃政治规矩和组织纪律，转变工作作风，出台《彭阳县科级及以上干部请销假报告制度》《彭阳县领导干部带班值班制度》。狠抓专项整治，对科级干部持有因私出(国)境证件进行排查清理，代管往来港澳和台湾《通行证》《中华人民共和国护照》46本；对十八大以后干部受处分、被问责、移交司法机关等梳理；对科级干部家庭主要成员及重要社会关系进行信息采集，强化干部纪律意识和规矩意识。做好自治区党委第一巡视组巡视彭阳反馈意见和中央第八巡视组巡视宁夏反馈意见整改工作，出台《县委管理干部任免工作流程（试行)》《彭阳县科级领导干部任职试用期制度(试行)》，规范选任流程，提高干部选拔任用工作水平。推进干部档案数字化建设，完成原始录入976本、扫描976本、高清处理563本。激励干部干事创业，印发《关于进一步激励广大干部新时代新担当新作为的实施方案》，细化表彰奖励、定期体检等具体措施，引导干部担当作为、干事创业。建立鼓励创新、允许试错、责任豁免容错机制，为敢担当的干部担当，为敢负责的干部负责。

【人才队伍建设】 以实施"三个四"工程为抓手，深化人才发展体制机制改革，激发各领域人才创新创造创业活力。建立领导干部联系创新型人才和企事业单位制度，确定84名人才和51个企事业单位作为领导干部联系对象。制定校地合作引进人才管理办法，开展人才政策"八进"宣传活动，采取发放宣传资料、集中宣讲、媒体宣介等形式，宣传区、市、县人才政策，加强人才政策舆论引导。围绕打好"六场硬仗"人才需求，实施

"基础性""产业链""彭字头"人才培养工程，选拔、培养、储备经济社会发展急需本土人才。建立精英庄园农民田间学校、金鸡坪生态休闲农业园等农村实用人才培训基地2个，培养一批懂技术、会经营的"田秀才""土专家"。举办农村实用人才培训班2期100人次，精准扶贫实用技术培训班20期1000人次，新型职业农民培训班14期756人次。开展电商从业人员培训2042人次，带动创业就业550人，带动贫困户200人开展网络销售。选派55名医疗骨干人才赴区内外医院研修学习，396名骨干教师赴北京师范大学、宁夏大学等高等院校培训学习，8名专业技术骨干参加自治区"基层之星"研修学习，12名优秀年轻幼儿教师赴北京宋庆龄幼儿园开展"一对一"学习交流活动，1名中医医师赴湖南湘雅医院研修学习。入选自治区医疗卫生骨干1人、优秀全科医生1人、自治区级青年拔尖人才1人、第三批宁夏青年科技人才托举工程1人。搭建人才培育平台，打造韩继忠、王淑琴名医工作室2个，米占东、韩多杰等名师(校长)工作室4个，县医院新生儿科、中医院康复科等优势医疗科室5个。认真实施中华蜂养殖、中药材等9个市县人才项目，定期开展项目督查，加强资金监管督导，确保人才项目质量。拓宽人才引进渠道，柔性引进区内外医疗专家87人次，开展学术讲座、手术带教、坐诊指导等活动。组织教育、农牧等部门赴高校招聘急需紧缺高层次人才，签约陕西师范大学、华中师范大学等9名免费师范生到彭阳任教，招录2名农学研究生到农牧局工作。落实职业教育教师聘用制度，招聘10名专业教师到职教中心任教。利用春节在外人才返乡探亲时节，与在外人才座谈交流，召回9名在外人才返乡创办农家乐、休闲观光采摘园、创新型生物科技公司等，总投资1500万元，促进在外人才智力、技术、项目、资金回流。

【组织部门自身建设】 认真学习宣传贯彻党的十九大、党章、自治区第十二次党代会和市委四届二次、三次全会精神，先后组织开展专题学习9场次，深入帮扶村宣讲6场次，切实做到入脑入心。开展"新年开工宣言""学习共产党宣言""不准共产党员信仰宗教和参与宗教活动"专题组织生活会和主题党日活动12场次，领导干部讲党课4场次，分批次组织干部赴浙江嘉兴、江西井冈山等地现场接受"红色教育"，教育引导党员干部树牢"四个意识"，坚定"四个自信"。开展"强素质、转作风、提质量"活动，建立重点工作任务责任清单18份，做到事事有落实，件件有回音。坚持"组工讲坛"制度，先后安排4名业务骨干围绕机关党组设置等内容作专题讲座，增强干事创业本领。聚焦组织工作热点难点问题和重点任务，安排基层大调研活动5批次，围绕整治软弱涣散党组织、优化人才发展环境等撰写调研报告8篇，实现解决问题精准化。开展部门帮扶工作，先后选派3名干部担任孟塬乡椿树岔村第一书记和驻村工作队员，干部包抓建档立卡贫困户54户，协调资金13万元扶持发展产业、开展技能培训、改善办公条件等。对标中央和自治区巡视组反馈问题，建立台账，销号整改。严明纪律规矩，教育引导组工干部严守党的纪律和"十严禁"等纪律规定，真正把从严治党落到实处。

（张　明）

宣传工作

【理论教育】　深入学习领会习近平新时代中国特色社会主义思想，坚定理想信念。推进各级党委（党组）中心组学习，举办县委中心组学习13次，提升"干部理论大讲堂"质量水平。邀请中央和区、市专家学者为全县广大党员干部进行理论宣讲、阐释和解读习近平新时代中国特色社会主义思想和党的十九大精神，组织县、乡理论骨干深入田间地头宣传宣讲中央及区、市、县党代会精神，开展各类宣讲810场次，宣讲自治区第十二次党代会精神391场次，制作党的十九大知识口袋书2000份、宣讲提纲光盘200份，分行业、分批次举办党的十九大知识演讲比赛60场次，创编党的十九大文艺节目30个。开展理论调研，组织中国社会科学院改革开放四十年"百城百县百企"采访调研课题组开展调研，完成《源于生存、成于坚持、繁于创新——红色老区彭阳县生态治理调研报告》，被自治区党委宣传部向中宣部推荐为纪念改革开放40周年100个典型案例之一。狠抓学习型党组织建设，制定《彭阳县干部理论学习制度》，各级党委（党组）中心组把读、听、看、说、写有机结合，通过演讲比赛、理论征文等活动，综合性、立体式推进全县干部理论教育学习。以开展"农民培训教育年"活动为契机，各行政村按照"六讲六干"要求，办好新时代农民讲习所。采取庄头会讲习和云视通讲习相结合方式，以流动讲习所等形式把生产技术送到田间地头，把政策理论送到群众身边，把党的声音送到群众心里，把方法技术送到田间地头，教育引导各级党员干部自觉用习近平新时代中国特色社会主义思想武装头脑、指导实践、推动工作。全年共开展讲习856场次，培训人数3.3万人次。

【意识形态工作】　坚持把党的政治建设摆在各项工作首位，加强党对意识形态工作领导权。把意识形态工作责任制考核与全县党建工作责任制、党风廉政建设责任制、领导班子和领导干部目标管理、效能目标管理同部署、同落实、同检查、同考核。党委（党组）主要负责人认真履行第一责任人职责，严格落实"一岗双责"责任，带头抓意识形态工作、带头管阵地把导向强队伍，带头批评错误观点和错误倾向，重点工作亲自部署、重要问题亲自过问、重大事件亲自处理，全面整改巡视组反馈问题。县委常委会研究意识形态工作4次，县委分管领导与各乡镇、部门（单位）签订《党委（党组）意识形态工作责任书》，县委听取各乡镇、部门（单位）意识形态工作报告，形成县委统一领导、党政齐抓共管、宣传部门组织协调、有关部门分工负责的工作格局。通过对全县43个党委（党组）意识形态工作专项督查，排查意识形态领域类风险，对责任落实不力部门（单位）进行实名通报，对利用快手、抖音传播低俗媚俗现象和一些重点主播进行重点监测、跟踪，依法处理"战神回头哥""李寨老大"快手主播，有效净化网络环境。

【新闻宣传】 壮大主流舆论，讲述精彩彭阳故事，在《人民日报》刊发《宁夏彭阳县大力推进基层党组织建设脱贫攻坚得靠“头雁”领》《从宁夏南部山区小村庄考出的大学生返乡搞起蜜蜂养殖》《先接地气再创新——党建札记》《医院建在“云端”上—聚焦互联网医院新观察》《宁夏文化“庄稼”正拔节》《宁夏固原抓党建强产业促脱贫》稿件6篇；新华社《高管信息》刊发《彭阳坚守“生态立县”30余年助力绿色脱贫》《宁夏姚河塬商周遗址发掘端倪可察》2篇报道，其中采编的《宁夏彭阳：最美旱作梯田，云海宛如仙境》被93家媒体转载，点击量118万人次；新华社生态彭阳客户端上传各类稿件1791条；《光明日报》刊发《一座值得一看的县级博物馆——宁夏彭阳博物馆印象记》《宁夏彭阳姚河塬商周遗址出土甲骨文》《山花烂漫好时节，宁夏彭阳等你来》《宁夏大力实施文化扶贫工程》《冬季里的绿色诗篇》《这篇大文章还没有“收笔”》6篇新闻稿件。香港《文汇报》刊发《宁夏姚河塬西周遗址独揽“五个最西北”，上榜全国考古十大新发现》报道备受社会关注。中央级媒体累计报道81篇。协调中央电视台科教频道、纪录频道拍摄《姚河塬遗址：商周西北疆域文明的见证》《家园》《决战贫困》等大型纪录片；中央电视台综合频道大型电视政论片《家园》栏目拍摄制作20多分钟介绍彭阳生态文明、脱贫攻坚等工作；拍摄制作形象宣传片《锦绣彭阳》，创作歌曲《山花之恋》，制作《山花之恋》MV，深受社会各界好评。围绕脱贫攻坚和民生工程等重点工作，组织“砥砺奋进60年——全国主流媒体宁夏行”大型采访活动走进彭阳，在各大主流媒体刊发彭阳稿件17篇；第十四届全国网络媒体宁夏行，“走进西海固·跨越六盘山，脱贫攻坚看固原”网络媒体彭阳采风活动70家媒体80名记者深入彭阳开展采访活动，刊发各类稿件60篇；组织元宵节、山花旅游文化节等大型采访活动，宣传推介文化旅游等工作。办好“一台一网两微一端”（彭阳电视台、彭阳政务网、政务微信、政务微博、新华社生态彭阳客户端），先后在《宁夏日报》刊发头条3篇，累计报道200篇，居全区之首；在宁夏电视台播报新闻32篇，区级媒体刊发各类报道333篇。在《固原日报》等市级媒体累计刊发各类报道252篇，营造脱贫攻坚良好氛围，主流舆论正能量充沛、主旋律高昂。

【文明创建】 移风易俗助力脱贫攻坚，规范“一约四会”运行机制，对全县156个行政村“一约四会”建设实施“过筛子”行动，160个村（社区）建立移风易俗激励约束机制，高额彩礼和大操大办不良风气明显好转。结合抓民风建设，抓激励机制，对移风易俗示范户和脱贫致富光荣户在现金奖励基础上，给予5万元以内全额贴息两年扶贫贷款的优惠政策、对受表彰的“两个带头人”给予50万元以内财政贴息50%的一年期支农贷款等优惠政策，移风易俗引领农村新风尚。彭阳县荣获自治区首届移风易俗先进县。健全完善守信联合激励和失信联合惩戒机制，总结推广“诚信彭阳”做法，加强政务、商务、社会诚信和司法公信建设，对群众普遍关注的诚信缺失、经济社会领域出现失信突出问题集中开展专项整治。这些有益探索得到自治区党委书记石泰峰的充分肯定,要求各地认真学习借鉴,在此基础上深化拓展。以美丽乡村建设为载体,以社会综合治理为抓手,加快推动重要路段、旅游景区、窗口单位等公共场所文明创建达标。“一冲二洗三保洁”环卫工作模式大幅改善城市生活环境,精细化管理提升城市颜值。集中开展清理“三堆”治理、“三乱”行动,城乡环境综合整治改变环境卫生“脏、乱、差”现象,社会主义核心价值观教育提升市民文明素质,人居环境美化绿化亮化工程打造优美环境,文明创建促进乡村振兴。深化文明村镇、文明单位、文明校园创建活动,全国文明村镇、卫生县城、园林县城创建成果巩固提升。全县文明城市创建工作在全区第六届全国文明城市创建工作推进会上做经验交流。民族团结进步创建工作被自治区党委统战部、自治区民族事务委员会评为全区民族团结进步创建活动示范机关。以弘扬社会正气，寻找发现“最美人物”为抓手,在全县评选表彰脱贫致富光荣户、优秀致富带头人、优秀党组织带头人 216 人，县文明委表彰奖励道德模范、文明家庭等先进典型 30 人;通过“善行义举四德榜”宣传先进模范典型事迹,邀请各类模范走进道德讲堂逐村巡讲,健全完善道德模范礼遇制度,好人好报、德者多得社会风尚基本形成。

【文化惠民】 提升 12 个乡镇文化站和 156 个村综合文化中心建设，建立文化大院评星定级机制,采取以奖代补形式,发挥文化能人带动作用，支持县内 58 家文化大院创作,打造各具特色文化品牌。鼓励 37 家文化服务团队开展文化创作,推进送文化下乡进村。建设村史馆、民俗文化馆、农耕文化展室、手工艺制作室等乡村文化阵地,搭建基层文化发展平台。打造提升任山河烈士陵园等 47 处红色文化阵地,挖掘红色文化资源,弘扬革命文化传统。开展姚河塬商周遗址规划设计,加大保护开发力度。完成县博物馆“今我彭阳”“城市规划”展厅布展,县博物馆功能完善。依托王洼镇文化站建设彭阳县图书馆王洼镇分馆,辐射镇辖区居民及王洼煤矿职工 2 万人,服务半径 25 千米以上,辐射彭阳县北部 5 乡镇，满足北部乡镇读者需求。结合“三馆一站一中心一展厅一大院”(博物馆、图书馆、文化艺术馆,乡镇综合文化站,村综合文化服务中心,非遗展厅,农民文化大院)发展实际,提升县、乡、村公共文化设施建设，构建县域内半小时文化圈,搭建“五位一体”公共文化服务网络体系,让广大城乡群众共享文化改革发展成果。发挥广场文化活动和“文化艺术月”平台载体,开展秦腔展演、歌舞小品、民俗小剧等群众喜闻乐见的文化活动。举办庆祝自治区成立 60 周年“幸福花开新时代”专场文艺晚会、元宵节社火大赛等 2018 年春节系列文化活动及首届迎新春文艺晚会、慈善晚会、助残日晚会;圆满完成彭阳县第十四届宁夏六盘山山花节暨第六届“梯田花海·生态彭阳”山花旅游文化节·全区休闲农业提升年、全区“全民挑战日·健康活动”和第九届文化艺术月等活动,举办乡村文化活动 100 场次。挖掘人文、红色、生态旅游资源,建设茹河瀑布风景区、金鸡坪梯田公园、茹河生态公园、栖凤山森林公园 4 个核心景区,新建游客集散中心 2 个、东部旅游环线旅游驿站 4 个、停车场

30000平方米、自驾车营地3个、观景亭6个，完善旅游基础设施，打造全域旅游升级版。提升“五彩梯田”建设水平，打造西部独具特色的乡村旅游目的地。建设文化旅游扶贫车间建设，利用当地山桃、艾草、决明子、黄芪等地方特色原料，发挥手工艺爱好者刺绣等特长，制作山桃核枕、糜子枕、荞麦枕、决明子枕、薰衣草枕、艾草枕等保健枕头，打造“茹河桃艺”“茹家之绣”产品10种，开发具有当地特色的旅游产品，实现农业和旅游互动、商业和旅游互通、文化与旅游互融、扶贫与旅游双赢效果。

【网络阵地建设】 强化县内新媒体管控，坚持走网络群众路线，严格网络建设内容，探索将支部建在网上管理模式，落实网络安全责任制，提升网上正面宣传流量和水平，最大限度壮大网上正能量。创新新媒体网络管理，建立网络舆情监测排查、分析研判机制，提高风险预警、案例处置、影响评估等舆情管理能力，构建有效防范、安全可靠的管控机制，牢牢掌握网上舆论工作主动权。建立网络意识形态领域舆情分析研判机制，修订《政务微信公众号管理办法》，规范121家党政网站、微博、微信媒体运行和信息发布，引导《彭阳大城小事》《彭阳广电》等县内有影响力自媒体6家，传播经济社会发展正能量。完善网络舆情监测、研判和回复机制，提升网络舆情风险处置力，监测网络舆情29期，完成转办舆情30期，办结率均达100%。选聘县、乡两级网络评论员98人，指导各乡镇、部门(单位)建设微信公众平台63个，开展文明办网、文明上网、文明用网行动，营造健康、清朗网络空间，构筑网民理性文明的共同精神家园。

（孙有亮）

统战工作

【党外代表人士队伍建设】 对全县范围内党外代表人士基本情况调查摸底，充实更新党外代表人才库。组织召开党外知识分子联谊会一届五次理事(扩大)会，部署推进全年知联会工作任务。召开纪念中共中央发布“五一口号”70周年座谈会，加强各民主党派人士和县知识分子联合会对中共中央发布“五一口号”历史地位的认识。依托党外知识分子联谊会，以开展“四个一”(举办一次学习培训、征集一次“金点子”、开展一次专题调研、召开一次理事会)为载体，做好新时代党外知识分子工作。

【民族团结进步创建】 深刻领会习近平总书记关于做好民族工作“八个坚持”要求，加大学习培训和宣传教育力度，提升各级领导干部民族工作意识。召开彭阳县深化全国民族团结进步示范县工作部署会，表彰奖励在全国民族团结进步示范县创建工作中涌现出的先进集体和先进个人。加强督查考核，由县级领导带队，对全县各乡镇、部门（单位）民族团结进步创建活动开展情况督查3次。高质量打造10个符合地域特色的民族团结进步示范点，为创建工作发挥示范引领作用。深化“四进”宗教场所及“和谐寺观教堂”创建活动，开展“四进”宗教活动场所125所，创建“和谐寺观教堂”国家级1

个、区级11个、市级12个、县级99个。开展“拥护核心感党恩·同心携手奔小康”主题教育活动，以“民族团结月”和民族团结宣传教育“八进”活动为抓手，深化民族团结进步教育，铸牢中华民族共同体意识，使“三个离不开”“五个认同”等思想深入人心。加强清真食品监管，组织执法人员对全县284户清真餐饮业摸底排查，集中清理整治，使用规范清真标志。延伸执法检查，对超市“清真”食品标志检查，不合规产品按照清真标志治理规定，对经营主体提出整改要求，无条件下架，共下发整改通知书3份，下架含有“阿文”标志的食品313袋。争取2018年少数民族发展资金974万元，由县财政统一整合，用于农村基础设施建设，改善民族聚居乡村生产生活条件。

【宗教领域突出问题治理】 准确把握习近平总书记关于做好宗教工作“六个深刻理解”要求，全面贯彻党的宗教工作基本方针，牢固树立“四个意识”，坚定“四个自信”，深化思想认识，提高政治站位，确保全县宗教工作沿着正确政治方向前进。制订《彭阳县深入开展马克思主义民族观宗教观宣传教育活动实施方案》《彭阳县自治区党委十二届四次全会精神宣讲工作方案》，由县级领导带头，理论骨干、党校教师、第一书记、统战、民宗、伊协等熟知民族宗教政策百名以上宣讲人员，深入乡镇、村组（社区）宣传解读党的民族宗教政策，全年共开展宣讲183场次，参加人数7000人次。整理摘录《彭阳县党员干部马克思主义民族观宗教观应知应会手册》《彭阳县宗教工作自查自纠学习资料》和民族宗教知识宣传折页，编印发放至各乡镇、各部门（单位）以供学习掌握。开展党的民族宗教理论政策法规答题活动。结合开展“农民教育培训年”“新时代农民讲习所”“6+X”主题党日等活动，每季度开展1次民族宗教工作专题学习，教育引导广大党员干部、宗教界人士牢固树立马克思主义民族观宗教观。举办全县性民族宗教专题学习培训班8期，外出培训1期，有针对性地开展“靶向”培训。落实宗教工作主体责任，加强党对宗教工作领导，创新完善宗教工作领导体制机制，全年共召开6次县委常委会、1次政府常务会、2次统一战线工作领导小组会、2次宗教工作联席会议和1次宗教工作领导小组会议，听取和研究宗教工作，解决宗教领域重点难点问题。

【宗教活动管理】 强化宗教活动场所管理，严格审批程序，严把资金来源、建设质量、建设时限“三道关口”，开展“沙化”“阿化”苗头性、倾向性问题专项治理活动，规范宗教场所建筑风格。强化宗教活动管理服务，加强部门间协作配合，建立“属地管理、分级负责、上下联动、齐抓共管”管理工作机制，稳妥处理白阳镇城关清真寺矛盾纠纷。坚持把“管人员”作为宗教事务管理基础性工作，制定《彭阳县宗教场所教职人员备案聘任制度》，对全县314名持证教职人员进行备案登记，定期考核。制定《关于调整县级领导同志联系走访宗教界人士和宗教场所的通知》，深入信教群众、倾听群众呼声，了解群众所需所盼，帮助解决实际困难和问题。在元旦、春节、开斋节等重要节日，共筹措资金 9.8 万元，对民族团结进步创建示范单位、宗教活动场所、致富带头人、建档立卡贫困户和宗教界代表人士进行节日慰问。引导协调网站在公开涉及宗教网络信息时，严格遵守《国家宗教事务管理条例》和法律法规，不违背有关教义教规，加大督促检查力度，及时处置互联网涉宗教问题，做好互联网舆论正面引导工作。

【非公经济发展】 紧密结合“不忘创业初心、接力改革伟业”理想信念教育活动，在非公经济企业和非公经济人士中多形式、多层次培训学习党的十九大精神。按照《中国工商业联合会章程》有关规定，成功召开彭阳县工商业联合会五届三次执委会，增选第五届工商业联合会副主席 2 名、第五届工商业联合会秘书长 1 名、民间商会副会长 2 名、民间商会秘书长 1 名。联系厦门创奇文化传播有限公司为民营企业策划文化品牌建设，聘请专家通过走访观摩，举办企业文化品牌建设培训班，培训企业 50 个。以“光彩事业”助力脱贫攻坚，制订《彭阳县“百企帮百村”助力脱贫攻坚行动实施方案》，并确定 41 家企业精准帮扶 33 个贫困村，采取 2 家企业联合帮扶。

【统战领域意识形态】 坚持把学习好宣传好习近平新时代中国特色社会主义思想和党的十九大精神作为统一战线首要政治任务，组织非公经济人士、宗教界代表人士、党外知识分子和统战系统干部职工认真学习宣传党的十九大精神，切实用习近平新时代中国特色社会主义思想武装头脑、指导实践，引导统一战线成员不断增强维护习近平总书记核心地位和党中央集中统一领导的思想自觉和行动自觉。

（马　阳）

政策研究

【调查研究】 坚持问题导向，围绕脱贫攻坚、深化农村改革、干部作风转变等中心工作，开展各项专题调研，《红河村推进“三权分置”改革的实践与启示》《留住乡村发展变迁的记忆》分别在《宁夏工作研究》第 3 期、第 5 期刊发；《彭阳县应用“互联网+”破解医改难题的探索与实践》在《宁夏改革动态》第 25 期刊发；《关于彭阳县工商资本下乡情况的调研报告》《彭阳县“空心村”调研报告》等多篇调研报告获得上级业务部门好评。对彭阳产业扶贫、金融扶贫、卫生扶贫、教育扶贫等七个方面扶贫亮点经验进行总结，并在《宁夏日报》2019 年 3 月 13 日彭阳观察专刊以《脱贫攻坚的“彭阳路径”》为题进行刊登。选派干部参加全区政研干部培训班、宁蒙陕甘毗邻地区共同发展联席会议第十五届年会、全区党委农办系统干部在福建省学习培训等，进一步提高干部职工业务能力水平。

【“农办”工作】 召开全县扶贫开发暨农业农村工作会议，印发《关于实施乡村振兴战略的意见》《贯彻区、市实施乡村振兴战略意见责任分工方案》《2018 年农业农村工作要点》，制定《彭阳县落实自治区实施乡村振兴战略综合考评指标任务责任清单》《彭阳县实施乡村振兴战略综合考评方案（试行)》,将每一项考核内容细化、量化、责任化,做到责任主体明确、工作标准明确、完成时限明确,确保各项工作任务落到实处。制订《彭阳县乡村振兴战略规划(2018—2022年)编制工作方案》,明确责任分工及各阶段推进计划,委托有资质的规划设计机构承担编制工作。聚焦自治区实施乡村振兴战略综合考核指标,各项工作进展顺利。

【"改革办"工作】 通过县委常委会、政府常务会和改革领导小组会议,审议修订《彭阳县全面深化改革督察实施办法(试行)》《彭阳县全面深化改革领导小组工作规则》《彭阳县全面深化改革领导小组专项小组工作规则》《彭阳县全面深化改革领导小组办公室工作细则》《彭阳县改革工作月报告制度》五项工作制度,研究出台《彭阳县2018年基层政务公开标准化规范化试点工作推进方案》《彭阳县深入推进农村集体产权制度改革实施方案》等27个改革文件。县委督查室、改革办牵头组织开展不定期督查检查2次,对在督查、自查中发现的问题建立问题清单,明确责任单位和责任领导,明确整改时限要求,确保各项问题整改落实到位。全年共确定7个方面48项改革任务,年底,各项改革任务基本完成。

【脱贫攻坚工作】 定点帮扶王洼镇马掌村,推进基础建设补短板,发展致富产业促增收,开展技能培训提素质,做好环境整治增潜力,较好完成脱贫攻坚各项工作任务。累计完成危房危窑改造109户,其中建档立卡贫困户77户;共完成牛棚改造146栋,其中全年新完成改造20栋;全村通柏油路6千米、硬化路8千米、沙化路12千米;自来水入户率95%。成立股份经济合作社2个,村集体收入5万元。培育全村地膜玉米、中药材等产业,拨付帮扶资金4万元支持39户农户种植红花437.5亩,动员养殖大户种植玉米2100亩。落实"见犊补母"等产业扶持政策,动员群众补栏扩量,全年共补栏牛17头、羊60只。拨付1万元帮助马掌村部分党员、致富带头人、脱贫光荣户、村三委班子及驻村工作队一行28人赴陕西延安市、礼泉县袁家村开展"我的初心·我的使命"主题党日活动,进行爱国主义和革命传统教育。

【党建和党风廉政建设】 加强机关党建,定期组织支部党员学习,及时缴纳党费,规范党员管理。召开专题组织生活会和民主生活会,开展批评和自我批评,净化党员灵魂,增进内部团结。开展"群众评议机关和干部作风"活动,查摆梳理,查实找准存在问题并制定整改措施,及时整改。落实党风廉政"两个责任",制定全面从严治党"三个清单",开展违反中央八项规定精神突出问题专项治理,深入自查自纠、立查立改、立行立纠。严格执行《党政机关厉行节约反对浪费条例》、三公经费管理等规章制度,推行权力公开透明运行,严格党员干部管理,提高党员干部预防和抵制腐败的自觉性,增强党员干部自身约束能力和风险防范能力。

(刘　戈)

机构编制

【重点领域体制改革】 推进党政机构改革任务,成立由县委书记担任组长,县长、县委副书记担任副组长的深化机构改革领导小组,领导小组下设办公室,办公室下设改革组、资产移交组、纪检监察组3个专项工作组。配合做好国家监察体制改革有关工作,整合反腐败资源力量,建立彭阳县监察委员会,明确监察委员会职能职责。设立县委巡察工作领导小组和县委巡察组,核定领导职数和人员编制。配合相关部门深化群团体制、司法体制等专项改革,协同做好体制机制和机构编制调整工作,将行政体制公证机构改为事业体制。

【事业单位分类改革】 根据自治区编办《关于印发〈彭阳县承担行政职能事业单位改革试点方案〉的通知》《关于下达彭阳县承担行政职能事业单位改革试点置换行政编制的通知》,将涉及的县事业单位登记管理局、县人民政府教育督导室、县农村合作经济经营管理站、县农牧局、县扶贫开发办公室、县文化旅游广电局等单位,通过置换行政编制将原有部分人员全部过渡为公务员。

【统一规范权力清单】 与国务院、自治区改革部署和法律法规"废改立释"相衔接,取消一批行政审批事项,调整一批行政职权,对全县23个政府部门权力清单进行规范。规范出行政许可176条、行政征收15条、行政给付45条、行政确认45条、其他类195条。初步实现"三级四同",推进权力清单标准化、规范化、法制化建设。

【机构编制监督管理】 坚持日常监督检查和专项督查相结合,严肃查处和纠正违规违纪问题,做好"12310"投诉举报电话处理工作。深入部门乡镇,对部门乡镇执行机构编制纪律进行监督检查,配合做好机构编制离任审计工作。采取"一刀切"方式,对全县事业编制核减80名,核减后为4947名。全年规范机构编制实名制信息419名。

【事业单位登记管理】 推广应用"宁夏微事登"微信平台,进一步创新事业单位登记管理工作方式。印发《关于做好2018年度全县事业单位法人年度报告公示的通知》,全县共有法人事业单位99家,全部完成2018年度执行《条例》及其实施细则情况年度报告,并在"事业单位在线"等网站进行公示,公示率达100%。完成机关、群团、事业单位法人统一社会信用代码赋码换证及290家非法人事业单位赋码领证工作。

【部门驻村帮扶】 定点帮扶冯庄乡崖湾村,帮助制订《冯庄乡崖湾村2018年脱贫销号实施方案》《冯庄乡崖湾村2018年产业发展实施方案》《冯庄乡崖湾村2018年发展壮大村级集体经济实施方案》《精准脱贫一户一清单》,理清思路,帮助发展。培育发展特色产业,种植中药材545亩,枸杞5亩,矮化密植苹果50亩,马铃薯120亩,玉米、小秋杂粮600亩,紫花苜蓿220亩;大力发展养殖业,新建圈舍7座,累计29座,牛存栏55头、羊850只、猪88头、生态鸡800只。人居环境改造40户,户均增收1万元。实施基础设施建设,沙化入户路15.8千米。新增清洁能源用户10户,累计42户。帮扶部门领导班子5次到村,研究帮扶工作,入户调研,解决农户实际问题8件,为村集体筹措帮扶资金3万元。

(王晓霞)

老干部服务

【学习教育】 联合县委组织部为全县32名副处以上离退休干部征订“两报一刊”(《宁夏日报》《固原日报》《共产党人》)100份;征订发放党的十九大学习辅导资料300份;印发全国“两会”宣传提纲100份,确保离退休干部每人至少订阅一报一刊。坚持以理想信念和党性教育为重点,举办各类专题辅导学习会3次、情况通报会1次、革命传统教育1次,引导离退休干部始终同党中央和区、市、县党委保持高度一致,始终处于党组织的教育管理和服务之中。

【“两项待遇”落实】 以落实离退休干部“生活待遇”为重点,做好离退休干部节日慰问、生病探望、健康体检、文化娱乐等工作。春节和重阳节期间,对全县35名副处级以上离退休干部集中走访慰问,发放慰问金5.5万元;探望患病住院老干部15人次;为9名离休干部遗孀购买大病医疗保险;为全县30名副处级以上离退休干部办理人身意外保险;组织全县30名县处级离退休干部到县医院体检。以落实离退休干部“政治待遇”为重点,激励其主动开展增添正能量活动。组织全县36名离退休干部和离退休干部党支部书记赴任山河烈士陵园开展“缅怀英烈忆长征·做合格党员”主题教育活动,进行革命传统教育和党性修养教育。建成彭阳县职工文化活动中心,年底投入使用,为离退休干部学习活动创造条件。

【加强“两项建设”】 加强离退休干部党组织建设,联合县委组织部印发《全县离退休干部党组织建设“一完善六强化”工作实施方案》,完善离退休干部党工委工作机制。推进“两学一做”学习教育常态化制度化,突出工作重点,创新活动载体,引导离退休干部开展为党和人民的事业增添正能量活动。成立“五老一新”(老党员、老专家、老教师、老战士、老模范、新乡贤)宣讲团,在全县集中开展十九大精神进农村宣讲活动12场次,培训农民1000人,实现乡镇宣讲全覆盖。抓好“延安精神进校园”试点工作,固原市延安精神进校园活动现场会在彭阳召开,彭阳经验向全市乃至全区推广。争取市关工委资金10万元,联合郑河街社区建成四点半学校,为社区留守儿童学习和生活提供便利。联合市关工委在任山河烈士陵园举行“传承红色基因·争做时代新人”主题教育活动启动仪式,让全县广大青少年从红色基因中汲取道德滋养和文化精髓,补足精神之钙、点亮信仰之灯、熔铸信念之魂。

【部门帮扶】 定点帮扶古城镇皇甫新村,全力推进脱贫攻坚工作,选派两名副科级领导干部组成扶贫驻村工作队,到古城镇皇甫新村开展工作，做好进村联户工作，组织干部深入帮扶对象家中调查摸底，帮助制定脱贫规划和增收措施。为贫困户联系帮扶贷款80万元，解决帮扶资金4.5万元。

（白巨刚）

党校工作

【理论宣讲】 组织骨干教师分期分批，深入各乡镇、县直各部门（单位）开展党的十九大、自治区党委十二次党代会、市委四届二次会议及县委八届二次会议精神宣讲活动。全年，共举办党的十九大专题讲座35场次，培训党员干部3400人次；举办自治区党委十二次党代会专题讲座28场次，培训党员干部2000人次；结合“三个年”活动，为农商行、供电局、中国人寿保险公司等驻彭阳单位党员干部讲党课8场次，培训党员干部600人次。

【教育培训】 全年共举办全县科级干部学习贯彻习近平新时代中国特色社会主义思想和党的十九大精神专题轮训班5期，每期3天，培训干部483人；全县村干部学习党的十九大精神专题培训班2期，每期5天，培训干部300人；村干部信息技术培训班4期，每期2天，培训干部156人；委托井冈山革命传统学院和贵州黔西南州委党校培训3期，每期5天，培训干部140人次。组织干部参加网络培训学习，参学率95.7%。依托宁夏大学继续教育学院等资源，开展学历函授，推进在职干部学历教育，全年开办行政管理、电子商务、会计等5个专本科函授班，132名学员函授学历。

【机关党建】 认真学习党的十九大精神及习近平新时代中国特色社会主义思想，深入贯彻落实全面从严治党要求，开展以支部建设标准化、组织生活正常化、管理服务精细化、工作制度体系化、阵地建设规范化为主要内容的“五化”建设，推进“三强九严”工程，强化党建三个责任，坚持每月开展1次“6+X”主题党日活动，严格落实机关党建十项基本制度，全面提高机关党建工作质量。

【脱贫攻坚】 定点帮扶草庙乡和沟村，选派2名干部到草庙乡和沟村开展脱贫攻坚工作。全党校14名教职工结对帮扶贫困户69户，对贫困户家庭情况进行摸底，因户制宜，制定帮扶清单，开展“一月一走访”、节日慰问等活动。举办全县第一书记“五大员”培训班、扶贫干部打好精准脱贫攻坚战专题培训班等扶贫培训4期，共培训6286人次。

（尹效挺）

档案管理

【法制宣传】 开展《档案法》《宁夏档案工作条例》等法律法规宣传培训，于“6·9”档案日开展宣传1次，制作宣传栏4幅，发放宣传资料300份。举办档案法制培训班1期，培训档案人员70人。以档案行政执法检查为主要抓手，建立档案执法监督检查工作机制，健全档案执法责任制，履行档案行政执法主体职能，加大依法治档力度。全年共开展档案执法检查2次，抽查18个行政及事业单位档案管理工作。

【档案业务】 加强档案规范化管理,完成档案归档工作。指派业务骨干,指导县委办、政府办、农牧局、建环局、交通局等10个单位整理项目档案及文书档案。制订《关于做好精准扶贫档案工作的实施方案》，开展多种形式业务培训，整理完成52个行政村精准扶贫档案，对全县12个乡镇156个行政村及精准扶贫项目实施单位对2014年以后所形成的精准扶贫档案进行规范化指导整理。印发《彭阳县机构改革中档案处置工作实施方案》,提前介入,督促涉改单位做好档案处置工作。抓好社会主义新农村建设档案工作,指导冯庄等乡镇完成历年积存文书档案整理。参与全县重大建设项目档案指导、监督、检查和验收工作,对彭阳县博物馆(含图书馆、档案馆)建设项目、彭阳县博物馆附属配套工程、彭阳县悦龙新区飞龙东路跨双龙路景观大桥工程、彭阳县悦龙新区貔貅路等三条道路及给排水工程等20个重点项目进行档案专项验收工作。

【资源建设】 为社会各界提供档案利用服务,全年共接待查档500人次,调卷4000卷次。制定《彭阳县档案馆安全应急预案》,开展档案安全专项检查,落实“八防”措施,库房安装监控设备、消防系统、温湿度仪,确保馆藏档案安全。加强对乡镇、部门档案安全管理阶段性检查,督促其建章立制,并对干部职工进行安全知识和典型安全事故警示教育。接收档案资料进馆,征集有关历史、名人、国家领导人视察工作档案资料及实物进馆,丰富馆藏。累计接收印章档案192件,婚姻档案520盒,农村土地承包经营权确权档案8995盒。

【队伍建设】 结合新时代党的政治建设要求,加强政治理论学习,严格执行每周学习制度。开展专题培训2次,支部书记上党课4次，提高档案管理人员思想政治素质。编制发放专（兼）职档案人员培训资料500册，引导档案管理人员重点学习《档案法》《宁夏回族自治区档案条例》《档案管理违法违纪行为处分规定》，国家档案局8号令、9号令、10号令、13号令等档案法律法规。结合“干部素质提升年”活动,举办业务培训班2期,培训18人次,开展“岗位练兵”1次、业务知识竞赛1次,选派专业人员参加国家档案局和自治区档案局举办的业务培训班3人次。

【党组织建设】 实施“三强九严”工程,召开党员大会13场次，支部主题党日活动11场次,落实党员评星定格活动。开展违反中央八项规定精神专项治理工作,建立负面清单制度,落实整改任务。召开违反中央八项规定精神专题民主生活会、共产党员不准信仰和参与宗教活动组织生活会、党员领导干部民主生活会及党员组织生活会。召开意识形态研判会2次,牢牢掌握意识形态领域话语权。配合县委第八届委员会第五轮巡察第一巡察组对党支部进行巡察，通过建制度、强机制、重监管,履行好党支部党风廉政建设“主体责任”。抽调两名干部到草庙乡曹川村开展帮扶工作,帮助曹川村加强村党支部建设,发挥“两个带头人”作用,增强群众“造血能力”。

(高小琴)

彭阳县人大常委会

综　　述

【人大常委会会议】　年内召开人大常委会会议6次,即九届人大常委会第九次至十四次会议。听取和审议“一府两院”工作报告12项并进行满意度测评,作出决定8项、决议6项,发出审议意见书9份。

九届人大常委会第九次会议　4月28日召开。会议听取和审议县人民政府关于2017年全县法治政府建设工作情况、全县文物保护工作情况的报告;听取和审议县人大常委会调研组关于全县文物保护工作情况的调研报告;审议县人民政府提请的关于将彭阳县美丽茹河建设PPP项目政府付费责任纳入财政预算的议案;审议通过县人大常委会关于将彭阳县美丽茹河建设PPP项目政府付费责任纳入财政预算的决定(草案);审议通过县人大常委会关于接受蒋筱宁辞去县人民政府副县长职务的决定(草案);审议县人民政府提请的人事任免议案,依法决定任命马建华为彭阳县人民政府副县长;审议县人民检察院提请的人事任免议案,依法免去韩东同志县人民检察院检察委员会委员、检察员职务。

九届人大常委会第十次会议　7月2日召开。会议听取和审议县人民政府关于全县林业生态建设工作情况的报告;听取和审议县人大常委会检查组关于检查《中华人民共和国森林法》实施情况的报告;审议县人民政府提请的人事任免议案,依法决定任命张新全为彭阳县人民政府副县长;审议县人民法院提请的人事任免议案,依法任命喇睿为县人民法院审判员。

九届人大常委会第十一次会议　9月8日召开。会议听取和审议县人民政府关于2018年上半年国民经济和社会发展计划执行情况、2018年上半年财政预算执行情况、2017年度财政决算(草案)、2017年度财政预算执行和其他财政收支审计情况、全县国民经济和社会发展计划“十三五”规划中期评估工作情况的报告;审查和批准2017年度财政决算;审议县人民政府关于提请调整2018年财政预算的议案;审议通过县人大常委会关于批准调整2018年财政预算的决议(草案);审议县人民政府关于提请批准2018年政府债务限额的议案;审议通过县人大常委会关于批准2018年政府债务限额的决议(草案);审定《彭阳县人民代表大会及其常务委员会实施宪法宣誓制度办法》(草案);审议通过县人大常委会关于接受余长会辞去县九届人大常委会委员职务的决定(草案)。

九届人大常委会第十二次会议　10月10日召开。会议审议通过县人大常委会关于接受邓万儒辞去县九届人民代表大会代表和人大常委会主任职务的决定(草案);审议通过县人大常委会关于接受冶三奎辞去县九届人民代表大会代表职务的决定(草案)。

九届人大常委会第十三次会议　11月22日召开。会议听取和审议县人民政府关于职业教育、招商引资、环境保护工作情况的报告;听取和审议县人大常委会调研组关于招商引资工作情况的调研报告及检查组关于《中华人民共和国环境保护法》贯彻执行情况的检查报告;审议县人民政府提请的关于修改彭阳县国民经济和社会发展第十三个五年规划纲要有关内容的议案;审议通过县人大常委会关于批准修改彭阳县国民经济和社会发展第十三个五年规划纲要有关内容的决议(草案);审议通过县人大常委会关于接受邓万儒辞去固原市第四届人民代表大会代表职务的决定(草案);审议通过县人大常委会关于接受杨志杰辞去县九届人大常委会副主任职务的决定(草案);审议县人民法院关于提请确定人民陪审员名额的议案;审议通过县人大常委会关于确定人民陪审员名额的决议(草案)。

九届人大常委会第十四次会议　12月28日召开。会议传达学习栗战书在深入学习贯彻习近平总书记关于坚持和完善人民代表大会制度的重要思想交流会上的讲话精神;听取和审议县人民政府关于县九届人大二次会议代表议案建议办理情况的报告;审议县人民政府关于提请调整2018年国民经济和社会发展计划主要指标的议案;审议通过县人大常委会关于批准调整2018年国民经济和社会发展计划主要指标的决议(草案);审议县人民政府关于提请调整2018年财政预算的议案;审议通过县人大常委会关于批准调整2018年财政预算的决议(草案);审议通过关于县九届人大二次会议以来代表变动及补选代表资格审查情况的报告(草案);补选固原市第四届人民代表大会代表。

【决定决议】　年内，县人大作出决定8项、决议6项(《关于接受蒋筱宁辞去县人民政府副县长职务的决定》《关于批准将美丽茹河PPP项目政府付费责任纳入财政预算的决定》《关于接受余长会辞去县九届人大常委会委员职务的决定》《关于接受邓万儒辞去县九届人民代表大会代表和人大常委会主任职务的决定》《关于接受冶三奎辞去县九届人民代表大会代表职务的决定》《关于接受邓万儒辞去固原市第四届人民代表大会代表职务的决定》《关于接受杨志杰辞去县九届人大常委会副主任职务的决定》《关于确定人民陪审员名额的决定》《关于批准2017年度财政决算的决议》《关于批准调整2018年财政预算的决议》《关于批准2018年政府债务限额的决议》《关于批准修改彭阳县国民经济和社会发展第十三个五年规划纲要有关内容的决议》《关于批准调整2018年度国民经济和社会发展计划主要指标的决议》《关于批准调整2018年财政预算的决议》)。

【人事任免】　贯彻党管干部和人大依法任免相统一原则，坚持依法提请、供职报告、审议表决、颁发任命书、任职宣誓等制度，按照法定程序把县委推荐的想干事、能干事、会干事的优秀干部人选，任命为国家机关工作人员。严把任后监督关，通过听取审议专项工作报告、开展执法检查和视察调研等形式，了解掌握任命干部履职情况，督促任命干部依法履职、勤政为民。年内共依法接受 3 名人大常委会委员辞去彭阳县第九届人民代表大会常务委员会委员职务的请求；依法接受 2 名人大代表辞去彭阳县第九届人民代表大会代表职务的请求；决定任命政府组成人员 2 名，免职 1 名；接受 1 名国家机关工作人员辞职请求；任命法院审判员 1 名，免去检察院检察委员会委员 1 名。组织县九届人大常委会会议决定任命的县人民政府副县长、县人民法院审判员庄严地向宪法宣誓。

【议案办理】 县九届人大二次会议期间，共立代表议案 12 件、建议 38 件。常委会坚持把代表议案、建议的办理作为为群众办实事、办好事主要途径。人代会结束后，及时将代表提出的议案、建议转交县人民政府办理。多次召开会议专门听取政府关于代表议案、建议和意见办理情况汇报，先后两次组织督察组实地检查督办，全面掌握议案、建议办理进度和质量，提出改进意见和建议。年内 12 件议案全部办理，建议意见大部分得到落实。

【法制讲座】 全年共举办法制讲座 3 期，邀请政府相关工作部门单位主要负责人，辅导学习《中华人民共和国文物保护法》《中华人民共和国森林法》《中华人民共和国环境保护法》，参学人员 300 人次。

【工作指导】 指导乡镇人大主席团将本辖区的区、市、县、乡代表混合组建代表小组 106 个，开展经常性的代表活动。常委会领导严格落实分片联系乡镇人大工作制度，经常深入乡镇，从政策法规、工作程序、制度建设、履行职责等方面进行指导。

（雷　霏）

专委工作

【机关服务】 把提高文字服务水平作为办公室工作重中之重，把好草拟、审核关，力求公文符合政策和法律法规，对所有来文来电及时准确签收办理，无耽搁送阅、影响工作现象。做好“三会”服务工作，圆满完成 6 次常委会会议、10 次主任会议组织协调服务工作，保证人大常委会工作依法、有序、高效开展。深入开展调查研究，组织开展全县文物保护工作、招商引资、职业教育、环境保护等方面的调研和执法检查，撰写调研、视察、检查报告 4 篇，为常委会会议审议专项工作报告、科学作出决议决定提供重要参考依据。

【财政经济工作】 加强对计划执行、预算决算监督，强化预算执行审计报告审议意见整改落实情况跟踪督查，提高预算执行的严肃性和约束力。听取和审议县人民政府关于 2018 年上半年国民经济和社会发展计划、财政预算执行和 2017 年度财政决算等工作报告 4 项，审查并批准 2017 年度县本级财政决算，通过审议意见的形式，提出建议 13 条，作出调整预算等相关决议。建立人大预算联网监督中心，完成近三年数据报备录入工作，为开展财政预算联网监督工作奠定基础。适时作出调整2018年部分计划指标的决议。按照区、市、县党委要求,对“十三五”规划纲要中涉及“沙化”“阿化”“清真”概念泛化等内容依法作出批准修改的决议。

【法制工作】 紧扣促进依法行政、公正司法主题,听取和审议县人民政府关于2017年法治政府建设工作情况的报告,提出强化宣传教育、转变职能、规范权力运行等审议意见。组织开展《中华人民共和国环境保护法》《中华人民共和国森林法》贯彻实施情况执法检查。并听取和审议专项报告,有力推动相关法律法规在县域内的贯彻落实。

【教科文卫工作】 组织开展全县文物保护、职业教育2项专题调研,分别听取和审议县人民政府关于文物保护、职业教育工作情况的报告,并进行满意度测评,向政府转交审议意见9条。

【代表联络】 坚持为代表订阅《中国人大》《宁夏人大》等刊物,邀请代表参加常委会组织的视察、调研、执法检查等活动,及时向代表通报全县经济社会发展情况和常委会工作动态,组织50名代表参加“践行阳光警务·铸造忠诚警魂”警营开放日、法院开放日和法院案件庭审评查等活动,有效拓宽代表知情知政渠道。开展代表向选民述职活动,组织182名县、乡人大代表向选民述职,选民现场对人大代表履职情况进行评议和满意度测评,自觉接受选民监督,拓宽代表知情知政渠道,激发代表依法履职的积极性和主动性。

(雷 霏)

彭阳县人民政府

综 述

【发展指标】 全年实现地区生产总值55.32亿元,增长5.0%;地方一般公共财政预算收入2.64亿元,增长10.1%;全社会固定资产投资26.45亿元,同比下降10.3%;社会消费品零售总额9.16亿元,增长4.8%;城镇居民人均可支配收入25166.05元,增长7.8%;农村居民人均可支配收入9862.5元,增长12.2%;全县经济社会呈现稳中向好的发展态势。

【精准扶贫】 紧盯“一达标两不愁三保障”,整合各类资金8.2亿元,开展“十项清零”行动,14个贫困村7760人脱贫退出,贫困发生率降至0.71%。投入产业奖补资金2.1亿元,新增扶贫贷款10262户5.2亿元,建成产业扶贫示范村12个,带动15583户贫困群众在产业链上实现增收。建成扶贫车间16个,实施精准培训6169人,购买非全日制公益性岗位3653个,实现贫困群众转移就业974名,建档立卡贫困户人均可支配收入增幅较农村居民高出3个百分点,贫困群众发展内生动力显著增强。新建扶贫道路258千米,新增和改造自来水25810户,出台“九个一批”政策,落实安全住房16311户,行政村硬化路通达率、自来水保障率、住房安全保障率均达100%。89个村级光伏电站开工建设，注入3180万元启动资金壮大村集体经济，"空壳村"消除。实现122个贫困村动力电、宽带网络信号、标准化村卫生室和村级综合服务网点全覆盖。发放各类教育免补资金1.17亿元，整合资金178万元设立教育扶贫基金，惠及所有建档立卡贫困学生，323名辍学学生全部劝返；贫困患者住院个人自付费用比例降至8.44%，将5902户建档立卡贫困户纳入低保，实现应保尽保。推进中央定点帮扶、东西部扶贫协作，落实各类社会帮扶资金9840万元。

【农业发展】 实施粮食产业优化提升行动，完成粮食生产功能区划定，粮食生产获丰收，总产量26.15万吨，增长14.5%。推广"龙头企业+合作社+基地+农户"模式，新增优质牧草8.27万亩，打造标准化养殖示范村4个，累计发展"5·30"及倍增户1.8万户，全县畜禽饲养总量稳定在230万个羊单位；种植蔬菜11.05万亩、林果2.66万亩，发展中药材、万寿菊等特色产业11万亩，富民产业壮大。推进"四个一"林草产业试验示范工程，分类分区域建成示范园7个3475亩，引进新品种147个，筛选适种新品种40个。扶持培育新型农业经营主体，培育农村致富带头人271名、家庭农场124个、专业合作社129家、龙头企业23家。

【二、三产业】 实施工业对标提升转型发展行动计划，推进"企业发展扭亏入规战役""招商引资年"活动，修订完善非公经济发展实施意见，鼓励扶持现有微小企业技改升级，培育发展工业企业10家、规上企业1家，兑现奖补资金581万元，完成县城工业园区二期道路及给排水工程，新增入园企业6家。王洼煤矿600万吨改扩建项目建成投用，全年生产原煤720万吨、原油11万吨，全年完成工业增加值9.9亿元，增长6.5%。完善旅游基础设施建设，成功举办山花旅游文化节，全年接待游客55万人次，实现社会综合收入3.4亿元。开工建设茹河新时代广场，引进世纪华联等知名商业综合体，市场活力有效激发；培育电商标杆企业5家、物流企业3家，"双向物流通道"全面打通，实现线上销售收入6000万元，电子商务进农村综合示范县建设绩效评价全区第一。

【城乡建设】 编制空间规划和海绵城市专项规划，完成老城区控制性详规。雷泽广场和悦龙山、栖凤山步行栈道建成投用，新改扩建城市道路8条3.2千米，改造老旧小区2个、棚户区535户。实施悦龙山新区、茹河大街等重点区域绿化亮化美化工程，建成城市生活垃圾收转运系统、无害化处理填埋场二期和4个停车场，财富广场、利民广场、维也纳酒店落地运营，城市功能日趋完善，城镇化率34%。

【基础建设】 全年争取项目建设资金30亿元，开工建设重点项目72个，完成社会资本投资5亿元，城乡发展基础夯实。编制完成古城、红河镇镇区控制性详规，草庙乡美丽小城镇开工建设，建成6个美丽村庄；推进"五土共改"，打造农村人居环境综合整治示范村12个，完成水改厕289户。G327彭青段、夏南路、刘杨路等重点道路改扩建项目开工建设,农村公路“建管养运”一体化协调发展,荣获区级“四好农村路”示范县。新建人工湿地4个45.7公顷,除险加固病险水库3座;实施长城塬引水泵站和灌区改造工程,发展高效节水灌溉农田1万亩。完成农村配电网改造工程332千米,建成4G基站78处,实现行政村网络信号全覆盖。推行“精细管理、深度保洁”环卫模式,城市环卫机械化水平74.5%,城区清扫保洁实现全覆盖。开展王洼、城阳农村环卫社会化运营试点,推行农村环卫保洁网格化管理机制,聘请乡村保洁员1076名,乡镇环卫配套设施有效加强,城乡管理和服务水平实现双提升。

【生态环境】 牢固树立“绿水青山就是金山银山”理念,完成六盘山重点生态功能区降雨量400毫米以上区域造林绿化18.75万亩,治理小流域25条111平方千米。强化禁牧封育,完成天保工程封山育林1万亩、森林资源管护109万亩,落实草原生态奖补73万亩,全县森林覆盖率27.5%,县林业局荣获全国三北防护林体系建设工程先进集体。彭阳县生态文明建设被中宣部列为庆祝改革开放40周年“百城百县百企”重大调研项目。严抓“四尘”治理,完成20吨以上锅炉环保改造9台,县城建成区20吨以下燃煤锅炉全部拆除,淘汰黄标车165辆,全年空气优良天数占比达96.3%。推进“五水共治”,茹河水污染防治二期、三期工程完工,县城工业园区污水处理站投入运行,园区涉水企业污水处理率达100%,草庙万寿菊加工厂和20个乡村的污水处理站建成试运行,主要河流水质长期稳定保持在Ⅳ类以上。加强农村面源污染治理,残膜回收率95%,主要农作物测土配方施肥覆盖率85%。开展清河和“清四乱”行动,建成巡检道路39千米,治理河道6.5千米,疏浚河道53千米,清除河道垃圾1310吨。完成畜禽养殖禁养区划分,规范整治规模以上畜禽养殖企业25家。

【民生事业】 推进民生事业建设,10件民生实事全部办结,民生支出34.9亿元,年均增长9.7%。开展“教师素质、教育质量”双提升行动,义务教育国家质量监测成绩位居全区前列;县四小开工建设,11所村级幼儿园开园招生,改造薄弱学校56所。完成全民健身中心及文化馆主体工程,美丽茹河体育公园和4个乡镇足球场投入使用。成功举办全国山地自行车越野赛、全民健身节等体育活动,全民健身氛围浓厚。中医院改扩建、疾控中心和妇计中心综合楼项目竣工,建成县、乡、村一体化家庭医生服务平台,家庭医生签约率60.5%,“互联网+医疗健康”得到中央、区、市充分肯定,成功创建全国健康促进示范县。县博物馆、图书馆、规划馆开馆运行,创建市级以上文化大院4个,姚河塬商周遗址入选全国考古十大发现,生态建设和脱贫攻坚工作被中央电视台大型政治专题片《家园》大篇幅报道。医疗保险费用“一站式”结算和异地就医即时结算全面展开,城乡居民基本养老保险和医疗保险参保率分别达98.8%和100%。建成茹河老年颐养院、城阳敬老院和残疾人康复中心。提高城乡低保标准,累计发放各类社会救助资金1.85亿元。完成农村劳动力转移就业5.6万人,创收11.32亿元;发放创业担保贷款6880万元，创造就业岗位2000个，新增城镇就业1446人，城镇登记失业率控制在4%以内。

【社会治理】 落实“一村双助理和一乡镇一义务巡防队”，群众安全感和治安满意度实现双提升。推行“听证办访”“网办信访”，建立人民调解矛盾纠纷专家库，各类矛盾纠纷化解率达99.4%，各类信访件全部办结。安全生产形势平稳，查处各类食品药品违法案件29起，食品安全示范县顺利通过自治区验收，全国双拥模范县顺利通过中期评估。落实基层阵地建设和武装定补经费200万元，民兵预备役建设推进，国防动员组织体系健全，工、青、妇等群团组织纽带作用充分发挥。

【深化改革】 深化农村“三权分置”改革，完成农村集体资产清产核资，建成“两系统一平台”，发挥农村产权流转服务中心作用，累计流转土地21.8万亩。实施“互联网+水利”，推进水资源动态管理、小型水利产权制度、农业水价等五项改革，实现城乡饮水“同源、同质、同网、同价”。持续简政放权，推进权力清单标准化、规范化、法制化建设，巩固行政审批事项、行政审批中介机构和增加企业及公民负担证照清理结果，实现“三级四同”。加快执法体系建设，推进“双随机一公开”，监管工作实现全覆盖。推行政务服务事项集中公开“一站式”受(办)理，84%的政务服务事项进驻服务大厅，群众和企业办事实现只进“一扇门”；推进“不见面、马上办”，80%以上的政务事项实现不见面办理；“政务云”系统推广应用延伸至乡镇和村（社区），打通服务基层群众“最后一公里”。财政金融体制健全，财政绩效管理和预决算公开率达100%；宁夏银行落户彭阳，金融服务功能完善。国家税务总局彭阳县税务局挂牌成立，社保费征管工作有序开展，个税体制改革顺利完成。综合医改和县级公立医院改革推进，彭阳县医改典型材料被中央改革办《改革情况交流》选登，并向全国推广。落实研发资金850万元，较上年增长30.8%，撬动社会研发投入3000万元，居全市第一。司法体制、教育教学、国企和事业单位公务用车等各项改革稳步推进。

【自身建设】 巩固提升自治区级“法治政府建设示范单位”创建成果，出台政府行政决策目录和行政决策听证目录，行政决策科学化、民主化、法制化水平提升。开展国家级基层政务公开试点工作，编制完成县、乡、村三级公开事项清单目录标准，制定完善29项相关制度，创办《政府公报》，试点工作在区级验收中取得优秀等次，彭阳模式在国办杂志刊发交流。筹措1.6亿元化解政府债务，政府债务控制在限额以内。接受人大法律监督、政协民主监督，支持代表委员履行职责，全年办理人大代表议案12件、政协委员重点提案6件。落实领导干部包抓重点项目、深度贫困村、重点信访案件和坐班接访制度，健全完善目标考核体系，跟踪督办重大决策、重点工作，政府执行力提高。严格控制一般性支出和“三公”经费，开展干部作风转变年活动，解决纪律规矩不严、责任担当不够、工作作风不实等问题。落实党风廉政建设责任制,强化对重点领域审计监督,推行"331"涉农惠农资金监管模式,严查扶贫领域违法违纪行为,严处侵害群众利益不正之风和腐败问题,营造风清气正的政治生态。

（林　莉）

政府办工作

【学习教育】　以"干部素质提升年"活动为抓手,制定办公室学习规划,深入学习党章党规、十九大精神、习近平新时代中国特色社会主义思想等内容,增强"四个意识"、树牢"四个自信",做到"两个维护"。坚持学用结合,把讲党课、专题讨论、写心得体会作为检验学习效果重要抓手,固定"周一学习日"、每月"6+X"主题党日活动集中学习,全年开展集中学习15次、"支部主题党日"活动11次。加强学习公文写作、法律及经济管理等业务知识,更新知识结构,提高适应办公室工作基本能力。加强办公室人员培训,严格执行办错文反馈、会议回访制度,提高全县办公室工作水平。

【政务服务】　重点围绕经济社会发展中的重、难、热点问题,开展调查研究,研究补齐对策措施,为全县经济社会发展建言献策,先后参与或组织各类调研120次,形成各类调研信息20篇,为县委、政府领导科学合理决策提供有力依据。统筹起草综合文稿,准确把握领导意图,深入研究讨论,牢固树立精品意识,提高文字综合质量,共完成政府工作报告等重要文稿50篇。围绕全县经济社会发展大局,及时总结重点特色工作,积极推介先进做法,全年报送信息280篇,《自治区政务信息快报》采用20篇,门户网站采用180篇。

【应急管理】　发挥综合协调职能,统一指挥调度,及时有效处置各类灾情事故。完善突发事件应急预案体系,加强应急管理队伍建设,做好突发公共事件应急处置演练,提升突发公共事件综合处理能力。严格落实24小时值班、领导带班制度,做到在班、在岗、在位,明确突发事件信息报告员,在重点区域、行业设立安全员,全年累计上报信息8篇,做到应急信息及时上报、应急突发事件及时有效处置。

【政务公开】　将政府门户网站作为政务公开主阵地,及时、全面、主动公开应公开、能公开事项,累计全年向社会重点公开2018年财政预决算、重大项目、安全生产、义务教育、脱贫攻坚、涉农补贴等各领域政务信息1100条。财政资金、重大建设项目批准、征地补偿、拆迁安置、保障性住房、农村危房改造、扶贫救灾、市政服务、食品药品监管、涉农补贴等10个重点领域信息共17636条,同比增加25.8%,做到以公开促落实、以公开促规范、以公开促服务。共受理"市长信箱""县长信箱"信件162件,办结158件,办结率97.5%;收到"331"监管平台咨询信件4638件,办结4153件,办结率89.54%。创刊《彭阳县人民政府公报》并发布4期,向社会发放1280本,并同步在县政府门户网站等平台,提供在线服务。创新政务公开监督机制,推动公共企事业单位信息公开,开发“云视通”会议系统,提高政府工作效率、降低办公成本,将“服务群众最后一公里”压缩为“零距离”“面对面”,推进“互联网+”落地见效。

【督查督办】 以《政府工作报告》目标责任分解、民生实事项目、政府常务会议等重要会议和文件贯彻落实情况、领导批示件办理情况等为重点,以重点问题突破带动全县各项工作开展。组织开展政务督查,确保政令畅通。累计承办区级领导批示60件、市级领导批示130件。区、市决策部署及重要会议议定事项等得到有效落实。

【社会帮扶】 通过“围绕扶贫抓党建,抓好党建促脱贫”总体思路,助力困难群众脱贫致富。组织帮扶干部定期进村入户,开展孟塬乡建档立卡贫困户定点帮扶工作,向贫困户宣传党和政府的扶贫政策,引导贫困户树立自力更生、勤劳致富观念,增强脱贫致富的信心和决心。定期督查第一书记驻村履职情况,为驻村干部解决实际困难和问题。向帮扶村红河镇徐塬村协调闽宁扶贫资金35万元购买大型收割机,大型拖拉机各一台及配套农机具,并建设思彭农业综合开发服务中心车间700平方米。为村部配备打印复印一体机1台;联系县残联为5名残疾人各捐一辆轮椅;联系县医院为村民开展义诊活动,免费发放药物;联系县公路段整修水毁村组道路13千米;为5名贫困大学生每人资助学费2000元。帮扶建档立卡贫困户和兜底户发展中华蜂养殖,筹措资金15万元,为小岔乡李渠村购进一台集耕、旋、播、收等多功能于一体的雷沃欧豹M1304型拖拉机,助力发展壮大村集体经济,助推脱贫攻坚工作。

【自身建设】 把思想理论建设摆在首位,弘扬理论联系实际学风,增强理论与实际相结合的能力。通过抓党建带动办公室全体干部发挥参谋助手、承上启下、督促落实和后勤保障作用。召开党支部委员会议13次,其中8次专题研究关于加强和改进机关党的建设、网络意识形态等重点工作。修订《彭阳县人民政府办公室公文处理工作规程》《中共彭阳县人民政府机关党组议事规则》《中共彭阳县人民政府机关党组谈心谈话制度》等文件和制度,坚持用制度管事管人,压紧靠实工作责任。坚持把纪律和规矩挺在前面,把中央和区、市、县全面从严治党、从严治政各项规定贯彻到办公室工作各个环节,坚决执行党内政治生活若干准则和党内监督条例。

（林　莉）

机关事务管理

【公务接待】 坚决贯彻落实中央八项规定及《党政机关国内公务接待管理规定》,厉行勤俭节约,做好公务接待工作。落实好县委、政府各项工作要求,坚持热情服务与勤俭节约办事相结合,不搞超标准接待。圆满完成区内外领导带队调研、脱贫攻坚等各项检查等接待任务,全年共接待80批次。

【公共机构节能】 紧抓建设节约型机关

主线，推进全县公共机构节能工作。参加区、市各部门节能统计相关培训，加强节能减排统计及能源统计数据审核查实工作。加大节能措施，在行政中心各楼层水房内放置废水回收桶12个、机房设备分项计量表3个。通过区级2017—2018年节能型公共机构示范单位初步评价现场验收及公共机构节能创建国家验收。在行政中心各办公室电脑、电灯开关粘贴节电标语150张，在电梯、办公室、重点地段张贴、发放宣传画、宣传标语300份，悬挂宣传横幅3条，倡导机关单位和干部职工树立节能降耗意识。

【公车管理】 配合县车改办完成全县公务用车购买社会化服务工作，通过公开招标，确定彭阳县鑫源汽车客运出租有限公司等3家公司为全县车改单位提供服务。制定机关内控及驾驶员管理制度，加强平台车辆管理，严格派车，公务用车服务平台保留车辆21辆（综合执法专用车9辆，应急保障车8辆，调研用车4辆），全年共派出公车1200次。为确保公务出行安全有效，平台保留车辆全部购买保险，全年维修41次，保养21次。

【后勤服务】 加大对机关食堂环境卫生、用餐质量和服务质量监管力度，修订卫生责任制，实行一日一检查、一月一评比。适时邀请市监局、安监局等相关部门联合检查，确保食品安全。加大房屋及水、电、暖维修力度，对悦龙山行政中心硬件设备分片包干，责任到人，定期检查。对各单位反映设施、设备方面问题，做到立即落实、跟踪督办。强化安全管理，完善物业管理制度，实行保安人员及监控室24小时值班制度。做好上访人员劝离、引导、登记、接待工作，确保正常办公秩序。加强会议管理，加强对会议服务人员业务培训和素质教育，精心做好会议服务工作，全年共提供会务服务164场次，均做到"零差错"。

【办公用房清理】 加强党政机关办公用房管理，优化资源配置，推进节约型机关建设。会同县监察委员会、编办、财政局等相关部门组成督察组，对各乡镇、各部门（单位）办公用房情况进行督促检查，并对固原市开展的办公用房管理"回头看"发现问题及时整改。全年，部分乡镇、部门（单位）通过人员整合，共清理腾退办公用房40间。

（闫文婧）

中国人民政治协商会议彭阳县委员会

综　述

【全体委员会议】 九届三次会议　2019年1月5—7日在县文化影剧院礼堂召开。县政协党组书记杨志杰主持开幕大会。会议听取并审议县政协副主席李廷枢所作的政协彭阳县第九届委员会常务委员会工作报告和县政协副主席杨志让所作的政协彭阳县第九届委员会常务委员会关于九届二次会议以来提案工作情况的报告。审议通过《政协彭阳县委员会2019年度协商计划》

《政协彭阳县第九届委员会第三次会议提案审查委员会关于提案审查情况的报告》《政协彭阳县第九届委员会第三次会议决议》。县委书记赵晓东出席会议并在开幕大会上讲话。会议补选县政协党组书记杨志杰为政协彭阳县第九届委员会主席、刘世锋为政协彭阳县第九届委员会秘书长。与会委员列席县第九届人民代表大会第三次会议，听取并讨论政府工作报告、法院工作报告和检察院工作报告。

【常务委员会会议】 届内召开常务委员会会议 8 次，即九届九次至九届十六次常务委员会会议。

九届九次常委会议　3 月 28 日，在行政中心 417 会议室召开。会议传达学习全国“两会”精神，审议通过有关人事任免事项，接受马春华辞去县政协专委办主任职务，同意朱建军同志担任县政协专委办主任。

九届十次常委会议　7 月 31 日，在行政中心 417 会议室召开。会议传达学习全国政协系统党的建设工作座谈会和自治区政协十一届三次常委会议、全区市、县政协主席工作座谈会议、市政协四届七次常委会议精神，听取县人民政府关于全县上半年经济运行情况的通报、县发改局关于全县非公有制经济工作情况的通报，审议通过县政协调研组《关于全县非公有制经济发展情况的调研报告》。

九届十一次常委会议　10 月 10 日，在行政中心 417 会议室召开。会议审议通过有关人员请辞、撤职事宜，接受冶三奎辞去政协彭阳县第九届委员会委员及主席职务，同意撤销常兆斌同志政协彭阳县第九届委员会委员及秘书长职务资格。

九届十二次常委会议　11 月 27 日，在文化影剧院 204 会议室召开。会议传达学习习近平总书记在民营企业座谈会上的重要讲话和全国政协“习近平总书记关于加强和改进人民政协工作的重要思想理论研讨会”会议、自治区党委十二届五次全会精神，听取县人民政府关于县政协九届二次会议以来提案办理情况通报、关于全县经济运行情况的通报和县人民法院工作情况通报、县人民检察院工作情况通报，审议通过县政协《关于赴山西、河北考察学习田园综合体发展情况的报告》《关于考察学习甘肃、四川林果产业发展情况的报告》《关于全县小杂粮和中药材特色种植政策扶持成效的调研报告》，安排部署县政协 2018 年度委员“调研月”活动。

九届十三次常委会议　2019 年 1 月 3 日，在文化影剧院 204 会议室召开。会议审议通过《政协彭阳县第九届委员会常务委员会工作报告（草案）》《政协彭阳县第九届委员会常务委员会关于九届二次会议以来提案工作情况的报告（草案）》；审议讨论《政协彭阳县委员会 2019 年度协商计划（草案）》；审议通过委员请辞事宜，接受李伟、杨晓蓉辞去政协彭阳县第九届委员会委员；审议通过委员增补事宜，同意增补杨志杰、曹建刚、任立军、朱建军为政协彭阳县第九届委员会委员；审议通过《政协彭阳县第九届委员会第三次会议会务文件（草案）》。

九届十四次常委会议　2019 年 1 月 5

日，在文化影剧院 204 会议室召开。会议听取政协九届三次会议各组召集人关于政协常委会工作报告、提案工作情况报告和 2019 年度协商计划（草案）及县委书记赵晓东在开幕大会上的讲话讨论情况的汇报；听取关于补选政协彭阳县第九届委员会主席、秘书长候选人建议名单的说明；听取关于政协彭阳县第九届委员会第三次会议选举办法（草案），同意提交各小组讨论；审议政协彭阳县第九届委员会主席、秘书长候选人建议名单（草案），同意提交各小组讨论。

九届十五次常委会议　2019 年 1 月 6 日，在文化影剧院 204 会议室召开。会议听取政协九届三次会议各组召集人关于“一府两院”工作报告、政协彭阳县第九届委员会第三次会议选举办法（草案）和政协彭阳县第九届委员会主席、秘书长候选人建议名单（草案）及政协九届三次会议决议（草案）讨论情况的汇报；通过政协彭阳县第九届委员会第三次会议选举办法（草案）和政协彭阳县第九届委员会主席、秘书长候选人建议名单（草案）；审议通过政协彭阳县第九届委员会第三次会议总监票人、监票人建议名单（草案）和政协彭阳县委员会 2019 年度协商计划（草案）、政协彭阳县第九届委员会第三次会议提案审查委员会关于提案审查情况的报告（草案）、政协彭阳县第九届委员会第三次会议决议（草案）。

九届十六次常委会议　2019 年 1 月 7 日，在文化影剧院 204 会议室召开。会议听取政协彭阳县第九届委员会主席、秘书长选举计票结果，确认政协彭阳县九届三次会议选举结果有效。

【主席、秘书长及委员变动】

主席辞职名单　冶三奎（2018 年 10 月 10 日县政协九届十一次常委会议通过）

秘书长辞职名单　常兆斌（2018 年 10 月 10 日县政协九届十一次常委会议通过）

委员辞职名单　冶三奎、常兆斌（2018 年 10 月 10 日县政协九届十一次常委会议通过）；李伟、杨晓蓉（2019 年 1 月 3 日县政协九届十二次常委会议通过）

主席补选名单　杨志杰（2019 年 1 月 7 日县政协九届三次全委会议选举）

秘书长补选名单　刘世锋（2019 年 1 月 7 日县政协九届三次全委会议选举）

委员增补名单　杨志杰、刘世锋、朱建军、任立军（2019 年 1 月 3 日县政协九届十三次常委会议通过）

（刘雅伟）

专委工作及调研视察考察活动

【专委工作】　提案工作　县政协九届二次会议以后，共收到提案 137 件，其中全会期间提案 116 件，闭会期间提案 21 件。经审查，共立案 118 件，转为“意见和建议”3 件，并案 7 件，撤案 9 件。年底，所立提案全部办复，其中提案所提意见和建议被有关部门采纳已解决 71 件，占立案总数的 60%；有关部门解决中或列入计划逐步解决的 39 件，占立案总数的 33%；因条件限制暂时难以解决的 8 件，占立案总数的 7%，已向委员做了解释说明。

文史资料工作　支持《彭阳革命史料选编（上卷）》《彭阳历史文物》《彭阳东西南北

人》编纂出版，编发《彭阳政协》内刊 4 期，搜集整理《皇甫谧籍贯考辨》《宁夏南部山区红色文化概述》等文史资料 4 万字。部分工作简报、社情民意信息分别被《华兴时报》、自治区政协《社情民意》采用。

委员基层联系点工作　新建草庙乡草庙村、小岔乡榆树村等 5 个委员基层联系点。为白阳镇姜洼村、交岔乡保阳村、草庙乡包山村等 11 个贫困村累计争取提案资金 320 万元，帮助购买铡草机、种子、化肥等，扶持发展生产，改善基础设施条件，支持开展文化活动，助力脱贫攻坚。引导工商界委员扶危济困、爱心助学，为彭阳慈善事业捐款 140 万元。政协机关自筹工作经费 10 万元，支持委员开展“送科技、送文化、送健康、送温暖”等主题活动。

【重要活动】　自治区政协调研　4 月 25 日，自治区政协副主席冯志强带领调研组到彭阳县就“水十条”实施中期情况进行督查调研。固原市政协副主席杨自平、县长刘启冬、县政协主席冶三奎、副县长朱红社、县政协副主席李廷枢陪同调研。8 月 6—7 日，自治区政协主席崔波及秘书王征到彭阳县调研脱贫攻坚和政协工作。自治区党委常委、固原市委书记张柱及县委书记赵晓东于 8 月 6 日陪同调研；固原市政协主席马玉芳、市委副书记杨刚、县长刘启冬于 8 月 7 日陪同调研；固原市政协副主席杨彦文、县政协主席冶三奎全程陪同调研。12 月 11—12 日，自治区政协副主席李泽峰带领调研组到彭阳县调研冷凉蔬菜种植和肉牛养殖。县政协党组书记杨志杰陪同调研。

固原市政协调研　4 月 11 日，固原市政协副主席何学虎带领调研组到彭阳县就民营经济发展提升情况进行调研。县政协主席冶三奎、副主席杨志让陪同调研。5 月 29 日，固原市政协副主席杨彦文带领调研组到彭阳县就加快农业科技园区建设开展调研。县政协副主席杨志让陪同调研。9 月 6 日，固原市政协副主席杨彦文带领市政协经济委员会部分委员到彭阳县开展中华蜂产业发展情况界别活动。县政协副主席李廷枢参加活动。12 月 10 日，固原市政协主席马玉芳到彭阳县督办“关于加强教育信息化建设的建议”重点提案，县政协党组书记杨志杰、副县长马英陪同。

外地政协考察　5 月 31 日—6 月 1 日，福建省厦门市思明区政协党组书记、主席陈炳良带领思明区部分政协委员到彭阳县开展调研考察和助学捐赠活动。固原市委常委、副市长陆菁，县政协主席冶三奎，县委副书记王少波，县委常委、副县长吴志怀，副县长何少庸，县政协副主席李廷枢，县长助理连一洲陪同考察。12 月 3 日，内蒙古自治区巴彦淖尔市乌拉特中旗政协副主席李贤一行到彭阳县就“电商扶贫和林下经济”工作进行考察。县政协副主席杨志让陪同考察。

县政协调研考察　5 月 30—31 日，县政协副主席杨志让带领各委（办）负责人及工商界、经济界部分委员，深入彭阳县林果发展有限公司、利康药业有限公司、正元节能环保建材有限公司和宁夏荣发农牧有限责任公司等 13 家企业，对非公有制经济发展情况进行调研。8 月 6—10 日，县政协副主席杨志让带领部分委员及建环局、城管局、城阳乡、王洼镇分管环卫工作负责人，赴宁夏红寺堡区、盐池县、中宁县及陕西省礼泉县、武功县考察学习环境卫生管理先进经验。8月28日—9月4日，县政协副主席韩淑兰带领部分政协委员、相关乡镇负责人一行11人，赴山西省临汾市襄汾县、曲沃县和河北省唐山市迁西县、迁安市，考察学习田园综合体发展模式。9月10—17日，县政协副主席李廷枢带领部分政协委员和工商联、经合局、林业局、市监局等部门负责人，赴甘肃镇原、宁县、泾川、庄浪、秦安、礼县、陇西、临洮和四川广安、朝天10县（区）考察学习林果产业发展工作。10月30日，县政协副主席李廷枢带领各委（办）负责人及科技、农业界部分委员，深入王洼镇净源粮油开发有限公司、白阳镇刘台千亩小杂粮示范基地、冯庄乡石沟村千亩黄芪规范化种植示范点、孟塬乡赵山庄村千亩黄芪示范基地、壹珍药业有限责任公司等，对小杂粮和中药材政策扶持成效进行调研。

（刘雅伟）

群 众 团 体

工　　会

【组织建设】 依法推进非公企业建会工作，提高工会组建率和农民工入会率。推进“职工之家”建设，促进基层组织建设规范化。年底，全县基层工会组织已达188家，会员20106人。召开县工会第六次代表大会，确定此后五年工作目标任务，选举产生新一届工会委员会。

【权益维护】 坚持政府与工会联席会议制度，发挥协调劳动关系三方会议作用，开展和谐劳动关系创建活动。开展“七五”普法及“遵法守法·携手筑梦”服务农民工法治宣传行动，提高职工维权意识。“两节”期间，开展送温暖活动，共筹集资金53.55万元，慰问职工1071人次，发放困难职工帮扶资金235.4万元，帮扶困难职工（农民工）296人次。加强职工技能培训，共组织开展技能培训2期，培训70人次，走访困难职工家庭3954户、收集调查表2456份，为296户困难职工（农民工）建档立卡。

【建功立业】 开展劳动技能竞赛、合理化建议、技术革新、发明创造等建功立业活动，组织开展医疗护理、预防接种、驾驶教练、环卫工人岗位练兵等工种技能竞赛。弘扬劳模精神，以助力脱贫攻坚为核心，建立劳模服务基地1个。县城市管理综合执法局环卫队被评为自治区“工人先锋号”，县公路管理段职工马统瑞荣获自治区“五一劳动奖章”，县中医院急诊科荣获自治区“五一巾帼标兵岗”。

【文体活动】 将原中心敬老院划拨给县总工会，并进行改扩建，建成3932平方米集电子阅览、图书借阅、棋牌健身等功能于一体的活动阵地。利用节庆活动，承办全县第三届职工运动会、环城越野赛、乒乓球邀请赛等运动会。开展践行社会主义核心价值观读书、演讲、朗诵、书画、摄影、全民健身等主题活动。纪念中国共产党成立97周年之际，承办“奋进新时代·筑梦新征程”广场文艺演出，丰富职工群众文化生活。

【自身建设】 落实“三强九严”要求，强化党建三个责任，严格落实“三会一课”制度，通过党组理论学习、支部主题党日活动、民主生活会、党课、集中观看警示教育片等形式，推进“两学一做”学习教育常态化制度化。严格工作制度，强化作风建设，细化工作责任，有序推进各项工作。加强社会化工会工作者队伍管理，规范基层工会女职工组织，推进女职工权益保护专项集体合同工作，实施女职工素质提升工程，打造女职工创业就业实训基地。县总工会在年度考核中连续三年被市总工会评为一等奖。经济审核工作始终走在全区前列，连续 5 年被自治区总工会评为经审规范化建设 A 级单位。

（石玉国）

共青团

【思想引领】 结合“三五”学雷锋日、五四青年节、六一儿童节等重要时间节点，开展主题教育活动，强化对全县青少年的思想政治引领。表彰“五四红旗团支部”5 个、“五四红旗团委”5 个、优秀团干部 10 名、优秀共青团员 20 名、“彭阳青年五四奖章”10 名，树立起青年模范典型。成立全市第一家县级红领巾记者站，并带领首批入选的 30 名小记者开展“我看家乡新变化”小记者寻访。开展全县青年干部职工“精彩宁夏·悦读彭阳”诗文朗诵比赛，展现爱岗敬业、阳光向上精神风貌。

【创新创业】 举办电子商务培训班 2 期，培训青年 60 人，组织全市 100 名青年在彭阳县开展为期 3 天的青年创新创业培训，选派 39 名优秀创业青年赴浙江省丽水市开展为期 1 周的青年电商高级游学培训，提高青年会创业、能创业、创成业的能力和水平。联合发改局开展第一届电商创业大赛，并选派优秀参赛者参加市级电商创业大赛。

【助力脱贫】 开展“希望工程圆梦行动”助学工作，通过网络众筹、公开募捐等形式争取社会爱心善款、“国酒茅台”“黄河银行”“一汽大众”“闽宁爱心”“雷沃”“六盘学子”“新纪元期货”助学金等资金，实现对帮扶村贫困学生助学全覆盖。全年共筹措“希望工程”助学金 64.69 万元，共资助贫困大、中、小学生 343 名；选送 5 名建档立卡贫困学生赴长春参加“红旗少年一汽行”活动，让孩子们走出大山、开阔眼界；开展闽宁春节慰问活动，为全县 36 名贫困学生发放春节慰问金 1.9 万元。

【服务成长】 实施特需青少年关爱帮扶工作，组织 80 名留守儿童赴延安开展“闽宁情”夏令营活动，带领 100 名建档立卡户贫困、留守儿童赴六盘山开展“重走长征路”红色主题教育活动，帮助贫困、留守儿童增长见识、开阔视野。依托“青年之声”“彭阳团委”“青春彭阳”微信公众平台、官方微博等新媒体，发布就业信息、工作动态、惠民政策等图文引导信息，全年共发布信息动态 1000 条。建立“12355”青少年综合服务平台，开通 7012355 咨询热线，为青少年提供心理咨询、法律援助、考前减压、就业咨询等服务，全年共接听咨询电话 12 次、来访 4 人，解决疑难问题 2 条。结合春节、“三五”雷锋日、八一建军节、九九重阳节等时间节点，开展环境保护、尊老爱幼、亲情陪伴、慰问关怀、自护教育、爱心捐赠等主题志愿活动 20 场次。

【从严治团】 选优配强班子队伍，在成立团组织的机关、行业（单位）选配优秀年轻干部担任团工委或团支部书记，在两新组织中将理想信念坚定的优秀员工选拔担任团支部书记，以“团干部+社工+志愿者”方式，扩大充实基层团干部队伍。强化经费保障，争取17.4万元县级青少年事务专项工作经费，安排村（社区）团支部书记100元/人·月岗位津贴。强化团干部教育管理，推荐优秀机关、学校团干部赴银川、上海、福建等地参加培训，提高团干部队伍整体素养。坚持全团带队，举办少先队辅导员培训班，邀请江苏省全国十佳少先队名师，为全县300名少先队辅导员系统讲授少先队知识。

（李　扬）

妇女联合会

【妇女创业致富】　全年发放农村妇女创业担保贷款694户4740万元，累计发放贷款6164户3.068亿元。争取“双培”项目、巾帼创业创新基地、巾帼电商示范点项目资金8.1万元，扶持城乡贫困妇女创业致富。举办“两个带头人”暨妇女手工艺品成果展，展出手工制作、刺绣、民族饰品等手工艺品200件，吸引2万名妇女前来观摩学习。先后被宁夏电视台宣传报道2次、固原电视台宣传报道1次。

【巾帼脱贫行动】　以建档立卡贫困户家庭妇女为主，会同人社局举办月嫂（育婴师）、养老护理、刺绣等技能培训班6期，培训城乡妇女300名。组织34名手工艺品带头人、巾帼扶贫车间负责人赴甘肃省庆阳市西峰区观摩学习手工艺品制作，实现“巧手”脱贫致富。打造建茹巾帼扶贫车间，发展订单培训700人，稳定就业50人，人均月增收1000至3000元；带动就业400人，人均月增收500至1200元。先后被区、市妇联命名为“巾帼扶贫车间”，被宁夏电视台、固原电视台多次宣传报道。

【家庭文明创建】　开展“平安家庭”推荐、“最美家庭”寻找、“文明家庭”创建等活动，全年推荐全国“五好家庭”1户、自治区“最美家庭”2户、固原市“最美家庭”14户，寻找彭阳“最美家庭”23户，推荐县级“平安家庭”99户。开展模范家庭故事会巡讲活动进社区，邀请全国“五好家庭”代表杨治刚、牛治刚做典型故事分享会，通过身边故事，教育感染身边人。

【家庭教育宣讲】　以建档立卡贫困户、劳务移民、进城务工人员为重点，先后邀请全国家庭教育讲师、国家二级婚姻咨询师、县级领导围绕“以家庭教育与国家发展”“和谐婚姻家庭”“守良善之本，育有用之才”为主题开展家庭教育宣讲14场次，活动覆盖城区所有中小学校、幼儿园家长，受益群众1万人。开展“爱润万家·好家庭好家教好家风”“抵制高额彩礼”“反家庭暴力法”“移风易俗、树文明家风”公益巡讲活动35场次，覆盖全县12个乡镇，受教育群众2万人。组织45名家庭教育骨干教师、妇女工作者参加区、市组织的家庭教育、骨干老师培训班3场次。启动“爱润万家·好家庭好家教好家风”进机关活动，在党员干部中倡导和培育优良家风家教。

【妇女维权工作】　成立彭阳县婚姻家庭矛盾纠纷人民调解委员会、彭阳县诉前人民调解委员会，分别进驻民政局婚姻登记大厅、法院开展调解工作。在各乡镇派出所挂牌成立彭阳县家庭暴力投诉站，在宁夏茹河律师事务所、各乡镇司法所挂牌成立彭阳县妇女儿童维权工作站，在县医院挂牌成立彭阳县家庭暴力损伤鉴定中心，为家庭暴力受害者提供救助。聘请法律援助律师1名，为妇女维权工作提供法律服务。全年共受理来信来访矛盾纠纷29件，调解安抚劝导11件，提供法律援助14件，其他救助4件。邀请专家在全县开展“和谐婚姻家庭大讲堂”活动，妇女儿童维权工作得到自治区妇联充分肯定，县妇联被授予自治区维权工作先进集体。

【基层组织建设】 全县12个乡镇156个行政村4个社区妇联执委全面扩员，乡镇现有妇联执委318人，行政村现有妇联执委2340人，社区现有妇联执委60人。乡镇兼职副主席、执委和村（社区）兼职副主任、委员数量比以前增加10倍。通过妇联改革，县级妇联有主席1名、专职副主席1名、挂职副主席1名、兼职副主席4名、妇联常委9名、执委21名，改革工作取得阶段性成效。

【“两规划”实施】 妇女儿童工作委员会牵头协调推进妇女儿童工作任务落实并定期听取各成员单位专项汇报，为妇女儿童发展提供支持。健全年度报告工作监测运行机制，对重点指标完成情况进行通报，推动“两规划”实施。争取中国妇女发展基金会、爱茉莉太平洋中国公司项目资金43万元，为3000名城乡贫困妇女开展“两癌”免费筛查。开展“两癌”救助工作，共救助“两癌”患病妇女42名，发放救助金42万元。推进“爱妮保”工作，协调人寿保险公司开通绿色通道，帮助首例“爱妮保”患者获赔10万元理赔金。慰问贫困单亲母亲及“两癌”患病妇女23人，发放慰问金2.3万元；救助贫困单亲女学生19名，发放救助金2.55万元。

（苟丽红）

文学艺术界联合会

【理论学习】 认真学习党的十九大精神，以习近平新时代中国特色社会主义思想为指导，全面贯彻落实习近平总书记在文艺工作座谈会和全国第十次文代会、第九次作代会开幕式上的重要讲话精神，督促县文联机关和所属各协会领导成员、干部职工认真学习，做好读书笔记，适时组织开展心得交流。订阅《人民日报》《中国文艺报》《宁夏日报》《人民摄影》《固原日报》《散文选刊》《小说选刊》等报刊业务杂志，提供各协会会员学习。

【阵地建设】 更新栏目版面，完成《彭阳文学》四期40万字编纂工作。发挥新媒体在宣传工作中的重要作用，在《彭阳文艺》微信公众号上，发表彭阳文学信息156期，提升彭阳美誉度和知名度。

【文艺活动】 围绕实施全国“文艺扶贫奔小康示范县”项目，开展一系列文艺活动。争创“全国摄影创作基地”工作开局良好，其中摄影基础技能培训班共培训宣传文艺干事200名；首届宁夏彭阳“多彩梯田”全国摄影大展已完成征稿。实施由中国文联、中国摄协实施的“影像见证新时代、聚焦扶贫决胜期 2018—2020 大型影像跨界驻点调研创作工程”进展顺利，已接待跨界驻点文艺调研人员 2 批次。先后组织开展 8 支文艺小分队送春联下乡，开展文艺进乡镇、进校园、进社区、进企业活动 20 场次，“文艺下基层”活动任务完成。

【学习交流】 选送县作协优秀会员 15 名，参加市委宣传部和市文联举办的基层文学创作骨干培训班；邀请区内外 10 名著名作家、书画摄影家到彭阳举办文艺讲座 6 场次，培训骨干会员 308 人；选派骨干会员参加全国高级摄影培训班 3 人；参加全国性文艺作品展览展示活动 6 场次，参加 91 人；与基层文艺工作者开展文艺交流活动 25 场次；接待外地文联及其专业协会 10 人以上到彭阳采风团组 12 批次 156 人次。

【队伍建设】 把大力培养造就较高层次文艺领军人物和高素质人才作为一项经常性工作来抓，与文艺人才交心，壮大发展会员，全年 8 个专业协会新发展会员 25 名，会员人数 444 名。

（文　元）

工商业联合会

【理念学习】 结合“不忘创业初心、接力改革伟业”理想信念教育活动，在非公经济企业和非公经济人士中培训学习党的十九大精神。挖掘优秀民营企业家创业历程，鼓励更多青年人才投身创业。组织工商联界政协委员、工商联执委等企业家走访观摩企业，发挥政协委员作用，引导民营企业家通过正规渠道反映情况、解决问题，把守法诚信作为安身立命之本，构建亲清新型政商关系。

【脱贫攻坚】 号召企业争做脱贫攻坚排头兵，选派 41 个企业、商（协）会与 33 个贫困村结对帮扶，采取 2 家企业联合帮扶。动员和鼓励企业在贫困村、移民安置区建设扶贫车间，引导民营企业发展扶贫致富产业，实现贫困人口离土不离乡。开展督促检查，将在脱贫攻坚一线发挥作用好的企业信息上传全国工商联信息直报系统，增加企业信誉。抓好定点帮扶工作，指导第一书记和驻村工作队干部创新帮扶模式，引导村民对接市场和帮扶企业，巩固提升新集乡谢寨村整体发展水平。

【自身及商协会建设】 召开五届三次执委会议，通报 20 位新增执行委员，审议通过第五届执委会工作报告，研究重点活动任务清单，增选 2 名工商联副主席、1 名秘书长、2 名民间商会副会长。表彰参政议政、创新发展、助力脱贫的 6 家优秀企业、3 名企业家代表交流发言。深入开展违反中央八项规定精神突出问题自查整改工作，重点围绕“五个严禁”19 个方面开展突出问题专项治理。争创全国“五好”县级工商联，扩大会员数量，提升会员质量，扩大服务领域，使商（协）会建设走向规范化发展轨道。

【招商工作】 将扶贫产品推荐为中国慈展会的品牌慈善项目，宁夏万升实业有限责任公司、彭阳县三泰科技实业有限责任公司和彭阳县金德源电子商务有限公司牵头组织产品参展。带领8家企业15种产品在深圳6号馆参加全国“万企帮万村”消费扶贫专题展销会，朝那鸡、香醋、黄酒、蜂蜜等4种产品受到消费者喜爱，宁夏万升实业、三泰科技、润阳生物科技公司与国内大型企业及多个电子商务平台现场交流经验，彭阳县添龄黄酒与山东2家企业初步达成黄酒基地意向协议，彭阳扶贫产品成为全联消费扶贫产品，添加到“易田e家”平台销售。以全联常委会在银川召开为契机，举行彭阳县优选投资项目和生态农产品推介会，优选投资项目24个，万升实业等12家企业参展，朝那鸡、月子蛋、果脯、黄酒、土蜂蜜等17个特色生态农产品参展，现场零售各类产品10万元，达成意向合作协议14项，其中宁夏彭阳县林果发展有限责任公司与青岛朝日邮轮旅游公司现场签约茹河牌系列产品代理销售合作协议并开始供货。

（刘　鑫）

伊斯兰教协会

【宗教人士培训】　组织宗教人士开展“三定”学习，培训教职人员和寺管会人员322人次。配合6个民族乡镇举办宗教人士培训班，培训人员260人次。利用伊协全委（扩大）会议，采取以会代训方式培训教职人员900人次。配合市伊协组织80名宗教人士到陕西、云南、银川等地考察学习。

【“卧尔兹”巡回演讲】　以民族团结进步模范县创建和民族团结月活动为契机，在7个民族乡镇重点清真寺，开展以“践行社会主义核心价值观”为主题的卧尔兹巡回演讲，为创建民族团结模范县发挥积极作用。

【宗教事务管理】　围绕学习《宗教事务条例》和自治区“三个实施办法”为主线，抓好教职人员上岗持证和聘任工作。加强阿訇考核、聘任工作，配合宗教局对教职人员登记备案，完成252名持证阿訇备案登记工作，聘任86名执坊阿訇。加强清真寺民主管理，严格按宗教场所翻建、扩建程序申报审批。健全清真寺财务、宗教活动安全管理等制度。

【宗教矛盾化解】　开展矛盾纠纷排查调处，维护社会稳定。建立以伊协为中心、伊协委员为辐射点、覆盖全县清真寺的信息网络，对各清真寺进行摸底排查，及时了解情况，掌握动态。在全县清真寺推行“一站两员”工作制度，协调解决白阳镇城关清真寺矛盾纠纷，维护现有宗教格局和社会和谐稳定。

【和谐清真寺创建】　以“爱国教育好、自我管理好、服务社会好、团结稳定好、端正教风好”为标准开展和谐清真寺创建活动，并与深化“念好两本经、再做新贡献”“争做四个表率”（做宣传政策、遵纪守法的表率；做支持改革、促进发展的表率；做民族团结、和谐稳定的表率；做善于学习、功德高尚的表率）主题教育实践活动相结合，教育引导信教群众遵纪守法，勤劳致富，为民族团结、宗教和顺、社会和谐作出贡献。全年共创建和谐清真寺112所,占69.6%。

【"四进"清真寺】 在古城镇东山清真寺举行彭阳县"四进"清真寺启动仪式,随后在全县各清真寺开展以中华人民共和国国旗、宪法和法律法规、社会主义核心价值观、中华优秀传统文化进清真寺的"四进"活动,加强对教职人员和信教群众的教育引导,坚持宗教中国化方向。

(杨晓勇)

科学技术协会

【助力精准脱贫工程】 组建科技专家服务团队,动员县内外专家、广大科技工作者和农技协、科普基地针对贫困村开展产业扶贫、科技培训、技术服务、人才培养等科技服务活动。完成湖南院士专家宁夏行(彭阳站)活动,促成湖南中医药大学药学院、湖南安邦制药有限公司与彭阳县壹珍药业有限公司签订意向性合作协议。邀请13名县内外知名农业专家及品牌策划专家和农村电商培训师,深入红河镇、古城镇、草庙乡、新集乡、冯庄乡、孟塬乡开展百名专家助力固原脱贫攻坚(彭阳)服务活动。

【创新驱动助力工程】 实施自治区人才项目,争取自治区创新驱动助力工程项目资金20万元,支持建设彭阳县现代农业产业园科技创新服务站,引进区内外高等院校和科研院所专家教授,围绕园区产业技术创新需求,针对设施温棚蔬菜、林果、电商销售及生态循环农业方面高科技要求,开展技术指导、培训、咨询活动。争取固原市科协支持资金30万元,在孟塬乡白杨庄村西岔洼队建立彭阳县生态循环农业蚯蚓养殖科普示范基地,林下养殖蚯蚓23亩,带动周围贫困群众实现就近就业,参与发展生态循环农业,早日脱贫致富。

【组织体系建设工程】 印发《关于加强基层科协组织建设的通知》《关于加强企业科协组织建设的意见》《彭阳县科协提升基层科协组织力"3+1"试点工作实施方案》,指导成立12个乡镇科协、160个村(居)委会科普协会、3个企业科协、2个农村专业技术协会,扩大科协组织在基层的覆盖面。吸纳医院院长、学校校长、农技站站长进入乡镇(街道)科协领导机构,支持引导以"三长"为代表的"关键人物"在乡镇科协组织建设中发挥作用。召开庆祝第二个全国科技工作者日座谈暨表彰会,表彰优秀科技创新单位3个、优秀农村专业技术协会3个、优秀科普示范社区2个、最美科技人10名、优秀农村科普带头人12名,发挥示范引领作用。

【科普惠民工程】 推进《彭阳县全民科学素质行动计划纲要实施方案(2016—2020年)》全面落实,打造科普信息化平台,与县电视台签约开办《科普中国·宁夏彭阳科普进行时》栏目,传播科普中国各类优质科普视频资源,推动科普中国V视落地应用。推进科普e站建设,已建立科普中国e站34个,其中社区e站3个,乡村e站26个,校园e站5个。建立"彭阳科协"微信公众号,推进网上科普服务平台建设。开展科普"三下乡”、科技周、科技工作者日、科普日、农民科学素质网络竞赛、全民科学素质网络竞赛等科普活动，先后在12个乡镇、村组、社区开展科普宣传20场次，发放科普宣传画5000张、科普知识宣传单10000份、科普书籍4000册，展出科普展板80块，向公众宣传普及科技知识。组织在红河镇、新集乡、草庙乡等开展“反邪教警示教育宣传月”活动，发放反邪教读本3000本，在县城茹河生态公园制作反邪教宣传长廊30米，增强了崇尚科学、反对邪教意识。组织开展第三十三届宁夏青少年科技创新大赛和第十八届中国青少年机器人（宁夏赛区）大赛工作，荣获全区小学组普及赛二等奖及少年儿童科幻画三等奖各1个、科技创新成果三等奖2个。争取自治区彩票公益金项目资金150万元，申请县财政配套资金25万元，新建农村中学科技馆5个，实现全县农村中学科技馆全覆盖。争取自治区科协支持18万元，申请县财政配套资金15万元，新建青少年科学工作室3个，实现城区初、小学校青少年科学工作室全覆盖，筑牢青少年科技教育阵地。

【科技人才服务工程】 组织实施科普中国应用推广落地，全县实名注册中国科普宣传员277名，向广大公众推送文章71919篇，分享基站1677个，制作固定科普宣传栏5处50米，向公众精准传播科学知识、科学方法。组织培训科技辅导员54名，在全县各企、事业单位专业技术人员、管理人员中，筛选优秀科技（自然科学类）人员241名进入科技专家人才信息库，推荐县科技服务中心农艺师戴丽君入选第三批“宁夏科技人才托举工程”，获培养资金3万元。多层次构建决策咨询服务体系，为青年科技工作者成长搭建平台。

【定点帮扶】 定点帮扶小岔乡柳湾村，选派1名领导干部担任第一书记。支持第一书记开展精准扶贫工作，落实工作经费1万元，缴纳人生意外伤害险365元。为15名建档立卡贫困户中40岁以上妇女代缴“爱妮保”1500元，为42户贫困户发放棉衣棉被42套，协调指导柳湾村发展特色种植业1014亩，其中中药材814亩、万寿菊200亩，带动发展新增种养殖大户10户，危房改造14户，新建居民点1个，集中安置居民8户。指导发展壮大村集体经济收入10万元，指导建立村级科普室，发放科普书籍1500册，安装农村科普e站1个，向广大村民普及科普知识。组织帮扶干部每月深入帮扶户家中，帮助制订脱贫工作方案，协调落实扶贫项目、资金，指导、督促项目实施，完善基础台账资料，帮助帮扶户早日脱贫致富。

（袁盼盼）

残疾人联合会

【康复工作】 开展0~6岁残疾儿童抢救性康复工作，依托县妇幼保健院医疗资源为25名智力、脑瘫贫困残疾儿童免费进行机构内康复训练。实施贫困精神疾病患者救助项目，为180名贫困精神障碍患者免费发放价值158953.7元药品，为15名重症精神疾病患者报销医药费14320元。利用残疾人流动服务专用车，上门为28名行动不便、瘫痪在床残疾人现场鉴定办理残疾证28本。争取自治区残联配套辅助器具1445件，爱心企业捐赠轮椅570辆，县慈善总会捐助资金20万元、县残联自筹康复资金45万元，采购助听器350台、轮椅200辆。为859名残疾人发放轮椅、助听器、助行器、盲杖等辅助器具1515件，其中流动服务车累计为残疾人上门发放辅助器具568件。筛查“骨关节置换项目”对象28名，手术17名；为21名残疾人筛查并安装假肢5例、矫形器7例；组织专门机构和专业技术人员，为全县382名6—70岁听力残疾人筛查评估验配助听器392台，满足各级各类残疾人康复需求。

【教育助学】 贯彻落实《残疾人教育条例》和自治区第二期特殊教育提升计划，完成15名适龄未入学残疾儿童少年调查登记、情况核实、建档造册和入学动员工作。实施扶残助学项目，为9名学前阶段残疾学生、13名新考录的大中专学生分别兑现助学金0.9万元、4.1万元，圆残疾学生就学梦。

【就业培训】 组织80名残疾人开展为期20天的刺绣、剪纸培训，其中培训刺绣残疾人50名、剪纸残疾人30名；组织64名残疾人开展为期30天的插花技能培训；组织150名残疾人开展为期3天的肉牛养殖技术培训，扶持建成残疾人扶贫基地1个，安置就业残疾人3名，辐射带动10名残疾人发展养蜂业。发挥残疾人肉兔养殖扶贫基地“托管代养”作用，带动30户建档立卡贫困残疾人户均年增收5000元，实现精准脱贫。扶持60名残疾人创业就业，每户扶持资金2000元；为33名个体工商户补助50%的大额养老保险12万元。全日制公益性岗位安置就业残疾人4名，帮助更多残疾人实现就业。

【信息核查】 组织170名调查员完成全县残疾人基本服务状况和需求信息数据动态更新工作，入户完成11795名残疾人和156个行政村、4个居民委员会调查登记表的填报和录入工作，精准掌握残疾人基本情况、经济及住房、社会保障、教育、基本医疗及康复需求等信息。

【设施建设】 投资1450万元新建4800平方米彭阳县残疾人康复中心，将残联办公地址迁移至彭阳县残疾人康复中心。构建以家庭为基础、社区为依托、机构为支撑的残疾人托养服务体系，投资676万元建设彭阳县残疾人托养中心，建成后可集中托养36名精神、智障和重度肢体残疾人。

【基层组织】 完成县、乡镇残联换届工作，配齐配强县残联残疾人干部和12个乡镇残联、156个行政村及4个居委会残协残疾人专职委员，加强残疾人基层组织建设。

【保障服务】 投资65.4万元完成白阳镇、红河镇、城阳乡、草庙乡贫困残疾人家庭无障碍改造235户。为1285人次残疾人兑现机动车燃油补贴资金33.41万元；为90名贫困智力、精神和重度残疾人发放2017年度残疾评定补贴1.35万元；联合民政局为

2927户3305名建档立卡残疾人发放临时救助资金305.26万元。配合民政局审核，为全县4495名困难残疾人按月发放生活补贴537.22万元，为7196名重度残疾人按月发放护理补贴635.578万元，让社会保障、兜底政策惠及每个贫困残疾人。

【文体助残】 开展第二十八次全国助残日助残宣传、书法励残励志交流、助残捐赠和固原市“同在蓝天下，牵手奔小康”彭阳专场文艺演出等系列活动。开展第十九次全国“爱耳日”活动，会同卫计局举行以“听见未来，从预防开始”为主题的宣传教育活动，为150名居民发放“爱耳日”宣传单、听力预防和康复等相关知识手册500份。“两节”期间，走访慰问困难残疾人79名，共计发放米面油、棉衣棉被及慰问金价值3.35万元。联合教体局组织10名视障者（盲人）及伴跑者参加彭阳县2018年全民健身挑战日——健康宁夏动起来“融合关爱跑”项目，在全社会营造理解、尊重残疾人良好氛围。

【社会帮扶】 定点帮扶王洼镇团庄村，选派一名领导干部担任驻村第一书记，确定每月最后一个星期五为“帮扶日”，到村进户宣传政策、因户施策、帮扶增收。筹措资金2万元，制作村支部党建文化墙、布置党员活动室，为帮扶村调拨电脑复印机各1台，价值6600元。联系农调队购买洋芋种子100亩，为6户残疾人建档立卡贫困户发放扶持资金8400元。

（刘月花）

政务服务

民政工作

【概　况】　截至2018年底，全县共有民政各类保障服务对象30305人，占总人口12%，其中城市低保3432人，农村低保23405人，孤儿239人，80岁以上高龄老人2205人（城市60人、农村2145人），特困供养对象902人（集中特困供养403人、分散特困供养499人，集中特困供养对象占特困供养对象总人数的44.7%），重点优抚对象122人。已有烈士陵园1所（任山河烈士陵园），标准化城乡社区服务站120个，县综合福利服务中心（敬老院）、王洼、红河、城阳、草庙及沟口回民敬老院6所公办养老服务机构，2所老年活动中心，古城川口及草庙和谐2所农村互助养老院，38所农村老饭桌，1所儿童福利院及未成年人保护中心，依托农村社区建成115个"儿童之家"已全部运营。

【社会救助】　加强农村低保与扶贫开发政策衔接，印发《彭阳县2018年社会救助兜底脱贫攻坚推进方案》《彭阳县2018—2020年农村低保专项治理工作实施方案》，开展脱贫攻坚清零行动，对农村未脱贫人口进行入户核查，重新认定兜底对象3781户8925人。提高保障水平，农村低保标准提高到3800元/年，城市低保标准提高到560元/月；机构供养孤儿、纯孤儿和事实孤儿养育津贴标准提高到1049元、737元和531元。以数字民政系统村民代表会议远程录像模块和信息化建设为抓手，突出救助家庭经济状况核对与救助评议公开，落实社会救助事项村（居）民代表会议议定和家庭经济状况核对制度，开展低保对象清理整顿，对在册保障对象进行勘误和数据清洗，推动社会救助对象精准识别、精准管理。开展失能半失能特困供养对象医养结合试点工作，完成老年60周岁（女55周岁）养老服务需求评估工作，推进特困供养对象集中入院管理。完成民政部第二批因病致贫家庭重病患者医疗救助项目试点工作，救助257人309.5万元。建立县、乡、村三级临时（急难）救助主动发现机制，推广彭阳数字民政手机APP救助申请，实现零距离服务。规范残疾人两项补贴发放工作，累计发放两项补贴609.36万元。持续运用"一微一端两刊"强化社会救助宣传教育服务，规范社会救助"一门受理，协同办理"。收留救助流浪乞讨人员51名，确保街头无着流浪乞讨人员基本生活和生命安全不出问题。全年累计发放低保、高龄、特困供养、孤儿等各类救助资金19846.68万元，保障3万名民政对象基本生活。

【防灾救灾】　开展冬令春荒救助工作，发放救灾资金1458万元，对5户因灾倒塌或严重损坏人居住房户给予12.16万元恢复重建资金。加快救灾物资储备库建设进度，开展自然灾害风险点排查，落实灾情会商制度，强化灾情管理，及时规范上报灾情。加大资金督查力度，专项检查下拨各乡镇的救灾款物管理使用情况，确保救灾款物规范使用。“5·12”在古城镇海口村组织开展防灾减灾日主题宣传教育和防灾减灾应急演练活动，做到防灾减灾宣传教育进机关单位、进学校、进社区、进村镇。

【双拥优抚】 印发《彭阳县创建全国双拥模范城(县)中期考评工作推进方案》，抓实双拥共建“十七项”重点工作，推进全国双拥模范县创建。“两节”期间，走访救助困难优抚对象108人，帮助236户优抚对象解决困难问题。争取自治区资金维修保护任山河烈士陵园，打造爱国教育基地。加强退役士兵安置和权益保障工作，落实安置和帮扶政策，开展退役士兵信息采集工作。全年为73名立功受奖人员发放奖励金7万元，为60名退役士兵发放培训期间生活补助金2.95万元，将4名60年代精简下放职业警察退职人员生活补助待遇提高到2845元/月，组织59名退役士兵参加电子商务培训。安排2017年退役士兵汽车驾驶培训27人81000元、重点优抚对象体检122人18300元、退役军人临时救助资金198万元、重点优抚对象及60岁农村籍退役士兵医疗优待补助资金677000元。建立烈士纪念设施管理保护制度，举办双拥暨八一广场文艺演出，开展清明祭扫和烈士公祭日活动、双拥创城中期评估系列活动，推进双拥创建和军民融合发展。

【基层服务】 重新规划布设城镇社区，新设茹河街和富阳路两个社区。加强社区人才队伍建设，完成22名城镇社区工作者招聘录用工作。做实村民代表会议制度，完成160个村(居)民代表会议摄像录像系统暨“云视通”视频会议系统铺设任务。推进基层社会治理工作改革，通过强化阵地建设、创新管理体制、压缩行政职权、精简考核创评“四项举措”，为“星级和谐社区”创建“加力减负”，推行社区“网格化”管理和“三社联动”运行机制，开展“社区微公益”活动，调动社会组织、社会工作者参与城乡社区管理工作。完成156个行政村机构信用代码证校核颁发，修订村规民约和居民公约，引导村(居)民崇尚科学，树立良好道德风尚。新建农村社区服务站26个。制定彭阳县加强乡镇政府服务能力建设工作任务推进表，督促乡镇加快职能转变，提升服务效能。加强县、乡两级社会救助经办机构建设，提高乡村社会救助经办能力。加大政府购买社会事务服务工作，引导社会力量参与基层民政服务能力建设。

【社会福利】 开展全区养老院服务质量建设专项行动，考核全县养老机构服务管理人员学习、工作情况。优化养老服务机构工作人员队伍，招聘38名管理服务人员。加快养老服务项目建设进度，县茹河老年颐养院和城阳敬老院建成，新建农村老饭桌2个。依托已建成的日间照料中心、老饭桌等，为老年人开展日托、照料等服务。福利彩票销售达508.54万元，彩票公益金使用更加规范。创新慈善募捐方式，利用手机APP披露需救助信息，举办“茹水情深·助力脱贫”首届公益慈善晚会，募集慈善资金168.1万元，召开彭阳县慈善总会一届三次理事会，对标

14个未出列村开展结对慈善帮扶,争取宁夏扶贫与环境改造中心支持50万元帮扶白阳镇玉洼村发展25户小产业，联合宁夏唐徕老年托护中心和宁夏正源骨关节疼痛病专科医院开展特困老人医疗救助慈善扶贫工作。对已享受危房窑政策但自筹部分仍存在困难的200户建档立卡贫困户每户救助3000元,共计60万元。开展0—18周岁儿童先心病筛查,成功手术6例。

【社会事务】 制定《2018年农村留守儿童和困境儿童关爱保护工作安排》，开展全县困境儿童摸底核查、示范创建及“七彩假期”留守和困境儿童关爱保护活动。为全县156个行政村配齐“三留守”关爱督导员,完成91个“儿童之家”建设任务。推进第二次全国地名普查,开展地名设标,编制地名规划,编纂国家地名大典，完成县城部分街路命名更名。培育发展社区组织,新登记培育社会组织2个,完成88家社会组织年检,推行社会组织登记“三证合一”及统一信用代码制度。推行行业协会政社脱钩,实施“社会组织结对精准扶贫”工程。印发《关于全面深化殡葬改革的实施意见(试行)》,倡导节地生态安葬,扩大惠民殡葬覆盖面,深化“殡葬服务提升年”活动,推进殡葬改革。

（马　花）

人力资源和社会保障

【就业创业】 全年共举办各类培训班84期4010人,培训后就业率90%以上,转移就业人员月平均工资收入3800元以上,比培训前收入增加40%。建立劳动力素质提升培训与职业教育相结合的长效机制,打造“彭阳月嫂”“彭阳保姆”劳务品牌,举办劳务品牌培训班10期500人、产业工人培训510人。培育小老板166个,分别完成区、市任务的166%和151%;培育小企业80家,分别完成区、市任务的160%、145%;发放创业担保贷款2100万元,完成市任务的105%;实现城镇新增就业1361人,完成市目标任务的100%;城镇失业再就业人员542人，完成市任务的100%，城镇登记失业率控制在4%以内;实现转移就业5.6万人,完成区、市任务的112%、107%;创工资性收入10.6亿元，完成自治区下达任务的103%。购买公益性岗位2548人（农村2453人、城镇95人),登记在册农村劳动力总数50484人,其中建档立卡人员10548人,占总人数的21%，兑现建档立卡户外出就业人员补助5567人次278.32万元,用工企业2家1.26万元。打造“一园一街”(一园:电商孵化园,一街:古城民族创业示范街)示范基地,促进创业带动产业发展。彭阳县电商孵化园被评为固原市市级创业孵化示范基地，并申请验收自治区级创业孵化基地。加强闽宁对口协作,拓展与新疆劳务合作,全年向天元锰业输送劳务601人、宁夏宝丰能源集团股份有限公司输送劳务88名,组织新疆建设兵团搬迁10户36人(建档立卡户1户5人),向福建转移就业425人。举办“春风行动”万人转移就业用工现场招聘会，参加企业29家,达成就业意向600人,发放春风卡3.2万份。赴县、乡公共服务机构登记招聘单位54家,招聘人数2300人,比上年同期增加6%。

【社会保障】 全年城乡居民基本养老、医疗保险实际参保人数分别达11.1663万人和20.7386万人，分别完成任务的100.13%和101.16%。职工“五险”参保人数5.21万人，“五险”基金结余累计2.3亿元,支付待遇总额1.43亿元，按时足额发放率和社会化发放率均达100%。特困和建档立卡贫困人员参加养老保险人数分别为1723人和31472人,参保率均达100%;建档立卡贫困人口医疗保险参保率达100%。制发社会保障卡6431张,累计制卡286679张,激活率达100%,社会保障卡发放率99%。推行“同舟计划”,确保建筑领域工伤保险应保尽保。全年参加工伤保险296家8534人,完成全年参保任务的113.79%,新开工工程建设项目工伤保险参保率均达100%。建立大病医疗保险合署办公制度,实现城乡居民大病保险“一站式”即时结算。完成退休职工跨省异地居住标志，区内异地就医结算全面运行。

【人才结构】 以“人才队伍建设工程”为抓手,实施人才优先发展战略。完成2017年度全县机关事业单位工作人员考核工作，其中公务员(含参公人员)989人,其中确定为优秀等次的195人,给予嘉奖170人,记三等功25人。事业单位工作人员4739人,确定为优秀等次746人。引进急需紧缺高层次人才2人。完善“阳光招考”机制,新招录公务员23人,事业单位39人。落实职务与职级并行人员32人,组织推荐申报青年拔尖人才6名、享受国务院特殊津贴1人，组织开展职称评审315人。加大政府购买服务力度,招录城市管理协管员、社区工作者、幼儿园教师、消防员等229人。开展企业薪酬调查工作,落实机关事业单位基本工资、离休费标准调整和艰边津贴、乡镇工作补贴、人民警察警衔津贴等调整发放工作,完成人事管理平台信息录入,实现事业单位人员动态管理。

【劳动关系】 实施“治欠保支”三年行动计划,打击企业经营者恶意欠薪行为,重点解决建设领域等农民工集中行业工资支付保障问题,保障劳动者劳动报酬权益。累计缴纳农民工保证金900万元，储备应急周转金150万元。接待来信来访投诉案件120人次,受理欠薪案件24起,涉及农民工970人,清欠金额1023.1316万元,整体呈下降趋势。受理办结劳动人事争议案件20起,审理结案15起,正在办理中5起,仲裁结案率、法定时限内结案率均达100%。受理工伤认定案件45件,已认定35件,不予认定2件,进行调查8件。组织开展清理整顿人力资源市场秩序专项行动、农民工工资支付专项检查等4次，检查其他用人单位65个,涉及劳动用工1800人,劳动合同签订率98%。

【自身建设】 增强“四个意识”,建设“责任人社”。践行“忠诚干净担当”要求,不折不扣抓好出台政策、决定事项落实。引导党员干部增强“四个意识”,做到“四个看齐”,及时了解干部职工在意识形态、参与宗教活动等方面情况,将意识形态工作责任制纳入年度综合目标考核体系。依法行政,建设“法治人社”。严格按照法定权限和程序行使权力、履行职责,强化依法行政能力。以民为本,建设“服务人社”。推进“互联网+人社”行动计划，强化党员宗旨意识，做到“一条龙”服务、“一站式”办结。务实创新，建设“效能人社”。坚持实字当头，干字为先，坚持问题导向和目标导向，以改革创新破解工作难点和薄弱环节。从严管理，建设“廉洁人社”。落实全面从严治党要求，开展“干部作风转变年活动”，完善党务公开、政务公开等“阳光政务”机制，履行“两个责任”“一岗双责”，把纪律和规矩挺在前面，强化廉政风险防控，树立清正廉洁、敢于担当人社党员干部良好形象。

（夏 涛）

审计工作

【预算执行和财政财务收支审计】 全年安排预算执行和其他财政财务收支审计共5个单位（县财政局、林业局、教体局、农牧局、公安局）。审计发现管理不规范资金4330万元，提出有针对性的合理化建议12条。对审计发现问题按相关规定进行纠正和处理，促进党风廉政建设和财政资金有效使用。

【领导干部经济责任审计】 全年安排经济责任及资源环境审计项目共6个部门（单位）7人（水务局局长张小平、文广局局长袁继安、市监局局长祁旺、民宗局局长兰正刚、新集乡党委书记马素贵、新集乡乡长高文学、县第二中学校长马江驰）。在审计实施过程中，针对审计发现问题，按照“三个区分开来”，从体制机制层面提出防范建议，发挥审计监督职能。

【参与区、市专项审计】 完成泾源县保障性住房项目审计；配合协调原州区审计局完成彭阳县保障性住房项目审计；配合自治区审计厅完成彭阳县扶贫资金专项审计和政府债务审计。成立调查组完成全县减税降费政策措施落实调查工作和彭阳县2018年政府机关正版软件使用情况审计。

【交办事项审计】 完成领导交办的对润阳公司内控制度、财务收支、资产损益、工程实施等情况审计；抽调一名审计干部配合县纪委对全县各乡镇、部门（单位）“三公”经费、党的组织建设、扶贫工作等进行四轮督查巡视，整顿工作作风，规范制度建设。联合财政、农牧组成督察组，负责对全县12个乡镇、160个村（社区）办公经费等资金管理使用情况进行督查，促进为民服务发展专项资金、村级办公经费等资金规范使用；组织审计督察组，对全县各相关乡镇、部门（单位）历年审计发现问题整改落实进行督查，限期完成整改任务；成立2个检查组，对10个乡镇11个部门2015—2017年扶贫资金管理使用情况进行专项检查，对检查发现的问题，限期整改；开展巡视组反馈意见审计工作，对农牧局、扶贫办、就业局2016—2018年举办培训班情况进行审计，规范培训资金管理使用。

【政府投资审核】 全年共完成政府投资审核项目895个，审核投资总额422975万元，净审减投资金额18507万元，综合审减率为4.4%，其中控制价审核385个，送审投资金额159601万元，净审减投资金额5276万元，综合审减率为3.3%；结算审核366个，送审投资金额144985万元，审减投资金额13231万元，综合审减率为9.1%；决算审核144个，审核投资金额118389万元。

【自身建设】 深入学习贯彻党的十九大精神和习近平新时代中国特色社会主义思想，增强“四个意识”，坚定“四个自信”，做到“两个维护”，全面落实自治区第十二次党代会和县委八届二次全会精神，坚定党员干部理想信念，自觉把思想和行动统一到党中央和区、市、县党委、政府重大决策部署上来。树立“党建促审计”工作理念，建立全面从严治党“四个清单”，深化党组织建设。加强马克思主义民族宗教观学习教育，把党中央、区、市、县关于民族宗教工作的部署要求落到实处，促进民族团结、宗教和顺。开展违反中央八项规定精神自查整改活动，狠抓防控风险措施落实，加强党风廉政建设，构筑廉政风险防控体系。

【扶贫帮扶】 开展扶贫工作，加大扶贫宣传，帮助扶贫村和帮扶户制订发展计划，培育增收产业，改善生活基础设施。深入扶贫点马涝村，联合村党支部开展“不忘初心，牢记使命，助力脱贫攻坚”主题党日活动，慰问马涝村21户贫困户和4名困难老党员；向马涝村拨付24450元壮大村集体经济发展，帮助种植小秋杂粮和畜牧产业、维修便民服务室、宣传扶贫政策等事宜。

（王克文）

统计工作

【统计调查】 认真贯彻落实国务院第四次全国经济普查电视电话会议和全区第四次全国经济普查工作会议精神，立足县情实际，围绕机构组建、方案制订、经费筹措、设备采购、“两员”选聘培训、电子地图绘制、单位比对核查、宣传动员等做好彭阳县第四次全国经济普查工作。完成2018年度人口变动、规模以下企业抽样调查、限额以下批发零售业抽样调查工作，做好主要经济数据监测、分析，按期整理发布主要统计调查数据。

【统计法制】 加强统计执法监督检查，提高统计数据质量。对违反统计法精神的文件和做法进行清查。开展落实自治区统计局关于中央巡视组反馈问题整改和“以数谋私、数字腐败”专项排查整治活动，坚持一把手亲自抓，召开专题会议研究部署，制订排查整改方案，对“四上”企业统计数据进行全面核实性排查，列出问题清单和责任清单，限期整改。

【统计服务】 对标县委、政府年度预期目标，科学分析研判经济形势，及时提出有针对性对策建议，对县域经济运行情况进行分析预、研判，按照一、二、三产业对各项经济指标和国民经济核算等常规统计数据汇总、审核上报。编发《彭阳县2017年国民经济和社会发展统计公报》和《2017年度彭阳县国民经济与社会发展要情手册》。以《彭阳统计》《统计月报》《统计专报》等载体发布统计月度、季度数据，展现全县短时间内经济发展业态，及时为县域经济发展存在的可预判性问题把脉、开方。全年编辑发布统计信息30篇、统计分析23篇、统计月报12期，为县委、政府科学决策提供可靠统计依据。

【党建工作】　把深入学习贯彻十九大精神及习近平新时代中国特色社会主义思想作为政治理论学习重点，全面贯彻落实从严治党新要求，强化创新理论武装，树牢“四个意识”,坚定“四个自信”,坚决做到“两个维护”,提高政治站位,勇于担当作为,坚持在党的领导下开展统计工作。以“干部素质提升年”活动为契机,以“6+X”主题党日为载体,开展“统计能力提升年”活动。落实“三会一课”制度，加强干部职工党性修养，将学习教育融入彭阳县统计局党支部日常学习、融入党员教育培训,推动党员经常性学习教育。

（黄海荣）

信访工作

【信访接待】　全年共接待群众来访 547 批 1110 人次,办理群众信访事项 230 件(其中来访 7 批 22 人、来信 13 件、网上投诉 58 件、人民网地方领导留言板投诉件 15 件、上级转送 58 件交办 14 件、责任单位信访信息系统自登记办理 65 件)，群众网上投诉占全部信访总量的 75.32%,信访事项及时受理率(信访部门、责任单位均达 100%)，按期办结率均达 100%，群众满意度参评率（信访部门达 100%,责任单位达 96.92%),满意率(信访部门达 97.62%,责任单位达 100%)。

【责任落实】　县委常委会、政府常务会定期研究信访工作 10 次,召开信访联席会议 4 次、重点信访事项协调会 12 次,落实县级领导坐班接访和包案重点信访问题长效机制,明确工作责任和工作要求,逐级签订信访工作目标管理责任书。

【制度建设】　落实县级领导逐案逐件包抓化解信访事项责任制,实地与信访人见面调查核实,对答复意见书和办理情况报告签字审核把关,对办结的信访事项进行跟踪回访督查,提升群众满意度。全年县级领导坐班接待群众来访 300 批 595 人次,化解突出信访问题 124 件。

【矛盾排查化解】　坚持行政村（社区)日排查,乡镇部门周排摸,全县半月一督查,信联办一月一通报的“四个一”信访问题排查化解新机制。落实县级领导包信访积案化解,科级干部包重点信访问题解决,一般干部包问题排摸的“三包”工作新举措,把人员吸附在当地、把矛盾化解在萌芽,做到早发现、早预防、早解决。

【信访督查督办】　用实督查、考核、问责三把“利剑”,以问题为导向,实地督办、跟踪问效。对重点信访人员稳控措施不力,造成越级访的 2 个乡镇进行通报批评,对调查处理信访事项不到位的 2 名干部严肃问责。发挥考核“指挥棒”功能,落实奖惩措施,确保有人管事、事有人管。

【人民满意信访】　围绕全县“1543”信访工作思路，坚持以人民为中心的发展思想，以社会治理创新为动力、以依法及时就地解决群众合理诉求为重点,以创建“人民满意窗口”为目标,打造“阳光、责任、法治”信访,推进源头治理、责任落实、机制创新、事要解决、包案督办五项重点工作，发挥信访服务人民群众桥梁纽带作用。

【信访积案办理】　对疑难复杂信访事项，采取多部门集中“会诊”、综合施策，推进“三个一”工作法（集体实地调查一次、集体交流谈话一次、召开听证会一次），把听证会举办延伸到乡村，以公开促公正办理，做到信访听证减存量。全年召开信访事项复查听证会9场次，解决重点疑难信访问题9件。

【群众反映强烈问题化解】　中央第八巡视组、国家信访局、自治区第一巡视组和区、市共移交（转办）信访件147件，重复的40件合并为17件办理，并案后124件，已办结124件，办结率达100%。其中中央第八巡视组移交21件，并案后17件，已办结17件、办结率达100%；国家信访局转交复查件2件，区、市审核已办结，办结率达100%；自治区第一巡视组移交118件，并案后110件，已办结110件，办结率达100%；自治区转办3件，并案后为1件，已办结；固原市转办3件，并案后为1件，已办结。

【队伍建设】　认真贯彻落实全国第八次信访工作会议精神，加强基层信访干部培训，坚持信访分管领导和业务干部到信访部门挂职锻炼，主动适应新形势新任务需要，激发内在活力，建设一支对党忠诚可靠、恪守为民之责、善做群众工作的高素质信访工作队伍。

【信访培训】　全年共举办信访业务培训班4期，组织信访干部外出交流学习4次。严格按照自治区信访局关于开展信访基础业务规范化工作相关要求，统一规定网上信访事项答复意见书、送达回证，对2012年以后办理的群众信访问题逐一排摸，针对存在问题，认真落实整改。

【机制创新】　健全访调对接制度，执行诉访分离，实行依法分类处理信访诉求，推行“行政程序优先、信访程序兜底”做法。运用人民调解工作机制推进信访矛盾纠纷及时就地调处，派驻律师坐班把好“顾问关”，参与信访矛盾化解。定期召开信访事项矛盾纠纷联席会议，对涉及多部门的信访事项矛盾纠纷做好“访调对接”工作，共同会商处置方案，打好化解“组合拳”。

（杨世刚）

社会经济调查

【服务能力建设】　做好居民收支、农村贫困监测、农民工监测、农户固定资产投资、农作物播种面积与产量统计、主要畜禽监测、生态移民统计监测等专业常规调查工作任务，加强分析研判，提高统计分析的深度和广度，全年共撰写上报政务信息、经济信息、分析报告共198篇，区队、区局、总队合计采用186次。《彭阳县创新扶贫协作模式，打好脱贫攻坚决胜战》在《统计与经济》杂志发表。开展新常态下各种经济现象分析研究工作，及时发现农村经济社会中方向性、苗头性问题，做好统计预警和服务。

【网点管理】 全年共召开一体化住户调查电子记账培训会等 8 次，培训 639 人次。通过培训，促使辅调员、调查户明确职责与使命，提高数据质量。加大入户检查指导力度，全年累计下乡天数 126 天，利用月报空余时间及季报集中下乡时间到田间地头检查指导，固本强基，确保数据真实。

【统计信息化建设】 推广电子记账，全县共有 140 户记账户，已有 139 户开展电子记账，业务人员在补充编码、审核错误的基础上对平台记账内容进行全面检查，填补程序审核漏洞，确保数据准确性，减轻调查户和辅调员负担，提高基础数据质量和工作效率。

【自身建设】 认真学习贯彻党的十九大精神和习近平新时代中国特色社会主义思想，落实“三强九严”工程，强化党支部书记主体责任，落实“一岗双责”。开展“三会一课”、组织生活会、民主评议党员、谈心谈话、支部“6+X”主题党日活动。将党风廉政建设与彭阳县社会经济调查队中心工作相结合，做到同谋划、同部署、同落实。开展中共党员参与宗教活动排查，召开“不准共产党员信教和参与宗教活动”专题组织生活会，签订《党员不信教承诺书》。

（王雅梅）

网络信息

【网络建设】 负责政府门户网站建设、管理、维护、信息发布及县级机关网络信息安全等，协调全县电子政务外网、行政中心局域网和云视通等系统建设应用，已有 8 个系统上自治区政务云平台。升级政府网站，改版、修正栏目 140 个，各部门网站全部融合至政府网站，设置政务公开一级专栏。加强政府官方微博“彭阳在线”、微信“彭阳政务”、新华网客户端“生态彭阳”和人民网“魅力彭阳”客户端建设，阅报屏和六盘云查询点由专人负责管理运行，全县 15 个行政单位开通政务微信公众号，发挥新媒体速度快、传播广作用，形成县、乡两级上下联动、整体发声的新媒体矩阵。

【政务公开】 成立政务公开工作领导小组，挂牌成立政务公开办公室，统筹协调推进试点工作。健全 36 项政务公开规章制度和 7 项重大行政决策，完善考核机制，确保全县政务公开建设有制可依、有章可循。深入各级充分调研论证、反复审核确认，梳理出县级公开事项清单目录 13 类 541 项，乡镇级公开事项清单目录 15 类 107 项，村务公开事项清单目录 18 类 87 项，建立政务公开工作规范流程图 58 项，梳理政务服务事项流程 1202 项，邀请陕西标准化院协作编制政务公开标准目录，做到底数清、情况明、数据准，形成“彭阳规范”。改版、升级政府网站，与中国航天科技集团北京神舟航天软件技术有限公司创新研发政务公开智能管理平台，创办《政府公报》，建立二维码矩阵、电子便民地图，方便群众获取信息。把重点领域信息公开纳入主动公开基本目录。开展政府开放日活动，零距离、面对面与民互动，让政务公开“入心”。试点以后，主动公开各类重点领域信息 3.43 万条，同比增加 3 倍。受理政府信息依申请公开3件，及时回应答复，通过书记信箱、县长信箱解决群众各类诉求201件，满意度均达100%。

【“331”监管平台】 创立由纪委监委全程监督的“制度+科技”管理模式(即“331”涉农惠农资金监管平台)，确保涉农惠农资金兑现在阳光下进行。涉农项目备案、落实、审核、公示等全过程在一个系统平台上发布，接受纪检监察机关及群众监督。截至2018年底，监管平台共采集农户基础信息22.7万条，纳入监管平台项目61项，发布惠农政策36条；受理咨询件4688件，回复率93.6%；手机客户端下载15.5万次。

【云视通系统】 推动“互联网+政务公开”工作纵深发展，借助宁夏政务云中心，创建集信息互补、可视可通、直面交流等多功能为一体的信息化平台，打破信息壁垒，推进资源整合。通过对现有网络、会议多媒体环境及各类信息资源设备的完善改造，建成县政府集中指挥调度中心，联通全县3个部门、12个乡镇156个行政村和4个社区及30名流动党员的视频终端，做到跨地区、跨行业、跨领域联通共享、协作互动和直面交流。全年县级部门利用“云视通”平台召开县、乡、村三级会议48次，乡镇召开乡村会议200次。

（王彩霞）

政务服务中心建设

【概　况】 以“互联网+政务服务”建设为重点，以“不见面、马上办”审批服务为突破，优化办事流程，推行网上办事，提高办事效率，全年共受理办理各类行政审批服务事项239120件，其中网上办理23167件。被自治区妇女联合会授予“巾帼文明岗”。

【政务服务】 推行“前台综合受理、后台分类审批、窗口统一出件”的服务模式和部门审批事项向审批岗位、审批岗位向政务服务中心、审批事项向网上审批和电子监察平台“三集中”机制，实行工商营业执照、税务登记证、组织机构代码证、社会保险登记证、统计登记证等33个证件“多证合一”办理，不动产登记证和契税征缴“一证一税”联办。压缩审批环节和审批时限，事项平均办理时限由法定的23.9个工作日压缩到10.3个工作日，压缩57%。设置行政审批区、公共服务区、便民服务区、金融服务区、自助服务区和社保服务区6个功能区，涉及企业群众的审批服务事项集中在政务大厅窗口受理，实现“推开一扇门，办成一揽子事”。为各乡镇、村(社区)配备高拍仪184台、证件卡打印机12台。组织乡镇民生服务中心负责办理社保、民政等事项工作人员、各村会计、民政协管员、两险信息员共计360人参加“政务云”推广应用暨宁夏行政审批与公共服务系统操作应用培训，提高网上办事能力，“政务云”系统推广应用延伸至乡镇和村(社区)。督促落实村级代办工作，对全县160个村(社区)逐个进行现场指导培训，手把手教会网上代办工作流程，促进代办率提高。全年乡镇网上办件量18398件，村级代办6601件。

【审批服务改革】 梳理和完善政务服务

事项要素,开动政务服务高速"直通车"。组织部门对自治区下派、调整事项逐项逐条梳理审核政务服务事项(行政许可、行政确认、行政征收、行政给付、其他类和公共服务等6类)名称、办理类型、申报材料、办理流程、办理期限、收费依据等96项要素。制定《彭阳县政务服务事项目录》,通过政府门户网站、网上办事大厅、政务大厅查询终端、彭阳政务服务微信平台和窗口办事指南等载体对外公开,让社会公众随时随地查询审批服务事项信息,方便办事。将涉及31个部门(单位)、42个行业系统的1270项政务服务事项要素梳理完成并录入网上办事大厅,可实现不见面审批1041项,占81.97%,实现80%以上政务服务事项不见面办理,部门、乡镇已开展办理工作。对990项事项绑定流程,1500项事项测试流程,确保事项流程流畅。组织部门对承接自治区下派涉及24个部门(单位)、31个行业系统的2931项权责清单事项完善修改,已全部录入宁夏行政审批与公共服务系统。

【"三减一提升"】 开展"减材料、减时限、减环节、提升群众满意度"的"三减一提升"活动,涉及"三减"事项138项,其中材料从原来的778个减少到732个,减少了46个,减少5.9%;承诺时限从原来的1882工作日减少到981个工作日,减少了901个工作日,减少47.9%,比法定总时限2917个工作日减少了1936个工作日,减少66.4%;办理环节从585个环节减少到483个,减少了102个环节,减少17.4%。群众满意度由2017年的98.5%提升到99.4%。

【便民服务热线】 2018年1月17日,正式上线开通市"12345"便民服务热线,制定《彭阳县"12345"便民服务热线工作制度》《彭阳县"12345"便民服务热线考核管理办法》等规范性文件,指派一名工作人员专门负责热线工作,建立彭阳县"12345"便民服务热线微信群,及时督促各项工作落实。通过及时通知接单、取单,多次督办催办、限时通知、与诉求人沟通等方式,提高办事效率;遇到诉求涉及多部门共同承办时,发挥中心协调功能,及时通知多部门联办。组织40个承办部门(单位)、12个乡镇收集、梳理、汇总"12345"便民服务热线平台知识库信息,上报市"12345"便民服务热线中心,完善市"12345"便民服务热线平台信息库。全年共受理市"12345"中心下派有效工单587件,办结率98.98%,群众满意度97.59%。

(汪志骞)

社会保险事业管理

【职工基本养老保险】 全年城镇企业职工基本养老保险参保总人数达11615人,完成全年任务11524人的100.79%;征缴企业职工基本养老保险费7594万元,完成全年征缴任务2886万元的263.13%;企业职工基本养老基金支出12546.20万元,养老金发放率和支付率均达100%。

【城乡居民基本养老保险】 全年城乡居民基本养老保险参保总人数为111748人,参保率98.1%。完成全年任务111515人的101.21%;征缴养老保险费1201万元,征缴率

92.7%。城乡居民领取养老金人员24212名，发放城乡居民基本养老保险基金4908万元，养老金发放率和支付率均达100%。

【机关事业单位养老保险】 年内，机关事业单位养老保险参保总人数为7579人（其中在职职工5659人，退休人员1920人），完成全年任务7574人的100.07%。征缴养老保险费16462.15万元，职业年金4279.85万元，完成全年征缴任务11150万元的147.64%。发放养老金11106.64万元，养老金发放率和支付率均达100%。

【失业保险】 全年失业保险参保总人数5812人，完成全年任务5748人的101.44%。征缴失业保险费566万元，完成全年任务179万元的316.20%。

【城镇职工医疗、工伤、生育保险】 全年城镇职工医疗、工伤、生育保险参保人数分别为11356人、9226人、8890人，分别完成任务10000人、7500人和6500人的113.56%、123.1%和137.77%。征缴城镇职工医疗、工伤、生育保险费分别为6658.11万元、545.72万元、409.9万元；城镇职工医疗、工伤、生育保险基金支出分别为3339.49万元、375.19万元、176.6万元；城镇职工门诊大病报销120人次，支付费用57.81万元，住院费用报销114人次，支付费用150.83万元。工伤保险报销22人次，支付费用29.66万元。生育保险报销158人次，支付费用122.25万元。

【城乡居民基本医疗保险】 全年城乡居民基本医疗保险参保207430人，完成全年任务205000人的101.19%，征缴城乡居民个人基本医疗保险费3031.44万元。共支付城乡居民医疗保险基金7723.34万元。门诊大病报销267人次，支付城乡居民医疗保险基金110.1万元；生育保险报销360人次，支付城乡居民生育保险基金28.8万元。

【城镇职工基本养老保险基金】 年内，城镇职工基本养老保险基金累计结余5439.36万元；城乡居民基本养老保险基金结余13747万元；机关事业单位养老保险基金结余13656万元；城镇职工工伤保险基金结余749.18万元。医疗、工伤、生育保险基金上解固原市统一管理，各项社会保险基金管理安全规范，机关事业单位养老保险和被征地农民养老保险制度完善，社会保障卡综合应用功能显著提升，窗口服务质量和效率提高，社会保险信息化建设推进，医疗保险各项制度改革政策全面落实。

（杨宗耀）

法 治 建 设

社会管理

【公共安全和治安管理】 开展国家安全教育活动，对《国家安全法》《保守国家秘密法》等进行宣传，累计发放各类宣传资料3万份，悬挂横幅22条，打造国家安全宣传长廊1个，制作宣传栏13块，利用县有线电视、网络等媒体滚动播放国家安全教育相关视频资料。加强对“法轮功”“全能神”“门徒会”等邪教组织防范打击，处理外来非法传教人员21名，对19名曾参与“门徒会”成员开展“敲门行动”，落实教育转化措施，维护国家政治安全。完善情报信息搜集研判网络，加强对涉稳、涉恐情报信息搜集，确保全国“两会”、自治区60大庆等重要节点和中央、自治区领导到彭阳视察安保任务。对8名到彭阳涉疆关注人员见面率、录入率、核查率、管控率达100%。开展矛盾纠纷和不稳定因素集中排查化解，共排查化解矛盾纠纷584起。与辖区26个重点反恐目标单位签订责任书，组织开展大清查活动4次、反恐宣传3次、反恐演练3次。全年未发生群体性事件，群体性事件预警预防率达100%。开展扫黑除恶专项斗争，制作宣传展板8块，制作发放宣传折页3万份、《通告》5.5万份、线索举报奖励办法2000份、《扫黑除恶专项斗争宣传手册》1万份、涉黑涉恶线索举报卡1万份；在辖区交通沿线、城镇街道、居民小区醒目位置刷写永久性标语30条，组织开展扫黑除恶进村组、入农户和大讲堂等活动；在办公楼、街道两侧、建筑工地、商场、车站、公交站点等地点悬挂横幅80条。基层各部门加强协作配合，主动出击排摸，搜集、上报有关涉黑涉恶线索。对历年案件进行梳理，每条线索取证，做到扫黑除恶不留死角。共收集各类线索133条，经甄别，疑似涉恶线索74条（村霸9条、非法讨债线索15条、村“两委”班子涉恶线索4条、其他46条），立案侦查6条，打掉恶势力犯罪集团2个（判决1个）、村霸1个。

【平安彭阳建设】 开展命案防控专项治理、社会治安突出问题和安全生产专项整治，强化矛盾纠纷排查化解，巩固平安彭阳建设成果。加强联合执法，推动寄递行业“三个100%”制度，开展寄递行业安全检查5次，重点对寄递人员实名登记、寄递物品拆包验视及寄递包裹X光验照等部位检查。开展“除隐患、保安全”专项行动，推进安全生产“十二大”专项整治、“百日安全专项整治”行动和安全生产大检查等活动，加强风险控制和隐患排查治理，共发生生产安全事故2起，死亡2人，未发生较大以上生产安全事故，事故总量、死亡人数和亿元GDP死亡率均在区、市下达控制指标范围之内。开展农村食品、学校食堂及校园周边食品、“五毛”食品、白酒、粉条、重大活动期间食品安全保障、牛羊肉市场、猪肉市场、节日市场等20个专项整治，出动执法人员5600人次、执法车辆300车次，共检查经营户1.1万户次，下达责令整改通知265份，停业整顿55户，取缔10户，规范整改120户，查办食品违法案件27起，罚款36.2万元，新创建食品安全示范乡镇1个、食品安全示范街道1条、食品安全示范店50家、放心肉菜超市2家。推进“控命案、扫黑恶、反邪教、打涉众、大收戒、攻侵财、缉枪爆、净网络”“八大战役”。公安机关共立各类刑事案件274起，同比下降21%，破案224起，同比提高15%；受理各类治安案件370起，同比下降29.8%，结案315起，同比提高8.4%；立八类主要案件9起（其中命案3起），破获9起；查处吸毒人员30人，强戒14人，抓获毒品犯罪嫌疑人3人；立侵财案件189起破144起；查处赌博类案件18起，抓获参赌人116人，行政拘留69人，刑事拘留6人，收缴赌资20万元。法院共受理民商事案件2249件，审结1919件，结案率85.33%。检察院受理公安机关移送起诉各类刑事案件70件118人，受理监察委移送起诉职务犯罪案件2件2人，审查后提起公诉65件102人，不起诉6人，抗诉成功1件1人，纠正遗漏罪行6人。完善矛盾纠纷多元化解机制，加强专业性、行业性调解组织建设，发挥第三方参与矛盾纠纷化解和“三调联动”“警司联调”“协商对话”等多元化解机制优势，集中开展“大调解”专项行动，共排查各类矛盾纠纷3215件，化解3189件，化解率98.88%，矛盾纠纷排查化解信息系统联网应用横向到重点综治成员单位、纵向贯通县、乡、村三级。建立流动人口信息库，登记流动人口12256人，筛查登记确诊精神病患者744例，其中严重精神障碍患者142例。建成社区矫正基地，接收社区矫正对象414人，累计解除334人，在册社区矫正对象80人，其中缓刑79人，假释3人，暂予监外执行1人。接收安置帮教人员458人，其中刑满释放人员307人，解除社区矫正人员151人，做到“出监必接必送、服务管理提供信息支撑”。推进创建“青少年零犯罪零受害社区（村）”试点工作，筛查登记农村留守儿童973人、闲散青少年1人。加强禁毒戒毒工作，查处吸毒人员32人，强戒15人，抓获毒品犯罪嫌疑人3人。推进“平安细胞工程”创建，命名表彰2017年度平安乡镇、村、单位、企业、学校、医院、宗教活动场所等234个，平安家庭99户，典型示范引领作用得到彰显，平安创建氛围更加浓厚。

【法治环境整治】 推进“基本解决执行难”集中攻坚行动，共受理各类执行案件1422件（含旧存156），结案993件，结案率69.83%，其中执结完毕553件，终结执行231件，终结本次执行209件。检察机关共监督公安机关立案1件2人，撤案16件24人。针对侦查活动不规范情形，发出纠正违法通知书4份；针对办案过程中发现部门单位管理漏洞问题，发出检察建议12份；强化刑事审判监督，出庭支持公诉59件，提出量刑建议70人。开展集中清理化解涉法涉诉信访积案攻坚行动，共化解涉法涉诉信访案件2件，落实司法救助20万元8件8人。规范12个乡镇综治中心建设，统一设计制作160个村（社区）综治中心工作制度。启动“雪亮工程”建设，完成740个点位1600路视频监控前端建设勘察任务，借助已建成"云视通"平台对县、乡、村三级综治平台进行资源配置。完善公共法律服务平台、互联网+法律服务网络平台和12348法律服务热线平台建设，推行"一村一法律顾问""一村一警"警务模式，县、乡两级公共法律服务平台建设实现全覆盖，群防群治力量加强。

【民主法治建设】　推进"七五"普法工作，开展"法律八进"宣传教育活动。把公共法律服务体系建设作为年度工作重点，在法援大厅基础上建成公共法律服务中心，实现公证、法律援助、公证办理、人民调解和法律咨询"一站式"服务。加强日常监管，实行律所、公证处、法律服务和法律援助等日常工作数据月报、季报制度，定期开展案件收费、案件质量、办案卷宗等专项检查。开展"一村(社区)一法律顾问"工作，对接市局及市律协配备社会律师19名，整合县域律师资源，为每村合理分配法律顾问。建设公共法律服务微信群172个，开展免费法律顾问服务。引导律师、公证员和法律工作者主动介入县域招标公证、重点工程项目建设、信访接访、矛盾纠纷等中心工作40次件。开展法治宣传教育工作，开设"法治课堂"，建立彭阳县青少年法治文化教育基地。组织会员参与"全民国家安全教育日""宪法集中宣传日""三八"妇女维权日、"政法综治宣传月""乡村民风法治大讲堂""法律赶大集"等活动25场次，发放各种法律法规宣传资料20万份，培训乡、村、组干部和农村平安员2000人。建成县怡园广场、白阳镇郑河街社区等法治文化教育基地，以留守儿童、留守老人、留守妇女等为重点群体，开展"普法暖冬行""普法同行，相伴成长"等主题实践活动。发挥"互联网+"作用，建立微信普法新平台，拓展法治宣传教育阵地。全县普法对象17万人次，受教育面80%。

【政法队伍建设】　把学习贯彻党的十九大精神作为首要政治任务，引导干警提高政治站位，增强"四个意识"，坚定"四个自信"，做到"两个维护"，坚定不移以习近平新时代中国特色社会主义思想武装头脑指导工作，主动作为，推进政法工作创新发展。推进"两学一做"学习教育常态化制度化，在真学实做上深化拓展，坚持"三会一课"制度，开展好每月"6+X"主题党日活动，加强忠诚教育。落实党对政法工作绝对领导，加强政法干警忠诚教育、能力素质教育和纪律作风教育，提高保障服务能力和水平。重要情况、重大问题及时向党委请示汇报，为党委决策提供真实准确依据。完善组织生活及谈心谈话制度，适时开展政法干警思想动态和心理状况分析。推进执法规范化建设，健全执法全过程记录及裁量权基准制度，确保执法权依法依规行使。将"12309"职务犯罪举报电话转型升级为检察服务热线，增设公益诉讼案件线索举报功能，发现公益诉讼案件线索2件并办理。完善刑事检察、民事检察、行政检察制度，强化检察机关对执法办案监督，共受理各类案件123件，检查、评查各类案件102件，评查出4类问题，已全部整改。开展"干部素质提升年"活动，推动实战观摩、岗位练兵、案例研讨、技能比武制度化，加强能力素质教育。严格对照首问责任制、限时办结制、一次性告知、便民利民措施落实，开展执法司法作风专项检查整治，通过网上开设举报曝光专区、开通手机客户端举报窗口等方式，加强对执法办案活动监督，加强纪律作风教育。

（张建民）

公　　安

【扫黑除恶专项斗争】　全年共收集各类线索133条，其中群众举报16条，上级转办4条，公安部通报1条，公安机关摸排52条，各成员单位移送60条。进入立案侦查刑事案件5条、治安案件7条，作为治安乱点整顿线索数58条，打掉恶势力犯罪集团2个、村霸1个，抓获犯罪嫌疑人21人，逮捕12人，取保候审9人。打掉尹某某恶势力犯罪集团，抓获犯罪嫌疑人尹某某、景某某、朱某某3人，破获寻衅滋事、非法拘禁、强迫交易、高利转贷、敲诈勒索等刑事案件9起。打掉海某某村霸恶势力，犯罪嫌疑人海某某涉嫌寻衅滋事已被县检察院批准逮捕。破获马某某、马学某涉嫌寻衅滋事一案，刑事拘留2人（取保候审）。破获方某某等人寻衅滋事案，取保候审3人。辗转晋、鲁、陕、宁四省，行程5000千米打掉以孙某勇为首的恶势力犯罪集团，破获敲诈勒索、寻衅滋事等刑事案件12起，取得阶段性战果和成效。扫黑除恶专项斗争战果排名全市前列。开展打击黄赌毒、拐抢骗、电信网络诈骗等违法犯罪和道路交通等突出治安问题专项治理活动，全县治安、刑事案件大幅下降，人民群众安全感进一步增强。

【社会维稳】　完善情报信息搜集研判工作网络，完成全国“两会”、自治区60大庆安保等重要节点和中央、自治区重要领导到彭阳视察工作安保任务。摸排涉恐涉稳重点人员线索，对8名到彭阳涉疆关注人员及13名涉军关注人员见面率、录入率、核查率、管控率均达100%。围绕旧城改造、征地拆迁、劳资纠纷、医患纠纷、非法集资等热点问题，重点行业及重点人群，开展矛盾纠纷和不稳定因素排查化解，共调处矛盾纠纷584起。与辖区26个重点反恐目标单位签订责任书，开展大清查活动9次、反恐宣传11次、反恐演练4次。及时查处非法宣教案件2起，行政拘留27人。全年未发生群体性事件，群体性事件预警预防率达100%。

【案件侦破】　推进“控命案、扫黑恶、反邪教、打涉众、大收戒、攻侵财、缉枪爆、净网络”“八大战役”，增强人民群众的获得感、幸福感和安全感。全年共接各类报警8811起，出警8811起，出警率达100%；立刑事案件334起，发案率与上年同比下降16.7%。破获各类刑事案件253起，破案率75.7%，与上年同比提高15.5个百分点。受理各类治安案件444起，发案率与上年同比下降25.6%。办结治安案件387起，结案率87.2%，与上年同比提高9.3个百分点，达到两升两降总目标（刑事案件发案数下降、破案率上升，治安案件发案数下降、破案率上升）。查处吸毒人员32人，强戒15人，逮捕毒品犯罪嫌疑人4人，禁毒工作全市排名第一。将事关民生的案件作为重点，全年共立侵财类案件229起破154起，破案率67.2%，其中立诈骗案件81起破58起，立盗窃案件142起破94起。查处赌博类案件18起，抓获参赌人员116人，行政拘留69

人,刑事拘留6人,罚款处理41人,判处刑罚5人,收缴赌资20万元,赌博高发态势得到遏制。破获食品药品农资环境领域刑事案件25起,名列全市第一。对非法上访、缠访、闹访人员依法严厉打击,查处案件8起,行政拘留33人。对恶意阻挡民生重点工程人员进行铁腕打击,查处案件18起,行政拘留25人,罚款4人,确保全县重点工程按期推进。开展“净网”行动,对19名在网络上散布政治谣言、编造虚假信息、辱骂党和国家工作及领导人、传播淫秽不良信息等违法犯罪人员实施专项打击,起到“净网络”“树民风”社会效果。

【公共安全】 联合县妇联在各派出所创新设立妇女儿童维权工作站、家庭暴力投诉站。组织开展交通安全隐患“大排查、大整治”行动,共排查出道路交通隐患56处,深入辖区各中小学及偏远农村开展交通安全宣传活动,共开展宣传工作100场次,举办交通安全知识培训班68场次,发送短信提示35000条,发放宣传资料98000份,受教育群众近10万人次。查处各类交通违法行为33059起,以重点部位、人员密集场所为重点,落实常态化火灾隐患排查治理、重大隐患分级治理机制,加强实战演练,提高灭火自救能力。全年未发生一次死亡3人以上交通事故,发生火灾事故4起,无人员伤亡,损失7.71万元,同比两项指标分别下降75%、98.4%,交管、消防工作在全市排名前列。

【规范执法】 严格案件审核,制作案件审核情况记录表,坚持“谁审核谁负责”的24小时审核值班制度。组织执法质量培训会4次,为全体民警“充电”。开展执法考评、执法检查工作,落实“每案必考,逢审必考”、受立案制度改革和刑事案件“两统一”工作机制,运用案管中心“全流程一体化”管理模式,实现全部案件100%网上流程管理、网上审批、网上监督和网上考评,强化“一案一评”个案评查模式,建立警情“日巡查、周通报、月考、季评”评查模式,修订完善《执法质量考评实施细则》,落实办案单位和主办民警“双排名”工作机制。组织全体民警、协勤参加国家工作人员网络学法用法和无纸化考试。全区公安机关刑事执法突出问题专项整治推进会上作经验交流,让彭阳经验、固原经验走出家门。

【队伍建设】 推进“淬砺”工程提档升级,印发《“三强九严”大学习活动知识读本》,将意识形态工作纳入党建工作责任制,召开意识形态工作专题会4次、党建工作例会4次,组织党委中心组学习14场次,开展支部党员大会、支部委员会、党小组学习会100场次,讲党课12场次。以提升响应速度和实战能力为标准,制订《彭阳县公安局队伍能力素质提升年实施方案》,实施“一所一队一教官”机制,开展警务实战技能“训练日”活动、反恐防暴应急处突演练等,将日常训练作为队伍建设重要抓手,通过训练抓纪律、提素质、塑形象,建立所队训练长效机制。加固预警“防火墙”,召开党风廉政建设和反腐败工作会议,落实“两个责任”清单,层层签订《彭阳县公安局党风廉政建设责任书》。

（徐鹏升）

检　察

【打击刑事犯罪】　履行批捕、起诉职能，共受理公安机关提请批准逮捕各类刑事案件58件115人，审查后作出批准逮捕43件80人,不批捕35人。受理公安机关移送审查起诉各类刑事案件79件128人,审查后提起公诉79件115人,不起诉7人。批捕、起诉案件质量显著提升,办理的马某某、周某某等5人赌博案获评全区审查逮捕精品案件、明某某故意伤害案获评第二届宁夏妇女儿童权益优秀案例。

【扫黑除恶工作】　开展扫黑除恶工作,加强与法院、公安机关沟通联系，会商案件8次。开设“0954—7710081”扫黑除恶专项斗争举报电话,在县城街道,古城羊坊,王洼李洼、石岔、路寨等村悬挂横幅,制作并发放宣传资料2万份,在全县12个乡镇派出所设置“扫黑除恶举报信箱”,鼓励人民群众检举揭发黑恶势力违法犯罪线索。批准逮捕恶势力犯罪集团案件2件21人,“村霸”1件1人，提起公诉1件3人。向纪检监察机关移送线索1件,向公安机关移送涉恶线索2件。

【公益诉讼工作】　严厉惩治非法采矿、非法占用农用地、非法猎捕珍贵野生动物等破坏生态环境资源犯罪，审查起诉涉及污染防治案件12件27人。全年共办理24件行政公益诉讼案件,发出诉前检察建议32份,涉及医疗废物处理、食品卫生安全、茹河、安家川河流域生态环境保护等领域。在办案中通过查清社会公共利益受到损害的事实，督促行政管理机关依法履行监督职责，跟踪督查整改落实情况。办理的2件违法排放医疗污水行政公益诉讼案件为全区首例。

【诉讼监督检察】　强化侦查活动监督,对公安机关478件治安案件、322件刑事案件进行审查,监督立案2件3人,撤案17件31人,纠正漏捕5人,纠正遗漏罪行6人,发出纠正违法通知书5份、检察建议14份。强化刑事审判监督,出庭支持公诉79件,提出量刑建议100人,检察长列席审委会3次,提起抗诉3件,发出纠正违法通知书2份。强化刑事执行检察监督,抓好驻所检察、社区矫正检察和财产刑执行检察三项重点工作，向刑事执行单位发出纠正违法通知书4份、检察建议书14份，办理羁押必要性审查案件8件。在法院设立检察监督办公室，查阅生效的民事审判、执行电子卷宗,提升民事行政检察监督能力。受理审查各类民事行政监督案件84件,向法院发出检察建议16份、支持起诉书50份,向行政机关发出检察建议8份。

【未成年人检察】　联合教体局、民政局、妇联、团县委制定《彭阳县刑事被害人未成年子女关护救助办法（试行)》，会同民政局制定《彭阳县留守儿童、困境儿童关护救助办法》，办理刑事被害人未成年子女关护救助案件3件6人,办理困境儿童救助案件3件3人,办理附条件不起诉协助考察1人，一起救助案件入选“宁夏未成年人司法保护十大典型案例”。选派13名领导干部担任法治副校长,对全县175所学校开展“法治进校园”巡讲活动，覆盖率达 100%，对 3 万名在校学生进行法治宣传教育，发放教育宣传册 3 万份。

【化解社会矛盾】 践行新时代"枫桥经验"彭阳检察版，坚持"检察长接待日"制度，推行副科级以上领导干部轮流接访，引导群众依法表达诉求，真正打通检察服务群众"最后一公里"。打造"星级"服务型窗口和统一对外智能化检察为民综合服务网络平台，成立"12309"检察服务中心，在服务热线中增设公益诉讼和"扫黑除恶"案件线索举报功能，让数据多跑路，群众少跑路。全年共接待群众来信来电来访 39 件 43 人次，其中检察长接待 16 件 20 人次，办理刑事申诉案件 4 件，办理国家司法救助案件 1 件并被评为全区检察机关国家司法救助优秀案件。办理支持农民工起诉案件 52 件，向法院发出支持起诉书 47 份，法院已支持 49 人共计 42 万元追讨薪资诉讼请求。

【队伍建设工作】 严格落实党风廉政建设"两个责任"，认真贯彻中央八项规定精神，开展"干部素质提升年""干部作风转变年"活动，以"建设学习型检察院，做学习型检察官"活动为抓手，以干警领学、随机提问等加强习近平新时代中国特色社会主义思想和党的十九大精神、新修正《宪法》等应知应会知识学习。开展演讲比赛、现场教学等活动，教育全体干警坚定不忘初心、牢记使命、担当作为的决心和信心。持续抓好干警纪律作风警示教育，对各项重点工作任务倒排工期，将工作完成情况纳入检务督查范围，促进干警转变工作作风、公正廉洁司法，提升履职能力。开展"检察之星""党员先锋示范岗"评选争创等活动，树立身边先进典型，激发队伍正能量。加强青年检察人才培养，通过员额检察官带教、办案岗位交流等形式，促进青年干警快速成长。年内一名干警获评全区检察机关公诉业务标兵，一名干警被授予宁夏"百名法治模范"称号。

【司法体制改革】 推进以司法责任制为核心的四项基础改革落实，员额检察官实行独立办案，院领导带头办理疑难复杂案件，院领导办案数占案件总数的 77.61%。落实"谁办案谁负责，谁决定谁负责"改革要求，探索制定案件审查受理、案件质量评查等管理机制，共检查、评查各类案件 231 件，发出整改通知书 13 份，将评查结果计入员额检察官个人司法档案。依托"智慧检务"加强案件网上管理，发送流程监控通知书 12 份，发布流程监控专报 12 份，提升办案质量和效率。

【监察体制改革】 探索建立提前介入、提前了解案情工作机制，在案件办理上主动适应监察委办案工作新模式。对监察委调查终结后移送的 2 件 2 人职务犯罪案件，依法采取强制措施、审查起诉，为依法高效办理监察委移送的职务犯罪案件开好头。

【阳光检察】 主动向人大、政协报告工作，重视人大代表、政协委员意见建议。开展"庆重建·迎大庆"采访系列活动和"检察开放日"活动，邀请部分区、市、县人大代表、政协委员、部门代表视察工作。深化案件信息公开工作，接待律师阅卷 23 次，接受案件当事人、诉讼代理人等程序性信息查询39次,公开终结性法律文书97份、程序性信息214条。运用“彭阳检察”两微一端和新闻客户端,对重点工作及时宣传推送,编发并推广330篇微信图文,其中原创61期,累计阅读量3.5万人次。“彭阳检察”新浪、腾讯微博转发推送4538条,微博粉丝数12万人。新闻客户端发布信息1238条,累计阅读量54万人次。43期次原创微信分别被华夏预防、宁夏法治、宁夏检察、固原检察、彭阳广电等公众号转发推广,在《检察日报》《农民日报》《宁夏法治报》等媒体刊载宣传稿件共112篇。

(黄立华)

审　　判

【刑事审判】　全年共受理刑事案件90件,审结83件,结案率92.22%。推行以审判为中心的刑事诉讼制度“三项规程”改革,共组织召开庭前会议9次,安排证人、鉴定人出庭作证64人次,排除非法证据案件2件。推进扫黑除恶专项斗争,深挖涉黑涉恶线索,对2016年以后审理案件进行排查,共发现疑似黑恶势力犯罪线索13条,将有关情况上报固原市中级人民法院和彭阳县扫黑办。加大轻微刑事案件和解、刑事附带民事案件调解力度,受理刑事附带民事诉讼案件6件,调解成功4件,调撤率66.7%,兑现赔偿金35.22万元,维护被害人合法权益。

【民商事审判】　年内共受理民商事案件2783件,审结2548件,结案率91.56%。推进家事审判方式改革,探索家事纠纷的专业化、社会化和人性化解决方式,尝试要素式审判,实行“离婚冷静期”“人身保护令”,把家事审判重点放在家庭亲情关系修复和维护妇女儿童合法权益上,审结此类案件432件。依法审理买卖、借贷、建筑工程等合同纠纷案件,审结此类案件1590件。依法保护公民人身财产权益,审结侵权、权属类及其他民事纠纷案件526件。发挥督促程序作用,受理申请支付令审查案件117件,审结97件。发挥民商事审判调节社会关系作用,以调解、撤诉方式结案1111件,调撤率48.14%。

【行政审判】　坚持依法保护行政相对人合法权益与监督支持行政机关依法行政并重,受理行政非诉案件4件,审结2件。加大对土地征收、房屋拆迁、劳动和社会保障等行政纠纷调解协调力度,建立健全司法与行政良性互动,为行政机关依法行政提供法律指导,促进法治政府建设。

【基本解决执行难】　年内共受理各类执行案件1621件(含旧存156件),结案1363件,结案率84.08%。受理数和执结数与上年同期相比分别上升3.31%和3.54%。建立失信名单推送制度,通过限制高消费、订制敦促专属手机彩铃等措施,使被执行人无处遁形。共利用新闻媒体、微信平台曝光失信被执行人73人,1人被限制乘坐飞机,18人迫于信用惩戒压力履行执行义务。推行悬赏制度,对提供被执行人及其财产线索的予以奖励,提升执行质效,共发布悬赏公告8期60人,悬赏金额48万元。向公安机关移送布控被执行人65人,司法拘留46人次,以拒不执行判决罪判决2案2人。制定“执行流程节点控制图”“查封财产处置节点图”，提高工作效率。推进基本解决执行难“飓风行动”专项活动，清理执行积案，共清理历年未执结案件10件，执结8件。对涉民生案件优先执行，对生活确实困难的申请执行人及时给予司法救助，救助资金21万元。把握无财产可供执行案件认定标准，实现“终本”案件合格率达100%。加强执行案款管理，使用执行案款“一案一账户”信息化管理模式2493件，交款涉案金额4073.6万元。

【司法改革】 创新审判权力运行机制，配齐配强审判执行团队人员，院长、主管副院长和庭长纳入审判团队参与办案。坚持院庭长带头办案常态化，带头办理重大、复杂、疑难、新类型及具有指导意义案件。年内院领导办结案件71件，庭长办结案件2161件，占全院办结案件的55.8%。加强速裁审判团队建设，引入社会组织和第三方参与诉讼服务，探索律师、人民调解员等进驻法院参与调解、提供诉讼服务等“多元化”供给新模式。与司法局联合成立诉前调解委员会，指派人民调解员常驻法院坐班调解。共委派、委托案件412件，调解成功209件。发挥司法确认作用，完成司法确认案件121件，速裁结案153件。开展司法救助，为困难当事人减、免、缓交诉讼费16.79万元。依托“四大公开平台”建设，构建开放、动态、透明、便民的阳光司法机制，庭审实现同步录音录像，裁判文书上网率达100%，在中国庭审公开网进行网络直播279场次，观看直播139154人次，召开新闻发布会1场，在各级各类媒体发布信息简报132篇，微信公众号发布信息30期173条。发挥司法鉴定在审判活动中的作用，全年共办理司法鉴定类案件42件。

【服务大局】 组织全体正式政法专项编制干警结对帮扶295户贫困户，坚持每月、每周进村入户，宣传扶贫政策，制订帮扶计划，落实帮扶措施，帮助贫困户脱贫致富，助推全县脱贫攻坚工作，被县委、政府评为驻村帮扶工作先进单位。参与社会综合治理，加大法官以案释法工作力度，开展“法律八进”活动，增强群众法治意识，推动依法治县进程。

【队伍管理】 推进法院队伍正规化、专业化、职业化建设，提升“八个本领”，培养专家型、专业型、知识型、专门型法官队伍。推进“两学一做”学习教育常态化制度化，增强干警“四种意识”，抓好党风廉政建设，改进司法作风建设，确保司法清廉。坚持将文化建设融入到法院工作各个领域，打好法院文化牌，为队伍建设提供强大精神力量，共举办“法官讲堂”4期，院长讲党课3次，开展全员读书日活动1次，推进学习型法院建设。组织开展庭审驾驭能力、新法律法规、裁判文书撰写、新审判系统应用等业务培训20次，队伍业务素质提升。

【理论学习】 把学习贯彻党的十九大精神作为首要政治任务，坚持每周政治学习不松懈，开展政治理论知识培训，确保将习近平新时代中国特色社会主义思想学懂、弄通，引导干警提高政治站位，增强“四个意识”、坚定“四个自信”，共组织召开党组会27次、党组中心组学习会10次、全院干警学习大会21次、十九大精神专题培训3次。落实全面从严治党、从严治院要求,坚持把党风廉政建设和中心工作同部署、同分析、同检查、同落实。落实党组党风廉政建设主体责任和班子成员“一岗双责”,召开党风廉政建设工作会议,与分管领导、庭室负责人层层签订党风廉政建设责任书,形成一级抓一级、级级传导压力。严格党内政治生活,带头执行民主集中制,落实“三重一大”制度,用制度管人管事。

(孙彦龙)

司法行政

【公共法律服务】 把公共法律服务体系建设当作重中之重,重点抓好公共法律服务中心硬件和软件建设。在法援大厅基础上建成公共法律服务中心,实现法律援助、公证办理、人民调解和法律咨询一站式服务。乡镇公共法律服务站实现全覆盖,筹措资金维修改造古城司法所,为5个基层司法所配备公车,建成村(居)公共法律服务室160个,建成率达100%。开展“一村(社区)一法律顾问”工作,对接市局及市律协配备19名社会律师,整合资源,为每村合理分配法律顾问并签订责任书。全年完成172个公共法律服务微信群建设,免费法律顾问服务全面展开。加强律师、公证执业监管,促进依法规范诚信执业。实行工作数据季报制度。引导律师、公证员和法律工作者主动介入招标公证、重点工程项目建设、信访接访等中心工作280次件,发挥律师公证预防纠纷、减少诉讼、维护社会稳定作用。

【普法责任落实】 从责任端抓起,推动普法由“软指标”转向“硬任务”,制订《关于全面落实“谁执法谁普法”普法责任制实施方案》《四清单一办法》,使普法工作由普法主管部门“独唱”,变成各部门共同参与的“大合唱”。从需求端入手,推动普法由“粗放型”转向“精准化”,更多关注民生、关注基层,推动普法从“工作需求”向“受众需求”转变。利用新时代农民讲习所开展法治宣传教育,全年共开展90次,内容涉及土地管理、婚姻家庭等与群众生活息息相关的法律知识;利用移动终端在节假日,向全县群众推送法律知识短信10万条;在彭阳司法微信公众平台推送信息120篇;推行“互联网+法治宣传”行动,部署开展“国家安全教育日”“尊法学法守法用法”及宪法学习等主题法治宣传活动。在供给端创新,推动普法由“传统型”转向“智慧型”。依托工地安全围墙,制作“七五”普法专题喷绘,布展完成普法成果展览室。通过“互联网+”方式举办全民国家安全教育日法律知识考试,各部门、乡镇参与率达100%,及格率99%以上。在用法端发力,推动普法由“零散式”转向“集中式”。实施法治理念提升工程,把法治宣传教育纳入干部教育培训基础课程体系,举办全县领导干部法治思维和法治方式提升班,组织开展领导干部和公务员网上学法用法培训考试,全县领导干部及公务员参考率达100%。开展“法律进校园”活动,开展“反校园欺凌、防暴力伤害”法治专题讲座50场次。利用“彭阳司法”微信公众号开展的以案释法活动被多个有影响力的微信公众号转载并连续13个月在宁夏法治新媒体平台排行榜上位列榜首。顺利通过区、市“七五”普法中期评估。

【人民调解工作】　以开展矛盾纠纷“大调解”专项行动及坚持发展“枫桥经验”实现矛盾不上交试点工作为契机，延伸人民调解组织触角，与信访局联合成立信访事项人民调解委员会，建立法院诉前人民调解委员会和家事矛盾纠纷人民调解委员会。组建人民调解矛盾纠纷专家库。落实好坚持发展“枫桥经验”试点工作，确定白阳镇等4个试点乡镇，通过试点，一部分长期得不到解决的矛盾得以化解，总结提炼的“4351”访调工作模式受到司法厅充分肯定。落实人民调解员“以案定补”，采取普遍排查、重点排查、定期排查和专项排查相结合的办法，完善“两排查一分析”及诉调、公调、访调衔接机制，及时跟进调解，严防小事拖大、大事拖炸，从源头上预防和减少不和谐不稳定因素，做到矛盾不上交，就地化解。全年共排查出各类矛盾纠纷1466件，调解成功1451件(成功排查化解婚姻家庭纠纷805件)，调解成功率98.65%，涉及当事人3428人，涉及协议金额2923.07万元。

【特殊人群管理】　落实治本安全观，做好社区矫正管理平台信息录入，综合运用信息化手段，发挥手机定位、监控系统、面部(指纹）考勤等设备作用，配发矫正人员电子腕表，提高管控工作信息化、科学化水平。围绕“1234”工作模式，即：严把调查评估这一入口，“修心”“修身”二者并重，通过法治、道德、警示教育和规范行为、社区服务方法措施，提升思想矫正效果。将社区服刑人员划分为严管(红色)、普管(黄色)和宽管(绿色)3个监管教育级别，分别对应不同管理措施，提高矫正工作质量和效果。做好入矫、谈话走访、惩戒、解矫4个环节，促使社区矫正由“管得住”向“矫治好”转变。全年累计接收社区矫正对象420人，累计解除337人，在册社区矫正对象83人，其中缓刑82人，假释1人。落实司法部“12348”案例报送工作，共报送各类社区矫正典型案例16篇，其中交岔司法所编写的《对社区服刑人员依法依政策开展社会适应性帮扶》和草庙司法所编写的《对社区服刑人员陈某某依法实施教育矫正》两案例入选司法部社区矫正案例库。

【安置帮教工作】　按照“帮教社会化、就业市场化、管理信息化、职责规范化”要求，落实衔接、安置、帮教等各项工作措施，强化信息核实，做到建档造册，确保一人一档，规范台账资料，做到基本情况、犯罪性质、家庭状况、经济条件、思想状态“五个清楚”。加强对无家可归、无亲可投，无业可就刑满释放人员帮教扶持，帮助尽快适应社会环境，遵纪守法、自食其力、安居乐业。全县现有安置帮教人员469人，其中刑满释放人员315人，解除社区矫正人员154人。

【乡村法律援助】　将公共法治服务网络延伸至基层，打通服务群众“最后一公里”。将村(社区)公共法律服务室建成群众家门口法律服务超市，拓展法律服务领域，引导律师、公证员参与融资贷款、项目工程建设等重点领域法律服务，为乡镇、村(社区)提供法律咨询和服务、化解法律风险，参与基层社会治理和民主法治建设。全年法律援助中心办理案件310件，办结285件；律师事务所办理案件235件，公证处共受理公证事项315件，出证

315件，提升人民群众的获得感、幸福感和安全感。推行法律援助标准化建设，依托“法律援助规范化建设年”活动，创新宣传载体，开展法律援助宣传活动。深化“助力精准脱贫，免费为老百姓打官司”法律援助品牌，确保建档立卡户等弱势群体法律援助应援尽援。加强法律援助案件质量评审，落实法援经费管理办法和办案人员补贴经费管理办法。全方位公开宁夏“12348”公共法律服务热线电话、“12348”宁夏法网网址、“宁夏掌上12348”微信公众号等，方便群众随时了解公共法律服务内容，及时寻求法律问题解决途径，拓展法律服务便民服务渠道，提升公共法律服务质量和水平。

【自身建设】 落实意识形态工作责任，以理论学习为中心，坚持把党组中心组学习、干部理论学习放在队伍建设首位，将习近平新时代中国特色社会主义思想作为学习重要内容，在学懂、弄通、做实上下功夫。推进“两学一做”学习教育常态化制度化，建成专门的党员活动室，落实“三会一课”制度，组织机关支部和律师公证联合支部开展“6+X”主题党日活动，加强党组织建设。签订党员干部不信教和不参与宗教活动承诺书，引导党员干部树立正确的马克思主义民族观、宗教观。推进党风廉政建设，开展中央和自治区巡视反馈问题及落实中央八项规定精神自查整改。结合“干部作风转变年”活动，坚持把纪律和规矩挺在前面，对苗头性问题抓早抓小。利用集中学习日、每周例会等组织干部职工学习各行业公共法律服务人员先进事迹，提升司法行政工作者自豪感和责任感。举办“学习两会精神辅导班、全县普法骨干培训班、社区矫正培训班、普法专题片比赛等活动，做好“内修”工作。争取并支持30人次外派党校、高校、挂职锻炼学习。支持10名干部参与到扫黑除恶、县委巡察、北京劝返等工作中，提升干部政治素养和业务能力。

（杨陇东　邵梦妮）

法治政府建设

【法治政府创建】 开展自治区级法治政府建设示范创建，政府法制机构增加编制1名，政府常务会议专门研究法治政府建设工作并落实法治政府建设年度报告。在全县范围内确定5个乡镇、8个部门为法治政府建设示范单位，加强督促检查，开展创建活动。年内，被自治区法治政府建设办公室命名为全区法治政府建设示范创建单位。

【规范性文件管理】 执行《宁夏回族自治区行政规范性文件制定和备案办法》，规范性文件合法性审查率、公布率、备案率均达100%。对审查的规范性文件，从制定法律依据、审查内容、制定的必要性和合法性、告知备案登记等方面审查并出具《规范性文件合法性审查报告》。对规范性文件进行清理，全县现有规范性文件35件（其中2018年通过3件），清理后对县级政府规范性文件确定继续有效21件，修改14件，分别向市政府和县人大备案。

【行政决策机制】 行政决策遵守“公众参与、专家论证、风险评估、合法性审查和集体讨论”制度,除依法保密的重大行政决策外,行政决策公开率、合法性审查率和集体讨论率均达100%。落实《彭阳县人民政府重大行政决策程序规定(试行)》等7项制度,制定重大行政决策目录,实施合法性审查。建立重大决策专家组(库),落实政府法律顾问制度,全县95%的乡镇和部门均聘请法律顾问。

【行政复议和应诉】 运用听证程序审理行政复议案件,全年共受理行政复议案件6件,已审结5件。落实行政诉讼负责人出庭应诉规定,制定《彭阳县行政应诉工作规则》,全年法院共受理行政诉讼案件55件(其中一审15,二审16件,再审20件,发回重审4件),同比下降16.7%,已结案49件,胜诉率94%,败诉率6%。

【行政执法】 深入全县各乡镇、部门对法治政府建设及示范创建工作进行督促检查,行政执法单位均办理罚没资格证书,全县共有有效行政执法证件425件。落实执法证件管理制度、执法公示制度、“罚缴分离制度”“收支两条线”、重大执法法制审核制度和全过程记录制度,健全行政执法和刑事司法衔接机制,规范执法程序,实现行政执法规范、公正、文明。

(杨万瑛)

军　　事

人民武装

【思想建设】　把政治建军摆在首位，坚持用习近平新时代中国特色社会主义思想作为理论武装，树牢"四个意识"，增强"四个自信"，做到"两个维护"，引导教育干部职工、文职人员和民兵后备力量听党话、跟党走。年内，组织交流4次，撰写笔记2万字。坚持全员参加军区、分区组织的"传承红色基因，担当强军重任"主题教育和形势教育，按计划组织武装工作例会，把思想政治教育向民兵延伸拓展，在民兵训练中落实16小时政治教育。与基层党支部联合开展"五共"活动(共学理论、共续传统、共建支部、共帮贫困、共育文明)，重温地下党斗争、青石嘴战斗、任山河战役及红军长征西征在彭阳的艰难历程，组织课后讨论发言，话心得谈感想，激发工作训练主动性。

【民兵调整改革】　发挥"军事部"作用，将民兵应急连分解编在7个企事业单位。全县基干民兵共编建972人，按应急、专业、特殊三类力量组建(应急力量630人，编为县民兵应急连126人，各乡镇应急排各42人；专业力量284人，编为通信保障分队41人，公路护路养路分队107人，医疗救护分队40人，安全警分队96人；特殊分队58人，主要为民兵情报信息员)。以迎接军委国防动员部检查考核为牵引，对照考评细则系统完善软件资料，组织民兵紧急出动演练。宁夏军区对全区民兵整组情况进行检查考评，彭阳县取得全区第四名好成绩。

【双拥共建】　预算22万元开展扶贫帮困和双拥共建，采取军地联合、突出重点、因人施策、责任到人模式，帮扶所联系贫困村及贫困户新建居民点、种植药材等，帮助脱贫致富。为小岔乡柳湾村拨付10万元建设居民点，协调5万元做好18户军人"三群体"优抚解困工作，营造全社会尊崇军人浓厚氛围。开展共建共育活动，为古城镇任河小学师生购置安装净水与烧水设备；为119名在校学生量身定制校服。利用任山河烈士陵园国防教育基地，组织学生开展国防知识讲座，增强学生国防意识。与县二小共建"雏鹰少年军校"，开辟国防教育和民兵训练新阵地。做好军人"三群体"典型事迹宣传报道，在各类报刊报道6篇，彭阳电视台播报2篇。

【战备训练】　修订完善战备方案计划，调整补充战备物资，结合民兵训练和重大节日、敏感时段，强化自身安全防护意识和能力。落实《新大纲》，组织基干民兵2天入队训练、应急连和专业分队6天考核拉动训练、应急连和养路护路分队7天基地化训练，超额完成年度12天训练任务。在宁夏军区"四类人员"

比武中,2 名民兵分别取得个人单项第一、第二名好成绩。在固原军分区组织民兵基地化轮训考核中位列全市第一。

【兵员征集】 制定“三提升两杜绝两确保”(提升上站人数、大学生征集率 60%、大学生中的本科占比;杜绝退兵、初中学历;确保廉洁、安全)目标,向适龄青年宣传征兵政策,悬挂横幅 223 条,发放宣传单 5000 份,群发短信 40000 条,设立宣传点、报名点 21 个。在县医院、职业中学开辟新兵体检专区和心理检测教室,组织新兵体检。会同公安局、教体局、民政局、各乡镇等单位联合组织政治考查、学历核查、走访调查,通过网上、宣传栏等载体公布“双合格”人员名单。与乡镇专干、体检医生等工作人员签订廉洁征兵责任书,部纪委和征兵工作监督员全程监督,确保廉洁征兵。召开新兵欢送会,现场兑现高原兵 5000 元/人奖励金,社会反响强烈。全年参军报名 679 人(含女兵 96 人),实际应征 111 人(男兵 108 人,女兵 3 人),男兵大学生占 60%,高于分区明确任务数 2 个百分点,圆满完成新兵征集任务,连续 3 年实现无退兵、无告状、无违纪。在固原市征兵“五率”(报名率、上站率、合格率、择优率和退兵率)量化考评排名中名列榜首。

【安全管理】 开展“百日安全”活动,组织全体干部职工原原本本学习新《条令》《血与泪的警示》,观看《枪弹安全警示教育》《典型交通事故警示》录像片,在营区醒目位置设置宣传栏、张贴悬挂安全标语,筑牢思想防墙。定期对 1 台康明斯大卡车、1 台小轿车维修保养,指定安全员每天检查营房电路及管线,每天由部领导检查登记武器装备保管情况,每两天组织行政值班人员交班。对监控系统内存升级,达到 120 天录像存储量,安装营区广播,做到一日生活按号令落实,使工作生活规范有序。狠抓干部职工作风养成,教育寺管会和教职人员听党话、跟党走,严禁在各类媒介发布涉军图文信息。

【后勤保障】 修缮门卫值班室报警设施,安装军号播放系统。县上支持 200 万元(基层阵地建设 100 万,武装工作定补经费 100 万)用于国防后备力量建设。投入 6.8 万元组织 972 名基干民兵体检;投入 30 万元为 12 个乡镇应急排购买警棍、盾牌、头盔、背囊、被褥等器材,完善阵地建设;投入工作经费 25 万元,逐一规范办公场所和软件资料。

（张　娜）

武警中队

【思想建设】 认真学习贯彻党的十九大精神及习近平新时代中国特色社会主义思想,树牢“四个意识”,增强“四个自信”,做到“两个维护”。把学习讲话精神与主题教育相结合,授课之余让战士走上讲台讲心得、谈体会,利用工作、训练间隙开展“强军故事会”“寻找身边最美强军典型”活动,激发中队官兵忠实履职,献身岗位实践的理想信念。向官兵灌注爱队如家“正能量”,把思想教育与建队兴队相结合,讲好中队优良传统,培育扎根警营、无私奉献品质。

【练兵备战】 着眼精细化指导、规范化运

行、常态化落实，采取抓思想固根本、抓能力强素质、抓治理补短板、抓规范促落实、抓督导严规矩，夯实执勤官兵思想基础、能力基础和安全基础。精细规范应急班、战斗小组、作战单兵编携配装和职责要求，修订完善各类作战勤务方案，每月及重要敏感时期不定期组织基于编携配装的战备拉动演练，夯实战备基础。坚持依法按纲施训，细化分解“八落实”指标，合理安排训练内容，科学划分训练阶段，严格执行训练计划及制度。中队在勤训轮换中，预备狙击手苗雨涛、机枪手武少凤在射击对抗中取得优异成绩。

【从严治军】 从出营门着便服、穿作战靴、戴帽子等小事抓起，从“正三相、扬三声”等言行举止严起，从礼节礼貌、卫生打扫等制度落实教起，从细、从严、从实练作风，促养成，形成“人人有标准、事事有规范、处处有管理、时时抓养成、全面促正规”的良好局面。抓好新时代共同条令学习贯彻，开展“三个一”活动，即每日早操进行一次安全宣誓、每日三餐学习一个条令、每天熟记一条安全格言，以条令学习为载体，坚持干部与士兵一起抓，日常灌输与集中教育相结合，示范引导与集中纠治相结合，强化支部依法决策、中队依法运转、官兵依法履职意识。落实安全工作“八个规范”，紧盯人车枪弹酒、水火电毒密和手机使用、在外人员、季节性事故等重点，做到定人、定位、定责，严防死守，紧抓不放，守住安全底线。

【服务实战】 树牢抓后勤就是抓战斗力、抓保障就是抓使命任务意识，以“清仓归零”整治活动为抓手，提高后勤管理科学化、法治化、精细化水平，形成支部统揽、主官主抓、分管负责后勤抓建局面。主动适应后勤管理改革新常态，发挥“标准”的主导、调节、约束及控制功能，解决好官兵吃、穿、住、用、行、医问题，发挥保中心、保基层、保战斗力作用。

（李世杰）

经济监管服务

宏观调控

【经济运行】 全年实现地区生产总值55.32亿元,可比增长5.0%;一般公共预算收入2.6亿元,同比增长10.1%;完成固定资产投资26.45亿元,同比下降10.3%;实现社会消费品零售总额9.16亿元,同比增长4.8%;完成规模以上工业增加值9.81亿元,同比增长4.4%;实现农村居民人均可支配收入9862.50元,同比增长12.2%;城镇居民人均可支配收入25166.05元,同比增长7.8%。

【项目建设】 坚持把项目建设作为推进脱贫攻坚有力支撑,加大争项目争资金和招商引资力度,坚持项目争取与建设管理并重、基础设施项目与产业开发项目齐抓、政府投资项目与招商引资项目同上。建立“4+1”责任清单,实行周汇报、月统计、季分析制度,加大督促检查力度,推动项目能落地、早开工、快见效。全年列入“4+1”责任清单重点项目72个,其中续建项目7个,准备开工项目65个,年底开(复)工69个,开(复)工率95.8%,其中续建项目7个全部复工,开工率达100%;准备开工项目65个,开工62个,开工率95.4%,当年完成投资29.37亿元。

【产业转型】 构建以能源工业、农副产品加工、新型轻工业为主的新型工业体系,减少工业经济对能源工业的过度依赖,推动一、二、三产业融合发展。全部工业增加值10.93亿元,同比增长3.4%,全年完成规上工业增加值9.81亿元,同比增长4.4%,其中王洼煤矿实现增加值7.8亿元,同比增长8.5%。全年新打油井8口,生产原煤720万吨、原油11万吨。建成4G基站78处、物联网115处,实现所有行政村、自然村4G信号全覆盖。王洼煤矿600万吨/年改扩建项目已于2018年6月份建设完工,已向自治区经信委呈报试运行报告。闽宁彭阳大数据灾备中心、煤矸石分选加工项目开工建设。彭阳县26.69MWp村级光伏扶贫电站项目已完成设备采购及施工、监理招标,支付设备预付款355万元。新发展工业企业10家,培育规上企业1家,引进一、二、三产业化龙头企业1家。兑现2017年度非公经济奖补资金588万元,营造创新创业浓厚氛围。

【农村电商】 印发《彭阳县人民政府关于推动农村电子商务发展的实施意见》《彭阳县人民政府关于加快非公有制经济发展实施意见》《彭阳县电商扶贫实施方案》《彭阳县关于进一步推动电子商务进农村综合示范工作的实施方案》等文件,明确目标任务,细化奖补政策,创新电商模式、推广特色产品、强化物流配送和电商培训体系等建设。全县现有农村电商公共服务中心、电商物流快递分拨配送中心、电商孵化园、苏宁易购实训基地、京东彭阳馆和126个乡村电商服务站，培育电商标杆企业5家、物流企业3家。制订《物流整合方案》,新开辟邮路4条全程800千米,采取补助方式推动物流快递进村,降低物流成本,打通农产品进城与工业消费品下乡的城乡双向物流通道，兑现2017年电子商务进农村综合示范快递物流补贴16.1万元。全县12个乡镇建成物流快递配送中心，在82个行政村均有快递服务和延伸点,覆盖全县156个行政村。累计完成电商从业人员培训2042人次，成功举办首届电商创业创新大赛,激发农村电商内生动力和创业激情,涌现出一批返乡创业电商带头人。县域微商企业、快餐外卖服务等电子商务应用在县域内兴起,实体零售企业应用支付宝、微信等实现收款方式多样化。全年农产品网络销售同比增长21%。彭阳县电子商务进农村综合示范项目在商务部绩效评价考核中取得排名第一的优秀成绩。

【商贸流通】 推动商贸基础设施建设,扩大消费市场,打造县城中心商圈。世纪华联超市入驻明皇购物广场,浙商国际广场招商运营工作推进,利民广场、财富广场等项目建设推进,扩大消费,营造法制化营商环境。推进改革创新,激发市场活力,组织各商贸企业在节假日期间开展促销活动,刺激居民消费。同时先后组织县内各农产品生产、销售企业参加区内外各类展销、促销会60次，农产品销售额34万元，签订订单金额321万。加快旅游、体育等产业发展,优化消费环境。“山花节”期间,组织各商场、超市及其他商贸流通企业在县城和杨坪等旅游景点开展促销、展销活动,吸引到彭阳旅游游客品尝,购买当地农特产品。

【市场监管】 建立健全商品市场价格监测预警机制，确定6个重点副食品监测点，每月实行定时监测3次,全年上报价格监测数据信息38期，并在政府信息网站进行公示,全年共受理价格认定刑事案件34件,为公安机关办理案件提供价格依据。组织协调市监、卫计部门对全县范围内医疗机构、药品零售店、农贸市场、大型超市、农家乐、客运站等43家经营场所价格进行检查，规范市场价格行为，开展公平性竞争专项培训、督查检查等工作,促进市场价格公平有序。

（韩明星）

市场监督管理

【市场准入】 全县共注册登记各类市场主体总量11546户，其中私营企业1845户、国有企业212户、个体工商户8685户、农民专业合作社803户。年内新增各类市场主体1983户,其中私营企业545户、个体工商户1276户、合作社162户，企业变更登记566户,注销登记107户(简易注销登记20户),预先核准企业名称652个,查询企业登记档案66户次。答复各类登记业务咨询880人次,修改企业联络员信息1420户次。全年年报公示企业1519户、农民专业合作社573户、个体工商户7750户。

【食品安全监管】 逐级签订食品安全责

任书，推行网格化、标准化、痕迹化监管。针对存在安全问题较多的农村集市、乡镇街道、城乡结合部和校园周边区域，严查无证无照经营、非法添加、销售过期变质食品等违法行为，全年共开展农村食品、学校食堂及校园周边食品、“五毛”食品、白酒、粉条、豆制品、牛羊肉市场、猪肉市场、节日市场等20个专项整治，出动执法人员5600人次，下达责令整改通知265份，停业整顿55户，取缔10户；规范整改120户，换、发食品经营许可证325户，小作坊经营许可证125户，督促从业人员办理健康证1300人次，下架不合格清真标志食品12830瓶(袋)；查办食品违法案件27起，罚款36.2万元，没收过期食品3290瓶(袋)374.1公斤，下架不符合清真标志食品12756瓶(袋)。开展餐饮业油烟煤烟污染治理，责令督促餐饮企业安装油烟净化设备，完成煤改汽、煤改电。完成县城360户餐饮企业油烟净化改造工作。组织人员对食用农产品、三小食品、省抽任务进行抽样送检，全年抽检875批次，其中省抽任务118批次、“三小”食品抽检120批次、食用农产品240批次、快速检测300批次、县本级安排抽检任务110批次，对抽检的9家不合格食品共计12批次给予行政处罚，并在政府网站进行公示，接受社会监督。制订食品安全保障方案，驻点监督，现场快检，全程监控，落实食品留样，签订责任书等制度，保障重大接待活动期间食品安全。加快食品药品检验检测中心建设进度，完成主体装修、实验室工作台、设备仪器招标采购和安装调试。制订创建食品安全示范县方案，两个食品安全示范乡镇顺利通过验收，食品安全示范县创建工作得到自治区食安委充分肯定。明厨亮灶已累计完成848户。

【药品医疗器械安全监管】 全县辖区内有药械经营使用单位276家、医疗机构203家、保健食品经营单位62家、化妆品经营使用单位283家。开展药品安全专项整治，共检查药械经营使用单位195家次，现场监督下架不合格药品、医疗器械21批次75盒(支、具)，货值1126元，下发责令整改通知书23份，查办药械案件4起。强化疫苗监管，及时组织开展疫苗质量安全专项检查，先后检查县、乡、村疫苗使用单位179家次，对未依照规定保存疫苗接收、购进和储存记录的17家单位下发责令整改通知书。开展药品抽样和不良反应监测，抽检中药饮片19个批次、流通环节化学药品30个批次、保健食品快检50个批次，完成全年抽样及快检任务。上报药械不良反应报告110例，其中新的报告5例、严重报告2例、医疗器械报告12例。开展药品投诉举报主题宣传活动，普及药品安全常识，增强消费者维权意识，活动期间监督药品经营单位销毁162个批次、货值4.3万元过期药品。

【特种设备安全监管】 加强特种设备使用单位第一责任人安全责任意识，与市场监督管理所签订安全监管责任书4份，指导各市场监管所与特种设备使用单位签订安全监管责任书。做好春节、“两会”等节日期间特种设备安全检查，推进打非治违行动，对重点行业、重点区域，实行重点监管治理，共出动检查人员21人次，检查单位18家，抽查特种设备36台,其中锅炉5台、压力容器16台、电梯15部、压力管道15千米、液化气充装站1家、天然气充装站1家。开展集中供热企业特种设备及电梯安全大检查活动,督促电梯使用单位联合电梯维保单位对在用电梯进行维保检修,自查发现问题立即整改。利用“3·15”消费者权益保护宣传日,采取发放资料、悬挂横幅、摆放展板等形式,加大《中华人民共和国特种设备安全法》宣传力度,提升群众自我保护意识,累计发放宣传资料1200份。开展自治区60大庆期间安全整治行动,共下发指令书4份,关停电梯26部。对储存危化品特种设备进行专项检查,严格检查充装站和油气输送管道各项管理落实情况,检查充装站许可资质、充装资格情况,督促油气输送企业严格执行特种设备相关法律法规和安全技术规范。

【质量提升】 以扶持地方特色产业发展,增强特色产品品牌形象、知名度和竞争力为切入点,开展品牌发展战略,组织中国名牌产品、宁夏名牌产品,驰(著)名商标、地理标志保护产品培育和保护。开展“彭阳红梅杏”地理标志保护产品专项检查,查处仿冒“彭阳红梅杏”地理标志保护产品标志行为,对仿冒产品及包装进行下架处理,年内新注册商标4件,全县注册商标总数119件。开展产品质量检验检测,选择老百姓普遍关心的消费品,采用“你送我检”“你点我查”“专项监督抽查”等监管方式,提升消费质量。开展“红盾护农”专项执法行动,加大对制售假冒伪劣农资违法行为的查处,重点查处农资经营中掺杂使假、变质失效、商标侵权、利用虚假广告坑农害农违法行为及无照经营农资行为,检查化肥97户次、农药19户次,维护农民消费者利益。

【经济检查】 开展打击非法集资专项行动,在社区、学校、农村开展宣传活动,现场发放各类宣传资料3万份。深入辖区摸清企业,重点对投资(咨询)类公司、小额贷款和非融资性担保公司排查,做到早发现、早预警、早处置,防止损害群众利益群体事件发生。开展打击传销执法行动,强化宣传教育,提高防范意识。将外地打传行动中发现的一名彭阳籍传销人员信息及时转告其亲属,并发送《致传销人员及家属的一封信》,协助劝返,远离传销。共组织开展打击传销宣传活动2场次,散发各种宣传材料25000份。配合公安机关查处辖区内龙爱量子网络传销一起,罚款2000元,移送公安机关一起涉嫌犯罪云联惠网络传销案。加强对直销经营网点的监管,促使经营者做到守法经营。开展打击“傍名牌”专项执法行动,对名酒市场进行专项检查,共查获涉嫌销售假冒“五粮液”“五粮春”“剑南春”等3个品牌共计268瓶,涉案金额2万元,立案查处3起,罚没款1.61万元。全年共查办各类经济违法违章案件45件,案值16.5万元,罚没款45.7万元。

【消费者权益保护】 开通市场监督管理局官方微信平台,发布消费警示,曝光违法行为,做好消费者申诉举报案件的受理、转办工作,做到“有诉必接、有问必答、有案必查、有查必果”,确保申诉举报办结率达到100%。集中开展“3·15”宣传服务周活动。深入学校、企业、超市(商场)、农村集贸市场等,通过消费常识讲解、消费体验、发放维权资料等途径,普及消费安全知识,现场解答消费问题,及时解决消费投诉,妥善处理消费纠纷。表彰“消费维权先进个人”8名、“消费者满意单位”29家。落实《彭阳县市场监督管理局完善消费环节经营者首问和赔偿先付制度工作方案》,签订先行赔付责任书企业41家、经营者首问责任书88家。共受理消费者投(申)诉125件,受理来电来人咨询213人次,挽回经济损失14.36万元。

【队伍建设】 将学习贯彻习近平新时代中国特色社会主义思想和党的十九大精神作为首要政治任务,树牢“四个意识”,增强“四个自信”,读原著悟原理,畅谈心得体会,举办知识竞赛,坚定干部职工理想信念。开展共产党员不信仰宗教、意识形态专题学习,召开党组班子民主生活会、党员组织生活会,开展“做党员、学党章、过党日、上党课、交党费”的“6+X”主题党日活动、星级党支部创建、党员评星定级活动等,党员素质和水平显著提升。规范执法行为,以“干部作风转变年”“干部素质提升年”为契机,开展“学业务练精兵提素质”活动,强化干部培训教育,举办各类培训班13期,培训干部97人次。组织干部职工学业务知识,评选岗位能手,提升监管执法能力。认真履行党组主体责任,把严守党的政治纪律、政治规矩摆在重要位置,推进惩罚和预防腐败体系建设。开展心中有党、心中有民、心中有责、心中有戒“四心四有”自查自纠活动,严格落实中央八项规定和自治区若干规定精神,自查自纠,强化制度建设,抓常抓细,“四风”问题有效遏制。

(宗向阳)

经济技术合作

【招商成果】 全年落实招商引资项目23个,概算总投资85.03亿元,实际到位资金17.06亿元,其中区外项目到位资金17.06亿元,分别完成区任务14亿元、市任务17亿元的122%、100%。续建项目9个,概算总投资67.84亿元,到位资金10.55亿元;新建项目14个,概算总投资17.19亿元,到位资金6.51亿元。重点在谈项目20个,其中特色农业项目4个,包括藜麦、食用菌种植加工等;生态友好型工业项目8个,包括标准化牛羊猪禽屠宰厂建设、生物有机肥生产、煤矸石分选加工循环利用、药材加工等;全域旅游项目5个,包括麦子塬景观苗木培育、金鸡坪梯田公园建设、茹河瀑布综合开发等;现代服务业项目3个,包括新华百货购物广场、宁夏银行彭阳支行建设等。

【储备项目】 围绕“四个一”工程建设、农产品开发及新能源、现代服务、乡村旅游等领域,谋划论证招商储备项目40个,其中包括道地中药材种植加工基地建设、苜蓿草叶蛋白加工、有机蔬菜产业化开发等特色农业项目9个,果品加工、彩印包装、现代纺织等生态友好型工业项目17个,皇甫谧中医养生度假区建设、影视基地建设、特色风情小镇建设等现代服务业项目6个,金鸡坪梯田公园建设、姚河塬商周考古遗址公园建设、茹河窑洞民俗文化旅游村建设等文化旅游项目8个。

【招商推介】 全年共组织招商小分队外出招商28次,其中县委、政府主要领导分别带队5次。运用"掌上宣传"等方式,加大对外宣传推介力度,全年在政府网站发布招商信息26条,撰写工作简讯33期,发放投资指南3000份。先后邀请湖南平江工业园区企业、厦门工商联总商会企业、中国企业家协会企业、重庆大学校友会企业等到彭阳考察对接项目,全年累计接待区内外客商400人次。发挥对口帮扶平台作用和挂职干部资源优势,在厦门设立招商代办点,与平江工业园区建立友好合作关系。组织人员和有关企业参加丝博会、西洽会、青洽会、宁商大会、京津冀经洽会等重要节会8场次。

【营商环境】 坚持包抓项目工作责任制,围绕领导分工抓落实、部门协同抓落实和搞好服务抓落实"三大抓手",落实乡镇和部门单位招商主体责任,保障招商引资工作开展。深化"放管服"改革,开通绿色通道,从手续报批、开工建设、项目投产等环节进行"一站式"服务,形成涵盖项目审批、建设、经营各个阶段和环节的服务机制,营造"亲""清"政商关系。建立常态化政企沟通平台,健全企业诉求收集、处理、反馈制度,统筹协调解决优化营商环境推进过程中重大问题。加强政务公开,方便客商及时准确获取招商信息,享受高效便捷政务服务。以法治政府示范创建为载体,提升依法行政和法治政府建设水平,规范招商项目推进、落地、生产等监管与服务,形成依法招商、运转规范、权责统一、协调有力招商新格局。

【党的建设】 组织全体党员干部利用周一学习例会深入学习贯彻习近平新时代中国特色社会主义思想和党的十九大精神,教育引导广大党员干部树立正确的政治观。排查党员干部信仰宗教和参与宗教活动情况,组织全体党员签订共产党员不信仰宗教和不参与宗教活动承诺书。守好意识形态工作"责任田",以党支部书记为第一责任人,对党员干部进行跟踪监督,做到及时发现思想苗头、及时制止不当言论、及时纠正违规行为"三个及时",真正把党员干部的思想和行动统一到县委、政府的决策部署上来。开展"双评双定"活动,强化正向激励、反向监督,倒逼党建责任落实。将"6+X"主题党日与"两学一做"学习教育常态化制度化相结合,组织开展党员干部轮流讲党课活动,通过集中授课、业务轮讲等方式,形成互通有无、教学相长工作局面。结合"干部素质提升年"活动,组织干部特别是年轻干部参训10次,提升干部素质能力。结合"干部作风转变年"活动,制定全面从严治党"三个清单",建立纪实台账,明确责任分工,细化落实措施。坚决执行中央八项规定精神,主动开展"回头看",巩固深化整改成效。坚决纠正"四风"问题,加大对典型案件传达学习力度,用身边人身边事强化警示教育,释放高压纠风强烈信号,持之以恒正风肃纪。

【脱贫攻坚】 定点帮扶小岔乡小岔村,全年累计帮扶资金48100元,其中帮助小岔村

135 名中老年妇女购买“爱妮保”13500 元，给予小岔村 12 户建档立卡贫困户万寿菊种苗补贴 9600 元，支持中庄村建档立卡贫困户李维仁房屋维修经费 15000 元，按规定为两名驻村干部购买意外保险，组织体检。安排驻村工作经费 10000 元，确保驻村工作队俯下身、沉下心、真扶贫。

（姬耀龙）

科技服务

【食用菌产业】 开展现代农业科技示范展示区创建工作并通过评审，“彭阳县闽宁现代循环农业科技示范园”被认定为全区首批 6 个、固原市唯一进入行列的展示区之一。基于“农业生态大循环”“3R”新理念，引进企业联合开展“利用食用菌废菌料及农作物秸秆生产有机肥和生物饲料”项目，建成生物饲料和生物有机肥生产线各一条，实现年产有机肥料（生物饲料）8000 吨。通过项目支撑扩建农民出菇智能阳光温室 500 平方米，吸收周边 30 户建档立卡贫困户开展菌菇生产，户均增收 1.5 万元以上。探索扶贫新模式，采取政府投资方式新建香菇试验棚 5 栋 320 平方米，开展香菇新品种生产试验示范。

【中药材产业】 确定北京恒润泰和健康科技有限公司、彭阳县壹珍药业有限公司、固原杏林药业有限公司 3 家龙头企业，通过建立高标准示范基地、签订订单购销合同，形成“企业+合作社+基地+农户”产业发展模式和利益共享、风险共担利益联合机制，缓解农户种植风险，让农民吃上“定心丸”。形成“三级组织协调抓产业开发、三个部门分工负责抓落实、三个龙头企业拉动产业发展、三级市场解决销售难题、三种模式推进规模化种植”“五个三”工作思路。全年建成百亩以上药材种植基地 51 个、育苗基地 4 个 2000 亩，引领全县发展大田种植 3.3 万亩（享受政府补贴 2.8 万亩，其中黄芪 0.7 万亩、红花 1.2 万亩、黄芩 0.15 万亩、党参 0.1 万亩、其他 0.55 万亩、育苗 0.1 万亩），全县 12 个乡镇 84 个村 1015 户农户种植 1.21 万亩（其中 694 户建档立卡贫困户种植 7028 亩），14 家企业种植 0.54 万亩，27 个村集体种植 0.84 万亩，中药材提供种植户户均收入 1.67 万元。按照“财政投入、合作社种植、林场（农户）管理收益、企业回收产品”模式，在“城阳—孟塬—冯庄”中药材产业带布局种植以秦艽、柴胡为主的林下药材 3 万亩，其中城阳 15011 亩，孟塬 5010 亩，冯庄 10152 亩。

【科技研发投入】 制订《彭阳县加大科技研发投入的实施方案》，征集企事业单位研发项目 20 个，全年 R&D 经费投入达 850 万元，较 2017 年增加 200 万元，完成自治区 30%以上、固原市 20%以上增长率的指标要求，撬动社会研发投入 3000 万元，科技研发投入强度及完成率为全市最高。

【科技创新】 通过聘请知识产权服务代理机构和举办培训班，推动成果转化应用。全年通过国家、区、市科技部门认定的国家级星创天地 1 家、区级科技小巨人企业 1

家、市科技型中小企业11家。全年企事业单位共计申报专利145件（其中发明专利19件）、授权88件（其中发明专利2件），有效发明专利拥有量4件，万人拥有量0.20件，专利申请授权增幅全市最高。

【科技扶贫和特派员创业】 对科技特派员实行动态管理，动态调整科技特派员55名，新增科技特派员23名，全县科技特派员实际在册人数为82名。围绕农业特色产业，基于科技厅选派的科技扶贫专家服务团、“三区”科技人才、县级科技特派员开展科技服务，促进县域特色产业提质增效，助力脱贫攻坚。年内共落实科技扶贫项目11个，争取资金129万元。

【科技培训】 深化与东部地区科研院校交流合作，引进食用菌、中药材方面候鸟式专家6名。强化农村实用技术人才和新型职业农民培训，激发内生发展活力，共举办科技下乡1次、全县中药材观摩学习1次，发放科技宣传单3000份、种养手册800本。举办食用菌、中药材实用技术培训班20场次，培训人数1532人次。举办新型职业农民（中药材产业脱贫带头人）培训1次50人10天，选派县内中药材企业及技术人员6人参加第二十五届中国杨凌农业高新科技成果博览会。

【招商引资】 引进固原博泰农业科技有限公司在闽宁现代农业科技示范园投资500万元，建成利用食用菌废菌料和农作物秸秆生产有机肥和生物饲料生产线各一条，实现年产有机肥料（生物饲料）8000吨。全年共组织县内科技型企业申报科技支撑、科技金融专项、“四个一”试验示范项目31个，落实资金208.5万元。

（虎德钰）

自 然 资 源

国土资源管理

【土地资源管理】　将自治区下达的92.25万亩基本农田保护任务，落实到地块（超额完成划定任务500亩，共落实保护面积92.30万亩），完成责任书签订、标志牌设立、表册及图库建设。全县共划定基本农田保护片块3244个，落实基本农田责任保护图斑9568个。年内共上报自治区政府批复建设用地85.4375公顷，涉及夏山庄经北洼至王洼南街公路、李渠水库、王洼煤矸石加工、闽宁彭阳大数据灾备中心、古城镇第二小学等20个项目，共预审项目用地180宗。共审核备案设施养殖用地36宗187.43亩、批复临时用地6宗56.811亩。现供应土地32.2532公顷，其中划拨土地23.5795公顷，涉及彭阳一中改扩建、沟口35千伏变电站、悦龙山新区绿化工程等11宗项目用地；出让土地8.6737公顷，涉及商服、工业、批发零售等9宗项目用地，成交价款11352.42万元，已收缴5756.82万元。编制完成《彭阳县第三次国土调查实施方案》，成立第三次国土调查领导小组，明确各乡镇及相关部门职责，确定宁夏云图勘测规划有限公司为第三次国土调查作业单位。试点村（古城镇甘海子村）土地利用遥感影像解译已完成100%，孟塬乡、冯庄乡、草庙乡、罗洼乡、红河镇、新集乡6个乡镇交通路网影像解译和线状地物转绘已完成80%。投资3000万元，在草庙乡丑畔村、王岔村、牛湾村实施高标准基本农田建设项目，建设总规模1119.27公顷（折16789亩），项目区受益人共639户2647人（其中建档立卡户119户426人）。年底，已完成工程施工任务的80%。投资1600万元，在古城镇甘海、罗山村实施高标准基本农田建设项目，建设总规模523.64公顷（折7854.6亩）。年内整合财政涉农资金300万元，在红河、城阳、孟塬、新集4个乡镇实施增减挂钩项目，复垦土地82.0175公顷。全年累计收到自治区政府建设用地批复6个批次，涉及沟口35千伏输变电站、李渠水库、夏山庄经北洼至王洼南街公路、古城变电站、王洼煤矸石等6个项目，征收土地面积48.6456公顷，除沟口35千伏输变电项目完成征收外，其余项目处于征收阶段。完成棚户区改造项目经二路住宅片区16户、小河口片区12户征迁任务，全年累计处理经一路、悦龙湾、雷河滩等项目遗留问题64户。

【矿产资源管理】　完成全县29件矿山企业统计年报工作和28家矿山企业信息公示工作，挂牌出让砖瓦用黏土矿1家。加大安全生产及环境保护工作力度，先后召开会议4次，专题研究部署非煤矿山大气扬尘污染集中整治和安全生产工作，开展专项检查2次。对重大节日期间非煤矿山安全生产进行督查检查，集中检查2次，检查企业35家，下发责令停产整顿通知书5份，杜绝安全生产事故发生。

【测绘管理】 “数字彭阳”地理空间框架建设项目，完成基础地理信息数据库建设，政务版电子地图绘制等工作。开展测量标志普查维护工作，已完成全县33个测量标志逐点普查，根据普查结果，对仍具有使用效能重点保护的测量标志进行维护。开展对彭阳县规划设计室和彭阳县红鹰测绘有限责任公司2家测绘资质单位巡查工作。

【地质灾害防治】 开展汛前地质灾害隐患排查工作，制定下发全县地质灾害隐患排查通知，对全县27处地质灾害险点进行排查，以购买公益性岗位形式安排建档立卡户27人为险点监测员，并购买配齐地质灾害防治物资。配合自治区国土资源管理厅对2008年全县普查的地质灾害数据库602个地质灾害险点进行全面核查，截至年底已完成602个险点核查工作。

【不动产登记】 推动解决分散登记不动产遗留问题，办理不动产权证书527份、不动产登记证明1054份，注销登记133件，查封登记13件，查询3268件次，日均办件量18件，较上年同期呈上升态势。农村宅基地“房地一体”确权登记工作已在古城、新集、城阳、白阳等10个乡镇完成外业勘查42850户，占总户数的85%，内业整理数据38625户，具备发证条件38002户，登簿量为15580户，占2018年任务的41%。确定宁夏坤博测绘地理信息技术有限公司进行河湖水域岸线划界确权登记工作，全年已完成红、茹河、安家川河3条主河流5条支沟7座中型水库总长度214.55千米进行外业调查，已完成160千米。将辖区内湿地资源预划分为38个湿地单元，面积1819.59公顷，结合空间规划林地落界做好湿地落界工作。开展不动产登记窗口作风问题专项整治活动，组织不动产登记人员集体学习，提高自身业务水平，强化服务意识。推进“一窗受理、集成服务”改革，提升群众满意度。

【执法监察】 制订动态巡查方案，建立翔实动态巡查台账制度，全年共进行执法动态巡查76次，配合相关部门联合执法14次，配合中央第二环保督察组办理涉地案件2件。下发停工通知9份，抄告单8份；立案查处9件，其中土地违法案件4件，矿产违法案件5件，累计收缴罚款387337.34元，已移送公安4件。做好“七五”普法法律宣传工作，利用“4·22”世界地球日、“6·25”全国土地日，开展国土资源法律法规宣传。共办理“12336”群众反映问题3件、信访件18件；信访系统转办自办5件、领导信箱及门户网站5件、自治区第一巡视组及中央第八巡视组移交8件。

【自身建设】 深入学习贯彻党的十九大和习近平新时代中国特色社会主义思想及自治区第十二次党代会、市委四届三次全会、县委八届二次全会精神，教育引导党员干部树立“四个意识”、坚定“四个自信”，严守政治纪律和政治规矩，坚决维护党中央权威和集中统一领导，坚决贯彻落实区、市、县党委的各项决策部署。以党的政治建设为统领，突出问题导向，落实党建责任，抓紧“干部素质提升年”“干部作风转变年”“农民培训教育年”三项活动，开展“6+X”主题党日活动，推进基层党的建设。认真履行党组主体责任，把政治纪律、政治规矩和组织纪律挺在前面，建立健全党风廉政建设制度体系，严格落实中央八项规定精神，查处国土资源涉农扶贫领域资金方面腐败问题，以良好政风带动机关作风持续好转，推动党建和党风廉政建设工作，为脱贫富民攻坚战略提供坚强组织保证。

（张　杰）

石油开发服务

【运行管理】　修订完善《彭阳县石油开发工作流程》，规范企业勘探开发行为，健全钻采企业信用档案，对信用度差，恶意逃避缴纳税费、遗留问题多的企业限制准入，督促开发企业办理林评、环评和临时用地等相关手续。加大对参与石油开发企业在安全生产、粉尘扬尘治理、废旧油污泥浆处理、农民工工资支付、规范文明施工、税费缴纳等方面监管力度，全年共引进钻采企业3家、试油队2家、泥浆池治理队2家，下发开工通知单6份，新开井场5个、扩井场1个，新打油井8眼，试油8眼，治理泥浆池8个。共梳理第九采油厂历年遗留问题12个，对采油九厂2010—2015年在县境内开采石油未办理林评手续问题，配合林业部门协调沟通，依法追缴罚款260万元，协调收回彭润公司历年欠款180万元，督促滞留多年试油队搬迁，兑付群众补偿款24万元。

【地企发展】　配合开发企业，探索合作新路径，多次赴中石油长庆油田分公司第十一采油厂，争取投资和帮扶，全年共争取新井场坐标17个，经林业、国土等部门现场勘查6个井场符合开发条件，全年生产原油11万吨。争取油田公司对全县各项社会事业支持力度，递交项目资金申请函5个，争取道路维修资金500万元。完成冯庄生态修复点1个，投入资金20万元，造林40亩。开展帮困活动，动员开采企业吸收当地贫困群众到企业打工，参与钻井供水、道路维修、井场建设等，加快油区群众脱贫致富步伐，促进县域经济发展。

【服务脱贫】　多次召开会议专门研究单位帮扶贫困村和干部职工帮扶贫困户事宜，选派1名工作能力强、积极性高的年轻干部担任驻村第一书记，驻村开展帮扶工作。帮助草庙乡赵洼村理清发展思路，增强贫困户脱贫致富信心，利用自身优势，为困难群众提供劳务、技能培训、搜集就业信息，拓宽脱贫致富渠道和门路。全年为赵洼村捐赠会议桌一套、文化建设帮扶2万元、种植万寿菊产业帮扶5万元；给新集乡张湾村文化建设帮扶1万元。坚持干部每周入贫困户家中1次，准确掌握和熟悉贫困户家庭基本情况，对人口、土地、房屋、饮水、劳力、收入、健康状况、子女就学、精神面貌、致贫原因、帮扶措施、预计成效等“一口清”，引导帮扶贫困户增强自我发展能力。

【自身建设】 结合开展“干部素质提升年”“干部作风转变年”等活动，组织干部职工学习相关文件精神，参加各种专题培训班和知识讲座，讨论修订各项管理制度，加强干部管理。强化政治理论学习、法律学习、会议精神学习，组织开展讨论交流，撰写学习心得和调研文章，深化学习效果，达到入脑入心，从思想上筑牢拒腐防线。全年共完成学习心得10篇、理论文章8篇，每个干部职工完成学习笔记和心得1万字，编写《石油中心干部职工应知应会手册》，每月组织学习讨论交流1次。组织干部职工参加专题党课辅导和专题讲座，增强廉洁自律意识。注重培养干部职工服务意识、协调方法和雷厉风行的工作作风，切实转变工作作风，提高办事效率。

（李文勇）

林业和生态经济

【概　况】 全年共完成人工造林10.1168万亩，未成林地补植补造9.3732万亩，干部义务植树20万株。乡镇生态提升工程完成道路绿化143千米，居民点绿化5个，村部、学校、文化大院等绿化13个。全县森林覆盖率达27.5%。

【生态提升】 整合三北工程、天保工程、中央财政造林补助项目及区财政造林补助等项目资金，投资9059.95万元，实施六盘山重点生态功能区降雨量400毫米以上区域造林绿化工程，以北部乡镇为造林主战场，完成营造林19.75万亩(其中人工造林10万亩，未成林地补植补造8.75万亩)，建成王洼尚台等3000亩以上集中连片造林绿化示范点5个。投资790万元，完成G309国道彭阳段王洼—草庙片区生态提升改造工程，营造林7400亩，其中宜林地、其他无立木林地新造林1168亩，未成林造林地补植补造和退化林分改造6232亩。

【“四个一”工程】 树立“绿色+”理念，坚持生态效益与经济效益并重，发展特色景观苗木和经济林。通过企业化运作，实施“四个一”引种试验示范园建设，南部在红河镇红河村、常沟村、宽坪村，中部在白阳镇阳洼村、罗堡村、古城镇古城村，北部在冯庄乡上湾村、崖湾村、小园子村，王洼镇王洼村，建成“四个一”引种试验示范园7个2678亩，其中建成以M9脱毒自根砧烟富3号苹果、早酥梨、仙桃等为主的“一棵树”试验示范园758亩；建成以文冠果与格桑花套种、红梅杏与格桑花套种的“一枝花”试验示范园1000亩；建成以观赏树种为主的示范园120亩，引进美国红枫、北美海棠、金叶刺槐、七叶树、北京栾树、美国红栌、大果山楂、银芽柳、银白槭、日本丽桃、金叶白蜡等11个树种30个品种；建成花椒引种示范园800亩，引进大红袍系列花椒品种棉椒、刺椒2个品种各400亩。

【林业产业培育】 整合2015—2017年森林生态效益补偿资金2788.2万元，在10个乡镇新建庭院型红梅杏经济林26363.3亩，涉及全县10个乡镇7124户(其中建档立卡贫困户2426户)，栽植优质红梅杏228万株。发展林下中药材种植，重点在草庙乡、孟塬乡、王洼镇、小岔乡等发展以黄芪、银柴胡、板蓝根等为主的中药材种植 0.5 万亩。在退耕还林区林地内投放月子鸡、朝那鸡、珍珠鸡等鸡苗 50 万只，林区生态鸡养殖点达 100 个。利用山桃、杏树、刺槐等蜜源植物，在孟塬乡、草庙乡、王洼镇、城阳乡、新集乡等 5 个乡镇发展中华蜂养殖 6000 箱。

【森林资源管理】 坚持依法治林，严格林木林地资源管理。与乡镇、国有林场签订保护发展森林资源目标责任书，加强林地用途管制、林木采伐审核审批管理，打击滥采、乱挖、乱砍、滥伐、乱占林地现象和乱捕滥猎野生动物违法犯罪活动。加强对生态移民迁出区林木资源管理，对砍伐、偷挖、倒卖移民迁出区树木行为进行严厉打击。加强生态文明宣传教育，召开禁牧封育工作推进会，对偷牧现象严厉查处，巩固禁牧封育成果。开展防火演练，落实防火责任，抓好宣传教育、隐患排查、物资储备和应急队伍建设，加强重点时段、重点林区、重点人群监管，最大限度降低森林火灾危害。年内共立林业行政案件 25 起，其中野外用火 3 起，擅自改变林地用途 21 起，滥伐林木 1 起，处理各类违法人员 31 人，收缴罚款 268050.6 元。在禁牧区发现偷牧行为为 182 起，羊只 1747 只，其中批评教育 35 人，处理偷牧人员 147 人，收缴罚款 13735 元。加强对林业有害生物疫源疫病预防和管控，实施林业有害生物监测面积 368.36 万亩；苗木产地检疫 2.77 万亩 14807.07 万株，产地检疫率达 100%；调运检疫苗木 1334.0339 万株，接穗 0.05 万根，种子 2650 公斤，树干 1910 根；复检苗木 256.43 万株，木材及涉木制品、电缆盘 323.53 立方米；查处违规调运苗木 4 批 28.02 万株，查获伪造植物检疫证 2 张，退回调入不合格苗木 8 批 0.2289 万株，罚款 0.38 万元；实施鼢鼠防治面积 36.23 万亩，杨树天牛打孔注药防治 5.3 万株。

【林业改革】 开展集体林地所有权、承包权、经营权“三权分置”改革试点，把林地经营权从承包经营权中分离出来，让经营权进入市场，流转顺畅，形成集体林地集体所有、家庭承包、多元经营的格局，盘活集体森林资源，实现国土增绿、林业增效、农民增收目标。制订《彭阳县集体林地“三权分置”改革试点工作方案》、集体林地经营权流转证，印发宣传资料 20000 份，组织开展业务培训，全面启动改革试点工作。全年受理集体林地流转申请表 124 份，集体林地经营权流转证申请审批表 8 份，签订集体林地经营权流转合同 130 份，收集整理集体林地经营权流转相关资料 100 份，已发放集体林地经营权流转证 2 本，流转集体林地 1200 亩。开展集体林权制度改革“回头看”，对林权主体改革中出现的林改面积大户、分配不公等群众反映的强烈热点问题排查整改，确保林权证发放率达 100%，对移民迁出农户发放的林权证回收注销，确保国有林地不流失。实施国有林场基础设施及附属设施建设工程，巩固国有林场改革成效，完成 3 个国有林场森林经营方案编制及报批，国有林场改革顺利通过自治区验收。推进湿地产权确权登记登簿工作，完成 2.73 万亩湿地产权确权任务。

【生态扶贫】 将贫困户组织成林业工程建设的“先锋队”，以山川增绿促增收，造林优先使用贫困户劳力和苗木，就近吸纳贫困户组建造林工程队，高标准实施六盘山重点生态功能区降雨量400毫米以上区域造林绿化工程。将贫困户培育成林业产业发展的“带头人”，以产业增效促增收。注重念好“山水经”、种好“摇钱树”、打好“生态牌”，引种驯化“一棵树、一株苗、一枝花、一棵草”，建立以林下养鸡、中药材种植、生态养蜂为主的“林蜂药”特色产业增效模式，引导群众发展苗木、林果和林下经济产业，为农民培育增收“绿色银行”。将贫困户打造成林业资源管护的“主力军”，以管护增岗促增收。通过政府购买非全日制公益性岗位，选聘930名建档立卡贫困群众担任生态护林员，年人均工资1万元。利用天然林保护工程二期森林资源管护项目资金，聘用天保护林员322名，年人均工资1万元。将贫困户培养成林木鼠害防治的“专业队”，以资源增量促增收。以村或乡镇为单位组建贫困户（建档立卡贫困户优先）为主的防鼠队，由乡镇和村统一管理，就近组织防治，实现保护生态环境与增加贫困户收入“双赢”。将贫困户转变成生态旅游景区的“上班族”，以生态增景促增收。注重打好“生态牌”，突出“山花节”“梯田节”品牌，探索“生态+旅游+扶贫”模式，打造以生态游、花海游、田园风光游和观光农业游为主的全域旅游，把贫困户嵌入生态旅游产业链中，引导扶持贫困户创办领办农家乐、乡村旅馆，开发根雕、山桃核工艺品等旅游产品，优先安排贫困户在旅游景区设摊摆点出售“红梅杏”“黄花菜”“土蜂蜜”等特色农产品，鼓励农家乐、旅游服务企业吸纳贫困群众就业，增强贫困群众自我发展能力，实现生态增景、农民增收目的。

【林业宣传】 围绕林业重点工程建设，加大林业宣传力度，弘扬生态文明建设地位，以开展学习党的十九大精神为主线，以生态文明建设为抓手，找准林业宣传定位和切入点，发挥生态文化在林业发展中的引领、推动作用。年内在中央媒体、报纸、刊物、网络等媒体上宣传报道林业生态建设12次，在自治区级媒体、报纸、刊物、网络等媒体上宣传报道86次，编发林业信息60期。自治区林业厅以彭阳生态建设为场景制作微电影《留住青山守住家》真实记录和反映三北工程建设40年不凡历程，获国家林业和草原局三北局、新华网、国家林业和草原局宣传办公室共同主办的“三北工程40年——崛起的绿色长城——生态文化网络作品”视觉冲击力奖；“砥砺奋进60年——全国主流媒体宁夏行”对彭阳林业生态建设进行深入采访报道。

（安海军）

王洼煤业

【生产经营指标】 全年煤炭产量742万吨，完成年计划730万吨的102%，较上年同期增加22万吨。掘进进尺18206米，完成年计划18200米的100%。原煤入洗578万吨，完成年计划入洗量550万吨的105%，较上年同期增加52万吨；累计洗选精煤515万吨，较上年同期增加80万吨，商品煤综合发热量平均提升85大卡。商品煤销售741万吨,完成计划销量670万吨的110%。

【煤炭销售】 全年签订煤炭销售合同163家469份,其中重点用户年度合同29家(电煤合同25家、水泥企业4家),重点用户销量占比达75%以上。销售合同均严格履行公司ERP审核会签流程,确保合规运行。优化市场布局,做好重点直供用户营销工作,开发和维护战略合作关系,煤炭铁路发运量再创历史新高,6月15日单日实现9列;川渝市场发运量达108.16万吨,提前实现单一销售区域销量突破百万吨。坚持授信额度管控,月总授信额度实际控制在16000万元,降低企业运营风险。全年外部市场应收账款回收率达99%以上。

【安全生产管理】 年内发生王洼煤矿"7·22"和王洼二矿"9·11"人身伤亡事故,给企业发展带来严重影响。管理中吸取事故教训,深刻反思在执行"三规两必""十条禁令"、职工自保、互保等措施上漏洞,全员查违章、反"三违"、辨风险、排隐患,提升安全能力自身建设水平。通过完善规章制度、成立督查机构,采取领导包保班组,实行走动式管理等措施,扭转安全生产被动局面。升级改造三对矿井安全监测监控系统,实现应急联动、数据联网,应急广播与调度通讯系统实现互联互通,王洼煤矿两个采区信息系统融合,实现可视管理和自动监测,提升矿井安全生产及抢险救灾应急指挥能力。全年查处"三违""十条禁令"等不安全行为158起,考核金额14.755万元,查出安全隐患问题1835条,整改完成1823条,整改率达99.3%,曝光亮相图片1247张,20万工时损工率399.2。

【环保风险管控】 完成《危险废物管理台账》,做到账、卡、物三相符。建成王洼煤矿矿井水处理厂和生活污水处理厂,取得排污许可证,水质达标排放。银洞沟煤矿、王洼二矿供暖改造系统建成,关停10蒸吨以下小锅炉6台,消除排放污染源。建成王洼二矿矸石场,矸石填埋及时,降低环保压力。银洞沟煤矿矿井水外排、王洼煤业生产过程中扬尘污染等问题通过中央环保督查组"回头看"检查。全年填埋处置矸石30万吨,委托处置14万吨,合法依规处置危废74.6吨,未发生环境污染事件。

【项目建设】 在产能置换方面,通过查询,与多家煤炭企业洽谈、公开竞拍,8月下旬完成90万吨产能指标交易协议,为王洼煤矿600万吨/年改扩建项目联合试运转创造条件。王洼二矿供热系统及银洞沟煤矿供热系统改造项目主系统建成投运,供暖正常,运行稳定。王洼二矿矿井水及生活水处理站、银洞沟煤矿矿井水处理站项目于12月20日通过集团公司验收。完成综合矸石场(王洼煤矿、王洼二矿、王洼洗煤厂)矸石排放场冲沟涵管、矸石排放场道路及排洪沟改造工程。

【生产管理】 公司领导参加各矿调度会,协调解决生产过程中难题及困难,印发《领导下井带班管理制度》,加强领导带班责任,夯实现场管理。成立王洼煤矿110503工作面生产抢险保卫战工作领导小组，及时处理工作面发火、CO 超限、顶板出水、上下口压力显现等困难。成立银洞沟煤矿掘进队，王洼煤矿 11 采区行人下山贯通，600 万吨生产系统形成；完善二采区系统，王洼二矿 21 采区排水系统建成投运。

【队伍建设】 修订完善《宁夏王洼煤业公司工伤管理办法》《宁夏王洼煤业公司干部管理办法》《宁夏王洼煤业公司薪酬管理办法》等 12 项管理制度，完成干部人事档案 142 份及全公司 EHR 信息系统基础数据录入，配合集团公司完成处级领导班子人事档案整理，基本实现数据、报表自动化提取。全年解除劳动合同 52 人，劳动合同备案登记 468 人次。完善考核分配机制，形成“效益增薪酬增，效益降薪酬降”分配机制，对主业岗位和辅业岗位人员实行差异化薪酬分配机制。健全公司本部及二级公司负责人、本部管理科室工作人员绩效考核体系，将“德能勤绩廉”纳入日常考核，作为年度考评参考指标。加强人才储备，公开竞聘 3 名副总工程师，将 24 名实习技术员转正，民主选拔骨干员工 558 名，激励职工生产热情。通过岗位竞聘，为基层生产单位选拔一批实习技术员，“三支人才”队伍建设体系日臻成型。

【救护战备】 加强战备主动预防，对各矿（厂）进行预防性检查 216 次，出动 1944 人次；参与各矿井下排放瓦斯 13 次、启封密闭 5 次；参与王洼煤矿 110503 工作面生产抢险保卫战出动 480 人次，出动消防车 120 台次，运输水源 1560 立方米。参加银洞沟煤矿火灾应急救援演练，保障全年节假日和重大活动期间地面消防战备、井下预防性检查、24 小时值班战备。全年夜间对值班小队进行紧急拉动考核 30 次，加强对氧气呼吸器熟练操作、挂风障、建造木板密闭墙、构筑砖密闭墙、万米负重耐力、综合体能、高温浓烟、创伤急救包扎等训练。全年累计消耗氢氧化钙 1000 斤，使用氧气 192 升、木材 15 方、沙子 5 方。

【技术创新】 软岩巷道治理成效显著，在银洞沟煤矿 11 采区轨道下山、11 采区行人下山及+1200 米水泵房软岩巷道，采用中空注浆锚杆、锚索联合支护方式作为试点，减少巷道返修频次，降低生产成本，满足矿井正常运输、通风及行人要求，保证矿井安全生产。推广新技术、新工艺、新装备，升级各矿矿井综合防尘系统及气动风门装置，创造更好作业环境。安设气动风门装置，王洼二矿试用气动道岔、巷道修复机等，减少人工操作，提高矿井安全系数。《银洞沟煤矿锚注一体化工艺研究与应用》项目荣获成果二等奖；《风化剥蚀条件特厚煤层提高煤炭回收率开采实践》《王洼选煤厂生产系统的优化升级与推广应用》项目荣获推广一等奖；《新型材料在王洼矿区工作面回收通道施工中的推广应用》项目荣获推广二等奖。

【党的建设】 提高政治站位，完善组织建设，完成各矿党总支委员增补及工会、团委换届选举工作。推进“两学一做”学习教育常态化制度化，“两带两创” 主题实践活动成效显著。党员学习培训达到分层次、全覆盖，改版《煤之声》，规范广播站工作标准，首次将党建宣传延伸至井下生产一线。全年发展党员 25 人，培养入党积极分子 50 人。建立党群工作例会制度，编发党群工作月报。“不忘初心、牢记使命”主题朗诵比赛荣获集团公司一等奖、西北片区一等奖和中铝集团二等奖。标准党支部建设创建率达 92%。

【党风廉政建设】 制定党风廉政建设责任书，建立“三清单一台账”，严格落实中央八项规定精神，清理超标准接待等“四风”问题。完成廉洁风险防控体系建设，梳理完善各级管理制度，推进“四种形态”常态化，纪检监察人员“接地气”20 次，强化日常监督检查，发现问题 30 个，提出整改建议 30 条。加强规章制度及经济合同法律审核，推进诉讼案件去存量工作，全年办理诉讼案件 11 起，办结 7 起，办结率达 64%。组织开展党员干部警示教育大会 4 次，传达学习各类违纪违规典型案例，观看自治区《贪欲之祸》警示教育片，提高党员干部规矩意识。警示教育宣传月期间，开展“新时代、新作风、新气象”反腐倡廉警示教育演讲比赛，征集廉洁格言警句 68 条，组织 65 名党员干部在六盘山开展“提高政治站位、重温入党誓词、传承红色基因”红色教育，强化党员干部责任意识和使命意识。

【精神文明建设】 对照《中铝宁夏能源集团标准化建设手册》C 篇标准，改善职工工作环境。发挥民主监督作用，召开第九届工会会员代表大会和共青团宁夏王洼煤业有限公司第五次代表大会。发扬为职工办好事、做实事传统，组织职工体检，对考取大学的职工子女给予奖励，开展“冬送温暖”“夏送清凉”活动，为困难职工捐款。开展形式多样的文体活动和主题教育活动，丰富职工精神文化生活，与职工共享企业发展成果。承担社会责任，扶贫助困，向县慈善总会捐款 2 万元，为固原市原州区精准扶贫村捐赠冬季取暖煤 20 吨，对固原市西吉、隆德两县优惠供热煤 12.2 万吨。全年共编发《煤之声》7 期，上传信息报道 120 篇，被各级各类媒体转载录用 100 篇次。

（邵昭才）

电力供应

【安全生产】 全年安全生产天数完成 346 天，累计安全生产 7330 天，未发生七级及以上人身、电网、信息安全事件和火灾、交通事故，发生八级事件 19 起，总体安全生产形势平稳。开展全面、全员、全过程、全方位安全大检查和缺陷隐患整治工作，公司共稽查工作现场 207 处，发现严重违章 7 处、一般违章 36 处，发布安全稽查通报十期，共处理违章 42 处，违章现象减少，配网工程建设安全可控在控。全年各专业共发现安全生产问题 246 处（危急缺陷 11 处，严重缺陷 26 处，一般缺陷 209 处，已处理 246 处，缺陷消除率达 100%）。各类安全隐患 68 处（一般隐患 26 处，安全事件隐患 42 处，已处理 66 处，隐患整改率达 97.1%）。

【电网建设与运维】 全年共计完成农网建设资金 7444.043 万元，高标准完成 2019 年 3 类 28 项项目贮备。完成新建和改造 10

千伏线路45.72千米、改造低压线路368.68千米、接进户线线路268.61千米、新建和更换配电变压器55台、县城茹河街电缆入地工程、古城和红河小城镇电网建设及彭阳公司大楼双电源改造项目等施工任务。开展图数治理整台区推进，理清线变关系，健全设备台账，确保图实相符、账物相符。开展集中检修作业，提高配网抵御风险能力。加大运检人员安全意识和业务技能教育培训，保障运维工作质量。开展农网迎峰度夏、防洪防汛、重要客户保电、险情排查抢修等应急演练，提升应急处置能力。

【营销管理】 年内累计完成售电量2.32亿千瓦时，累计综合线损率为5.51%，同比下降0.45%，有损线损率为10.29%，同比升高0.60%。加大采集改造，共更换老旧表计3772块、终端478块，采集成功率稳定在99.9%以上。加强高负损台区治理，共治理高负损台区40台，台区线损合理率由年初94.09%提升到96.88%，升高2.79个百分点。组织开展“互联网+营销业务”，线上缴费率保持在75%以上，为4478户用户通过掌上电力办理新装业务，线上办电率达100%。在营业厅实行综合柜员制，所有业务实行一证式受理，对部分居民用户利用办电终端（平板电脑）现场办理，简化中间检查、设计图纸审核环节，引导客户通过电e宝开展网上办电业务，全年共通过“互联网+”、营销服务平台受理办电业务67002户，缴费310221次，线上办电率达100%。

【自身建设】 按照“学懂弄通做实”要求，制订年度、月度党员理论学习计划，重点组织党员干部学习习近平系列讲话及上级重要文件精神、《党章》《准则》和《条例》。年内共组织党员集中学习16次，开展主题党日活动11次、党课专题教育4次、廉政警示教育8次。通过集中学习、个人自学和专题讨论相结合，党员干部理论素质普遍提升。细化分解党风廉政建设4项53条，明确党支部、班子成员、党员及5个部门负责人、26个所委会成员履责要点及措施，确保党风廉政建设任务落实。

【综合管理】 以依法治企为主线，以同业对标为抓手，提升企业管理水平。抓领导班子关键少数的同时抓住关键岗位这个多数，带头干工作、抓指标、严作风，铸造一支高效廉洁团队，形成风清气正工作氛围。以星级创建为主线，以同业对标、四项劳动竞赛为抓手，提升全员综合素质。优化供电所机构设置，打造“全能型”供电所。草庙、新集供电所争创宁夏电力公司四星级乡镇供电所，已命名的白阳供电所顺利通过四星级复验。召开科技创新座谈会，激励广大职工发掘创新点，年内共发布4项QC成果，2个专利进行申请。

（谷慧敏）

农业与农村经济

扶贫开发

【两不愁三保障】 通过实施产业扶贫、金融扶贫、光伏扶贫等形式，形成打赢脱贫攻坚战可持续增收的稳定产业。全年实现地区生产总值55.32亿元，增长5%；城镇居民人均可支配收入25166.05元，增长7.8%；农村居民人均可支配收入9862.50元，增长12.2%，确保贫困群众不愁吃、不愁穿。全县义务教育阶段小学按时入学率达100%；初中按时入学率达97.8%，辍学率为0；全年建档立卡贫困户城乡居民基本医疗保险参保率达100%，健康扶贫政策惠及全县所有农户，实现基本医疗有保障。采取维修加固、群众自建、政府代建、购房安置、租赁补贴、周转房安置、易地搬迁、政府帮建、有偿拆除等“九个一批”措施，完成危窑危房改造，实现所有农户安全住房有保障。

【精准识别精准退出】 按照“户申请、两评议、一比对、两公示、一公告”识别程序和“一达标”“两不愁、三保障”“六个不退出”等建档立卡贫困人口退出指标，下足“绣花”功夫，提高识别、退出精准度。制订《彭阳县脱贫攻坚“十项清零行动”实施方案》《彭阳县开展脱贫退出自查自评自验工作方案》，组成12个自查自评自验工作组，对标目标任务和时间节点，狠抓精准识别这一关键性工作，对全县所有农业户籍人口开展滚动式地毯式摸底排查，特别对贫困户收入来源不稳定、收入水平低、抵御风险能力较弱、易返贫户和“边缘户”制订具体工作方案，逐项建立台账，逐项清零，做到不漏一户、不落一人，坚决杜绝漏评错退。建立“扶贫云一点通”平台，将全县所有建档立卡贫困人口全部纳入“扶贫云”数据管理平台进行动态管理，确保建档立卡数据精准、管理精准。

【驻村结对帮扶】 落实“四级包抓”责任制，实行县级领导干部联系乡镇包抓重点贫困村脱贫销号责任制，组织和动员全县所有包抓领导、帮扶部门、乡村干部、第一书记、驻村工作队和贫困群众“六支力量”投入一线战场，常驻乡镇村组蹲点办公，作战督战，落实落细专项、行业、社会扶贫责任。四大机关主要领导、分管领导和县委常委联系包抓12个重点贫困村，12名厅级干部点对点包抓12个乡镇，92名处级干部包抓122个贫困村，97个帮扶单位结对帮扶156个行政村，3782个帮扶责任人包户帮扶，实现所有贫困户帮扶全覆盖。建立第一书记监管机制，实行派出单位严格落实项目、资金、责任捆绑要求，对作用发挥不明显的4名第一书记及时召回调整。结合开展软弱涣散基层党组织整顿，调整撤换村“两委”班子负责人29名，形成领导带头、层层跟进、合力攻坚良好局面。

【汇聚帮扶合力】 统筹抓好定点帮扶、对口帮扶、结对帮扶、社会帮扶，深化闽宁对口协作，争取国家部委和区、市有关厅、局帮扶支持，广泛动员社会力量参与助力脱贫攻坚，帮扶工作成效明显。落实“银川会议”精神，对接签订《思明区—彭阳县对口协助协议书》，争取帮扶资金2254万元，引进落实11个工程项目，建设闽宁彭阳信息扶贫产业园，打造3个闽宁协作示范基地和8个扶贫车间；开展“携手奔小康”行动，召开思明区—彭阳县对口扶贫协作座谈会，思明区10个街道办与彭阳县12个乡镇签订结对帮扶协议，与厦门市人社局签订培训转移就业协议，达成就业意向500人，定向输送贫困劳务人员121名，年人均收入2.8万元以上，助推脱贫攻坚进程和县域经济社会发展。宋庆龄基金会开展定点帮扶工作，累计投入扶持资金3588.02万元，捐赠“县乡村一体化医疗卫生信息系统”“远程专家门诊系统”智慧医疗系统，资助贫困家庭大学生100名等。区、市、县三级帮扶单位共投入帮扶资金3566万元（区直部门609万元、市直部门308万元、县直部门2250万元），动员社会组织投入帮扶资金400万元。

【激发内生动力】 坚持围绕脱贫抓党建、抓好党建促脱贫，以组织优势集聚脱贫胜势，为脱贫攻坚提供坚强组织保障。抓党建促脱贫攻坚“四个一”经验在全国深度贫困地区抓党建促脱贫攻坚工作经验交流会上作交流，并被《人民日报》报道推广。开展“三大三强”行动，深化“两个带头人”工程，培育党组织带头人782名、致富带头人1602名（A类129名、B类329名、C类1144名），突出融合转化，先后有332名致富带头人进入村“两委”班子，其中担任村党支部书记101名，打造一支不走的扶贫工作队伍，形成“群众跟着带头人走、带头人跟着产业走、产业跟着市场走”的发展格局。开展“拥护核心感党恩，同心携手奔小康”主题教育和“农民教育培训年”活动，156个行政村全部建立新时代农民讲习所，开展“六讲六干”，共举办讲堂965场次，培训群众4.3万人次，讲好党的政策，教会农民致富，引导农民感党恩、听党话、跟党走。加强乡风文明建设，开展“移风易俗树乡风强民风”活动，全县156个行政村和4个社区实现“一约四会”全覆盖，革除高额彩礼大操大办等陈规陋习的氛围初步形成，农村节俭办红白事新风正气悄然兴起，被评为全区移风易俗工作先进县，并在2018年全区精神文明建设工作表彰大会上做经验交流。坚持扶贫与扶志、扶智相结合，建立健全生产奖补、劳务补助、以工代赈等正向激励机制，表彰宣传“脱贫光荣户”“优秀致富带头人”等先进典型，对受表彰的移风易俗示范户和脱贫致富光荣户颁发证书，并倾斜安排支农惠农政策项目资金用于发展再生产，扭转贫困群众“等靠要”思想，激发贫困群众内生动力。

【涉农资金监管】 统筹抓好财政涉农扶贫资金整合、使用、监管三大关键环节，建立资金清单和项目清单，严格按照资金跟着项目走、项目跟着规划走、规划跟着脱贫目标走、目标跟着脱贫对象走的资金管理模式，确保资金围绕脱贫攻坚项目精准使用。落实“三公开”制度，健全完善三级审核、三级备案和一个平台监管的“331”监管机制，开展查处扶贫领域腐败问题专项行动，确保扶贫资金安全规范高效运行。全年共整合财政涉农资金 82342.84 万元(其中财政专项扶贫资金 32032 万元)，涉及 110 个项目(产业培育项目 34 个 17406.16 万元、基础设施建设项目 68 个 51789.28 万元、其他项目 34 个 13147.40 万元)，完成支付 79864.65 万元，支付率达 96.99%。专项扶贫资金 32032 万元(其中财政专项扶贫资金支付 31566.53 万元，支付率达 98.52%)。建立脱贫攻坚三年行动项目库，全年项目库共申报项目 5775 个 11.75 亿元(其中基础设施建设项目 939 个 7.45 亿元、产业扶贫项目 3893 个 3.30 亿元、金融扶贫项目 503 个 0.92 亿元、教育扶贫项目 440 个 0.08 亿元)；2019—2020 年脱贫攻坚项目规划投资 287278.54 万元，涉及四大类 9432 个项目(其中基础设施建设项目 621 个、产业培育项目 6575 个、金融扶贫项目 1343 个、教育培训项目 893 个)。

【易地扶贫搬迁】 贯彻落实中央“易地搬迁脱贫一批”政策精神，县外移民做到主动对接，精心组织，有序搬迁，县内移民注重与产业、就业有效衔接，合理布局，确保搬得出、稳得住、能脱贫、可致富。县内建设移民安置点 15 个，安置移民 1618 户 6235 人(其中劳务安置点 3 个，安置移民 1209 户 4730 人；县内就近安置点 12 个，安置移民 409 户 1505 人)。县外搬迁安置移民 563 户 2432 人(其中平罗县 35 户 150 人、利通区 301 户 1283 人、兴庆区 227 户 999 人)，完成“十二五”“十三五”易地扶贫搬迁任务。围绕 12 个就近安置点因地制宜发展致富产业。在红河镇何塬安置点建设暖棚 58 栋、孟塬乡玉塬就近安置点建设暖棚 40 栋、小岔乡安置点建设养殖暖棚 90 栋，发展设施养牛；在红河镇红河安置点建设高标准设施蔬菜暖棚 33 栋，发展设施种植；在孟塬乡双树安置点、何岘安置点户均种植中药材 5 亩，古城镇高庄安置点户均种植中药材 10 亩；在城阳乡城阳、韩寨、杨坪、陈沟、涝池 5 个安置点 88 户，户均栽植果园 2 亩。坚持“宜工则工、宜农则农、宜商则商”原则，动员和鼓励企业、合作社、致富带头人在移民安置区建设扶贫车间，组织移民就地就近就业。县城、乡镇确定建设扶贫车间 6 个，开展订单培训解决移民就近就业 520 人。

【金融扶贫】 推进全区普惠金融示范县建设，推行“财政+金融+扶贫+产业”联动模式和“一台一会一体系”金融扶贫机制，设立风险补偿金为企业、合作社、农户增信，将财政性资金存放与扶贫信贷资金投放挂钩，调动金融机构助力脱贫攻坚积极性。全年累计完成建档立卡贫困户小额信贷 10262 户 52055 万元，贷款存量户数 14313 户，存量金额 69799 万元，覆盖面达 81.8%。实施“扶贫保”全覆盖计划，全年安排财政涉农资金 1221 万元，为建档立卡贫困户购买家庭意外伤害保险和大病补充医疗保险及优势特色产业保险，累计理赔 327.8 万元，理赔率达 100%，贫困群众抵抗风险能力有效提升。结合开展

“三大三强”行动，为村集体经济薄弱的141个村安排启动资金3180万元，采取资产盘活、产业带动、金融撬动、资源开发、服务创收、收益分红等模式，大力培育发展村集体经济，所有行政村集体经济收入均达到1.5万元以上。

【教育扶贫】 落实中央和区、市有关政策，实行教育补齐政策，农村学生教育扶贫政策实现全覆盖。实行学前教育“一免一补”政策（免保教费1500元，补助生活费900元），对家庭经济困难幼儿给予政府助学金资助学前两年每生每年1000元。义务教育阶段学生实行“三免一补”政策和农村义务教育阶段学生营养改善计划，并将农村营养改善计划范围扩大到实施义务教育阶段学校附设的学前班。对普通高中建档立卡家庭经济困难学生、非建档立卡家庭经济困难残疾学生、孤儿及农村低保家庭学生、农村特困救助供养家庭学生免除学费。实施“9+3”免费中等职业教育，对职业中学在校在籍学生全部免除学费，国家助学金资助职业中学一、二年级在校在籍学生每年2000元，落实农村中职学生生均1700元的“两免一补”政策，“两后生”接受中等职业教育成为助推脱贫攻坚重要举措。全年发放各类资助金24277人5907.86万元、助学贷款6081人3905.6万元，减免各类费用244107人5828.8万元，享受“雨露计划”项目3227人484.05万元、燕宝奖学金1335人360万元（其中大学465人186万元、高中870人174万元），解决贫困家庭学生供养困难问题。建立健全建档立卡贫困学生资助台账9218人（其中学前幼儿1180人、义务教育阶段4909人、高中阶段1677人、大学阶段1452人），落实“党政线”（县、乡、村）、“教育线”（教育行政部门、学校、教师）、“双线控制”责任制和“五长”负责制，推进控辍保学持续深入。2017—2018学年度辍学学生323人全部劝返，实现全县义务教育阶段学生“零辍学”。

【产业扶贫】 因地制宜发展“有土”产业，实施“贫困户产业增收项目”“产业富民全覆盖项目”，探索建立“龙头企业+合作社+基地+贫困户”模式，扶持贫困群众发展“5·30”及其倍增、“林药蜂”等多元化致富产业。全年共整合产业扶持资金1.6亿元，发展养殖户7207户、种植户8376户，分别占46.25%、53.75%；新建标准化养殖暖棚4870栋，补栏肉牛4706头、肉羊20375只，养殖生态鸡45.3万只、中华蜂4172箱，发展红梅杏26363.3亩、万寿菊2.6万亩、中药材8.4万亩；发展家庭农场124个，登记备案农民专业合作社219家，入社成员4060户，带动农户18723户；培育产业扶贫示范村12个、扶贫龙头企业5家、产业合作社55家、农村致富带头人270人，示范带动15583户建档立卡贫困户在产业链上脱贫致富，全县建档立卡贫困户产业覆盖面达89.9%。因人制宜发展“离土”产业，重点抓扶贫车间建设和技能培训，建成扶贫车间16个，培训1143人次（其中建档立卡户和“十二五”移民791人），吸纳784名群众就近就业。开展“订单式、定向式、定岗式”培训132期6880人次，通过政府购买非全日制公益性岗位，累计安置3653名建档立卡贫困户特别是“边缘户”“易返贫户”就业增收，实现就业一人、脱贫一户。实施生态扶贫，建设“四个一”林草产业试验示范园 7 个 3474.8 亩，试验试种矮砧苹果、文冠果、格桑花等 147 个品种，实现林业经济效益和生态效益“双赢”。

【健康扶贫】 加快医疗卫生体制改革，推进医联体、医共体和医疗卫生“云平台”建设，推行“先诊疗、后付费”诊疗服务、“一站式”结算和就诊卡制度，实现贫困人口基本医疗保险和重特大疾病医疗救助全覆盖。实施医保报销提标扩面政策，把提高医保报销比例政策普惠到所有农村人口，对精准识别出的 2526 户 3007 人“因病致贫因病返贫”农村贫困人口实施精准医疗救治，重病兜底保障 80 人，慢病签约 2595 人，累计救助建档立卡贫困患者 1459 人次，支付财政兜底资金 108.7 万元，贫困患者住院费用实际报销比例 9.62%，减轻贫困群众就医负担。建档立卡贫困户家庭医生签约率达 100%。互联网家庭医生服务平台注册居民（手机签约）84277 人，服务平台应用覆盖率达 42.77%。“互联网+医疗健康”得到中共中央政治局委员、国务院副总理孙春兰在彭阳视察调研工作时充分肯定，健康扶贫工作得到国家卫健委和国务院扶贫办通报表扬。

（海小燕）

农牧业生产

【种植业】 推进农业供给侧结构性改革，优化农业资源配置，推进产品创新、科技创新和制度创新，加快农业经营方式转变。全年完成农作物播种面积 110.55 万亩，粮食作物播种面积 78 万亩（玉米 40 万亩、马铃薯 15 万亩、秋杂 5.5 万亩、冬小麦 15 万亩、夏杂 2.5 万亩），经济作物 28.55 万亩（瓜菜 11.55 万亩、油料 5.5 万亩、中药材 8.4 万亩、万寿菊 2.6 万亩、烟叶 0.5 万亩），饲草作物 4 万亩，种植业结构更加合理。建立冬小麦、马铃薯、玉米专业化统防统治示范区 8 个3.88 万亩，绿色防控示范区 2 个 1.32 万亩，完成冬小麦、玉米农情监测 8 项；建立玉米、马铃薯、冬小麦 3 种作物配方施肥标志性示范区 7 个面积 5.85 万亩，带动全县配方施肥技术应用面积达 60.5 万亩，占粮食作物播种面积的 77.6%；在古城羊坊、新集团结和白林、红河徐塬建立有机肥替代化肥标准示范园区 4 个 7000 亩，打造绿色增产模式攻关示范点，采购发放生物有机肥 770 吨。

【草畜产业】 按照“标准化规模化养殖”“家家种草、户户养畜，小群体、大规模”发展模式，以培育“5·30”和巩固提升“10·60”养殖户为抓手，推进草畜产业节本增效，建成迺河、中庄、太寺、石岔市级种养一体化标准化肉牛养殖示范村 4 个。全县存栏肉牛 16.62 万头，其中建档立卡贫困户 3.52 万头；存栏肉羊 33.02 万只，其中建档立卡贫困户 6.46 万只；完成黄牛冷配改良 3.95 万头，其中建档立卡贫困户 1.92 万头；实施“见犊补母”3.2 万头，其中建档立卡贫困户 1.51 万头；新建暖棚 4479 栋，其中建档立卡贫困户 1140 栋；新建青贮池 16.25 万立方米，其中建档立卡贫困户 6.22 万立方米；青贮饲草 21.52 万立方米，其中建档立卡贫困户 7.95

万立方米;购置4吨以上铡草机3220台,其中建档立卡贫困户1673台。以"一棵草"引种试验示范为契机,发展紫花苜蓿和青饲草料种植,建设千亩青贮玉米示范点2个,种植青贮饲料玉米5.5万亩;推进紫花苜蓿规模化发展,建立3000亩以上种植基地3个、1000亩种植点6个,带动全县种植紫花苜蓿7.68万亩,其中建档立卡贫困户种植2.17万亩。

【蔬菜产业】 按照"巩固面积、优化结构、科技支撑、打造品牌、拓展市场"发展思路,突出良种良法配套,开展新品种、新技术试验示范,蔬菜产业呈现量价齐升、周年生产、全年增收。完善育苗供苗机制,统繁统育各类瓜菜苗600万株,补贴扶贫资金110万元;改造提升日光温室362栋905亩,建设大跨度双层双膜钢架大棚10栋12亩。强化基本农田保护和利用,开展"大棚房"清理整治行动,按照"网格化管理、责任到人,逢棚必查、不留死角""一棚一登记、一园一档案"工作要求,对全县所有设施农业大棚进行普查登记。

【中药材产业】 按照"规模化发展、集约化经营、标准化生产"要求,引导北京恒润泰、彭阳县壹珍、固原杏林公司成立产业联合体,建立"企业(合作组织)+基地+贫困户"生产运营模式,采取"统一规划、统一品种、订单销售、利润返还"等经营模式,突出黄芪、党参、黄芩、板蓝根、芍药、红花等道地品种,建成1000亩以上示范基地4个、育苗基地4个,带动全县发展中药材8.4万亩,其中大田3.3万亩、林下5.1万亩,带动694户建档立卡贫困户种植7028亩。

【特色产业】 万寿菊改进补贴方式,推行育苗大户与农户有机衔接,以建档立卡贫困户为重点,打造2个1000亩种植点和孟塬塬区1个2000亩示范点,全县种植万寿菊2.6万亩,其中1030户建档立卡贫困户种植0.7万亩。生态鸡以市场需求为导向,以龙头企业为主体,采取"公司+合作社+基地+贫困户"发展模式,投放生态鸡苗45.3万只,其中朝那鸡苗28万只,培育1000只以上养殖大户54户,扶持建档立卡贫困户883户,全县生态鸡饲养量达210万只。小杂粮聚焦建档立卡贫困户,加快荞麦、糜子等小杂粮种植规模化、标准化,推广无公害种植技术,提升品质和效益,建设示范基地10个,带动全县种植小杂粮8万亩,其中建档立卡贫困户种植6.4万亩。加大中华蜂养殖技术指导培训,扩大蜜源作物种植面积。建设孟塬乡小石沟、草庙乡周庄中华蜂养殖示范村2个,发展中华蜂养殖户526户,新增中华蜂4172箱,带动全县养蜂1.1万群。引导贫困户发展短平快产业,发展生猪、花椒等地方板块产业,全县发展2头及以上生猪养殖户5124户,其中建档立卡贫困户2783户。

【休闲农业】 挖掘生态、历史、红色、人文、民俗等特色旅游资源,已形成"茹河冰瀑——民俗节""粉红花海——杏花节""瓜果飘香——采摘节""锦绣画卷——梯田节""流金岁月——红叶节";皇甫故里拾遗(皇甫新村、杨坪村、友联村民风体验)等极具地方特色的活动内容。承办全区“休闲农业质量提升年”活动，向区内外推荐宣传彭阳县。突出杏花及杏子系列产品、野菜及特色佳肴、旱作梯田及窑洞文化等地方特点，打造培育茹河度假村、桃源山庄、金鸡坪、精英庄园、云雾山庄和友联大院等一批知名品牌。开发“精英蜜”甜瓜、“好易唛”低糖果脯、“梓欣”香醋、“百里香”茶、“添龄”黄酒、红梅杏等随手礼。原创歌曲《幸福彭阳唱起歌》荣登CCTV15，原创眉户《彭阳辣椒真叫牛》唱出彭阳人的干劲，打响“天高云淡六盘山·田园彭阳如画来”旅游品牌。

【农村改革】 农村产权流转服务中心“两系统一平台”投入运营，完成农村土地承包经营权确权纠错及变更登记，纠错户数5080户，纠错面积39900亩；完成土地确权面积101.8万亩（其中新增面积7377.1亩），占应确尽确面积的99.7%，颁发农村土地承包经营权证49086本，占应颁证户的94.8%。土地流转面积2.99万亩，累计流转面积达21.8万亩。在红河镇韩堡、新集乡周庄、小岔乡榆树等村开展农村集体资产股份权能改革试点工作（投改股），完成资产量化、成员身份认定等工作。农村集体资产清产核资工作完成。

【新型经营主体培育】 培育多元化适度规模经营主体，提高家庭经营集约化水平。新发展家庭农场27家、农民专业合作社15家，培育专业大户200户，累计发展家庭农场112家，其中家庭农场39家、家庭牧场55家、家庭林场17家、家庭蜂场1家。规范农民专业合作社23家，累计在农业部门备案的农民专业合作社204家，入社成员3985户，发展带动农户18573户。规范创建县级示范家庭农场10家、市级示范家庭农场2家、区级示范家庭农场3家。遴选红河乡俊发辣椒农民种植专业合作社等4个社会化服务组织作为基层综合服务站，其中彭阳县汇合农产品专业合作社在新集乡新建二星级综合服务站1个，服务站采取“合作社+农户”或“企业+农户”经营模式，为社员提供种植技术指导、新品种引进、购销服务等全程服务。

【产业扶贫】 制订《2018年彭阳县农业产业脱贫富民实施方案》，出台4项建档立卡贫困户项目和25项全覆盖项目到户扶持政策，整合涉农资金1.6亿元，构建以草畜为主导，以中药材、蔬菜、万寿菊、小杂粮、生态鸡、中华蜂为补充的农业产业体系，推进脱贫攻坚与乡村振兴有机衔接。全县14182户建档立卡贫困户发展1—2项脱贫致富产业，占建档立卡贫困户的89.96%，农业产业为建档立卡贫困户提供人均可支配收入2700元以上，提供全县农民人均可支配收入3800元以上。

【农机服务】 共实施农机购置补贴资金742.818万元，补贴各类农业机械2574台，其中拖拉机185台，购机总值3016.473万元，申请拉动投资2273.655万元；完成结算资金377.126万元，机具数量1482台，受益农户1400户。全年检验拖拉机、联合收割机4003台（检验合格3853，不合格200台），拖拉机联合收割机注册登记207台，新考试核发驾驶证157本，审验换证90本，免费喷放大号 285 台，喷涂安全标语 2200 条，粘贴反光膜 5500 条。建设城阳长城牧草农机农艺融合示范园 1000 亩，成功举办宁南山区苜蓿机械化收获现场演示会，操作演示收割机、刈割压扁机等牧草加工机械 10 种，为牧草产业发展提供现代农业机械装备和技术支撑。在白阳、古城等乡镇实施万寿菊秸秆机械化粉碎还田 1.52 万亩；在古城、王洼等乡镇集中连片实施农机深松整地作业面积 2 万亩，农业综合机械化水平达 70%以上。

【生态治理】 落实草原生态补奖面积 72.91 万亩，补助资金 546.825 万元。强化禁牧封育，草原植被持续提升，完成灭鼠面积 18.82 万亩，在冯庄乡小寺村鼠害防治重点区承办“宁夏草原鼠害防治新技术现场示范培训会”，推行“种养结合、循环利用”发展模式，全年粪污排放 128.5 万吨，资源化利用 114.9 万吨，利用率达 89.4%。建成有机肥加工厂一处，年加工处理畜禽粪污 5 万吨，生产有机肥 3 万吨。深化残膜回收利用“163”模式，在全县 12 个乡镇 156 个行政村回收残膜 4650 吨，残膜回收率达 95%以上。普及静电喷雾机等高效新型植保器械，应用精准施药技术，实现农药使用零增长。鼓励秸秆还田、种植绿肥、增施有机肥，化肥用量减少 10%。推广普及清洁能源，实施农村阳光沐浴工程，全县 12 个乡镇 5120 户农户安装太阳能热水器 5120 台。

【动物防疫】 实施政府购买社会化服务及重大动物疫病强制免疫“先打后补”措施，开展动物疫病防控活动，全年共发放二维码标识 18.8 万枚，猪、牛、羊耳标佩戴率均达 100%，共免疫畜禽 343.83 万头（只），其中牲畜口蹄疫、猪 O 型口蹄疫、猪 A 型口蹄疫、高致病性禽流感等达到应免畜禽免疫密度的 100%；小反刍兽疫苗免疫羊 38.25 万只，羊痘苗免疫羊 10 万只，羊四联免疫羊 5.6 万只，狂犬病免疫犬 2 万只。开展非洲猪瘟防控工作，建立联防联控机制，累计排查场点 7009 个，排查生猪 55 万头次，生猪规模养殖场（户）78 户，严禁从疫区省份调运生猪，确保生猪产业安全健康发展。

【农业科技培训】 围绕旱作农业、肉牛肉羊养殖、动物疾病预防、中华蜂养殖、农业机械化作业及马铃薯、小杂粮、蔬菜等产业和主推技术，全年组织实施新型农民、新型职业农民、实用技术和致富带头人等各种培训班 65 期，培训农业专业合作组织、种养大户和农民 4288 人次，提升农民科学素质和农业综合生产能力。开展信息进村入户试点工作，建成村级益农信息服务社 30 个，累计建成县级三农服务中心 1 个、村级益农信息服务社 90 个。

【农资市场监管】 加强农资市场监管，销售高峰期，派出执法人员对辖区重点区域、重点市场、重点企业、重点经销商检查，督促整改店库不分经营门店 10 家、农资食品摆放混乱 15 家，“双随机”抽样玉米杂交种子 10 个品种代表种子数量 27.8 吨，转基因检测 12 个样品，对超范围经营、销售台账不全等 20 个经销店，当场下发整改通知，责令限期整改。集体约谈 30 家种子经销大户负责人，要求其加强经营管理，提高种子质量意识，严把进货关，选择适宜当地种植，符合法律法规要求的种子销售经营。

【农产品质量安全】 突出农产品监管重点区域，对全县18所重点“营养午餐”学校、南部五乡镇重点蔬菜生产基地、养殖基地及县城大型农产品经营超市的蔬菜开展农药残留检测11批次800个样品，抽检合格率达98%。设立4个流动检测站（草庙中心小学、世纪华联超市、新集好友多连锁店、古城好友多连锁店）开展农药残留检测8批次120个样品，抽检合格率达100%。开展动物监察“扫雷行动”，加大“瘦肉精”检测，打击私屠滥宰行为，严禁无检疫合格证明的动物产品进入流通消费环节，全县进场屠宰动物的标志率、持证率、检疫率、病害肉无害化处理率均达100%，确保食品生产安全。

【农业气象服务】 强化气象信息平台建设，紧盯天气变化，及时发布灾害预警，开展增雨作业7次、防雹作业42次，最大限度减轻灾害损失。及时发布各类天气预警信息，发送预警信息104条，为农牧业生产提供有力保障。

（刘玉龙）

水务建设

【工程建设与管理】 全年新建续建水利工程36处，完成投资5.3亿元。严格水利建设市场准入，实行中标施工企业“五大员”押证制度，推行农民工工资分户管理。坚持工程建设月度例会制、专家咨询制、质量跟踪检查制和“第三方”检测制。在石头崾岘水库举行全县水利系统“安全生产月”活动启动仪式，开展安全生产应急演练。落实“党政同责、一岗双责、齐抓共管、失职追责”安全生产方针，把安全生产监管始终贯穿于工程建设全过程。

【灌溉管理】 清挖渠道120条146千米，恢复改善灌溉面积3万亩，完成灌溉面积6.6万亩，灌溉水利用系数提高到0.708。

【农田水利基本建设】 完成旱作节水农业35万亩，新修旱作山田1.6万亩；新修农村道路41条201.7千米，整修农村道路40条150.8千米；完成六盘山片区400毫米以上降雨地区植树造林18.75万亩；新增高标准农田2万亩。全年投入人工205万工日，投入机械20万台班，完成土石方406万立方米，砌石2.35万立方米，砼1.0万立方米。

【防汛抗旱】 落实以行政首长负责制为核心的防汛工作责任制，与各防汛成员单位、乡镇签订防汛工作责任书。制定完善部分库坝防洪预案和中小型水库汛期调度运行方案，对库坝、山洪及地质灾害、涉水路面进行检查，对严重影响安全度汛的硷沟、常沟、石头崾岘等水库进行维修抢修。严格执行防汛值班、购置防汛物资相关制度，与水利建筑工程队、城乡饮水管理站及部分防汛物资供应商签订抢险物资、抢险设备代储及抢险队伍代组协议。在《固原日报》、彭阳县人民政府网站公示各级防汛责任人，发放

《防洪法》等宣传材料3200册，在古城镇海口村进行防汛应急演练。

【城乡饮水安全】 全年新完成自来水入户2077户（建档立卡户606户），改造提升23801户，农村饮水安全覆盖率达100%，水质达标率达100%，供水保证率达95%，自来水入户率达99.79%。

【农村水利改革】 落实"四大节水"行动，实行水资源消耗总量和强度双控，优化水资源配置。全县用水总量2694.4608万立方米，其中农业用水1955.0万立方米，生活用水482.5132万立方米，工业用水189.0262万立方米，其他用水69.9241万立方米，全县各类用水全部控制在指标红线以内。完成8个库井灌区农业用水、生活用水和工业企业用水的基础数据调查和水流产权确权工作，确权总量2605.55万立方米，其中农业用水1764.50万立方米、工业用水190.05万立方米、生活用水651.00万立方米。完成王洼煤业有限公司、宁夏佳利源薯业有限公司、彭阳县自来水公司等6个用户费改税，已征收水资源税47.2万元。出台《彭阳县人民政府关于调整城乡供水、污水处理费和农业灌溉供水价格的通知》等文件，核定公共供水价格，农村居民用水实行两部制水价收费政策，城镇居民用水实行阶梯水价，非居民用水超计划、超定额累进加价制度。完成水域岸线确权划界和河库健康状况评估年度工作任务，开展"清河行动""清四乱行动"，整治河道岸坡13.5千米，砌护河岸66.8千米，清除河道和水库垃圾1310吨，整治和关停的污水直排口13处，规范养殖场24家，落实病虫害专业化统防统治和绿色防控面积9万亩，回收残膜3508吨。

【水政与水资源管理】 开展"世界水日""中国水周""法律赶大集"宣传和水资源、河道采沙专项整治行动，先后查处水事案件6起，联合公安局对白阳镇双磨村南山组海向库毁坏店洼灌区3号支渠一事依法执行，协调处理毁坏人畜饮水管道2起。联合白阳派出所依法追回PPP项目酉河、店洼水库工程建设资料12本，依法对酉河水库库区多年抢耕抢种的7亩地膜玉米拆除，恢复库区原貌。配合环保站对监管的7家排污口规范整顿。加强河道日常巡查检查，对原拆除的20家水洗沙场"回头看"，拆除茹河河道拌和站1处，配合河长办督办整治红茹河养鸡场、木材加工厂4处和全县公路建设用沙选点9处，依法封堵入河排污口3处，依法行政罚款4万元。

【节水型社会建设】 组织"实施国家节水行动，建设节水型社会""实施国家节水行动，让节水成为习惯"宣传活动，开展节水知识进企业、进社区、进田间地头宣传活动，发送手机短信10000条，发放节水知识手册和水法等水法律法规2.5万册，制作展板、横幅18块，建设节水型学校3所、节水型单位10个、节水型小区1个。完成县城水源地规范化建设和《彭阳县农村饮用水水源地划分方案》批复工作。

【水土保持工程】 实施国家水土保持以

奖代补试点项目，开工建设王洼镇陡沟村、草庙乡包山村、冯庄乡小寺村3个项目，治理玉洼、周庄等小流域16条93.35平方千米，除险加固大寨沟等骨干坝4座。

【水库移民】 完成上年度第二批后期结余资金项目，新修道路6千米，新建牛棚42栋，兑现水库移民后期资金直补9.24万元、项目扶持189.42万元。

【党建与精神文明建设】 以党建工作为引领，深入学习习近平新时代中国特色社会主义思想和党的十九大精神，实施“三强九严”工程和“四联四化”机制，以“两学一做”学习教育和“6+X”主题党日活动为抓手，开展“不忘初心、牢记使命”主题教育活动。开展党委中心组理论学习16次、专题研讨4次，紧盯党建工作质量，解决党建工作“灯下黑”“两张皮”问题，创建星级服务型党组织，推进党风廉政建设。开展驻村扶贫、机关干部下基层、双进双联双推进活动。选派3名党性意识强、工作能力突出的党员干部分别担任王洼镇陡沟、冯庄乡上湾、新集乡上蔡村第一书记，选派3名机关干部进驻以上3个村开展下基层活动。水务局186名干部职工与全县918户建档立卡贫困户结成联户帮扶对子，开展扶贫工作。

（万永东）

农经管理

【农村土地承包经营权确权】 完成12个乡镇土地确权纠错和变更登记工作，占全县乡镇的100%，纠错户数5080户，纠错面积39900亩，向农户颁发农村土地承包经营权证49086本，占应颁证户的94.8%。完成确权面积101.7597万亩（其中新增面积7377.1亩），占应确尽确面积的99.7%。

【农村产权流转服务中心建设】 印发《加快推进彭阳县农村产权流转服务的实施方案》，农村产权流转服务中心产权交易管理系统、农村土地承包经营权抵押贷款系统、综合产权交易平台“两系统一平台”网络版建设和试运测试工作完成投入运营。2018年农村产权流转服务中心交易咨询人数2512人，土地流转申请受理户数2412户，土地流转申请亩数29904亩，发布土地流转信息15条。

【农村集体资产股份权能改革】 按照“建立班子、宣传培训、界定资格、清产核资、配置股权、设置机构、注册登记、完善制度”八个步骤，在红河镇韩堡村、红河村，新集乡周庄村，小岔乡榆树村进行农村集体资产股份权能改革（投改股），制订改革村《农村集体资产股份权能改革试点工作实施方案》，韩堡村完成身份认定1678人，入股土地股1500亩；周庄村完成身份认定1196人，量化资金股份100万元；榆树村完成身份认定837人，量化资金股份50万元。

【农村土地股份合作】 在红河镇韩堡村、新集乡周庄村开展农村土地股份改革示范，新组建村集体股份经济合作社，入股土地1500亩，入股现金210万元。全县累计成立土地股份合作社5家，入股土地3340亩，入股现金 1110 万元。

【农村土地承包经营权流转】 贯彻落实自治区规范土地流转工作“十条措施”,放活农村集体土地经营权,并加强对工商资本租赁农地监管和风险防范工作。引导农户依法采取转包、出租、互换、转让等方式流转承包地,盘活农村土地资源,解决承包地碎片化问题,实现统一耕作和规模化生产,全年全县新增土地流转面积 2.99 万亩,累计流转面积 21.8 万亩,占耕地确权面积 101.7 万亩的 21.44%。

【农村土地承包经营权抵押贷款】 制定《彭阳县农村产权抵押贷款管理暂行办法》,在王洼镇李洼村举行农村土地承包经营权抵押贷款签约仪式。签约仪式现场,担保公司和银行与部分农业经营户签订抵押贷款合同。全县抵押贷款累计 179 笔,产权抵押贷款发放金额 646 万元,其中 2018 年抵押贷款 8 笔,产权抵押贷款发放金额 40 万元。

【新型农业经营主体培育】 坚持以农户家庭经营为基础,以专业大户、家庭农场、农民专业合作社为重点,按照规模化、专业化、标准化发展要求,培育多元化适度规模经营主体,提高家庭经营集约化水平。当年新发展家庭农场 12 家、农民专业合作社 15 家,全县累计发展家庭农场 124 家,在农业部门备案的农民专业合作社 219 家,入社成员 4070 户,发展带动农户 18723 户。新评定县级示范家庭农场 10 家、市级示范家庭农场 2 家。评选县级示范合作社 16 家、市级示范合作社 3 家。依托农民专业合作社带头人提升工程、农村实用人才带头人培训、现代青年农场主培育及新型职业农民培育工程等,对 50 名农民专业合作社理事长和家庭农场主开展年度系统培训,促其规范提高。优先扶持 17 家农民专业合作社和家庭农场,扶持资金达 286 万元。

【农村集体资产清产核资】 成立农村集体资产清产核资工作领导小组,建立县、乡、村三级工作机构,制订《彭阳县农村集体资产清产核资工作实施方案》,明确任务目标,细化工作措施。通过电视、广播和微信等新闻媒介宣传中央及区、市、县农村集体资产清产核资相关政策精神,召开农村集体产权清产核资工作培训会,培训业务人员 360 人次,拨付各村清产核资经费 55.2 万元。完成全县 156 个行政村农村集体资产清产核资工作,清理前账面资产总额 1031.56 万元,其中经营性资产总额 242.30 万元;清理后核实资产总额 1937.09 万元,其中经营性资产总额 689.00 万元;集体土地面积 367.74 万亩,其中农用地总面积 342.85 万亩。

【发展壮大村集体经济】 制定《关于发展壮大村级集体经济的指导意见》,对发展村集体经济明确目标任务,排出时间表,列出村集体经济领导小组成员单位及村集体经济组织团队职责清单。2018 年,县财政安排每村 20 万元用于发展壮大村集体经济启动资金,全县 156 个行政村成立村集体股份经济合作社,村集体经济总收入达 613.7 万元,村均 3.9 万元,消除所有“空壳村”。

【农村集体“三资”监管】 完善“三资”管理台账及网络系统平台，开展村级财务审计工作，完成4个乡镇57个村财务审计工作，审计内容包括财务管理、涉农收费、村集体公益事业建设筹资筹劳、农村统一收款收据管理和会计基础工作等，审计总资金1489.4万元。

【农民负担监督管理】 认真贯彻落实国务院和区、市、县有关减轻农民负担政策、法规，加强与县农民负担监督管理领导小组各成员单位协作，强化对涉农收费、农民补贴补偿、村级财政转移支付和义务教育阶段“三免一补”等的监督管理。开展农民负担政策法规宣传2场次，印发资料3000份。

（贺应军）

农业综合开发

【完成投资】 全年完成项目总投资6584万元，其中财政资金5559万元，自筹资金1025万元，完成总投资的95%以上。完成2017年度批复的农业综合开发项目8个，其中土地治理项目7个、产业化发展项目1个（子项目5个），总投资6926万元，有效改善生态环境，促进农业结构调整步伐，取得较好效益。

【生态综合治理项目】 投资1496.77万元，在王洼镇李寨流域平整土地5000亩、机深松及增施有机肥5000亩、营造水土保持林2600亩；新修水泥硬化路2千米、沙砾路10千米，配套排水沟6.64千米，涵洞12座、生产桥36座，整修生产路5条5千米、防火通道4条4千米、道路防护林12千米。投资1215.75万元，在白阳镇白岔流域平整土地4000亩、机深松及增施有机肥4000亩；营造水土保持林2200亩、道路防护林15千米；新修沙砾路10条15千米，配套排水沟8.8千米、涵洞15座、生产桥60座，修建生产路25条5千米。投资644.26万元，在孟塬乡草滩小流域治理面积0.24万亩，营造水土保持林2000亩，防火通道4千米，新修沙砾路40千米，其中玉塬村7千米，何岘村33千米。

【农田建设土地整治项目】 投资355.2万元，在交岔乡保阳流域平整土地2000亩，机深松及增施有机肥2000亩；新修沙砾路6条5千米，配套排水沟2千米、涵洞5座、生产桥15座，修建生产路10条3千米，防护林5千米。投资370.23万元，在红河镇常沟流域平整土地1500亩，机深松及增施有机肥1500亩；新修水泥硬化路3条1.68千米、沙砾路2条5千米，配套排水沟2千米，修建生产路1条2.5千米。

【道路基础设施建设项目】 投资200.2万元，在小岔乡贫困村新修联户水泥硬化道路2千米；在草庙乡贫困村新修水泥硬化路2千米。投资226.24万元，在王洼镇华芦村新修沙砾路33.6千米，配套边沟、过路管涵等。

【大棚建设项目】 投资50万元，在王洼镇李寨村新建可移动大棚2栋，并配套附属设施。

【产业化发展项目】 投资2025万元，其中财政资金1000万元，自筹资金1025万元，项目涉及12个乡镇28个合作社、涉农企业的圈舍、库棚、场地道路硬化、设施设备购置、贷款贴息等，捆绑建档立卡贫困户201户，户均增收2000元以上。

【项目管理】 项目管理实行项目法人责任制、工程监理制、招投标制和项目公示制，建立健全工程监督机制，由具备相应资质条件的监理单位全程监理，财政局、农发办组织相关单位人员对工程建设情况检查监督，确保在建工程质量。项目建设资金严格实行县级报账制，采取专人管理、专户储存、专账核算，严格财务管理，确保资金专款专用。推行农村土地经营“三权分置”新型管理运行模式，推进公众参与式管理，达到以工程养工程，确保长期发挥效益。

（米克进）

烟叶生产

【烟叶生产】 严格控制种植面积，合理布局，抓好烟叶生产规范性要求和量化监督考核工作，提高烟叶质量。召开专题会议25场次，深入乡镇、村组召开会议8场次，加大烟叶种植宣传。采取农户自发组织漂浮育苗和大田常规育苗、委托别人漂浮育苗相结合措施完成育苗工作，以嫁植措施，增加育苗面积。全年共完成移栽面积4乡镇14个行政村150户4780亩。投资1.6万元对古城镇郑庄村、田庄村、甘海村烟田完成喷袋灌溉工程。

【扶持与服务】 投资68.3万元，给烟农每亩5公斤地膜无偿投资；投资25000公斤31万元，给予每亩170元肥料补贴；投资34万元，给予烟叶膜下移栽补贴，解决烟农前期投资难问题。注重降低烟农种植烟叶风险，完成全县150户4780亩烟叶保险任务，为全县烟农购买“金龙保”，保费54960万元。全年烟农烟叶保险索赔近10万元。坚持“联户承包责任制”工作机制不动摇，分阶段成立服务工作组，开展服务工作，确保烟叶生产各项工作任务顺利完成。

【烟叶收购】 以烟叶收购合同为中心，以烟叶收购纯度和等级质量为核心，创新工作方法，严明收购工作纪律，完成收购任务。建立总负责、收购及质量管理负责、质检、主检、副检五级烟叶等级质量管理体系，严格按实际确认量收购烟叶，落实联户分拣、交售责任制，提高把内纯度和等级合格率。加强巡查力度，发挥公安、烟草专卖、联户人员职能作用，督促烟农按时交售烟叶。全年共收购烟叶9056担，烟农收入1000万元，烟叶收购均价10.69元，创历史新高。

【企业管理】 召开经理办公会和管委会，研究解决公司日常工作事务和重大事项等，凡是会议研究需落实事项，做到立说立行、件件抓落实、件件有回声。凡涉及费用开支，严格把关，严格程序，财务运行透明规范。严格出勤管理，实行上下班签到制，严格履行请假手续，一月一通报、一月一汇总，并根据出勤情况兑现工资基数。坚持24小时值班制度和来客登记制度，并成立安全生产工作领导小组,制订“安全生产月”“安全生产月万里行”实施方案,完善公司安全生产管理工作流程及制度,层层签订安全生产责任书和安全生产承诺书,及时上报相关信息,确保企业运行安全。

【企业帮扶】 发挥企业扶贫责任,帮助和支持孟塬乡双树村村委会建设,落实脱贫攻坚工作任务,全年共扶持资金3万元,地膜270公斤,在建党97周年资助双树村活动经费1000元。配合村“两委”班子开展扶贫工作,每月驻村天数不少于20天,共进户400次,完成扶贫工作任务60项,帮扶成效显著。

【党建工作】 全年共组织各类政治政府学习60场次,采取邀请专业人员讲、组织观看反腐倡廉教育片、集中组织学习和自学相结合等方式开展学习教育活动,提高公司干部职工理论素养。在公司院内制作文化长廊和宣传图片,量化美化公司环境,党员活动室更换宣传资料,办黑板报6期,营造公司文化氛围。坚持“三会一课”、民主生活会、党员学习培训、公司员工学习教育等制度,按期召开“6+X”主题党日活动。发挥党建带群团组织作用,成功举办职工文体活动,共慰问退休人员、失独家庭、职工大病住院等共计慰问金1万元,构建和谐劳动关系。

(赵仲凯)

工业园区建设和信息产业

产业园区建设

【概　况】　全年完成工业产值21.3亿元，增长11.1%，实现工业增加值8.5亿元，增长10.9%，缴纳税收4.7亿元(提供县级财政收入1.3亿元)，增长5.2%。

【园区建设】　加快"九通一平"基础设施建设，创优招商引资硬环境。完成区块三道路及给排水管网二期工程一标段，建成园区道路1.5千米，铺设给水管网1.8千米、污水管网2千米、雨水管网2.6千米，建成污水提升泵站1座，完成工程投资1485万元。实施区块三一期土地平整工程，平整工业用地220亩，完成投资397万元。解决杨志铎、杨志川等4户拆迁户遗留问题，打通区块三开发五路断头道路100米，优化园区发展硬环境。

【园区改革】　撤销县城工业园区，整合优化王洼产业园区为"一园三区块"，完成"一个园区、一套班子、一本规划"改革任务。完成《王洼产业园区总体规划》修编初稿，对接区、市赋权的42项经济管理权限，已承接41项(建设项目使用林地审批县级主管部门无此权限，需要自治区自然资源厅审批)。承接事项实行园区管委会审核审批负责制，园区审批后专人送达相关部门，部门"不上会、马上办"，园区为企业全程代办服务，提高行政服务效能。建立园区财政预算管理，加大对园区财政支持力度。创新投融资机制，成立宁夏汇融鼎信担保股份有限公司，引导金融资源向园区配置，解决入园企业发展融资问题。

【规范管理】　紧盯企业生产经营中存在的"未经报备许可擅自扩大生产经营范围""自建厂房未竣工验收擅自投入使用""厂房消防设施不到位""出租厂房从事禁止入园产业生产"等6个方面的违规问题，排查违规经营企业13家，已整改到位8家，剩余5家进行整改。推进入园企业"退低进高""腾笼换鸟"，清退产值不高、效益不明显的小微企业3家，累计清退小微企业12家。督促独立建厂企业扩大厂房建设面积，促使容积率达到规定标准，区块三出让的17宗土地，平均容积率0.62。督促"僵尸企业"转型发展，盘活建设用地，经督促协商宁夏轩峰饲料科技有限公司已于10月中旬进场复工建设，阳成服饰有限责任公司进行转让洽谈。

【产业培育】　依托中国科学院微生物研究所师资力量和科技实力，在园区建立农副产品研发平台，紧盯彭阳特色产业和市场前沿，研发具有彭阳特色的高附加值农副产品，以成果转化推进企业延链、补链、强链。致力于"六盘山地椒保健凉茶""枸杞蜂王浆口含片"两款产品，获得相应专利技术，进入临床试验阶段。申请4项发明专利、7项实用新型专利和1项外观设计专利。鼓励园区企业申报市级科技型中小企业，宁夏万升实业有限责任公司、彭阳县利康药业有限公司被固原市科技局认定为第二批市级科技型中小企业，彭阳县三泰科技实业有限责任公司、彭阳县虎狮酒业有限公司等9家园区企业被认定为第三批市级科技型中小企业。

【招商引资】 紧盯主导产业定位和延伸产业链条，实施精准招商、以商招商、链条招商，招商引进煤矸石分选循环加工利用、杏子产业化经营综合深加工、5000吨中药材深加工3个项目，意向投资总额3.25亿元，中小企业孵化园招商引进彭阳县谷谷润食品加工、伊真尚品火锅底料生产、年产500吨土蜂蜜加工3个项目，意向投资总额2300万元。

【绿色发展】 建成区块三污水处理站，安装在线监测设备与数据实时传输系统，与固原市环保局联网在线监测，排污各项指标均达标。落实园区5家涉水企业，建设污水预处理沉淀池。拆除云雾山果品公司和佳丽源薯业有限公司2家企业燃煤锅炉，安装清洁燃气锅炉。关停杜家沟"散乱污"企业1家。

【安全生产】 强化企业安全生产主体责任，严格落实企业安全生产责任体系"五落实五到位"规定，把安全责任落实到岗位、落实到人头。按照"真重视、真较真、真落实、真追究"要求，不定期开展企业安全生产大检查，建立安全隐患台账，实行限期整改销号，把安全生产责任扛在肩上，整改措施落实在行动上，实现安全事故"零"目标。

【党的建设】 园区党工委坚持每月1次集中学习，坚决落实县委、政府重大决策部署，全面加强党的领导，坚定不移深化园区改革发展。坚持用习近平新时代中国特色社会主义思想武装干部职工头脑，推进"两学一做"学习教育常态化制度化，开展"不忘初心、牢记使命"主题教育、马克思主义民族观宗教观教育，厚植理想信念，坚定"四个自信"，筑牢思想根基。以提升党的基层组织力为重点，开展"双评双定""6+X"主题党日活动，3个党支部、4名党员被亮黄星。深化基层服务型党组织建设，创新基层党组织活动方式，把园区各党支部建设成引领非公经济发展的坚强战斗堡垒。开展党章党规党纪宣传教育，强化党内法规制度的贯彻执行，坚持纪严于法、挺纪在前，用好监督执纪"四种形态"，加强对权力运行的制约和监督，完善园区廉政风险防控体系，扎牢织密从严管党治党的制度笼子。持之以恒贯彻落实中央八项规定精神，持续整治"四风"问题，严肃查处顶风违纪行为，努力营造风清气正、安心干事的政治生态。

（徐　洁）

移动通信

【网络建设】 推进12个乡镇156个行政

村电信普遍服务项目,完成二期及三期工程建设任务,累计覆盖光纤宽带用户数5.01万户,为脱贫攻坚提供有效网络建设支撑。全年共开通64个FDD站点,累计解决13个扶贫村的4G网络覆盖;通过安装家庭基站、微功放等累计解决6处行政村村部、卫生所4G网络覆盖问题;新建开通直放站累计解决3处扶贫村2G网络覆盖问题。4G宏基站共规划48处,已建设开通46处;物联网基站安装完成300处。

【信息化建设】 对全县400条中小企业、学校、药店进行互联网专线提速降费,降费比例50%以上。参与“互联网+医疗”,支持医保专线进村工作;将80%以上村小学、教学点接入互联网专线,确保“互联网+教育”应用效果。跟进发改局、公安局推进的“雪亮工程”项目,与派出所干警勘察700个点位,确保治安保障无死角。

(马　强)

电　　信

【经营效益】 全年累计完成公司预算目标3118万元,用户过网市场份额32.83%。

【重点工作完成情况】 完成GPON设备10GE上联电路改造,新增26个基站OLT设备,新增古城、煤矿OLT设备各一套。完成模块局3528交换机EG电路上联。无线网络建设第七期3批共计完成4G(800M)基站建设79个。彭阳电信累计有4G基站183个、3G基站92个。在全县电子政务网络基础上完成88个行政村卫生室医保网专线接入。共计两期完成FTTH工程44个村建设任务,实际端口数2560个。完成公安局28个点平安城市监控,完成智慧城管70个。完成县城11个光交箱扩容工程。常规项目完成浙商国际一期、东昂小区一期、利民广场、财富广场、秀水花园、东门工业园区FTTH建设。

【组织建设】 组织全体党员认真学习习近平新时代中国特色社会主义思想及党的十九大精神,推进“两学一做”学习教育常态化制度化。贯彻落实新形势下从严治党要求,紧紧围绕公司建设重点,以深化公司服务型党组织建设为载体,以推动作风建设常态化为抓手,全面加强公司思想、组织、作风建设工作,凝聚全体员工生产经营合力。

(郭天星)

联通通信

【市场经营】 2018年,共建设2G基站37个、3G基站112个、4G基站47个,网络覆盖所有乡镇,覆盖率达100%,村级覆盖率65%。

【创新业务领域】 作为首批混合所有制改革试点的国有企业,借助集团公司与腾讯、百度、京东、阿里巴巴等大型互联网公司深度合作契机,聚合资源、整合优势、能力互补、互利共赢,推动重点业务和产业链融合发展,扩大宁夏在创新业务领域的中高端供给,培育并壮大公司创新发展新动能。以“聚焦、创新、合作”为战略引领,响应国家“互联网+”行动计划,推进产业互联网、大数据、物联网、云计算、电子商务等领域发展，为全县用户提供语音、数据、宽带等基础业务及产业互联网、大数据、云计算等创新业务。

【队伍建设】 组织全员深入学习落实党的十九大精神及习近平新时代中国特色社会主义思想，加强员工思想政治教育，切实转变员工思想作风、工作作风。坚决参与扶贫工作，为打赢脱贫攻坚战贡献力量。加强综合治理工作，参加县委、政府组织的各项活动。

【客户服务】 通过优化硬件设施，给客户营造舒适业务办理环境。定期举行营业员、客户经理及代理商业务能力及服务技巧培训，提升业务人员综合素质，提升服务质量。以满足客户信息化需求为出发点，及时为客户提供信息化解决方案。

（张　潇）

财政税务

财　　政

【财源建设】　全年完成地方一般公共预算收入26446万元，为预算的101.72%，同比增加2428万元，增长10.11%。其中税收收入完成19684万元，非税收入完成6762万元，同比分别增长9.72%和11.25%。协调相关部门编制、筛选、储备、申报项目，全年共争取国家、自治区转移支付和地方性政府债券额度等资金40.26亿元，同比增长18.24%。

【脱贫攻坚保障】　统筹整合使用财政涉农资金8.23亿元（其中财政专项扶贫资金3.2亿元），支持实施12个部门（单位）和12个乡镇145个扶贫项目，并将统筹整合资金纳入财政管理一体化信息系统和宁夏扶贫资金动态监控系统，实行国库集中支付。开展脱贫攻坚“十项清零行动”，及时收回结余扶贫资金，如期完成历年结转结余资金“清零”任务。及时下达统筹整合资金，督促加快资金支付进度，全年统筹整合资金支付率达96.99%、财政专项扶贫资金支付率达98.55%。深化改革机制，打造普惠金融示范区，推动“互联网+金融扶贫+移动支付”示范县创建，开发精准扶贫全民惠农APP系统，开展险资直投支农扶贫“政融保”合作试点，引进宁夏银行设立分支机构，推进农村产权抵押贷款试点，拓宽农业保险覆盖面，助推扶贫产业发展。全年涉农贷款余额24.58亿元（其中当年新增19.04亿元）；建档立卡贫困户贷款存量14313户6.98亿元，覆盖面81.8%，其中新增建档立卡贫困户贷款10262户5.2亿元，完成自治区下达任务4.896亿元的106.2%。

【基础建设保障】　安排县城发展资金25777万元，支持实施城区停车场项目三期工程，城市生活垃圾无害化处理填埋场二期工程，茹河大街、萧关路、经一路等12条次街道绿化工程，悦龙山、栖凤山步行木栈道工程；支持实施棚户区改造项目，保障性安居工程配套基础设施建设。安排乡镇发展资金9447万元，支持实施草庙乡、孟塬乡美丽小城镇建设工程和古城镇新型城镇化基础设施建设项目，建成6个美丽村庄，完成农村危房危窑改造2938户。安排生态建设资金24292万元，支持实施六盘山重点生态功能区降雨量400毫米以上区域造林绿化工程，完成营造林19.75万亩，建成王洼尚台等3000亩以上集中连片造林绿化示范点5个。落实草原生态补奖面积72.91万亩。支持实施美丽茹河建设PPP项目，完成茹河流域水污染防治二期、三期工程，建成宁湾、刘河人工湿地4处；完成美丽村庄综合治理工程12个村点。支持实施国家水土保持以奖代补试点项目,实施王洼镇陡沟村、草庙乡包山村、冯庄乡小寺村3个项目,新增水土流失治理面积35.24平方千米。支持实施“五水”共治项目,农村饮水安全巩固提升自来水新入户2009户,改造提升20289户,全县自来水入户率达100%;除险加固石头崾岘水库1座,治理玉洼、周庄等小流域11条76平方千米。

【惠民政策落实】 安排教育事业资金23654万元,支持薄弱学校改造项目,推进义务教育均衡发展,落实教育扶贫惠民政策,新建县四小、扩建县幼儿园。安排卫生计生事业资金9446万元,支持公共卫生服务体系建设,推进医药卫生体制改革,实施中医医院改扩建项目,住院部楼维修改造如期完工,建设门诊医技楼、疾控中心综合业务楼及妇计中心综合楼项目。建成47个标准化村卫生室。安排公共文化事业资金5102万元,支持推进公共文化设施建设、自然遗产保护和旅游基础设施建设,悦龙新区全民健身中心及文化馆项目完成三层主体工程。美丽茹河体育公园及小岔、罗洼、草庙、红河4个足球场全面建成并投入使用。安排社会保障事业资金2.52亿元,落实城乡低保、医疗救助、防灾救灾、优抚安置、高龄、特困供养、五保人员及孤儿养育等政策,有力保障生活困难人员基本生活。建设完成茹河老年颐养院和城阳敬老院;支持职业技能培训、公益性岗位、农村妇女创业,全力推进大众创业、万众创新。安排现代服务发展专项资金624万元,支持现代金融、现代物流、电子商务、市场流通多极发展,加快网上丝绸之路建设,推进实施贸易便利化促进计划、“互联网+”行动计划和“千村电商”工程,建成72个扶贫村电商服务网点。全年完成民生支出34.92亿元,占地方一般公共预算支出的91.27%。

【财政改革】 加强预算绩效管理,委托中介机构,督促12个部门(单位)完成2017年度17个重点项目绩效评价工作,提升财政管理科学化、精细化水平。加大财政存量资金盘活力度,累计收回统筹使用存量资金5.64亿元,弥补重点工程和项目建设资金不足需求。有效防范化解债务风险,多渠道筹集资金1.27亿元用于政府性债务还本付息,化解存量债务;督促有关债务部门(单位)和融资平台公司主管部门加强与各金融机构对接协商,排查清理整改违规债务,依法完善合同条款,全额偿还2017年7月份以后新增债务0.5亿元。利用政府网站“财政公开”专栏,及时将财政预(决)算、部门预(决)算信息公开,公开率达100%;督促涉农部门主动公开涉农资金信息384条,涉及资金10.17亿元,落实“331”监管机制,提高资金使用透明度。开展财政扶贫资金“三公”经费等管理使用情况、2017年财政扶贫资金管理使用情况检查,完成2017年度133个行政事业单位内部控制报告编报会审工作。配合完成2017年省级党委和政府扶贫开发工作成效考核、财政部驻宁夏专员办扶贫资金专项检查及区、县审计发现问题整改落实。

【干部教育】 落实党组中心组理论学习、

党员“三会一课”和机关周五政治理论学习制度，开展党的路线方针政策教育，学习贯彻习近平新时代中国特色社会主义思想、党的十九大精神，自治区第十二次党代会、市委四届二次、三次全会和县委八届二次全会精神，教育引导党员干部树牢“四个意识”，坚定“四个自信”，做到“两个维护”，用党的理论政策武装思想、指导工作、推动发展。落实“七五”普法教育规划，组织观看第十三届全国人大一次会议开幕式盛况，学习贯彻新修订的《宪法》和新制定的《监察法》，贯彻落实《预算法》《会计法》等法律法规，教育引导党员干部依法理财、科学理财、规范理财。认真学习贯彻自治区财政工作会议和全县工作会议精神，邀请专家教授举办高层次培训班，先后组织举办“送教西部”暨彭阳县行政事业单位财务管理能力提升培训班和彭阳县政府会计准则制度实施动员会议暨新旧制度衔接培训班，对行政事业单位内控制度建设、最新政府会计制度与会计准则、政府债务风险防范、落实中央八项规定精神等法规政策做高层次解读，教育引导党员干部更新知识。

【党的建设】 实施“三强九严”工程，落实党建基本制度，把党的建设贯穿于财政工作始终。及时对局机关党支部3个党小组、会计核算中心党支部2个党小组党员进行调整，修订完善党小组工作职责。全年吸收发展入党积极分子3名，确定培养联系人6人。按期开展党支部“6+X”主题党日活动，先后组织开展“集中学习、缴纳党费、上好党课、评议党员、民主议事、党务公开”等规定动作12次，开展联户帮扶、整改落实、志愿服务、谈心谈话等自选动作12次，通过集中学习和讲党课，把学习新《党章》《习近平新时代中国特色社会主义思想三十讲》贯穿到学习全过程，做到把党的思想政治建设抓在日常、严在经常。开展“双评双定”活动，在局机关、农发办、会计核算中心三个党支部组织开展“双评双定”活动，落实10个创新项目。以党支部为单元，对照《党员“评星定格”十项标准》，开展“评星定格”活动4次，发挥正向激励反向监督作用，党员干部在理想信念、遵章守纪、履职尽责、服务群众等方面素质与水平明显提升。落实意识形态教育工作，落实网络意识形态主体责任，定期分析研判意识形态领域风险和问题，做好涉及意识形态领域的信访维稳、民族宗教、扫黑除恶、政治谣言等问题排查化解，教育引导党员干部提高政治站位，增强政治敏锐性，坚定理想信念，不忘初心、牢记使命。

【党风廉政建设】 开展违反中央八项规定精神突出问题专项治理，围绕“五个严禁”19个方面突出问题，开展自查自纠，责令9名责任人作出书面检查，追缴相应费用，对12名责任人在全系统通报批评。及时组织召开领导班子严格执行中央八项规定精神专题民主生活会，严肃认真抓整改，确保中央八项规定精神在财政系统落地生根。扎实组织开展扶贫领域腐败和作风问题专项治理活动，对照10个方面38个具体问题，自查自纠，制订整改方案和问题清单，开展整改落实。抽调人员组成3个检查组，对13个部门(单位)和4个乡镇的财政扶贫资金、“三公”经费、财政存量资金等管理使用情况进行重点检查,督促涉农部门主动公开涉农资金信息,确保各项扶贫资金安全规范高效使用。开展不准共产党员信仰宗教和参与宗教活动专项工作,与57名党员开展谈心谈话,与全体党员签订不信仰宗教和参与宗教活动承诺书。开展“干部作风转变年”活动,组织党员干部紧扣“六个方面”突出问题,开展“五对照五检查”,把问题查深、找准、摸透,共查摆问题78条,边查边改、立行立改,全面整改到位。开展“干部素质提升年”活动,采取八项措施,突出“党性锤炼、学习教育、补齐短板”等重点,提升党员干部的政治素质,思想素质,业务能力。

【精神文明建设】 选派两名副科级干部担任草庙乡张街村第一书记和驻村工作队员开展定点帮扶,全年筹措安排帮扶资金6.6万元,扶持发展村集体经济、开展群众文化活动,七一期间慰问10名困难党员。安排资金5000元,支持白阳镇南山村党支部开展党员培训。开展联户帮扶工作,坚持每个月最后一个星期五,组织88名干部职工深入16个村432户建档立卡贫困户,履行八项工作职责,宣传惠民政策,落实帮扶任务,做到对贫困户家庭人口、土地、房屋、饮水、劳力、收入等情况“一口清”。开展“财政法规政策宣传周”活动,设立法规政策咨询点3处,制作宣传展板8块,发放《财政法规惠民政策100问》《财政金融惠民政策宣传册》《金融扶贫农户金融知识手册》等1.5万册、《涉农补贴政策宣传资料》5万份。开展文明建设活动,举办全系统庆元旦、庆“三八”文体活动,组队参加第六届“财税工商金融杯”职工运动会。坚持对机关办公楼每天清扫,一周大扫,每月评比;对门前“三包”责任区和城区卫生责任区及时清理,创造干净整洁工作环境。

(任文娟)

税　　务

【组织收入】 全年组织入库税收收入7.59亿元,为年度计划任务7.2亿元的105.42%,增收1.04亿元。税收收入中,县级入库1.97亿元,为年度计划任务1.92亿元的102.6%,增收1744万元。组织社保费收入3.65亿元,增收4398万元。落实各项税收优惠政策,全年共为77364户次纳税人减免抵退税1.34亿元,政策红利充分释放。

【税制改革】 完成新税务机构挂牌、“三定”暂行规定落实、机构改革相关资料分类归档、召开机构改革专题民主生活会、党总支、各党支部改选大会及团支部、工会委员会、妇委会成立大会等重大改革任务,取得阶段性成果。推进依法治税,开展“七五”普法工作,干部网络普法考试合格率达100%。开展第27个税法宣传月、“12·4”宪法宣传日活动,全年共发放各种宣传资料1.2万份,发送涉税宣传短信1000条,现场解答税收业务及法律法规咨询500次,普法宣传取得良好效果。严守依法治税红线,年内行政处罚裁量基准执行率与行政许可办结率达到“双百”考核目标。按季开展税收执法督查,发现并纠正执法问题12类，追究过错责任人25人次，提升执法规范性。开展税制改革，做好环境保护税与水资源税征收工作，共入库环境保护税213万元，入库水资源税68.97万元。保持打击虚开增值税发票高压态势，共检查企业320户，补缴税款23.06万元。抓好个人所得税改革工作，与地方各部门建立工作协调机制，印制发放各类宣传资料1000份，组织自然人税收管理系统客户端、新税法、过渡期政策视频培训8次，完成122个行政事业单位信息采集，对全县929户企业税收管理系统升级，个税改革工作顺利实施。做好社保费与非税收入征管职责划转工作，随机选取20户企业进行社保费缴纳情况调查，掌握第一手资料。深化“放管服”改革，取消纳税人换证、验证和非居民企业认定3项业务124类1107种涉税资料，纳税人办税负担减轻。推行实名办税制度，采集纳税人信息302条，健全工商登记数据质量核对、信息传输通报机制，税收征管数据准确率提升。

【征收管理】 加强税收风险管理，四项风险考核指标均达到考核要求。强化征管质量监控，全年共接收区局下发错误数据375条，数据应对率、完整率、一致率及标准率均达100%，区局直考县局的8个数据质量指标始终走在全市前列。开展企业所得税汇算清缴，清缴税款9761.96万元。落实增值税新政策，为137户纳税人减税788万元。开展企业所得税高风险应对工作，补缴企业所得税115.86万元，加收滞纳金5.19万元。强化年收入12万元以上个人所得税自行申报管理，889人申报缴税901.73万元，增收691.3万元。加大信息保障力度，全年累计提交并解决金税三期系统运行中各类问题180个。

【纳税服务】 召开“问需求、优服务”纳税人座谈会及民营企业座谈会、开展纳税人“大走访”等活动，征求到纳税人对持续改进及优化纳税服务意见建议11条，在提升纳税人满意度工作上实现精准发力。开展“两会代表话春风”“纳税人开放日”“媒体记者体验行”“春风亮点”展示等主题活动，让纳税人认识新税务、理解新税务、支持新税务。开展纳税人培训辅导，先后为不同行业企业举办5期纳税人培训辅导，解决企业在日常生产经营中遇到的“痛点”“堵点”。开展委托邮政双代工作，邮政部门全年代开发票5940份，代征税款740.63万元。开展“最多跑一次”“全程网上办”服务，纳税人平均业务办理时间由原来的5分钟缩短到3分钟以内，全县一般纳税人网上申报率达95.5%，小规模纳税人网上申报率达97%。开展纳税人信用等级评定与结果运用工作，县局共有A级纳税人23户。拓展信用等级评价结果运用，举办“税企银”交流促进会，向10户小微企业、个体工商户代表颁发意向授信凭证，授信金额550万元，让纳税信用由“白纸黑字”变成“真金白银”。

【自身建设】 以争创全区基层党建示范点为动力，以党建促改革、以党建严纪律、以党建统全局、以党建谋发展，让力量在党旗下凝聚。建立党建工作落实“三个清单”，形成一级抓一级，层层抓落实工作格局。强化党建考核，综合运用“四重考核”机制，按日推进、按月汇报、按季督查、半年考核，把党建工作由“软任务”转化为“硬指标”。深入开展贯彻十九大精神、“‘三强九严’党的基本知识大学习”“不忘初心、牢记使命”等主题教育活动，深化机关党建“灯下黑”问题专项整治，查找并解决党建工作短板6项。落实“三会一课”、组织生活会、谈心谈话、民主评议党员、党组织换届和党务公开等制度，严肃党内政治生活。加强党风廉政建设，定期向干部微信群内发送廉政教育知识和警示教育宣传片，全面规范“两权”监督。开展群众评议机关作风活动，征求到意见建议32条并逐条整改落实。强化作风纪律督察，全年共督查32次，对28人次进行问责追究。运用监督执纪“第一种形态”，对1名服务态度存在问题的干部进行问责处理。开展“岗位大练兵、业务大比武”活动，选拔地方税业务骨干22人。加强精神文明和税务文化建设，组织举办“庆元旦”“迎新春”等一系列文体活动，干部队伍精神面貌焕然一新。持续强化绩效管理，加大对农村税务分局建设力度。助力脱贫攻坚，投入资金5.7万元，用于夏塬村基础设施建设、购买生产生活资料，争取项目补贴金额43.94万元、金融扶贫贷款300万元，支持帮助夏塬村发展特色种、养殖产业，“产业+扶贫”帮扶思路已见成效。

（王　杰）

住房公积金管理

【公积金归集及银行存款】　全年住房公积金归集11782.97万元，完成年计划12300万元的95.79%。住房公积金归集总额91683.43万元，归集余额为35482.56万元。银行存款为13731.07万元，其中定期存款为13500万元，活期存款为231.07万元。在非公有制企业中建立住房公积金制度2户，完成任务的66.67%。

【个人贷款及公积金提取】　全年共发放个人住房贷款201户6677.19万元，完成年计划4000万元的166.93%。累计发放3014户45768.69万元，贷款余额20692.09万元。共为1986人提取住房公积金9739.40万元，累计提取住房公积金32825.45万元。

【公积金管理】　加强《住房公积金管理条例》及相关政策宣传力度，完善缴存单位信息，规范单位职工信息资料，实现归集指标每年递增。新增开发绿都颐养健康城，续签秀水花园二期、东昂景苑两个楼盘，已签协议富阳花园、幸福城居住小区、绿都华府共六个楼盘，超额完成公积金贷款任务。对个贷分类实行动态责任管理，降低个贷逾期率，提高个贷质量。

（李世春）

金融保险

中国人民银行彭阳县支行

【执行货币政策】 做好货币政策和宏观审慎“双支柱”调控框架基础工作,加强宏观审慎评估政策宣传解读，对地方法人金融机构坚持按日监测分析流动性变化情况，按月分析评估指标变化，按季对彭阳县农村商业银行开展评估,对村镇银行开展预评估。做好辖内金融机构利率数据报备工作，确保及时准确报送数据。提高利率监测分析质量,加强各金融机构贯彻利率政策监督指导，提高差异化和精细化定价能力，督促金融机构严格落实有关利率政策及管理规定,引导民营、小微企业、精准扶贫贷款利率保持在合理水平。结合县域经济发展重点领域和薄弱环节及改善民生10件实事,综合运用窗口指导、扶贫再贷款等货币政策工具，引导金融机构加大金融支持力度，促进货币信贷和社会融资规模合理增长。全年各项存款余额65.42亿元,同比增加1.09亿元，增长1.69%；各项贷款余额42.50亿元，同比增加10.39亿元，增长32.35%，其中涉农贷款26.62亿元，占比为62.63%,有效满足县域经济发展金融需求。

【践行社会责任】 落实银川中心支行“1+7”政策方案,提升扶贫再贷款运用水平，突出精准施策,树立带动效应,助推县域贫困村脱贫摘帽。推广“信用+产业+金融”扶贫模式,重点探索出“两个带头人+贫困户”熟人带动模式、“涉农企业+贫困户”订单帮扶模式、“龙头企业+合作社+贫困户”全产业模式。全年发放涉农贷款26.62亿元,其中发放建档立卡户贷款13603户6.8亿元，户数占比85.25%。向“两个带头人”、种养大户、家庭农场、农民合作社、农家乐、涉农小微企业等新型农业经济主体发放产业扶贫贷款778户,余额4.4亿元。与团委、人事劳动、妇联等部门协作配合发放各类创业贷款,全年累计投放全民创业贷款405户0.81亿元,妇女创业贷款648户1.03亿元。

【维护金融稳定】 严格执行金融机构重大事项报告制度,提高金融风险预防和应急处置能力。推进金融机构评级工作,探索与存款保险、合格审慎评估、窗口指导等有效对接的方式方法。推进存款保险制度实施，加强投保机构风险监测与管理，严格辖内2家法人机构保费交纳基数核算,规范数据报送,确保存款保险数据信息报送准确性和及时性。以防范风险和加强法人监管为重点，对全县特定非金融行业反洗钱工作进行摸底调查,提高重点领域反洗钱监测成效。开展人民币反假、反诈骗、杜绝非集资方面金融知识宣传，提高城乡居民风险识别能力，从源头上遏制非法集资、网络诈骗等非法金融活动高发态势。

【金融管理与服务】 加强调查统计和分析研究工作，严格执行金融统计制度，做好标准化存贷款综合抽样、贷款流量等专项统计，提高统计数据质量,加强对县域机构的数据管理。提高调查研究和政务信息效率和层次，注重研究成果转化，为上级和地方政府部门提供信息决策参考服务。全年全行共发表调研文章及信息 20 篇(条)。改进支付结算服务和管理，开展优化企业开户服务工作。加强农村便民服务点建设，建成精品便民服务点 6 个。推广网上银行、手机银行、电话银行、自助终端、POS 机等电子支付工具使用，全年新增支付环境建设特约商户 893 户、ATM 机 67 台、POS 机 1084 台。履行好经理国库职责，重新修订国库制度,规范国库会计核算业务操作与管理，完成 TIPS 二代、预算收入退库、更正、免抵调库业务电子化上线工作，保证预算收支及时准确执行。全年共处理国库业务 92327 笔，其中预算收入 56036 笔，预算支出 13532 笔，预算收入退付 128 笔，更正调库 518 笔，其他业务 22113 笔，实现业务零差错。严格人民币账户和现金管理，加强货币舆情检测，通过微信上报舆情检测信息专报 3 篇。与市监局联合，对全县 5 家金融机构开展人民币鉴别仪专项检查，完成非法使用人民币图样抽样检查。开展人民币知识宣传培训工作，督促银行金融机构落实残损人民币首兑责任制，加强金融机构硬币自循环业务督促指导，举办人民币反假知识及机具培训班，开展反假币知识宣传活动。加强征信管理与服务，督促金融信用信息基础数据库接入机构增强征信信息安全管理意识，建立健全征信信息安全管理的体制和机制。加强征信宣传，率先在彭阳一中、职中和三小开展诚信文化教育基地宣传活动并挂牌。规范征信查询服务，做好个人及企业信用报告临柜查询服务工作，年内，个人征信报告查询 8582 份，企业信用报告 305 份。促进法治央行建设，推进金融消费权益保护工作机制和制度建设，完成辖区普惠金融发展调查工作，做好辖区金融消费者权益保护案例分析及报表。开展“金融消费者权益日”活动，推进依法行政和法律事务工作。

【内部管控】 修订完善支行公务用车、油卡管理、职工食堂管理等 5 项制度，层层签订工作目标责任书，落实领导责任、股室责任和岗位责任。完善内控制度和操作流程，严格执行制度，用制度管人管事。推进会计财务工作转型，提高财务预算科学性，把职工灶纳入大灶管理。加强协调沟通，主动对接，推进办公楼置换工作。强化督察督办，建立“大监督”工作机制，按季督促重大安排部署及重点工作计划有效落实。落实政务、行政值班制度，完善各项应急预案，加大监督检查力度，做好保密法制、应急管理、科技保障、信访、公文和档案管理等工作，实现全年安全无事故。

【党的建设】 层层签订党建工作目标责任书，根据中支党委和纪委下发的从严治党主体责任清单和监督责任清单，及时制定支行党组主体责任清单、纪检组、党支部和其他班子成员责任清单，明确责任主体、细化责任内容，做到把从严治党与从严治行相结合,把落实党建主体责任与履行央行职责相结合,把党的建设与业务工作同要求、同部署、同检查、同考核,形成党组书记亲自抓、班子成员和职能部门各负其责、一级抓一级、层层抓落实的党建工作机制,确保支行全面从严治党责任落地生根。配合银川中支巡视工作,针对巡视组提出的立行立改问题,旗帜鲜明讲政治,压实责任抓整改,做到在整改中完善,在完善中提高。

【党风廉政建设】 坚决执行中央八项规定精神、"十条禁令",密切关注"四风"新动态。利用党组会、党组中心组学习、党风廉政建设工作专题会议等,学习传达上级行关于党风廉政建设的新思路和新要求,部署安排党风廉政建设及反腐败重点工作。党组书记对重要工作亲自部署、重大问题亲自过问、重点环节亲自协调,班子其他成员能按照工作分工抓好职责范围内党风廉政建设工作。严明政治纪律和政治规矩,加强意识形态领域阵地建设,坚决落实意识形态工作责任制,确保党对意识形态工作的绝对领导。完成金融扶贫领域作风问题专项治理和员工涉金融行为风险排查工作,推进"不忘初心、牢记使命"主题教育和"作风改进年""金融为民"活动。在元旦、春节、国庆节等重要节点警示提醒,加强监督检查。对全行干部职工定期开展法制教育、廉政教育和道德教育,夯实干部职工廉洁勤政的思想道德基础,筑牢干部职工拒腐防变的思想道德防线。运用廉政(岗位)风险防控制系统推进廉政风险防控工作,加强对干部职工"八小时以外"管理,严防各类案件发生,保障基层央行干部职工勤政廉政。

【班子建设】 支行党组班子认真开展中心组学习,提高班子成员政治理论水平。严格贯彻执行民主集中制原则,落实党组议事规则,重大事项坚持会前沟通、个别酝酿,党组集体研究决定。事务性问题充分征求意见,自觉接受群众监督,通过行务会、行长办公会研究决定。对国家及上级行党委的重要决策部署或支行党组"三重一大"等重要事项都能够及时组织召开党组会议、行务会议以及职工大会,进行传达学习,全面落实。班子成员工作上充分发扬民主,生活上互相关心,作风上不搞亲疏,拧成一股绳,心往一处想,劲往一处使,形成"合心、合拍、合力""风清、气正、劲足"良好氛围。

【干部学习教育】 加强对职工理想信念教育和岗位培训,深入学习党的十九大精神和习近平新时代中国特色社会主义思想。购买《习近平新时代中国特色社会主义三十讲》等学习辅导书目,开展"两学一做"学习教育知识测试、观看《厉害了,我的国》等影片,邀请联系行领导和党校教授开展专题讲座。用习近平新时代中国特色社会主义思想武装全行职工头脑,增强全行职工"四个意识",坚定"四个自信"。制订《2018年职工学习教育培训方案》,搭建定期学习交流平台,形成领导干部重视学习、带动职工主动学习、营造全体职工热爱学习的良好局面。通过实践锻炼推动干部职工掌握科学的工作方法,实现全行干部职工理论水平和业务技能双提升,努力造就一支业务熟练、作风优良、思想过硬的干部队伍。

（马西宁）

中国农业银行彭阳支行

【脱贫攻坚】 坚持“面向三农、服务城乡”，坚定脱贫攻坚金融服务。全年发放畜牧养殖业贷款3313户17704万元，其中发放养殖业贷款2492户12994万元，支持养牛2163户11236万元、养羊241户1219万元、养猪（鸡）等其他特色养殖88户539万元。发放种植业贷款821户4710万元，扶持经济林等种植495户2995万元、地膜玉米（小秋杂粮）种植255户1307万元、万寿菊、蔬菜、烤烟等其他种植71户408万元。发放建档立卡精准扶贫贷款1808户8784万元，其中养殖业1445户6966万元，支持养牛1245户6004万元、养羊158户749万元、其他养殖户42户213万元；支持种植业363户1818万元，支持经济林种植161户833万元、地膜玉米、小秋杂粮种植96户470万元、药材、蔬菜、万寿菊等其他种植106户318万元。

【服务民生】 为城乡居民发放个人经营及消费贷款7200万元，经营贷款主要解决城乡居民自主创业致富资金需求，消费贷款主要解决党政机关、企事业单位干部职工购买大额消费品、房屋装修等资金需求。发放个人按揭贷款18128万元，重点支持富阳花园、绿都花府、幸福城、秀水花园等住宅区居民购买房屋资金需求。

【渠道建设】 “惠农通”助农取款服务点、POS机具等289户，在白阳镇玉洼村、任湾村，王洼镇李岔村，冯庄乡冯庄村新增金融扶贫示范村4个，安装转账结算支付机具4部，手机银行12600户，乡镇、村覆盖率均达100%，为乡村群众日常生产经营结算、小额取款、学生汇寄生活费、缴纳手机费、发放农户小额贷款提供便捷金融服务。

【机构组成】 现有在岗员工55人，其中女员工18人。设置综合管理部、财会运营部、客户部、风险管理部4个机关职能部门，支行营业部、城区支行两个营业网点，彭阳西门自助银行一个离行式自助服务银行。

（马国林）

中国建设银行彭阳支行

【存款业务】 年内一般性存款余额148081万元，时点比年初新增2762万元，完成计划任务26.87%，日均比年初新增-8871万元，完成计划任务-130.16%。其中对公存款余额83915万元，时点比年初新增-2394万元，完成计划任务-47.89%，日均比年初新增-13719万元，完成计划任务-457.32%；个人存款余额64166万元，时点比年初新增6129万元，完成计划任务97.66%，日均比年初新增4849万元，完成计划任务127.10%。

【贷款业务】 全年各项贷款余额82389万元，较上年增加39771万元，完成计划任务698.96%，其中公司类贷款余额70221万元，占比85.23%，较年初增加32937万元，完成计划任务5489.50%；个人类贷款余额

12168万元，占比14.77%，较年初增加6834万元，完成计划任务227.80%。个人住房再交易贷款累计发放52笔，发放金额1270万元；网上融资信用贷款累计发放540笔，发放金额2289万元；个人精准扶贫贷款累计发放407笔，发放金额2006万元。

【中收业务】 实现中间业务收入255.57万元，完成时点计划420万元的60.85%。

【不良贷款】 不良贷款余额（含个人信用卡透支）35.59万元，较年初减少4863.76万元，贷款不良率0.03%，其中个人类不良贷款9.92万元；个人信用卡透支25.67万元。

【电子银行业务】 个人网上银行客户37524户，比年初新增5418户，同步率89.72%，渗透率56.29%；企业网上银行客户607户，比年初新增147户，存量客户活跃率达47.74%；个人手机银行客户36234户，比年初新增5816户，活跃客户比年初新增1484户，完成计划任务123.67%，同步率90.22%，渗透率54.20%，激活率41.45%，存量客户活跃率13.06%；个人短信银行客户43424户，比年初新增4877户，完成计划任务203.21%，同步率88.97%，渗透率64.46%；个人电话银行客户45046户，比年初新增6522户，同步率89.79%；微信银行客户6142户，比年初新增1100户，完成计划任务91.67%。彭阳支行移动金融交易量占比88.19%，较年初提升15.11%；悦龙新区支行移动金融交易量占比73.63%，较年初提升22.92%。

【信用卡业务】 信用卡客户数6574户，年净增客户1142户，完成计划任务79.03%；信用卡活动客户数5214户，年净增客户916户，完成计划任务84.52%；累计发卡8230户，年净增1807户；收单商户数212户，年新增114户，年净增89户，完成计划任务202.27%；信用卡分期额当年新增2435万，完成计划任务78.55%，其中一般分期当年新增830万；专项分期当年新增1605万，完成计划任务114.64%。

【个人客户】 全量个人客户70420人，比年初新增4404人；有资产客户52307人，较年初新增5016人；有效客户15429人，较年初新增1422人，完成计划任务142.20%；折数后个人有效客户40293人，较年初新增5452人。

【新型业务】 ETC客户592户，完成计划任务43.85%；龙支付客户累计开户3445户，完成计划任务91.87%；聚合支付商户19户，活跃商户11户；慧兜圈商户107户，比年初新增75户，完成计划任务93.75%；悦生活云平台客户3户，比年初新增2户，完成计划任务100%；善融商务入驻客户2户（实现善融商务交易额5.63万元元），善融商务个人有效卖家209户。

【会计核算】 全年发生一般性差错4笔，其中彭阳支行3笔，9个月实现零差错；悦龙新区支行1笔，11个月实现零差错。

【管理服务】 通过强化服务质量，以市场为导向、以客户为中心，从员工主动问候、礼貌送别、双手递送等服务规范、动作入手，统一员工着装，向客户展现建行统一服务形象和良好服务风貌。通过业务培训提升员工业务熟练度，准确为客户答疑解惑。做好基础服务设施维护，提升客户体验度。在区分行服务检查中，取得市分行第二的好成绩。先后荣获总行“聚合支付拓展先锋网点”“优秀县域网点”、区分行“对公业务引导先锋奖”“小微快贷专项营销网点争先奖”“资金结算业务优胜网点”等荣誉，悦龙新区支行荣获区分行“对公存款业务拓展营销优胜网点奖”。

【企业党建】 认真学习贯彻习近平新时代中国特色社会主义思想及党的十九大精神，以永远在路上的执着把全面从严治党、从严治行引向深入，推进“两学一做”学习教育常态化制度化，牢固树立“四个意识”，坚定“四个自信”，学深悟透，领会实质，学以致用。突出政治站位，把党的政治建设放在首位，严肃党内政治生活，督促党员干部加强党性锤炼，提高政治觉悟和政治定力。严明政治纪律和政治规矩，对“七个有之”问题高度警觉，净化党内政治生态，强化监督执纪问责，协助党委加强政治生态建设。突出“一岗双责”，强化全面从严治党责任落实，对照市分行下发的任务清单，明确责任人狠抓落实，将全面从严治党责任细化为工作任务，分解落实。形成以一把手为点、班子成员为线的责任落实体系，确保各项任务落到实处。

【党风廉政建设】 坚持纪检监察工作政治方向，聚集主责主业，严肃监督执纪问责。发挥探头作用，对一些苗头性倾向性问题及时开展提醒、谈话等，做到抓早抓小，防微杜渐。加强发现问题敏感性和移交问题主动性，通过积分、提醒谈话等方式处理。落实中央扫黑除恶专项工作，将扫黑除恶与反腐败结合起来，将干部员工涉黑涉恶问题作为腐败问题重点，加大执纪问责力度，推进问责全覆盖，对腐败问题零容忍。开展信贷领域腐败问题专项整治，对信贷领域以贷谋私、损公肥私、内外勾结等腐败问题出重拳、下重手。组织信贷条线相关人员签署《信贷领域腐败行为专项整治承诺书》，以向信贷客户送达廉政建设告知书和对重点信贷客户进行回访形式开展信贷客户廉政回访。毫不动摇落实中央八项规定精神，持之以恒纠正“四风”，加强对干部员工廉洁教育和党纪教育，坚决制止员工经商办企业、与信贷客户和供应商发生资金往来等违规行为，抓早抓小，立行立改，不留死角。

（晁周铎）

宁夏彭阳农村商业银行股份有限公司

【经营指标】 年内各项存款285061万元，比年初增加5497万元，增幅1.96%，其中对公存款余额123380万元，比年初减少8544万元，增幅-6.47%；个人存款余额161681万元，比年初增加14041万元，增长9.51%。存量及增量占比均在全县金融机构中列首位。各项贷款238029万元，比年初增加41346万元，增长21.02%，贷款客户量22070户，较年初新增2867户，增长14.92%；涉农贷款余额

174339万元,涉农占比73.24%;金融扶贫贷款8470户40856万元,较年初新增890户10462万元;小微企业贷款余额45723万元,实现净利润3893万元。

【服务"三农"】 推进普惠金融工程建设,开展金融精准扶贫,创建10个金融扶贫示范村、2个金融扶贫示范乡镇、32个扶贫产业合作社、502户致富带头人、5家龙头企业。坚持金融扶贫与"全民创业"相结合,累计投放全民创业贷款2897户19085万元、妇女创业贷款3193户15382万元,累计支持6000户农民实现创业梦想。坚持金融扶贫与支持小微企业发展相结合、与"业务创新"相结合,发放农户住房按揭贷款367户3950万元;发展"随薪贷"客户2266户,授信29075万元;发放农户农机抵押和农机按揭贷款134笔1712万元,带动全县1000人走上脱贫致富之路。坚持金融扶贫与产业发展相结合,推进县域优势产业发展。全年发放富农卡8110张,授信46449万元;发放富民卡2858张,授信41251万元。发放草畜贷款15877笔80179万元、"林果贷"2963笔23645万元、蔬菜大棚抵押贷款221笔752万元、中药材种植贷款497笔2797万元、万寿菊种植贷款67笔626万元、中华蜂养殖贷39笔338万元、生态鸡养殖贷款101笔1076万元、小秋杂粮种植贷款169笔607万元。发展电子银行业务,在现有12家营业网点基础上建成离行式自助网点5个,安装、布放自助柜员机33台、便民服务终端35台、电话转账结算终端163台、POS机545台,自助免填单系统12台、移动营销终端12套,签约网上银行客户2699户,手机银行客户21527户,在冯庄乡小园子、古城镇高庄村、交岔乡、小岔乡、王洼镇石岔村等金融服务空白乡镇新设便民助农服务取款点5家,使各项金融服务100%覆盖全县12个乡镇156个行政村。

【内控管理】 将各项经营活动置于制度约束与控制之下,法人治理结构完善,经营管理科学规范。制定和修订各项制度,将各项经营活动及时置于制度约束之下,提高经营管理科学化、规范化水平。开好每次董事会,定期通报工作情况,会前下发审议内容,使每个理事和列席人员熟悉、掌握农商行业务发展和经营管理情况,做到情况清楚决策明白。

(周天鹏)

中国邮储银行股份有限公司彭阳县支行

【企业融资】 加强银政、银企合作,拓宽投融资渠道,提高投融资水平。走访政府部门、中小微企业,寻求合作与支持。通过降低贷款利率、放宽贷款年限、提高办理效率,服务地方经济社会发展。全年支行各项贷款余额2.07亿元,较年初增加5661万元,支持彭阳县经济社会发展。吸收政府部门存款与社会公众存款,做好服务与对接,赢得客户满意与认可。

【金融扶贫】 将金融精准扶贫作为重中之重,抽调业务能力强、综合素养高的干部职工投入到扶贫领域。开设绿色通道,专门受理建档立卡户的贷款咨询及事项,为客户办理业务,及时为贫困群众发放致富创业启动资金。全年新增精准扶贫贷款 1282 万户 7862 万元,累计发放精准扶贫贷款 3653 户 19122 万元。

【改革创新】 以信贷支持为突破口,实现“带动一个扶贫主体、带活一片贫困户”效果。通过资金支持、金融知识普及,形成金融聚集效应,农户对养老、保险、理财等金融产品由抵触变为主动接受、自发购买,为群众自身多一份保障,也为群众实现“钱生钱”等投融资活动拓宽渠道。

(张　龙)

中国人保财险彭阳支公司

【保险收入】 全险种实现保费收入 5800 万元,同比增长 35%,增量保费 1600 万元,其中车险保费收入 2891 万元,同比增长 33%;农险保费收入 2379 万元,同比增长 35.8%;意外险保费收入 200 万元,同比增长 20.65%;责任险保费收入 163 万元,同比增长 108%;企财险保费收入 0.68 万元,同比增长-67.8%;家财险保费收入 1.02 万元,同比增长-60.89%;货运险保费收入 0.42 万元,同比增长-52.27%。

【赔付情况】 全年共结案 1925 件,赔款共计 1936 万元。

【车险业务】 全年公司共承保各类机动车辆 7625 辆,同比增加 13.08%,其中家用车承保 4860 辆,同比增长 10.68%,保费占比 34.32%;营业性货车 1374 辆,同比增长 18.02%,保费占比 51.78%;非营业性货车及党政机关车辆 1196 辆,同比增长 16.81%,保费占比 6.8%;其他车辆 195 辆。

【公司管理】 组织员工和党员认真学习党的十九大精神和习近平新时代中国特色社会主义思想,学习上级公司文件,提高党员和普通员工的政治觉悟。印发《劳动纪律管理办法》《环境卫生清理制度》《公司晨会、部门例会制度》《财务管理制度》《党支部学习制度》等,在劳动纪律方面严格要求员工,通过晨会、部门例会制度传递正能量,宣导爱岗敬业意识,通报业务发展情况,鼓励、鞭策员工。利用晨会和周五员工大会,做好宣导教育工作,提高员工大局意识和责任意识。

(郭　箐)

中国人寿保险彭阳支公司

【保费收入】 全年实现保费收入 7010 万元,其中大期交实现保费收入 1670 万元,上年同期 1950 万元,同比负增长 14.59%;十年期保费收入 553 万元,上年同期 293 万元,同比增长 87.39%;大标保实现保费收入 770 万元,上年同期 669 万元,同比增长 15%;大短险实现保费收入 1874 万元,上年同期 1184 万元,同比增长 58.28%;续期保费收入 3464 万元。

【个险业务】 全年实现首年期交保费

1337 万元,完成年度预算指标的 113%;实现十年期以上期交保费收入 627 万元,完成年度预算指标的 72%; 实现标保保费收入 682 万元,完成年度预算指标的 129%;实现短险保费收入 216 万元, 完成年度预算指标的 175%; 实现保障性产品保费收入 503 万元, 完成年度预算指标的 138%, 整体完成率在全区排名第一。

【银保业务】 银保渠道实现首年期交保费 237 万元,完成年度预算指标的 103%;实现标保保费收入 88 万元, 完成年度预算指标的 108%; 实现短险保费收入 48 万元,完成年度预算指标的 161%, 整体完成率在全区排名第三。

【团险业务】 全年指标 980 万元, 达成 160959 万元,达成率为 164%,上年同期 695 万元,同期增长 131%,其中扶贫保 442.6 万元、爱妮保 10 万元、百姓保 9 万元、金盾保 16.3 万元、员福计划及其他 195.82 万元、信用保 103 万元、夕阳保 110.87 万元、商业健康保险 723 万元。整体完成率在全区排名第一。

【社会责任】 参加社会公益活动,履行社会责任。全年赔款金额达 1900 万元,发挥保险风险补偿作用。向 12 个乡镇 88 个村级行政村卫生室捐赠电脑 88 台, 价值 25.344 万元;向县慈善总会捐赠现金 1 万元,用于慈善事业;向县残联捐款现金 1 万元,助推残疾人事业发展;支持小岔乡产业扶贫资金 30 万元;每逢重大节日,走访慰问“五保户”“困难户”“低保户”,向他们送去节日的问候。联合县妇联举办“妇女健康”“家庭婚姻”“和谐家庭”等讲座,组织公司妇女参加县妇联组织的各项活动(“三八” 妇女节运动会、“两癌”筛选排查、各种技能培训等)。全年提供就业岗位 500 个,缓解全县就业压力。

【队伍建设】 有正式在编职工 12 人,其中男职工 7 人,女职工 5 人。内设客服部、综合部、个险销售部、银保部、团险部等部门。全年实现个险、银保、团险三支销售队伍在册人员 513 人, 个险有主管 54 人、 经理 8 人;银保有主管 2 人;团险有兼职讲师 2 人、综拓专员 2 人。

【文化建设】 重视员工及销售人员成长,搭建展现自我平台,组织参加分公司开展的摄影、朗读、演讲、业务知识竞赛等,提高公司人员综合素质及业务技能。成立礼仪团队、表演团队,举办趣味运动会、亲子运动会、元旦晚会、环卫工人联谊会、健康知识讲座、户外团康活动等,丰富公司人员日常文化生活。宣导防范和处置非法集资治理、销售误导及打击洗钱犯罪, 加强诚信教育、合规经营,利用“金普月”向员工、销售人员及广大群众普及金融保险知识,提高社会公众防范风险意识。

(梁 瑾)

商　业　贸　易

粮油供销

【粮食安全省长责任制考核】　落实粮食安全工作行政首长责任制，成立考核工作领导小组，召开联席会议，层层细化分级考核办法，相关部门及时跟进，合力推进责任制落实。完成2017年度粮食安全省长责任制考核自查工作，经自治区人民政府审定，2017年度粮食安全省长责任制考核为优秀等次。开展2018年度粮食安全省长责任制考核工作，召开专题会议，细化分解自查任务，规定时限要求，建立责任制，确保按期完成考核工作，保障县域粮食安全。

【流通市场监管】　对全县30家粮食经营者粮食收购许可证进行审核换证，其中国有粮食企业5家，社会粮食企业和个体经营者25家，确保经营者资格合法合规。组织相关人员，深入有存粮的3个粮库、3个粮站，对库存粮食开展检查，做到底数清、情况明，粮食库存账实相符、质量安全、数量真实。在元旦、五一、国庆等重大节日，组织粮食、农牧、市监等职能部门开展粮食流通市场专项联合执法检查6次，累计检查企业83个次，维护粮食市场规范运营。开展流通统计调查，实行专人负责制，对纳入统计范围内的30家涉粮企业经营粮油购、销、存数量进行统计调查。深入全县3个乡镇30户种粮农户进行分点采样，分类监测，逐级上报数据。完成当年3万亩“订单粮食”收购任务。加强市场粮情监测，实施定点定人机制，确定1家粮油加工企业、3家非国有企业、3家国有粮食购销企业为定点监测点，在白阳镇、古城镇、王洼镇建立40户粮油种植产量监测调查户，主要监测当地小麦、玉米等原粮和成品粮油购、销价格，每周五上报价格监测数据，提出预警建议。按月编发《粮油价格及走势》，及时反映价格变动情况，靠前指导市场经营，维护粮油市场价格稳定。

【放心粮油配送】　发挥国有粮食企业市场主渠道作用，组建国有放心粮油配送中心1家、放心粮油店7家，应急网点12个，扩大放心粮油配送占有率。完善放心粮油店管理办法，组织相关人员不定期对放心粮油店的产品质量、QS认证、生产日期及保质期等指标检查，确保粮油食品安全，企业诚信经营。建立以乡镇库（站）为依托，县、乡两级配送网络为载体，党员带头配送为保障的放心粮油配送机制，以民政救灾物资供应为契机，开展“放心粮油配送”工作六进（进农村、进企业、进餐馆、进矿区、进社区、进学校）。全年共配送“放心粮油”50万公斤。

【“大农户”科学储粮】　“大农户”科学储粮专项建设工程是国家和自治区、市政府为保障粮食安全,贯彻落实粮食安全省长责任制、服务社会主义新农村建设的重要举措。自治区粮食局将250万元500套钢骨架玉米仓建设项目任务安排到彭阳,由宁夏虹晟农业机械有限责任公司制作,已发放到户,有效减少农民储粮损失。

【《粮食志》编修】 组织专门力量,确定专门人员,按照编撰提纲,集中续修《宁夏粮食志》,内容包括1991—2018年以后粮食部门机构设置、粮油购销、粮油市场、粮食企业、粮食管理、人物等,年底已将续编的《彭阳县粮食志》资料上报市粮食局审核。

【爱粮节粮宣传】 开展绿色科技活动周及世界粮食日宣传等活动,组织粮食、农牧、发改、妇联、教体等部门,联合开展以"发展粮油科技增加优质产品,保障粮食安全""端牢国人饭碗,保障粮食安全"为主题的宣讲活动,采取悬挂横幅、发放宣传资料、现场讲解等方式,实现宣传活动"进农村、进社区、进学校、进企业、进商场"五进活动,累计悬挂横幅5条,发放宣传材料2000份,现场讲解4次,接受市民咨询500人次,联合县五小负责人为200名小学生现场宣讲粮油安全知识,增强节粮爱粮意识。

【驻村扶贫工作】 选派优秀年轻干部到小岔乡耳城村任第一书记,驻村开展扶贫工作。筹措1万元驻村扶贫工作经费,联系帮扶种植红花等经济作物350亩、万寿菊117亩,养殖牛87头、羊157只、月子鸡9700只、生猪106头,帮助实施县内外移民搬迁22户。七一前夕,慰问困难党员16户,送去党和政府的温暖。

【国有粮食企业运营】 围绕"两个体系"建设(以现有粮库为载体的粮食购销和应急保障体系、以县级农贸市场为主体的商贸流通服务体系),整合资源、盘活资产、创新经营、科学管理,企业转型发展稳步推进。以白阳、古城、王洼3个镇粮库为载体,将275吨应急成品粮油分别集中储备在3个镇粮库,实行挂牌监管、按量补贴、加强管理,提升应急保障能力。主动开拓市场,敞开收购农民手中余粮,掌握优质粮源,提高购销总量。年内共收购各种粮油26705吨(其中非国有粮食购销企业26233吨),销售各类粮油27067吨(其中非国有粮食购销企业26517吨),保护种粮农民利益,发挥市场主渠道。发挥粮食企业县、乡网点健全作用,开展库房租赁、小杂粮加工等一系列经营活动,经营收入达10万元。筹资300万元,鼓励支持30名职工进行自主创业,经营收入13万元以上,实现利税5万元。组织相关部门对2016年实施的5000吨"危仓老库"维修改造项目"回头看"。筹资20万元对消费管道和二楼线路进行全面升级改造,将好又多商贸有限责任公司纳入市场经营管理,提升市场服务功能,增大商贸流通规模。

(韩玉礼)

供销合作

【概　况】 全年实现销售收入5090万元,同比增长8%;实现利润16.5万元,同比增长 8.5%;资产负债率 62%,同比上升 2 个百分点。年末有职工 187 人,其中在册职工 62 人,离退休职工 125 人。

【供销社改革】 召开供销合作社二届二次理事会,制订《彭阳县供销合作社 2018 年"两个体系"建设方案》,建立社有资本经营预算制度,加强社有资产监管,注重风险防控。县联社资产运营管理中心履行出资人职责,在全系统开展清产核资,统筹运营县域内供销合作社资产,完成供销集团 3000 万元资产划转工作。清理注销昊瑞资产公司、禾润种业公司、农副公司。完善管理体制机制,理顺联合社与集团公司、集团公司与子公司产权关系,推进集团公司规范经营管理。提升古城、新集、城阳 3 个基层社改革试点工作,完成草庙、王洼 2 个基层社改革。推进基层组织创新,城阳现代农业综合服务中心投入运营。

【农资经营】 构建"配送中心+农业新型经营主体"农资供应网络,抓好农资储备,开展总经销、总代理。依托 9 家基层社、10 家综合服务社和 41 家村电商服务店,加强与农民专业合作社、家庭农场、种植大户零距离对接,开展农资商品连锁配送经营。依托现代农业综合服务中心建设,开展农资供应、供测土配肥、统防统治、农业机械、新品种推广、农技培训等农业社会化服务,利用乡镇集市日开展农业科技、病虫害防治、农资质量等知识宣传,发放各类农业科技资料 4500 份。配合市场监督部门加强农资质量市场管理,重点做好供销社系统经营化肥、种子、农药等农资商品的经营备案、销售记录,执行农资"一账通",规范经营,维护农资市场秩序。全系统销售化肥 3 万吨(其中有机肥 3000 吨)、玉米种子 127 吨,农资市场占有率达 85%。

【农产品营销】 完善"553"营销机制,定制"彭阳辣椒"包装箱 10 万个,专用包装袋 30 万条。采取"互联网+企业+合作社+农户"销售模式,实行"零利润、零费用、零距离"跟踪服务,开展农产品农超、农市、农校等多产销对接活动,加强与郑州、长沙、成都、西安、兰州、杭州、广州、深圳等市的蔬菜市场联系,实现以辣椒为主的蔬菜销售 6 万吨(其中供港蔬菜 5000 吨),完成任务 100%,实现销售额 1.02 亿元。受彭阳县人民政府委托托管红河镇红河村占地 364 亩高标准智能化日光温室 104 栋,与宁夏京宁盛宏农业科技开发有限公司和宁夏东昂农业科技有限公司签订《彭阳县红河现代农业园区租赁经营合同》,发挥引进企业资本、技术、市场等优势,推动彭阳果品、蔬菜等特色农业向产业化发展。

【亮点工作】 引进彭阳县壹珍药业公司、北京恒润泰和健康科技有限公司、固原杏林药业有限公司 3 家中药材龙头企业,引领农村合作组织 22 家,推行"公司+合作社+基地+农户"订单中药材生产,培育以黄芪、黄芩、党参、红花为主的四大主推品种,以板蓝、芍药、柴胡等传统品种为补充的中药材产业。在城阳、孟塬、草庙、冯庄、小岔 5 个乡建成中药材种苗繁育基地 2500 亩、500 亩以上中药材示范基地7个、1000亩以上中药材示范基地4个、100亩以上中药材种植基地51个(其中村集体经济组织29个),引领全县12个乡镇因地制宜发展中药材产业,示范带动1100户(其中建档立卡户668户)农民种植中药材4.1万亩,实现年户均中药材收入5000元。

【日用品供应】 完善日用工业品销售网络体系建设,在建设新集、古城、王洼3个日用工业品超市的基础上,争取项目支持,新建草庙日用工业品超市,构建县有配送中心、乡镇有超市、村有农家店"三位一体"农村现代经营网络,改善农村消费环境,提高农民生活质量,使当地农民群众在家门口就能享受到和市民一样的现代服务。全年实现销售日用工业品3800万元。

【项目建设】 实行项目兴社战略,整合资源,采取"龙头企业+基层社+合作组织"建设模式,投资850万元,建设草庙现代农业综合服务中心,项目占地10702平方米,建筑面积3130平方米,其中农产品展示中心530平方米,电子商务、资金互助中心等多功能服务设施550平方米,农资农产品物流配送中心1100平方米,仓储库950平方米,硬化场地7572平方米,购置农机具11台。依托综合服务中心开展农资供应、代耕代种、统防统治、金融服务、农民培训、农产品交易及仓储等综合服务。项目建成后年调运、收购、存储、销售玉米、小麦、小杂粮、中药材等农产品及农资1万吨以上,可实现销售收入约1500万元,解决就业岗位约50个,带动种植户约600户,助农增收约240万元,为促进一、二、三产业融合发展发挥助推作用。

【基层组织建设】 依托现代农业服务中心项目建设,推进基层社改造升级,完善红河、新集、古城、城阳、白阳镇现代农业综合服务中心功能,开展农资供应、农产品营销、日用品销售、合作金融、农民培训、信息咨询等农业社会化服务,搭建生产合作、供销合作、信用合作"三位一体"现代农业综合服务平台。按照"强化合作、农民参与、为农服务"要求,重点培育蔬菜、中药材等产业专业合作社,通过股权对接、组织对接、项目对接、服务对接推动专业合作社扩量提质增效,开展示范专业合作社建设。提升县、乡镇级专业合作社联合社12家,带动专业合作社75家,入社社员5100人。以"供销e家"彭阳县运营中心为依托,完善41家村电子商务服务店服务功能,组织培训村电商服务店人员41人次。开展"供销e家"彭阳土特产馆线上运营,展示彭阳土特产品81个,实现网上销售12万元,形成网上交易、仓储物流、终端配送一体化经营,实现线上线下融合发展。完善农村合作金融服务,县汇合农民专业合作社联合社资金互助中心融资127万元,月利率6‰,为33家农民合作社累计发放小额贷款442万元,支持专业合作社发展产业。

【扶贫帮扶】 调整扶贫帮扶工作领导小组,建立分工责任制,制订扶贫工作方案,选派2名党员干部分别担任村第一书记和工作队员,驻草庙乡新洼村开展帮扶工作。组织县联社机关12名干部职工到孟塬乡何岘村、高岔村开展联户帮扶工作，宣传扶贫相关政策，协助草庙乡新洼村“两委”做好菜川、井岔1500亩地膜玉米，陶涂1000亩马铃薯旱作农业示范点，陶涂、新庄360亩万寿菊种植，引导群众发展脱贫产业，增收致富。筹措30000元支持新洼村发展万寿菊等产业，增加村集体经济收入；筹措10480元支持孟塬乡何岘村、高岔村60户建档立卡户种植万寿菊增加收入。开展送温暖活动，筹措7500元慰问新洼村、高岔村、何岘村困难党员、困难建档立卡户及现役军人、重点优抚对象等31人次。

【安全生产】 落实安全生产“党政同责、一岗双责、齐抓共管、失职追责”责任，坚持“谁主管、谁负责”“管行业必须管安全、管业务必须管安全、管生产经营必须管安全”原则，组织员工学习《安全生产法》及相关法律法规，完善安全生产各项管理制度，制定《安全生产“一票否决”实施细则》，建立健全安全生产责任制，调整安全生产委员会组成人员及职责，与社属企业、基层社签订安全生产责任书，开展“安全生产月”“安全生产万里行”“百日安全专项整治行动”活动，开展重大节假日专项检查，加大对系统各类安全事故隐患排查力度，发现隐患及时限期整改，确保全系统安全无事故。全年开展安全生产大检查8次、安全生产督查4次，下发整改通知4次，通报4次，全部整改到位，安全形势稳定，未发生一起安全事故。

【信访维稳】 调整信访工作领导机构，完善信访制度，实行领导干部每日接访制，建立登记台账，强化排查、调处、稳控力度，对系统内不稳定因素随时加以掌控。开展矛盾纠纷“大调解”，及时化解矛盾纠纷，按时办结县信访部门交办、转办信访案件。全年接待来人来访4人次，化解调处矛盾问题4件，调处率达100%，未发生一起群体性上访事件。

【工会工作】 依托职工书屋、职工活动室，加强职工文化教育，开展元旦、“三八”等重要节日文体娱乐活动，丰富职工业余文化生活。开展健康促进企业创建活动，关爱干部职工身心健康。开展送温暖活动，在元旦、春节、建党节期间慰问重病职工、困难党员、职工遗属等30人，送去慰问金12200元，帮助解决实际生活困难。

【人才队伍建设】 实行人才兴社战略，完善人才引进机制，充实县联社机关队伍。社属企业向社会公开招聘专业人员1名。加大对干部职工的培训，举办安全生产、“七五”普法等培训班10期，培训人员200人次。筹措8.8万元，组织县联合社机关、社属企业、基层社、行业协会、合作组织人员参加由全国总社、区社、市社等单位举办的各类培训班，提高干部职工政治、业务水平和工作能力。

【行风建设】 开展“干部素质提升年”“干部作风转变年”活动，倡导干部职工每月读一本好书，撰写一篇学习心得体会，做一次学习交流活动。推进供销合作社文化建设，弘扬“扁担精神”“背篓精神”等优良传统，发出供销社好声音，树立供销社好形象，推动供销社新发展。规范供销合作社门牌匾标志，更换单位门牌10幅，更换办公室牌20幅。严格执行“一把手五不分管”规定，层层签订经营目标责任书，实行半年一考核，年终兑现奖惩，推动工作。健全干部作风考核评价机制和民主决策机制，畅通职工群众诉求反映渠道，固化行风建设成果。加强作风建设，推进社会主义核心价值观教育，提高干部职工思想道德素质和工作执行力。

（杨化军）

烟草专卖

【营销网建】 全年实现卷烟销量5359箱，同比减少14箱，完成全年目标5600箱的95.7%；实现销售收入14013万元，同比增长2.7%；实现毛利3025万元，同比增长3.0%；实现卷烟单条值104.6元/条，同比提高3.1元/条；社会库存监测量为323箱，户均92条，存销比0.59。坚持品牌宽度管理，按月设置上柜率目标，持续引导终端上柜，促进品牌培育目标达成，年内实现品牌宽度43.7个，同比增加6个；三类烟累计销量1693箱，同比增长4.4%；重点品牌销售比重83.2%，同比持平；细支烟销售占比为5.6，同比增长1.8%；新品、订制烟实现销量282.6箱，比重为5.3；云产烟销量559.9箱，同比增长11.1%。提升终端建设质量，全年客户户均获利2348元；盒包主导改造面达到36.4%；自律互助小组建设面达到77.3%；客户毛利率为14.47%；建设现代终端144户，占总户数的16.3%；便利店类客户45户，比重为5.1%。

【专卖管理】 开展“违法违规卖烟大户”“百日严打”“雷霆行动”市场监管专项治理行动，利用“1·1”“3·15”等主题宣传日、“自律互助小组”对卷烟打假举报宣传，全年共查获各类涉烟违法案件66起，其中未在当地烟草批发企业进货案件18起，查获违法卷烟7.42万支，案值6.9385万元；查获销售非法生产的烟草专卖品案件48起，查获假烟9.36万支，案值20.6645万元。全年上缴罚没款6539.4元。实行“五日”办结制和《固原市烟草制品零售点合理布局规划》，依法进行许可证受理、审核、发放、延续、停业、注销等工作，全县有持证经营户967户，年内共新办证72户，不予许可4户，延续6户，歇业67户、注销69户、停业72户。落实内部监管主体责任，在烟叶种植监管上，从育苗源头到烟苗发放，再到种植面积核查，全程监督，保障烟叶生产经营规范有序。

【基础管理】 落实“三级”烟草工作会议精神，明确创建目标任务，年度25项部门级质量目标除年度指标外全部达成。深化精益改善，对《如何提高卷烟零售户基础信息知晓率》《提高农村客户进销存系统的使用率》QC课题撰写结题报告。利用“一点课程”“自主改善”“A3报告”“红牌作战”等方式对存在问题整改，使精益工具得到运用。落实安全值班“双岗制”，开展各类安全培训，落实安全检查，以“安全生产月”“防震减灾日”“119消防日”“百日安全倒计时”等主题活动为契机，开展安全隐患排查治理、应急演练等工作，确保安全稳定。开展“四个意识”大讨论活动、读书思廉、典型引廉、警示促廉、观影醒廉教育，让自律内化于心、外化于行，警示和震慑广大党员干部职工敬畏法纪、遵守规矩，增强抵制各种腐朽思想和行为的能力。

【党建工作】 加强对党的十九大精神及习近平新时代中国特色社会主义思想的学习，撰写体会文章，延伸学习效果，共撰写心得体会 26 篇。参加市局机关党委举办的“聚焦十九大·初心伴我行”知识竞赛，掀起学习宣传贯彻十九大精神新热潮。在落实党员素质提升年和作风转变年工作基础上，推进“三强九严”工程。支部书记严格履行第一责任人责任，主动思考研究支部建设工作，严格落实党组织设置规定、“三会一课”、组织生活会、民主评议党员、谈心谈话、“支部主题党日”等制度。全年共召开党员大会 24 次、有决议事项党员大会 10 次；党课教育 4 次，支部书记带头讲党课 2 次，全体党员讲微党课 1 次；和党员谈心谈话 21 人次；开展“支部主题党日”9 次；缴纳党费 11185.02 元；召开支部换届选举大会，选举产生新一届支部书记，支部按期完成换届选举工作。

（虎俊霞）

商贸物流

邮政

【经营指标】　全年业务收入完成 885.15 万元，较上年同期 868.91 万元增长 1.87%，净增加 16.27 万元，完成年预算 994 万元的 89.05%，其中代理金融业务收入完成 592.56 万元，增长-2.71%；包裹快递业务收入完成 40.23 万元，增长 27.31%；报刊业务收入完成 61.37 万元，增长 19.82%；集邮业务收入完成 81.69 万元，增长-8.86%；分销配送收入完成 59.35 万元，增长 90.04%。

【邮务类业务】　发挥自有网点、专职营销员和社会渠道平台优势，开展“福至新春”专项营销活动，提前完成市分公司“福至新春”销售目标计划 17 万元的 105%。举办禁毒题材舞台剧《对不起，我爱你》，告诫青少年珍爱生命，远离毒品。开展十九大政务类图书销售工作，累计销售《习近平七年知青岁月》186 本，实现销额 1.4 万元；《习近平治国理政》488 本，实现销额 3.9 万元；营销《共产党宣言》120 本，实现图书销售业绩 0.42 万元；其他图书 1.7 万元。全年累计销售十九大系列图书码洋 7.42 万元。开展“邮动华夏（集邮与体育）暨宁夏成立六十周年系列邮品巡展”集邮文化周营销活动，对系列珍邮、钱币、宁夏 60 周年预售邮品推介销售，共销售系列珍邮钱币 1.8 万元，销售刮刮卡 86 张，预售《宁夏旅游一卡通》旅游联票 10 张，现场通过微信收集有效客户信息 210 条。在“思乡月”专项营销活动中累计完成 23.1 万元销售，提前超额完成“思乡月”专项营销活动目标。

【包快业务】　组织揽投员开展常态化交寄客户揽收工作，客户经理做好二代证和法院专递项目发展，每月实现收入 6 千元。做好快包项目开发，加快电商包裹业务发展，紧抓母亲节彭阳天猫体验店开展线上活动之际，一次揽收电商包裹 800 件实现收入 5 千元。抓好营业窗口揽收工作，1—12 月包裹快递收入完成 40.23 万元，增长 27.31%。

【安全生产】　开展以“全面落实企业安全生产主体责任”为主题的“安全生产月”活动，在重要生产场地悬挂安全生产宣传标语、条幅，张贴各类安全画，利用展板、宣传栏等宣传安全生产知识。举办安全知识学习和安全案例警示教育，严格执行“十条禁令”规定，增强员工的安全防范意识和技能。开展各类应急预案演练，增强员工防范技能。严格执行邮件收寄验视实名登记制度，杜绝易燃、易爆和违禁物品进入邮政传递环节。开展专项检查工作，做好案件防控，防范经营风险。

【自身建设】　始终把政治理论学习放在

思想政治建设首位，组织党员干部系统学习新《党章》《关于新形势下党内政治生活的若干准则》《中国共产党党内监督条例》及中央和区、市、县重要会议精神，学习习近平总书记系列重要讲话精神，领会精神实质，把握政策和重点，激发全体干部职工工作干劲。学习邮政服务管理等知识和法律法规，撰写学习笔记、心得体会，坚定理想信念，提高政治素养。把党建工作同经营工作同步落实，落实党内政治生活条例，以全面从严治党新成效推动各项经营工作迈上新台阶。

（王文利）

商贸流通服务

【网络销售】 全年农产品网络销售额达6200万元，本地特色农产品电商“软硬实力”提升，成为助推农村经济发展的生力军。

【电商企业】 全县共注册电子商务企业83家，各类网络店铺246家，培育电商标杆企业5家、物流企业3家、各品牌快递公司14家。县财政安排500万元以奖代补资金，支持电商经营模式创新、龙头企业成长、特色产品推广、物流配送体系建设等，确定以“云耕彭阳”为主题的县域农产品公共品牌，对贫困地区人才培育、企业帮扶、扶贫车间资源整合、筑梦导师团队打造等给予政策支持，鼓励企业、合作社、个人参与到电商扶贫工作中，促进产业发展和群众就业创业能力。

【电商设施】 建成彭阳县农村电商公共服务中心、电商物流快递分拨配送中心、电商孵化园、京东彭阳馆、苏宁易购扶贫实训基地和126个乡村电商服务站，12个电商示范村，为各村站引入农资、金融、移动支付等服务，实现代购代销、打字复印、存取款、代缴费、快递寄送等功能，使农村电商服务站成为全村的便民中心和商贸中心。依托闽宁对口帮扶，引进福建康众畅享科技有限公司建设信息扶贫产业园，借助两地市场，实现信息、资金、产品、物流互通，线上线下融合，助推彭阳产业发展和农民增收。

（李东升）

交 通 运 管

交通运输

【概　况】　全县等级公路总里程达2634.8千米,等级公路密度104.2千米/百平方千米,其中高速公路34.5千米,国道125.9千米,省道85.7千米,农村公路2388.7千米(县道47.7千米,乡道475.7千米,村道1854.1千米,汽车专用公路11.2千米)。全县12个乡镇通油路且100%建有汽车客运站,156个行政村全部通沥青水泥公路且100%通客车。成功创建全区"四好农村路"示范县。

【"四好农村路"建设】　完成205.44千米农村扶贫硬化路和53千米农村沙化公路,坚持新建农村公路与"四好农村路"标准同步绿化美化,打造生态乡村路、人文景观路、致富产业路。组建成立彭阳县交通建设工程质量监督站,做到农村公路质量监督和养护管理"四到位"(主体责任到位、组织领导到位、管理措施到位、目标落实到位)。建立农村公路管理考核机制,加大养护资金投入,提升安全保障。优化延伸城乡客运班线,巩固提升行政村通客车质效力,实现城乡客运全覆盖。

【公路路网建设】　推进G85银昆高速彭阳段项目前期工作,贯通G327沟圈至彭阳段工程。新建完成205.44千米农村扶贫硬化路、52.9千米农村扶贫沙化路主体工程。融资自筹2.33亿元,完成刘杨路改扩建(一期)、夏南路新建项目路基桥涵工程。建立主要领导牵总抓、班子成员分工抓、业主代表驻地抓、检测机构紧盯抓,社会监理现场抓、政府监督把关抓、乡村干群参与抓的项目包抓总机制。严格执行《项目质量进度责任追究制度》,巩固提升"四五六七"项目管理模式和计量支付"两挂钩",监督部门"全跟踪"项目运行保障机制,确保农村公路建设廉洁、优质、安全、高效实施。

【路网服务水平】　落实县、乡、村三级养管责任,移交乡镇接养等级村道958千米,并通过健全考核监管机制,按每年每千米2000元标准核拨养管经费。完善专业养管县、乡公路和农民工承包养管村级公路养管模式,建立健全县有路政员、乡有监管员、村有护路员的路产路权保护队伍。实行养护管理责任清单和问题清单销号制度,加强养护工程规范化和养护作业标准化管理。县、乡、村道优良中等路率分别为89.8%、66.7%和77.6%,完成农村公路优良中等路率为75.1%。开展路政治超工作,全年共清理路面堆积物240立方米,拆除违章建筑6处160平方米,查处路政案件6起,结案6起,结案率达100%。检测货运车辆1300辆次,劝返超限车辆546辆次,车辆超限率控制在4.2%以内。

落实“7351”养护资金补贴机制，2014—2018年县财政累计拨付养护资金5920.75万元用于农村公路养护事业发展。通过购买公益性岗位聘用建档立卡户中的劳动力从事乡村公路养护工作，全年节约养护资金120万元，为贫困户增收80万元。

【运输保障服务】 开通运营彭阳至固原城际快速客运线路及城阳、红河、古城和草庙4条公交线路，建立“五四五”通客车运行保障机制，实现县城周边乡镇农村客运公交化。强化春节、清明、五一等重要节假日、学生周末放假往返乘车、高（中）考运中调派安全有序输送。完成春运、清明、五一、端午等关键时段旅客运输任务。春运期间，投入客车100辆，累计发车3690个班次，其中加班72班次，包车43辆次，输送旅客10.37万人次，与2017年同期相比下降18%。开展客运市场“打非治违”专项整治工作，加大班线客车运营监管，开展营运客车治理整顿，规范出租车运营管理，加大非法揽客载客查处力度，联合公安、交警部门开展打非治违专项行动，全年查处非法违法营运车辆122辆。开展客运企业客车“挂牌评星”“安全专项整治”行动，及时处理客运纠纷投诉。县继仁驾校全年共培训学员1960人，培训合格1511人，合格率达77%。

【“平安交通”建设】 落实“党政同责、一岗双责、齐抓共管、失职追责”安全生产责任体系和“三个必须”要求，逐级签订责任书，层层分解责任，建立逐级负责的安全监管机制。开展全国第17个“安全生产月”“安全生产万里行”活动，发放宣传材料5000份，制作展板8块、橱窗3期、安全宣传条幅41条，安全生产培训考试1次。全年查处安全隐患117处，已整改117处，整改率达100%。开展“打非治违”专项整治，督促施工、客运企业健全安全责任体系。开展安全生产百日专项整治行动，发现问题销号整改，形成闭环。开展交通战备、公路应急抢险、道路运输安全应急演练4次。推进矛盾纠纷排查化解、信访维稳和禁毒工作，坚持“零”报告制度，及时处理信访诉求，答复网上信访件27件，答复率达100%。

【依法行政】 建立重大事项合法性审查制度，抓好执法队伍建设，推行执法责任制，做到公开、公正、透明执法。编制完成交通行政权力清单，梳理归类执法事项25项，并在政府网站公示。开展交通运输行业规章制度“回头看”，修订20项，使各项工作有章可循、有据可依。加强法治政府建设，推行“决策、执行、管理、服务、结果”五公开，落实干部学法用法制度，全年举办行政执法培训2期，开展执法督查9次，办理行政审批3件，提前办结率达100%，公示行政许可、行政处罚“双公示”信息16条。完善行政执法与刑事司法“两法衔接”工作，规范行政执法行为，全年未发生行政执法诉讼案件。及时办结并回复人大代表建议、政协委员提案及县政府督查督办事项，全年办理人大建议和政协提案5件，办结率达100%。

【脱贫攻坚】 加大对156个通客车行政村后续监管，提升通客车工作质效。加大行业扶贫力度，帮助孟塬乡高岔村理清发展思路，调整产业结构，致力民生改善。联系县慈善总会筹资 12.3 万元为孟塬乡高岔村购置收割机 1 台，筹资 0.85 万元为高岔村贫困户购买化肥解决春播困难，投放鸡苗 1500 只，为高岔村捐助电脑 2 台，解决党建经费 5000 元。帮扶干部坚持每月进村入户开展工作，解决建档立卡贫困户生产生活实际问题。

【自身建设】 认真学习贯彻习近平新时代中国特色社会主义思想和党的十九大精神，增强“四个意识”，坚定“四个自信”，做到“两个维护”。以实施“三强九严”工程为抓手，加强和改进机关党的建设，落实“三会一课”、民主评议党员、谈心谈话等制度，开展“6+X”主题党日、政府开放日等活动，全年讲党课 8 场次，召开建党 97 周年座谈会 1 次、专题民主生活会 2 次、组织生活会 3 次，发展入党积极分子 1 名。全面落实从严治党责任，牢牢掌握意识形态主动权，落实党风廉政建设“两个责任”，与局属单位签订党风廉政建设责任书，严格执行“三重一大”集体研究决策、民主集中制、领导干部个人重大事项报告及“三公”经费审批公示制度。开展违反中央八项规定精神突出问题专项治理工作，严格控制政府采购、公务接待、出差、购买公务用车服务等公用经费支出，“三公”经费支出与上年同期相比明显下降。组织开展社会主义核心价值观教育、“书香交通”征文等活动，行业文明创建成果丰硕，获评全国文明运输行业示范窗口单位一个、2017 感动交通年度人物一名、全区“书香交通”征文二等奖一个。在《人民网》《中国交通报》《固原日报》、县电视台等媒体精心策划宣传报道彭阳交通，利用《彭阳交通》微信公众号平台展示彭阳交通运输发展成就，行业认知度、群众满意度明显提升。

（孙　磊）

运政管理

【安全维稳】 落实安全生产“党政同责、一岗双责”工作制度，履行安全生产监管职责，实现安全生产四项指标为零。严把春运安全关，排查安全隐患，开展风险源辨识与防控，确保“春检”工作完成。开展“道路运输平安年”“除安全保隐患”“安全生产月”和“安全生产万里行”、道路运输安全生产隐患排查治理专项整治等活动，重大节日、重点时段安全生产与信访维稳工作平稳推进。开展客运企业重点营运车辆联网联控系统专项检查，企业车载终端安装使用和运行管理规范，车辆动态数据传输质量提高。举办道路运输行业安全生产演讲比赛 1 期，深入企业检查安全生产 156 次，出动执法车辆 92 辆次、执法人员 283 人次，排查整改安全隐患 31 起，下发整改通知书 9 份、约谈通知书 1 份，通过手机短信、微信发送安全生产信息 70 条。处理公交车辆停运驾驶员上访事件，全年受理各类投诉 64 起，处理回复 64 起。

【客运管理】 春运期间，投入客车 100 辆，累计发车 3690 个班次，其中加班 72 班次，包车 43 辆次，输送旅客 10.37 万人次，与上年同期相比下降 18%。开展质量信誉考核工作，3 家客运企业综合考核均为 A 级。完成燃油补贴申报及公示工作，有 136 辆农村班线客车、31 标台贴城市公交、17 标台新能源城市公交车、212 辆出租汽车享受补贴。延续许可县内客运线路 2 条，新许可县内客运线路 1 条，贫困村通客车问题解决。对行政村通车情况和农村客运经营现状进行摸底调研，对已停运行政村通车线路进行行政许可和线路优化调整，巩固行政村通客车率，完成脱贫攻坚任务。

【货运管理】 与货运经营者签订《安全生产责任书》，完善车辆管理档案，督促货运企业建立健全安全生产各项规章制度。有 1016 辆普通货运车辆参加年度审验，审验率达 84%以上。加强货运源头企业管理，依法取缔 12 家沙石厂，4 家有证沙石厂按规定未投入生产。王洼镇通往固原的火车开通后，减轻县内公路压力，降低源头治超难度。全年检查货运企业 21 次，出动执法车辆 38 辆次，执法人员 102 人次，与路政部门联合治超 5 次，集中宣传 2 次，货运源头治超工作稳步推进。

【站场管理】 联合公安部门，贯彻《反恐法》和长途客运实名制售票，督促车站落实“三不进站、六不出站”“五不两确保”等措施，执行双《规范》制度，“三品”查验、车辆安全例检和出站口查验及人员密集场所消防与应急管理工作规范，行业安全防范水平提升。

【维培管理】 指导二类维修企业建立汽车电子健康档案，对在册的二、三类维修企业进行备案登记。开展机动车维修质量服务月活动，“3·15” 期间组织开展义诊活动，义务诊断车辆 10 辆、发放宣传资料 2000 份、宣传品 800 件、咨询人数达 1000 人。开展维修市场专项稽查整顿，维修企业违法经营行为有效遏制，深化“绿色汽修”创建活动，开展“大绿化、大整治”工作，治理修理厂脏、乱、差现象，改善维修环境。督促驾校落实网上预约培训制，推行“先培后付”模式常态化制度化，组织教练员脱岗培训 4 期，培训 124 人次。规范驾驶员继续教育培训机构教学行为，完成继续教育培训 430 人。督导驾校组织教练员开展“大比武”活动，驾校教学水平和整体素质明显提升。年内检查维修、驾驶员培训企业 47 次，出动执法人员 97 人次，排查整改安全隐患 12 处。

【行政执法】 联合县公安、交警部门开展打非治违专项行动，发布通告 1000 份，集中整治车辆 57 辆次。建立八小时之外巡查制度，联合高速交警十四大队开展警运联合稽查 8 次。共完成执法行政许可 138 卷，制作行政执法文书案卷 47 卷，组织上路稽查 1953 人次，出动稽查车 838 辆次，检查各种车辆 1783 辆，其中暂扣非法营运车辆 127 起，其他营运车辆违章 47 起。

【民生工程】 深化放管服改革，承接固原市运管局下放的 274 辆客运车辆更新、换证、年审权限，按规定办理相关业务。下放包车业务权限至有包车资质客运企业，由企业审核办理，取消机动车维修许可实行报备制，严格执行事中事后监管。推进政务服务改革，设立彭阳县政务服务中心运政分厅，将24项许可及服务事项上传全区行政审批系统,利用“互联网+”通过网上办理,实现“不见面、马上办”。对普通货运车辆年审工作实行“一站式”服务,减轻货运企业和行业从业者负担,方便办事群众。

【党的建设】 推进“三强九严”工程,落实“三会一课”制度,规范会议程序、内容、记录。支部主题党日活动内容丰富,谈心谈话制度常态化,党费收缴管理规范。全年组织召开支委会17次、党员大会10次,领导干部讲党课4场次,召开主题党日活动9场次、谈心谈话7场次、组织生活会1次、专题民主生活会1次、专题组织生活会1次,党内政治生活更加严肃规范。

【廉政建设】 严格落实党风廉政建设“两个责任”,层层签订党风廉政建设目标责任书。开展“廉政警示教育月”活动,通过开展“六个一”活动,促进工作作风转变。班子及全体党员制定全面从严治党“三个清单”“四风问题”整改责任清单,照单履职,纳入动态化管理。深入开展违反中央八项规定精神专项治理工作,自查出违规问题17起,逐项整改落实。对涉及的6人次进行提醒谈话,12人次责令作出书面检查。

【行业文明】 开展加强和改进机关纪律作风建设活动,通过调研查摆问题、梳理各股室权责、制定纪律作风建设问题清单和整改清单等,职工纪律意识提升。开展“民族团结月”活动,组织干部职工学习民族宗教知识,以道路运输行业“挂牌评星”活动为抓手,在辖区道路运输行业开展宣传,集中展示行业精神面貌。开展群众评议机关作风活动、社会主义核心价值观主题实践教育月、“迎大庆、讲文明、树新风”系列活动,宣传行业核心价值观。组织志愿者服务队开展“情满旅途·暖冬行动”志愿服务活动,服务123人次,服务时间达980小时;高考期间,组织103辆出租车和48辆公交车开展“爱心送考生”志愿服务活动,提升行业形象,顺利通过全国交通运输行业文明单位验收。

【队伍建设】 认真学习贯彻党的十九大精神和习近平新时代中国特色社会主义思想,深入推进“两学一做”学习教育常态化制度化,强化理论武装,加强执法人员教育培训,按时完成“普法”学习任务。坚持周二集体学习例会制,组织干部职工学习政治理论和业务知识,提高干部理论素养,队伍建设日趋专业化。组队参加固原市道路运输行业“不忘初心、牢记使命”知识竞赛,获第一名,全国职工书屋示范点作用得以彰显,职工文化水平显著提升。

(陈海宁)

应急管理

安全生产监管

【安全态势】 全年共发生各类事故2起，死亡2人。亿元GDP生产安全事故死亡率控制在区、市下达指标之内。安全生产形势持续稳定向好。全县安全生产工作在区、市年度目标综合管理考核中位于前列。

【责任落实】 在县委第五次、二十六次常委会，政府第十次、十三次常务会专题学习《地方党政领导干部安全生产责任制规定》《宁夏回族自治区党政领导干部安全生产责任制实施细则》《宁夏回族自治区安全生产"一票否决"实施办法(试行)》，在全县第三次安委会全体(扩大)会议上组织专题学习习近平总书记关于安全生产"十大论述"。健全完善安全生产责任体系，将安全生产工作纳入绩效考核、干部职务晋升、奖励处罚、评优选先中。推动开展双重预防体系建设、基层网格化监管工作，落实政府购买安全生产服务工作。完善安全生产"一票否决"和约谈、警示教育制度、领导干部非法干预安全监管执法、通报、责任追究制度和安全生产举报奖励制度，修订公布安全生产权利清单和责任清单。在高危行业推行分级、分类、分片包干责任制，在全县企业中推进"双体系"建设工作，建立全过程安全生产和职业健康管理制度。将企业安全责任险、工伤保险收缴及安全生产费用提取列入2018年安全生产重点任务，明确法律依据、收缴时限，并列入年度考核，促进"两险一费"收缴。

【专项行动】 坚持问题导向和目标导向，采取县安委会积极协调、部门联合检查、政府综合督查、公开宣传报道方式，在道路交通、煤矿和非煤矿山、建筑施工、电气火灾、人员密集场所等12个重点行业领域开展安全生产专项整治、"除隐患、保安全"专项行动、百日安全专项整治行动、打非治违专项行动，集中开展安全生产大检查，消除一批事故隐患。全县共查出各类隐患1597条，已整改1591条，6条在整改之中，责令停产停业整顿企业16家，罚款296万元，确保全县安全生产形势稳定。

【基层基础】 成立安全生产执法监察队、应急救援管理指挥中心，各乡镇、王洼产业园区成立安全生产领导小组，配备专(兼)职工作人员。在县怡园广场开展"6·16"全国安全生产宣传咨询日活动，共悬挂宣传横幅31条，摆放宣传展板60块，发放宣传资料4万份、宣传品2000份。把安全生产纳入到安全生产责任考核和文明乡村、文明单位、文明家庭及安全社区创建工作中，确定王洼煤业有限公司、长庆油田第十一操作区为示范企业。

（马纪元）

防震减灾

【防震科普宣传】 利用科普宣传周和乡镇集日，开展防震减灾知识“进机关、进学校、进企业、进社区、进农村、进家庭、进清真寺”活动。在“5·12”防灾减灾日、“7·28”唐山地震纪念日等重要时段开展防震减灾知识宣传活动，利用手机短信向10万手机用户编发防震减灾知识，发给宣传手提包1200个、宣传毛巾1400条。投入16万元制作防震减灾标志宣传帽10000顶，发放给广大群众。以“宁夏地震信息网”“固原地震信息网”“彭阳县政务网”为平台，刊登防震减灾科普知识、震情信息、地震工作、行业动态等信息，开通彭阳县防震减灾新浪微博，及时发布震情信息，开展防震减灾知识宣传。“5·12”防灾减灾日，自治区减灾委员会办公室、自治区民政厅、固原市人民政府和县人民政府在古城镇海口村联合开展宁夏回族自治区2018年“防灾减灾日”地震应急救援演练活动，增强基层人民群众防灾减灾和紧急避险意识。

【群测群防网络】 把抓好宏观观测作为地震监测主要手段，加强群测群防体系建设。深入全县24个地震宏观观测点，检查观测记录，了解宏观异常，解决观测员实际困难，督促观测员严格按要求开展工作。完善“三网一员”及防震减灾指挥体系等联络群，确保信息畅通和震情及时传达。全县确定灾情速报员34人、防震减灾助理员12人，在12个乡镇设立宏观观测点24个，每个乡镇达2个，形成“横向到边，纵向到底”的群测群防网络体系。

【应急救援体系】 完善地震应急救援体系，在全县范围对因地震灾害可能引发的交通、电力、通信等基础设施开展隐患排查，对中小型水库、输气管线等重大工程设施和次生灾害源开展地震风险评估和隐患排查，对居民点、道路等具有潜在威胁的滑坡、崩塌、泥石流等地质灾害险点开展隐患排查，对存在的隐患风险制订整改方案，并逐项整改落实，整改和有效控制率达98%。对县一中、三中地震灾害信息捕获系统及王洼镇、冯庄乡、罗洼乡、王洼镇石岔村、草庙乡刘塬村、古城镇、白阳镇7个地震烈度仪进行全面检查，及时排除周围环境干扰和人为干扰，确保各观测点、观测仪器运行正常。

【示范工程创建】 彭阳县地震局与教体局、白阳镇、城阳乡联合在县四中、郑河街社区、城阳乡杨坪村分别开展地震科普示范学校、地震安全示范社区、地震安全示范村创建工作，加强对防震减灾工作宣传教育，提高全民防震减灾意识，营造全社会参与防震减灾工作氛围。

【精准脱贫攻坚】 定点帮扶王洼镇杨寨村，帮助制定脱贫攻坚巩固提升规划，完善精准识别贫困户脱贫计划和杨寨村“十三五”规划。每月最后一个星期五，全局4名干部，深入联系帮扶的20户贫困户家中，掌握贫困户生产生活状况，帮助制定产业发展规划，宣传各项惠农政策，增强贫困户脱贫信心。七一前夕，为全村54名党员及20户贫困户送去价值6500元的慰问品，筹措1万元，组织全村党员和致富带头人赴延安等地开展产业培训和红色革命教育。驻村工作队与村“两委”班子一道，抓好农村“两个带头人”、劳动力素质提升、产业提质增效、民生改善、金融扶贫等工程，为打赢脱贫攻坚战作出贡献。全村已脱贫207户708人，占建档立卡户的92.4%，未脱贫17户45人，占比7.6%。

（王　蓓）

消防大队

【执勤备战】　开展全员夏训、冬训等执勤岗位练兵活动，共开展20项体能科目、11项班组合成操法、60件（套）器材装备应用熟悉训练，完成专业救援队建设、重点单位消防设施熟悉、微型消防站培训、普通中队整建制实战化合成训练等工作。参加支队各项比武竞赛活动，获得支队条令条例知识竞赛第三名、支队冬训比武考核第四名。全年开展重点单位演练96次，修订数字化预案33份，确保辖区火灾形势稳定，真正做到保一方平安。开展“条令条例学习月”“保密法制宣传月”“夏季安全大排查大整治”“手机使用专项整顿”“学习新条令、立起新标准、展示新形象”活动及“政府专职消防员、消防文员排查整顿”“集中教育整训”等专项活动，进行车辆运行整治、装备器材自查、手机管理清查、营区安全排查、专项教育整顿、安全防事故专项教育等活动，制定安全防事故预防措施，从根本上杜绝安全事故发生。

【后勤保障】　争取地方业务经费253万元，比上年增长38%。严格执行经费审批权限，严格按照预算控制经费支出，以“勤俭建队、精打细算、保障重点”“统筹兼顾、项目具体、厉行节约、讲求效益”为原则，以保障防火、灭火和抢险救援任务为中心，集中财力解决部队通信、灭火救援装备建设。推进厉行节约反对浪费工作，确保预算安排重点突出，经费投向投量科学合理。强化伙食管理，严格把控伙食经费。开展农副业生产，聘请专人技术指导，在营区内种植蔬菜及水果，丰富官兵业余生活。

【火灾防控】　坚持“防大火、控小火”工作理念，深化消防安全责任落实，提升防范化解重大安全风险能力，推动落实党委政府领导责任、行业部门监管责任和社会单位主体责任。先后10次书面报告辖区主要消防安全隐患，得到主要领导高度重视并作出重要批示，县委、政府8次发文协调部署有关消防工作，挂牌督办重大火灾隐患单位2家，推动消防工作稳步发展。指导彭阳县仁爱医院维修自动喷淋灭火系统、教体局开工建设彭阳县一中教师食堂消防系统、市监局突出消防产品治理。联合公安、安监、发改等行业部门推进电气火灾、电动自行车、城市商业综合体、易燃易爆场所、高层建筑、文物古建筑等专项整治行动。全年共检查单位2033家，发现并督促整改火灾隐患1959处，立案处罚84起，罚款24.26万元，临时查封单位

13家，责令“三停”单位13家，拘留8人，在宾馆、饭店等场所安装独立式感烟火灾报警探测器132个，安装简易喷淋40套。推动各乡镇建立宣传服务队，深入农村家庭等薄弱地区开展消防宣传，打通消防宣传“最后一公里”。全年共开展公益性培训43期，应急疏散逃生演练20次，发放张贴宣传资料8000份，培训6000人；在县电视台累计播出消防公益广告500条次；运用消防微信平台累计发布信息536条，微信平台关注数4700人；利用高层楼宇电视、电子显示屏等播放消防公益广告和安全提示字幕500次，群众消防安全意识显著提高。

【班子建设】 以习近平新时代中国特色社会主义思想为指导，以建设“对党忠诚、纪律严明、赴汤蹈火、竭诚为民”过硬班子队伍为目标，主动迎接消防体制改革和重大消防安保等重大任务，抓班子、带队伍、促管理、强素质，秉持“敏锐研判、主动预防、实力应对”工作理念，贯彻全面从严治党要求，深化党委班子自身建设，发挥党委核心引领作用。全年共组织党委中心组集中学习12次、专题辅导2次，班子成员带头学思践悟，开展交流研讨，撰写心得体会和调研文章。对重大经费开支、重要工作、重大消防监督执法等事项民主决策，全年共召开党委会17次、民主生活会2次，讨论重大事项8个。严格执行中央八项规定精神，在行政审批、工程验收等业务环节上，做到合理分权；在大额开支等事项上，做到规矩用权。关爱、关心消防员，班子成员带头深入消防员及队员家庭、社会单位、孤寡老人家中指导帮扶10次，解决实际困难20件，提升党委班子勤政务实形象。

（曹奇超）

城 乡 建 设

城乡建设与环境保护

【经济指标】 全县规划区总面积 60.71 平方千米、规划用地面积 11.92 平方千米,县城建成区面积达 7.39 平方千米,建筑物总面积 315.6 万平方米（其中住宅面积 175 万平方米,人均住房面积 28.9 平方米);新改扩建城市道路 8 条 3.2 千米，道路总长 47.2 千米，排水管网 125 千米;茹河全流域Ⅳ类水质达标率达 100%,红河平均水质为Ⅲ类、蒲河Ⅳ类，县城空气优良天数达 96.3%；城区常住人口 6.5 万人,城镇化率 34%。

【城乡规划】 《彭阳县空间规划(多规合一)》通过自治区规委办专家审核,等待自治区人民政府批复实施。完成老城区及古城、红河镇区控制性详细规划，对老教研室片区、三岔路口、老建环局片区等重点地段进行仿古设计。推进彭阳县海绵城市专项规划,形成县域各片区海绵设施建设管控原则及技术指引。深化空间规划“多规合一”改革工作,创新规划编制理念和方式,由强调新区建设、城市扩张的增量规划向突出空间优化、功能提升、管理高效的存量规划转变;将“底图”“底盘”“底线” 管控和资源环境承载力等要素作为规划的重要前提条件;由单学科向多学科交叉融合转变;行政审批由管理型向“并联审批”“一站式”服务转变。

【城乡建设】 全年共实施重点建设项目 13 个,完成投资 5.31 亿元。安定路等 3 条道路给排水改造、康居街等 5 条道路改造、栖凤山步行木栈道、民生家园和康居园 2 个老旧小区服务提升、2932 个农村危房危窑改造、草庙乡美丽小城镇、6 个美丽村庄、535 户棚户区改造及 12 个示范村建设和 136 个达标村整治任务建成,补齐发展短板,增强城乡发展后劲。

【生态环境建设机制】 强化环境与发展综合决策和协调机制,发挥环保把关、调控、优化综合作用,把环保工作从单一的污染防治上升到对空间格局、产业结构、生产生活方式协调上来。制定《彭阳县党政领导干部生态环境损害责任追究制度》《彭阳县贯彻落实党的十九大精神实施生态立区战略坚决打好污染防治攻坚战行动方案》《彭阳县生态文明建设目标考核分工方案》，明确追责情形及追责方式,加大干部政绩考核评价体系中资源消耗、环境损害、生态效益等环境保护相关指标的权重。明确部门执法职责,严格执行执法过错责任追究制度,对存在不作为、失察行为、执法不严及其他执法失误的,严格追究有关责任人员责任。

【农村环保】 开展王洼、城阳农村环卫社会化运营试点,推行农村环卫保洁网格化管理机制,聘请乡村保洁员 1076 名,购置垃圾转运车辆 81 辆、垃圾箱 1985 个、电动三轮垃圾清运车 395 辆,乡镇环卫配套设施加强,城乡管理和服务水平实现双提升。

【工程监管】 印发《彭阳县开展工程建设领域突出问题专项整治工作实施方案》,对 2012 年以后项目展开排查整治。全年共排查项目 232 个,发现各类问题 422 条,下发限期整改通知 162 份,整改率达 100%;立案查处 51 件,行政罚款 43 万元。按照责任分工,督促各项目建设单位开展自查自纠,建立整治项目责任清单,实行销号制方式促进整改落实,注重建章立制,达到治标与治本相统一,构建专项整治工作长效机制。年内工程建设项目履行基本建设程序达 100%,交付使用项目竣工验收备案率和按时结算率达 100%,政府投资项目工程款按合同约定支付率达 100%,农民工工资保证金收缴率达 100%,农民工工资支付率达 100%,实现全年建筑领域零事故目标。

【环境保护】 严抓"四尘"治理,县城建成区 20 吨以下燃煤锅炉全部淘汰,完成辖区 9 台 20 吨以上锅炉环保设施安装,淘汰黄标车 165 辆。推广使用新能源汽车,全县 212 辆出租车新能源改造率达 100%,全年空气优良天数占比达 96.3%。建成乡村污水处理站 23 座,开工建设草庙万寿菊加工污水处理厂,主要河流水质长期稳定保持 IV 类以上,县城工业园区污水处理站投入使用,园区涉水企业污水处理率达 100%。中央第二环境保护督察组"回头看"期间,共转办环境案件 13 件(涉及水、气、土、噪声、生态五个方面),其中重复投诉 2 件(城阳乡瑞鑫废旧油品回收公司和彭阳立达尔农业发展有限公司万寿菊加工),已办结销号,追责问责 9 人。

【房屋产权产籍管理】 加强公租房分配入住及后期管理。全县建成公租房 5963 套,累计分配入住 5963 套,入住率达 100%。坚持"一月一核查、一季一调整"清查清退管理模式,提升公租房后期管理水平。制定《关于进一步加强和规范物业管理工作的通知》,规范物业管理,组织召开全县物业管理企业会议,集中整改一批住户反映强烈的物业管理及小区设施不完善等问题投诉。规范物业企业进驻方式,落实商品房开发项目建设单位的物业管理主体责任,完善物业企业退出机制,建立督查通报和信用档案制度等措施。加大投资力度,完成民生家园等 6 个保障性住房小区维修管护。

【脱贫攻坚】 把脱贫攻坚作为年度最大的政治任务,全年完成农村危房危窑改造 3061 户,其中建档立卡贫困户 1119 户。制定出台"九个一批"农村住房优惠政策,开展脱贫攻坚"十项清零"行动,累计落实安全住房保障任务 16268 户。选派 4 名工作能力突出的年轻干部担任驻村第一书记和驻村队员,全年累计筹资 5.6 万元,解决帮扶村阵地建设及部分困难群众生产生活方面实际问题。筹资 18 万元解决建环局党支部联系帮扶的软弱涣散党组织王洼镇山庄村道路硬化,协助两委班子规范意识形态和党建管理工作。

(虎　刚)

城市管理

【违建治理】 重拳出击，铁心硬手治理违建，确定“零违建”目标，依据2016年12月对城市规划区建筑物现状航拍档案，建立“横向到边，纵向到底”日执法巡查机制，凡发现与航拍档案不符新增违建，发现一处拆除一处。全年拆除存量和新增违建107户8203平方米，实现建县35年来存量违建“负增长”，新增违建“零增长”，解决困扰多年管理难题。

【深度保洁】 提出“深度保洁、精细管理”理念，提升机械化作业水平，推行“一冲二洗三保洁四抑尘”环卫清扫模式。把城区45条约210万平方米道路划分包干，实施“错时保洁”，实现上下班保洁无缝隙、全覆盖。全年共清运城区垃圾18000吨，迎接国家、自治区、市检查20次，人工清理悦龙新区、杜家沟、203省道边沟渠3300米；铲除振阳街及杜家沟口淤泥300吨；捡拾生活垃圾填埋场白色垃圾30吨；清除治理城区街道、工业园区、悦龙新区等地段死角死面垃圾达8000吨，清理户外不规范大小“牛皮癣”广告18000处。在19座公厕、4座“爱心驿站”摆放鲜花72盆，添加洗手液，喷洒空气清新剂，改善清洁工和广大居民休息环境。城市机械化作业水平达72.4%，城市道路清扫率达98%，保洁率达100%，垃圾收集处理率达97%。宁夏回族自治区总工会授予环卫队“工人先锋号”。

【市容市貌】 采取“疏堵结合”办法，充分“让利于民”，在城区划设停车位1800个，利用拆迁地块改造建设2处农贸市场，新建改建5处停车场。全面取缔店外烧烤、燃煤蒸锅，先后开展综合整治22次，取缔影响市容市貌占道经营的流动商贩2000起、店外经营1500起，下发各类法律文书290份，暂扣物品371起，说服教育处理300起，罚款处理200起12710元。停车难、停车乱，交通拥堵、占道经营等突出问题得到解决，市民满意度攀升。

【园林绿化】 提升品位，打造山水园林县城。按照“一条街道一个景观、一个公园一个主题”绿化目标，坚持拆旧植绿、见缝插绿，沿河布绿、依山造绿。全年先后实施27个生态园林绿化工程。集中做好栖凤街、振阳街等道路亮化美化，提升夜景效果，城市亮灯率达98%，绿化覆盖率46.19%，人均公园绿地面积40.15平方米。“山水相依、城在林中、绿在城中、人在画中”的人与自然和谐相处山水园林县城形态初显。

【设施维护】 全年铺设人行道面积12500平方米，维修树框60套，栽植花园围栏砖7500米，清除兴彭路残断树根58个，维修更换道牙石199.6米，维修井34座，油补沥青油路面6500平方米，清理栖凤街防洪渠垃圾3.8千米6280立方米。新建铺设杜家沟、工业园区等地泄洪管网1265米；维修县城水毁工程29处9000平方米，抢修防洪渠125米。共疏通清理雨水井篦子3690套，清出淤泥垃圾62吨，维修更换城区范围内破损雨污井盖137套、篦子120套，治理污水口 15 处。维修路灯 4700 盏、墙体夜景照明 90 处；处理排除城市道路路灯故障点 430 处，修复更换故障电缆 1370 米；维修景观灯 350 盏，更换节能灯泡 800 个。全城亮灯率达 96%，亮化设施完好率达 96%。

【城管宣传】 坚持正向激励，提高城管一线工人工资待遇，引导关爱城市管理的正能量。开通“彭阳城管”微信平台，报道城管工作，宣传一线典型，回应社会关切，全年发布信息 133 期。强化反向监督，在县电视台发布“曝光台”20 期，每周实名曝光损毁城市设施、破坏环境卫生、影响市容秩序的人和事，警示广大市民做文明市民、巩固发展成果。在《宁夏日报》《固原日报》发表城管工作报道 6 期，在网络媒体转载信息 87 期。

【项目建设】 按照全县重点项目“4+1”责任清单要求，投资 2.4 亿元，重点实施原职业中学停车场、垃圾无害化处理场二期、生活垃圾收转运系统建设、悦龙山木栈道、悦龙山新区生态园林建设工程、茹河大街绿化工程及萧关路、经一路等 12 条次街道绿化工程和数字化城管建设项目等，增强城市服务功能。

【党建引领】 围绕解决机关党建“灯下黑”“两张皮”问题，发挥阵地优势、党员优势和工作优势，把党组织建在工作面上，严格落实党建九项基本制度。强化机关党建三个责任，推进“三强九严”工程，开展“双评双定”活动，以党建促工作，以工作助党建，构建做好意识形态工作的新格局，实现党建与业务工作有机结合、互促互进。

【脱贫攻坚】 坚持把党建工作同干部下基层、精准扶贫、包抓重点村、“手拉手”结对帮扶等工作相结合，履行党建工作领导小组成员单位职责。先后派驻帮扶村组第一书记 2 人、专职工作人员 2 人，全系统 52 名党员干部职工与乡镇村组 242 户农户建立结对帮扶。帮助冯庄乡虎嵝岘村整顿软弱涣散基层党组织；并分别投入 4 万元为冯庄乡小湾村和古城镇小岔沟村建设村级阵地；投入 3 万元解决两村建档立卡户春播困难；分别投入 1 万元作为扶贫第一书记及工作队员工作经费；投入 5 万元解决冯庄乡虎嵝岘村村部和村级阵地建设，解决后进村资金不足问题。

（张秉玺）

教育文化旅游史志

教育体育

【概　况】　全县现有各级各类学校230所,其中高级中学2所,职业中学1所,初级中学8所,小学73所(民族小学5所),教学点105个,幼儿园41所(民办6所)。在校学生34951人,其中普通高中生3965人,职业中学高中生1390人,初中生8941人,小学生14724人,学前幼儿5931人(附设幼儿班幼儿548人、在园幼儿5383人)。有教职工3138人,其中专任教师2716人。

【幼儿教育】　推进学前教育发展,制订全县第三期学前教育行动计划,争取自治区专项资金124万元,购买6所普惠性民办幼儿园公共服务。实现学前教育"一免一补"及行政村学前教育全覆盖。改善办园条件,规范保教质量,遏制"小学化"倾向,推进学前教育普惠性发展。

【义务教育】　制订《彭阳县统筹推进城乡义务教育一体化改革发展的实施方案》,推动城乡义务教育一体化发展。推行县城学校与农村薄弱学校捆绑帮扶制度,均衡配置教师,使县城优质教育资源向农村延伸,义务教育阶段"择校热"得到缓解。制订《彭阳县进一步加强义务教育控辍保学工作的实施方案》《彭阳县开展义务教育控辍保学摸底排查和劝返复学工作实施方案》,控辍保学责任体系健全。

【高中教育】　巩固提高基本普及高中阶段教育成果,推动普通高中多样化和特色化发展,提高普通高中教育质量和办学层次,加快普及高中阶段教育,年内全县普通高考报考2509人,其中参加普通高考考生2091人,一次性本科上线563人,上线率26.9%,比上年增加1.6个百分点;高职以上录取人数1973人,高考录取率78.6%。完善职业教育和培训体系,补充专业教师、年轻教师,优化教师队伍结构,提高教师学历层次,确保教师学历合格率达100%。推进东西部联合办学,推行校企联合办学模式,举办2018届就业推介会,共有238名学生与福建福州华映科技有限公司、厦门通达集团等6家企业签订就业协议。选派36名学生参加2018年全区职业教育技能大赛,获得一等奖4个、二等奖11个、三等奖12个。

【师资队伍】　加强教师师德师风建设,树立教师全心全意为学生服务思想。加大教师"有偿补课"查处力度,规范教师从教行为,对在编不在岗教师进行全面清查整顿。招聘自治区"三支一扶"教师20名、事业单位实习生18名;招聘"县聘乡用"幼儿教师58名、职业教育专业教师5名、免费师范生

9人，社会化认定教师资格证249名。加强校长和教师培训学习，开展“教师素质、教育质量双提升”行动，实施“名师、名校、名校长”培育工程，培养“六盘名师”“塞上名师”“彭阳名师”10人，区级骨干教师141人，市级骨干教师、学科带头人88人，县级骨干教师585人。全县教体系统参加各级各类培训12期共7713人次，教师网络继续教育培训实现全覆盖。申报2个“名师工作室”。加强教职工编制动态管理，重点确保村小、教学点师资配备，确保乡村学校开足开齐课程。

【基础建设】 投资4600万元，改造薄弱学校，其中2092万元采购教学仪器设备，其余资金改扩建(维修)58所中小学校，新建校舍3920平方米，改建各类运动场16191平方米、围墙大门1960米。投资1500万元，征地60亩，新建县四小24班教学楼5000平方米，已开工建设。投资1.4亿元，建设悦龙新区全民健身中心及文化馆项目，占地23686.89平方米，建筑总面积17221.86平方米，已基本建成。美丽茹河体育公园项目规划占地54亩，建设全民健身中心框架结构2000平方米，全面建成并投入使用。投资280万元，新建小岔、罗洼、草庙、红河4个足球场，建筑面积9100平方米，已建成并投入使用。

【教育惠民政策】 完善教育扶贫补齐政策，实现各个学段农村学生补贴政策全覆盖。落实学前两年家庭经济困难适龄幼儿资助政策，对建档立卡贫困户家庭适龄幼儿接受学前教育实施“一免一补”全覆盖，春季学期继续免除所有学前适龄幼儿教材费。落实义务教育阶段学生“三免一补”政策，打造农村义务教育阶段学生营养改善计划“放心工程”“阳光工程”，推进营养改善计划规范化、精细化管理。对建档立卡贫困户学生实施“9+3”免费教育；中职学生资助实现全覆盖；免除普通高中建档立卡和农村低保家庭等学生学费，实施普通高中国家助学金及免学费政策。设立彭阳县教育扶贫基金，对具有彭阳县户籍的建档立卡户和特殊贫困家庭学生进行资助或免除部分费用，对成绩突出的学生和教育质量提升作出突出贡献的学校、教师进行表彰奖励。对三类残疾儿童在摸清底数的基础上，落实随班就读“一人一案”，做好未入学适龄残疾儿童教育，完善家庭、学校和社会参与关爱农村留守儿童制度，让随迁孩子上好学，让留守的孩子身心健康成长。

【教育质量】 抓学校常规管理，加强课堂教学管理，按要求开足开全课程，探究提高教学质量的策略和方法，加强对课堂教学全过程科学管理。推进创新素养教育，以优质教育学校资源为依托，扩大优质教育资源辐射带动作用，促进县域内教育均衡发展，缓解“择校热”现象。狠抓学校精细化管理，提高教育质量和办学层次，年内高考二本以上上线563人，中考成绩位居全市前列，义务教育国家质量监测成绩位居全区前列。县委、政府召开全县教育表彰大会，对2017—2018学年度表现突出的先进单位和个人进行表彰奖励。

【体育工作】 贯彻落实《全民健身计划(2016—2020年)》,组织开展全面健身活动。举办“宁夏六盘山山花节暨彭阳山花旅游节全国山地自行车越野赛”“全民健身挑战日·健康宁夏动起来暨2018宁夏回族自治区全民健身节活动”、彭阳县庆祝自治区成立60周年暨第三届职工运动会等系列比赛,举办彭阳县第十四届中小学生田径运动会等中小学生系列比赛活动。以基本公共体育服务体系建设为抓手,加大公共体育设施建设力度,打造市民10分钟体育健身休闲圈,实现各类公共体育场馆向社会免费或低收费开放。

(高 远)

文化旅游

【文化惠民】 彭阳县文化旅游局组织局属馆所、各乡镇及相关部门编排以贯彻落实十九大精神为题材的快板、小品、小戏等文艺节目30个,用群众喜闻乐见的形式把党的十九大精神送到基层。与重大节庆活动相结合,聚集时代正能量,举办首届迎新春文艺晚会、元宵节乡村社火表演、首届公益慈善晚会、庆祝自治区成立60周年文艺晚会等10项大型文化活动和第九届文化艺术月活动,举办各类文化演出50场次。与移风易俗相结合,引领文明新风尚,各乡镇举办农民文化艺术节、秦腔展演等各种文艺演出76场次。与优秀传统文化相结合,彰显传承与创新,举办陕甘宁电视秦腔大赛选拔赛彭阳分赛区大型演出3场,开展“文化进万家”、全民阅读等公益性品牌活动4次。开展戏曲、电影进校园、进军营、进敬老院等活动22场次。与旅游宣传相结合,助力旅游营销,山花节期间,在城阳乡杨坪村、白阳镇玉洼村举办专场文艺演出20场次,对彭阳剪纸、刺绣、根雕等非遗文化产品、农副产品和旅游商品大力推介。

【文化服务】 实施文化艺术馆建设项目,完成主体建设;完成县博物馆布展,开馆以后接待游客达4万人次。组织开展“文化和自然遗产日”、公众考古开放日、茹河大讲堂等活动。创新“博物馆+农耕文化园+展室”模式,在白阳镇、城阳乡、小岔乡、孟塬乡、古城镇、交岔乡、草庙乡7个乡镇建立农耕文化展室、手工艺品制作室、根雕展室、民俗展室、村史史料展室。完成图书馆标准化设施配套项目,实现数字化服务,县图书馆达到国家二级馆标准。开馆以后办理借书证1550个,接待读者8.2万人次,举办书画创作、培训讲座、展览7次。在社区、整村推进村安装7个电子阅报屏,配合文化厅举办第二届公共数字文化服务推广暨文化精准扶贫活动。在王洼镇创新建立“县图书馆+乡镇文化站分馆+农家书屋”模式,实现城乡公共文化资源共享。加强城乡文化基础设施建设,争取扶持区级文化大院1个、市级文化大院3个、闽宁帮扶文化大院1个,建设县级文化大院14个,巩固提升文化大院5个,打造文化产业示范基地1个,扶持发展文化企业4家,建立文化扶贫车间2家。改造4个社区文化服务中心,为

156个村综合文化服务中心补齐文化设备，实现村综合文化服务中心文化活动设备全覆盖。

【文化遗产保护】 完成战国秦长城保护项目，建设巡查道路、围栏、管理用房、厕所等基础设施。挖掘整理具有农耕特质、当地特色、地域特点的非物质文化遗产90件，传承发展民间艺术、戏曲曲艺、手工技艺、民俗等非物质文化遗产30个。建设新集乡姚河塬遗址保护项目，该项目被列为2017年全国十大考古新发现。建立全县文物教育培训实践基地，举办教育培训活动1期。

【文艺队伍建设】 利用"三区"人才培训政策，先后争取"三区"人才区级3名、市级1名、县级20名，发展文化有限责任公司3个、文化企业2个，组建文艺宣传队伍11个。利用"春雨计划"，组织3名优秀文化站长、8名优秀村综合文化服务中心专管员、1名优秀文化大院负责人参加文化厅举办的全国公共文化巡讲暨"春雨工程"大讲堂全区基层文化业务骨干培训班。利用文化志愿者阳光工程，培养根雕、剪纸、刺绣、纸织画、手工艺制作等文化志愿者30人，发展大学生志愿者创业文化园2个。利用"圆梦工程"，在红河中学、古城中心学校选拔2名有文艺特长的教师作为圆梦工程人才队伍代表，开展圆梦培训活动。

【旅游基础设施】 完成茹河瀑布风景区基础设施、金鸡坪梯田公园内部道路、配套设施及绿化美化提升项目工程建设任务，青云湾梯田公园基础设施及绿化项目开工建设，累计建成22个旅游厕所。新修、绿化旅游环线2条42千米，建成县城公共卫生间24座，建设游客集散中心2个、东部旅游环线旅游驿站4个，新建停车场30000平方米、自驾车营地3个，安装旅游标志牌76个，发展旅游宾馆饭店5家，打造浙商国际旅游示范街1条。扶持发展农家乐6家（累计61家，其中三星级19家、四星级3家），争取市旅发委补贴资金55万元，对三星级以上农家乐进行重点扶持。全县农家乐接待人数达55万人次，实现经营收入近2200万元。建成茹河旅游休闲"慢行系统"、茹河生态园、栖凤山森林公园、环悦龙山观景廊道等，提升旅游目的地人气，吸引到彭阳旅游游客49万人次，实现社会综合收入达3.03亿元。

【旅游规划宣传】 重新组建彭阳县全域旅游投资有限公司董事会、监事会等机构。编制完成《金鸡坪梯田公园、茹河瀑布风景区停车场绿化美化提升工程实施方案》《五峰山自然风景区基础设施建设方案》《旅游示范村建设方案》《旅游扶贫村建设方案》《旅游厕所建设方案》《青云湾旱作梯田基础设施建设方案》等专项规划。成功举办第十四届宁夏六盘山山花节暨第六届"梯田花海·生态彭阳"山花旅游文化节，开展全国山地自行车赛、全国百辆房车巡游、特色美食展、摄影、绘画、征文大赛等赛事活动。拍摄制作旅游形象宣传片在宁夏电视台、固原电视台播放，在《宁夏日报》《固原日报》刊登"梯田花海·生态彭阳"山花旅游文化节宣传专版，邀请新华社宁夏分社、《宁夏日报》《新消息报》《共产党人》等11家区、市新闻媒体到彭阳开展采风活动。开展彭阳县全域旅游人才培训，通过理论讲座和实地观摩学习，对旅游产业发展领导小组成员单位、乡镇旅游干事、星级农家乐、旅游商品生产企业、宾馆饭店、旅游扶贫村、旅游示范村等负责人集中开展培训200人次。

【广电事业】 围绕全县脱贫攻坚、产业结构调整、生态建设、美丽乡村建设、城乡环境治理、民风建设等中心工作，加强宣传引导，共播出新闻稿件1772篇，向区、市电视台报送新闻42篇。开设"走基层村村行""脱贫攻坚进行时""百村千人话变迁""新时代新彭阳""彭阳人的一天"等电视栏目。制作播出《信有长风破浪时》《魅力山城展新姿》《织牢健康网，托起小康梦》《彭阳县"互联网+医疗健康"提升医疗服务能力》《指尖政务通民心》《同心筑梦新时代》等13部电视专题片。"彭阳广电"微信公众平台关注人数达6151人。录制播出"全民阅读·书香彭阳·我是朗读者"电视节目6期。放映城乡数字电影1877场次。实施中央广播电视节目无线覆盖工程，完成新集、古城、城阳、长城、王洼、红河6个发射台设备安装和围墙、道路、机房等基础设施维修改造及古城、新集发射台高压电力改造，对一期项目单项验收。完成302户广播电视扶贫"户户通"设备上门安装和98个行政村应急广播即"百县万村"广播器材设备调试培训工作。对王洼、长城发射台的2座76米拉线塔和北山发射台1座30米自立塔加固维修，为广播电视安全播出提供安全保障。

【文化市场监管】 以"维护意识形态安全，营造文明社会环境"为宗旨，严肃查处各类非法出版物及有害信息，制订和完善"扫黄打非"进基层等相关行动方案，开展五项专项行动，建设基层示范点44个。联合公安、综治、市监、消防和教体等部门，对县城内印刷复制、书店、物流快递、宗教场所、歌厅、网吧等开展联合检查，营造健康有序文化市场环境。完成全县党政机关计算机软件正版化招标采购工作，采购正版操作系统和正版办公软件1625套，并安装使用。

【党的建设】 建立党组书记及班子成员抓党建工作责任清单，党组书记和班子成员深入帮扶村开展调研和讲党课9次。与各党支部签订党建工作目标责任书。实行班子成员联系基层党支部工作制度，局党组成员先后6次深入各基层党支部检查工作，调整配齐局机关、文化馆、图书馆、影视中心4个党支部书记，发挥基层党组织战斗堡垒作用。注重理论学习，制定党组议事规则、党组中心组、支部及干部理论学习计划、考核等制度。建立党建微信群，引导党员干部运用"党员e家"等平台进行理论学习交流。做到周一例会集中学习雷打不动，干部职工集中开展理论学习54次，召开理论中心组意识形态专题学习4次，组织全体党员观看《厉害了，我的国》《不忘初心》《榜样3》等党员教育专题片，推进"两学一做"学习教育常态化制度化。加强组织建设，推进党建“三强九严”工程，强化机关党建“三个责任”，落实机关党建“十项”制度，开展“6+X”主题党日、党组织和党员“双评双定”活动，局机关支部设立监督检查、文化服务、旅游服务、新闻宣传4个功能型党小组及党员先锋模范岗、示范标兵岗等6个岗位，将党员服务承诺完成情况与年终考核、绩效工资、职称评聘挂钩。按照班子成员负责抓、支部书记具体抓、党员干部分工抓的机制，定期召开工作进展情况汇报会，发挥全体党员干部先锋模范作用，激发全体干部内生动力。规范组织生活，召开2018年度党员领导干部民主生活会、组织生活会和严格执行中央八项规定精神、从严整改中央巡视反馈问题专题民主生活会、党员不信教专题组织生活会，开展民主评议党员工作。落实党风廉政建设责任制，坚持民主集中制，对“三重一大”事项提交党组班子集体决策，对干部职工进行廉政教育监管，增强干部职工廉洁自律意识。选派党性意识强、工作能力突出的3名副科级党员干部和1名普通党员分别担任罗洼乡崾岘村、张湾村第一书记和工作队员，开展驻村工作。全体党员干部与建档立卡贫困户结成联户帮扶对子，经常性开展扶贫工作，到联系帮扶的罗洼乡崾岘村、张湾村开展“进村联户”主题党日活动。

（扈正有）

党史方志

【志书编修】 编纂出版发行《彭阳年鉴2018》《彭阳改革开放史专题选编（第一辑）》《彭阳史志》（季刊）2018年1—4期；完成政协提案《彭阳古代史料选编（上卷）》编修；参与编纂《彭阳一中校史》《彭阳民国档案资料（选编）》《红旗漫卷》《浮海探珍——彭阳一中教师论文集》《彭阳一中校友名录（上、下卷）》《杏坛春韵——宁夏彭阳县第一中学建校60周年纪念画册》；主编《中国共产党彭阳历史（第一卷）》（1921—1949）、《彭阳革命史料选编（下卷）》初稿送审。

【专题研究】 完成宁夏版《抗日三字经》、抗战时期彭阳版“入党誓词”、彭阳民间抗战小调的发掘整理；完成红色彭阳《清平乐·六盘山》诞生地、红二十八军、三十二军北上抗日出发地、宁夏红色堡垒第一县、解放宁夏第一仗“四个品牌”、古代彭阳2017年度全国十大考古新发现——彭阳姚河塬西周遗址、世界针灸鼻祖皇甫谧故里——彭阳古城、宁南唯一的旧石器时代遗址——彭阳岭儿沟、宁夏第一窑洞——彭阳打石沟、古代国家祭祀重地——彭阳朝那湫“五个品牌”资料挖掘整理研究；完成彭阳清代民国、解放后建置沿革资料整理研究；完成解放战争时期习仲勋领导下的彭阳及其周边工作资料挖掘整理研究。

【史志服务】 配合完成中央党校、中科院、新华社、宁夏电视台、自治区社科联等在彭阳的调研活动；参与北京师范大学中国社会治理智库“百村社会治理调查”重大项目——杨坪村窑洞文化与时代转型研究。

【史志成果】 完成彭阳东山红色大院（王

洼)布展,开展“干部素质提升年”活动,讲好“党史党情专题党课”。配合各乡镇完成村史馆布展;发表《习仲勋及西北局领导下的彭阳革命活动》《宁夏南部山区红色文化概述》《宁夏彭阳首次发现距今80年的〈抗日三字经〉》《方志文化信息化建设的简单思考》等研究性文章。

【党史宣传】 参加央视等媒体的《你不知道的宁夏》《锦绣彭阳》《头雁引领红旗正》专题片资料收集及文稿修订;接待人民网、宁夏卫视、《新商务周刊》《新消息报》等媒体记者采访10次;为人民网等媒体提供闽宁协作彭阳成果、孟姜女哭长城等材料;为“家有传家宝”提供彭阳县修编家谱资料及线索。

(李　静)

图书销售

【经济指标】 2018年销售收入928.07万元,同比增长31%,教材514.02万元,同比增长11%,教辅资料368.28万元,同比增长128%,一般图书销售45.77万元。全年实现利润60万元,同比增长134%,费用100万元,同比下降20%。

【教材发行】 做好两季教材发行工作,完成“课前到书,人手一册”政治任务。全年教材发行45.53万册,销售码洋514.02万元,同比增长13%;教辅发行47.10万册,销售码洋368.28万元,同比增长128%。其中高中教材销售98.19万元,同比增长8%;初中教材208.91万元,同比增长6%;小学教材206.91万元,同比增长19%。

【教辅定售】 教辅发行成绩良好,销售码洋大幅增长,其中发行《学习之友》《信息技术》19.36万册,码洋189.00万元;《中考新突破》2.1万册,销售码洋39.48万元;《寒假作业》《暑假作业》12.32万册,码洋65.91万元,教辅资料发行稳定,配套率达100%,其他教辅资料实现销售码洋74.89万元。

【一般图书销售】 全年一般图书实现销售45.77万元。全年参与图书公司连锁系统营销活动6场次,在发行学习资料期间组织送书下乡活动16场次。以“全民阅读”为契机在县图书馆举办图书联展活动2场次,销售码洋3084.60元。做好党政类图书发行工作,征订发行《习近平新时代中国特色社会主义思想三十讲》1902册,码洋5.6万元,涉及全县216个单位(部门);征订推销《新时代面对面》995册,码洋2.1万元;征订《共产党宣言》等10种党建图书450册,码洋1.86万元。推销发行购书卡266张,实洋4.04万元。

【项目建设】 申报新建彭阳县新华书店项目,总投资600.08万元,其中申请中央预算内资金360万元,企业自筹240.08万元。项目用地1996平方米(约3亩),框架3层结构,建筑面积2000平方米。已与彭阳县国土局签订《国有建设用地出让合同》,并完成项目建设前期各项工作,2019年建成并投入使用。

【自身建设】 组织党员及员工认真学习习近平新时代中国特色社会主义思想及党的十九大精神，强化企业党支部建设，完善党支部各项规章制度，增强党组织凝聚力，提高服务意识和服务水平。对违反中央八项规定突出问题专项治理自查，深入查找存在的突出问题，制定整改措施。公司党支部高度重视意识形态工作，深入学习领会习近平总书记视察宁夏时的重要讲话精神，牢固树立和践行马克思主义民族观宗教观，培育和践行社会主义核心价值观。

（王天科）

卫 生 健 康

卫生健康服务

【健康联合体建设】 印发《彭阳县医共体运行管理办法》，明确组建县域内医疗服务共同体模式，乡镇卫生院分别完成挂牌，各医共体核心医院与成员单位签订医共体协议书。县人民医院与自治区人民医院、固原市人民医院组建医联体；县中医院与甘肃省中医药大学附属医院组建医联体，签署《丝绸之路中医药技术合作联盟协议书》。组建多种形式专科联盟，县人民医院成立彭阳县远程心电和影像诊断中心并开通运行，已为790名患者提供远程心电诊断、54名患者提供远程影像诊断；县妇计中心分别与湖南省儿童医院和成都双流区妇幼保健院建立妇幼专科联盟关系，加强与区内外三甲医院的资源共享和交流协作。

【公立医院改革】 制定《彭阳县关于控制公立医院医药费用不合理增长实施办法》，将控费指标分解到各个公立医院，各公立医院医疗收入涨幅2.8%。制定《彭阳县人民政府办公室关于印发彭阳县公立医院薪酬制度改革试点工作实施方案的通知》，推动建立多劳多得、优绩优酬的激励机制。设立患者回访中心，开展满意度调查，患者满意度提高。在全区县级公立医院综合改革效果评价考核中排名第三，县人民医院和县中医院两所公立医院院长绩效考评均为合格等次。

【公共卫生服务】 加强疫苗监管，规范二类疫苗门诊接种服务，严防安全底线。落实国家基本公共卫生服务项目，全人群电子健康档案建档率达96.85%。母婴安全及健康儿童行动计划顺利实施。新生儿48种代谢性疾病免费筛查1490例，筛查率为96.82%；新生儿听力障碍疾病免费筛查1414例，筛查率为91.88%；农村妇女乳腺癌、宫颈癌免费筛查病例数分别为4000例、8500例，任务完成率分别为81.48%、100%。配合武汉亚洲心脏病医院开展“六一爱心行”活动，对27名疑似先天性心脏病患儿做免费体检，并对符合手术条件的2名患儿免费实施手术治疗。开展经常性卫生监督工作，全年完成辖区内163家公共场所卫生监督检查，174所学校及托幼机构春季卫生监督检查，179家县、乡、村级医疗机构传染病防控及医疗废物管理检查工作。开展打击非法行医专项整治工作，加强严重精神病障碍患者摸排筛选、复核诊断、危险性评估、救助救治、随访管理等工作，严格信息报告制度，为110名三级以上严重精神障碍患者申请财政解决看护补贴费用52.8万元。

【家医签约服务】 制定《彭阳县家庭医生签约服务绩效考核办法》，按照服务情况兑现服务经费。全县家庭医生签约覆盖率60.5%，其中重点人群签约覆盖率80.1%，建档立卡贫困户签约率达100%，低保五保、计划生育特殊家庭签约率达100%，互联网家庭医生服务平台注册居民（手机签约）84277人，服务平台应用覆盖率42.77%。

【中医药事业】 县中医院中医重点专科建设、民族医（回医）重点专科建设和中药房规范化建设3个区级建设项目稳步推进。名老中医韩继忠成功申报国家级名中医工作室。基层医疗卫生机构开展中医药服务率达90%以上。扩大中医诊病治病覆盖面，发挥好中医药在治未病、重大疾病治疗、疾病康复中作用。开展养生保健“五进”活动，促进医养结合。

【医疗服务质量】 开展“干部素质提升年活动”，制订《彭阳县“提升医师素质和提升医疗质量行动”实施方案（2018—2020年）》《进一步改善医疗服务行动计划实施方案（2018—2020年）》，利用3年时间逐步形成区域协同、信息共享、服务一体、多学科联合的新时代医疗服务格局，推动医疗服务高质量发展，基层医疗服务质量提升，社会满意度提高。推行“先诊疗后付费”，县级医疗机构临床路径推广试点达22个专业90个病种。县医院新生儿科、县中医院针灸科成功申报自治区重点专科，拓展前列腺汽化电切术等新技术15项。在第107个国际护士节举办全县医护人员岗位练兵和技能竞赛，提高医护人员专业知识和操作能力。创建“群众满意基层医疗卫生机构”，全县16家村卫生室完成县级自评。安排23名中级以上卫生专业技术人员，派驻乡镇卫生院、社区卫生服务机构工作一年，开展“千名医师下基层”对口支援活动。

【健康扶贫】 建立“一免一降四提高一兜底”综合医疗保障网，完善基本医保、大病保险、医疗救助、扶贫资金、财政兜底等多重保障政策的联动报销机制，在县域内医疗机构推行“先诊疗、后付费”诊疗服务模式和“一站式”结算。对核实筛查出的贫困患者纳入“三个一批”行动计划，实施分类精准救治，全县大病集中救治295人，重病兜底保障78人，慢病签约2434人，报销比例90.43%。以“农民培训教育年”为载体，开展义诊和惠民政策宣讲活动，提高群众健康扶贫政策知晓率。

【计划生育服务】 提升计生家庭发展能力，推进计划生育利益导向政策落实。全年共申报发放各种项目资金650.4085万元；拨付计划生育手术并发症医疗补助资金6万元；发放独生子女保健费422.4375万元；审核兑现纯女户提前奖扶资金3236人388.34万元；落实纯女户医疗保险4904人28.86万元。制订《彭阳县“生育关怀行动”实施方案》，关怀慰问计划生育困难家庭88户，发放救助金4.4万元；帮助33户纯女户家庭子女圆梦大学，发放助学金6.6万元；“5·29”协会活动日期间开展六一国际儿童节“关爱留守儿童健康知识进校园”活动，为小岔中心学校留守儿童发放篮球、足球、书包、健康包、毛巾、笔袋、雨披等生活学习用品等各

100个,邀请儿童保健专家讲解保健知识,让留守儿童感受到“社会大家庭”的温暖。

【互联网+医疗】 探索“互联网+”在医疗健康中的应用,群众看病难、看病贵问题得到初步解决。创新运行机制,利用互联网、人工智能技术实现智慧就医。通过建设“互联网+县乡村一体化服务平台”,解决县域医疗卫生资源整合管理,实现信息互联、资源共享。通过“互联网+家庭医生签约服务平台”,提高群众健康素养水平;应用“互联网+远程医疗门诊”,帮助924名当地疑难患者获得省级专家的诊疗方案,解决优质医疗资源下沉,县外转诊率较上年同期下降20%。通过“互联网+基层医务人员培训平台”,解决全县基层医务人员在线培训,完成实用技能、前沿理论学习,实现基层医疗卫生服务能力提升。

【健康促进】 以普及健康生活、优化健康服务、完善健康保障、建设健康环境、发展健康产业为重点,创建全国健康促进县,“健康彭阳”建设全面起航。以“爱国卫生日”活动为载体,开展城乡环境卫生整洁行动,巩固提升卫生县城创建成果。推进健康教育与健康促进,开展健康科普活动170场次,推进健康支持性环境建设,新建健康社区、健康促进单位、健康学校、无烟单位等各类场所175家。获(2012—2017)全区爱国卫生工作先进集体。制订《“健康彭阳”建设行动计划(2017—2020年)》,举行创建全国健康促进县万人签约誓师活动,实施“将健康融入所有政策”策略,建设健康环境、营造健康文化、创新工作机制、开展综合干预,全国健康促进县创建工作通过区级验收,并接受国家级验收。

（张婷婷）

乡　镇

白阳镇

【概　况】 白阳镇为县城所在地，是彭阳县政治、经济、文化中心。全镇辖3个社区17个行政村89个村民小组，户籍人口20462户53516人，其中农业人口7014户24776人，占总人口的46%；回族人口2785户8657人，占总人口的16%。总土地面积266.97平方千米，其中耕地面积132150亩（基本农田33778亩），退耕还林面积67696.66亩，现有造林面积209820亩。全镇共有脱贫销号村12个，有建档立卡贫困人口1778户6132人，2014—2018年脱贫1696户5925人，其中年内脱贫销号阳洼、老庄、余沟、刘台4个贫困村300户1074人。镇党委下设22个党支部，共有党员1179名，其中农村党员853名。全年实现农民人均可支配收入9860.1元，同比增长12.5%。

【脱贫攻坚】 全镇共有建档立卡贫困人口1778户6132人，脱贫1696户5925人，未脱贫82户207人，贫困发生率为0.81%。累计完成金融扶贫贷款1516户5703万元，贷款覆盖面82.75%。完成雨露计划助学191人、驾驶员培训55人、实用技术培训150人，建成2个扶贫车间。实施移民搬迁工程，完成“十三五”县内劳务移民搬迁14户63人、“十二五”遗留移民安置3户10人。硬化村组道路5条18.69千米，沙化道路2条4.71千米，贫困村道路通畅率达100%。实施自来水入户183户，入户率达97%。完成危房危窑改造682户（其中建房396户、窑洞加固286户），安全住房覆盖率达100%。落实教育扶贫政策，狠抓控辍保学，劝返学生40名。落实健康扶贫及社会保障政策，新建标准卫生室4个，建档立卡贫困户家庭医生签约率达100%，建档立卡贫困户参加医疗保险覆盖率达100%，因病返贫现象遏制。新培育脱贫攻坚示范村2个，巩固提升产业扶贫示范村1个。规范培育提升扶贫产业合作社17个，全镇17个行政村实现合作组织全覆盖，10个村村集体经济收入达5万元以上。落实驻村工作队及帮扶责任人管理办法，确保帮扶到户，提高群众满意度。

【产业培育】 引进高端肉牛繁殖技术，培育发展中庄市级千头肉牛示范村，存栏肉牛868头。新建养殖暖棚440栋，成立家庭牧场3家，完成“见犊补母”3664头、生猪养殖增收1056户、草畜产业提升157户。肉牛饲养总量突破2.1万头，羊饲养总量突破4.13万只，猪饲养量突破1.22万头。推进生态鸡养殖规模化发展，投放生态鸡苗2万只。构建多元化优质牧草产业体系，新种紫花苜蓿7520亩（刘台、陡坡等7个村集体种植紫花苜蓿2815亩，农业项目补贴84.45万元）、优质牧草4000亩(南山村、姬山村共种植青贮玉米600亩,农业项目补贴6万元),新建青贮池13696立方米,完成玉米青贮5486立方米。实施“四个一”示范带动工程,以打造玉洼、白岔2个脱贫攻坚示范村为抓手,以旅游观光线路为重点,因村因户发展特色优势产业,新建庭院型红梅杏经济林3000亩,集中种植花椒2000亩、中药材2265.36亩(红花1150亩)、油菜2811亩、小秋杂粮7000亩、万寿菊400亩、油葵300亩,发展中华蜂419箱。实施粮食优质、绿色、高产、高效工程,种植地膜玉米4.3万亩、冬小麦1.6万亩,其中冬小麦免费供种项目1.1万亩、马铃薯1.8万亩(马铃薯原原种供种50亩、原种供种1000亩)。扶持发展星级农家乐12家。

【民生事业】 做好美丽茹河、姚河棚户区改造等全县重点项目征地拆迁工作,完成土地征迁533.87亩,涉及农户337户,兑付补偿资金6378.46万元。完成县人大议案办理1件,实施村组道路硬化650米;完成市人大议案办理1件,实施冲沟治理281米、沟道护栏575米,新建生产桥1座、汇流口2个,修建过沟道路800米;完成政协提案1件,发放铡草机20台。争取水保项目支持,新修高标准基本农田2000亩。以增进群众福祉为目标,新成立富阳、茹河2个社区,建成友谊街社区爱心超市、儿童之家,对镇社区戒毒康复中心规范布置。提升社会保障,城乡居民基本养老保险和医疗保险参保率均达100%。加大贫困户医疗救助、临时救助工作力度,办理临时救助953户3096人,累计发放各类社会救助资金10.09万元。加强城乡低保、残疾人动态管理,清退低保对象273人,新增503人。“双创”工作持续推进,发放妇女创业贷款102户666万元,开设劳动力素质提升培训班11期,培训544人,转移就业369人。

【生态治理】 牢固树立“绿水青山就是金山银山”思想,坚持“绿色+”发展模式,推进生态建设。完成陡坡至杜家沟7.96千米、中庄至玉洼8.65千米、南山至刘台6.86千米、祁湾至余沟8.08千米、中庄至柳台5.45千米和阳洼村6千米道路绿化工作,栽植云杉、油松、樟子松等绿化苗木1.66万株。实施村部零星绿化,栽种绿化苗木5860株。实施“一棵树、一株苗、一枝花、一棵草”工程,配合完成“一棵草”种植400亩,“一枝花”种植1000亩。实施六盘山重点生态功能区降雨量400毫米以上区域造林工程,采取集中巡查和划片包干方式,聘用护林员105名,加大禁牧封育力度。利用河长通、巡河通管理平台,监督指导镇、村河长及巡河员加大巡河力度,集中开展河道清理整治7次,拆除河道违法建筑5处,取缔沙场2家,关闭排污口8处。完善17个村保洁制度,实行农村清扫保洁网格化管理。以村为单位划分17个片区112个网格,聘请112名网格员清扫。在全镇范围内开展环境卫生大整治活动,与农户签订门前和田间地头卫生三包责任书5000份。开展“乱占乱建、乱围乱堵、乱采乱挖、乱倒乱排”等突出问题专项整治活动,清运垃圾11700吨。

【社会治理】 创建区级民族团结进步示

范社区1个、示范村14个。开展不准共产党员信仰宗教和参与宗教活动专项整治工作，组织党员签订《党员不信教承诺书》1179份。开展矛盾纠纷排查化解工作，组建成立“红袖章”义务巡逻队20支，全方位开展治安巡逻和矛盾纠纷排查化解工作，共排查调处各类矛盾纠纷579件，其中婚姻家庭矛盾纠纷496件，占比85.67%。建立重点信访事项包案化解机制，对自治区党委第一巡视组交办的9件信访案件逐一与信访人见面，全部化解。开展扫黑除恶专项斗争，排摸损害百姓利益的村霸、恶霸势力，发动群众举报涉黑涉恶行为，营造扫黑除恶浓厚氛围。专项斗争开展以后，通过电话举报、来信来访和逐级排摸，共收集各类线索6条，经核实上报涉恶线索1条。

【基层党建】　旗帜鲜明讲政治，牢固树立“四个意识”，做到“两个维护”，全面加强党的建设。坚持把党的十九大精神和习近平新时代中国特色社会主义思想作为党员学习“必修课”、日常培训“第一课”，推进“两学一做”学习教育常态化制度化，印发《党员干部应知应会手册》1000册，开展“不忘初心、牢记使命”主题教育40场次。开展“双评双定”活动，共有4个党支部、90名党员被亮黄星。对全镇17个村级活动场所规范化布置。新发展党员10名，确定发展对象6人，编制《发展党员工作手册》100册。开展“三大三强”行动，选拔培养村级后备干部51名。自筹资金50万元，对14个村级组织活动场所统一维修。整合农村社区项目资金40万元，对老庄、姜洼两村村部改扩建。投资6万元，建成玉洼村村史馆。壮大致富带头人队伍，新培育致富带头人31名，全镇致富带头人累计达220名。

（杨瑞昇）

古城镇

【概　况】　古城镇位于彭阳县境西部，东邻白阳镇，南接新集乡，西依黄峁山与固原市相望，北与王洼镇接壤。文化源远流长，旅游资源丰富，境内有皇甫谧故里、朝那古城遗址、无量山石窟、小岔沟毛泽东长征宿营地、任山河烈士陵园、挂马沟林海、朝那湫等旅游资源。总面积332.5平方千米，耕地面积10.7万亩。全镇党委下设党支部22个，共有党员924人，辖20个行政村98个村民小组，总人口9649户31710人，常住人口23000万人，回族人口占总人口的66%。有贫困村12个，现已通过市级复查复审脱贫，有建档立卡贫困人口2063户7004人，未脱贫98户255人，贫困发生率下降至0.82%。全年农民人均可支配收入达9779.3元，同比增长12%，全镇经济社会呈现稳中向好的发展态势。

【脱贫攻坚】　坚持强基础、补短板、育产业、促增收，全年脱贫1974户6749人，12个贫困村全部脱贫销号，贫困发生率降至0.82%。全年实施建档户补栏扩量888户，发放奖补资金229万元，实施草畜产业全覆盖项目13类，发放奖补资金2017.5万元；发放小额贷款1705户7195万元，扶贫贷款1968万元，贷款覆盖率达82.3%。“扶贫保”受益群众2368户，贫困人口家庭意外伤害保险和大病补充医疗保险实现全覆盖。新修硬化村组道路25千米，行政村道路畅通率达100%;在罗山、甘海、任河3个村连片修建高标准农田3000亩;新建综合服务网点6处、扶贫车间1个、服装加工扶贫车间1个;改造危房危窑572户;"十三五"易地搬迁197户767人,新建居民点1处,安置贫困户30户;自来水入户率达98%，饮水保障率达100%,动力电入户率达95%。投放400万村集体经济启动资金发展壮大村集体经济,20个行政村村集体经济收入均达1.5万元以上。完成素质能力培训756人次,培育"两个带头人"222人,表彰脱贫典型353人。解决全日制公益性岗位288个、非全日制公益性岗位护路工189个。社会兜底305户792人,建档立卡户住院看病实行"先诊疗、后付费""一站式"结算方式,建档立卡贫困户纳入"两险"保障范围,医疗签约服务率达100%。

【产业支撑】 全年新种植紫花苜蓿4000亩，建设养殖暖棚938栋，发放青贮种子8040亩24120公斤、甜高粱种子1000亩1500公斤,全镇牛存栏达24.3万个羊单位,肉牛养殖专业合作社11个，发展家庭牧场10个,扩建活畜交易市场,草畜产业提供农民人均纯收入40%以上。春覆膜5万亩,发放马铃薯原原种50亩、设施大棚农药2000亩,改造日光温室32栋。种植地膜玉米5.2万亩、小秋杂粮7000亩、中药材590亩、螺丝菜103亩、蒜苗86亩、烤烟235亩。养殖中华蜂321箱,发放朝那鸡苗8330只,特色产业提供农民人均纯收入20%以上。新建劳务基地1个、宁夏禄海服饰有限公司创业园区1个,入驻企业3家;培育小老板47人,培育小企业3户，全民创业带动就业人数246人。依托新时代农民讲习所,举办劳动力素质提升培训班10期888人次，全年共输出劳动力8721人，劳务总收入14594万元,劳务产业提供农民人均纯收入30%以上。

【民生事业】 改造薄弱学校15个，完成中心学校文艺展演室设备配套。打造镇史馆130平方米;完成20个村综合文化服务中心建设配套。举办第五届乡风文明大会及村级文化体育活动17次，表彰各类先进模范人物353名。建成家庭医生服务平台,创新"互联网+医疗健康"模式,皇甫村家庭医生签约团队被国家卫计委授予"全国优秀家庭医生团队"称号。新建高庄村卫生室,实现行政村标准化卫生室全覆盖,镇卫生院通过国家卫健委"群众满意的卫生院"评审。建成镇便民服务大厅、维修村部6个。实施低保救助1216户3130人,其中城市低保救助28户45人;临时急难救助2340人217.95万元,自然灾害救助603人66.4万元。关爱留守儿童,打造留守儿童之家20个。推行综治网格化管理,集中开展禁毒、网络诈骗等专项整治行动。严格落实领导干部接访,完善涉法、涉诉信访依法处理制度,落实"一人一案、一案一策"包案责任制,排查各种不稳定因素,全年办结信访案件8件,办结率达100%。化解各类矛盾纠纷365件,化解率达100%。坚持宗教中国化方向，依法加强宗教事务管理，民族团结、宗教和顺成果有效巩固,海口村被评为全区民族团结创建示范村。全年召开安全生产专题会议4场次，开展安全生产检查12次；开展食品安全创建工作并通过市级验收。加大防灾演练，自治区防灾减灾应急救援演练在海口村举行，群众防灾减灾意识和政府突发事件应急处置能力明显提高。

【农村环境】 牢固树立“绿水青山就是金山银山”理念，推进生态建设，加大污染防治力度。完成生态绿化23千米，栽植绿化树木8800株，在高庄居民点和小岔沟沿路建成果园2个，栽植酥梨3500棵，完成红梅杏庭院经济林4130亩。强化禁牧封育，聘请生态护林员97人，管护辖区林地13万亩，鼢鼠防治3万亩，落实草原生态奖补4万亩，全镇森林覆盖率24.5%。落实“党政同责、一岗双责”、河长制，开展清河和“清四乱”行动，实施茹河段河道治理，拆除回填河道内私建青贮池4处，组织清理垃圾31吨，关停河道采沙、洗沙点2个。对镇区内环境卫生、河道排污、私搭乱建、店外经营等突出环保问题和隐患整治行动，拆除违章建筑2500平方米，整治违规排污口12个。打造人居环境改造示范村1个、达标村1个，在小岔沟村新建居民点1个，对彭青公路沿线8个居民点实施美化亮化。动员群众对院落门前“三堆”进行清理，组织清洁人员对公共场所垃圾进行清理，表彰奖励51户卫生整洁文明户，通报批评100户环境卫生不整洁户。新配备289个垃圾箱、12辆垃圾车。

【自身建设】 牢牢把握政治方向，把全面建成小康社会使命扛在肩上，建设法治政府、务实政府、廉洁政府。开展政务公开工作，编制完成镇、村两级公开事项清单目录标准，建立政务公开相关制度19项，通过政务公开平台公开政务、财务、扶贫等各类信息200条。自觉接受人大法律监督和工作监督，办结县人大议案1件、建议1件。坚持干字当头，实字托底，落实干部包抓重点项目、贫困村、重点信访案件和坐班接访制度，班子成员带头深入基层、深入群众，了解社情民意，解决群众反映困难和问题，营造想干事、敢干事、干成事良好氛围。强化思想教育，加强意识形态领域学习，把握意识形态工作主动权，提高班子成员理论素养水平，增强工作落实能力。健全完善目标考核体系，跟踪督办重大决策、重点工作，政府执行力明显提高。坚决贯彻落实中央八项规定精神，驰而不息纠正四风，厉行勤俭节约，严格控制一般性支出和“三公”经费，“三公”经费支出明显下降。开展干部作风转变年活动，解决纪律规矩不严、责任担当不够、工作作风不实等问题。严格落实党风廉政建设责任制，推行“331”涉农惠农资金监管模式，严查扶贫领域违法违纪行为，严处侵害群众利益的不正之风和腐败问题，营造风清气正的政治生态。

（王　苗）

王洼镇

【概　况】 王洼镇位于县境以北50千米处，由原王洼镇、王洼乡、石岔乡合并而成。东接草庙乡和小岔乡，西联交岔乡和原州区河川乡，南临王洼镇和古城镇，北部与罗洼乡接壤，是彭阳县经济中心。辖20个行政村78个村民小组1个社区居委会，总土地面积341.56平方千米，总人口8827户27335人，其中回族人口2201户7055人，占总人口的25.8%。2018年，实现两个村脱贫销号，365户912人脱贫，贫困发生率下降至0.92%。全年农民人均可支配收入9726.2元。

【脱贫攻坚】 紧盯贫困村基础设施、基本公共服务、产业发展、集体经济收入和贫困户"两不愁三保障"，强弱项，补短板，狠抓脱贫攻坚工作。全镇共有建档立卡贫困人口2026户6862人，其中2015年底"回头看"新识别1644户5255人，贫困发生率20.04%。2018年脱贫366户914人，剩余未脱贫58户158人，此次动态调整新识别12户34人，返贫2户6人，贫困发生率下降至0.76%。全年新修沙砾路24.5千米、硬化路44.6千米，新建村级光伏电站15个村10个、综合服务网点5处。实施危房危窑"九个一批"1404户，其中移民搬迁9户，租赁补贴安置440户，购房安置户526，窑洞加固35户，危房自建394户。自来水入户率达100%。完成培训469人，其中春季雨露计划184人，驾驶员培训85人（A照5人、B照6人、C照74人），开展电焊、养老护理等技能培训4期200人，建成李洼村编织刺绣扶贫车间1个。李岔、梁壕等14个村村集体种植紫花苜蓿5773亩；路寨、石岔等3村种植青贮玉米984.5亩；李寨、李洼2村村集体种植万寿菊300亩；马掌村村集体种植红花435.7亩；崖堡等7个村注入担保基金100万元，1:10放大撬动银行贷款，已收取担保费88100元，全部列入村集体收入。协调金融机构降低贷款门槛，提高贷款额度，解决贫困户发展缺资金问题，2016年以后，累计发放金融扶贫贷款1826户8092万元，贷款覆盖率80.6%。开展易地扶贫搬迁，完成"十三五"易地搬迁272户1049人（其中县外80户352人、县内192户697人）。落实驻村工作队电子签到、请销假和"网格长"制度，确保驻村工作队到岗开展工作。围绕脱贫攻坚目标任务，建立"一周一汇报、一月一考核、半年一观摩"工作机制，严督查、严考核、严问责，确保工作快推进、出成效。

【基础建设】 完成村级硬化道路2条3千米，其中花芦村马岔组至冯沟组新建3.5米宽道路1.6千米，团庄村斜崖坝至团庄组新建3.5米宽道路1.4千米；配合交通局修建硬化道路41.4千米、沙化道路24.5千米；对全镇17个行政村60条道路进行水毁抢修，其中55条110千米进行铺沙维修。王洼采煤沉陷区综合治理项目，已完成李寨1号、2号、3号、4号居民点道路硬化2.2千米，铺设供排水管网3.6千米，安装太阳能路灯194盏，项目已全部完工；完成王洼煤矿独立工矿区改造项目，已完成4号综合农贸市场、5号果蔬交易大棚、6号电子商务平台建设及其附属设施建设。

【生态环境】 开展主干道路大整治大绿化、"环境综合整治行动"等活动，动员全镇干部群众共建生态美镇。开展环境卫生、河道排污、残膜回收、镇区私搭乱建等突出环保问题和隐患整治行动，加大残膜清理回收力度，推进镇村环境卫生整治，整治镇区人行道及市场私自搭建现象和废品回收站，清理成片堆放垃圾。配合县扶贫办完成高标准人工造林1900亩，其中邓岔村700亩、李寨村1200亩；配合县林业局及14家中标企业，在203省道和309国道沿线15个村，开展六盘山400毫米以上降雨量生态提升绿化补植补造和抚育管理造林工作，共完成7.2万亩造林任务。召开4次河长制工作会议，邀请县河长办领导开展各级河长和水库巡查员培训会，建立健全河长制工作机构，建立巡查记录工作台账并督促各级河长、水库巡查员如实详细记录，绘制完成王洼镇河长制工作作战图和推行河长制工作责任图，利用“河长通”“巡河通”手机APP开展日常巡查工作，提高巡河效率。编制完成姚岔村人居环境综合治理项目建设方案，对18个达标行政村进行“五土”共改需求确认，并将国道309和省道203沿线村列入重点整治范围。

【产业提质】　依托产业结构调整，发展草畜、林果等富民产业，拓宽群众增收渠道。在草畜产业上，全年种植紫花苜蓿8610亩、青贮玉米6700亩、甜高粱1000亩、地膜玉米4.8万亩，年底实现“五十百千万”发展目标（打造产业扶贫示范村5个，其中区级1个、市级1个、县级3个；50头以上肉牛规模养殖场10个；10头以上肉牛养殖大户100户；5—9头肉牛养殖户1000户；全镇肉牛存栏量达10000头以上）。年内新建养殖暖棚515栋，青贮饲草2.01万立方米，补栏肉牛850头、肉羊2410只，“见犊补母”验收3241头，补贴生猪1555头，投放铡草机552台，巩固提升扶贫示范村5个，培育扶贫合作社11个，培育致富带头人20人。在林果产业上，实施“四个一”工程（一棵树、一株苗、一枝花、一棵草），建设引种驯化园2处86亩，栽植苹果树2340株、梨树1140株、枸杞10亩、格桑花10亩。发展庭院经济林，完成红梅杏栽植881户1765亩。实施乡镇生态提升工程，采取针阔混交、乔灌混交配置，提高绿化美化效果，绿化村道32千米，绿化镇区居民点和9个村部，共栽植苗木1.79万株。

【民生事业】　实施民生工程，推进各项社会事业协调发展，提高群众生活水平。完成绝育6例，其中“少生快富”3例，人口出生政策符合率和计划生育率均达100%。开展健康惠民工程，农民健康档案建档率达100%，建档户家庭医生签约率达100%，普通人群家庭医生签约率45%，慢性病患者等重点人群家庭医生签约率70%。落实低保、医疗等救助政策，抓好“两险”收缴工作。全镇共有低保1608户2933人、高龄213人、孤儿29人、特困分散供养人员60户74人、优抚65人，累计发放急难救助128人514400元，临时救助1052人1025160元，自然灾害救助1052人987205元；医疗保险应征缴人数22519人，完成医疗保险征缴12776人，完成任务的56.73%，位列全县第一位；养老保险应征缴人数10680人，完成养老保险征缴7126人，完成任务的66.7%。

【社会治理】　以创建全县法治政府示范单位为契机，聘请法律顾问1名，推动法治政府建设。开展“七五”普法宣传工作,引导群众学法、懂法、守法、用法,累计开展普法宣传活动 34 场次,发放宣传书籍 2000 本、宣传折页 1200 份、宣传礼品 800 份。落实领导干部接访和“两排查一分析”等制度,建立矛盾纠纷和信访案件调处奖惩工作及“四级”联动调处机制,在各村建立矛盾纠纷调解室,成立综治党小组、平安联络员、巡防组等民间组织机构,构筑民调、信访、群众工作机构相融合的矛盾排查化解和信访稳定工作体系,化解基层群众矛盾纠纷。全镇共接待来信来访及中央第八巡视组、自治区第二巡视组交办件 30 件,已完结 29 件,进行办理 1 件;排查矛盾纠纷 290 件,成功化解调处 290 件,办结率达 100%。开展扫黑除恶专项斗争,镇辖区主要交通干道、各村部及人员密集场所张贴醒目的扫黑除恶宣传条幅、标语 48 条,发放《关于开展扫黑除恶专项斗争通告》1000 份,在镇区街道及各村开展法治宣传 11 场次,发放法治宣传资料 2000 份,制定《告全镇人民的一封信》,办结赌博、寻衅滋事、殴打他人等治乱案件 65 起,摸排上报线索 5 条。巩固民族团结进步示范镇创建成果,推动党的民族宗教政策全面落实,对辖区内宗教场所的教职人员、寺管会成员、信教群众等信息排摸登记,累计完成宗教“四进”活动场所 16 所,覆盖率为 80%。开展宗教人士培训 1 场次,清退无证阿訇 2 人,整改“沙化”“阿化”元素宗教场所 6 所,拆除未依法登记场所 1 所,将王洼煤矿清真寺合并至李寨清真寺,并拆除王洼煤矿清真寺。

【意识形态】 履行党委意识形态工作主体责任,坚持一把手带头,当好“第一责任人”,将分析研判意识形态领域情况纳入重要议事日程,完善该心谈话制度。把意识形态工作纳入党建工作责任制,纳入目标管理,并将班子成员意识形态工作责任制落实情况作为党建工作述职考评的重要内容,确保意识形态工作责任落实。弘扬社会主义核心价值观,推进民风建设,成立“村民议事会、道德评议会、禁赌禁毒会、红白理事会”等村民自治组织,修改完善《村规民约》,引导群众移风易俗,激发内生动力,助推脱贫攻坚进程。举办群众广场文化活动暨民风建设表彰大会,开展表彰活动 7 场次,表彰“致富带头人”“民族团结模范”“脱贫致富光荣户”等干部群众 138 名,邀请秦腔演艺公司累计演出 16 场,观看演出干部群众 31000 人次,丰富干部群众文化生活,引领社会风尚,形成良好民风。

【基层党建】 实施“三强九严”工程,开展“基层党建制度落实年”活动,严格落实“三会一课”、民主评议党员、主题党日等制度,解决机关党建“灯下黑”“两张皮”问题。22 个党支部召开“严格执行中央八项规定精神”主题党日活动,通过群众提、上级点、民主评、集体议等方式,发现问题、认清问题,把问题查深、找准、摸透,列出问题清单。在党政办、民生服务大厅、扶贫办设置党员示范岗 5 个,制定服务群众六好标准和工作牌,推进服务型党组织创建,提升党支部组织力,党员示范带头作用明显增强。创新党组织设置形式,成立石岔、北洼两个党总支,对李寨、王洼2村党支部书记实行跨村任职，下派一名镇干部任花芦村党支部书记，实现以强带弱，同步推进贫困村销号与贫困户脱贫。调“三低型”党支部书记4名，从农村致富带头人、农村经济合作组织负责人等人员中，培养村级后备干部98名；从示范作用好、致富能力强的党员群众中选优配强“两个带头人”195名；派驻第一书记（驻村工作队长）21名、工作队员36名，为打好脱贫攻坚战提供队伍保障。开展“干部素质提升年”活动，认真学习传达区、市、县党委、政府各项重大决策部署，坚持镇党委中心组学习和镇干部每周四理论学习制度，全年共计开展镇党委中心组学习22次、镇干部理论学习26次，组织镇村干部培训学习15次。

【党风廉政建设】 严格贯彻执行《准则》《条例》，严肃党内政治生活，加强党内监督，与党委班子成员及各村、站所（中心、办）负责人签订党风廉政建设责任书，层层压实责任。对各村收集安装“331”监管平台APP安装情况重点摸排、统计及跟踪核实，结合扶贫进户，加大对卸载及不愿安装农户相关知识讲解及政策宣传力度，确保安装率达100%，涉农资金监管平台手机APP下载量为16473。开展“干部作风转变年活动”，领导班子各成员、全体镇干部深入查摆问题，开展自查自纠，领导班子查找问题74条，列出问题清单19条；科级干部查找问题29条，列出问题清单16条；一般党员、干部查找问题237条，列出问题清单27条。对镇干部考勤每周公示一次，对村干部、第一书记考勤每月通报一次。利用党员干部微信群学习违法违纪典型案例50篇次；给予党纪处分3人，问责镇、村干部10人，运用第一种监督执纪形态给予组织调整4人，约谈7人，通报批评2人，书面检查3人，提醒谈话4人；对8名新调整村干部进行任前廉政谈话。制定涉农扶贫领域村干部享受各类补贴政策排查情况任务清单，对村干部及近亲属享受各项扶贫方面政策情况进行排查，对全镇79名村干部家庭成员及重要社会关系信息采集，加强村干部信息管理规范性和时效性。

（马淑娟）

红河镇

【概　况】 红河镇位于彭阳县东南15千米处，东北与城阳乡、白阳镇接壤，南与平凉市寨河乡为邻，西依新集乡，平惠公路南北穿境而过。全镇总土地面积166.5平方千米。辖12个行政村61个村民小组，总人口6586户22411人，其中回族5836人，占总人口的26.04%。年平均气温8.5℃，是彭阳县气温最高的乡镇，无霜期120—160天，平均在150天左右，终霜期在5月20日左右，初霜期在10月初。年日照时数2518小时，年总辐射量127.6千卡/平方厘米。年降雨量400—550毫米，年蒸发量45毫米，属半干旱凉温气候，海拔1343—1668.9米，宜农宜林宜牧，为宁夏南部夏粮最早成熟区。全镇共有耕地107715亩，其中退耕地40363.6亩，实有耕地67351.4亩，水浇地11195亩，川旱地13794亩，旱平地31884.1亩，旱坡地110478.2亩。川区7个村（宽坪、什字、上王、韩堡、友联、红河、常沟），塬区3个村（何塬、夏塬、徐塬），山区2个村（黑牛沟、文沟）。2018年，镇党委、政府坚持以脱贫攻坚为统揽，抢抓机遇争项目、攻坚克难破瓶颈，奋发有为抓落实，全镇人民安居乐业、经济社会平稳发展。全镇农村居民人均可支配收入10500元，高出全县平均水平638元，增长10.4%。

【脱贫攻坚】 围绕“一达标两不愁三保障”目标，强化责任落实，狠抓扶贫项目落地生根，全年完成脱贫退出184户479人，综合贫困发生率降至0.92%。以促进贫困户增收为目标，实施到户产业1041户，兑现补贴资金177.77万元，新增扶贫贷款986户5140万元，带动1041户贫困户在产业链上实现增收。开展电焊技术、烹饪技术等各类技能培训8期380人次，实现贫困户转移就业260人，提升贫困户内生动力。人畜安全饮水、主干道路通达等覆盖率均达100%，刘杨公路开工建设，完成常沟、红河村阵地建设，维修友联、宽坪村部。易地扶贫搬迁187户676人，落实安全住房1192户，建成村级综合服务网点9个，成立12个村级股份经济合作社，村集体经济收入均达到1.5万元以上。落实教育扶贫、健康扶贫和低保等政策，发放各类救助资金72.2万元，惠及所有贫困户学生，37名学生重返校园，将150户贫困户纳入低保，实现社会保障兜底，确保应保尽保。

【产业提质】 坚持产业富民战略。现代农业方面，完成红河现代农业产业园项目建设，并与京宁益宏、宁夏东昂签订承包经营协议，企业已入驻园区组织生产，完成韩堡、上王设施园区240栋旧棚维修改造项目实施方案。草畜产业方面，落实各种奖补资金700万元，建成养殖暖棚249栋、青贮池20236立方米，种植青贮玉米5000亩，“见犊补母”3358头，饲草调制15272立方米。全镇防疫率达100%。林果产业方面，建成常沟村150亩矮砧密植苹果示范园和宽坪村80亩矮砧密植苹果示范园，红河村休闲观光采摘园及果树引种驯化园基本建成。特色劳务方面，依托“红河劳务”品牌优势，举办订单式劳务技能培训班24期，累计培训5000人次，转移就业4000人次、就地务工就业1000人次，创收1.2亿元。

【社会事业】 坚持以人民为中心的发展理念，推进民生保障工作，提升群众获得感和幸福感。中小学教育质量稳步提升，建成何塬、韩堡幼儿园，韩堡、上王、常沟3个村级标准卫生室投入使用。“两险”征缴覆盖率分别为101.8%和99.6%，调整最低生活保障704户1453人，发放各类救助资金72.2万元，救助困难群众818户2796人，家庭医生签约率69.7%，完成计划生育节育13人，落实婚检孕检220人。开展各类健康教育宣讲4起，受众9000人次。

【社会治理】 全年办结信访案件37件，办结率达100%，推广新时代“枫桥经验”，做到小事不出村、大事不出镇、矛盾不上交。依法整治阿化风格清真寺5座，规范清真标志覆盖率达100%。民族团结、宗教和顺、社会治理良好局面得到加强和巩固。加强民风建设，依托新时代农民讲习所，开展“六讲六干”活动，狠抓“一约四会”制度落实，举办第三届乡风文明大会，表彰奖励各类先进120人，婚丧简办、厚养薄葬、勤俭节约、见贤思齐等文明新风日趋浓厚。强化大气污染和水污染防治工作，严禁秸秆焚烧、控制河流及农业面源污染。开展环境卫生综合整治，清理垃圾1200吨，回收残膜393吨。全面推行河长制，坚持巡查与整改相结合，清理整治河道11千米，初步实现天蓝山绿水清。开展扫黑除恶专项斗争，排摸损害群众利益的村霸、恶霸势力线索3条，向司法机关移交2条，营造扫黑除恶浓厚氛围，全力建设平安红河。

【党风廉政建设】　深入贯彻落实中央和区、市、县纪委会议精神，开展党的政治建设工作，压实从严治党“两个责任”，推进从严治党向基层延伸。筑牢廉政之基，年内共邀请市、县宣讲团、上级领导宣讲辅导12次，由镇党委成员、包村干部组成的宣讲团深入各村宣讲45次，各村党支部书记、第一书记及包村干部在所在村开展宣讲100次。组织干部集中学习30次，班子成员到联系村讲党课36次。强化主体之责，镇党委会议研究党风廉政工作8次，专题研究纪委工作4次，通过党委扩大会议传达学习各级纪委全会精神15次，分别与班子成员、村党支部书记、村委会主任、各站所负责人签订《党风廉政建设责任书》27份，层层传导压力，靠实工作责任。组织学习《条例》《准则》等党纪党规1000人次，利用镇村干部微信群推送廉政信息45条、典型案例18例，镇党委成员到各村开展廉政知识宣讲24次。夯实监督之要，对全镇12个行政村扶贫资金项目开展监督检查，重点查看项目花名册和验收结果公示情况，保障产业扶贫资金精准到户；对各村、站所“331”监管平台项目完成情况和回复群众咨询投诉情况督查，完成乡、村两级备案37项，审核56项，办结咨询类信息90条。

（马贵付）

新集乡

【概　况】　新集乡地处县城西南边缘半阴湿地区，距县城33千米，东与红河镇接壤，南临甘肃平凉，西依泾源蒿店乡，北同古城镇、白阳镇相邻，交通便利，水源丰富，昼夜温差大。平均海拔1878米，境内峁儿尖山海拔2416米，山势突兀，为全县最高峰。全乡总土地面积222.91平方千米，其中耕地面积13.8万亩，辖20个行政村108个村民小组。总人口10271户37200人，其中少数民族7510户27370人，占人口总数的73.6%。全年农民人均可支配收入达9918.6元，较上年增长12.7%。

【脱贫攻坚】　全乡共有建档立卡贫困人口2392户8657人，其中已脱贫2301户8396人，未脱贫91户261人，13个贫困村全部脱贫出列，贫困发生率由2014年的26.2%下降到0.7%。因户施策、因人施策，其中发展生产脱贫1364户5271人，易地扶贫搬迁脱贫274户1132人，生态补偿脱贫40户150人，社会保障兜底脱贫323户767人，发展教育脱贫6户18人，公益性岗位（除护林员）脱贫 109 户 424 人，就业务工脱贫 314 户 1197 人。完成驾驶员培训 417 人、实用技术培训 200 人、集中致富带头人培训 52 人、雨露计划扶贫资助贫困学生 857 人。实施产业扶持项目 4118 户 2615.2398 万元，其中累计扶持养蜂户 40 户 12.91 万元、特色种植户 1284 户 168.4698 万元、养殖业户 3037 户 2433.87 万元，所有产业扶持资金已 100%兑现到农户。累计发放扶贫小额信贷 2317 户 9228.47 万元，发放贴息补贴 124.6 万元，实现建档立卡贫困户信用评级、有贷款意愿贫困户扶贫小额信贷到户、“扶贫保” 到户、金融服务到村四个全覆盖，发挥金融扶贫助推器、润滑剂作用。

【特色农业】 发展生态农业、设施农业和优势特色产业，全年种植地膜玉米 5 万亩，累计流转土地 2545 亩，种植青贮玉米 1040 亩、中药材 160 亩、万寿菊 430 亩、小秋杂粮 970 亩，新增种植优质紫花苜蓿 1500 亩。维修海子塬、团结设施农业大棚 210 栋，更换维修海子塬设施农业园区供水管道 5 千米，完成引海子水上塬工程。争取补助资金 20 万元，在白河、沟口村新建新型钢架大棚 10 栋。发展舍饲养殖，培育存栏优质肉牛 5 头以上的养殖示范户 1000 户、10 头以上的规模养殖大户 400 户、存栏肉牛 50 头以上的“家庭牧场”11 家，全乡畜禽饲养总量 32 万个羊单位。新增设黄牛改良点 2 个，累计 7 个，完成 4500 头肉牛品种改良任务。开展春秋两季集中免疫和日常畜禽补免工作，产地检疫覆盖面和出证率均达 100%。

【基础设施】 实施危房改造 730 户，发放租赁补贴 94 户、购房安置补贴 280 户，新增和改造自来水 2596 户，全乡安全饮水普及率、安全住房保障率和农村客车通达率均达 100%。全乡村组路网打通“最后一公里”，行政村宽带网络和自然村通信信号、广播电视均实现“全覆盖”。提升农村公共服务水平，20 个行政村文化体育活动场所、综合服务网点、标准化卫生室均正常运行。

【民生保障】 推进民生事业，用情打好民生改善持久战，贫困大学生资助、“文化艺术月”活动等 11 件民生实事全部办结。落实签约医生 26 名、签约团队 10 个，全年全乡签约 9383 人，建档立卡户签约率达 100%。完成两癌筛查 980 人次，兑现计划生育家庭奖扶资金 6.6 万元、纯女户提前奖扶 42.12 万元。城乡医疗参保率达 100%、养老保险参保率 90%以上。持续完善社会保障体系，新增农村低保 600 户 1138 人、新增院内五保户 3 人、高龄老人 69 人，发放临时救助资金 88.17 万元。加大“三群体”关怀激励力度，发放“三群体”救助资金 20 万元，完成退役士兵信息登记 190 人。推进文化建设，姚河塬商周遗址入选全国考古十大发现。举办“文化艺术月”系列活动，20 个行政村聚焦“辉煌六十年·见证新发展”主题，开展文化惠民活动 26 场次，评选先进个人 300 名，丰富群众文化生活。

【社会治理】 乡、村、组三级警务网络日趋完善，开展普法宣传 56 场次，调处各类民事纠纷 118 起，成功率达 100%。开展扫黑除恶专项斗争,举办“迎新春·送平安”及扫黑除恶“大排查、大深挖、大调解、大整治”四大行动启动仪式,得到县委和上级部门充分肯定,全乡境内悬挂横幅100条,上墙工作规章制度30条,印刷广告牌30面,开展扫黑除恶专题讲座200次,发放各类宣传彩页10000份,摸排上报有关线索5条。建立健全安全生产网络体系,对全乡企业、学校及地质灾害险点开展巡查106次,排除安全隐患10处,整改销号18处。落实基层阵地建设和武装定补经费,推进民兵预备役建设,国防动员组织体系健全,工、青、妇等群团组织纽带作用充分发挥。

【自身建设】　把习近平新时代中国特色社会主义思想和党的十九大精神作为政治必修课,树牢“四个意识”,坚定“四个自信”,做到“两个维护”。开展“干部素质提升年”活动,开展学习教育活动60场次,撰写心得体会100篇。坚决贯彻落实中央八项规定精神,驰而不息纠正“四风”,厉行勤俭节约,严格控制一般性支出和“三公”经费,“三公”经费支出明显下降,依规办事、节约办事蔚然成风。开展“干部作风转变年”活动,解决纪律规矩不严、责任担当不够、工作作风不实等问题。落实党风廉政建设责任制,强化对重点领域审计监督,推行“331”涉农惠农资金监管模式,严查扶贫领域违法违纪行为,严肃查处侵害群众利益的不正之风和腐败问题,营造风清气正政治生态。

（张旭东）

城阳乡

【概　况】　城阳乡位于彭阳县东南部茹河下游,距县城15千米,东西长21千米,南北宽14千米,与甘肃省镇原县接壤,属茹河河谷黄土残塬区,半阴湿地区。辖10个行政村69个村民小组,总人口为6219户24660人。水资源丰富,昼夜温差大,年平均气温8.2℃,无霜期140~160天,年降雨量350~550毫米。地理条件以茹河两岸川道和长城塬、北塬、杨塬为主,山塬相间,丘陵纵横。交通便利,初步形成“四横六纵”(四横:S70、G327、陡坡至涝池、夏塬至杨塬;六纵:川道6个村南北纵线)公路交通路网。全乡总土地面积186.69平方千米,其中耕地面积7.96万亩,基本农田3.6万亩。森林覆盖率21.6%。全乡种植地膜玉米3万亩、苗木1.8万亩、林果1.2万亩(其中山杏嫁接改良2500亩,栽植红梅杏3000亩)、中药材1万亩、烤烟0.55万亩、设施蔬菜550亩。养殖园区10个,发展养殖大户110户,畜禽饲养总量12万个羊单位。每年输出劳务8000人次。历史悠久,文化底蕴深厚,素有“固原东山文化之乡”美誉,2011年被文化部命名为“中国民间文化艺术之乡”,境内有毛泽东夜宿旧址、战国秦长城遗址、五峰胜景、茹河瀑布和茹河大峡谷五大景观,旅游资源丰富,是林果产业大乡。2018年,全乡农民人均可支配收入达10400元,较上年增长11.5%。

【脱贫攻坚】　对标“一收入两不愁三保障”“三率一度”、基础设施和公共服务,强基础、补短板、育产业、促增收。全年脱贫退出299户805人,保留22户59人,新识别3户10人,返贫1户4人,脱贫回退2户7人,共28户80人,贫困发生率降至0.37%。按照"九个一批"摸排无安全住房1869户,其中建档立卡贫困户271户,危房改造任务完成。"百日行动"新排摸无安全住房户56户,危房改造完成总数493户,其中窑洞163孔。实施自来水入户工程,全乡安全饮水覆盖率达100%。配合交通部门,完成城阳南山至转湾、沟圈至杨塬、长城至涝池、敬老院至长城等25.4千米四级水泥混凝土公路,路基全线贯通,已完成硬化22.4千米。6个村标准化卫生室通过验收,新建4个(刘河、韩寨、沟圈、涝池),已搬迁使用。实现所有自然村宽带网络全覆盖。对未达标7个村综合服务网点(刘河、陈沟、韩寨、杨坪、沟圈、涝池、北塬),完善相应农技、畜牧服务点或农资商店。完成29户县内移民,解决4户13人"十二五"移民遗留问题。5个移民安置点就近搬迁88户建档立卡户。全乡7个居民点已基本建成,共建成总户数132户,已搬迁入住104户。全年新增贷款1007户5370万元,贷款存量达1247户6481万元,覆盖率达80.82%。完成互助资金贷款301户383万元,配合完成各村互助资金审计工作。加强控辍保学,10名辍学学生全部劝返。实施"雨露计划"职业教育扶贫助学工程,资助中、高职学生386人,兑付资金57.9万元。争取宁东管委会扶持资金70万元建成杨坪村扶贫车间,解决就近务工65人(其中建档立卡户44人),联系彭阳县壹珍药业有限公司建成城阳村扶贫车间,解决就近务工15人(其中建档立卡户5人)、长城菌草园区扶贫车间解决建档立卡户8人。选派干部为电商指导员,驻杨坪扶贫车间、壹珍药业有限公司、长城菌草园区3个扶贫车间指导开展电商工作。落实"七位一体"责任体系,实行乡党委、政府班子成员和干部联系村及包抓重点项目责任制,对照脱贫攻坚任务清单,层层签订责任书,一级抓一级,压实责任、传导压力。

【产业优化】 立足特色产业,完善"一村一方案、一村一清单、一户一对策",确保户户有特色产业、家家有增收项目。实施"四个一"带动工程,推进林果、苗木、中药材、万寿菊等产业扩面提质增效。联系宁夏通达机械服务有限公司、宁夏易合工程咨询有限公司捐赠复合肥1000吨,价值100万元。新发展中药材3660亩、红梅杏7100亩、万寿菊747亩、花椒1000亩,全乡累计种植中药材2.6万亩(其中林下药材1.5万亩)、红梅杏1.1万亩、万寿菊1200亩、花椒2000亩、养蜂508箱。以旅游促脱贫,培育农家乐(小吃店)53家,发展手工艺品制作61人。新培育养殖专业合作社15个、养殖大户22户,新建养殖暖棚72栋,全乡发展"5·30"养殖户357户、"10·60"养殖户15户,养牛971头,养羊1775只;种植地膜玉米34000亩、紫花苜蓿6500亩、各类小秋杂粮6796亩,产业覆盖率96%。制定《城阳乡农业产业验收办法》,完成第一批产业乡、村两级初验及县级抽验,兑付产业扶持资金783户115.24万元,第二批兑付资金206户21.8万元。

【基础设施】　解决G327沟圈至彭阳段及茹河水污染二期、三期建设遗留问题215户，加快附渠附路等配套设施建设步伐。完成城阳美丽小城镇建设，新建污水处理厂2个。配合实施美丽茹河建设PPP项目，完成茹河流域水污染防治二、三期工程前期征地拆迁工作，建成宁湾、吴川、马山、陈沟、沟圈居民安置点，配合实施居民点基础设施和景观绿化，完成绿化种植2000株。建成韩寨村便民服务中心和群众文化舞台。加强环境监管，制订《城阳乡环境监管网格划分方案》，确定三级网格长1名、四级网格长10名、村级网格员84名，召开城阳乡网格化环境监管培训会，层层签订《环境网格化监管工作责任书》《2018年生态环境保护目标责任书》，对乡村干部、护林员、保洁员等培训教育。建立健全秸秆杂草禁烧网格化管理体系，确定二级网格长1名、三级网格长10名。开展主干道路大整治大绿化、环境卫生综合整治行动，向农户发放《公民生态环境行为规范（试行）》5000份，完成中央环保督察组巡视问题整改1件。确定沟圈村为人居环境改善示范村，完成沟圈村“五土共改”示范村建设工程控制价编制。开展G327两侧拆迁整治，拆迁116户16801平方米。召开城阳乡总河长工作会议暨“清河行动”推进会，层层签订河长制工作责任书，对各级河长及水库巡查员进行指导培训。落实乡、村两级河长巡查制度、会议制度、工作督办制度、信息共享制度、工作验收制度和考核办法，为各联系村领导、河长和水库巡查员安装“巡河通”“河长通”手机APP，开展巡查，通报批评村级河长3人，撤换不合格民间河长2人。开展“清河行动”，打击非法侵占水域岸线、擅自取水排污、非法采沙、倾倒废弃物等破坏河库生态行为，配合查处非法采沙3起。

【民生事业】　落实教育惠民政策，实施农村义务教育阶段学生营养改善计划，建成刘河、陈沟、长城、涝池、杨坪和北塬6个“儿童之家”。确定长城、杨坪村为示范性综合文化服务中心。落实妇幼卫生“七免一救助”政策，开展健康惠民工程，建档立卡贫困人口基本医疗保险实现全覆盖，医疗保险征缴率达100%，建档立卡贫困户家庭医生签约率达100%，扶贫保参保率达100%。联系固原民族职业技术学院在韩寨村开展“义诊下基层，为民送健康”活动，接诊150人次，免费发放药物5000元。完成城乡居民医疗保障参保缴费和商业健康保险征缴。加强困难群众救助，冬春受灾救助1680户6122人，发放救灾资金122.44万元；自然灾害救助200户713人，发放救灾资金16.44万元；临时救助1064户3843人，发放临时救助资金150.36万元；急难救助29户114人，发放救助资金12.65万元；“三群体”救助172户567人，发放救助资金16.69万元。完成全乡重度残疾人入户调查工作，核发严重精神患者监护管理补贴9人。召开社会救助兜底脱贫攻坚推进暨农村低保三年专项治理动员会，将符合条件的未脱贫户纳入农村低保，共清退低保对象75户120人，新增142户247人。

【社会治理】　弘扬社会主义核心价值观，

深化“好人好事”评选学习宣传成效，强化民风建设，推进移风易俗，激发内生动力，助推脱贫攻坚。开展“农民培训教育年”活动，召开2017年效能目标管理考核表彰暨2018年脱贫攻坚、农业农村工作会，表彰奖励“脱贫致富光荣户”10户。举办“庆七一、迎大庆，树新风、促脱贫”广场文化演出暨第四批“好人好事”颁奖大会，表彰奖励“城阳好人”3名，优秀党员、优秀村党支部书记和优秀第一书记17名。实施依法行政，落实一村一法律顾问制度，开展法律服务。开展“七五”普法宣传教育，拓展“法律八进”“尊法学法守法用法”主题法治宣传教育实践活动，开展法治大讲堂1次、干部职工法律知识考试1次、送法进校园14场次，举办基层普法骨干培训班1次，制作法律横幅18条、普法展板9块，发放普法资料2000册。开展禁毒宣传教育8场次，发放各类宣传资料2400份、宣传挂历400张、禁毒折页2000份，受教育群众3000人。落实信访工作责任制，推进“强化四个意识，做到三转变三结合”信访机制，化解群众信访问题。办结中央第八巡视组交办信访件1件、国家信访局交办信访件1件、自治区第一巡视组交办信访件8件、县信访局转办信访件4件、网上投诉件13件、城阳乡受理信访件8件，接待其他上访人员500人次，按期办结率为100%，及时受理率100%，群众满意度参评率100%。办结固原市“12345”便民服务热线求助工单8件、咨询工单2件。开展矛盾纠纷排查12次，调处化解矛盾纠纷119件，办结率100%。落实安全生产“党政同责、一岗双责”，推进“安全生产责任落实年”活动，与各村、各企业签订安全生产责任书25份。开展安全隐患排查治理，现场检查督导5次，开具安全生产检查记录15份。巩固民族团结进步示范创建成果，开展“拥护核心感党恩，同心携手奔小康”教育活动，推动党的民族宗教政策落实。

【深化改革】 开展农村土地“三权分置”改革，确定长城塬为“三权分置”改革试点。推进农村集体产权制度改革，做好粮食功能区划定，完成农村宅基地确权和农村土地确权“回头看”工作。推进农村集体资产股份权能改革，扩大农村合作金融和“两权”抵押贷款试点范围，完成农村集体资产清产核资工作，对未承包到户的资源性资产和集体统一经营的经营性资产等进行清查核实。深化“放管服”改革，完善不见面审批事项清单，“不见面，马上办”行政审批事项达80%。推行“互联网+政务服务”，通过政务公开智能管理平台和“城阳民生服务”微信公众号，发布各类信息34条，办理各类申请749件。落地招商引资项目5个，协议投资1.83亿元，其中固原博泰农业科技有限公司投资600万元，建成年产万吨有机饲料及肥料项目；宁夏天之翼航天科技有限公司投资200万元，建设的无人机飞防飞播服务项目已投入使用；宁夏鼎帆科技发展有限公司投资500万元，建设年产3万吨有机肥项目已完成前期准备工作；宁夏卓美伊牡丹产业开发有限公司投资5000万元，种植油用牡丹项目已落实；福建中食北山(庆迎春)酒业有限公司投资1.2亿元，种植太子参项目已落实。

【党的建设】 深入开展习近平新时代中

国特色社会主义思想、党的十九大精神、全国“两会”精神等宣讲活动。组织召开“干部素质提升年”“干部作风转变年”“农民培训教育年”活动启动会，举办各类培训15场次，参训105人次。全县新时代农民讲习所挂牌仪式在刘河村启动后，各村相继成立新时代农民讲习所，结合乡村干部大会、“6+X”主题党日、“五老一新”“三老五讲”等活动，开展各类宣讲91场次，参训5534人次。坚决落实意识形态主体责任，将意识形态工作纳入党委重要议事日程，先后5次召开党委会研究涉及意识形态领域工作，与各班子成员、各村签订意识形态工作责任书。抓好农村党建“四个重要文件”落实，实施“三强九严”工程，开展“基层党建制度落实年”活动。开展“双评双定”（党组织“评星定级”、党员“评星定格”）活动，评定出四星级党组织2个、三星级党组织5个，对3个村党支部亮黄星，对94名党员亮黄星103颗。从严抓好“三会一课”、组织生活会、民主评议党员、谈心谈话、“6+X”主题党日等落实，提升基层党组织组织力，新发展党员10名、积极分子2名。开展“整顿整治”活动，撤销1个软弱涣散党总支和4个软弱涣散党支部。争取闽宁扶持资金100万，新建韩寨村村级组织活动场所。新培育发展致富带头人26名，全乡致富带头人扩量到153名，其中A类17名、B类55名、C类81名，壹珍药业有限责任公司被确定为全区落实农村党建“四个重要文件”现场推进会观摩点，并挂牌“彭阳县农村实用人才培训基地”。制订《城阳乡发展壮大村级集体经济实施方案》，各村均成立村级股份经济合作组织和互助担保基金中心，其中长城、杨坪、北塬、沟圈、韩寨5村互助担保基金中心开始运营。

【党风廉政建设】　落实党风廉政建设“两个责任”，制定全面从严治党三个清单，与班子成员、各村、三办三中心签订党风廉政建设责任书27份。开展违反中央八项规定精神突出问题专项治理活动，追缴费用10.975万元，责令作出书面检查和提醒谈话4人，批评教育24人。深化“331”监管机制及监管平台推广应用，共开展项目备案44项，实施项目审核87项，发布惠农政策31条，受理农户各类咨询184条。加强廉政教育，组织全乡党员干部观看警示专题片3次，通过乡村干部微信群转发典型案例200条，书面转发典型案例36条，编辑发送节假日廉政提醒短信80条，组织乡村党员干部235人次观看“抵制腐败·共享和谐”警示教育视频会议，发放宣传资料150份。开展“干部作风转变年”活动，对“四风”问题集中整治。开展扶贫领域腐败和作风问题专项治理，健全50名村干部“廉洁档案”，对村干部进行“廉洁体检”，书面通报批评10人次（扶贫领域8人次），约谈21人次(扶贫领域15人次），提醒谈话7人（扶贫领域2人），作出书面检查4人，组织处理1人（扶贫领域），给予党纪处分1人（扶贫领域）。全年乡纪委共初核问题线索4件，立案3件，给予党纪处分4人，参与片区协作执纪审查13件。

（夏伯雅）

草庙乡

【概　况】　草庙乡地处彭阳县中北部，位于东经106°42′，北纬36°02′，东与孟塬乡接壤，南靠白阳镇、城阳乡，西依王洼镇，北同冯庄乡相邻，距县城26千米，309国道横穿东西，202省道纵贯南北，是往返北部7乡镇交通枢纽。总土地面积180.1平方千米，其中耕地面积10.3万亩，人均6.3亩。辖14个行政村41个村民小组，总人口4083户14208人。境内属丘陵沟壑与残塬沟台错交地貌，年降雨量450~500毫米，常年干旱少雨，海拔1540~2216米，日照时数2518小时，无霜期120~150天，为典型的大陆性季风气候。农业生产主要以地膜玉米、马铃薯、小秋杂粮等区域优势作物和草畜产业为主。全乡治理小流域6条，治理水土流失面积124平方千米、林地面积7.3万亩，退耕还林草5.08亩，森林覆盖率47.6%。境内煤炭资源储量达20亿吨以上，占宁夏已探明煤储量的1/15。全乡14个贫困村1252户4531人脱贫，未脱贫人口21户69人，贫困发生率降至0.48%。2018年，全乡人均可支配收入达9551.8元，较上年增长11.5%。

【脱贫攻坚】　按照“九个一批”措施，实施危窑危房改造1178户，完成总任务的100%，其中建档立卡户58户，贫困人口实现安全住房目标。开展控辍保学工作，10名辍学学生劝返5人，申请教育部门送教上门3人，落实转校转级或休学2人。贫困人口医疗保险实现全覆盖。完善基础设施和公共服务，新修周庄前岔、张街许湾、草庙小岔子——菜川、赵洼等硬化路13.9千米，和沟大湾、赵洼等沙砾路8.5千米。完成自来水入户57户，占未通水户总任务的64.8%。新建赵洼等8个村级综合服务网点，配齐相应设备，14个行政村文化体育活动场所实现全覆盖。完成牛湾等3个村标准化卫生室建设，村级卫生室实现全覆盖。对乡村建档立卡贫困户识别进入、识别退出、档外进档和贫困户“一卡一册”资料进行梳理、查漏补缺，补全档案。

【富民产业】　坚持产业富民战略，突出抓好产业提质增效，促进农民增产增收。以新洼片区为中心种植万寿菊2000亩，以包山村为中心种植板蓝根、芍药、知母、紫苑、黄芪等中药材3000亩，以周庄村为中心种植紫花苜蓿8000亩，在新洼村赵新庄组建六类70个品种“百草园”试验示范基地200亩，发展黄花菜、藜麦等板块产业150亩。全乡种植地膜玉米2万亩、马铃薯1万亩、小秋杂粮1.5万亩、小麦6000亩。扩大特色养殖业，全乡发展“5·30”养殖户1280户，其中建档立卡户611户。肉牛存栏5800头、肉羊存栏42000只、猪5000头；发展朝那鸡林下养殖点65个，鸡存栏8.1万只；发展中华蜂养殖示范村1个，养殖中华蜂2500箱，其中50箱以上养殖大户17户。增强就业创业能力，先后举办技能培训班3期150人，电焊工、月嫂、中式烹饪各50人。引导培育小老板、小企业，已培育小老板13人，培育小企业5家，创造新就业岗位50个。鼓励支持致富能人领办、创办龙头企业，新建包山中药材种植园区1个，带动全村入驻企业2家，带动就业100人。全乡共输出劳动力3003人，累计收入达2729.4万元。

【基础建设】 全年开工建设重点项目11个，落实招商引资项目1个。推进小城镇建设，完成纬三路征地拆迁及刘塬、米塬村部和文化活动广场、和沟居民点及文化活动广场排水工程，建成周庄村社区、群众培训中心。实施农田整理项目，完成丑畔、王岔、牛湾高标准基本农田1.2万亩，并配套田间道路、排水沟和农田防护林等基础设施。落实河长制，安装巡河通软件共18人，开展巡河清河行动。推进生态环境建设，完成道路绿化11千米，绿化美化村部5个。完成庭院型红梅杏栽植2797亩，其中建档立卡户栽植792亩。完成草庙、新洼2个人居环境综合整治示范村项目建设方案。农村人居环境综合整治达标村土墙土棚改造任务完成60%以上，共清理清运生活和建筑垃圾60吨。

【民生事业】 完成幼儿园改扩建工程，落实农村教育扶贫政策，实现贫困学生扶贫政策全覆盖。推进文化卫生事业发展，标准化卫生室实现全覆盖，推进医师资格证、慢性病签约等工作，实施“少生快富”项目，加强计生优质服务。开展爱国卫生创建活动，倡导文明健康生活方式。成功举办草庙乡第三届乡风文明表彰暨商贸文化交流大会，丰富群众文化生活。增强社会保障能力，落实城乡居民基本医疗和养老保险政策，居民医疗、养老保险参保率分别达97%和116%，其中建档立卡贫困户实现“两险”全覆盖。落实公益性岗位101个，年提供贫困户收入100万元。加强农村低保动态规范化管理，清退低保对象30人，新增236人，做到应保尽保。累计发放各类社会保障和救助资金142.077万元。

【社会治理】 培育和践行社会主义核心价值观，狠抓基层依法治理，推行“一村一警+警务助理”联防和“平安树”管理模式，推进社会治安防控网络建设。加强禁毒工作，巩固民族团结进步创建成果，打造新洼、和谐等5个民族团结进步示范点。对辖区19家宗教场所摸底，建立统计台账。开展“沙化、阿化、清真泛化”清理整顿工作，规范清真餐饮企业门头牌匾，统一“清真食品”标志，开展抵御境外宗教势力渗透工作。建立领导干部信访接待和包案化解制度，开展矛盾纠纷大排查、大调处工作，先后办理群众来信来访89件，其中中央第八巡视组、自治区党委巡视组交办的信访案件7件。建立安全生产监管台账，摸清监管对象底数，与监管对象签订安全生产管理责任书30份，对全乡所有企业及群众住房安全隐患等排查摸底，及时消除安全生产隐患，遏制安全事故发生。

【党的建设】 开展“三大三强”行动，深化“两个带头人”工程，在基层党组织推行“双评双定”活动，提升基层党建工作水平。加强村级阵地建设，周庄村部迁建工程已开工建设，完成和谐村党员活动室维修粉刷。完成草庙、张街等6个村级活动场所规范化布置任务，村级“一体六功能”服务水平提升。加大培训教育力度，结合“三个年”活动，组织村“两委”班子参加区、市、县开展的各类培训，全乡14个村党支部书记均赴区外参加培训。利用新时代农民讲习所，结合“庄头会”“云视通系统”“流动讲习”等形式，累计开展政策法律、实用技术等讲习270场7500人次。选优配强基层组织领导班子，调整充实村党支部书记1名、副书记2名。落实第一书记“五大员”职能，建立乡党委、村“两委”班子“横向”考核和网格长“纵向”监督体系，加强驻村工作队管理。深化“两个带头人”工程，新培育致富带头人24名，全乡致富带头人累计104名，推行“八型帮带”“1+2+X”帮带模式，帮带贫困户532人。发展壮大村集体经济，采取盘活现有资产、开发村级资源等形式，强化土地、金融等政策支持，采取“支部+合作社+产业”等方式，流转土地种植药材、紫花苜蓿等特色优势产业增加收入，其中草庙等村通过盘活村集体闲置旧村部、村小学校舍等资产，对外租赁收取租金增加收入。新洼、包山村分别利用配套和采购农机具开展有偿服务增加收入。年内14个村集体经济收入全部达1.5万元以上。

（席　娟）

孟塬乡

【概　况】　孟塬乡政府距彭阳县城40千米，南北长22.8千米，东西宽19.3千米。总土地面积211.88平方千米，其中耕地8.5万亩。全乡辖11个行政村62个村民小组，总人口4782户16463人，其中少数民族人口25人（回族22人、满族1人、苗族2人）。境内属黄土高原地带，平均海拔高度1464米。地形以丘陵、残塬为主，气候干燥，近三年平均降雨量550毫米左右。2018年，乡党委、政府以“抓党建、促脱贫”为主线，按照“15633”工作思路和“产业兴旺、生态宜居、乡风文明、治理有效、生活富裕”的总体要求，如期完成各项工作任务。全乡农民人均可支配收入9410元，同比增长11%。

【脱贫攻坚】　实施基础提升、产业扶贫、金融扶贫等重点工程，群众生产生活条件明显改善，脱贫攻坚工作成效显著，11个行政村脱贫出列，全乡累计减贫1140户4515人，贫困人口减少到32户85人，贫困发生率下降至0.52%。开展脱贫攻坚“回头看”，实行动态管理，先后排查出边缘户23户98人、易返贫户13户47人，因户因人制定措施，实现扶贫对象精细化管理。逐村逐户定方案、定措施，做到一户一本扶贫台账、一户一个脱贫计划，全乡产业覆盖率达97.2%以上，发展生产脱贫781户3120人、易地搬迁脱贫230户949人、生态补偿脱贫38户155人、教育脱贫26户118人、社会保障兜底97户258人。坚持从破解水、电、路等基础设施瓶颈入手，全乡安全饮水普及率达100%，供水水质达标率100%。全乡道路建设总里程167.5千米，实现全乡村组道路建设全覆盖，通客车率达100%。采取“九个一批”措施实施危窑危房改造项目，累计完成农村危窑危房改造1511户；建成双树、何岘、玉塬村3个移民安置点，就近安置99户402人。新增县内移民9户42人、县外移民4户21人，累计完成县内、外移民263户1100人，其中县外33户151人、县内移民230户949人。建成11个村级文化服务中心，配套建设文化广场11个，全部安装健身器材；11个村卫生室实现标准化，配齐村医，农村基础设施完善。坚持把做大做强产业作为稳定脱贫的重中之重、长远之策，形成3.2万亩“绿色型”旱作节水农业、1.34万亩“零残留”中药材、4500箱高品质中华蜂和5100头高品质肉牛、2.4万只羊、5500头猪特色产业链条，年输出劳务4500人以上，安排各类公益性岗位459人，实现村村有主导产业、户户有增收项目。开展劳动力技能培训，先后完成各类培训1480人次。加大金融扶贫力度，发放金融贷款986户4966万元，覆盖率83.21%，农业保险参保率60%以上，其中建档立卡户扶贫保达100%。实施“两险”全民参保计划，城乡居民医疗、养老保险参保率分别96%、98%以上，其中建档立卡户实现“两险”全覆盖。强化教育保障，全乡义务教育阶段学生辍学率为0。落实健康扶贫政策，11个村卫生室运行，基本医疗设备、药品配备、卫生室网络齐全，均有合格村医，建档立卡户家庭医生签约率达100%。11个村集体经济收入超过2万元，其中小石沟、草滩、高岔3个村集体经济收入突破5万元。全乡实现村村通柏油路、村民小组通水泥路或沙石路、行政村通信息、自然村通广播电视等公共服务建设全覆盖。实施草滩闽宁示范村建设，配合做好“百企帮百村”活动，争取彭阳县好又多超市等企业，在白杨庄村和草滩村资助困难大学生2名，帮扶126户贫困户。落实243名干部帮扶贫困户，实现11个贫困村驻村工作队全覆盖。

【产业提质】　通过流转土地种植、订单收购等形式，建立以赵山庄、草滩、玉塬为核心区的万寿菊、中药材等特色优势产业种植核心区3000亩，累计种植面积6000亩以上。全乡共发展中药材种植1.34万亩，其中大田种植8402亩（万寿菊3377亩，黄芪、党参、板蓝根、红花等药材5025亩）、林下种植5000亩。争取农机局地膜25000亩，种植玉米21623亩、万寿菊3377亩。按照稳猪羊、增肉牛、发展鸡、推广蜂的思路，推进草畜产业提质增效，新增“5·30”养殖户200户、家庭牧场2家、规模养殖场2家。发展存栏100只以上朝那鸡养殖大户100户，全乡家禽饲养量4万只以上。实现“见犊补母”全覆盖，发放补贴资金684头34.2万元，全年饲养肉牛1万头，全乡畜禽饲养总量10.8万个羊单位。利用6.9万亩退耕还林生态建设成果（槐花、山桃花、杏花、苜蓿花、柠条花等），打造“宁夏中华蜂第一乡”，同时，推广种植黄芪、板蓝根等中药材及8000亩“零化肥”红花荞麦，在小石沟村打造300亩元元胡麻蜜源点，倡导农户在房前屋后大量栽植枣树、槐树，打造优质秋季蜜源，实现春、夏、秋三季蜜源衔接，提高蜂蜜产量。以小石沟村为核心区，设立中华蜂保护区，在各路口设立标志，严格禁止意蜂进入。成立养蜂合作社2家，发展200箱以上养蜂大户2家，按照“合作社+农户”模式，发挥养蜂致富带头人引领作用，全乡发展养蜂500户4500箱，年产蜜6万公斤以上，产值近700万元。栽植红梅杏

1500亩12.45万株，完成新一轮退耕还林补植补造3213.7亩，增加蜜源。实施生态大包围工程，完成玉塬流域改造林补植7973.7亩、小虎洼流域补植补造7425.9亩；完成玉塬、何岘村居民点，赵山庄、白杨庄村部等绿化129.4亩；绿化孟塬街道北环路1.3千米。增聘、续聘建档立卡护林员74名，实行乡、村、组及护林员四支队伍联合巡查山头、林区，严查、严惩投牧毁林行动。完成各类培训280人，完成任务的106.1%，其中雨露计划扶贫助学资助139人，完成任务的126.4%；驾驶员培训41人，完成任务的113.8%；刺绣等其他技能培训100人，完成任务的100%。创建扶贫车间1个。

【基础建设】 完善基础设施，建设美丽乡村，双树村拆除土墙16处，新修建水冲式厕所38户；玉塬村拆除土棚、土墙12处，乡村道路沙化12千米；何岘村土棚、土墙拆除36处，修复涵管16处，修复边沟1700米；小石沟拆除土棚81处、土墙68处，沙化乡村道路40千米；白杨庄村修建公共卫生厕所2个。

【环境整治】 实施农村环境综合整治行动。实施“五土”共改项目，加强农业面源污染防治，加快农用残膜回收处理及农村生活垃圾、生活污水处理，加快村庄绿化、庭院绿化、美化、硬化、净化，打造干净整洁又独具特色的农家小院。实施农村“厕所革命”，加快双树、赵山庄等村改厕进程。开展公路沿线、街道及移民点、居民点等重点区域环境大整治行动，建设绿色生态宜居村庄。实施孟塬街区环境大整治大提升工程，借助县人大议案项目，建设街区护坡、围墙、道路边沟、道牙等工程，改变街区以南“脏乱差”的历年顽疾。构建河长制体系，让河长网格全覆盖。严格落实秸秆禁烧、建筑工地扬尘治理，守护好碧水蓝天。打好污染防治攻坚战，PM2.5浓度明显降低。

【社会保障】 完善城乡低保制度，全年清退农村低保37户49人，新增78户155人，实现应保尽保。全乡享受农村低保925户2733人，月发放保障金64万元；城市低保6户8人，月发放保障金3822元。落实医疗救助制度，年内共救助21人次，发放大病救助金8.4万元。加大临时救助力度，全年临时救助699人次，救助金额51.26万元。开展冬春救助，发放自然灾害救助资金123万元，救助受灾群众1303人次。落实优待抚恤政策，对全乡186名军人、“三类群体人员”临时生活救助17万元，其中重点优抚5人，现役军人36人，退役士兵145人。落实残疾人“两项补贴”，其中享受残疾人生活补贴227人，月发放金额2.3万元；护理补贴396人，月发放金额3.2万元。

【廉政建设】 严格落实“三级包抓”“三级同述”制度，党委会议专题研究党风廉政建设工作4次，建立党员干部廉洁档案53份，加大对党员干部履行职责和权力行使方面监督。开展“三不为”纪律作风专项整治活动，建立乡干部周考勤通报公示制度，加强党员干部平时监督管理，查找干部职工中存在的“三不为”问题，因工作推进不力组织处理1人次，约谈8人次，诫勉谈话2人次，通报批评2人次，廉政谈话16人次。以“331”农资监管平台建设为重点，抓好涉农资金公开工作，开展项目备案39项，实施项目审核45项，发布惠农政策50条，受理农户各类咨询105件。组织全体领导班子成员、乡村干部集中学习十九届中纪委二次全会、自治区纪委十二届二次全会精神，学习《党章》《廉洁自律准则》《纪律处分条例》等内容，发送廉政提醒微信500条，转发反腐倡廉案例180条。组织乡村干部观看纪录片《代价》《以案说纪》等警示教育片，发挥警示教育作用，警示教育面达100%。开展读书思廉、媒体宣廉、党课送廉等活动，建成廉政文化活动室，组织乡村干部和党员群众学习教育370人次，开展廉政知识抢答5场次，表彰道德模范90名。乡党委书记、政府乡长分别与13名党委成员、25名乡干部谈心谈话，班子成员与所有村干部提醒谈话，提醒谈话95人次。拓宽信访举报渠道，通过值班领导轮流接访，设立举报电话、举报信箱及网上举报等方式，及时发现倾向性、苗头性问题。排查问题线索1件，收缴违纪资金7700元。年内共初核问题线索6件，了结5件，立案1件，给予党纪处分1人，参与片区协作执纪审查10件。

【基层党建】　推进“三大三强”行动，完成小石沟、椿树岔、玉塬村部建设，对11个村部进行规范化布设，及时调整2名“三低型”党支部书记和补选2名村委会主任，提升农村基层党组织建设水平。推进“两个带头人”工程，做强提质增效、示范带动、融合转化“三篇文章”，落实扶持激励、表彰奖励、调整退出机制，致富带头人队伍109人。强化党组织带头人后备队伍建设，每村配备2—3名后备干部。开展“双评双定”活动，强化正向激励、反向监督机制。以开展“6+X”主题党日为抓手，以党支部为基本单位，落实“三会一课”等制度，将党员学习融入日常、抓在经常。在村党组织中集中开展“村霸”“恶霸”势力排查和打击力度，开展整顿软弱涣散基层党组织和党员信仰宗教问题“双整顿”活动。推进党委班子中心组学习制度，将意识形态工作纳入乡党委中心组学习的主要内容，及时传达学习党中央和上级党委关于意识形态工作的决策部署及指示精神。全年班子成员共开展集中学习15次、专题研讨3次、讲党课36次，第一书记讲党课22次，村支部书记讲党课11次。

【精神文明建设】　紧紧围绕培育社会主义核心价值观，制作大型广告宣传牌10块，在县政府信息中心宣传报道40次。开展“道德讲堂”、未成年人思想道德建设等群众性精神文明创建活动，评选最美家庭3户、十星级文明户11户。持续开展移风易俗，成立“村民议事会、道德评议会、禁赌禁毒会、红白理事会”等村民自治组织，修改完善《村规民约》，引导群众移风易俗，激发内生动力。选树模范典型，以弘扬社会正气，寻找发现“最美人物”为抓手，举办群众广场文化活动暨民风建设表彰大会，开展表彰活动11场次，表彰“移风易俗先进模范”“好儿媳”“致富带头人”“民族团结模范”“脱贫致富光荣户”等先进典型127名，弘扬社会正气，形成良好民风。以美丽乡村建设为载体，以社会综合治理为抓手，重点开展村民文明素质提升、环境卫生整治和人居环境美化绿化等治理活动，深化文明村镇、文明单位、文明校园创建。开展“农民培训教育年”活动，实现“新时代农民讲习所”全覆盖，围绕党的创新理论、扶贫政策、文明新风、产业发展、法律维权、健康指数等进行宣讲，共开展讲习 96 次，累计培训 3091 人次。

（陈　鑫）

冯庄乡

【概　况】　冯庄乡位于县境东北部，东邻三岔，西毗王洼，南接孟塬，北靠小岔，总土地面积 177.6 平方千米。全乡辖 11 个行政村 44 个村民小组，总人口 2487 户 8485 人。2018 年，全乡农民人均可支配收入 8293.5 元，同比增长 12.1%。

【脱贫攻坚】　以精准扶贫为核心，以产业扶贫为引领，采取“支部+企业+基地+农户”发展模式，建立药材千亩示范点 3 个、育苗基地 1 个，涉及建档立卡户 358 户 3905 亩，户均 10 亩以上。发展养殖产业扶持户 66 户（新培育“3·20”养殖户 11 户、“5·30”养殖户 33 户、“5·30” 巩固提升户 10 户、“5·30”倍增户 12 户）、养蜂户 1 户、特色种植户产业扶持 452 户、复合型种养业 29 户。当年新增各类贷款 104 户 556 万元，累计贷款 484 户 1751 万元。完成贫困村劳动力转移就业 525 人，完成率达 100%。举办手工编织培训 5 期 200 人，雨露计划扶贫助学资助 57 人，驾驶员 C 照报名培训 152 人，均超额完成任务，全乡累计输出劳动力 2800 人次，创收 3193 万元。实施危房改造 79 户（其中建档户 52 户），窑洞加固 35 户。完成人居环境改善项目 141 户，除外出和移民 69 户外，在家建档立卡户 669 户全部通水。全乡已脱贫 723 户 2673 人，实现村集体经济收入全覆盖，其中 5 个村集体经济收入万元以上。

【特色产业】　狠抓中药材、旅游、草畜、林果、劳务五大主导产业，通过政府推动、企业拉动、能人带动、农户参与脱贫攻坚思路，采取租金保底，盈余分红收益分配方式，引进安徽民凯药业科技有限公司和中宁彭宁丰农业科技有限公司，在羊草湾村流转土地 1700 亩、小湾村流转土地 1500 亩种植中药材，共种植红花 2222 亩、万寿菊 2745 亩、板蓝根 2300 亩、林下药材 10000 亩、其他药材 2400 亩。注重旅游产业培育，重点宣传冯庄峡谷、璎珞宝塔、小园子红色地下党支部遗址、千亩文冠果园等 12 个旅游景点。完成宁夏第一个农村地下党支部——中共虎家小园子地下党支部纪念亭建设、虎崾岘村千亩文冠果园培植工程、小园子美丽小城镇规划和施工建设及璎珞宝塔修缮保护申报工作。种植紫花苜蓿 0.5 万亩，引进苜蓿加工企业 1 家；发展巩固养殖户 182 户，建成暖棚 37 栋；申报肉牛标准化养殖场项目 3 个，建设暖棚 1800 平方米；完成黄牛冷配改良任务 800 头。全乡累计牛存栏 1125 头、羊存栏 12000 只、猪存栏 2400 头、家禽存栏 46800 只。累计举办各类职业技能培训班 13 期，参训 780 人次，通过国家职业资格鉴定 88%以上，提升劳动力素质。向外转移就业2251人，其中政府组织转移就业403人、中介组织转移就业583人、劳务经纪人组织转移就业733人、自发转移就业532人，转移就业增收2025.9万元，人均增收0.9万元；乡内企业就业70人，人均增收0.6万元。培养小老板3个，完成任务150%，创造就业岗位15个，全民创业带动就业人数29人。在309国道和冯庄峡谷北侧建成500亩文冠果示范园1个，栽植文冠果苗木38300株；生态提升补植800亩；组织新一轮退耕还林400亩；完成小园子前塬绿化40亩，400毫米以上新造林面积10402.81亩，未成林补植补造10208亩，通过对全乡第一轮退耕地清查，缺失面积237.89亩。落实庭院经济（红梅杏）324亩。

【基础建设】 争取部门支持，加强乡村基础设施建设。投入资金184.85万元，完成小园子前塬民生服务综合办公区供暖、地下管网、场地硬化等配套建设；投入资金1600万元，实施小园子美丽小城镇建设工程，已完成管道、地面砖铺设项目、桥梁修建；投入资金3154.32万元，新修村组沙化道路40.9千米，硬化道路52.572千米；农户自来水入户率93%；新建村级文化广场9个，文化活动室10个，累计完成人居环境改善141户。

【民生事业】 开展"幸福家庭"创建活动，落实人口和计划生育政策，严格控制人口增长，提升优质服务水平，加强流动人口管理，人口出生率控制在13.6‰、出生政策符合率95%以上，卫生计生工作取得全县第二名。争取各级、各界关怀支持，提升教育教学质量，确保义务教育均衡发展通过国家验收。注重政策执行的公平性、连续性、及时性，完善低保动态管理机制，共清退低保户11户16人，建档立卡户兜底89户227人，自然灾害救助460户28.164万元、临时救助314户23.08万元、急难救助20户4.41万元，发放困难残疾人生活补贴136人16.32万元、残疾人护理补贴212人20.352万元。开展农村社保卡"一卡三功能"开通宣传动员，加大养老保险和医疗保险宣传征缴力度，全年养老保险征缴3567人，缴费率92%；医疗保险征缴7134人，缴费率98.4%。

【生态建设】 坚持绿色优先，守住生态底线，累计完成移民区生态修复1.4万亩。加大封山禁牧力度，巩固提升林业建设成果。狠抓"卫生冯庄"创建活动，推进城乡环境整治，注重环境卫生基础设施、设备投入，按"户集、村收、乡填埋"要求，推进农村生活垃圾统一处理，清理垃圾1750吨，回收残膜140吨，完成率达144.3%。坚持区域与流域治理相结合，建立以乡、村、民间三级河长为主要内容的河长制组织体系，落实河长联席会议制度，强化水污染防治和河道治理工作，杜绝生产生活水污染河道情况，严厉惩处违规采沙行为。推进大气污染和秸秆禁烧专项整治工作，严厉惩处焚烧秸秆污染空气行为，坚决打赢蓝天保卫战。

【精神文明建设】 深化社会主义核心价值体系建设，推进诚信建设、民风建设和民主政治建设，开展"最美家庭""最美冯庄人"

及身边的好人好事评选活动；开展道德理论大讲堂、“日行一善”、学雷锋等活动；开展文明村、文明单位、星级文明户创建活动，评选十星级文明户 18 户。打造茨湾村文化中心村，新建标准化乡文化站 1 个、村级文化广场 4 个，组织成立冯庄乡“璎珞咏春”文艺团，创建冯庄乡鸿塔文艺有限公司。依托乡文化站和各村文化活动室阵地，定期开展读书和娱乐活动，平均每月在各村放映数字电影 1 场次。开展纪念建党 96 周年评选表彰活动，评选表彰先进基层党组织 2 个、龙头企业 2 个、优秀共产党员 12 名、优秀农村“两个带头人”11 名、优秀第一书记或工作队员 6 名、最美冯庄人 6 名、脱贫致富光荣户 11 户、道德模范 10 名。利用各类媒体和信息平台，宣传推介冯庄，树立良好对外形象。

【社会管理】 深化精准服务水平，巩固提升“七五”普法成果，建立三个清单，提升全民法治意识。推进乡村便民服务规范化建设，细化办公流程，提升服务水平。开展依法治理，加强社会管理基层服务和“网格”化社会防控体系建设，推行“平安树”创建模式，巩固平安建设成果，集中打造 2 个平安示范点建设。规范信访程序，完善领导干部接访制度，坚持“两排查一分析”和信访联席会议制度，排查化解各类矛盾纠纷案件 24 件，接待办理群众来信来访 7 件 9 人次。消除安全生产隐患，确保社会安全稳定。开展群众评议机关和干部作风活动，推进政务和村务公开，强化舆论监督。落实村民代表会议制度，让村民自己的事情自己说了算，村民自治水平明显提高。发挥村监会职能作用，加强对村务工作监督力度。建立并完善以乡民生服务中心为核心、村便民服务室为纽带、村民小组便民服务点为补充的乡、村、组三级便民服务网络，设立为民办事登记表和台账，架起乡村干部服务群众的“连心桥”。

【廉政建设】 严格落实党风廉政建设“两个责任”，认真学习《中国共产党廉洁自律准则》《中国共产党纪律处分条例》，增强纪律意识、规矩意识和担当意识。严肃查处发生在群众身边的腐败问题，收回虚报冒领的涉农资金一万元，给予党纪处分 2 人。严格执行中央八项规定精神和区、市、县关于改进工作作风、密切联系群众相关规定，干部作风进一步转变。加大暗访督查力度，整治“门难进、脸难看、事难办”问题。加强村民监督委员会管理和运行模式，以党务公开促村务公开，推进村民代表会议制度，加快基层民主建设。

【基层党建】 坚持以星级创建活动引领“零距离”服务型党组织建设，创建四星级党组织 1 个、三星级党组织 4 个、二星级党组织 4 个、一星级党组织 1 个、零星级党组织 1 个。实施“两个带头人”工程，在抓党建促脱贫上下功夫。建立培养、帮扶、激励、奖惩“四制”机制，推行小寺村“411”党建扶贫工作和石沟村“支部+合作社+致富带头人+贫困户”抱团发展产业经营模式，建立“班子成员+党组织带头人”“包村干部、第一书记+农村致富带头人”“村党组织带头人、农村致富带头人+建档扶贫户”帮带体系。实施“头雁引领”工程，对有产业发展雏形或“苗子”型的发展户重点培育，增加本土致富带头人数量，注重从村干部、党员中培育致富带头人26人（村级后备干部中7人），从致富带头人中发展党员22人（2018年新发展积极分子中9人），实现“两个带头人”互促转化。履行乡党委日常管理第一书记职责，建立健全驻村台账，坚持周五汇报制度，确保第一书记在岗尽职履责。推进“学党章党规，学系列讲话，做合格党员”学习教育工作，做到组织、时间、任务、人员、措施“五到位”。开展党员组织关系集中排查工作，全乡参加学习党员277名，其中流动党员46名。实施“讲好一次党课集中学、发送一套资料辅导学、编发一句党话灵活学、解决一批问题互动学、选树一批典型榜样学”“五个一”学习活动，涌现出雅石沟、小湾、小寺等抓党建促脱贫示范点。

（马小刚）

小岔乡

【概　况】　小岔乡位于彭阳县城北部62千米处，北以甘肃环县为界，东接甘肃镇原县，南连冯庄乡，西邻王洼镇，总土地面积151.59平方千米。辖7个行政村26个村民小组，户籍人口1629户5627人。2018年，完成年初确定的各项目标任务，农民人均可支配收入9218元，增长11%，推动全乡经济社会各项事业跨越发展。

【脱贫攻坚】　坚持脱贫销号和巩固提升两手抓，强基础、补短板，育产业、促增收，脱贫销号417户1652人，剩余未脱贫建档立卡贫困人口降至20户47人，全乡综合贫困发生率为0.8%。村组断头路全部打通，实现油路到村、沙路到组、组道畅通目标。各村级综合文化服务中心全面建成投入使用，宽带信息网络进村接通，广播电视户户通全覆盖。完成自来水入户83户，自来水入户率达100%。发放扶贫小额贷款240户1174万元，累计发放贷款388户，贷款覆盖率和完成率分别为91.1%和84.16%。为建档立卡贫困户购买“扶贫保”，推行大病统筹商业保险，贫困群众抵御风险能力增强。举办各类培训班8期，完成劳动力素质提升培训185人。创建“十三五”移民安置点手工编织扶贫车间和榆树村刺绣剪纸扶贫车间2个。投资398.61万元，建设小岔村人居环境整治示范村项目，通过道路硬化及铺装、绿化、美化、环卫、排水、护坡及边沟砌筑等工程建设，小岔村人居环境整治示范村初具成效。落实教育惠民政策，农村学生教育扶贫政策实现全覆盖。加大宣传力度，健康扶贫政策知晓率95%以上，实现因病致（返）贫的建档立卡贫困人口因病住院治疗，医疗费用在基本医保联网定点医疗机构“一站式”结算。发挥合作社龙头作用，流转土地2850亩种植红花、黄芪、党参。全乡7个村利用村集体经济创收资金，入股彭阳县海鹰农牧开发有限公司，合作发展生猪养殖，取得固定分红。全乡7个村年内村集体经济收入达48万元以上。

【产业提质】　实施脱贫富民战略，转方式、调结构，促进产业优化升级。结合产业精准扶持资金到户项目，宣传特色种养殖政策及技术，引导群众发展林下月子鸡、万寿菊、中药材种植等特色优势产业,做到产业发展有亮点、上规模、得实效、促脱贫。依托牧草优势,新增紫花苜蓿种植1000亩,新建740方青贮池4个,青贮740立方米,打包180吨;种植万寿菊2300亩、小秋杂粮3000亩、中药材5500亩(红花3200亩,党参、黄芪1300亩,芍药500亩,板蓝根500亩)。突出养殖专业合作社带动引领,巩固提升发展林下月子鸡养殖121户12万只,落实生猪规模养殖户80户,完成米沟村1万头现代化生猪养殖场二期工程建设,养殖圈舍已投入使用。完成小岔村"十三五"移民安置点产业配套项目农户与企业、村级经济股份合作社协议签订。发展中华蜂等特色产业,全乡中华蜂养殖规模400箱。巩固提升小岔、柳湾2个产业扶贫示范村,培育发展致富带头人17名。

【基础设施】 配合润阳公司续建村组道路2条11千米,配合县交通局硬化吊岔村和小岔村组道路2条10.3千米,新修耳城村沙化道路7.4千米,榆树村连户路硬化2千米,维修全乡水毁村组道路126千米。新建7个村标准化村卫生室,配备常用药品和基本医疗设备,完成建档立卡户农村医生签约。新建60平方米综合服务网点6个,整合农资服务、电商服务和便民商店等,满足广大群众日常需求。完成榆树村农耕文化园主体工程建设,新建榆树村农民实用技术培训中心,利用闽宁对口协作资金,新建榆树村、小岔村扶贫车间。配合教体局建成"7人制"足球场一个。对米沟、吊岔、小岔、李渠、柳湾、耳城等6个村156户农户围墙大门改造。对小岔村"十三五"移民安置点居民进行无害化卫生厕所改造。通过"小点靠大村"安置方式,新建柳湾村移民安置点及配套附属工程,解决"十二五"移民遗留问题8户37人。完成危房窑改造78户,购房安置119户,租赁补贴353户,居民点安置8户,周转房安置7户。

【社会事业】 加快养老保险、医疗保险征缴进度,城乡居民基本养老保险和医疗保险缴费率分别达100.3%、98.14%。完善最低生活保障和困难群众救助机制,加强低保动态管理,清理清退低保户250户314人,新增111户171人;实施自然灾害救助477户49.78万元、临时救助391户30.4万元、急难救助48户14.4万元;发放困难残疾人生活补贴114人1.14万元、重度残疾人护理补贴127人1.016万元。完成院外五保转院内五保6户8人,托管代养2户3人;新增享受高龄补贴12人。创作编排"移风易俗、精准脱贫等"文艺节目,举办"庆新春·树新风"文艺会演,组织元宵节秦腔会演和社火表演,举办农民篮球运动会等广场文化活动,丰富群众文化生活。严格控制人口增长,提升优质服务水平,加强流动人口管理,人口出生率控制在6‰、出生政策符合率97%以上。实施"两免一补"政策,适龄儿童入学率、升学率、15周岁合格率分别达100%。

【环境治理】 坚持绿色优先,守住生态底线,以乡村道路绿化为重点,绿化、美化道路22千米;美化"十二五"移民安置点218亩,栽植红梅杏1042株,栽植云杉等常青苗木

5000株；配合完成400毫米降雨量造林工程16890亩。推进环境整治，将环卫工作外包给彭阳县国其环境保洁有限公司，配备清洁工35名，累计配备垃圾清运车6辆，垃圾收集箱102个，每天对市场街道、居民点及道路沿线环境清扫，按“户集、村收、乡填埋”要求，推进农村生活垃圾统一处理，清理垃圾480吨，解决“脏、乱、差”问题。坚持区域与流域治理相结合，建立以乡、村、民间三级河长为主要内容的河长制组织体系，落实河长会议制度，与各村河长签订责任书，加强巡河督查考核，强化畜禽养殖污染防治工作，杜绝生产生活中污染河道情况，严厉惩处违规采沙采矿行为。

【社会治理】　培育和践行社会主义核心价值观，狠抓社会治理创新，巩固和谐稳定局面。开展综治资源整合，推进“社会矛盾化解、社会管理创新、公正廉洁执法”三项重点工作，提升基层社会治理能力和水平。以坚持综治与脱贫攻坚相结合，综治与农村基层党建相结合，综治与法制宣传相结合，综治与民风建设相结合，综治与平安建设相结合“五个结合”，推进“和谐小岔、平安小岔”建设。全年共接待来信来访及网上信访件27件，办结27件，办结率达100%。排查矛盾纠纷61起，成功化解调处59起，调处完结率96.7%。开展“民族团结示范乡、村、宗教场所”创建活动，创建榆树、小岔、米沟和中心学校四个“民族团结进步创建示范点”，营造平等、团结、互助、和谐社会主义新型民族关系。建立健全涉黑涉恶线索摸排工作机制，将扫黑除恶专项斗争与全乡重点工作有机结合，利用“6+X”主题党日活动、新时代农民讲习所、悬挂横幅、微信等形式宣传，累计张贴扫黑除恶相关通告50份，悬挂横幅、张贴标语20条，设立固定宣传牌10块，利用集日、新时代农民讲习所等时间节点集中宣传13场次并发放宣传资料1000份。乡、村两级主动作为，从基层党建、工程建设、扶贫领域等重点工作入手，对涉黑涉恶线索排查分析。

【党的建设】　结合“6+X”主题党日、组织生活会、民主生活会、新时代农民讲习活动，认真学习党的十九大和习近平新时代中国特色社会主义思想及区、市、县重要会议精神，各党支部开展讲党课32次、宣讲活动10次，张贴宣传标语和横幅168个，举办知识答题活动10次，制作习近平新时代中国特色社会主义思想核心要义上墙制度3块。严格落实“三会一课”制度，严肃党内政治生活，增强党内监督。开展“双评双定”活动，各村建立党员微信学习交流平台，对22名党员亮黄星。完成李渠村、耳城村、小岔村3个行政村党员活动室及其功能室布置，实现制度上墙，设施改善，提升基层党组织服务群众水平。及时调整耳城村支部书记，通过召开村民代表大会，选举产生耳城、柳湾两村村委会主任，保障耳城、柳湾两村各项工作开展。实施农村“两个带头人”工程，加强村党组织带头人队伍建设，采取培训提高一批、扶持培育一批方式，全乡培养村党组织带头人7名、致富带头人61名。

（闫　津）

罗洼乡

【概　况】　罗洼乡位于彭阳县最北端，距县城约65千米。全乡总土地面积156.21平方千米，其中耕地41138亩，退耕46653.7亩。现辖7个行政村29个村民小组，总人口1690户5869人，其中回族人口1674人，占总人口的28.5%。2018年，全乡农村居民人均可支配收入9162元，比上年增长11.2%。

【脱贫攻坚】　坚持以脱贫攻坚统揽经济社会发展，对标“一达标两不愁三保障”，靶向发力，巩固脱贫成果，年内脱贫78户195人，累计实现脱贫501户1728人，未脱贫8户19人，贫困发生率降至0.31%。树立产业兴旺是脱贫富民的根本理念，坚持“有土”“离土”两手抓，培育壮大草畜产业和劳务产业。全乡多年生牧草种植面积4万亩，现牛存栏1512头，生猪存栏1742头，羊只存栏9146只，家禽存栏31511只，以马铃薯、地膜玉米、食用葵、荞麦等小秋杂粮为主的种植业和以黄牛养殖为主的养殖业成为主导产业。全年“5·30”养殖补栏247户，新增基础母牛77头，“见犊补母”520头，新增肉羊623只，黄牛改良38头，新建标准化暖棚103户；发放5000亩春秋覆膜，种植特色产业204户3986亩、紫花苜蓿1530亩；特色板块产业生猪养殖25户，草畜产业提升（铡草机）补助67户，新建青贮池31个，饲草青贮7800立方米，粮改饲青贮3500立方米。通过非全日制公益性岗位安置建档立卡贫困户就业93人。新增金融扶贫贷款295户1535万元，累计完成金融扶贫贷款479户2429万元。补齐“房路水”等基础设施短板，夯实贫困村发展基础。全年硬化村组道路3条14.3千米、沙化2条15.2千米，通过“九个一批”措施完成危房危窑改造451户，补助156万元改造围墙大门255户，实现行政村道路硬化率、通客车率达100%，贫困户安全住房保障率和自来水入户率达100%。发展劳务产业，促进全民创业，完成培训140人次，输出劳动力2424人，创收4211.46万元。

【基础设施】　借助矿区改造，整合资金220万元，抓项目、促发展，抓生态、促提升，小城镇建设水平提高。建成罗洼乡大涝坝文化体育广场，完成独立工矿区农贸市场改造工程，服务群众能力提升。利用银洞沟煤矿300万吨煤炭开发经营运输资源，建成集汽车加水、汽车保养维修和餐饮服务为一体的煤矿综合服务区房屋13套，完善配套室外附属工程，以出租经营方式获取村级集体经济收入，有2个村村集体经济收入超过5万元、5个村村集体经济收入超过1.5万元。实施罗洼村环境整治示范村建设和其他6个村达标村建设，完成255户围墙大门改造。

【民生事业】　落实教育、文化、卫生、社保等惠民政策，群众获得感、幸福感提升。开展控辍保学工，8名义务教育阶段辍学学生劝返，适龄儿童入学率达100%。加快提升学校基础设施，完成罗洼乡中心学校崖面改造。提高教育教学质量，全乡统考成绩名列第一。建成7个行政村综合文化服务中心，开展文化活动20场次，播放电影500场次。建立以乡卫生院为中心、村级卫生室为基础的农村医疗服务网络，完成家庭医生签约服务。新建水厕3处、卫生厕所4所。推进“两险征缴”，医疗保险及养老保险分别缴费5037人和2152人，缴费率为96.07%和87.60%。加强困难群众救助，发放各类救助资金77.68万元，纳入低保户237户540人。

【生态环境】　完成2017年罗洼乡生态提升工程，共栽植苗木18704株。实施“四个一”生态提升工程，罗洼乡街道、居民点、各村部绿意盎然。通过全日制非公益性岗位聘请8名生态护林员、37名保洁员。落实河长制，开展巡河并督促村级河长开展巡河，填写巡河日志，完成巡河21次。做好大气污染防治工作，共签订禁烧秸秆承诺书1000份。完成罗洼街道污水管网和污水处理设施并网工程，组织保洁员按时打扫环境卫生，下达责令整改通知书2份，公共区域卫生脏、乱、差现象基本消除，乡村生态环境明显改善。

【精神文明建设】　开展“农民培训教育年”活动，开办农民讲习所7个，开展活动120次。督促7个村修订完善村规民约、红白理事会、道德评议会、村民议事会、禁毒禁赌会“一约四会”组织，开展移风易俗，选树先进典型，培育社会新风。深化社会主义核心价值体系建设，开展道德理论大讲堂、“日行一善”、学雷锋等活动，依托乡文化站和各村文化活动阵地，定期开展读书和各种娱乐活动。

【社会管理】　推行“平安树”创建模式，开展“扫黑除恶”专项整治斗争，实现县、乡、村信息“三级”共享。开展禁毒大排查活动，组织宣传活动20场次，发放各类宣传资料1万份。坚持“两排查一分析”和信访联席会议制度，规范信访程序，完善领导干部接访制度，共排查化解各类矛盾纠纷案件64件，化解率达100%，上级转交7件信访件全部办结。成立安全生产领导小组，落实安全生产一岗双责，共签订各类安全生产责任书61份，安全生产巡查24次，下达整改通知书6份，上报县级相关部门函件4件，全年共发放各类安全生产宣传资料3500份，确保无安全生产事故发生。

【统战工作】　严格贯彻落实党的民族宗教政策，举办新修订的《宗教事务条例》培训班1次，借助新时代农民讲习所开展学习7次，培训300人次。对全乡不符合规定的14个门头牌匾进行规范处理，对清真寺自办阿文班等情况全面摸排，对4名参与宗教活动党员进行帮教转化。开展谈心谈话，按时召开专题组织生活会，签订《党员不信教和参与宗教活动承诺书》，全乡民族团结、宗教和顺大局有效巩固。

【廉政建设】　开展“干部作风转变年”活动，落实《中国共产党廉洁自律准则》《纪律处分条例》《党内监督条例》等。制订《罗洼乡2018—2020年扶贫领域腐败和作风问题专项治理实施方案》，部署扶贫领域腐败和作风问题专项整治工作，排查出党员干部违纪问题线索2条，移交纪委处理3人，营造风清气正、干事创业良好氛围。贯彻落实中央八项规定精神,“三公”经费实现零增长。对照中央和自治区党委巡视组反馈问题清单,强化问题导向,制订整改方案,夯实整改责任,已全部整改到位。

【基层党建】 开展“三大三强”行动,深化农村“两个带头人”工程,全年整顿软弱涣散党组织1个,新培育致富带头人14名。严格按程序发展党员,共吸收预备党员7名,按期转正党员5名,发展入党积极分子17名。在春节、七一等重大节日开展慰问等活动,慰问困难党员67名,完成8个党支部243名党员年报录入工作。做好第一书记管理考核工作,把第一书记(驻村工作队员)纳入乡村干部管理范围,实行指纹签到和月积分考核制度,每周参加乡上例会,督促第一书记(驻村工作队员)扎根基层、服务基层。

(马明贵)

交岔乡

【概　况】 交岔乡位于县城北部、小河流域上游左侧,南、东与王洼镇相连,西、北分别与原州区河川乡、寨科乡相邻。全乡辖7个行政村17个村民小组,总土地面积147.38平方千米,总人口1729户5606人,其中回族人口5377人,占总人口的96.2%,藏族2人。2018年,盯重点工作“4+1”责任清单和脱贫攻坚任务书,制定“六个扎实推进”工作措施,狠抓工作落实,圆满完成各项工作任务。全乡农民人均可支配收入9186元,增长10%。

【脱贫攻坚】 落实脱贫攻坚各项任务,强基础、补短板、育产业、促增收,贫困发生率由47%降低至0.77%。制订重点贫困村保阳、关台两村脱贫攻坚方案和“一户一策”脱贫措施,对未脱贫124户335人分类施策,确定“产业+”脱贫措施。加大政策扶持力度,全乡易返贫户24户,新增低保41人,解决公益性岗位13人,边缘户新增低保32人,解决公益性岗位6人。全乡单双老户合户41户,解决单双老户无产业或产业薄弱等问题。开展“百日攻坚”“十项清零”工作,对标脱贫攻坚存在的短板,累计完成清零指标十项36条。完成春季雨露计划申报45人、秋季雨露计划申报56人。完成电焊、刺绣编织、电子商务、致富带头人、驾驶证等技能培训464人次。全乡输出劳务工2360人,其中持证外出务工242人,实现劳务创收3100万元。

【特色产业】 将政策宣讲及入户帮扶相结合,实施“四个一”示范带动工程,巩固提升产业扶贫示范村3个,其中区级产业扶贫示范村1个(东洼村)、县级产业扶贫示范村2个(保阳村、关台村)。养殖业方面,新建成养殖暖棚188栋,青贮池建设23937.37立方米,青贮饲草调制32314.63立方米;全乡购置大型铡草机124台,完成基础母牛补栏342头、新生牛犊771头,羊补栏2220只、生态鸡补栏7000羽,引进中华蜂养殖100箱,建档立卡贫困户达到“3·20”养殖标准的388户,其中达到“5·30”标准218户、“10·60”标准40户,全乡牛存栏3800头、羊存栏18500只、鸡存栏11000只。种植业方面,种植地膜玉米9000亩、紫花苜蓿8142.95亩、青贮饲料15000亩、小秋杂粮胡麻2000亩、豆类2600亩、糜子4800亩；完成中药材（万寿菊）种植600亩，其中围绕“四个一”产业试点“一株草”种植发展特色板块产业甘草种植600亩。建档立卡贫困户产业覆盖率93%。

【基础建设】 完成硬化道路12.4千米，其中大坪4.3千米、保阳4.8千米、关台3.3千米，累计完成村组等级公路49.1千米，实现村村通硬化路、自然村通硬化路率82%。完成庙庄、东洼、保阳、大坪等村综合服务网点建设。完成通水48户，自来水入户率达100%。建成保阳村农民培训室128平方米，机修高标准农田2000亩，进行深松、施肥。完成保阳村、关台村公共服务配套设施项目建设及农贸市场维修改造项目，提升服务功能。协调县电信等部门，调试东洼、庙庄村两个新建基站，解决网络信号差问题，配合电信部门加快宽带入户工作，已入户148户，占26%。

【民生事业】 加强临时生活救助力度，对建档未脱贫户新增低保16人，非建档户新增低保13人，临时救助461户658人次60.81万元。人口与计划生育方面，全乡新出生73人，死亡18人，新婚24对。安排公益性岗位158户（其中护林员38户、保洁员29户、公路养护员74户、后勤服务员12户、地质灾害险点监测员3户、巡河员2户），提高贫困户收入。建成扶贫车间2个，自治区质监局投资63万元，援建的庙庄村甘草茶叶厂投入运营，生产甘草叶茶970公斤，解决建档立卡贫困户40人就近务工，实现就近务工收入28.8万元。建成庙庄村海山庄家庭牧场，已投入使用。流转土地200亩，建成养殖圈设1670平方米，存栏牛100头，带动建档立卡户10人发展养殖，达到稳定脱贫。

【生态建设】 牢固树立“绿水青山就是金山银山”理念，全力打赢“碧水蓝天”保卫战，推进生态交岔建设。完成交岔—姚岔4千米、交岔—官厅7千米、保阳—梁壕17千米道路两侧绿化工作，栽植云杉、油松、刺槐、旱柳等绿化苗木1.2万株。配合县林业局完成六盘山重点生态功能区降雨量400毫米以上区域造林绿化工程13523亩。采取集中巡查和划片包干方式，加大禁牧封育力度，防治鼢鼠1800只，保护生态成果。动员农户利用电能、太阳能、无烟煤，提高群众环保意识，组织各村与农户签订秸秆禁烧责任书，全乡回收废旧地膜130吨，回收率达100%。落实“水十条”规定，完善河长组织体系和责任体系，利用河长通、巡河通管理平台，监督指导乡、村河长及巡河员加大巡河力度。组织全体村干部、保洁员及时对辖区环境卫生清理，对生活垃圾实行“组收集、村转运、乡处理”方式集中填埋处理。完善7个村村庄保洁制度，实行农村清扫保洁网格化管理。以村为单位划分7个片区29个网格，聘请29名网格员清扫。开展环境卫生大整治活动，对各村农户院落和公共场地“三堆”进行集中清理整治，与农户签订门前和田间地头卫生三包责任书1000份，各村对农户房前屋后环境卫生综合评比，实行亮牌制度，对环境卫生好的农户亮红牌表彰，对环境卫生差的亮黄牌通报。实施“五土共治”，拆除危旧土墙、大门，消除安全隐患，改善人居环境，全乡实施围墙、大门改造 102 户，其中建档立卡贫困户 91 户、一般户 11 户。对郭夏公路沿线的残垣断壁、危房进行集中组织拆除，共拆除土房 200 平方米、清理“三堆”400 方。

【社会管理】 建立矛盾纠纷排查化解微信平台，实现线下线上信息共享、互联畅通。加强网上矛盾纠纷排查信息系统案件录入工作，录入矛盾纠纷 66 件，全部化解。发挥一村一助理作用，建立重点信访事项包案化解和稳控帮助机制，对自查出 3 个包案化解事项逐一与信访人见面，帮助引导其依法依规反映诉求。开展扫黑除恶专项斗争，排摸损害百姓利益的村霸、恶霸势力，发送宣传彩页 800 份、制作宣传横幅 18 条、制作大型固定广告牌 2 处，排摸上报线索 2 条。推进民族宗教工作，开展宗教场所“四进”活动，依法审批宗教场所民主管理人员，依法拆除无证宗教场所 2 个、移民搬迁区废弃宗教场所 7 个，整改沙化阿化宗教场所 6 个。采取抓责任落实推动、抓宣传培训引领、抓典型培育示范、抓创建活动鼓劲、抓督查考核促进的“五抓”措施，推进民族团结进步创建活动开展。通过评选表彰脱贫光荣户、道德模范等，推动“农民培训教育年”活动开展。开展新时代农民讲习所“六讲六干”活动，共开展各类宣传教育 120 场次，参与群众 3950 人次。完成县人大议案和政协提案办理工作，统筹安排各类资金 32 万元，办理乡级人大代表提案 7 件。组织 46 名人大代表对教育扶贫、健康扶贫、村级卫生室建设情况、乡民生服务中心服务群众情况及政务公开工作视察，解决好群众最关心问题。开展普法和依法治理工作，聘任政府法律顾问，开展普法宣传进机关、进学校、进乡村、进农户、进企业、进宗教场所等活动，共编印“七五”干部普法学法笔记 50 本，开展法治讲堂、道路交通安全法宣传、夏季防溺水讲座、禁毒知识讲座等系列活动 13 次，共赠送书籍 3000 本，普及法律知识。落实安全生产“党政同责”及“一岗双责”制度，开展安全生产大宣传大检查活动，防止安全生产责任事故发生。推进深化改革工作，完成农村土地确权“回头看”工作。成立专门组织，集中开展农村“三资”清理工作。

【基层党建】 落实“三会一课”、民主生活会、组织生活会和“双评双定”等制度，坚持每月开展一次“6+X”主题党日活动，党委成员带头参加所在党支部和联系村党支部主题党日活动，并讲党课。学习贯彻落实“六个重要文件”，推进“三大三强”行动，开展保阳村软弱涣散党组织整顿，规范党务村务公开制度。争取项目资金支持，扩建保阳村村级组织活动场所。解决“一大三低”问题，组织村“两委”干部参加县级以上各类培训 40 人次，调整村党支部书记 2 人。深化农村“两个带头人”工程，突出融合转化，全年新培育致富带头人 30 名，全乡累计 90 名。培育村级后备干部 21 名，发展党员 5 名，培养入党积极分子 11 名。采取资产租赁收益、创办经营主体、提供有偿服务、致富带头人托管分红和建立“母牛银行”五种途径，发展壮大村集体经济，完成从“空壳村”到“实心村”蜕变。全乡7个村集体经济当年收入均超过1.5万元，关口村达30万元。发展壮大村集体经济做法被市委政研室总结为“扶贫政策挖掘与经验总结之九十五”刊载在《政研信息》第22期上。

【廉政建设】　从严落实全面从严治党“两个责任”，坚持“五抓五严”“双进双促”工作措施，落实《交岔乡党风廉政建设和反腐败工作任务分工》，严格贯彻落实中央八项规定精神，开展财务报销自查自改活动，查出存在超标准公务接待、违规公款吃喝、违规公款旅游等一般性问题63条次，共涉及24名责任人员，乡党委对已调出的11名人员责令向党委作出书面检查，对仍然在交岔乡工作的13名人员进行约谈、批评教育并作出书面检查。推行“331”监管机制，加大监督执纪问责力度，约谈乡村干部10人，书面检查3人，使党纪规矩真正成为带电高压线。

（袁转荣）

荣 誉 榜

2018年度乡镇、部门(单位)效能目标管理考核先进集体

乡镇考核综合奖

1.乡镇一组

一等奖:城阳乡

二等奖:白阳镇

三等奖:草庙乡

鼓励奖:古城镇　红河镇　新集乡

2.乡镇二组

一等奖:王洼镇

二等奖:交岔乡

三等奖:孟塬乡

鼓励奖:冯庄乡　小岔乡　罗洼乡

部门(单位)考核综合奖

1.县委工作部门

一等奖:县委办

二等奖:组织部

三等奖:宣传部

2.执法单位

一等奖:公安局

二等奖:城管局

三等奖:检察院

3.综合经济部门

一等奖:政府办

二等奖:财政局

三等奖:发改局　农牧局

4.社会发展部门

一等奖:人社局

二等奖:卫计局

三等奖:文广局

5.人大办、政协办和人民团体

一等奖:妇　联

二等奖:人大办

三等奖:总工会

6.区市属驻彭单位

一等奖:国税局

二等奖:彭阳县农村商业银行

三等奖:调查队　供电局　建行彭阳县支行　运管所

进位奖

草庙乡　交岔乡　政法委　发改局　卫计局　妇　联　调查队　新华书店

单项奖

1.脱贫富民工作先进单位

(1)乡镇

一等奖:草庙乡

二等奖:城阳乡

三等奖:王洼镇

(2)部门

一等奖:扶贫办

二等奖:水务局

三等奖:农牧局

2.党建工作先进单位

(1)乡镇

一等奖:红河镇

二等奖:孟塬乡

三等奖:王洼镇

(2)部门

一等奖:城管局

二等奖:人社局

三等奖:财政局　公安局

3.民族团结进步创建先进单位

(1)乡镇

一等奖:古城镇

二等奖:新集乡

三等奖:王洼镇　交岔乡

(2)部门

一等奖:公安局

二等奖:教体局

三等奖:农牧局

4.美丽乡镇建设先进单位

一等奖:城阳乡

二等奖:罗洼乡

三等奖:红河镇

5.产业提质增效先进单位

一等奖:红河镇

二等奖:草庙乡

三等奖:小岔乡　古城镇

6."两个带头人"工程先进单位

一等奖:城阳乡

二等奖:古城镇

三等奖:草庙乡　小岔乡

7.平安建设先进单位

一等奖:古城镇

二等奖:城阳乡

三等奖:冯庄乡

8.卫生计生工作先进单位

一等奖:白阳镇

二等奖:古城镇

三等奖:小岔乡

9.重点项目建设先进单位

一等奖:交通局

二等奖:水务局　发改局

三等奖:城管局　教体局　建环局

10.争项目争资金和招商引资先进单位

一等奖:财政局

二等奖:发改局　经合局

二等奖:人社局　交通局　水务局

11.金融支持地方发展先进单位

一等奖:彭阳县农村商业银行

二等奖:农行彭阳县支行

三等奖:人寿保险彭阳县支公司

创新奖

1.卫计局(彭阳县"互联网+医疗健康"的探索与实践)

2.宣传部(倡树移风易俗新风尚,打造脱贫攻坚"硬实力")

3.罗洼乡(小城镇建设助推脱贫攻坚)

4.安监局(彭阳县探索推行企业安全生产托管帮扶工作)

2018 年度公务员(含参公人员)考核优秀等次人员

记三等功公务员(27 人)

王洼镇　刘　库
红河镇　马玉星
罗洼乡　马少科　佘永明
交岔乡　剡成龙
县委办　牛治忠　黄　飞
组织部　雅玉贵　张启元
法　院　刘天军　杨志远
发改局　冯天生
司法局　陈　宏
财政局　王永贤　丁会林　罗会云
住建局　景德镇
交通局　祁士龙
文广局　徐枫兰
审计局　惠彬琴
市监局　孙国财　黄金永　汪秉军
史志办　李　娟
驻村第一书记及队员
　郑作新　何国功　虎秀乾

嘉奖公务员(160 人)

白阳镇　张万科　杨瑞昇
古城镇　马世清　郭　仁　勉志强
　海保龙
王洼镇　杨晓琴　马淑娟
红河镇　宋星良　张治东
新集乡　王克俭　袁　渊
城阳乡　杨正虎　张　翔　朱天龙
　黄　勇
草庙乡　胡晓香　徐升光　王晓成
　王继东
孟塬乡　王　莉　王　荣
冯庄乡　马小刚　任文华
小岔乡　甄长青　闫　津
罗洼乡　马明贵
交岔乡　安续堂　海立平　海文春
　海君君
纪　委　虎佑峰　马　峰　李亚茹
　虎小慧
县委办　宋来功　袁明强　高小琴
组织部　杨　乾　佘小龙　马　晶
宣传部　郜小岚
统战部　马　阳
政法委　张建明
政研室　邹彦斌
编　办　杨粉霞　王晓霞
巡察办　刘永明
党　校　许　涛
人大办　韩继春　韩春东
政府办　买吉财　杨万瑛　杨世刚
政协办　杜占山　余在德
法　院　高俊龙　黄瑞霞　郭文彩
　马凤虎　徐安世　喇　睿
　陈蓓苑　马淑媛　金伟伟
　白　昊
检察院　刘　广　王　丽　王文军
　王　宁　马清香　高春琴
发改局　刘胜利　赵锦华　韩明星

王志武

公安局 张永生 徐鹏升 杨会新

刘如意 宋兆综 黄 伟

王文辉 赵登永 鲁小伟

张小涛 马 林 张万政

王维哲 马小龙 张志睿

张风君 张永强

民政局 马均臻 韩 乾

教体局 王粉荣

民宗局 马福平

司法局 王天奇 夏 婧 杨陇东

马 燕 马 秀 周炳娟

周培隆

人社局 王建军 王 霖 夏 涛

余 静

自然资源局

吴 毅 王继科 袁 仁

黄彦武

住建局 海 鹏

水务局 张志科

农业农村局

梁 林 李 云

卫健局 韩丽玲 何元江

应急管理局

张晓东 马秀梅

审计局 孙智慧

市监局 冶淑珍 李占琪 姬志霞

张鹏翼 李 德

扶贫办 余德明 赵金平

统计局 王春生

经合局 牛彩羽

政务服务中心

马宏芳 宗海霞

劳动人事仲裁院

张 诚

就创局 刘淑萍 王 敏

总工会 马文智 虎军勤

伊 协 马国斌

妇 联 罗金彩 苟丽红

工商联 刘 鑫

科 协 申雁婷

残 联 刘月花

文 联 文 元

驻村第一书记及队员

袁治栋 高文坛 赵 凯

韩程晨 胡振华 马有斌

张欢欢 许 政 陈彩云

王立国 刘自强 杨巨强

张社利 武汉平 海发明

李维春

2018年度优秀工作者

白阳镇

高　岩　马建梅

古城镇

张凤琪

王洼镇

何学霞

红河镇

杨　伟　顾志明

新集乡

陈红梅　王晓晓

城阳乡

王　龙　叶　宽

草庙乡

梁媛宁

孟塬乡

李亚洲　李晓捷

冯庄乡

李秀芳

小岔乡

马建军　祁　帜

罗洼乡

李沛宗　马德礼

交岔乡

马继军

县委办

夏　天

党　校

尹效挺

政府办

杨继忠　陈彦龙

发改局

张小鹏　李东升

机关事务管理局

闫文婧

王洼产业园区管委会

张明山　张　涛

教体局

张　娟　贾继铎　张文学　杜思奇
范书明　杨金鹏　马立生　卜登全
晁永明　陈万正　胡正江　韩连嵩
韩玉珍　虎冰霰　虎常福　黄金殿

李佳莉　李学花　梁利军　刘　强
刘　宇　刘建军　任雅萍　王伯龙
王理斌　张玉虎　杨盼虎　叶　涛
袁梦萦　张敬义　张利春　郑淑贤
周　智　马继荣　安雪莉　虎翠利
马雪花　李沛燕　黄金会　徐　凤
任三成　杨　瑞　杨治国　罗贵丽
马淑珍　姬文莲　韩习芳　张秉清
杨俊仪　李维强　杨丽娟　郭治乾
余　龙　吴国发　梁生玮　王　鹏
景生文　路思举　高　丽　王正文
韩世斌　李　强　雅成斗　孙宏胜
张建科　刘小路　韩兴录　李永清
张娟娟　韩明刚　赵　静　祁君章
高兴霞　杨春桦　虎治田　吴永祥
刘富民　虎发堂　李永统　景寿礼
张立家　杨廷广　祁伟涛　刘军霞
魏国旭　刘亚洲　王　鸿　陈玉青
惠亚媛　冯　浩　王建丽　虎安逸
祝红梅　王正虎　何俊霞　陈宏升
刘玉东　董　忠　杜小花　马德和
郑树荣　刘世鹏　贺海霞　陈焕明
马守业　马继升　马雁鸿　王玉江
马　天　李　英　马玉清　马　君
曹春梅　杨生昌　马和琴　李雪梅
马志明　罗贵斌　马成梅　马海霞
刘　丽　秦建立　张　晶　张　晶
马生福　张婉春　马邓军　杨德昌
姚文林　海淑玲　蹇云菊　张春慧
马秀丽　张　兰　马伯慧　杨　瑞
孙　皓　王　芳　文效乾　马峰斌
王　智　张建锋　高玉琴　王存诚
常　明　马志军　陈　婧　高文霞

马志兰　杨　丽　杨生军　顾永东
马玉文　海启位　单秀玉　杨建明
马治林　王耀南　武晓燕　杜鲁风
张国栋　郑奋雄　赵晓凤　韩利军
韩伟宏　郑万海　韩多杰　席生林
王　燕　祝红瑞　海　铎　海立亮
杨正贵　鲁礼银　马兰花　董富毅
赵慧琴　文彩香　李旺生　梁晶晶
刘晓峰　李维民　马军明　叶晓娥
祁　勇　杨　乾　陈军平　王　君
刘剑锋　郭金香　黄　泽　扈　利
韩粉娥　李文成　马　涛　马志省
孙小强　王卫军　吴彩霞　杨　芳
袁志伟　张世海　张　秀　赵桂宏
赵召弟　朱翠兰　李淑霞　张　芳
薛治安　高　冰　马立群　杨东丽
李慧慧　郑丽荣　赵亚丽　马玉虎
祁亚莉　叶正旺　马宏梅　张　廷
王彦丽　梁晓梅　梁　娜　张尚先
李建龙　保　芮　常珍珍　张效彩
甄长征　张继发　路　宁　段又红
袁旭荣　杨　彤　王慧丽　张有霞
马志莲　陈永琴　郑永霞　郭彩梅
李孝兰　周月莲　夏　琴　袁宇萍
党玉婷　张　芳　张淑丽　王桂香
王　俐　海　霞　韩　媛　杨启芳
袁士军　王慧玲　韩彩红　孙晋芳
海晓梅　杨宁霞　杨世怀　王小龙
杨　瀛　徐明霞　姬莉红　海立军
马　芳　兰文智　张　兰　余生广
马晓娟　王凤萍　沈张清　徐宏学
杨丽娟　虎　军　丁鹏娟　姬元海
张忠孝　綦占河　刘自珍　贺佩学

尹士勤　田彦财　马小兰　郭　刚
马　成　海　龙　李玉玲　海　蓉
冶文秀　丁俊莲　马君兰　苏小芹
马玉仁　李玉平　陆　峰　李小琴
马振兰　周风杰　马西霞　陈　慧
马金虎　高秀明　姚　瑞　马文科
罗小弟　杨彩琴　马　慧　杨文元
赵玉贵　刘黎明　曹小玉　陈军伟
兰小军　马进春　杨建兵　海　燕
景建强　宋升明　董丽娜　扈　娟
杨玉凤　何春玲　徐耀斌　梁连明
张艳娥　杨晓玲　杨春燕　李博雅
纪　琴　景雪梅　刘　娜　白　鹏
韩　涛　牟　瑞　曹玉廷　陈粉花
丰月琴　高应馨　谭冬梅　田润莲
翟作琴　张　晨　杨平福　金晓娟
周彦琴　陈建明　韩翠兰　何康宁
虎文广　虎向林　火晓艳　姬志虹
井文军　兰治军　雷建成　李培富
李晓明　罗贵军　马　春　马　勇
任卫德　任卫杰　苏发莲　妥旭东
王翠英　王维元　王晓芳　徐耀军
杨芳芳　杨　梅　余慧珍　袁彩琴
袁玉琳　翟海霞　张怀志　张　娟
张　霞　赵秉荣　郭秀霞　吴国柱
张志娥　郑　芳　安西仓　安希存
曹　艳　郭　燕　海明月　韩彩云
韩　珍　何　飞　黄丽萍　惠素珍
景桂芳　兰月琴　李春峰　李发海
李　刚　李俊峰　李　洁　李　霞
李祥君　李晓凤　蔺少琼　刘效敏
乔　春　时彩娟　索志君　王得荣
杨兰芳　王佳贤　王　伟　王占科
魏淑萍　文　静　徐春梅　雅　明
杨永红　杨志平　杨国贤　杨莉莉
张凤仙　张　伟　张兴杰　张秀霞
张　喆　杨　宁　杨志宏　马　蓉
扈正峰　王玉玲　杨　英　孙国顺
贾应军　杏亚娟　席彩霞　王树琴
李晓琴　焦方睿　禹文省　李　君
刘琦亮　任三睿　杨存政　曹　伟
欧秉凯　韩世昌　虎永君　海丕杰
李　燕　贾淑媛　杨　武　虎步东

公安局

党浩伟　张　东　王应强　罗有宝

民政局

施利红　王志富

司法局

海连俊

财政局

李育萍　赵　强　王　蕾　张志强
朱利军　李育凤　胡学明　余海英
戴金蓉　祁　丽　谢治琴　卜兆龙
蔺　杰　赵金叶

自然资源局

马进满　阿　东　马增权　马东颖
王福银　王捷军　邓志峰　刘　静
陈春玲　陈克斌　杨　伟　杨正德
张伟正　周振兴　相建德

住建局

张建设　张平林　任万峰　王成国
张秉玺　高金元　孙德乾　仇金兰
沈继红　马　成

水务局

张守军　李　君　徐安军　海君峰
韩玉佩　马德仓　杨如宝　张　锋
史　进　杨雪兰　李晓玲　马志孝
叶　平　王维宝　张　军　徐耀龙
丰国民　杨军利　杨泽科　袁治伟
王志强　李占智　党进奎　陈世贵
张效升　罗登科　朱　宏

农业农村局

谈志斌　邓占钊　剡成虎　刘玉龙
张　虎　王英萍　剡学梅　杨海宏
王小毅　张金良　李　慧　孙文科
马　瑞　惠浩剑　袁智兴　张志亮
时彩霞　安治中　陈雪荣　余　慧
赵丕明　陈清文　火玉春　杨　涛
任宗强　惠天虎　朱红芳　朱万新
郑慧慧　王泓湖　任万师　韩步莲
魏效宏　何克玉　郭建飞　赵登宏
戴丽君

文广局

扈正有　刘喜臣　佘永福　虎斌勤
杨旭东　海　梅　马少萍　扈志明
杜文弟　安定平　张永红

卫健局

密成花　姚有升　梁彩霞　张小宁
祁婷婷　虎翠琴　席　丽　姬芳芝
杨化斌　车海荣　马永华　张森林
张　婧　呼延智　马晓霞　毛秀玲
董生霞　马义武　刘青春　朱利琴
姬志平　梁丽红　李　莹　虎垚霞
郭彩霞　韩　文　王志新　欧阳秉芳
徐发光　姬文荣　马向富　马喜亮
马晓娟　樊世凯　赵德莲　窦国杰
庞　龙　董武宏　王会兵　曹登峰
赵志刚　马天明　王利霞　贾　燕
李鸿奎　海　芳　陈玉兰　马成忠
付媛敏　冯秀梅　王翠兰　邓伟富
赵志银　周彩云　吴占琪　徐海东
贾东慧　高应仁　苏　斌　文　荣
曹占文　崔继君　陈学智　马　莲
杨得贵　惠彩丽　朱　慧　杨宁芬
杨春琴　赵金凤　马莹莹　张向阳
冯进文　张金会　张志莲　欧秉新
郑淑琴　米占芳　张改兰　李旭明
范小娥　施秀玲　王晓斌　王　颖
何伟洲　张文荣　张晓琳　祁秀丽
杨　蓉　郭振兴　虎步睿　杨　帆
刘粉英　王　科　王　军　黄　燕
杨志斌　常丽春　高　勇　贾明怀
王卫荣

扶贫办

曹旭平　黄彦贵

市监局

张文忠

统计局

韩有兵

应急管理局

曹　魁

政务服务中心

张耀全　韩　乐

社保局

米克仕　李治林　安秀娟　杨　丽

公路段

杨桂霞　张　明　薛　宇　贾治斌
马成霞　魏东贤　马彦平　张怀强
马效强　马统瑞　贾继珍　刘　英

石油办

虎秀莹

农村公路建管中心

赵　贵　韩永福

农发办

米克进

人武部

冯　军

信息中心

王彩霞

驻村第一书记及队员

刘彦贵　杨勤举　周　杰　张志宏
李文娟　马丛珊　赵志成　惠　鹏
杨金斗　祁晓丽　王建银　魏国权
刘　云　王向明　王力宏　靳华勇
杨极乾　王　强　虎正峰　吴孝科
石　岩　白　刃　李　军

脱贫攻坚帮扶工作先进单位

兰州铁路集团公司
宁东管委会
自治区经信委
自治区审计厅
中国证监会宁夏监管局
自治区市场监督管理厅
自治区人民医院
中铝宁夏能源集团王洼煤矿
宁夏农林科学院
邮储银行宁夏分行
固原市财政局
固原市民族职业技术学院
固原市地震局
固原市总工会
共青团固原市委员会
固原市开发区管委会
固原市市场监督管理局

脱贫攻坚先进村

白阳镇白岔村	古城镇田壕村	草庙乡刘源村	孟塬乡玉塬村
王洼镇李寨村	红河镇徐塬村	冯庄乡茨湾村	小岔乡吊岔村
城阳乡杨坪村	新集乡上蔡村	交岔乡关口村	罗洼乡罗洼村

脱贫攻坚先进工作者

王生东　红河镇党委副书记、政府镇长
王克岳　小岔乡党委副书记、政府乡长
火占宝　冯庄乡党委副书记、政府乡长
杨国儒　孟塬乡人大主席
王建国　草庙乡人大主席
海文春　交岔乡人大主席
马少科　罗洼乡党委副书记
文小荣　新集乡党委副书记
赵志宏　王洼镇组织委员
何绍龙　冯庄乡人民政府副乡长
剡成龙　交岔乡政府副乡长
陈雪霞　团县委书记
马存林　纪委常委、监委委员、案件监督管理室主任
孙有亮　宣传部副部长
常富礼　水务局党组成员、副局长
杨晓勇　人社局副局长
李　刚　卫计局副局长
米克仕　社保局副局长
韩　尚　公安局法制大队副大队长
冯天生　发改局党组成员、副局长
祁士龙　交通局副局长
杨桂霞　交通局公路管理段段长
丁会林　财政局副局长
韩程晨　税务局纪检组副组长
高文坛　调查队副队长
贾立庭　建行彭阳支行副行长
苏　锋　新集派出所副所长
张　斌　纪委监委纪检监察二室干部
虎　富　县委办干部
李芹艳　县委办干部
张　明　组织部干部
李　扬　团县委文秘
马韶军　统战部干部
杨兆荣　统战部干部
余小龙　组织部干部
靳华勇　人大办干部
韩　德　人大办干部
李　军　政协办干部
黄金萍　政府办干部
张　筱　政府办干部
李占顺　扶贫办干部
王行健　扶贫办干部
黄彦东　水务局扶贫专干

韩广卿　农业农村局干部
王　娟　农业农村局干部
何瑞明　人社局干部
韩　乾　民政局综合办公室主任
施利红　民政局低保中心主任
王　睿　发改局干部
海正芳　住建局干部
周海霞　住建局干部
雅进坤　政协办科教文卫委主任
李正君　自然资源局扶贫专干
孙　涛　自然资源局干部
赵　强　财政局干部
祝秉忠　教体局教育股股长
徐建刚　教体局干部
王改兰　文明办干部
李鸿奎　卫健局扶贫专干
田志刚　审计局副主任科员
雷雨蒙　审计局干部
李玉琴　医保局干部
李维东　供电局运检中心主任
火旺华　农商行草庙支行客户经理
虎天云　农行彭阳支行客户经理
马得军　邮政储蓄银行信贷客户经理
阿　曦　电信公司办公室主任
梁添敏　人寿保险公司干部
刘耀萍　移动公司产品经理
文　萍　人保财险财务会计
张　潇　联通公司政企中心主任
袁继学　城阳乡副主任科员
郑淑慧　白阳镇扶贫办主任
王翠霞　白阳镇包村干部
张志宏　古城镇包村干部
周　杰　古城镇畜牧站站长
韩　宏　红河镇文化站站长
马　兵　王洼镇扶贫办主任
梁雪颖　城阳乡扶贫专干
海发升　新集乡扶贫办主任
史学文　草庙乡扶贫办主任
李晓捷　孟塬乡扶贫办主任
马建军　小岔乡扶贫专干
李沛宗　罗洼乡扶贫专干
闫生栋　白阳镇中庄村党支部书记
高　荣　白阳镇南山村党支部书记
马文科　古城镇逎河村委会主任
王进仓　古城镇甘海村党支部书记
王克正　红河镇红河村党支部书记
兰武英　红河镇文沟村党支部书记
韩维态　王洼镇李洼村党支部书记
王彦东　王洼镇孙阳村委会主任
杨占东　城阳乡北塬村党支部书记
韩世明　城阳乡涝池村党支部书记
杨　国　新集乡上蔡村党支部书记
陆耀东　新集乡周庄村党支部书记
李　勇　草庙乡包山村党支部书记
赵世有　草庙乡新洼村党支部书记
惠文富　孟塬乡白杨庄村党支部书记
苏　军　孟塬乡赵山庄村委会主任
王继平　冯庄乡小寺村党支部书记
张勇岗　冯庄乡上湾村党支部书记
贾效平　小岔乡米沟村党支部书记
韩玉成　小岔乡小岔村党支部书记
海金军　交岔乡大坪村委会主任
顾永兵　交岔乡关台村党支部书记
常登虎　罗洼乡寨科村党支部书记
周　化　罗洼乡马涝村党支部书记
叶仲臣　白阳镇玉洼村第一书记

张世新 白阳镇刘台村第一书记
张建兴 古城镇丁岗堡村第一书记
马晓玲 古城镇刘沟门村第一书记
关学武 红河镇红河村第一书记
姚 毅 红河镇何塬村第一书记
祁久文 王洼镇李洼村第一书记
妥 斌 王洼镇邓岔村第一书记
李 强 城阳乡杨塬村第一书记
陈志安 城阳乡沟圈村第一书记
范华阳 新集乡张湾村第一书记
马福仓 新集乡何山村第一书记
路林军 草庙乡新洼村第一书记
李 勇 草庙乡刘塬村第一书记
王建银 孟塬乡白杨庄村第一书记
许 政 孟塬乡玉塬村第一书记
李文铎 冯庄乡冯庄村第一书记
杨生明 冯庄乡羊草湾村工作队长
王宏升 小岔乡吊岔村第一书记
房永平 小岔乡榆树村第一书记
夏正武 交岔乡保阳村第一书记
杨 学 交岔乡关口村第一书记
王小宁 罗洼乡罗洼村第一书记
杨万库 罗洼乡张湾村第一书记

脱 贫 光 荣 户

白阳镇(34 名)

嵕岘村 杨治和 海明贵
仜湾村 安连仓 李俊杰
南山村 马春富 余占仓
双磨村 姬丕君 海 龙
中庄村 杨治和 张进安
余沟村 陈治兵 王生芳
刘台村 孙建军 袁继科
陡坡村 梁继虎 史有义
姬山村 海保英 姬秀得
玉洼村 杨志汉 魏玉春
周沟村 许 东 张银仓
姚河村 杨志雄 梁 昆
老庄村 王世清 申德刚
姜洼村 席国政 郁正学
阳洼村 杨克明 海保虎
白岔村 杨世福 宋占福
罗堡村 高万科 史世国

古城镇(40 名)

挂马沟村 马合贵 杜全忠
丁岗堡村 马德荣 马志军
田庄村 高 武 叶强伟
高庄村 张保学 刘 权
古城村 何世梅 马秀兰
甘海村 王世东 杨生万
郑庄村 郑 铎 郑 宁
川口村 田 信 孙佰林
刘沟门 宝文奎 姬方俊
田壕村 海玉斌 剡长发
任河村 马成录 罗永强
王大户 李桂平 牛德龙

羊坊村	海治福	马文全
温沟村	马如祥	杨生祥
皇甫村	马和珍	马成鸿
海口村	李金芳	马占忠
小岔沟村	倪永红	杨金平
罗山村	明进仓	马素军
店洼村	海　科	张风祥
迺河村	马成有	海　余

王洼镇(40 名)

李岔村	韩应虎	王维君
王洼村	田文兵	张登发
山庄村	马应龙	姬佐清
梁壕村	刘永红	明进清
邓岔村	海　珍	马进德
路寨村	秋　明	海青儒
尚台村	叶正兴	梁军东
赵沟村	康生健	王立明
崖堡村	王进刚	张宏鹏
北洼村	虎国良	张　顺
李洼村	赵志让	苏　伟
花芦村	海　军	罗天仓
团庄村	陈世昌	袁正玺
马掌村	董应璋	沈廷文
孙阳村	海文高	马成虎
石岔村	姬文平	刘　刚
姚岔村	李得员	赵建仁
陡沟村	朱克忠	李秉贤
李寨村	汪治成	刘　毅
杨寨村	王正吉	海耀杰

红河镇(24 名)

何塬村	马振国	兰文奎
友联村	王正怀	刘广杰
徐塬村	徐文朴	秦秉武
韩堡村	王会仁	孙东升
红河村	王文勇	王维琴
夏塬村	林万鹏	陈　岩
黑牛沟村	沙玉芳	罗志勤
什字村	张万军	张福信
文沟村	兰天升	文明章
上王村	苏发平	王克京
常沟村	高　峰	徐万慧
宽坪村	张　毅	杨永永

新集乡(40 名)

新集村	马志虎	马占荣
上马洼	赵小录	张万玉
团结村	剡长仁	马成梅
白林村	程志刚	苟志荣
张化村	白春清	张天柱
何山村	马生仓	马生江
白河村	张凤阳	王学军
上蔡村	马兆海	马正忠
姚河村	张凤虎	马老女
下马洼村	马进科	马正铎
张湾村	兰生荣	马进成
峁堡村	张有财	张满库
太寺村	马玉明	李登福
赵沟村	马世祥	兰得虎
大火村	李清杰	火　发
周庄村	苏　奎	张继祖
白草洼	海春虎	张英虎
沟口村	马汉林	李志虎
谢寨村	马忠利	虎占军
马旺堡村	马成珍	马国雄

城阳乡（20 名）

刘河村　王福学　刘富安
韩寨村　韩飞雄　虎彩玲
陈沟村　虎　银　虎步功
长城村　陈　力　乔　孔
沟圈村　时　伟　刘建发
北塬村　韩多忠　杨世民
城阳村　王树林　韩占荣
杨塬村　王万元　李怀德
杨坪村　杨　柱　杨梓仁
涝池村　祁　武　韩巧霞

草庙乡（28 名）

张街村　张志奇　高得成
新洼村　赵德民　孟世新
赵洼村　白占川　王克忠
草庙村　张有全　闫得武
和谐村　常得义　张守师
包山村　袁　德　陈启祥
周庄村　王海明　王伟杰
丑畔村　贾怀荣　雅如科
曹川村　师国军　高继珍
王岔村　扈文刚　李双平
牛湾村　赵占军　虎登科
刘塬村　张怀安　施登发
米塬村　张生祥　杨文忠
和沟村　赵占首　李天福

孟塬乡（22 名）

何岘村　何国有　张彦富
草滩村　陈满学　陈志栋
虎山庄　邓彦武　张富梅
玉塬村　魏效钰　张效杰
高岔村　陈　云　郭生杰
双树村　李　龙　李兵义
赵山庄村　李忠宣　赵学军
小石沟村　韩登平　杨维海
白杨庄村　张志明　高金锁
椿树岔村　潘　信　雷锋兵
牛耳塬村　李　刚　李维兵

冯庄乡（22 名）

雅石沟村　胡志明　贾会岐
羊草湾村　虎兰云　郭德富
小湾村　袁举斌　王志发
小寺村　孟世银　陈汉章
冯庄村　郭万仁　刘克银
茨湾村　李风勇　黄　东
虎嘜岘村　张世仁　石永国
小园村　谈应合　王应鹏
上湾村　胡　敞　张　鸽
崖湾村　刘耀义　野世良
高庄村　米多良　高有儒

小岔乡（14 名）

榆树村　闫玉群　赵志广
吊岔村　杨德金　公永峰
米沟村　袁有良　张　斌
李渠村　贺佩席　李振文
耳城村　常金荣　常玉廷
柳湾村　虎维林　陈绒香
小岔村　刘富生　史兴仓

罗洼乡（14 名）

罗洼村　陈正军　扈玉鹏
寨科村　宋志陈　王彦福

薛套村 海俊才 马福省
张湾村 王建功 宗继刚
石沟村 甄 桥 陈守兵
嵕岘村 杨宗贤 海朝龙
马涝村 王克德 寇世才
交岔乡(14 名)
庙庄村 海可军 杨风军
关台村 马治学 顾万兵
关口村 马全武 杨明学
保阳村 周志清 姬鸭娃
东洼村 马孝平 海春礼
大坪村 海金文 马 军
交岔村 马玉祥 马德成

彭阳县爱国拥军模范单位

县委办 政府办 组织部 白阳镇友谊街社区 白阳镇中庄村
宣传部 公安局 民宗局 古城镇皇甫村 红河镇红河村
民政局 财政局 人社局 草庙乡赵洼村 农村商业银行
交通局 城管局 国税局 彭阳县宏泰汽车检测有限责任公司
白阳镇 古城镇 县四中 宁夏奥龙现代农业综合开发有限公司
县二小 县五小 县医院 彭阳县继仁驾驶员培训有限公司
县中医院 供电公司 县慈善总会

彭阳县拥政爱民模范单位

彭阳县人武部军事科 彭阳县武警中队 彭阳县消防大队

彭阳县拥政爱民模范

冯 军 县人武部政工科科长
谢 凯 县武警中队指导员
吕明明 县武警中队班长
赵和军 县消防大队教导员
赵喜堆 县消防中队文书

彭阳县最美退役士兵

景明东　县人民法院草庙法庭法警
韩铎郡　县人民检察院干部
王君刚　县公安局白阳派出所民警
祁　有　县民政局干部
杨宁郡　县建环局房管所所长
余培升　县交通局公路管理段干部
杨万荣　县农牧局干部
孙玉文　县水务局干部
赵　龙　县林业局干部
徐　勇　县城管局干部
吴　佩　县王洼产业园区管委会干部
刘永清　王洼镇赵沟村村监会主任
雷海军　红河镇何塬村村委会主任
虎广红　孟塬乡草滩村村委会副主任
王志广　草庙乡和沟村会计
吕文孝　小岔乡吊岔村村委会主任
常登虎　罗洼乡寨科村党支部书记
韩治金　城阳乡城阳村农民
海怀军　交岔乡关台村农民
王志川　古城镇海口村农民
海克明　罗洼乡薛套村致富带头人
陈振文　县正元节能环保建材有限公司董事长
杨志君　宁夏北国蜜语农业科技发展有限公司董事长
赵景辉　宁夏利昌实业彭阳宾馆有限公司总经理
张永强　宁夏春城餐饮有限公司董事长
张万雄　宁夏通胜小额贷款有限公司总经理

彭阳县最美拥军家庭

闫玉礼家庭	小岔乡榆树村
王　升家庭	红河镇红河村
吴志贤家庭	白阳镇嘤岘村
马志文家庭	交岔乡关口村
李生友家庭	草庙乡王岔村
陈国明家庭	孟塬乡何岘村
雷关军家庭	王洼镇团庄村
刘昌龙家庭	罗洼乡石沟村

彭阳县最美拥军人物

韩明星　县发改局科员
张正武　县教体局干部
王建会　县公安局拘留所教导员
马红霞　县双拥办工作人员

杨陇东　县司法局科员
王　琥　县水务局干部
季惠敏　县文广局干部
马闻国　县财政局干部
李春颖　县总工会社会化工会工作者
虎德琦　县政务服务中心三支一扶工作人员
赵继奎　县国土资源局干部
杨万升　宁夏万升实业有限责任公司董事长
刘　茹　宁夏建茹文化产品创意有限公司董事长
时红梅　彭阳 101 网络焕新培训学校副校长
马桂梅　古城镇古城村农民
路志儒　红河镇友联村农民
闫生芳　孟塬乡玉塬村农民

第二届“彭阳青年五四奖章”获得者

王卫军　县职业中学教师
刘玉龙　县农牧局助理农机工程师
李维东　国网彭阳县供电公司运维部主任
杨志远　县人民法院草庙法庭副庭长
时红梅　县麦芽禁毒志愿者协会会长
苏占龙　宁夏佰辰电子商务有限公司法人代表
张　平　县古城镇店洼村杨河队民间艺人
雷海军　县红河镇何塬村村民委员会主任
潘　毅　县小岔乡米沟村网崾岘队创业青年
薛宏科　县中医医院外科医师

2018 年度“最美家庭”

高金成　赵秀梅家庭　白阳镇玉洼村
杨秀荣　李秀花家庭　白阳镇中庄村
杨晓琴　闫生栋家庭　白阳镇中庄村
师　荣　沙贵钊家庭　白阳镇友谊街社区
赵金平　李瑞娟家庭　白阳镇郑河街社区
王　鹏　杨占娥家庭　草庙乡周庄村
杨占雄　韩香莲家庭　城阳乡杨坪村
杨　周　景秀琴家庭　城阳乡杨塬村
雷贵金　王志芹家庭　古城镇田壕村
马金国　马福兰家庭　古城镇逎河村
李改琴　　　　家庭　红河镇红河村
徐万宏　张喜玲家庭　红河镇徐塬村
赵志霞　赵志龙家庭　红河镇宽坪村
海学军　马云琴家庭　交岔乡保阳村
海金文　马正梅家庭　交岔乡大坪村
杨生龙　海国琴家庭　交岔乡关口村
邓万亭　樊秀琴家庭　孟塬乡虎山庄村
张志成　曹怀琴家庭　孟塬乡牛塬村
贾元花　程　平家庭　王洼镇李岔村
赵君丽　苏炳余家庭　王洼镇李洼村
胡　忠　常凤玲家庭　新集乡大火村
马军成　剡志花家庭　新集乡下马洼村
袁德清　虎彩琴家庭　小岔乡吊岔村
闫玉群　牛立芳家庭　小岔乡榆树村

彭阳县“喜迎改革开放40周年暨自治区成立60周年”理论征文获奖者

特别奖

魏晓东 《关于红色彭阳“四个品牌”时代价值与经济价值的几点思考》

一等奖

张有堂 《论彭阳精神》

二等奖

安振杰 刘天文 《彭阳:“党建担当”让脱贫攻坚更有力量》

杜占山 《我县乡村旅游发展的现状与思考》

三等奖

秋 平 《办“人民”满意的教育》

欧秉凯 《坚守文化自信,挖掘地方文化在学校思想教育中的作用》

李 静 《传承红色基因,坚定文化自信,迈进新时代》

景寿全 《以十九大精神为指引,努力办好人民满意的职业教育》

优秀奖

刘喜臣 《激发文化创新创造活力,努力推动文化繁荣兴盛》

张正强 《在教育领域亦可推行“供给侧”结构改革》

安正峰 《驰而不息把全面从严治党责任落到实处》

徐宏升 《论改革开放40年以来彭阳县》

张秉玺 《彭阳县城市环卫规范化管理情况调研报告》

杨陇东 《彭阳县坚持发展“枫桥经验”本地化的探索实践》

王正文 《不忘初心、努力工作,为党的教育事业增光添彩》

马金英 《庆自治区六十华诞,思彭阳三十载岁月》

袁宇萍 《小学数学课堂教学生活化的探索》

海 鹏 《坚定文化自信,推动优秀传统文化多元发展》

马金琴 《不忘初心抓好教育,转变作风忠诚履职》

景寿礼 《如何让小学数学课堂教学生活化》

李伟琴 《专注生活化教学,提升数学课堂教学成效》

贾廷明 《小窗口观大视野——小山村六十年的沧桑巨变》

“新时代·新生活·新梦想”暨社会主义核心价值观主题微电影评选表彰获奖作品及推荐先进集体

获奖作品

1.一等奖

《第一书记》

推荐单位:古城镇　　导　演:海生龙

2.二等奖

《远去的新娘》

推荐单位:古城镇　　导　演:马成玉

《爱与微笑》

推荐单位:魅影创客影视公司

导　　演:申　鹏

3.三等奖

《冒牌收藏家》

推荐单位:魅影创客影视公司

导　　演:马国荣

《你是我的眼》

推荐单位:红河镇　　导　　演:海　东

4.优秀奖

《口　碑》

推荐单位:古城镇　　导　演:马成玉

《爸爸,我想有个家》

推荐单位:古城镇　　导　演:马成玉

5.企业宣传特别奖

《心　酿》

推荐单位:彭阳虎狮酒业有限公司

导　　演:纳晓祥

推荐先进集体

优秀组织奖　　古城镇

2017—2018 学年度教育工作先进集体

教学质量奖

县第一中学　　红河镇初级中学

县职业中学　　小岔乡中心学校

县第二小学

城阳乡王塬小学　　冯庄乡小园子小学

城阳乡杨塬小学　　孟塬乡双树小学

冯庄乡嵝岘小学　　红河镇何塬小学

白阳镇中庄小学　　交岔乡关口小学

综合考评先进奖

县第一中学　　县第二中学

红河镇初级中学　　城阳乡初级中学

王洼镇中心学校　　红河镇中心学校

新集乡中心学校　　孟塬乡中心学校

县第三小学　　县第二小学

单项工作奖

1.德育工作先进单位

县第一小学　　罗洼乡中心学校

2.教育科研奖

县第四中学　　白阳镇中心学校

3.校园安全先进单位

县第三中学　　古城镇中心学校

县第五小学

4.营养改善计划先进单位

新集乡初级中学　　新集乡中心学校

红河镇中心学校

幼教工作先进奖

一等奖:县幼儿园

二等奖:县第三幼儿园

草庙乡中心幼儿园

三等奖:王洼镇中心幼儿园

孟塬乡中心幼儿园

县第五幼儿园

综合考评单项奖

1.初中三年保留率和人均成绩综合前三名学校

一等奖:县第二中学

二等奖:红河镇初级中学

三等奖:城阳乡初级中学

2.县城小学六年级六年保留率与教学质量综合检测平均成绩总和第一名学校

县第三小学

3.乡镇中心学校六年级六年保留率与教学质量综合检测平均成绩总和前三名学校

一等奖:罗洼乡中心学校

二等奖:红河镇中心学校

三等奖:小岔乡中心学校

2017—2018学年度教育工作先进个人

（排名不分先后）

优秀校(园)长(共26人)

县第一中学校长　杨存政

县第二中学校长　马江驰

县第二小学校长　欧秉凯

县第三小学校长　张立平

红河镇初级中学校长　曹　伟

城阳乡初级中学校长　王志科

小岔乡中心学校校长　张文焕

王洼镇中心学校校长　韩世昌

红河镇中心学校校长　史生俊

新集乡中心学校校长　海保宗

孟塬乡中心学校校长　虎永君

王洼镇杨寨小学校长　薛治安

城阳乡王塬小学校长　杨巨虎

城阳乡杨塬小学原校长　徐　波

孟塬乡双树小学校长　徐正珺

白阳镇中庄小学校长　杨　瑞

红河镇何塬小学校长　孙伯亮

冯庄乡嵝岘小学原校长　何文华

冯庄乡小园子小学校长　王明霞

交岔乡关口小学校长　母文业

县幼儿园园长　马秀萍

县第三幼儿园园长　张秉凤

草庙乡中心幼儿园园长　马玉斌

王洼镇中心幼儿园园长　王建军

孟塬乡中心幼儿园园长　雅田兴

县第五幼儿园园长　李　卓

优秀班主任(共100人)

县第一中学　李发海　王振华　乔　春

张宝新　张兴杰
县第三中学　孙　强　赵　伟　徐万社　海　鑫
县职业中学　孙飞荣　李文成　张世海
县第二中学　郑　周　黄金升　袁　浩　虎文广　兰治军
县第四中学　韩志奇　陈金宏　郑奋雄　刘慧娟　谢春海
古城镇初级中学　马林军　吴玉刚
红河镇初级中学　姬佐福　张成秀
王洼镇第一中学　马金山　陈建武
城阳乡初级中学　张丽红　谢　飞
新集乡初级中学　安玉印　剡俊虎
交岔乡初级中学　朱亮亮
县第一小学　李树敏　丁文芳　李世烈
县第二小学　杨　瀛　妥　芳　袁士军
县第三小学　朱彩虹　陈太利　黄小梅
县第四小学　余成东
县第五小学　丁　睿　李彩玲　王小兵
县幼儿园　海晓梅
县第三幼儿园　朱福云
王洼镇中心幼儿园　王丽慧
城阳乡中心幼儿园　虎　晓
孟塬乡中心幼儿园　范　茜
古城镇中心幼儿园　张　苗
古城镇中心学校　马永登
王洼镇中心学校　樊科瑞
城阳乡中心学校　王改红
红河镇中心学校　李　慧　欧阳雪芬
草庙乡中心学校　赵　媛　景鹏琰
冯庄乡中心学校　刘玉富　杨静岳
罗洼乡中心学校　杨文萍　郭春林
小岔乡中心学校　朱淑婷　王小霞
新集乡中心学校　马小霞
孟塬乡中心学校　李　华
交岔乡中心学校　海文忠　周世荣
白阳镇姜洼小学　袁志武
白阳镇姬山小学　沈秀秀
白阳镇陡坡小学　马文芳
白阳镇双磨小学　苏娟娟
白阳镇嘤岘小学　刘　欢
白阳镇丰台小学　武永科
城阳乡杨塬小学　安永忠
城阳乡北塬小学　李润香
城阳乡王塬小学　张建成
城阳乡刘河小学　王立权
红河镇文沟小学　蔡小伟
红河镇宽坪小学　张生余
红河镇何塬小学　张蕊萍
古城镇川口小学　王鹏飞
古城镇五里小学　兰慧琴
古城镇遒河小学　马继升
古城镇刘沟门小学　田　生
古城镇高庄小学　王继安
古城镇中川小学　祁贵璋
孟塬乡双树小学　王新忠
王洼镇梁壕小学　朱宝利
王洼镇姚岔小学　韩勇刚
王洼镇杨寨小学　梁晓梅
王洼镇李岔小学　薛治东
新集乡峁堡小学　沙　花
新集乡大火小学　黎　荣
新集乡谢寨小学　白光萍
新集乡谢寨小学　杨秀琴
新集乡赵沟小学　马　琴
新集乡张湾小学　张福海

新集乡白林小学　　田彦有

先进教育工作者（153人）

陈　镜　周　健　穆玉春　安西仓
王春梅　马志宏　郭　燕　常　昭
胡乃霞　张　喆　李选阳　马　芳
王兆学　马　丽　张　荣　李　霞
张秀霞　李俊峰　虎霄瑞　徐宏晓
杨芳芳　任卫杰　张　娟　马　春
陈建明　张　霞　王翠英　姬志虹
李培富　张怀志　苏发莲　李学花
刘　宇　王伯龙　张敬义　王　方
景启明　宋　玲　惠　桢　任雅萍
韩玉珍　虎常福　黄金殿　李　龙
周建华　虎冰霰　张国春　韩亚红
乔建生　姚　曙　蔺堂春　叶晓娥
虎义川　韩丽霞　王玲凤　马晓陈
海向梅　刘建民　赵召弟　马　涛
王卫军　张　秀　王淑丽　李　莲
杨喃君　刘思彤　陈玉青　祝红梅
冯　浩　罗永涛　王　龙　马梅琴
马　军　王永平　高　勇　海恒利
马启棠　晁德诚　徐建斌　晁建玲
马福忠　马孝军　梁　娜　李　刚
张筱玲　张志君　王克彦　杨　丽
任三睿　马万里　毛　芳　马文林
虎秀玲　韩明刚　杨巨刚　马　军
韩连鹏　王祺山　宋岩洁　马成忠
马文祥　王瑞琴　武　岗　丁鹏娟
徐宏学　马世梅　王　俐　韩　媛
杨启芳　王雪艳　赵　霞　虎学君
杨淑霞　何秀琴　陈玉霞　马秀丽
周　德　袁志忠　徐　凤　王廷礼
虎治田　祁伟涛　蔺荣春　蔺永春
孙伯荣　海玉银　马宏斌　王　智
雷　宏　何振国　顾忠成　何志清
海柏成　剡文有　马成山　马玉英
张文武　冶文秀　李彩萍　王治香
吴金凤　张文瑞　吴玉粉　王富兰
海桂丽　贾　荣　史生红　扈正峰
余德刚　王　宁　韩永幸　冯国顺
郑　贵

2018年度彭阳县安全生产工作先进单位

乡　镇

城阳乡人民政府
孟塬乡人民政府
罗洼乡人民政府

部　门

王洼产业园区管委会
公安局
教育体育局
交通运输局
城乡建设和环境保护局
水务局
安全生产监督管理局
消防大队

企　业

长庆油田分公司第十一采油厂彭阳采油作业区

中石油管道有限责任公司西气东输分公司银川管理处彭阳压气站

中国石油宁夏销售公司彭阳县经销部

彭阳县鑫源汽车客运出租有限公司

彭阳县明皇商贸有限公司

宁夏顺通工程有限公司

宁夏北国蜜语农业科技发展有限公司

2018年度彭阳县安全生产工作先进个人

乡　镇

袁晓娟　白阳镇人民政府安全员

赵　锐　古城镇人民政府武装部长

任正坤　王洼镇人民政府副乡长

宋星良　红河镇人民政府安全员

马晓华　新集乡人民政府安全员

张宁霞　城阳乡人民政府副乡长

伏小明　草庙乡人民政府副乡长

马　平　孟塬乡人民政府副乡长

杨剑锋　冯庄乡人民政府武装部长

王志和　小岔乡人民政府副乡长

陈宏璋　罗洼乡人民政府副乡长

周　芸　交岔乡人民政府安全员

部　门

佘春广　政府办公室副主任

吴　珮　王洼产业园区管委会企业安全管理办公室主任

王　睿　发展和改革局干部

韩永幸　教育体育局综治办主任、安全员

赵永虎　公安局治安大队副队长

袁士伟　国土资源局干部

王郡平　城乡建设和环境保护局质监站副站长

韩永福　交通运输局干部

时彩武　市场监督管理局副局长

杨士奎　城市管理执法局公用管理所副所长

马纪元　安全生产监督管理局干部

张浩浩　交通运输管理所干部

尹　浩　消防大队副指导员

2018年度获市级以上表彰的先进单位

获奖单位	获奖时间	奖项	颁奖单位
彭阳县	1月	2017年度全区卫生计生工作综合目标管理二等奖	自治区人民政府
		2017年度全区工业稳增长先进工作单位	自治区经济运行协调领导小组
		2017年度全区发改系统效能目标管理考核山区九县第一名	自治区发改委
		2017年度全区农田水利基本建设“黄河杯”竞赛一等奖	自治区农田水利基本建设指挥部
	2月	2017年度自治区效能目标管理考核优秀等次	自治区党委办公厅、政府办公厅
		2017年度招商引资指导性目标任务完成一等奖	自治区人民政府
		农村全面小康建设先进集体二等奖	自治区党委农村工作领导小组
		全区转移就业示范县	自治区创业就业工作领导小组
		自治区法治政府创建示范单位	自治区依法治区领导小组
		全市2017年度安全生产工作先进集体	固原市安全生产委员会
	3月	2017年度全区平安铁路示范县	自治区铁路护路联防工作小组
	4月	自治区禁毒示范县	自治区禁毒委员会
	5月	2017年度全区粮食安全省长责任制考核优秀等次	自治区粮食安全省长责任制考核工作组办公室
	6月	第三批电子商务进农村综合示范绩效评价优秀等次	商务部流通产业促进中心
		2017年度全区信访工作责任目标管理考核先进集体	自治区信访工作联席会议
		2017年度全区信访工作宣传先进集体	
	8月	自治区移风易俗工作先进县	自治区精神文明建设指导委员会
	9月	全区民族团结进步模范集体	自治区党委、政府
	10月	健康扶贫先进县	国家卫生健康委员会办公厅、国务院扶贫办
	12月	县级全国防震减灾工作先进单位	中国地震局

续表 1

获奖单位	获奖时间	奖　　项	颁奖单位
县委办	2 月	2017 年度自治区效能目标管理考核优秀等次	自治区党委办公厅、政府办公厅
宣传部	10 月	党报发行先进单位	宁夏日报报业集团
统战部	9 月	全区民族团结进步模范集体	自治区党委、政府
民宗局	2 月	2017 年度全区民族宗教系统信息工作先进集体	自治区民委
	9 月	全区民族团结进步模范集体	自治区党委、政府
政法委（综治办）	2 月	2017 年度平安创建优秀等次	自治区社会治安综合治理委员会
		2017 年度平安县	
	3 月	2017 年度全区铁路护路联防工作先进集体	自治区铁路护路联防工作领导小组
		平安火车站（站区）	
政研室	2 月	农村全面小康建设先进集体二等奖	自治区党委农村工作领导小组
		全区实施乡村振兴战略先进集体二等奖	
老干部局（关心下一代工作委员会）	8 月	全区关心下一代工作先进集体	自治区关心下一代工作委员会、自治区精神文明建设指导委员会办公室
信访局	4 月	全区信访工作先进集体	自治区信访工作联席会议办公室
	6 月	2017 年度全区信访工作责任目标管理考核先进集体	
		2017 年度全区信访工作宣传先进单位	
	7 月	全国信访系统先进集体	人力资源和社会保障部、国家信访局
法治办	2 月	全区法治政府建设示范创建单位	自治区依法治区领导小组法治政府建设办公室
彭阳县人民法院法警队	12 月	全区法院警队党建阵地建设视频评比活动三等奖	自治区高级人民法院
彭阳县人民法院执行局	1 月	2017 年度“金秋行动”先进集体	固原市中级人民法院

续表 2

获奖单位	获奖时间	奖 项	颁奖单位
检察院	2 月	2017 年度基层院目标管理考核三等奖	固原市人民检察院
检察院刑事执行检察局	2017 年 12 月	第五届派驻监管场所一级规范化检察室	最高人民检察院
园区办	2 月	产值 50 亿元以下考核良好等次	自治区党委办公厅、政府办公厅
发改局	1 月	2017 年度全区发改系统效能目标管理考核山区九县第一名	自治区发改委
		2017 年度全区工业稳增长先进工作单位	自治区经济运行协调领导小组
	2 月	2013—2017 年度社会治安综合治理先进集体	自治区社会治安综合治理委员会
	12 月	全区 2017 年度单位 GDP 和固定资产投资规模增长的新增建设用地消耗考核优秀等次	自治区发改委、国土资源厅
教体局	1 月	2018 年全民健身季宁夏第二十六届“迎春杯”迎新春大拜年全区象棋锦标赛暨第四届全区女子象棋竞赛团体第一名	宁夏体育局、宁夏象棋协会
	3 月	固原市 2017 年度“一师一优课、一课一名师”工作先进单位	固原市教育局
		2017 年度全市体育工作一等奖	固原市文化体育新闻出版广电局
扶贫办	2 月	2017 年度贫困县党委政府扶贫开发工作成效考核优秀等次	自治区党委、政府
公安局	1 月	2017 年度全区公安机关执法质量考评优秀单位	自治区公安厅
	2 月	2017 年度全区绩效考核优秀县级公安局	
		2017 年度全市公安机关党的十九大安保维稳工作先进集体	固原市公安局
	5 月	全区执法质量考核第二名	自治区公安厅
		2017 年度宁夏法治宣传先进单位	宁夏日报报业集团、宁夏法治报社
	9 月	“1+2+2”矛盾纠纷调处法入围第二届全区公安机关“微改革、微创新”大赛项目	自治区公安厅

续表 3

获奖单位	获奖时间	奖　　项	颁奖单位
交警大队	2 月	全市公安机关执法示范单位	固原市公安局
	12 月	自治区成立 60 周年庆祝活动安保工作先进集体	
刑侦大队	2 月	全市公安机关执法示范单位	固原市公安局
王洼派出所			
看守所		全区执法示范单位	自治区公安厅
	8 月	全区二级看守所	
古城派出所	2 月	全区执法示范单位	
草庙派出所			
司法局	3 月	“三八”红旗集体	固原市妇联
财政局	1 月	2017 年度全区财政支农政策培训先进集体	自治区财政厅
	9 月	金融环境创建奖	自治区金融改革专项小组办公室
	11 月	2017 年度全区财政总决算工作二等奖	自治区财政厅
		2017 年度全区部门决算工作二等奖	
		全区预算执行分析工作一等奖	
	12 月	全区行政事业性国有资产管理工作先进单位	
人社局	1 月	全区人社系统法治人社建设优秀单位	自治区人力资源和社会保障厅
		自治区级创业孵化示范基地	自治区就业创业工作领导小组
	2 月	全区转移就业示范县	
	3 月	“三八”红旗集体	固原市妇联
	12 月	全区转移就业工作先进集体	自治区就业与创业服务局
		固原市人力资源和社会保障法治知识竞赛三等奖	固原市人力资源和社会保障局
社保局	3 月	2017 年度全区社会保险信息宣传工作先进单位	自治区社保局
		2017 年度全区社会保险综合业务工作先进单位	

续表 4

获奖单位	获奖时间	奖　　项	颁奖单位
社保局	3 月	2017 年度全区被征地农民养老保险经办工作先进单位	自治区社保局
国土局	12 月	全区 2017 年度单位 GDP 和固定资产投资规模增长的新增建设用地消耗考核优秀等次	自治区发改委、国土资源厅
城管局（环卫队）	4 月	自治区工人先锋号	自治区总工会
交通局	2 月	2017 年度全区农村公路建设先进集体	自治区交通运输厅
		2017 年度全区农村公路养护管理先进集体	
	6 月	全区“四好农村路”示范县	
运管所	1 月	全区交通运输行业文明单位	自治区交通运输厅
	11 月	全国交通运输行业文明单位	交通运输部
水务局	2 月	2017 年度全区水利安全生产先进单位	自治区水利厅
		2017 年度全区水利工程质量监督管理先进单位	
	9 月	全区水利学会工作先进集体	自治区水利学会
文广局	3 月	2017 年度固原市广播电视工作一等奖	固原市文化体育新闻出版广电局
	8 月	自治区精神文明建设先进集体	自治区精神文明建设指导委员会
	9 月	2017 年度广播影视基层统计工作先进集体	国家广播电视总局
卫计局	1 月	2017 年度全区卫生计生工作综合目标管理考核二等奖	自治区人民政府
		互联网医疗健康产业“墨提斯”奖	互联网医疗健康产业联盟
	2 月	卫生计生工作综合目标管理二等奖	固原市人民政府
	6 月	全国生育状况抽样调查优秀单位	国家卫生计划生育委员会办公厅
	8 月	全市护理岗位技能竞赛市级复赛团体二等奖	固原市卫计局、总工会
爱卫办	4 月	自治区爱国卫生工作先进集体	自治区爱国卫生运动委员会办公室

续表 5

获奖单位	获奖时间	奖　　项	颁奖单位
卫生监督所	11 月	卫生计生监督协管宣传展板评比三等奖	自治区卫生和计划生育监督局
县医院	3 月	巾帼建功集体	固原市妇联
	5 月	第二十八个“全国助残日”爱心单位	固原市残疾人工作委员会
	8 月	第五届中国县域卫生发展论坛“县域医疗信息化建设创新奖”“县域医院学科能力建设奖”	中国县域卫生杂志社、县域卫生发展研究中心、医联体在线联合
中医院	3 月	“五一”巾帼标兵岗	自治区总工会
妇幼保健和计划生育服务中心	2 月	2017 年度全市妇幼卫生计生综合目标考核一等奖	固原市卫计局
妇幼保健和计划生育服务中心孕产保健部	3 月	自治区巾帼文明岗	自治区妇联
妇幼保健所志愿服务队	7 月	自治区优秀志愿服务组织	自治区精神文明建设指导委员会
古城镇卫生院	1 月	2016—2017 年度群众满意的乡镇卫生院	国家卫生计生委办公厅
白阳镇卫生院			
古城镇卫生院皇甫村家庭医生团队		2017 年优秀家庭医生团队	
政府街社区卫生服务站	2 月	2017 年度社区卫生工作目标责任考核综合业务管理二等奖	固原市卫计局
		2017 年度提升社区卫生服务能力 “争前十创六强”活动先进集体	
友谊街社区卫生服务站		2017 年度社区卫生工作目标责任考核综合业务管理三等奖	
林业局	2 月	2017 年度全区林业建设先进单位	自治区林业厅
	11 月	三北防护林体系建设工程先进集体	国家林业和草原局
统计局	1 月	2017 年度全区统计综合工作考评二等奖	自治区统计局
	3 月	自治区第三次全国农业普查先进集体	自治区第三次全国农业普查领导小组

续表 6

<table>
<tr><th>获奖单位</th><th>获奖时间</th><th>奖　　　　项</th><th>颁奖单位</th></tr>
<tr><td>安监局</td><td>2 月</td><td>全市 2017 年度安全生产工作先进集体</td><td>固原市安全生产委员会</td></tr>
<tr><td>史志办</td><td>12 月</td><td>全区地方志工作考评一等奖</td><td>自治区地方志编审委员会</td></tr>
<tr><td>经合局</td><td>2 月</td><td>2017 年度招商引资指导性目标任务完成一等奖</td><td>自治区人民政府</td></tr>
<tr><td rowspan="2">政务中心</td><td rowspan="3">3 月</td><td rowspan="2">巾帼文明岗</td><td>自治区妇联</td></tr>
<tr><td>固原市妇联</td></tr>
<tr><td>总工会</td><td>2017 年度全市工会系统效能目标管理考核一等奖</td><td>固原市总工会</td></tr>
<tr><td>总工会
经审会</td><td>8 月</td><td>2017 年度全区工会经审工作规范化建设考核特等奖</td><td>自治区总工会</td></tr>
<tr><td>团县委</td><td>4 月</td><td>2017 年筹资动员工作二等奖</td><td>宁夏青少年发展基金会、宁夏回族自治区希望工程办公室</td></tr>
<tr><td rowspan="2">妇　联</td><td rowspan="2">3 月</td><td rowspan="2">巾帼建功先进集体</td><td>自治区妇联</td></tr>
<tr><td>固原市妇联</td></tr>
<tr><td>工商联</td><td>1 月</td><td>全区“五好”县级工商联</td><td>自治区工商业联合会</td></tr>
<tr><td>伊　协</td><td>12 月</td><td>教务工作先进单位</td><td>自治区伊斯兰教协会</td></tr>
<tr><td rowspan="4">文　联</td><td>11 月</td><td>实施“六个一心连心”文艺惠民工程先进单位</td><td rowspan="2">自治区文联</td></tr>
<tr><td rowspan="3">12 月</td><td>全区文联系统先进集体</td></tr>
<tr><td>全市文联系统先进集体</td><td rowspan="2">固原市文联</td></tr>
<tr><td>文艺培训工作先进单位</td></tr>
<tr><td rowspan="3">税务局</td><td>1 月</td><td>2017 年自治区税务局直考县（区）局国税局考评优秀等次</td><td>自治区国家税务局</td></tr>
<tr><td rowspan="6">2 月</td><td>全市税务系统绩效管理考核先进单位</td><td rowspan="2">固原市国家税务局</td></tr>
<tr><td>税收宣传报道先进单位</td></tr>
<tr><td rowspan="4">建　行</td><td>对公业务引导先锋奖</td><td rowspan="4">中国建设银行宁夏分行</td></tr>
<tr><td>2017 年度资金结算业务先进集体</td></tr>
<tr><td>小微快贷专项营销网点争先奖</td></tr>
<tr><td>资金结算业务优胜网点</td></tr>
</table>

续表 7

<table>
<tr><th>获奖单位</th><th>获奖时间</th><th>奖　　项</th><th>颁奖单位</th></tr>
<tr><td rowspan="3">建　行</td><td rowspan="3">5 月</td><td>“聚合支付拓展先锋网点”优秀县域网点</td><td>中国建设银行</td></tr>
<tr><td>2018 年旺季营销增存先锋奖、客户拓展先锋奖、网络金融业务先锋奖</td><td rowspan="2">中国建设银行宁夏分行</td></tr>
<tr><td>对公存款业务拓展营销优胜网点奖</td></tr>
<tr><td>农　行</td><td>4 月</td><td>2017 年度金融支持地方经济发展三等奖</td><td>固原市委、政府</td></tr>
<tr><td rowspan="6">农商行</td><td>2 月</td><td>黄河银行系统 2017 年度扶贫工作先进集体</td><td>宁夏黄河农村商业银行</td></tr>
<tr><td>3 月</td><td>自治区巾帼文明岗</td><td>自治区妇联</td></tr>
<tr><td>4 月</td><td>2017 年度金融支持地方经济发展一等奖</td><td rowspan="2">固原市委、政府</td></tr>
<tr><td>5 月</td><td>2017 年度金融支持地方发展一等奖</td></tr>
<tr><td>8 月</td><td>自治区模范职工小家</td><td>宁夏总工会</td></tr>
<tr><td>11 月</td><td>2017 年达标县域法人金融机构</td><td>自治区财政厅</td></tr>
<tr><td>彭阳农商行机关第一党支部</td><td rowspan="2">7 月</td><td rowspan="2">2017—2018 年度先进基层党支部</td><td rowspan="2">宁夏黄河农村商业银行</td></tr>
<tr><td>彭阳农商行红河党支部</td></tr>
<tr><td>彭阳农商行新集支行</td><td>2 月</td><td>2017 年度基层网点先进集体</td><td>宁夏黄河农村商业银行</td></tr>
<tr><td rowspan="4">调查队</td><td rowspan="2">1 月</td><td>2017 年度业务考核先进单位</td><td>国家统计局宁夏调查总队</td></tr>
<tr><td>2017 年度统计分析考核先进单位</td><td>自治区社会经济调查队</td></tr>
<tr><td>3 月</td><td>自治区第三次全国农业普查先进集体</td><td>自治区第三次全国农业普查领导小组</td></tr>
<tr><td>6 月</td><td>固原辖区调查队“不忘初心、牢记使命”党的基本知识竞赛一等奖</td><td>固原市经济调查队</td></tr>
<tr><td rowspan="5">人寿保险公司</td><td>2 月</td><td>2017 年度个险条线先进集体</td><td>中国人寿股份有限公司宁夏分公司</td></tr>
<tr><td>5 月</td><td>第二十八个“全国助残日”爱心企业</td><td>固原市残疾人工作委员会</td></tr>
<tr><td>7 月</td><td>2018 年“利剑出鞘、攻坚六月”活动先进单位</td><td rowspan="3">中国人寿股份有限公司宁夏分公司</td></tr>
<tr><td>8 月</td><td>中国人寿宁夏分公司个险渠道基本法技能大赛团体二等奖</td></tr>
<tr><td>11 月</td><td>2018 年十月收展增员达标先进单位</td></tr>
</table>

续表 8

<table>
<tr><th>获奖单位</th><th>获奖时间</th><th>奖　　项</th><th>颁奖单位</th></tr>
<tr><td rowspan="2">供销社</td><td rowspan="2">1月</td><td>全国供销合作社系统先进集体</td><td>人力资源和社会保障部、中华全国供销合作总社</td></tr>
<tr><td>2017 年度效能目标管理考核一等奖</td><td>宁夏回族自治区供销合作社联合社</td></tr>
<tr><td rowspan="2">白阳镇</td><td>2月</td><td>2013—2017 年度社会治安综合治理先进集体</td><td>自治区社会治安综合治理委员会</td></tr>
<tr><td>11月</td><td>全国文明村镇</td><td>中央精神文明建设指导委员会</td></tr>
<tr><td>白阳镇第三次全国农业普查领导小组办公室</td><td>3月</td><td>自治区第三次全国农业普查先进集体</td><td>自治区第三次全国农业普查领导小组</td></tr>
<tr><td>古城镇海口村</td><td>9月</td><td>全区民族团结进步模范集体</td><td>自治区党委、政府</td></tr>
<tr><td>古城镇小岔沟村</td><td>3月</td><td>全区铁路护路联防工作先进集体</td><td>自治区铁路护路联防工作领导小组</td></tr>
<tr><td>王洼镇</td><td rowspan="2">2月</td><td>脱贫攻坚先进乡镇</td><td rowspan="2">固原市委、政府</td></tr>
<tr><td>王洼镇花芦村</td><td>脱贫出列先进村</td></tr>
<tr><td>红河镇什字村（农家书屋）</td><td>1月</td><td>2017 年全国示范农家书屋</td><td>国家新闻出版广电总局</td></tr>
<tr><td>城阳乡刘河村</td><td>11月</td><td>全国文明村镇</td><td>中央精神文明建设指导委员会</td></tr>
<tr><td>孟塬乡赵山庄村(红白理事会)</td><td rowspan="2">8月</td><td>自治区移风易俗工作先进红白理事会</td><td>自治区精神文明建设指导委员会</td></tr>
<tr><td>冯庄乡</td><td>固原市文明单位</td><td>固原市精神文明建设指导委员会</td></tr>
<tr><td>文物管理所</td><td rowspan="2">5月</td><td>合作的宁夏彭阳姚河塬西周遗址考古发掘项目荣获 2017 年全国十大考古新发现</td><td>中国文物报社、中国考古学会</td></tr>
<tr><td>姚河塬遗址考古发掘项目</td><td>田野考古奖二等奖</td><td>中国考古学会</td></tr>
</table>

2018 年度获市级以上表彰的先进模范人物

姓　名	所在单位	获奖时间	奖　　项	颁奖单位
张永生	公安局	10 月	宁夏 60 年公安工作突出贡献人物	自治区公安厅
樊世凯	卫计局	3 月	优秀医保服务医师	固原市人社局、卫生局
		11 月	新时代农民讲习所“微宣讲”大赛二等奖	固原市委宣传部
杨登凯		10 月	固原市中医药健康文化知识竞赛三等奖	固原市卫计局
郭　涛				
杨彩秀		3 月	自治区巾帼建工标兵	自治区妇联
沈志慧			全市优秀医保服务医师	固原市人社局、卫计局
高玉贤		8 月	参加宁夏医学会呼吸病学分会 2018 年会，荣获胸部影像图片竞赛阅片一等奖	宁夏医学会
朱晓荣		11 月	全区微课视频制作优秀奖	自治区卫计局
高　锐	信访局	7 月	全国从事信访工作 25 年	国家信访局
马秀梅	安监局	2 月	安全生产监管监察先进个人	国家安全监管总局
		4 月	全区安全生产先进个人	自治区安全生产委员会
刘天军	法　院	2 月	全区法院先进个人	自治区高级人民法院
查　安		1 月	全市法院优秀庭审员	固原市中级人民法院
金伟伟			“金秋行动”先进个人	
贾淑娟			记个人三等功	
王　宁	检察院		全区检察机关侦查监督部门审查逮捕精品案件	自治区人民检察院政治部
谭　冰				
张庚红		2 月	宁夏百名法治模范	自治区依法治区领导小组
秦　春		3 月	第二届宁夏维护妇女儿童权益优秀案例三等奖	高法、区检、自治区妇联、律师协会
高春琴				
马玉成		10 月	全区检察机关司法警察业务骨干培训先进个人	自治区人民检察院政治部
高春琴		11 月	全区检察机关公诉业务标兵	
宋克武	地震局	12 月	全国市县防震减灾工作先进个人	中国地震局
王　利	农发办	8 月	2018 年享受国务院特殊津贴人员	国务院

续表 1

姓　名	所在单位	获奖时间	奖　　　项	颁奖单位
李　凡	妇　联	3 月	“三八”红旗手	固原市妇联
宁少辉	粮食局	12 月	全区粮食流通统计工作良好等次	自治区粮食和物资储备局
陈万正	三　中	9 月	自治区教书育人楷模	自治区党委、政府
韩多杰	四　中			
王雪艳	三　小			
马桂花	王洼镇中心学校		自治区师德标兵	
王文义	红河镇中心学校			
杨文元	新集乡初级中学			
陈志旺	红河镇初级中学		自治区最美乡村教师	
高　斌	孟塬乡中心学校			
顾永梅	古城镇中心学校			
海启波	交岔乡中心学校			
马沛强	草庙乡中心学校			
鲜碧福	新集乡中心学校			
尹士勤	小岔乡中心学校			
王廷锋	冯庄乡中心学校			
杨永山	交岔乡初级中学			
马玉琴	统计局	3 月	中国农业普查先进个人	自治区第三次全国农业普查领导小组
马素贵	新集乡	9 月	全区民族团结进步模范个人	自治区党委、政府
余长会		8 月	自治区精神文明建设先进工作者	自治区精神文明建设指导委员会
高世荣	新集乡峁堡村		自治区移风易俗模范户	

续表 2

姓　名	所在单位	获奖时间	奖　　项	颁奖单位
马效伸	草庙乡草庙村	8 月	自治区移风易俗模范户	自治区精神文明建设指导委员会
杨宁国	博物馆	9 月	自治区 60 年感动宁夏人物	自治区党委宣传部、组织部等 14 部门
		7 月	全国文物系统先进工作者	人力资源和社会保障部、国家文物局
王振举	税务局	9 月	自治区 60 年感动宁夏人物	自治区党委宣传部、组织部等 14 部门
杨凤鹏	林业局		自治区 60 年感动宁夏人物提名奖	
黄金荣	财政局	3 月	第四届固原十大道德模范	固原市委、政府
孙明辉	妇幼保健所	7 月	自治区优秀志愿者	自治区精神文明建设指导委员会
兰武英	红河镇文沟村	9 月	全区民族团结进步模范个人	自治区党委、政府
刘　蕊	白阳镇友谊街社区			
秦秉儒	红河镇什字村	1 月	全国优秀农家书屋管理员	国家新闻出版广电总局
马统瑞	公路管理段	4 月	自治区“五一”劳动奖章	自治区总工会
王雅梅	调查队	3 月	中国农业普查先进个人	自治区第三次全国农业普查领导小组
马军仁	农商行	2 月	优秀客户经理	宁夏黄河农村商业银行
马　虎				
刘　榕			优秀柜员	
薛会会				
刘建儒			不良贷款清收能手	
徐丹阳			存款营销能手	
惠昊明		7 月	2017—2018 年度优秀共产党员	
朱琦瑞				
王耀祥				

续表 3

姓　名	所在单位	获奖时间	奖　　项	颁奖单位
虎爱萍	农商行	7 月	2017—2018 年度优秀党务工作者	宁夏黄河农村商业银行
李莎莎		5 月	“中国梦·劳动美”学习贯彻习近平新时代中国特色社会主义思想和党的十九大精神主题演讲比赛优秀奖	
韩佩蓉				
马晓红	邮储银行	11 月	服务标兵	中国邮政储蓄固原市分行
扈志峰	彭阳县宏泰汽车检测有限责任公司	3 月	第四届固原十大道德模范	固原市委、政府
祁登智	三泰科技实业有限责任公司	11 月	“新希望杯”第二届全国农村创业创新项目创意大赛初创组三等奖	农村创业创新推进协调机制办公室

附　　录

中共彭阳县委员会 2018 年发文目录

文　　号	发文日期	标　　题
彭党发〔2018〕1 号	3 月 28 日	中共彭阳县委员会　彭阳县人民政府关于实施乡村振兴战略的意见
彭党发〔2018〕2 号	1 月 24 日	关于召开彭阳县县委常委班子 2017 年度民主生活会的请示
彭党发〔2018〕3 号	1 月 22 日	关于印发《中共彭阳县委　彭阳县人民政府贯彻落实自治区第十二次党代会创新驱动战略责任分工方案》的通知
彭党发〔2018〕4 号	2 月 7 日	彭阳县巡察工作自查报告
彭党发〔2018〕5 号	2 月 8 日	关于设立县教育体育局等党组的通知
彭党发〔2018〕6 号	2 月 13 日	关于印发《中共彭阳县委　彭阳县人民政府贯彻落实自治区第十二次党代会脱贫富民战略责任分工方案》的通知
彭党发〔2018〕7 号	2 月 26 日	中共彭阳县委员会　彭阳县人民政府关于表彰创建全国民族团结进步示范县工作先进集体和先进个人的决定
彭党发〔2018〕8 号	2 月 27 日	关于中共彭阳县委常委班子 2017 年度民主生活会情况的报告
彭党发〔2018〕9 号	3 月 5 日	关于印发《中共彭阳县委　彭阳县人民政府贯彻落实自治区第十二次党代会生态立区战略责任分工方案》的通知
彭党发〔2018〕10 号	3 月 12 日	中共彭阳县委员会　彭阳县人民政府关于实行县级领导干部联系乡镇包抓重点贫困村脱贫责任制的通知
彭党发〔2018〕11 号	3 月 12 日	中共彭阳县委员会　彭阳县人民政府关于表彰 2017 年度乡镇和部门(单位)效能目标管理考核先进集体的决定
彭党发〔2018〕12 号	3 月 12 日	中共彭阳县委　彭阳县人民政府关于印发《关于贯彻区、市实施乡村振兴战略意见的责任分工方案》的通知
彭党发〔2018〕13 号	3 月 30 日	关于印发《关于进一步加强和改进机关党的建设的实施方案》的通知
彭党发〔2018〕14 号	3 月 20 日	关于印发《关于第一书记当好“五大员”宣传民族宗教政策助推脱贫富民的实施意见》的通知
彭党发〔2018〕15 号	3 月 20 日	关于呈报《彭阳县“四个一”引种试验示范园实施方案》的报告

续表 1

文　　号	发文日期	标　　题
彭党发〔2018〕16 号	4 月 11 日	关于彭阳县新集乡马耀清上访反映有关问题情况的报告
彭党发〔2018〕17 号	4 月 12 日	关于印发《彭阳县 2018 年脱贫攻坚实施方案》的通知
彭党发〔2018〕18 号	4 月 17 日	关于呈报《彭阳县全面从严治党“三个清单”》的报告
彭党发〔2018〕19 号	4 月 17 日	关于彭阳县治理“沙化”“阿化”“清真”泛化问题进展情况的自查报告
彭党发〔2018〕20 号	4 月 18 日	关于印发《关于加强和改进新形势下全县保密工作的实施意见》的通知
彭党发〔2018〕21 号	4 月 24 日	彭阳县党员参与宗教活动情况报告
彭党发〔2018〕22 号	5 月 22 日	关于彭阳县委领导班子严格执行中央八项规定精神专题民主生活会报告
彭党发〔2018〕23 号	5 月 23 日	中共彭阳县委员会　彭阳县人民政府关于对王苗等 25 名公务员记三等功、乔升等 170 名公务员嘉奖的决定
彭党发〔2018〕24 号	6 月 7 日	中共彭阳县委员会　彭阳县人民政府关于印发《彭阳县党政领导干部生态环境损害责任追究制度》的通知
彭党发〔2018〕25 号	6 月 7 日	中共彭阳县委员会　彭阳县人民政府关于印发《彭阳县贯彻落实党的十九大精神实施生态立区战略坚决打好污染防治攻坚战行动方案》的通知
彭党发〔2018〕26 号	6 月 6 日	彭阳县关于中央第二环境保护督察组“回头看”第 052 号转办件核查处置情况报告
彭党发〔2018〕27 号	6 月 9 日	彭阳县关于中央第二环境保护督察组“回头看”第 091 号转办件和第 160 号转办件核查处置情况报告
彭党发〔2018〕28 号	6 月 12 日	关于呈报彭阳县城工业园区污水处理站建设情况的报告
彭党发〔2018〕29 号	6 月 15 日	彭阳县关于中央第二环境保护督察组“回头看”第 091 号转办件核查处置情况报告
彭党发〔2018〕30 号	6 月 15 日	彭阳县关于中央第二环境保护督察组“回头看”第 160 号转办件核查处置情况报告
彭党发〔2018〕31 号	6 月 16 日	关于坚决做好自治区党委第一巡视组巡视反馈意见整改工作的通知
彭党发〔2018〕32 号	6 月 20 日	彭阳县关于中央第二环境督察组“回头看”第 342 号转办件核查处置情况报告
彭党发〔2018〕33 号	7 月 1 日	彭阳县关于中央第二环境保护督察组“回头看”第 890 号转办件核查处置情况报告
彭党发〔2018〕34 号	7 月 1 日	彭阳县关于中央第二环境保护督察组“回头看”第 1020 号转办件核查处置情况报告

续表 2

文　　号	发文日期	标　　题
彭党发〔2018〕35 号	7 月 1 日	彭阳县关于中央第二环境保护督察组“回头看”第 1079 号转办件核查处置情况报告
彭党发〔2018〕36 号	7 月 2 日	彭阳县关于中央第二环境保护督察组“回头看”第 828 号转办件核查处置情况报告
彭党发〔2018〕37 号	7 月 2 日	彭阳县关于中央第二环境保护督察组“回头看”第 969 号转办件核查处置情况报告
彭党发〔2018〕38 号	7 月 3 日	关于上报《彭阳县学习宣传贯彻落实习近平总书记来宁视察重要讲话精神情况汇报》的报告
彭党发〔2018〕39 号	7 月 4 日	关于印发《自治区党委第一巡视组巡视彭阳反馈意见整改方案》的通知
彭党发〔2018〕40 号	7 月 5 日	彭阳县关于中央第二环境保护督察组“回头看”第 970 号转办件核查处置情况报告
彭党发〔2018〕41 号	7 月 5 日	彭阳县关于中央第二环境保护督察组“回头看”第 1177 号转办件核查处置情况报告
彭党发〔2018〕42 号	7 月 5 日	关于推荐全区新时代新担当新作为先进典型人选的报告
彭党发〔2018〕43 号	7 月 7 日	彭阳县关于中央第二环境保护督察组“回头看”第 1271 号转办件核查处置情况报告
彭党发〔2018〕44 号	7 月 7 日	彭阳县关于中央第二环境保护督察组“回头看”第 1339 号转办件核查处置情况报告
彭党发〔2018〕45 号	7 月 12 日	关于呈报《中共彭阳县委 2018 年上半年落实党风廉政建设主体责任情况》的报告
彭党发〔2018〕46 号	7 月 17 日	关于印发《市纪委反馈彭阳县民族宗教工作方面存在问题整改方案》的通知
彭党发〔2018〕47 号	7 月 12 日	关于上报《彭阳县民族宗教工作方面存在问题整改情况》的报告
彭党发〔2018〕48 号	7 月 17 日	关于科级优秀年轻干部初步人选推荐人选的报告
彭党发〔2018〕49 号	7 月 19 日	关于支持宁夏彭阳姚河塬西周遗址保护开发的报告
彭党发〔2018〕50 号	7 月 19 日	彭阳县关于呈报隐形债务核实情况的报告
彭党发〔2018〕51 号	7 月 10 日	关于上报《彭阳县 2018 年上半年意识形态工作报告》的报告
彭党发〔2018〕52 号	8 月 3 日	关于对彭阳县王洼镇崖堡村党支部书记段彩仁有关问题线索初核情况的报告

续表 3

文　　号	发文日期	标　　题
彭党发〔2018〕53 号	8 月 9 日	关于印发《关于深入贯彻中央八项规定精神进一步加强和改进领导干部作风建设的意见》的通知
彭党发〔2018〕54 号	8 月 17 日	关于上报《自治区党委第一巡视组巡视彭阳反馈意见整改情况报告》的报告
彭党发〔2018〕55 号	8 月 17 日	关于上报《赵晓东同志组织落实自治区党委第一巡视组巡视彭阳反馈意见整改情况报告》的报告
彭党发〔2018〕56 号	8 月 20 日	关于印发《中央第八巡视组巡视宁夏反馈意见彭阳县整改落实工作方案》的通知
彭党发〔2018〕57 号	8 月 31 日	关于设立县统计局党组等有关事宜的通知
彭党发〔2018〕58 号	9 月 4 日	中共彭阳县委员会关于印发《县委常委会关于坚定维护以习近平同志为核心的党中央集中统一领导的若干规定》的通知
彭党发〔2018〕59 号	9 月 8 日	中共彭阳县委员会　彭阳县人民政府关于表彰 2017 年至 2018 学年度教育工作先进集体和先进个人的决定
彭党发〔2018〕60 号	10 月 11 日	关于中共彭阳县委常委班子从严整改中央巡视反馈问题专题民主生活会情况的报告
彭党发〔2018〕61 号	10 月 12 日	关于免去邓万儒同志彭阳县人大党组书记职务并责令其辞去彭阳县第九届人大常委会主任职务、免去冶三奎同志彭阳县政协党组书记职务并责令其辞去政协彭阳县第九届常务委员会主席职务的报告
彭党发〔2018〕62 号	10 月 19 日	彭阳县关于呈报地方政府隐性债务统计监测情况的报告
彭党发〔2018〕63 号	10 月 19 日	中共彭阳县委　彭阳县人民政府关于呈报《彭阳县政府隐性债务化解实施方案》的报告
彭党发〔2018〕64 号	10 月 19 日	关于推荐彭阳县政协主席考察人选的报告
彭党发〔2018〕65 号	10 月 25 日	中共彭阳县委员会　彭阳县人民政府关于表彰彭阳县第一中学的决定
彭党发〔2018〕66 号	10 月 29 日	关于厦门市思明区党政代表团一行来彭考察调研情况的报告
彭党发〔2018〕67 号	11 月 12 日	关于印发《彭阳县推进安全生产领域改革发展实施方案》的通知
彭党发〔2018〕68 号	11 月 14 日	关于上报《自治区党委第一巡视组督查彭阳反馈问题整改落实情况报告》的报告
彭党发〔2018〕69 号	11 月 21 日	中共彭阳县委员会关于印发《县委常委会落实全面从严治党主体责任规定》的通知
彭党发〔2018〕70 号	11 月 21 日	中共彭阳县委员会　彭阳县人民政府《关于加强全县网络安全和信息化工作的实施意见》的通知

续表 4

文　　号	发文日期	标　　题
彭党发〔2018〕71 号	11 月 30 日	关于上报《固原市暗访督查宁夏巡视整改情况反馈问题彭阳县整改落实进展情况报告》的报告
彭党发〔2018〕72 号	12 月 4 日	中共彭阳县委员会　彭阳县人民政府印发《关于防范化解地方政府隐性债务风险的实施意见》的通知
彭党发〔2018〕73 号	12 月 3 日	中共彭阳县委员会　彭阳县人民政府印发《彭阳县政府隐性债务化解实施方案》的通知
彭党发〔2018〕74 号	12 月 3 日	关于呈报《中共彭阳县委员会 2018 年落实党风廉政建设主体责任情况》的报告
彭党发〔2018〕75 号	12 月 6 日	关于印发《中共彭阳县委员会关于加强和规范党务公开工作实施意见(试行)》的通知
彭党发〔2018〕76 号	12 月 6 日	中共彭阳县委员会关于印发《中共彭阳县委员会常务委员会工作细则》的通知
彭党发〔2018〕77 号	12 月 12 日	关于批转《彭阳县总工会换届工作方案》的通知
彭党发〔2018〕78 号	12 月 12 日	关于印发《彭阳县贯彻落实中央环境保护督察组“回头看”及水环境问题专项督察反馈意见整改方案》的通知
彭党发〔2018〕79 号	12 月 14 日	彭阳县 2018 年实施乡村振兴战略工作总结及 2019 年工作计划
彭党发〔2018〕80 号	12 月 12 日	关于对新集乡党委、新集乡太寺村党支部给予问责的决定
彭党发〔2018〕81 号	12 月 14 日	关于呈报《中纪委暗访督察中央巡视整改情况反馈问题整改落实进展情况报告》的报告
彭党发〔2018〕82 号	12 月 18 日	关于推荐固原市第四届人民代表大会补选代表候选人的通知
彭党发〔2018〕83 号	12 月 25 日	关于呈报《彭阳县 2018 年意识形态工作报告》的报告
彭党发〔2018〕84 号	12 月 27 日	关于审定《彭阳县机构改革方案(送审稿)》的请示
彭党发〔2018〕85 号	12 月 27 日	关于印发《彭阳县打赢脱贫攻坚战三年行动实施方案(2018—2020 年)》的通知
彭党发〔2018〕86 号	12 月 27 日	关于呈报《彭阳县脱贫退出自评报告》的报告
彭党发〔2018〕87 号	12 月 28 日	关于印发《彭阳县全面加强生态环境保护坚决打好污染防治攻坚战实施方案》的通知
彭党发〔2018〕88 号	12 月 29 日	关于上报彭阳县安全生产履职述责的报告
彭党发〔2018〕89 号	12 月 29 日	关于上报《彭阳县 2018 年工作总结》的报告

中共彭阳县委办公室2018年发文目录

文　　号	发文日期	标　　　　题
彭党办发〔2018〕1号	1月23日	关于转发《印发〈关于贯彻落实中央和自治区《关于健全人大讨论决定重大事项制度、政府重大决策出台前向本级人大报告的实施意见》的意见〉的通知》的通知
彭党办发〔2018〕2号	1月4日	关于印发《中共彭阳县纪律检查委员会监察委员会机关主要职责内设机构和人员编制方案》的通知
彭党办发〔2018〕3号	1月5日	关于印发《彭阳县“招商引资年”活动实施方案》的通知
彭党办发〔2018〕4号	1月8日	关于印发《县委常委班子2017年度民主生活会方案》的通知
彭党办发〔2018〕5号	1月10日	关于调整彭阳县扶贫开发领导小组成员的通知
彭党办发〔2018〕6号	1月22日	关于转发《自治区党委办公厅关于贯彻落实〈政法机关党组织向党委请示报告重大事项〉的通知》的通知
彭党办发〔2018〕7号	1月23日	关于在春节期间开展走访慰问生活困难党员、老党员和老干部活动的通知
彭党办发〔2018〕8号	1月24日	关于印发《彭阳县2018年春节系列文化活动方案》的通知
彭党办发〔2018〕9号	1月24日	关于印发《彭阳县党委（党组）网络意识形态工作责任制实施细则》《报告会研讨会论坛讲座培训班申报审批管理实施细则（试行）》的通知
彭党办发〔2018〕10号	1月22日	关于印发《落实固原市关于贯彻自治区创新驱动战略建设西部地区绿色发展示范市实施方案责任清单》的通知
彭党办发〔2018〕11号	1月29日	关于印发《彭阳县2018年“两节”期间困难群众基本生活保障实施方案》的通知
彭党办发〔2018〕12号	1月29日	关于印发《彭阳县2018年“两节”困难群众救助及走访慰问活动方案》的通知
彭党办发〔2018〕13号	2月5日	关于开展自治区“两会”精神宣讲活动的通知
彭党办发〔2018〕14号	2月12日	关于做好2018年春节放假期间值班工作的通知
彭党办发〔2018〕15号	2月9日	关于印发《2018—2020年全县扫黑除恶专项斗争工作方案》的通知
彭党办发〔2018〕16号	2月18日	专题会议纪要
彭党办发〔2018〕17号	2月18日	专题会议纪要
彭党办发〔2018〕18号	2月18日	关于成立“2·17”路外事故善后处理工作领导小组的通知

续表 1

文　　号	发文日期	标　　　　题
彭党办发〔2018〕19 号	2 月 19 日	关于转发《关于进一步加强春运期间道路交通安全生产工作的紧急通知》的通知
彭党办发〔2018〕20 号	2 月 25 日	关于转发《关于进一步做好自治区党政机关企事业单位人民团体办公用房清理整治工作的通知》的通知
彭党办发〔2018〕21 号	2 月 26 日	关于印发《彭阳县 2018 年民族团结进步创建工作安排》的通知
彭党办发〔2018〕22 号	2 月 26 日	县委常委班子 2017 年度民主生活会情况通报
彭党办发〔2018〕23 号	2 月 28 日	关于召开中共彭阳县第八届纪律检查委员会第三次全体会议的通知
彭党办发〔2018〕24 号	3 月 5 日	关于印发《关于做好全国“两会”及中央、自治区巡视组巡查期间党政领导干部坐班接访的通知》的通知
彭党办发〔2018〕25 号	3 月 6 日	关于召开自治区党委第一巡视组巡视彭阳县工作动员会的通知
彭党办发〔2018〕26 号	3 月 8 日	关于印发《彭阳县委常委班子 2017 年度民主生活会整改清单》的通知
彭党办发〔2018〕27 号	3 月 9 日	关于印发《全面落实“谁执法谁普法”普法责任制实施方案》的通知
彭党办发〔2018〕28 号	3 月 9 日	关于启用印章的通知
彭党办发〔2018〕29 号	3 月 16 日	关于印发《八届县委第三轮巡察工作实施方案》的通知
彭党办发〔2018〕30 号	3 月 13 日	关于印发《彭阳县 2018 年重点工作“4+1”责任清单》的通知
彭党办发〔2018〕31 号	3 月 18 日	关于印发《中共彭阳县委员会巡察工作规划(2017—2021 年)》的通知
彭党办发〔2018〕32 号	3 月 18 日	关于印发《中共彭阳县委巡察工作实施办法(试行)》的通知
彭党办发〔2018〕33 号	3 月 20 日	关于印发《彭阳县 2018 年农村人居环境改善行动方案》的通知
彭党办发〔2018〕34 号	3 月 20 日	关于印发《关于规范和改进新闻宣传报道工作的实施细则》的通知
彭党办发〔2018〕35 号	3 月 20 日	关于成立彭阳县城市管理工作领导小组的通知
彭党办发〔2018〕36 号	3 月 20 日	关于成立彭阳县农村人居环境整治三年行动领导小组的通知
彭党办发〔2018〕37 号	3 月 21 日	关于印发《第十四届宁夏六盘山山花节暨第六届“梯田花海·生态彭阳”山花旅游文化节·全区休闲农业提升年启动仪式实施方案》的通知
彭党办发〔2018〕38 号	3 月 23 日	关于印发《彭阳县开展“干部素质提升年”活动实施方案》《彭阳县开展“干部作风转变年”活动实施方案》《彭阳县开展“农民培训教育年”活动实施方案》的通知

续表 2

文　　号	发文日期	标　　题
彭党办发〔2018〕39 号	3 月 23 日	关于成立彭阳县智慧彭阳建设工作领导小组的通知
彭党办发〔2018〕40 号	3 月 23 日	关于启用印章的通知
彭党办发〔2018〕41 号	3 月 27 日	关于印发《彭阳县全面深化改革领导小组 2018 年工作要点》的通知
彭党办发〔2018〕42 号	3 月 27 日	中共彭阳县委办公室　彭阳县人民政府办公室关于印发《彭阳县全面深化改革督查实施办法(试行)》的通知
彭党办发〔2018〕43 号	3 月 27 日	关于对 2018 年重点建设项目进行督查的通知
彭党办发〔2018〕44 号	3 月 27 日	中共彭阳县委办公室　彭阳县人民政府办公室关于集中解决群众反映强烈的突出问题活动的通知
彭党办发〔2018〕45 号	3 月 28 日	关于印发《彭阳县委 2018 年督查工作要点》的通知
彭党办发〔2018〕46 号	3 月 28 日	关于成立中共彭阳县委员会巡察工作领导小组的通知
彭党办发〔2018〕47 号	3 月 28 日	关于启用印章的通知
彭党办发〔2018〕48 号	3 月 28 日	关于启用印章的通知
彭党办发〔2018〕49 号	3 月 28 日	关于启用印章的通知
彭党办发〔2018〕50 号	3 月 29 日	关于印发《2018 年全面推进依法治县工作要点》的通知
彭党办发〔2018〕51 号	3 月 29 日	关于印发《县委中心组 2018 年学习计划》的通知
彭党办发〔2018〕52 号	4 月 2 日	关于贯彻落实市委四届三次全会报告和 2018 年市政府工作报告任务分工的通知
彭党办发〔2018〕53 号	4 月 4 日	关于领导干部联系人才和企事业单位发挥创新主体作用的通知
彭党办发〔2018〕54 号	4 月 12 日	关于对全县脱贫攻坚重点工作进展情况进行专项督查的通知
彭党办发〔2018〕55 号	4 月 13 日	关于补充“十二五”生态移民剩余和新增遗留人口搬迁安置方式的通知
彭党办发〔2018〕56 号	4 月 14 日	关于印发《彭阳县创办新时代农民讲习所工作实施方案》的通知
彭党办发〔2018〕57 号	4 月 14 日	关于印发《在全县民族团结进步创建工作中开展“拥护核心感恩党·同心携手奔小康”教育活动的实施方案》的通知
彭党办发〔2018〕58 号	4 月 14 日	中共彭阳县委办公室　彭阳县人民政府办公室印发《关于坚决治理全县民族宗教领域突出问题的实施意见》的通知

续表 3

文　　号	发文日期	标　　题
彭党办发〔2018〕59号	4月14日	关于印发《彭阳县科级及以上干部请销假报告制度》《彭阳县领导干部带班值班制度》的通知
彭党办发〔2018〕60号	4月17日	关于印发《彭阳县信息调研工作考核办法》的通知
彭党办发〔2018〕61号	4月17日	关于调整县级党员领导干部基层党建工作联系点的通知
彭党办发〔2018〕62号	4月17日	关于印发《彭阳县巩固提升和创建自治区级法治政府示范单位工作方案》的通知
彭党办发〔2018〕63号	4月17日	关于印发《贯彻落实自治区〈落实生态立区战略推进大规模国土绿化行动方案〉责任分工方案》的通知
彭党办发〔2018〕64号	4月18日	关于印发《彭阳县2018年农村危窑危房改造实施方案》的通知
彭党办发〔2018〕65号	4月19日	关于印发《彭阳县农村集体资产清查核资工作实施方案》的通知
彭党办发〔2018〕66号	4月4日	关于印发《县委统一战线工作领导小组2018年工作要点》的通知
彭党办发〔2018〕67号	4月23日	关于成立彭阳县民族宗教领域突出问题专项治理工作领导小组的通知
彭党办发〔2018〕68号	4月25日	中共彭阳县委办公室印发《关于落实张柱书记在2017年度党(工)委书记抓基层党建述职评议考核会上点评意见的整改方案》的通知
彭党办发〔2018〕69号	4月25日	关于调整2018年"见犊补母"补贴标准的紧急通知
彭党办发〔2018〕70号	4月26日	关于转发《关于在全市基层党组织中开展"双评双定"活动强化正向激励反向监督的实施方案》的通知
彭党办发〔2018〕71号	4月27日	关于转发《关于深入开展违反中央八项规定精神突出问题专项治理的通知》的通知
彭党办发〔2018〕72号	5月2日	关于印发《加快推进彭阳县农村产权流转服务的实施方案》的通知
彭党办发〔2018〕73号	5月8日	关于印发《2018年加强社会治安综合治理推进平安彭阳建设工作要点》的通知
彭党办发〔2018〕74号	5月9日	关于认真做好清理规范创建示范活动的自查报告
彭党办发〔2018〕75号	5月10日	关于《彭阳县2018年农村危窑危房改造实施方案》的补充通知
彭党办发〔2018〕76号	5月15日	关于印发《彭阳县2018年党的建设工作要点》的通知
彭党办发〔2018〕77号	5月15日	关于印发《县委领导班子严格执行中央八项规定精神专题民主生活会方案》的通知

续表 4

文　　号	发文日期	标　　　　题
彭党办发〔2018〕78 号	5 月 16 日	关于印发《2018 年彭阳县全面从严治党党风廉政建设和反腐败主要任务分工》的通知
彭党办发〔2018〕79 号	5 月 18 日	中共彭阳县委办公室　彭阳县人民政府办公室关于修订或废止相关文件的通知
彭党办发〔2018〕80 号	5 月 21 日	关于印发《彭阳县脱贫攻坚领域突出问题整改方案》的通知
彭党办发〔2018〕81 号	5 月 21 日	关于调整彭阳县扶贫开发领导小组成员的通知
彭党办发〔2018〕82 号	5 月 21 日	中共彭阳县委办公室　彭阳县人民政府办公室印发《关于落实食品药品安全党政同责实施方案》的通知
彭党办发〔2018〕83 号	5 月 23 日	关于加强和改进调查研究工作的意见
彭党办发〔2018〕84 号	5 月 23 日	专题会议纪要(宗教)
彭党办发〔2018〕85 号	5 月 23 日	专题会议纪要
彭党办发〔2018〕86 号	5 月 29 日	关于转发《县委宣传部、政法委、县扫黄打非领导小组办公室 2018 年扫黄打非行动方案》的通知
彭党办发〔2018〕87 号	6 月 4 日	关于印发《彭阳县 2018 年全民健身挑战日健康宁夏动起来活动方案》的通知
彭党办发〔2018〕88 号	6 月 4 日	关于印发《彭阳县生态文明建设目标职责分工方案》的通知
彭党办发〔2018〕89 号	6 月 4 日	关于印发《彭阳县做好中央第二环境保护督察组开展“回头看”工作的实施方案》的通知
彭党办发〔2018〕90 号	6 月 11 日	关于印发《全县庆祝建党 97 周年暨“党建促进月”活动方案》的通知
彭党办发〔2018〕91 号	6 月 11 日	关于印发《彭阳县 2018 年开斋节慰问活动方案》的通知
彭党办发〔2018〕92 号	6 月 13 日	关于召开自治区党委第一巡视组巡视彭阳县情况反馈会议的通知
彭党办发〔2018〕93 号	6 月 14 日	关于端午节开斋节期间配合做好中央环境保护督察“回头看”工作有关事宜的通知
彭党办发〔2018〕94 号	6 月 25 日	关于在纪念建党 97 周年前夕走访慰问老党员和生活困难党员的通知
彭党办发〔2018〕95 号	6 月 27 日	关于深入开展“进村联户”主题党日活动的通知
彭党办发〔2018〕96 号	7 月 2 日	关于调整彭阳县双拥工作领导小组组成人员的通知

续表 5

文　　号	发文日期	标　　题
彭党办发〔2018〕97 号	7 月 4 日	关于印发《八届县委第四轮巡察工作实施方案》的通知
彭党办发〔2018〕98 号	7 月 9 日	关于成立彭阳县农村集体产权制度改革工作领导小组等机构的通知
彭党办发〔2018〕99 号	7 月 9 日	关于调整彭阳县禁毒委员会组成人员的通知
彭党办发〔2018〕100 号	7 月 11 日	关于印发《加快推进文化小康助力脱贫富民和乡村振兴战略的实施方案》的通知
彭党办发〔2018〕101 号	7 月 16 日	关于印发《关于深入推进"三大三强"行动集中整顿农村软弱涣散基层党组织的实施方案》的通知
彭党办发〔2018〕102 号	7 月 24 日	关于印发《彭阳县 2018 年群众评议机关作风活动工作方案》的通知
彭党办发〔2018〕103 号	8 月 6 日	关于印发《彭阳县退出领导岗位干部管理办法（试行）》的通知
彭党办发〔2018〕104 号	8 月 3 日	关于印发《彭阳县深入推进农村集体产权制度改革实施方案》的通知
彭党办发〔2018〕105 号	8 月 7 日	关于印发《贯彻落实张柱同志在彭阳县重点工作推进汇报会上的讲话精神的责任分工方案》的通知
彭党办发〔2018〕106 号	8 月 8 日	彭阳县干部理论学习制度
彭党办发〔2018〕107 号	8 月 8 日	专题会议纪要
彭党办发〔2018〕108 号	8 月 14 日	关于印发《关于贯彻落实自治区党的建设"六个重要文件"加强村党组织书记队伍建设的实施意见》的通知
彭党办发〔2018〕109 号	8 月 14 日	关于调整彭阳县金融扶贫不良贷款清收工作领导小组的通知
彭党办发〔2018〕110 号	8 月 20 日	关于成立中央第八巡视组巡视宁夏反馈意见彭阳县整改工作领导小组的通知
彭党办发〔2018〕111 号	8 月 28 日	关于印发《国务院大督查彭阳县迎检工作方案》的通知
彭党办发〔2018〕112 号	8 月 30 日	关于印发《彭阳县迎接国家义务教育均衡发展复检工作方案》的通知
彭党办发〔2018〕113 号	8 月 30 日	关于进一步加强和改进离退休干部工作的实施意见
彭党办发〔2018〕114 号	8 月 30 日	关于印发《彭阳县创建国家公共文化服务体系示范区实施方案》的通知
彭党办发〔2018〕115 号	8 月 31 日	关于印发《关于支持干部干事创业建立容错纠错机制的实施办法（试行）》的通知

续表 6

文　　号	发文日期	标　　　　题
彭党办发〔2018〕116 号	8 月 31 日	关于印发《关于进一步激励广大干部新时代新担当新作为的实施方案》的通知
彭党办发〔2018〕117 号	9 月 3 日	关于印发《彭阳县农村人居环境整治三年行动实施方案(2018 年—2020 年)》的通知
彭党办发〔2018〕118 号	9 月 4 日	关于印发《中共彭阳县委重大事项集体决策实施细则(试行)》的通知
彭党办发〔2018〕119 号	9 月 6 日	关于印发《彭阳县 2018 年度乡镇和部门(单位)效能目标管理考核方案》的通知
彭党办发〔2018〕120 号	9 月 6 日	关于印发《彭阳县 2018 年"民族团结月"活动实施方案》的通知
彭党办发〔2018〕121 号	9 月 12 日	关于上报《中央巡视办专项检查宁夏反馈问题彭阳县整改落实工作方案》的报告
彭党办发〔2018〕122 号	9 月 13 日	关于认真贯彻落实农村党建"四个重要文件"现场推进会精神的通知
彭党办发〔2018〕123 号	9 月 17 日	关于转发《中共固原市委办公室　固原市人民政府办公室印发〈关于进一步提高劳务产业组织化程度促进贫困群众增收的指导意见〉的通知》的通知
彭党办发〔2018〕124 号	9 月 19 日	关于印发《彭阳县宗教工作自查自纠方案》的通知
彭党办发〔2018〕125 号	9 月 20 日	关于印发《关于深化人才工作改革助推打好创新驱动攻坚战的实施意见》的通知
彭党办发〔2018〕126 号	9 月 27 日	中共彭阳县委办公室　彭阳县人民政府办公室印发《贯彻落实〈中共宁夏回族自治区委员会关于牢固树立马克思主义民族宗教观加强新时代民族宗教工作的决定〉任务分工方案》的通知
彭党办发〔2018〕127 号	9 月 27 日	中共彭阳县委办公室　彭阳县人民政府办公室印发《关于加强和改进新时代伊斯兰教工作的实施意见》的通知
彭党办发〔2018〕128 号	9 月 27 日	中共彭阳县委办公室　彭阳县人民政府办公室印发《关于进一步推进"三化"问题治理工作的方案》的通知
彭党办发〔2018〕129 号	9 月 27 日	中共彭阳县委办公室　彭阳县人民政府办公室印发《贯彻落实〈自治区创建全国民族团结进步示范区的实施意见〉任务分工方案》的通知
彭党办发〔2018〕130 号	9 月 30 日	关于印发《关于支持检察机关全面开展提起公益诉讼工作进一步推动法治彭阳建设的意见》的通知
彭党办发〔2018〕131 号	9 月 30 日	关于印发《党委(党组)网络安全工作责任制实施细则》的通知

续表 7

文　　号	发文日期	标　　　　题
彭党办发〔2018〕132 号	9 月 30 日	关于印发《彭阳县网络舆情应对协调工作机制》的通知
彭党办发〔2018〕133 号	9 月 30 日	关于印发《彭阳县意识形态工作责任制考核办法(试行)》的通知
彭党办发〔2018〕134 号	9 月 30 日	关于印发《彭阳县党委(党组)理论学习中心组学习规则》的通知
彭党办发〔2018〕135 号	9 月 30 日	中共彭阳县委办公室　彭阳县人民政府办公室印发《关于深化彭阳县国有企业负责人薪酬制度改革实施方案》的通知
彭党办发〔2018〕136 号	10 月 10 日	关于下达 2018 年争项目争资金及招商引资工作目标任务的通知
彭党办发〔2018〕137 号	10 月 17 日	关于成立彭阳县全域旅游发展等工作领导小组的通知
彭党办发〔2018〕138 号	10 月 17 日	关于印发《八届县委第五轮巡察工作实施方案》的通知
彭党办发〔2018〕139 号	10 月 31 日	关于调整县级领导同志联系走访宗教界人士和宗教场所的通知
彭党办发〔2018〕140 号	11 月 1 日	关于成立彭阳县深化机构改革领导小组的通知
彭党办发〔2018〕141 号	11 月 2 日	关于成立彭阳县警务辅助人员管理领导小组的通知
彭党办发〔2018〕142 号	11 月 6 日	关于印发《彭阳县退役士兵服务管理及权益保障工作实施方案》的通知
彭党办发〔2018〕143 号	11 月 7 日	关于印发《彭阳县党政领导干部安全生产责任制实施细则》的通知
彭党办发〔2018〕144 号	11 月 12 日	关于印发《彭阳县公共法律服务体系建设实施方案》的通知
彭党办发〔2018〕145 号	11 月 16 日	关于上报《彭阳县开展督查检查考核专项清理情况报告》的报告
彭党办发〔2018〕146 号	11 月 13 日	关于转发《自治区党委办公厅　人民政府办公厅印发〈关于进一步加强我区妇女维权工作的意见〉的通知》的通知
彭党办发〔2018〕147 号	11 月 21 日	关于印发《王洼产业园区整合优化和改革创新实施方案》的通知
彭党办发〔2018〕148 号	11 月 21 日	关于调整县委书记、副书记、常委工作分工的通知
彭党办发〔2018〕149 号	11 月 21 日	关于调整彭阳县扫黑除恶专项斗争领导小组等机构及组成人员的通知
彭党办发〔2018〕150 号	11 月 21 日	中共彭阳县委办公室　彭阳县人民政府办公室关于印发《彭阳县融媒体改革试点工作方案》的通知

续表 8

文　　号	发文日期	标　　题
彭党办发〔2018〕151 号	11 月 21 日	中共彭阳县委办公室　彭阳县人民政府办公室《关于实施网络内容建设工程的意见》的通知
彭党办发〔2018〕152 号	11 月 21 日	中共彭阳县委办公室　彭阳县人民政府办公室《关于贯彻落实“十三五”国家舆论安全规划的实施意见》的通知
彭党办发〔2018〕153 号	11 月 22 日	关于做好 2018 年度效能目标管理考核有关工作的通知
彭党办发〔2018〕154 号	11 月 23 日	关于建立 2019 年重点建设项目库暨认真开展“准备之冬”活动的通知
彭党办发〔2018〕155 号	11 月 27 日	关于成立县退役军人事务局筹备组的通知
彭党办发〔2018〕156 号	11 月 30 日	关于印发《中纪委暗访督查宁夏巡视整改情况反馈问题彭阳县整改落实工作方案》的通知
彭党办发〔2018〕157 号	11 月 30 日	关于印发《固原市暗访督查中央巡视整改情况反馈问题彭阳县整改落实工作方案》的通知
彭党办发〔2018〕158 号	11 月 30 日	关于上报《党的十九大以来彭阳县贯彻执行中央八项规定精神情况自查报告》的报告
彭党办发〔2018〕159 号	12 月 4 日	关于转发《中共固原市委办公室　固原市人民政府办公室关于印发〈全市脱贫攻坚查漏补缺工作方案〉的通知》的通知
彭党办发〔2018〕160 号	11 月 30 日	关于印发《做好习近平总书记对宁夏重要指示批示精神贯彻落实“回头看”工作任务分工方案》的通知
彭党办发〔2018〕161 号	12 月 6 日	关于成立彭阳县党务公开工作领导小组的通知
彭党办发〔2018〕162 号	12 月 7 日	关于上报《彭阳县开展习近平总书记对宁夏重要指示批示精神贯彻落实“回头看”自查报告》的报告
彭党办发〔2018〕163 号	12 月 12 日	关于印发《彭阳县公安机关执法勤务警员职务序列改革实施方案》《彭阳县公安机关警务技术职务序列实施方案》的通知
彭党办发〔2018〕164 号	12 月 12 日	关于印发《彭阳县公安局警务技术职位设置方案》《彭阳县公安机关警务技术职务任职资格首次评定实施方案》的通知
彭党办发〔2018〕165 号	12 月 25 日	关于印发《彭阳县 2019 年“四个一”林草产业试验示范工程建设方案》的通知

续表 9

文号	发文日期	标题
彭党办发〔2018〕166 号	12 月 25 日	关于印发《深入推进扫黑除恶专项斗争集中开展社会乱象整治行动方案》的通知
彭党办发〔2018〕167 号	12 月 27 日	中共彭阳县委办公室　彭阳县人民政府办公室关于印发《彭阳县事业单位公务用车制度改革实施意见》的通知
彭党办发〔2018〕168 号	12 月 27 日	中共彭阳县委办公室　彭阳县人民政府办公室关于印发《彭阳县国有企业公务用车制度改革实施意见》的通知
彭党办发〔2018〕169 号	12 月 27 日	关于印发《彭阳县贯彻落实中国妇女第十二次全国代表大会精神实施方案》的通知
彭党办发〔2018〕170 号	12 月 28 日	关于做好 2019 年元旦春节期间有关工作的通知
彭党办发〔2018〕171 号	12 月 29 日	关于印发《彭阳县推进健康扶贫加强乡村医生队伍建设实施方案》的通知
彭党办发〔2018〕172 号	12 月 28 日	中共彭阳县委办公室关于印发《贯彻落实〈中共中央关于加强党内法规制度建设的意见〉贯彻落实情况的督察报告的实施方案》的通知
彭党办发〔2018〕173 号	12 月 29 日	关于印发《2019 年彭阳县农业产业脱贫富民实施方案》的通知
彭党办发〔2018〕174 号	12 月 29 日	中共彭阳县委办公室　彭阳县人民政府办公室印发《彭阳县礼遇帮扶道德模范实施办法(试行)》的通知
彭党办发〔2018〕175 号	12 月 26 日	关于印发《彭阳县 2019 年元旦春节系列文化活动方案》的通知

彭阳县人民政府2018年发文目录

文　　号	发文日期	标　　题
彭政发〔2018〕1号	1月2日	关于审计署西安特派办《宁夏回族自治区第四季度贯彻国家重大政策措施情况跟踪审计的报告(征求意见稿)》的反馈意见
彭政发〔2018〕2号	1月2日	关于贯彻落实中央第八环境保护督察组督察反馈问题整改工作进展情况的报告
彭政发〔2018〕3号	1月2日	彭阳县人民政府关于宁夏王洼煤业有限公司所属矿井设置污水总排污口请示的审查意见
彭政发〔2018〕4号	1月3日	关于审计署西安特派办《宁夏回族自治区第四季度贯彻国家重大政策措施情况跟踪审计的报告(征求意见稿)》的反馈内容核实情况的报告
彭政发〔2018〕5号	1月4日	关于报备中央环保督察反馈意见第三项整改销号情况的报告
彭政发〔2018〕6号	1月4日	关于报备中央环保督察反馈意见第六项整改销号情况的报告
彭政发〔2018〕7号	1月4日	2017年度大气污染自查报告
彭政发〔2018〕8号	1月4日	2017年度水污染自查报告
彭政发〔2018〕9号	1月5日	关于报备中央环保督察反馈意见第四项整改销号情况的报告
彭政发〔2018〕10号	1月5日	关于报备中央环保督察反馈意见第二项整改销号情况的报告
彭政发〔2018〕11号	1月5日	关于报备中央环保督察反馈意见第一项整改销号情况的报告
彭政发〔2018〕12号	1月5日	关于报备中央环保督察反馈意见第九项整改销号情况的报告
彭政发〔2018〕13号	1月5日	关于报备中央环保督察反馈意见中铝集团王洼煤矿有限公司生活污水直排问题整改销号情况的报告
彭政发〔2018〕14号	1月5日	关于报备中央环保督察反馈意见第七项整改销号情况的报告
彭政发〔2018〕15号	1月5日	关于报备中央环保督察反馈意见第五项整改销号情况的报告
彭政发〔2018〕16号	1月5日	关于报备中央环保督察反馈意见第十二项整改销号情况的报告
彭政发〔2018〕17号	1月8日	关于报备中央环保督察反馈意见第十项整改销号情况的报告
彭政发〔2018〕18号	1月8日	关于报备中央环保督察反馈意见第十一项整改销号情况的报告

续表 1

文　　号	发文日期	标　　题
彭政发〔2018〕19 号	1 月 10 日	关于报备中央环保督察反馈意见第八项整改销号情况的报告
彭政发〔2018〕20 号	1 月 10 日	关于清理偿还政府欠款专项工作有关情况的报告
彭政发〔2018〕21 号	1 月 18 日	关于呈报《彭阳县 2017 年法治政府建设工作情况》的报告
彭政发〔2018〕22 号	1 月 18 日	关于对《彭阳县招商引资优惠及奖励办法(暂行)》进行清理的报告
彭政发〔2018〕23 号	1 月 23 日	关于彭阳县王洼产业园区主导产业定位情况的报告
彭政发〔2018〕24 号	1 月 25 日	关于贯彻落实中央第八环境保护督察组督察反馈问题整改工作进展情况的报告
彭政发〔2018〕25 号	1 月 26 日	机密件
彭政发〔2018〕26 号	1 月 29 日	关于呈报《2018 年地方财政预算表》的报告
彭政发〔2018〕27 号	1 月 30 日	关于落实审计署西安特派办反馈新建燃煤锅炉注销与拆除的报告
彭政发〔2018〕28 号	1 月 30 日	关于王洼煤业有限公司入河排污口取缔整改情况的汇报
彭政发〔2018〕29 号	1 月 31 日	关于申请增加棚户区改造部分地住宅层数的请示
彭政发〔2018〕30 号	2 月 1 日	关于印发《崾岘村 35 千伏变电站项目建设用地及房屋等附着物征收与补偿方案》的通知
彭政发〔2018〕31 号	2 月 1 日	关于印发《宁夏佳利源薯业有限公司及宁夏犇牛生物科技有限公司项目用地土地及房屋等附着物征收与补偿安置方案》的通知
彭政发〔2018〕32 号	2 月 1 日	关于对国道 327 线彭阳至店洼水库延伸段进行改造的请示
彭政发〔2018〕33 号	2 月 1 日	关于申请将茹河水质定位Ⅳ类的请示
彭政发〔2018〕34 号	2 月 2 日	关于印发《彭阳县 2018 年环境保护工作方案》的通知
彭政发〔2018〕35 号	2 月 5 日	关于印发《彭阳县 2018 年财政涉农资金统筹整合使用方案》的通知
彭政发〔2018〕36 号	2 月 5 日	关于呈报《彭阳县 2017 年度粮食安全省长责任制落实情况自评报告》的报告
彭政发〔2018〕37 号	2 月 6 日	关于解除政府购买服务协议的通知
彭政发〔2018〕38 号	2 月 7 日	关于呈报《彭阳县 2017 年异地扶贫搬迁工作成效自评报告》的报告

续表 2

文　号	发文日期	标　题
彭政发〔2018〕39 号	2 月 8 日	秘密件
彭政发〔2018〕40 号	2 月 12 日	关于呈报《彭阳县空间规划(多规合一)信息系统建设工作方案》的报告
彭政发〔2018〕41 号	2 月 12 日	关于限期查处整改违法用地情况说明的报告
彭政发〔2018〕42 号	2 月 12 日	2016 年保障性安居工程跟踪审计问题整改结果承诺书
彭政发〔2018〕43 号	2 月 12 日	关于彭阳县罗洼中庄至上湾王洼范新庄至姚岔公路工程建设资金承诺函
彭政发〔2018〕44 号	2 月 12 日	关于开展农民工工资支付情况专项检查情况的报告
彭政发〔2018〕45 号	2 月 14 日	关于印发《彭阳县 2018 年金融工作实施方案》的通知
彭政发〔2018〕46 号	2 月 26 日	关于贯彻落实中央第八环境保护督察组督察反馈问题整改工作进展情况的报告
彭政发〔2018〕47 号	3 月 1 日	关于彭阳县夏山庄经北洼至王洼南街公路项目建设用地的请示
彭政发〔2018〕48 号	3 月 1 日	关于申请举办“锣鼓闹春”元宵节农村社火机关方队汇演及“情韵寄春”元宵晚会的请示
彭政发〔2018〕49 号	3 月 2 日	关于调整《彭阳县空间规划(2016—2030 年)》城镇建设用地规模的请示
彭政发〔2018〕50 号	3 月 8 日	关于县城工业园区污水处理站不安装在线监测设备有关事宜
彭政发〔2018〕51 号	3 月 12 日	关于《彭阳县 2017 年城镇保障性安居工程审计报告征求意见书》有关问题的报告
彭政发〔2018〕52 号	3 月 14 日	秘密件
彭政发〔2018〕53 号	3 月 14 日	彭阳县残疾人事业发展十三五规划
彭政发〔2018〕54 号	3 月 15 日	关于彭阳县 2018 年第一批存量债务置换需求的报告
彭政发〔2018〕55 号	3 月 15 日	彭阳县人民政府关于申请在彭阳县设立“中国摄影创作基地”的请示
彭政发〔2018〕56 号	3 月 20 日	关于赴国家烟草专卖局“就彭阳县 2018 年烟叶生产计划”对接情况的报告
彭政发〔2018〕57 号	3 月 20 日	关于 2018 第一批城镇建设用地的请示
彭政发〔2018〕58 号	3 月 20 日	关于李渠水库项目建设用地的请示

续表 3

文　　号	发文日期	标　　　　题
彭政发〔2018〕59 号	3 月 20 日	关于沟口 35 千伏变电站项目建设的请示
彭政发〔2018〕60 号	3 月 23 日	关于贯彻落实中央第八环境保护督察组督察反馈问题整改工作进展情况的报告
彭政发〔2018〕61 号	3 月 27 日	彭阳县人民政府关于重新建立彭阳县城市坐标系的请示
彭政发〔2018〕62 号	3 月 29 日	关于呈报《违法违规举债融资行为整改方案》的报告
彭政发〔2018〕63 号	3 月 30 日	彭阳县人民政府关于承办第十四届宁夏六盘山山花节暨第六届“梯田花海·生态彭阳”山花旅游文化节·全区休闲农业提升年启动仪式的请示
彭政发〔2018〕64 号	3 月 30 日	关于审计署西安特派办《宁夏回族自治区 2018 年第一季度贯彻国家重大政策措施情况跟踪审计的报告(征求意见稿)》的反馈内容核实情况的报告
彭政发〔2018〕65 号	3 月 30 日	关于呈报《彭阳县工业园区土地利用和管理存在问题整改方案》的报告
彭政发〔2018〕66 号	4 月 8 日	彭阳县人民政府关于推荐姚河塬西周遗址、中共红河地下党支部旧址、乔家渠毛泽东长征宿营地申报自治区第五批文物保护单位的报告
彭政发〔2018〕67 号	4 月 8 日	关于《自治区审计厅关于原州区彭阳县 2017 年度扶贫审计情况的报告》整改落实情况的报告
彭政发〔2018〕68 号	4 月 17 日	彭阳县人民政府关于彭阳县古城刘高庄经红河至杨坪公路项目建设用地的请示
彭政发〔2018〕69 号	4 月 17 日	彭阳县人民政府关于 2018 年第二批次城镇建设用地的请示
彭政发〔2018〕70 号	4 月 18 日	彭阳县人民政府办公室关于呈报《园区整合优化的方案》修改意见的报告
彭政发〔2018〕71 号	4 月 23 日	关于呈报隐形债务核实情况的报告
彭政发〔2018〕72 号	4 月 23 日	关于呈报彭阳县 2018 年政府存量债务分类处置及 2018 年第二批置换债券需求的申请
彭政发〔2018〕73 号	4 月 25 日	关于上报 2018 年棚户区改造专项债券资金需求的报告
彭政发〔2018〕74 号	4 月 26 日	关于 2017 年度扶贫资金使用管理监管工作自查自纠情况的报告
彭政发〔2018〕75 号	4 月 28 日	彭阳县人民政府关于贯彻落实中央第八环境保护督察组反馈问题整改工作进展情况的报告
彭政发〔2018〕76 号	5 月 3 日	彭阳县人民政府关于设立白阳镇茹河街富阳路社区居委会的通知

续表 4

文　　号	发文日期	标　　题
彭政发〔2018〕77 号	5 月 9 日	彭阳县人民政府关于县城集中供热热源厂运行有关事宜的请示
彭政发〔2018〕78 号	5 月 15 日	关于 2018 年自治区政府工作报告主要任务落实等工作推进情况的自查报告
彭政发〔2018〕79 号	5 月 17 日	关于呈报《彭阳县扶持村集体经济发展试点方案》的报告
彭政发〔2018〕80 号	5 月 21 日	关于审查《彭阳县农村集中式饮用水水源地保护区划分方案》的请示
彭政发〔2018〕81 号	5 月 21 日	关于政府欠款及清偿情况统计专项工作有关情况的报告
彭政发〔2018〕82 号	5 月 23 日	关于上缴“十二五”生态移民规划范围内剩余和新增遗留人口搬迁安置指标的报告
彭政发〔2018〕83 号	5 月 24 日	关于呈报《彭阳县空间规划（2016—2035）》阶段性成果的报告
彭政发〔2018〕84 号	5 月 29 日	关于印发《彭阳县防范和化解政府债务风险实施方案》的通知
彭政发〔2018〕85 号	5 月 30 日	关于恢复执行调整城乡供水、污水处理费和农业灌溉供水价格及明确水资源税改革试点工作有关政策的通知
彭政发〔2018〕86 号	6 月 6 日	关于中央第二环境保护督察组转办环境保护信访投诉案件办理查处情况报告
彭政发〔2018〕87 号	6 月 7 日	关于中央第二环境保护督察组转办环境保护信访投诉案件办理查处情况报告
彭政发〔2018〕88 号	6 月 8 日	关于固原市五河流域环境综合治理——水污染防治三期调整基数论证情况的报告
彭政发〔2018〕89 号	6 月 9 日	关于彭阳县王洼产业园区三区块污水处理设施建设情况的报告
彭政发〔2018〕90 号	6 月 12 日	关于 2017 年扶贫政策落实和扶贫资金分配管理使用审计有关问题整改情况的报告
彭政发〔2018〕91 号	6 月 13 日	关于印发《彭阳县防范化解金融风险实施方案》的通知
彭政发〔2018〕92 号	6 月 22 日	关于县城部分街路命名更名的通知
彭政发〔2018〕93 号	6 月 22 日	关于将彭阳县命名为全国“四好农村路”建设示范县的请示
彭政发〔2018〕94 号	6 月 25 日	关于国有建设用地使用权出让实施方案的批复（彭地（G）〔2018〕—01 号）
彭政发〔2018〕95 号	6 月 25 日	关于国有建设用地使用权出让实施方案的批复（彭地（G）〔2018〕—02 号）

续表 5

文　　号	发文日期	标　　题
彭政发〔2018〕96 号	6 月 25 日	关于国有建设用地使用权出让实施方案的批复(彭地(G)〔2018〕—03 号)
彭政发〔2018〕97 号	6 月 25 日	关于国有建设用地使用权出让实施方案的批复(彭地(G)〔2018〕—04 号)
彭政发〔2018〕98 号	6 月 26 日	彭阳县生态红线划定建议
彭政发〔2018〕99 号	6 月 29 日	关于申请拨付彭阳县集中供热热源厂环保改造项目自治区专项补助资金的请示
彭政发〔2018〕100 号	6 月 29 日	关于呈报《彭阳县 2018 年度上半年耕地保护责任目标履行情况自查报告》的报告
彭政发〔2018〕101 号	7 月 2 日	关于认真开展第四次全国经济普查的通知
彭政发〔2018〕102 号	7 月 3 日	关于申请批复《彭阳县集体林地“三权分置”改革试点工作实施方案》的请示
彭政发〔2018〕103 号	7 月 9 日	关于呈报彭阳县 2017 年财政总决算的报告
彭政发〔2018〕103 号	7 月 5 日	关于 2018 年第三批次工业建设用地的请示
彭政发〔2018〕104 号	7 月 19 日	关于彭阳县 2016—2017 年扶贫开发整村基础设施建设项目(道路工程一期)交岔保阳油路至王洼梁壕等 29 条村组道路涉及使用固原市彭阳县境内林地现状调查结果与林地一张图属性因子不一致情况的报告
彭政发〔2018〕105 号	7 月 20 日	关于呈报《彭阳县 2018 年国务院大督查自查报告》的报告
彭政发〔2018〕106 号	7 月 23 日	秘密件
彭政发〔2018〕107 号	8 月 1 日	关于进一步加强农村公路养护管理工作的通知
彭政发〔2018〕108 号	8 月 3 日	关于落实中央纪委来宁调研扶贫工作指出有关问题整改情况的报告
彭政发〔2018〕109 号	8 月 6 日	关于呈报《彭阳县现代循环农业(食用菌)科技示范展示区规划(2018—2022 年)》报告
彭政发〔2018〕110 号	8 月 8 日	关于《国有土地使用权出让实施方案》的批复(05)
彭政发〔2018〕111 号	8 月 9 日	关于《国有土地使用权出让实施方案》的批复(06)
彭政发〔2018〕112 号	8 月 10 日	关于《国有土地使用权出让实施方案》的批复(07)
彭政发〔2018〕113 号	8 月 15 日	关于设置王洼煤矿排污口的请示

续表 6

文　　号	发文日期	标　　题
彭政发〔2018〕114 号	8 月 15 日	关于 2018 年第四批次城镇建设用地的请示
彭政发〔2018〕115 号	8 月 15 日	关于 2018 年第五批次城镇建设用地的请示
彭政发〔2018〕116 号	8 月 21 日	关于呈报《自治区人民政府第五督察组督查反馈暨自查问题整改情况的报告》的报告
彭政发〔2018〕117 号	8 月 29 日	关于 2018 年第六批次城镇建设用地的请示
彭政发〔2018〕118 号	8 月 29 日	关于 2018 年第七批次城镇建设用地的请示
彭政发〔2018〕119 号	8 月 29 日	关于 2018 年第八批次城镇建设用地的请示
彭政发〔2018〕120 号	8 月 29 日	关于 2018 年第九批次城镇建设用地的请示
彭政发〔2018〕121 号	8 月 31 日	机密件
彭政发〔2018〕122 号	8 月 31 日	关于呈报《彭阳县空间规划(2016—2035)》阶段性成果的报告
彭政发〔2018〕123 号	8 月 31 日	关于印发《彭阳县“十三五”老龄事业发展和养老体系建设规划》的通知
彭政发〔2018〕124 号	9 月 7 日	关于申请验收国有林场改革工作的报告
彭政发〔2018〕125 号	9 月 7 日	关于解除政府购买服务协议的通知
彭政发〔2018〕126 号	9 月 10 日	关于 2018 年第十批次城镇建设用地的请示
彭政发〔2018〕127 号	9 月 10 日	关于 2018 年第十一批次城镇建设用地的请示
彭政发〔2018〕128 号	9 月 12 日	关于印发《彭阳县完善集体林权制度实施方案》的通知
彭政发〔2018〕129 号	9 月 12 日	关于印发《彭阳县集体林地“三权分置”改革试点工作实施方案》的通知
彭政发〔2018〕130 号	9 月 13 日	关于 2018 年第十三批次工业建设用地的请示
彭政发〔2018〕131 号	9 月 14 日	关于举办庆祝自治区成立 60 周年专场文艺晚会活动的请示
彭政发〔2018〕132 号	9 月 18 日	关于国务院对“放管服”改革专题调研问题清单整改落实情况的报告
彭政发〔2018〕133 号	9 月 10 日	关于 2018 年第十二批次城镇建设用地的请示
彭政发〔2018〕134 号	9 月 17 日	关于彭阳县食品药品安全检验检测中心项目建设进展情况的报告

续表 7

文　　号	发文日期	标　　题
彭政发〔2018〕135 号	9 月 17 日	关于印发《彭阳县统筹整合使用财政涉农资金管理办法(修订)》的通知
彭政发〔2018〕136 号	9 月 28 日	彭阳县人民政府关于印发《彭阳县 2018 年统筹整合使用财政涉农资金调整方案》的通知
彭政发〔2018〕137 号	9 月 25 日	关于取消彭阳县再生水利用项目实施计划的请示
彭政发〔2018〕138 号	9 月 25 日	关于申请慈善帮扶资金的报告
彭政发〔2018〕139 号	10 月 8 日	关于 2018 年第十批次城镇建设用地的请示
彭政发〔2018〕140 号	10 月 15 日	关于编制上报 2019 年地方政府土地储备专项债券资金需求的报告
彭政发〔2018〕141 号	10 月 15 日	关于上报 2019 年棚户区改造专项债券资金需求的报告
彭政发〔2018〕142 号	10 月 16 日	关于审计署西安特派办《宁夏回族自治区 2018 年第三季度贯彻国家重大政策措施情况跟踪审计的报告(征求意见稿)》的反馈内容核实情况的报告
彭政发〔2018〕143 号	10 月 16 日	关于呈报彭阳县“大棚房”问题排查清理情况的报告
彭政发〔2018〕144 号	10 月 19 日	彭阳县人民政府关于彭阳县 2018 年第十五批次城镇建设用地的请示
彭政发〔2018〕145 号	10 月 24 日	关于县九届人大二次会议代表议案(建议)办理情况的报告
彭政发〔2018〕146 号	10 月 29 日	关于彭阳县林场改革验收反馈问题整改报告
彭政发〔2018〕147 号	10 月 29 日	关于修订《彭阳县国民经济和社会发展“十三五”规划纲要》的决定
彭政发〔2018〕148 号	11 月 2 日	关于彭阳县城市生活垃圾无害化处理填埋场二期工程建设项目占用林地的权属情况说明
彭政发〔2018〕149 号	11 月 2 日	关于彭阳县 2018 年第十六批次城镇建设用地的请示
彭政发〔2018〕150 号	11 月 2 日	关于《国有建设用地使用权出让实施方案》的批复(9 号)
彭政发〔2018〕151 号	11 月 2 日	关于《国有建设用地使用权出让实施方案》的批复(10 号)
彭政发〔2018〕152 号	11 月 3 日	关于呈报《彭阳县 2018 年国家重点生态功能区县域生态环境质量考核自查报告》的报告
彭政发〔2018〕153 号	11 月 16 日	关于呈报《彭阳县 2018 年度耕地保护责任目标履行情况自查报告》的报告

续表 8

文　号	发文日期	标　题
彭政发〔2018〕154 号	11 月 16 日	秘密件
彭政发〔2018〕155 号	11 月 26 日	彭阳县人民政府关于彭阳县 2018 年集体农用地转用为集体建设用地的请示
彭政发〔2018〕156 号	11 月 26 日	关于彭阳县“大棚房”问题专项清理再排查再核实情况的报告
彭政发〔2018〕157 号	11 月 26 日	彭阳县人民政府关于申请参与 2018 年度自治区法治政府示范创建验收的报告
彭政发〔2018〕158 号	12 月 3 日	关于彭阳县残膜加工企业建设项目选址说明的报告
彭政发〔2018〕159 号	12 月 4 日	关于《国有建设用地使用权出让实施方案》的批复
彭政发〔2018〕160 号	12 月 6 日	关于呈报《彭阳县水流产权确权结果的报告》的报告
彭政发〔2018〕161 号	12 月 6 日	关于 2018 年美丽小城镇建设集体农用地转用为建设用地的请示
彭政发〔2018〕162 号	12 月 6 日	宋庆龄基金会审计问题专项整改报告
彭政发〔2018〕163 号	12 月 10 日	关于修改《彭阳县土地利用总体规划》的请示
彭政发〔2018〕164 号	12 月 10 日	关于公布《彭阳县人民政府重大行政决策事项目录》《彭阳县人民政府重大行政决策听证事项目录》的通知
彭政发〔2018〕165 号	12 月 11 日	关于申请解决前一轮退耕还林工程超额完成任务部分补助资金的请示
彭政发〔2018〕166 号	12 月 11 日	关于印发《草庙乡和谐村光伏扶贫电站回购工作方案》的通知
彭政发〔2018〕167 号	12 月 11 日	关于生物有机肥加工项目选址说明的报告
彭政发〔2018〕168 号	12 月 11 日	关于申请解决 2019 年生态环境保护项目资金的请示
彭政发〔2018〕169 号	12 月 11 日	关于 2019 年棚户区改造资金筹措情况的报告
彭政发〔2018〕170 号	12 月 12 日	关于呈报《彭阳县 2018 年创建国家公共文化服务体系示范区工作总结》的报告
彭政发〔2018〕171 号	12 月 17 日	秘密件
彭政发〔2018〕172 号	12 月 18 日	彭阳县人民政府关于呈报彭阳县开展特色小镇和特色小城镇调查摸底情况的报告

续表 9

文　　号	发文日期	标　　题
彭政发〔2018〕173号	12月18日	关于报备中央环保督察反馈意见第七项——燃煤锅炉整治销号的报告
彭政发〔2018〕174号	12月18日	关于印发《11号宗地国有建设用地使用权出让实施方案》的通知
彭政发〔2018〕175号	12月20日	关于各类政务热线清理情况的报告
彭政发〔2018〕176号	12月20日	关于国务院第五次大督查反馈意见整改落实情况的报告
彭政发〔2018〕177号	12月21日	关于呈报《彭阳县“放管服”改革工作总结》的报告
彭政发〔2018〕178号	12月20日	关于上报彭阳县“大棚房”问题清理整治有关统计表的报告
彭政发〔2018〕179号	12月20日	关于彭阳县开展“大棚房”问题专项整治行动自查自验情况的报告
彭政发〔2018〕180号	12月25日	关于印发《彭阳县打赢蓝天保卫战三年行动计划》的通知
彭政发〔2018〕181号	12月25日	关于印发《彭阳县——原州区第三轮县级行政区域界线联合检查工作实施方案》的通知
彭政发〔2018〕182号	12月25日	关于成立彭阳县原州区行政区域界线联合检查工作领导小组的通知
彭政发〔2018〕183号	12月25日	关于上报《彭阳县——原州区第三轮县级行政区域界线联合检查工作总结》的报告
彭政发〔2018〕184号	12月29日	关于互助资金逾期问题整改情况的报告
彭政发〔2018〕185号	12月29日	关于印发《彭阳县2019年财政涉农资金统筹整合使用方案》的通知
彭政发〔2018〕186号	12月30日	关于彭阳县脱贫退出的请示

彭阳县人民政府办公室2018年发文目录

文　　号	发文日期	标　　题
彭政办发〔2018〕1号	1月4日	关于转发《自治区人工影响天气与气象灾害防御指挥部办公室关于做好降雪低温防范应对工作的紧急通知》的紧急通知
彭政办发〔2018〕2号	1月4日	关于切实做好雨雪天气道路交通安全和安全生产工作的紧急通知
彭政办发〔2018〕3号	1月5日	关于印发《彭阳县粮食安全省长责任制考核工作方案》的通知
彭政办发〔2018〕4号	1月8日	关于彭阳县2017年政府信息公开工作年度报告
彭政办发〔2018〕5号	1月1日	关于印发《彭阳县2018年农村公路建设方案》的通知
彭政办发〔2018〕6号	1月1日	关于转发《国务院办公厅关于印发〈消防安全责任制实施办法〉的通知》的通知
彭政办发〔2018〕7号	1月1日	关于彭阳县2017年消防工作情况自查报告
彭政办发〔2018〕8号	1月15日	关于转发《自治区人民政府办公厅关于配合做好审计署2018年贯彻落实国家重大政策措施情况等事项跟踪审计工作的通知》的通知
彭政办发〔2018〕10号	1月22日	关于启用印章的通知
彭政办发〔2018〕11号	1月24日	彭阳县人民政府办公室关于印发《彭阳县安全生产事故应急预案》等30个应急预案的通知
彭政办发〔2018〕12号	1月29日	关于确定彭阳县消防安全重点单位的通知
彭政办发〔2018〕13号	1月3日	关于做好2018年春运工作的通知
彭政办发〔2018〕14号	1月3日	关于印发《2018年春运应急预案》的通知
彭政办发〔2018〕15号	2月8日	关于印发《消防安全责任制实施办法宣贯工作方案》的通知
彭政办发〔2018〕16号	2月11日	关于2017年度土地遥感监测图斑核查情况的通报
彭政办发〔2018〕17号	2月11日	关于2017年度彭阳县遥感监测违法图斑限期拆除的通知
彭政办发〔2018〕18号	2月12日	关于切实加强建设项目用地审批管理的通知
彭政办发〔2018〕19号	2月24日	关于调整全民健身领导小组成员的通知

续表 1

文　　号	发文日期	标　　题
彭政办发〔2018〕20 号	2 月 24 日	关于印发《扶贫保工作实施方案》的通知
彭政办发〔2018〕21 号	2 月 26 日	关于分解政府工作报告主要目标任务的通知
彭政办发〔2018〕22 号	2 月 26 日	关于办理县九届人大二次会议代表议案建议和政协九届二次会议委员提案的通知
彭政办发〔2018〕23 号	2 月 26 日	关于转发《自治区安委会关于严格贯彻落实安全生产行政责任规定》的通知
彭政办发〔2018〕24 号	3 月 1 日	关于调整彭阳县光伏扶贫工作领导小组的通知
彭政办发〔2018〕25 号	3 月 2 日	关于做好 2018 年度农村妇女创业担保贴息贷款发放工作的通知
彭政办发〔2018〕26 号	3 月 2 日	关于印发《宁夏回族自治区创业担保贷款管理办法》的通知
彭政办发〔2018〕27 号	3 月 5 日	关于印发《彭阳县服务业发展规划(2017—2020 年)》的通知
彭政办发〔2018〕28 号	3 月 5 日	关于印发《彭阳县电子商务发展规划(2017—2020 年)》的通知
彭政办发〔2018〕29 号	3 月 5 日	关于印发《彭阳县草原确权承包登记试点工作实施方案》的通知
彭政办发〔2018〕30 号	3 月 5 日	彭阳县人民政府办公室关于印发《彭阳县安全生产事故应急预案》等 30 个应急预案的通知
彭政办发〔2018〕31 号	3 月 5 日	关于做好 2018 年度拖拉机和联合收割机及驾驶员审验工作的通知
彭政办发〔2018〕32 号	3 月 6 日	关于印发《彭阳县开展 2017 年度土地矿产卫片执法监督工作方案》的通知
彭政办发〔2018〕33 号	3 月 7 日	关于转发《2018 年自治区政府工作报告任务分工》的通知
彭政办发〔2018〕34 号	3 月 7 日	关于做好全县春季动物防疫工作的紧急通知
彭政办发〔2018〕35 号	3 月 9 日	关于印发《农业保险实施意见补充方案》的通知
彭政办发〔2018〕36 号	3 月 12 日	彭阳县人民政府办公室关于调整办公室人员工作分工的通知
彭政办发〔2018〕37 号	3 月 13 日	关于深入开展全县城乡结合部和农村地区药品质量安全专项整治的通知
彭政办发〔2018〕38 号	3 月 15 日	关于提高城乡低保保障标准的通知
彭政办发〔2018〕39 号	3 月 19 日	关于印发《改造项目实施方案》的通知

续表 2

文　　号	发文日期	标　　　　题
彭政办发〔2018〕40 号	3 月 19 日	关于印发《改造项目征收与安置补偿方案》的通知
彭政办发〔2018〕41 号	3 月 2 日	关于申请办理车辆通行证的报告
彭政办发〔2018〕42 号	3 月 20 日	关于印发《彭阳县第二次全国污染源普查宣传方案》的通知
彭政办发〔2018〕43 号	3 月 22 日	关于调整彭润石油钻采服务有限责任公司董事会和监事会成员的通知
彭政办发〔2018〕44 号	3 月 23 日	关于印发《2018 年基层政务公开标准化规范化试点工作推进方案》的通知
彭政办发〔2018〕45 号	3 月 23 日	关于印发《劳动力素质提升培训方案》的通知
彭政办发〔2018〕46 号	3 月 26 日	关于印发《2018 年彭阳县农业特色板块产业及产业扶贫示范村项目建设方案》的通知
彭政办发〔2018〕47 号	3 月 29 日	关于报送第一季度建档立卡贫困户贴息报表的通知
彭政办发〔2018〕48 号	3 月 29 日	关于印发《彭阳县加快推进畜禽养殖废弃物资源化利用实施方案（2018—2020）》的通知
彭政办发〔2018〕49 号	3 月 31 日	关于印发《彭阳县河库水域岸线划界确权方案》的通知
彭政办发〔2018〕50 号	4 月 8 日	关于印发《彭阳县粮食生产功能区划定工作方案》的通知
彭政办发〔2018〕51 号	4 月 9 日	关于印发《彭阳县 2018 年林下药材种植方案》的通知
彭政办发〔2018〕52 号	4 月 9 日	关于印发《财政涉农资金统筹整合使用方案》的补充通知
彭政办发〔2018〕53 号	4 月 9 日	关于印发《彭阳县人民政府 2018 年督查工作要点》的通知
彭政办发〔2018〕54 号	4 月 10 日	彭阳县人民政府办公室关于印发《彭阳县水污染防治约谈反馈问题整改方案》的通知
彭政办发〔2018〕55 号	4 月 13 日	关于认真做好区、市人大代表议案建议和政协提案办理工作的通知
彭政办发〔2018〕56 号	4 月 17 日	彭阳县人民政府办公室关于印发《彭阳县农村扶贫道路及村级文化服务中心工程质量检测及资金管理方案》的通知
彭政办发〔2018〕57 号	4 月 17 日	彭阳县人民政府办公室关于调整县长、副县长、县长助理工作分工的通知
彭政办发〔2018〕58 号	4 月 17 日	彭阳县人民政府办公室关于印发《彭阳县义务教育控辍保学摸底排查和劝返复学工作实施方案》的通知

续表 3

文　　号	发文日期	标　　题
彭政办发〔2018〕59 号	4 月 20 日	彭阳县人民政府办公室关于印发《彭阳县第三次土地调查实施方案》的通知
彭政办发〔2018〕60 号	4 月 20 日	彭阳县人民政府办公室关于印发《2018 年彭阳县春夏火灾防控工作实施方案》的通知
彭政办发〔2018〕61 号	4 月 20 日	彭阳县人民政府办公室关于转发《电气火灾综合治理自查检查要点及检查表》的通知
彭政办发〔2018〕62 号	4 月 24 日	关于印发《彭阳县“12345”便民服务热线工作相关制度》的通知
彭政办发〔2018〕63 号	5 月 7 日	关于开展“纪念汶川地震 10 周年”地震应急演练活动的通知
彭政办发〔2018〕64 号	4 月 25 日	关于成立彭阳县信访事项复查委员会的通知
彭政办发〔2018〕65 号	5 月 7 日	关于启用印章的通知(白阳镇)
彭政办发〔2018〕66 号	5 月 8 日	彭阳县人民政府办公室关于印发《彭阳县第二次全国污染源普查清查工作和选聘普查员普查指导员方案》的通知
彭政办发〔2018〕67 号	5 月 9 日	关于印发《彭阳县动物疫病防控“百日行动”实施方案》的通知
彭政办发〔2018〕68 号	5 月 10 日	关于调整彭阳县美丽茹河建设 PPP 项目建设指挥部总指挥、副总指挥的通知
彭政办发〔2018〕69 号	5 月 10 日	关于启用印章的通知(创业贷款担保中心)
彭政办发〔2018〕70 号	5 月 10 日	彭阳县人民政府办公室关于印发《彭阳县关于加强政府投资项目管理的意见》的通知
彭政办发〔2018〕71 号	5 月 14 日	关于启用印章的通知(金融局)
彭政办发〔2018〕72 号	5 月 15 日	关于成立彭阳县农村妇女创业担保贷款领导小组的通知
彭政办发〔2018〕73 号	5 月 16 日	关于印发《彭阳县 2018 年“扶贫保”工作实施方案》的补充通知
彭政办发〔2018〕74 号	5 月 18 日	关于调整彭阳县招生委员会组成人员的通知
彭政办发〔2018〕75 号	5 月 24 日	关于印发《李渠水库工程项目用地土地及房屋等附着物征收补偿实施方案》的通知
彭政办发〔2018〕76 号	5 月 24 日	关于印发《沟口村 35 千伏输变电工程项目用地土地及房屋等附着物征收与补偿实施方案》的通知

续表 4

文　号	发文日期	标　题
彭政办发〔2018〕77 号	5 月 24 日	关于印发《夏山庄经北洼至王洼南街公路工程项目用地土地及房屋等附着物征收补偿实施方案》的通知
彭政办发〔2018〕78 号	5 月 28 日	关于印发《彭阳县全面推进城乡社区警务建设工作实施方案》的通知
彭政办发〔2018〕79 号	5 月 28 日	关于成立 TMT 产业金融小镇项目推进工作领导小组的通知
彭政办发〔2018〕80 号	5 月 31 日	关于印发《彭阳县 2018 年社会救助兜底脱贫攻坚推进方案》的通知
彭政办发〔2018〕81 号	5 月 31 日	关于印发《彭阳县 2018—2020 年农村低保专项治理工作实施方案》的通知
彭政办发〔2018〕82 号	6 月 1 日	关于协助做好信息调研任务分工的紧急通知
彭政办发〔2018〕83 号	6 月 4 日	关于印发《彭阳县 2018 年汛期地质灾害防治工作实施方案》的通知
彭政办发〔2018〕84 号	6 月 6 日	关于印发《关于进一步加强委派会计管理的意见》的通知
彭政办发〔2018〕85 号	6 月 6 日	关于调整彭阳县保护发展森林资源目标责任制工作领导小组的通知
彭政办发〔2018〕87 号	6 月 7 日	关于成立彭阳县水土保持生态建设领导机构小组的通知
彭政办发〔2018〕88 号	6 月 8 日	关于启用“公务用车制度改革领导小组”印章的通知
彭政办发〔2018〕89 号	6 月 8 日	关于启用“彭阳县发展和改革局”新印章的通知
彭政办发〔2018〕90 号	6 月 8 日	关于印发《彭阳县政府购买兽医社会化服务工作实施方案》的通知
彭政办发〔2018〕91 号	6 月 11 日	关于废止和修订一批脱贫攻坚政策文件的通知
彭政办发〔2018〕92 号	6 月 11 日	关于印发《2018 年彭阳县农机购置补贴项目实施方案》的通知
彭政办发〔2018〕93 号	6 月 25 日	彭阳县人民政府办公室关于成立政府门户网站等平台管理工作领导小组的通知
彭政办发〔2018〕94 号	6 月 22 日	关于县长、各副县长、县长助理工作分工的通知
彭政办发〔2018〕95 号	6 月 27 日	关于印发《彭阳县 2018 年政务公开工作要点》的通知
彭政办发〔2018〕96 号	6 月 28 日	关于印发《彭阳县食品安全示范县创建工作实施方案》的通知
彭政办发〔2018〕97 号	6 月 27 日	彭阳县人民政府办公室关于印发《新增、补充政务公开相关制度》的通知

续表 5

文　　号	发文日期	标　　　　题
彭政办发〔2018〕98 号	6 月 28 日	关于印发《彭阳县普及高中阶段教育实施方案(2018—2020)》的通知
彭政办发〔2018〕99 号	6 月 29 日	关于变更彭阳县农村留守儿童“合力监护、相伴成长”关爱保护专项行动工作领导小组名称及调整组成人员的通知
彭政办发〔2018〕100 号	6 月 29 日	关于转发《自治区政府办公厅关于开展涉及产权保护政府规章行政性文件清理工作的通知》的通知
彭政办发〔2018〕101 号	7 月 1 日	关于转发《固原市人民政府办公室关于进一步加强防汛和地质灾害预防工作的紧急通知》的通知
彭政办发〔2018〕102 号	7 月 4 日	关于开展“十三五”规划实施情况评估工作的通知
彭政办发〔2018〕104 号	7 月 9 日	关于印发《2018 年彭阳县青贮池及特色种植示范点项目建设方案》的紧急通知
彭政办发〔2018〕105 号	7 月 10 日	关于启用“彭阳县审计局”新印章的通知
彭政办发〔2018〕106 号	7 月 11 日	关于认真做好 2018 年国务院大督查自查工作的通知
彭政办发〔2018〕107 号	7 月 11 日	关于防汛值班情况的通报
彭政办发〔2018〕108 号	7 月 12 日	关于协调解决智能管理平台与门户网站数据融合发布的报告
彭政办发〔2018〕109 号	7 月 13 日	关于印发《彭阳县 2018 年畜禽养殖废弃物资源化利用设施建设专项整治方案》的通知
彭政办发〔2018〕110 号	7 月 18 日	关于进一步做好捕打鼢鼠工作的通知
彭政办发〔2018〕111 号	7 月 19 日	关于启用彭阳县第四次全国经济普查领导小组及其办公室印章的通知
彭政办发〔2018〕112 号	7 月 19 日	关于组织 2018 年首次“政府开放日”活动的通知
彭政办发〔2018〕113 号	7 月 23 日	关于印发《2017—2018 年清理现行排除限制竞争政策措施实施意见》的通知
彭政办发〔2018〕114 号	7 月 27 日	关于韩兴富信访事项办结情况的报告
彭政办发〔2018〕115 号	7 月 27 日	关于赵怀礼信访事项办结情况的报告
彭政办发〔2018〕116 号	7 月 27 日	关于印发《彭阳县公立医院薪酬制度改革试点工作实施方案》的通知
彭政办发〔2018〕117 号	8 月 6 日	关于印发《教育扶贫基金实施方案》的通知

续表 6

文　　号	发文日期	标　　题
彭政办发〔2018〕118 号	8 月 6 日	关于转发《自治区人民政府办公厅关于进一步做好证明事项清理工作的通知》的通知
彭政办发〔2018〕119 号	8 月 6 日	关于转发《自治区人民政府办公厅关于加强行政规范性文件制定和监督管理工作的实施意见》的通知
彭政办发〔2018〕120 号	8 月 10 日	关于印发《彭阳县 2018 年棚户区改造工作推进方案》的通知
彭政办发〔2018〕121 号	8 月 18 日	秘密件
彭政办发〔2018〕122 号	8 月 28 日	关于印发《彭阳县 2018 年购买非全日制公益性岗位安置建档立卡贫困户就业实施方案》的通知
彭政办发〔2018〕123 号	8 月 28 日	关于印发《2018 年采暖期清洁煤替代试点项目补贴实施方案》的通知
彭政办发〔2018〕124 号	8 月 30 日	关于印发《彭阳县深化“放管服”改革转变政府职能 2018 年重点任务分工》的通知
彭政办发〔2018〕125 号	8 月 31 日	关于支持社会力量提供多层次多样化医疗服务的实施意见
彭政办发〔2018〕126 号	8 月 31 日	关于印发《政府办公文流转规程》《县长批示件办理规程》的通知
彭政办发〔2018〕127 号	9 月 13 日	关于印发《古城供电所工程等项目用地土地及房屋等附着物征收与补偿实施方案》的通知
彭政办发〔2018〕128 号	9 月 17 日	关于印发《彭阳县水土保持工程建设以奖代补实施方案》的通知
彭政办发〔2018〕129 号	9 月 18 日	关于印发《彭阳县开展“大棚房”问题专项清理整治行动坚决遏制农地非农化实施方案》的通知
彭政办发〔2018〕130 号	9 月 19 日	关于转发《自治区人民政府关于废止和宣布失效部分行政规范性文件的决定》的通知
彭政办发〔2018〕131 号	9 月 19 日	关于印发《彭阳县行政审批中介机构服务事项专项清理整顿工作实施方案》的通知
彭政办发〔2018〕132 号	9 月 25 日	关于成立彭阳县创建全国全民运动健身模范县工作领导小组的通知
彭政办发〔2018〕133 号	9 月 25 日	关于印发《彭阳县创建全国全民运动健身模范县工作规划》的通知
彭政办发〔2018〕134 号	9 月 25 日	关于印发《彭阳县创建全国全民运动健身模范县实施方案》的通知
彭政办发〔2018〕135 号	9 月 25 日	关于印发《彭阳县政府公报工作实施方案》的通知

续表 7

文　　号	发文日期	标　　题
彭政办发〔2018〕136 号	9 月 25 日	关于成立《彭阳县人民政府公报》编辑委员会的通知
彭政办发〔2018〕136 号	9 月 25 日	关于修订一批政府规范性文件的通知
彭政办发〔2018〕137 号	9 月 25 日	关于《彭阳县 2018 年第三批次工业项目建设用地土地及房屋等附着物征收与补偿安置实施方案》的通知
彭政办发〔2018〕138 号	9 月 26 日	关于启动创建全国全民运动健身模范县工作的通知
彭政办发〔2018〕139 号	9 月 27 日	关于建立打击“地条钢”长效工作机制的通知
彭政办发〔2018〕140 号	9 月 29 日	关于印发《彭阳县闽宁十项清零活动》的通知
彭政办发〔2018〕141 号	9 月 29 日	关于成立“放管服”改革协调小组的通知
彭政办发〔2018〕142 号	9 月 29 日	关于印发《彭阳县非洲猪瘟防控工作实施方案》的通知
彭政办发〔2018〕143 号	10 月 11 日	彭阳县人民政府办公室关于印发《自治区验收全县国家级基层政务公开标准化规范化试点工作反馈问题整改方案》的通知
彭政办发〔2018〕144 号	10 月 22 日	关于调整彭阳县建档立卡贫困人口生态护林员选聘工作领导小组的通知
彭政办发〔2018〕145 号	10 月 22 日	关于印发《彭阳县 2018 年第四批次城镇建设用地土地及房屋等附着物征收补偿实施方案》的通知
彭政办发〔2018〕146 号	10 月 22 日	关于印发《彭阳县 2018 年第五批次城镇建设用地土地及房屋等附着物征收补偿实施方案》的通知
彭政办发〔2018〕147 号	10 月 22 日	关于印发《彭阳县 2018 年第七批次工业项目建设用地土地及房屋等附着物征收补偿实施方案》的通知
彭政办发〔2018〕148 号	10 月 22 日	关于印发《彭阳县二维码标准地名标志牌设置方案》的通知
彭政办发〔2018〕149 号	10 月 25 日	关于开设宋庆龄捐助基金会专户的通知
彭政办发〔2018〕150 号	10 月 26 日	关于成立彭阳县突发重大动物疫情应急指挥部的通知
彭政办发〔2018〕151 号	10 月 29 日	关于印发《彭阳县重大林业有害生物灾害应急预案》的通知
彭政办发〔2018〕152 号	10 月 30 日	关于加强全县行政事业单位个人所得税改革有关事宜的通知
彭政办发〔2018〕153 号	11 月 1 日	关于印发《彭阳县建档立卡贫困户互助资金占用费贴息工作实施方案》的通知

续表 8

文　号	发文日期	标　题
彭政办发〔2018〕154 号	11 月 2 日	关于印发《彭阳县县城建成区禁止燃放销售烟花爆竹工作实施方案》的通知
彭政办发〔2018〕155 号	11 月 5 日	彭阳县政府办公室关于启用动物疫病防疫印章的通知
彭政办发〔2018〕156 号	11 月 6 日	关于印发《彭阳县工业对标提升转型发展实施计划》的通知
彭政办发〔2018〕157 号	11 月 6 日	关于印发《彭阳县"企业发展扭亏入规战役"实施方案》的通知
彭政办发〔2018〕158 号	11 月 13 日	关于印发《彭阳县陆生野生动物疫情应急预案》的通知
彭政办发〔2018〕159 号	11 月 14 日	关于印发《彭阳县 2018—2019 年秋冬季大气、水污染综合治理攻坚行动方案》《彭阳县 2018 年 10—12 月水污染治理攻坚专项行动方案》的通知
彭政办发〔2018〕160 号	11 月 14 日	关于印发《彭阳县深化"不见面、马上办"改革方案》的通知
彭政办发〔2018〕161 号	11 月 19 日	关于印发《彭阳县进一步做好农用残膜回收利用工作实施方案》的通知
彭政办发〔2018〕162 号	11 月 26 日	关于做好社会保险和非税收入征管职责划转工作的通知
彭政办发〔2018〕163 号	11 月 27 日	关于印发《彭阳县 2018 大气冬防联合执法行动方案》的通知
彭政办发〔2018〕164 号	12 月 4 日	关于印发《彭阳县加大科技研发投入实施方案》的通知
彭政办发〔2018〕165 号	12 月 4 日	关于印发《2018 年第八批次征收补偿实施方案》的通知
彭政办发〔2018〕166 号	12 月 4 日	关于印发《2018 年第六批次征收补偿实施方案》的通知
彭政办发〔2018〕167 号	12 月 4 日	关于印发《2018 年第十二批次城镇建设用地征收方案》的通知
彭政办发〔2018〕168 号	12 月 4 日	关于印发《2018 年第十批次城镇建设用地征收方案》的通知
彭政办发〔2018〕169 号	12 月 4 日	关于印发《2018 年第十四批次征收补偿实施方案》的通知
彭政办发〔2018〕170 号	12 月 4 日	关于印发《2018 年第十一批次征收补偿实施方案》的通知
彭政办发〔2018〕171 号	12 月 6 日	关于印发《彭阳县湿地保护修复制度工作方案》的通知

续表 9

文号	发文日期	标题
彭政办发〔2018〕172 号	12 月 6 日	关于印发《彭阳县贫困村互助资金项目停止运行工作实施方案》的通知
彭政办发〔2018〕173 号	12 月 6 日	关于印发《财政涉农资金统筹整合使用方案》的补充通知
彭政办发〔2018〕174 号	12 月 10 日	关于印发《集中开展成品油市场专项整治工作方案》的通知
彭政办发〔2018〕175 号	12 月 10 日	关于印发《政府购买社会救助服务加强基层经办服务能力工作实施方案》的通知
彭政办发〔2018〕177 号	12 月 17 日	关于公布证明事项的通知
彭政办发〔2018〕178 号	12 月 27 日	关于举办 2019 年迎新春全民健身季彭阳县登山节比赛的通知
彭政办发〔2018〕179 号	12 月 27 日	关于印发《彭阳县 2019 年劳动力(贫困劳动力)素质提升培训工作实施方案》的通知
彭政办发〔2018〕180 号	12 月 29 日	关于印发《彭阳县城乡客运补短板建设方案》的通知
彭政办发〔2018〕181 号	12 月 29 日	关于成立彭阳县研发经费归集统计工作领导小组的通知
彭政办发〔2018〕182 号	12 月 29 日	关于印发《彭阳县粮食安全省长责任制考核工作方案》的通知